7

백제학연구총서 쟁점백제사

백제와 요서지역

Baekje and Liaoxi

백제학연구총서 쟁점백제사 7

백제와 요서지역

발행인　이인숙(한성백제박물관장)
총괄　이인숙(한성백제박물관장)
기획 · 진행　김지연(백제학연구소장), 이장웅(학예연구사)
편집교정　이장웅(학예연구사), 최유리(연구원)
행정지원　윤석존 · 이영경(총무과)

한성백제박물관
05540 서울특별시 송파구 위례성대로 71
Tel. 02-2152-5800
http://baekjemuseum.seoul.go.kr

발행일　2015년 12월 18일

디자인 · 제작　학연문화사
Tel 02-2026-0541

ISBN 979-11-86012-12-3

7

백제학연구총서 쟁점백제사

백제와 요서지역

Baekje and Liaoxi

한성백제박물관
SEOUL BAEKJE MUSEUM

발간사

한성백제박물관은 2012년부터 백제학 연구총서 '쟁점 백제사' 기획 시리즈를 간행해오고 있습니다. 이번에는 '백제와 요서지역'을 주제로 백제학연구총서 제Ⅶ권을 발간하게 되었습니다.

한성백제박물관이 매년 두 차례씩 개최해 오고 있는 학술회의는 장기적인 학술 연구 기획 시리즈로서, 매번 다른 주제로 백제 학계의 중요 쟁점 사안을 선정하여 논문 발표와 집중토론을 통해 현재까지의 연구 성과를 정리하고 가능한 결론을 도출해 보고, 이를 백제학연구총서로 간행하고 있습니다.

백제는 삼국 중에서도 주변 다른 나라들과의 교섭과 교류 면에서 가장 활발한 면모를 보여주었던 나라입니다. 이러한 관점에서 이번 학술 총서에서는 지난 다섯 번째 학술 총서에서 다루었던 '백제의 성장과 중국'에 이어, 특히 논란이 되고 있는 백제와 요서지역과의 관계에 초점을 맞추어 한성백제 시기 대중對中 관계사를 다양한 관점에서 집중 정리해 보고자 하였습니다.

그간 한국사 교과서에 나타난 백제의 요서진출설 관련 기록의 문제점을 정리한 논문을 비롯하여, 요서지역의 다양한 고고학적 발굴성과를 살펴보고, 중국사의 관점에서 바라본 요서지역의 16국 시기 정치세력들의 양상에 대한 논문 등 백제의 요서진출 관련 문헌자료를 검토한 논문과 다양한 연구 성과가 진지하게 논의되고 있습니다.

백제는 지정학적으로 한반도의 심장부인 한강변에 왕도를 정하고 대외적 왕래와 교류를 적극적으로 수행함으로써 정치 · 문화적으로 성장 · 발전했던 진취적인 나라였으며, 백제의 요서진출 관련 자료도 이러한 백제의 역사적 특징에서 나온 것으로 생각해볼 수 있습니다.

근래 들어 새롭게 발견 · 증가되고 있는 백제 관련 학술 자료와 정보들을 대하면서, 한민족 문화 정체성의 한 축을 이루었던 자랑스런 고대 왕국, 백제의 찬란했던 실체에 대하여 우리 학계가 사명감을 가지고 더욱 조사 연구에 매진하여 완전한 백제 역사 복원에 한 발짝 더 다가가야겠다고 다짐해 봅니다.

이번 학술 총서의 간행으로 백제와 요서지역의 관계에 대한 학계의 지금까지 연구 현황과 새로운 성과를 연구자와 시민들이 다 함께 공유하면서, 앞으로의 연구 방향 설정과 연구 활성화에 기여하고 좀 더 완성된 백제학 연구를 위한 기초 자료로 널리 활용될 수 있기를 기대합니다.

그간 학술발표와 토론에 적극 참여해 주시고 바쁘신 가운데에도 거듭되는 회의와 자문에 응해 주신 학계의 여러 선생님들과 선배, 후배님들께 이 자리를 빌려 다시 한번 깊은 감사의 말씀을 드리고자 합니다.

2015년 12월

한성백제박물관 관장

李仁淑

목 차

종합토론 2부

주제발표 1

백제 요서진출설의 연구와 역사교육

– 국사 교과서 서술을 중심으로

임 기 환 서울교육대학교

Ⅰ. 머리말

백제의 요서진출(경략)설[대륙진출설, 화북진출설 포함]은[1] 한국 고대사 연구에서 잘 풀리지 않는 쟁점적 주제의 하나이다.[2] 더구나 요서진출설은

1) 백제가 중국 대륙으로 진출하였다는 견해는 사료상으로 볼 때 요서지역과 산동, 오월 지역으로 나누어지며, 이에 대한 용어도 요서경략설, 요서진출설, 화북진출설, 대륙진출설 등으로 다양하게 쓰이고 있다. 또한 '경략'과 '진출'이라는 용어도 논자에 따라 내용에 차이가 있다. 본 발표에서는 일단 학술회의 주제에 따라 요서지역에 한정하여 검토하겠으며, 용어는 '요서진출설'로 사용하겠다. 혹 요서진출설을 포함하는 대륙진출설 전체를 대상으로 언급하는 경우에도 '요서진출설'이라는 말로 대표하여 사용하도록 하겠다.

2) 요서경략설에 대한 근래의 대표적인 논저는 다음과 같다.
김상기, 1967,「百濟의 遼西經略에 對하여」,『백산학보』 3
방선주, 1971,「百濟軍의 華北 進出과 그 背景」,『백산학보』 11
이명규, 1983,「百濟 對外關係에 關한 一試論」,『사학연구』 37
유원재, 1989,「'百濟略有遼西' 記事의 분석」,『백제연구』 20
강종훈, 1992,「백제 대륙진출설의 제문제」,『한국고대사논총』 4
유원재, 1995,「백제의 요서영유(설)」,『한국사6-백제』, 국사편찬위원회
김기섭, 1997,「百濟의 遼西經略說 再檢討- 4세기를 중심으로」,『韓國 古代의 考古와 歷史』
소진철, 1998,「'梁職貢圖'로 본 百濟 武寧王의 疆土」,『한국학보』 90
서병국, 2001,「百濟와 高句麗의 遼西統治」,『實學思想硏究』 19 · 20
여호규, 2001,「百濟의 遼西進出說 再檢討」,『진단학보』 91

단지 고대사 연구 주제로 한정되는 문제만이 아니다. 일종의 역사관이나 역사교육의 차원에서도 다양한 접근 방식과 현상을 드러내고 있는 논쟁적 주제라고 할 수 있다.

백제의 요서진출설에 대해 다양한 관점이 개입되고 있다고 할 때, 단지 역사연구자의 학문적 관점의 다양성이 작용한다는 뜻만이 아니다. 비역사적, 비학문적 차원에서 이 주제가 운위되거나 때로는 정치적 성격을 띠기도 한다는 뜻이다. 후자의 경우는 어떤 점에서는 결코 다양한 관점의 하나로 보기 어렵지만, 현실 사회에서는 역사 연구 차원보다는 역사교육의 차원에서 어떤 힘을 발휘하기도 한다.

물론 백제의 요서진출설에 대한 역사교과서 서술이나 역사교육이 비학술적 차원에서 시작되었다는 뜻은 아니다. 다만 여타의 역사적 사실과는 달리 학술적 논의가 충분히 이루어지지 않은 상황에서 교과서에 관련 사실이 기술되기 시작하였고, 이후 이러한 교과서 서술에 대해 충분한 검토가 이루어지지 않고 있는 현상의 이면을 볼 필요가 있다는 입장에서 문제를

강종훈, 2003, 「4세기 백제의 遼西 지역 진출과 그 배경」, 『한국고대사연구』 30
강종훈, 2007, 「제2장 백제의 중국대륙진출」, 『한성도읍기의 백제』(백제문화사대계 연구총서9)
서영수, 2007, 「제1절 남북조와의 관계」, 『백제의 대외교섭』(백제문화사대계 연구총서9)
노중국, 권오영, 「보론 1장 백제의 중국대륙진출」, 『백제 역사와 문화』(백제문화사대계 개설서)
강종훈, 2008, 「제4장 백제의 요서진출」, 『한성백제사4-대외관계와 문물교류』, 서울시사편찬위원회
이도학, 2010, 「백제의 해외활동 기록에 관한 검증」, 『충청학과 충청문화』 11
김성한, 2013, 「백제(百濟)의 요서(遼西) 영유와 "백제군(百濟郡)"」, 『역사학연구』 50
김성한, 2013, 「百濟의 遼西 영유와 "樂浪"」, 『역사학연구』 52

제기하고자 한다.

사실 그동안 백제의 요서진출설이 학술회의의 본격적 주제로 다루어진 적도 거의 없었으며, 엄연히 여러 한국사 교과서에 기술되고 있음에도 불구하고 이에 대한 본격적인 학술적 검토나 역사교육의 내용으로서 타당성 여부도 제대로 짚어진 적이 없었다. 이번 학술회의가 앞으로 본격적인 논의의 장을 여는 계기가 되기를 바란다.

Ⅱ. 백제 요서진출(경략)설의 연구 동향

백제의 요서진출설에 대한 연구 동향을 정리한 기존의 연구성과도 여러 편이고,[3] 또 이들 연구에서 검토한 내용 이상의 또다른 정리가 필요할 만큼 새로운 연구가 추가되어 있는 현황도 아니다. 게다가 오늘의 여러 발표에서도 연구 현황을 정리하리라 예상되기 때문에, 본 기조발표에서 이러한 연구 동향을 다시 언급하는 것 자체가 별 의미가 없으리라고 생각한다. 다만 이번 학술회의에서 집중 검토하게 되는 만큼 기조 발표에서 연구의 기본 맥락은 짚어보는 게 다소 도움이 되리라 생각한다.

해방 이후 백제의 요서진출설과 대륙진출설을 다시 환기한 연구자는 김상기와 방선주이다. 이 연구는 당시 민족주의 역사학 내지는 민족사학이 크게 대두하는 분위기와 무관하지 않을 것이다. 1960년대 말부터 1970년대까지 한국사학계는 식민사학의 극복과 민족사학의 정립을 내세우고 있었는데, 이런 분위기에서 김상기와 방선주의 연구는 이른바 동이문화권이

3) 요서진출설에 대한 연구사 정리로는 특히 주 2)의 유원재, 김기섭, 강종훈의 글이 참고된다.

나 예, 맥족의 존재를 매개로 하여 백제의 요서경략이나 화북진출을 논의하게 된 것으로 보인다. 즉 백제의 요서진출설이 '민족' 혹은 '민족사학'과 결합되면서, 이 문제가 실증적 차원에서 심도 있게 검증되었다기 보다는 민족사의 영광이라는 이미지와 먼저 결합할 가능성을 갖게 된 셈이다.

그런데 본 발표에서 주목하고자 하는 역사교육의 측면에서 볼 때, 김상기와 방선주의 연구를 토대로 백제사에서 요서진출이나 대륙진출이 하나의 역사상으로 구성되기 시작하였다는 점이다. 김철준의 논의가 대표적이라고 할 수 있다. 관련 글을 간략하게 요약하면 다음과 같다.[4]

> (전략) 백제百濟의 요서遼西 점유占有가 진세晋世부터임을 말하고 있어, 이에 대한 김상기金庠基 박사의 연구가 이미 발표되었거니와, 근초고왕近肖古王 당시부터 요서遼西를 점유占有하면서 백제百濟의 극성기極盛期에 달하였다. (중략) 남북南北의 상쟁이 되풀이 될 때에 송宋은 백제百濟의 협력을 요청하는 상태에 있었던 것이고, 그 요청이 백제百濟의 북중국北中國 진출로 실현되었다. (중략) 개로왕蓋鹵王이 패사敗死한 후 보다 강화된 나제공수동맹濟羅攻守同盟은 고구려高句麗의 그 이상의 남진南進을 막을 수 있었으나, 남조南朝와 연결하여 국제관계상의 유리한 위치를 차지하고 중국지역에서 영토 점유에 노력한 것은 남조南朝에 이용당함이 많고 백제百濟 본국本國에 있어서의 위기 극복을 불가능하게 한다는 정책상의 과오를 범한 것이 아닌가 한다. (중략) 백제는 그 지리적 조건으로 말미

4) 김철준, 1973, 「백제사회와 그 문화」, 『무령왕릉발굴조사보고서』; 1975, 『한국고대사회연구』 재수록, pp.51~54.

암아 극동極東의 고대무역기지古代貿易基地였던 낙랑樂浪의 기능을 대신 하는 성격을 가졌었다. 북중국北中國에 남아 있는 맥족貊族과 연결을 가짐에서 중국과 무역하고 동진東晋 이후에 북중국지역에 진출하였으며, 또 그 고대古代 상업商業세력을 배경으로 기마민족騎馬民族이 일본日本지역에 진출하여 수립한 식민국가植民國家들을 통솔할 수 있었으나 이 때에 와서 여麗, 라羅의 협격을 받아 본국本國이 위기에 빠짐에 따라 저절로 해외海外에 있어서의 세력 기반도 상실하게 된 것이라고 생각한다.

이상에서 서술된 백제 근초고왕대의 요서遼西 점유 및 북중국 진출, 그리고 이들 영토의 장기간 영유, 중국-백제-일본으로 이어지는 고대 상업세력권 등으로 구성된 백제의 해외진출이라는 역사상은 이후 좀더 면밀하게 실증적으로 검토되어야 하였으나, 그렇지 못한 상태에서 국정 국사교과서에 그 내용이 수록되면서, 적어도 학계 외부에서는 점차 역사적 정설로 기정사실화되어 갔다. 즉 1974년 제3차 교육과정에서 국사과를 사회과에서 독립시키고 국사교과서를 국정화하였는데,[5] 이 때 요서진출설이 3차 교육과정 국정 국사교과서 초판본(1974년)에 처음 수록되었던 것이다.[6]

물론 백제의 요서진출에 대해 부정적이거나,[7] 신중한 입장을 표명하는 학계의 견해도 있었지만,[8] 전체적으로 본격적인 반론反論 연구가 없는 상황

---

5) 김한종, 2006, 『역사교육과정과 교과서 연구』, 선인, p.40.

6) 아래에서 검토하는 바와 같이 중학교 교과서 기술은 물론 특히 고등학교 교과서의 관련 기술 내용은 김철준의 위의 인용 내용과 상통한다.

7) 김정학, 1981, 『百濟と倭國』, pp.221~222.

8) 이기백, 이기동, 1982, 『한국사강좌』1(고대편), pp.195~197.

에서 요서진출설을 적극 지지하는 1983년 이명규의 연구는 백제의 요서진출설이 이후에도 국정 국사교과서에 계속 수록될 수 있는 학술적 근거가 되었을 것으로 보인다.

요서진출설에 대한 본격적인 반론은 1995년 유원재가 관련 기사를 검토하면서부터인데, 특히 「양직공도」의 관련 기사를 주요 논거로 활용하였다. 이후 요서진출 관련 사료에 대한 비판적 검토가 이루어지면서 요서진출설을 부정하는 입장의 목소리도 힘을 얻게 되었다. 이러한 반론에 따라 요서경략설을 포함한 백제의 대륙진출설에 대한 연구사와 주요 논점 등을 체계적으로 정리한 강종훈의 연구가 나오게 되었다.[9]

사실 이미 국사교과서 등에 20년 가까이 요서진출설 등이 수록되어 있는 상황에서 뒤늦게라도 연구사를 정리하여 주요한 문제점을 환기하였다는 점에서 강종훈의 연구는 적지 않은 의미가 있다. 다만 요서진출설에 긍정적인 입장으로 다소 기울어져 있는 강종훈의 논지에 따라 요서진출설 자체에 대한 비판적 검토가 촉구된 것은 아니었다고 보겠다. 이에 국사교과서 등에 관련 서술이 지속될 수 있었을 것이다.

그러나 이후 유원재, 김기섭, 여호규, 김성한 등이 백제 요서진출과 관련된 기사에 대한 새로운 해석을 시도하면서 요서진출설에 대한 비판적 반론을 제기하였다. 비판의 주요 논점은 『송서』나 『양서』, 〈양직공도〉 등의 관련 기사에서 요서에 진출한 백제의 존재는 사가史家들의 오해나 착오에 의한 것이라는 점이다. 관련 사료에 대한 보다 엄밀한 검토를 요구하는 이러

9) 강종훈, 1992, 앞의 논문.

한 비판적 논의들에 의해 백제의 요서진출설이 재검토될 필요성이 제기되었고, 이러한 분위기가 아직 본격적인 학술적인 논의로 이어지지는 않았지만, 적어도 교과서에서 요서진출설이나 대륙진출설에 대한 기술의 변화를 불러오게 하였다. 즉 2009 개정 교육과정의 집필기준에서는 백제의 요서진출설에 대해 학계에서 논란이 있음에 유의하여 서술하도록 권고하고 있다.

즉 교과서 서술에서만 본다면, 백제의 요서진출은 그동안 일종의 기정사실로 굳어져 있다가, 이제 학계의 논란의 대상이 되는 사실로 바뀌게 된 것으로, 뒤늦게나마 어느 정도 올바른 방향을 잡아가게 된 셈이다. 이에 대해서는 아래에서 좀더 구체적으로 살펴보도록 하겠다.

여기서는 백제의 요서진출이 교과서 서술의 대상으로 적절한가를 따져보기 위해, 요서진출설에 대한 긍정적 입장과 부정적 입장(불신론)의 주요 논거에 대해 간략하게 살펴보도록 하겠다.[10] 먼저 요서진출설에 대한 부정적 입장에서 여러 논거들이 제시되고 있지만, 정황론과 전거론이 주요 논거라고 보인다. 정황론은 백제 요서진출의 배경, 해상능력이나 군사력의 문제, 요서지역의 정황, 국제정세 등을 고려할 때 백제의 요서진출이 성립하기 어렵다고 본다. 따지고 보면 전거론도 정황론을 전제로 하고 있다. 즉 관련 기사가 『송서』 등 사가史家들의 오해와 착오의 결과라고 주장하는 전거론도 당시 정황상 백제 요서진출이 어렵다고 보고, 그렇다면 관련 기사가 어떻게 등장하게 되었는지를 추정한 결과이기 때문이다.

이에 대해 긍정적 입장에서는 『송서』 등 관련 기사에 대한 사료적 신뢰

10) 긍정론과 부정론의 입장을 정리한 주 3)의 연구를 주로 참고하였다.

도가 그리 낮지 않기 때문에 신중한 재검토가 필요하다고 하더라도, 정황론에 의한 부정적 태도는 역사적 상황에 대한 선입관이 먼저 작용한 결과라고 비판하고 있다.

긍정적인 입장을 보인 연구자들 중에서도 대륙진출설 전체로 놓고 본다면 서로 차이가 있기 때문에 일괄적으로 말하기 어렵지만, 최소한 요서진출 자체를 긍정하는 공통분모를 보이고 있다. 긍정론의 입장들 중에서 특히 강종훈은 백제의 요서진출설이 사료상 적지 않은 문제점이 있음을 인정하고 있지만, 관련 사료에 대한 신중한 재검토를 통해 제한된 범위에서나마 요서진출의 가능성이 높다고 본다.

그렇다면 긍정론이든 부정론이든 가장 중요한 관련 기사에 대해 어떤 태도를 갖고 있느냐의 문제로 집약될 수 있다. 지금까지도 제한된 사료에 대한 다양한 검토가 있었지만, 최근 김성한은 관련 사료 자체를 재검토한 바 있다. 김성한의 견해에 동의할 수 없는 부분도 있지만, 불과 몇 건 되지 않는 사료도 다시 검토할 여지가 아직도 있음을 보여준 것만으로도 충분한 문제 제기가 되었다고 본다.

사실 지금까지 제출된 연구성과만으로도 관련 사료에 대한 검토를 포함하여 제기될 수 있는 거의 모든 논점이 나왔다고 본다. 그럼에도 불구하고 발표자로서도 아직 그 어떤 답에 선뜻 동의하기는 주저하게 된다. 부정론의 입장이 좀더 신중한 태도라는 점에서 발표자도 아직은 부정론에 기울어지게 되지만, 긍정론의 경우에는 강종훈의 견해[11]가 현 사료상 동의할 수

11) 강종훈은 385년 7 · 8월경부터 11월까지 후연 부여계 餘巖의 동향과 관련하여 백제 침류왕에 의해 요서지역에서 군사적 점령이 이루어졌다고 본다(강종훈, 2008, 앞의 논문).

있는 최대치의 의견이 아닌가 싶다.

그런 점에서 앞으로는 좀더 확대된 연구방법으로 접근하는 방안을 모색할 필요가 있다. 보다 엄밀한 사료 비판의 측면에서 『송서』 동이전 등 관련 사료의 형성과 성격 등이 해명될 필요가 있으며, 정황론의 경우도 예를 들어 당시 요서지역의 상황에 대한 정밀한 검토가 뒷받침되어야 할 것이다. 또한 요서지역의 물질자료를 통해 백제와의 연관성을 추적하는 고고학적 연구도 시도될 필요가 있다. 그래서 이번 학술회의에서는 이런 여러 접근 방안들을 시도해보고자 기획하게 되었다.

고대사 연구의 입장에서 백제의 요서진출설의 타당성 여부는 신중에 신중을 거듭해도 답을 얻기 어려운 그야말로 해결하기 쉽지 않은 주제이다. 그럼에도 불구하고 한국사 교과서 서술에서는 이미 오랫동안 정설로 기술되어 왔기 때문에 요서진출 관련 서술을 교과서에서 바로 제외하는 것도 그리 쉬운 문제는 아니다. 그렇다고 요서진출설에 대해 학계에 논란이 있다고 서술하는 식에 그쳐서는 곤란하다. 논란이 되는 역사상이 교과서에 실리기 위해서는 그만한 역사교육적 가치를 지녀야하는 것이며, 또 학생들이 이러한 논란을 이해해야하는 역사교육의 목적과 의미를 갖추어야 하는 것이다. 과연 백제의 요서진출설 혹은 대륙진출설은 어떠한 의미에서 그러한 역사교육적 성격을 갖게 되는 것일까? 이점에 대해 살펴보기 위해 그동안 『국사』 교과서에 서술된 요서진출설에 대해 검토하도록 하자.

Ⅲ. 요서진출(경략)설 관련 역대 교과서 서술 양상

1. 3차 교육과정 교과서

백제의 요서경략(진출)과 관련된 교과서 서술이 처음 등장한 시기는 3차 교육과정이다. 3차 교육과정에서부터 그 이전 검정제에서 국정제로 전환되었는데, 유신체제 아래에서 체제 유지를 위한 일종의 방편으로 이루어진 결과이다. 국사과 교육목표도 올바른 민족사관을 확립하며 민족적 자부심을 키워 민족중흥에 이바지한다고 명시하였는데,[12] 백제의 요서경략설의 서술이 처음 등장하게 된 배경도 이러한 국사과 교육목표와 무관해 보이지는 않는다. 그러면 교과서 서술 내용을 살펴보자.

중학교 『국사』의 [2.삼국의 발전-(1)삼국의 형성과 발전-백제의 성장] 항에 다음과 같이 기술되어 있다.

---

12) 이부오, 2010, 「제1차~제7차 교육과정기 국사교과서에 나타난 고대 영토사 인식의 변화」, 『한국고대사탐구』 4, p.243.

> 백제는 근초고왕 때에 마한의 남은 세력을 정복하여 호남 지방을 완전히 통합하고 남해안까지 그 세력을 뻗쳤다. 한편, 옛 대방군의 땅을 사이에 두고 고구려와 여러 번 충돌한 백제는, 중국이 쇠약한 틈을 타서 요서 지역을 점령하기도 하였다. 이로써 백제는 경기, 충청, 전라 지방과 황해, 강원 일부를 차지한 큰 나라가 되어, 중국의 남조와 문물을 교류하면서 일본에 영향을 끼쳤다.

즉 백제가 고구려와 충돌하면서, 중국이 쇠약한 상황에서 요서 지역을 점령하였다고 하였다. 즉 단순히 진출이 아니라 '점령'이라고 표현함으로써 이른바 요서경략설에 기초하고 있음을 알 수 있다. 이 서술은 백제의 요서 점령이 고구려를 견제하기 위해서, 중국 왕조가 쇠약한 시점이라고 기술하고 있는데,『송서』의 기사를 나름대로 재해석하였다고 볼 수 있다.

한편 고등학교『국사』교과서를 보면 [Ⅰ.고대사회-3.삼국시대의 발전-(1)고대 국가의 성립-백제] 에 관련 내용이 서술되어 있다.

> (전략) 근초고왕 때에는 옛 대방군의 땅을 놓고 고구려와 싸우는 한편, 남으로는 마한의 나머지 땅을 병합하여 그 세력이 전라도 남해안까지 미쳤다. 동성왕 때에는 탐라국까지 복속시키기에 이르렀다. 한편, 4세기 중엽 진이 약화되었을 때, 백제는 부여족이 살고 있던 요서 지역을 점령하였다. 그리하여, 백제는 기마 민족 세력이 일찍부터 진출하여 각 지방에 식민지 국가를 세워 놓았던 일본 지역, 그리고 요서 지방, 산뚱 반도 등지와 본국과를 연결하는 고대 상업 세력을 가지게 되었다.

이러한 서술은 중학교 『국사』 교과서 서술보다 한걸음 더 나아간 내용을 보여준다. 즉 요서 점령의 시점을 4세기 중엽 진晉이 약화된 시점으로 보다 분명히 하고 있으며, 요서 지역 점령 상황을 부여족이 살고 있음이 주요한 배경과 동기로 설명하고 있다. 또한 요서와 산동-백제-일본을 연결하는 고대 상업세력을 상정하고 있다. 여기서 일본과 백제의 관계는 일본에 기마민족이 식민지를 세웠다는 점이 부각되고 있다. 즉 전체적으로 요서지역 점령을 기본으로 하여 산동반도 진출이 강조되고, 상업세력권을 부각하고 있다는 점이 유의된다.

이러한 백제 해외진출과 관련된 지도는 중학교, 고등학교 『국사』 모두 따로 설정되지 않았지만, 고등학교 『국사』에서는 〈고구려 전성 당시의 국제 관계〉 지도에 백제의 대륙진출 내용이 반영되어 있다. 백제의 해외 진출방

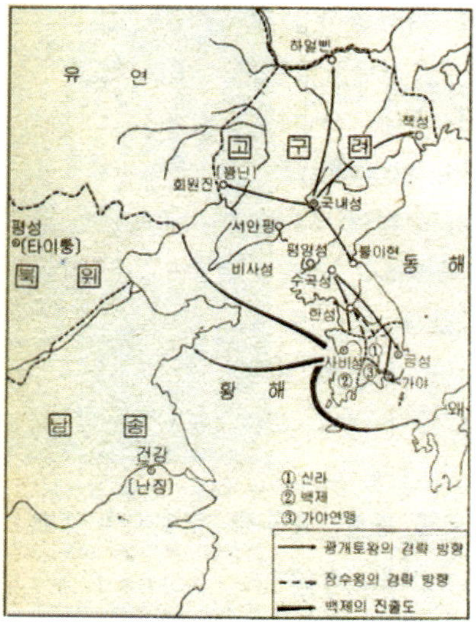

〈고구려 전성 당시의 국제 관계도〉

향을 화살표로 요서, 산동반도, 왜(구주) 방향으로 그리고 있는데, 대상 지역의 지명을 지도에 표기하지는 않았다.

2. 4차 교육과정 교과서

4차 교육과정의 『국사』 교과서에도 3차 교육과정에 처음 등장한 요서진출 관련 내용이 그대로 이어지고 있는데, 서술 내용을 보면 한층 더 강조되고 있는 인상이 짙다.

먼저 중학교 『국사(상)』의 [Ⅱ.삼국의 형성과 발전-1.삼국의 발전-한강 유역의 백제]에 다음과 같은 서술이 보인다.

> (전략) 그 후, 4세기경 근초고왕 때에 마한의 남은 세력을 정복하여 호남 지방을 완전히 통합하고, 남해안까지 그 세력을 뻗쳤고, 탐라국(제주도)을 복속시켰다. 그리고, 북쪽으로 세력을 넓혀, 고구려와 충돌하면서 대동강 유역까지 뻗어 갔다. 한편, 중국이 쇠약한 틈을 타서 요서, 산뚱 지방에까지 나아가 그 지방에 커다란 세력을 형성하였으며, 일본의 여러 지방에도 나아가 영향을 끼치기도 하였다.

이어서 [Ⅱ.삼국의 형성과 발전-2.삼국의 대외 항쟁과 통일-백제의 해외진출] 항에서

> 4세기에 이르러 고구려가 중국과 심한 충돌을 계속하고 있을 때, 백

> 제는 마한 세력의 병합에 박차를 가하고 있었다. 마침내, 마한을 완전히 정복하고 국가 체제를 갖춘 백제는, 4세기 중엽 중국의 진이 약화된 틈을 타서 요서 지방에까지 나아갔다. 이것은 당시 고구려의 요동 진출에 맞먹는 것이다. 이 때, 백제인들은 산뚱 지방과 일본의 여러 지방에까지 진출하였다. 이러한 백제 세력은, 5세기 중엽 이후 고구려의 남하와 중국 세력의 압력으로 밀려났다. 비록 백제의 중국 진출이 약 1세기에 걸치는 기간이지만, 이는 백제인의 왕성한 해외 진출의 한 모습을 보여 주는 것이다.

전체적인 서술의 방향은 3차 교육과정 교과서의 내용과 비슷하지만, 백제의 요서진출에 대해 "고구려의 요동진출에 맞먹는 것"이라는 평가나 백제의 요서와 산뚱반도 진출이 5세기 중엽까지 약 1세기 동안 지속되었다는 내용도 새롭게 등장한 서술로서, 서술의 전체적인 분위기는 백제인의 해외 진출을 적극적으로 강조하고 있다.

다만 3차 교육과정 고등학교 『국사』 교과서 서술에서 강조하는 '상업세력'이나 '고대무역국가'라는 표현이 나타나지 않고, 오히려 "백제의 중국 진출이 약 1세기에 걸치는 기간"이라는 표현에서 군사적, 정치적 진출이었음을 시사하고 있다. 요서진출의 성격에 대한 서술이 크게 달라지고 있음을 볼 수 있다. 이러한 백제의 대륙진출을 강조하는 맥락에서 백제의 해외 진출과 관련된 지도가 처음 등장한 점도 유의할 필요가 있다.

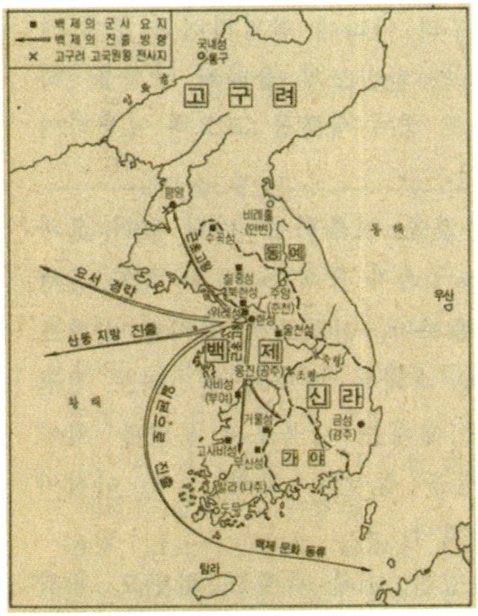

〈백제의 해외 진출〉

고등학교 『국사』의 [Ⅱ.고대사회의 발전-2.삼국의 성립과 발전-(1)삼국의 성립-백제의 발전] 항에는 다음과 같이 서술하고 있다.

> 백제의 국력이 크게 성장하여, 근초고왕 때에는 북으로는 고구려와 싸우는 한편, 남으로는 마한의 나머지 땅을 병합하여 그 세력이 전라도 남해안까지 미쳤고, 탐라국까지 복속시키기에 이르렀다. 한편, 백제는 그 국력을 크게 뻗쳐, 4세기 중엽에 중국에서 진의 세력이 약화된 틈을 타서 요서 지방을 점령하고, 이어서 우세한 경제력과 군사력을 바탕으로 산뚱 지방과 일본의 여러 지방에까지 진출하였다. 이처럼 백제인은 요서, 산뚱, 일본 지방, 그리고 본국을 연결하는 활동 무대를 확보하여

활발하게 해외 진출을 하였다.

전체적인 서술의 내용에서는 중학교 『국사』의 관련 서술과 그다지 차이가 없으나, 서술의 분량이나 내용에서 중학교 국사의 서술보다는 다소 약화된 내용이다. 지도 역시 중학교 『국사』와는 달리 백제 해외진출과 관련된 지도는 따로 없고, 〈고구려 전성 당시의 국제관계〉 지도에 백제의 해외 진출로가 함께 표기되어 있다.

이와 같이 고등학교 『국사』의 서술이 중학교 『국사』의 그것보다는 다소 약화되었다고 하더라도, 전체적으로 3차 교육과정의 교과서보다는 백제의 요서진출의 내용이 강조되고, 그 성격에 대한 서술의 변화가 보이고 있다. 즉 상업적 성격의 진출 보다는 군사적, 정치적 경략의 성격을 드러내는 서술이 강조되고 있다.

이는 전반적으로 4차 교육과정 교과서 서술에서 고조선 등 중국 내지 만주와 관련된 부분에서 민족주의적 영토사 인식이 훨씬 강해진 점과 상통한다.[13] 이와 관련해서는 이른바 고대사 파동 사건이 주목된다. 1978년 안호상 등 이른바 재야사학계는 '국정교과서 오류시정 및 정사확인 소송'을 제기하였고, 이 소송에서 패소하자 이어 1981년 8월 31일에는 '국사교과서 내용시정 요구에 관한 청원'을 국회에 제출하였다. 이른바 '국사교과서 파동'사건은 국회와 언론의 지원을 업고 사회 이슈화시키면서, 11월 26~27일에 국회에서 공청회가 열렸다.[14] 이러한 분위기 아래에서 12월 31일 제4

13) 이부오, 앞의 논문, p.249.
14) 윤종영, 1999, 『국사 교과서 파동』.

차 교육과정이 공포되고, 여기에서는 민족공동체 의식의 고양과 국가의식이 강조되었다. 결국 교과서 서술에 국가 주도의 민족사관의 강조가 반영될 가능성이 높아졌으며, 위의 백제 대륙진출과 관련된 기술도 그러한 영향으로 짐작된다.

3. 5차 교육과정 이후 교과서

1989년 이후에 적용된 5차 교육과정 교과서에서도 여전히 백제의 요서진출을 백제사에서 주요 학습 내용으로 설정하고 있다. 중학교 『국사(상)』에서는 모두 2곳에서 백제의 요서진출과 관련하여 기술하고 있다. 먼저 [1.삼국의 발전과 그 문화-백제의 성장] 항에 다음과 같이 서술하고 있다.

> 4세기 근초고왕 때에는 마한을 완전히 정복하여 남해안 일대까지 진출하였으며, 밖으로 동진과 교섭하였다. 특히, 이 때에는 북으로 고구려를 공격하고, 바다를 건너 요서, 산둥 지방 및 일본까지 힘을 뻗쳐 백제의 세력권을 크게 확장하였다.

백제의 요서진출과 관련된 서술은 다음 [2.삼국의 대외 관계와 통일-삼국의 대외 관계]에 좀 더 구체적으로 기술하고 있다.

> 5호 16국의 혼란을 틈타 고구려가 요동으로 진출하자, 백제는 고구려를 견제하기 위하여 요서, 산둥 지역으로 진출하였다. 또, 백제는 이 때

> 를 전후하여 일본까지 그 세력을 뻗치게 되었다. 이로 인하여 백제는 요서, 산둥, 일본 등지를 연결하는 세력권을 형성하여 해상 활동을 활발히 펴 나갔다.

서술 내용을 검토하면 백제 요서진출 시기와 동기를 고구려가 요동을 진출한 시점으로 고구려를 견제하기 위해서라고 좀더 분명하게 기술하고 있는데, 이는 그 이전의 교과서에는 보이지 않는 내용이다. 또한 '백제의 세력권'이라는 표현이 처음 등장하고 있는 점도 눈길을 끈다. 다만 백제 세력권의 구체적인 실체에 대한 언급은 전혀 없다.

5차 고등학교『국사(상)』교과서에도 백제의 요서진출과 관련된 기술이 2군데에서 나오고 있다. 먼저 [2.고대사회의 발전-2.고대의 정치와 그 변천-백제의 발전] 에는 다음과 같이 기술하고 있다.

> 백제가 괄목할 만한 발전을 이룩하게 된 것은 4세기 후반 근초고왕 때의 일이었다. (중략) 또, 백제는 수군을 증강시켜 중국의 요서 지방을 점령하고, 이어서 산둥 지방과 일본에까지 진출하는 활발한 대외 활동을 벌였다.

보다 구체적인 기술은 [2.고대사회의 발전-2.고대의 정치와 그 변천-삼국의 대외 관계] 항에서 기술하고 있는데, "백제는 그 발전 과정에서 요서, 산둥 지방까지 진출하여 그 대외적 영향력을 과시하였"다는 본문 기술에 주석을 붙여 다음과 같이 구체적으로 기술하고 있다.

중국의 요서 등지에의 백제 세력의 진출에 대해서는 송서, 양서와 같은 중국의 기록에 그 사실이 나타나 있다. 그 시기는 대략 4세기경으로 보며, 백제의 대외 무역 발달과 관련된 세력 확장의 한 양상으로 추측된다.

이전의 교과서와 달리 본문 대신 주석을 붙여 추가 설명을 시도하고 있는 점이 독특하다. 여기에는 『송서』, 『양서』 등 중국측 기록에 백제 요서진출 기사가 있다는 점, 그시기가 4세기라는 점, 그 성격이 대외무역 발달과 관련된 세력 확장이라는 점 등이 구체적으로 기술되고 있다.

그리고 5차 교육과정의 중등, 고등 『국사』 교과서에서 유의되는 점은 바

〈백제의 발전(4세기 후반)〉

로 백제의 해외진출과 관련된 지도이다.

이 지도는 이전의 지도와 내용상 상통하지만, 백제 해외진출 지도로서는 처음으로 독립된 지도라는 점, 그리고 이 지도가 이후 교과서에서 백제 대외진출 지도로서 거의 그대로 사용되게 된다는 점도 주목할 필요가 있다. 이처럼 전체적으로 5차 교육과정 교과서에도 4차 교육과정 교과서에 비해 서술의 양상이 그리 달라지지는 않았다.

1995년 이후 중학교부터 적용된 6차 교육과정에서도 여전히 백제의 요서진출을 비슷한 내용으로 기술되고 있다. 그리고 백제의 중국 진출에 관한 기록은 중국측 문헌인 『송서』, 『양서』 등의 백제전에 전하고 있다는 점을 기술하고 있는 점도 동일한 맥락이다. 즉 백제 요서진출설을 『송서』나 『양서』에 근거한 것으로 기술함으로써 이 설의 신뢰도를 높이려는 기술 의도가 엿보인다.

이러한 점은 2002년부터 적용된 7차 교육과정 교과서에서 두드러진다. 즉 이전과는 달리 「백제의 중국 진출」이라는 읽기자료를 함께 제시하고 있다. 중학교 『국사』 교과서에서는 『송서』와 『양서』 기사를 인용하고 있고, 고등학교 『국사』 교과서에는 『송서』와 『통전』을 제시하고 있다. 아마도 서로 중복을 피하려는 뜻인 듯하다.

그런데 이들 사료에 대해 학계에 논란이 있다거나 또는 이들 사료를 비판적으로 검토하는 입장에 대해서는 전혀 언급하고 있지 않다. 그런 점에서 이 읽기자료는 마치 백제의 해외진출이 중국 사서에 의해 뒷받침되는 역사적 사실이라는 점을 분명히 하기 위한 자료로 이용되고 있는 셈이다. 결과적으로 사료의 제시를 통해 3~7차 교육과정 중에서 교과서 서술상에서 백제의 요서진출에 대한 가장 확정적인 기술이라고 할 수 있겠다.

7차 교육과정까지 국정제로 유지된던 『국사』 교과서는 2007년 개정교육과정 이후에는 검정제 교과서로 바뀌었다. 2009년의 개정교육과정에 따라 또 한차례에 역사 교과의 교과서가 바뀌었는데, 현행 교과서가 그것이다. 그 결과 2007 개정교육과정에 따라 2011년에 출간된 중학교 『역사(상)』 교과서 8종 및 2009 개정 교육과정에 의거하여 2013년에 출간된 중학교 역사(1) 교과서 9종이 검토 대상이 된다. 물론 고등학교 『한국사』 교과서 6종이 있지만, 고대사의 서술에서 한정한다면 오히려 중학교 『역사』 교과서 보다도 내용이 소략하므로 별도로 검토하지 않겠다.

2007년 개정교육과정 중학교 『역사』 교과서에 보이는 요서진출과 관련된 서술 역시 7차 교육과정 교과서의 서술 내용과 거의 차이가 없다. 그런데 2009년 교육과정 교과서 중에는 요서진출에 논란이 있다는 점이 서술되거나, 금성출판사 발간 교과서의 경우에는 요서진출에 대한 서술이 아예 없기도 하다. 이러한 변화가 나타나게 된 결정적인 이유는 2009 개정 교육과정의 집필기준 때문이었다. 즉 중학교 『역사』 집필기준에서 "중국 사서에 '백제가 요서 지방을 차지하고 군을 설치하였다'는 기록이 나오는데, 그 해석에 논란이 적지 않다는 점에 유의하며 설명하도록 한다."라고 하였다. 또 같은 교육과정의 고등학교 『한국사』 집필기준에는 "백제의 요서경략설은 학계의 논란이 적지 않다는 점에 유의한다."라고 제시하고 있다. 교과서에서 역사적 사실로 공인된 내용이 오히려 뒤늦게 논란의 여지가 있는 역사적 사실로 바뀐 점은 연구성과의 변화에 따른 결과가 아니라는 점에서 교훈의 사례로 삼을 필요가 있다. 교과서 서술 내용의 선정에서 학계 연구성과에 대한 보다 엄밀한 검증이 뒷받침되어야 함을 다시 환기하고자 한다.

Ⅳ. 맺음말

요서진출설의 연구의 흐름을 간략히 개관하고, 3차 교육과정 이후 한국사 교과서에 실린 백제의 요서진출이나 대륙진출에 관한 서술 내용을 살펴보았다. 요서진출설이 단지 역사연구의 쟁점적 주제만에 그치는 것이 아니기 때문이다. 연구상에서는 쟁점적인 내용이 오히려 역사교육의 근간인 교과서의 서술에서는 기정사실화되어 있다는 점에서 요서진출설은 학설사만이 아니라 역사학과 역사교육의 불균형한 접점을 파악하는 주제로 접근할 필요가 있다.

검토 결과 교육과정별 교과서마다 요서진출설에 대한 서술 비중이 다소 차이가 있고, 구체적인 기술 내용에서도 약간의 차이를 보이고 있으나, 전체적으로는 요서경략 관련 내용이 처음으로 실린 3차 교육과정 교과서의 서술 내용과 방향에서 그리 벗어나지 않고 있다. 그리고 교육과정별 내용의 다소간의 차이도 학계의 관련 연구 성과에 기초하고 있기 보다는, 서술 내용의 중점을 어디에 두느냐에 따라 달라지는 면도 있으며, 교육과정별 국사과 교육과정의 목표에 따라 진술의 강도가 달라지는 면이 보이기도 한다. 즉 요서진출설은 교과서 내에서 자체 진화 내지 변화해간 듯한 인상이다.

이는 요서진출설이 교과서에 등장할 때부터 그랬지만 지속적으로 민족사의 긍지와 자부심을 교육하는 소재의 하나가 되었던 점과 연관된다고 보인다. 그런 점에서도 요서진출설을 실증적으로 검토하기 위한 다양한 연구방법을 모색할 필요가 있으며, 아울러 역사교육의 차원에서도 신중한 교과서 서술을 위한 기준 마련이 절실하다고 보겠다.

교육과정별 요서진출 지도

「고구려 전성 당시의 국제 관계도」
[3차 교육과정 고등학교 『국사』]

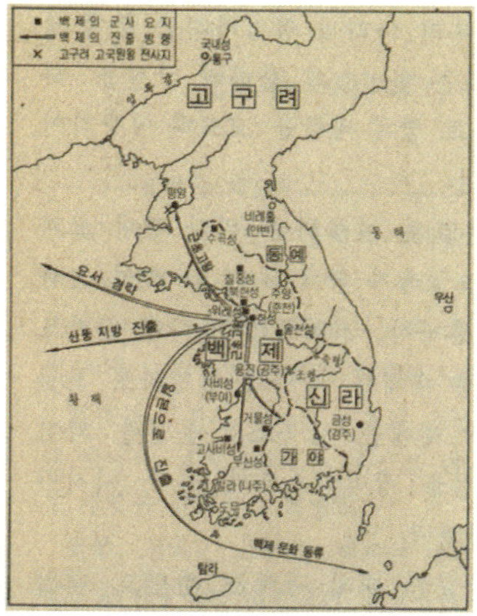

「백제의 해외 진출」
[4차 교육과정 중학교 『국사』]

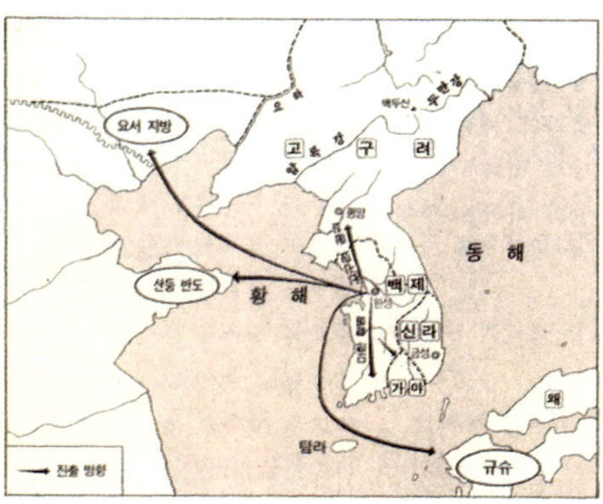

「백제의 해외 진출」 [5차 교육과정 중학교 『국사』]

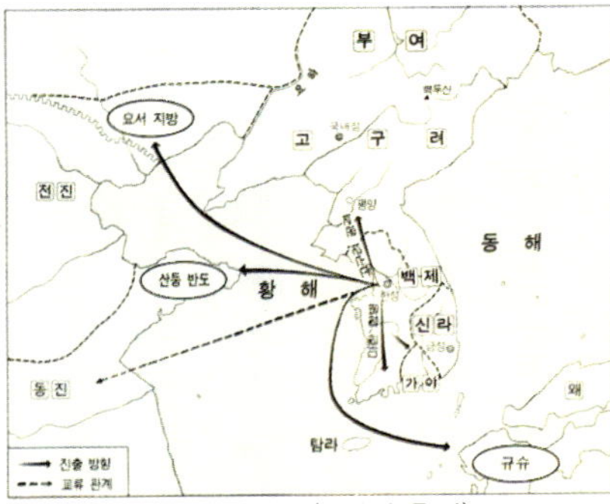

「백제의 발전(4세기 후반)」
[5차 교육과정 고등학교 『국사』]

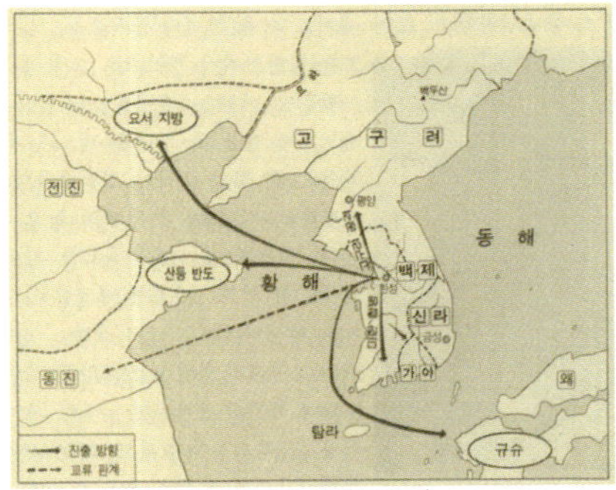

「백제의 발전(4세기)」
[6차 교육과정 고등학교 『국사』]

「백제 전성기의 세력범위(4세기)」[7차 교육과정 중학교 『국사』]
「4세기 백제의 발전」[7차 교육과정 고등학교 『국사』]

주제발표 2

고고학적으로 본 요서(遼西)지역

박 순 발 충남대학교

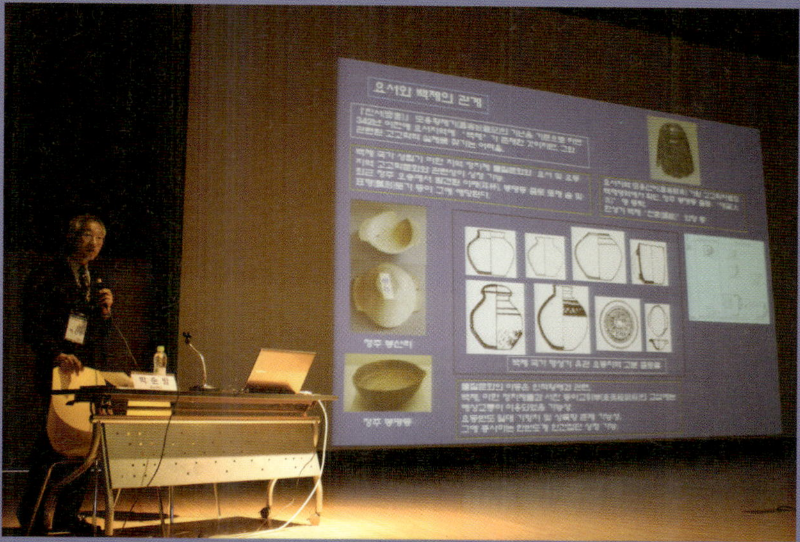

I. 머리말

II. 전국시대 요서

III. 한위(漢魏)시기 요서

IV. 모용선비와 요서

V. 맺음말

I. 머리말

『진서晉書』 모용황慕容皝 재기載記를 필두로 『송서宋書』, 『양서梁書』, 『남사南史』등 일련의 중국 남조南朝 사료의 백제전에 백제가 요서를 경략經略한 기사가 전하고 있어 342년 이래 백제가 요서지역에 근거지를 두고 있었던 것으로 이해되기도 한다. 또한 『남제서南齊書』 백제전에는 490년 북위와 백제의 전투 기사가[1] 있는데, 길게는 150년 가까이 요서지역을 백제가 경략하고 있었던 것으로 이해될 수 있는 소지가 있다. 아무튼, 이들 사료에 의하면 백제는 요서지역에 백제군百濟郡과 진평군晉平郡을 두었는데, 그 위치는 현재의 하북성 쉰화遵化에서 요녕성 차오양朝陽 사이에 해당한다(金憲淑, 2000).

요서遼西란 『사기史記』 흉노열전匈奴列傳에 전하는 연북燕北 5군郡 가운데 '요서군遼西郡' 설치에서 비롯된 지역명이다. 중국고고학에서는 일반적으로 누루얼후산努魯兒虎山, 치라오투산七老圖山 및 이우뤼산醫巫閭山 등을 포괄하는

1) 이 기사에 대해, 남제로 향하는 백제의 사신단을 도중에 북위군이 저지한 소규모 충돌을 확대한 것으로 보기도 한다(韓昇, 1995 참조).

산지 및 주변지역을 말하며, 수계로 보면 대릉하大陵河와 소릉하小凌河 유역 그리고 서요하西遼河 상류 라오하하老哈河 및 시라무룬하西拉木倫河 유역이 포함된다. 지금의 행정구역상으로 랴오닝성 진조우錦州, 진시錦西, 차오양朝陽, 푸신阜新, 그리고 내몽고 츠펑시赤峰市 대부분 및 통랴오시通遼市 일부가 포함된다(喬梁, 2010).

백제의 요서 경략에 대한 문제는 백제사의 오랜 숙제로 잘 알려져 있지만, 그에 대한 고고학적 검토는 없었다. 그런 만큼 이 문제는 결코 용이하지 않지만, 만약 군현郡縣 정도의 규모로 백제가 요서지역에 존속하였다면 고고자료상으로도 접근이 가능할 것으로 생각된다. 우리 삼국시대의 경우 고고학자료상으로 국적 구분이 가능할 정도로 그 특징이 뚜렷하기 때문이다. 물론 '요서백제'의 물질문화 내용이 한반도에 위치한 백제의 그것과 동일하다는 보장이 없기 때문에 그 또한 쉽지 않으나 일단 전술한 범위의 요서지역을 대상으로 고고학문화의 내용을 일별해 보는 작업을 통해 그 가능성에 대한 초보적 검토를 행하는 것은 나름대로 의미를 가질 수 있을 것으로 여긴다.

이에 본고에서는 요서지역을 대상으로 전국戰國시대부터 삼연에 이르는 기간 사이의 고고학문화의 전개를 중심으로 살펴보면서 '요서백제'의 가능성을 검토해 보기로 한다.

Ⅱ. 전국시대 요서

전국시대 이전 요서지역에는 시라무룬하와 라오하하를 중심으로 번성한 샤쟈톈상청문화夏家店上層文化(서주 조기~춘추 만기[기원전 1000년 무렵~기원전 500년 무렵])가 있었다. 본고의 검토 대상 지역은 샤쟈톈상청문화 분포권의 남쪽에 해당하는데, 상주商周 교체기 무렵 이 지역은 중원 청동기 중심의 웨이잉쯔문화魏營子文化 분포권에 해당된다. 웨이잉쯔문화의 청동주조술이 요동지역으로 전해지면서 비파형동검琵琶形銅劍을 표지로 하는 극동아세아농렵구極東亞細亞農獵區[2] 청동문화인 쑤앙팡문화雙房文化가 출현한다.

쑤앙팡문화에서 출현한 비파형동검은 서주 만기 춘추 조기 무렵(기원전

2) 신석기시대 이른 시기에는 어렵 · 수렵 위주의 비농경(非農耕) 생계 경제를 기반으로 하는 문화였으나 요동반도 발해만 연안에서 성립된 피엔푸(偏堡)문화와 더불어 농경을 기반으로 하는 문화가 시작되었다. 자연지리적인 동질성을 가진 이들 공간 범위를 한반도와 함께 극동아세아농렵구(極東亞細亞農獵區)라 부른다. 이 구역의 고고문화적 정체성을 대표하는 것으로는 통형관(筒形罐) 위주의 취사기의 지속, 적석묘를 필두로 하는 석묘(石墓) 전통의 지속, 비파형동검 · 세형동검 및 다뉴경을 핵심 내용으로 하는 청동기문화 전통 등을 들 수 있다(朴淳發, 2015 참조).

880~기원전 670년) 선양沈陽을 비롯한 요중遼中 지역을 거쳐 차오양을 중심으로 하는 요서지역으로 확산된다. 이 단계에는 아직 웨이잉쯔문화가 존속하던 때이지만, 곧이어 웨이잉쯔문화의 소멸과 더불어 쑤앙팡문화의 요중지역 판인 정지아와쯔유형鄭家窪子類型에서 발생한 점토대토기粘土帶土器 문화가 요서지역으로 확산된다.[3] 이러한 토기문화의 파급은 기본적으로 주민이동의 결과로 이해될 수 있다. 고고문화와 문헌에 등장하는 종족種族을 대응시키는 작업은 용이하지 않으나, 현재까지 드러난 것으로 보면 베이징 서쪽 연산燕山이북의 쥔뚜산軍都山 일대를 중심 분포역으로 하는 위황먀오문화玉皇廟文化, 샤쟈첸샹청문화와 더불어 당시 3대 고고학문화의 하나이다. 각기 적狄, 산융山戎, 맥貊의 고고학문화로 이해하는 것이 지배적이다(郭大順 · 張星德, 2005).

이처럼 요동지역, 즉 극동아세아농렵구에서 발생한 비파형동검 · 점토대토기를 기본 구성으로 하는 요서지역 청동기문화에 대해 이전에는 샤쟈첸샹청문화의 한 유형으로 이해한 적 있으나(靳楓毅, 1982), 현재 중국학계의 주류 견해는 그와 별개의 것으로서 일반적으로 "링허유형凌河類型" 혹은 "링허유존凌河遺存"으로 부르고 있다(朱永剛, 1997; 2000; 趙賓福, 2009).

링허유형은 샤쟈첸샹청문화가 소멸된 이후부터 요서지역으로 전국 연의 문화가 확산되기 이전 단계를 대표하는 동이東夷 맥계 고고학문화인데, 주변에는 위황먀오문화 후예들과 관련된 문화, 동호東胡와 연관성이 상정되는 문화 등이 분포한다. 이러한 점으로 미루어 링허유형을 호와 맥 사이에 있

3) 이 부분의 내용은 朴淳發, 2015, 「한반도 청동기시대의 시말-그 전환의 획기」, 『청동기시대의 고고학』 2(待刊) 참조.

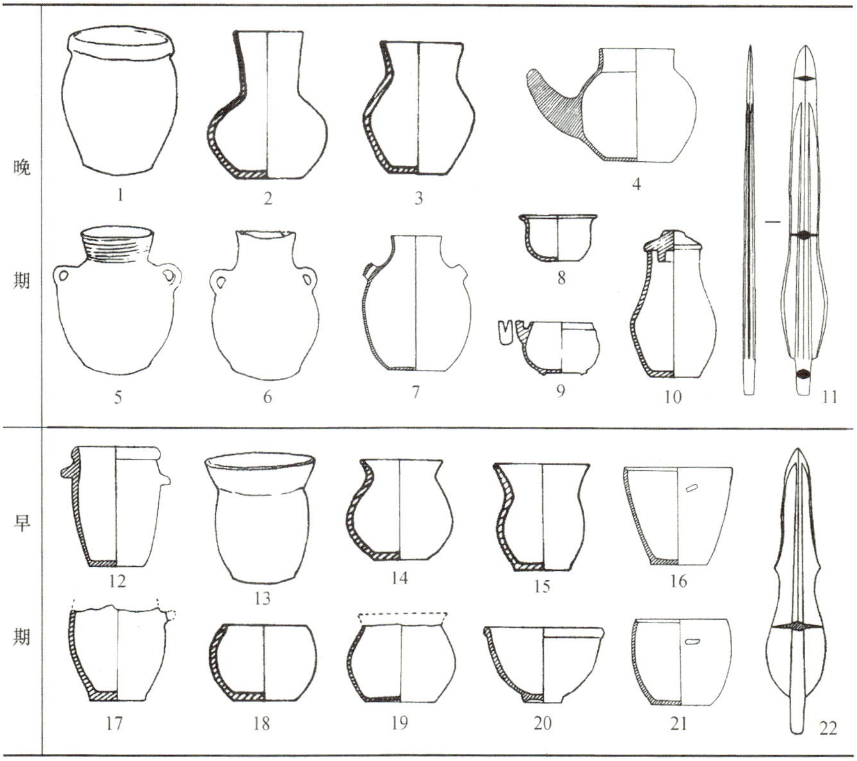

〈그림 1〉 링허유형 토기와 청동기(趙賓福, 2009 옮김)

는 것으로 알려진 '도하屠何'로 보는 견해(朱永剛, 2000; 喬梁, 2010)도 있다. 아무튼, 물질문화로 보면 링허유형은 극동아세아농렵구의 맥족이 요서지역으로 확산된 것으로 보는 데에는 의견이 일치된다.

요서지역이 이처럼 다수의 고고학문화 및 그에 대응하는 종족이 분포하는 배경에는 연산 이남의 중국 화북華北 평원 지역에서 동북지역으로 이어지는 길목에 위치한 자연지리적 배경으로 인해 선사시대 이래 고고학문화와 종족이 이동하는 통로, 즉 "요서주랑遼西走廊"에 해당되기 때문이다. 명明 장성에 인접한 롼허灤河유역에서 출발하여 요서지역으로 이어지는 요서주랑은 북으로부터 노룡盧龍-평강平岡도, 백랑수白狼水-유수渝水도, 방해傍海도 등 3개가 있는데, 구체적인 노선은 〈그림 2〉와 같다(王海, 2013). 전술한 바와 같이 극동아농렵구에서 기원한 쑤앙팡문화의 비파형동검문화가 요서지역으로 파급된 경로도 요중지역에서 서쪽으로 가다가 이우뤼산을 넘어 남하하여 요서주랑의 백랑수-유수도나 연해의 방해도를 따라 확산되었을 것으로 판단된다.

〈그림 2〉 연북 5군과 요서주랑(王海, 2013을 토대로 재작성)

연문화가 요서지역으로 확산되는 시기는 대체로 전국 중기[4] 무렵으로 보는 것이 일반적이다(鄭君雷, 2001; 周海峰, 2011). 기원전 315년 제齊가 연을 정벌征伐할 무렵에는 이미 요서지역 링허문화의 주인공 맥은 연에 편입되어 있었으며, 이어서 『위략魏略』에 보이는 바와 같이 진개秦開가 고조선 서변을 공취하면서[5] 요중지역까지 그 세력권에 들어간 것으로 보고 있다(鄭君雷, 2001). 고고학적으로 연문화의 표지는 태토에 사립, 운모, 패분貝粉 등이 혼입된 자비煮沸용기인 연식력燕式鬲과 연식부燕式釜를 들 수 있다(鄭君雷, 2001). 연 전체 기간을 9기로 구분한 연구에 따르면 춘추 조기와 중기에 해당하는 4~5기에 등장한다. 그 이전을 연문화 형성기로 한다면 연식부가 등장하는 시점부터 연문화 발전단계로 설정하고 있다(周海峰, 2011).

〈그림 3〉 연식부(좌→우: 鄭君雷, 2001 수정)

4) 춘추전국시대의 고고학적 시기구분은 劉德彪 · 吳磐軍, 2004에 의해 다음과 같은 비정에 따른다.
西周 早期: 기원전 1134~기원전 1002, 西周 中期: 기원전 1001~기원전 879, 西周 晩期: 기원전 878~기원전 771, 春秋 早期: 기원전 770~기원전 670, 春秋 中期: 기원전 669~기원전 570, 春秋 晩期: 기원전 569~기원전 476, 戰國 早期: 기원전 475~기원전 390, 戰國 中期: 기원전 389~기원전 310, 戰國 晩期: 기원전 309~기원전 221.

5) 『三國志』 東夷傳 · 韓條 인용 『魏略』: 昔箕子之後朝鮮侯, 見周衰, 燕自尊爲王, 欲東略地, 朝鮮侯亦自稱爲王, 欲興兵逆擊燕以尊周室. 其大夫禮諫之, 乃止. 使禮西說燕, 燕以止, 不攻. 後子孫稍驕虐, 燕乃遣將秦開攻其西方, 取地二千餘里, 至滿潘汗爲界, 朝鮮遂弱.

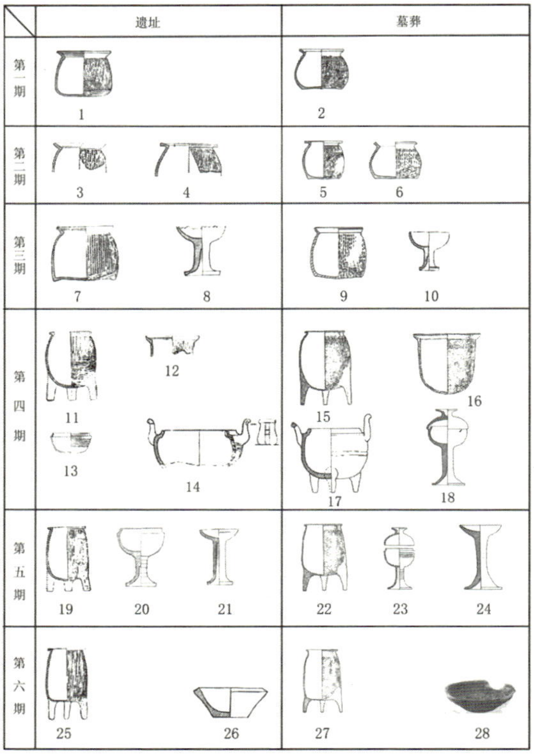

〈그림 4〉 연문화 토기의 변천(周海峰, 2011)

연문화가 요서지역을 비롯한 주변지역으로 본격적으로 확산되기 시작하는 것은 6~8기 사이인데, 이 기간에 전술한 바와 같이 요서지역 및 요동지역 일부까지 그 영향이 확인된다. 연장성을 넘어 멀리 지린吉林까지 거점이 등장하는 것은 전국 만기인 9기이다(周海峰, 2011). 그러한 연문화의 확산 과정을 지도로 도시하면 〈그림 5〉와 같다.

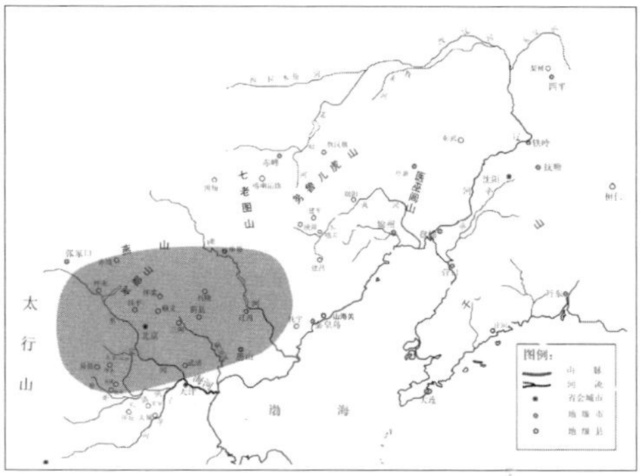

전국조기(기원전 475~기원전 390)

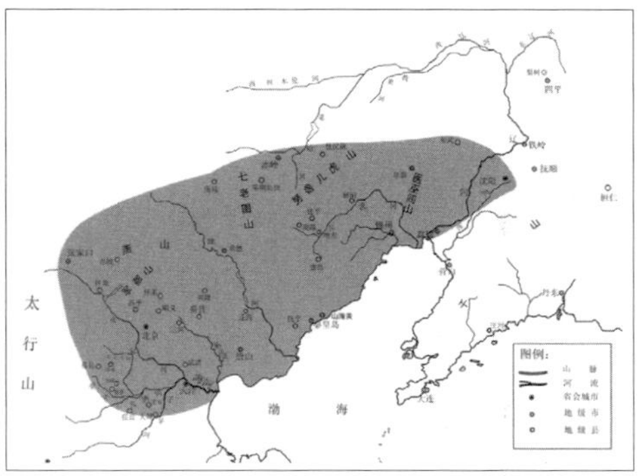

전국중기(기원전 389~기원전 310)

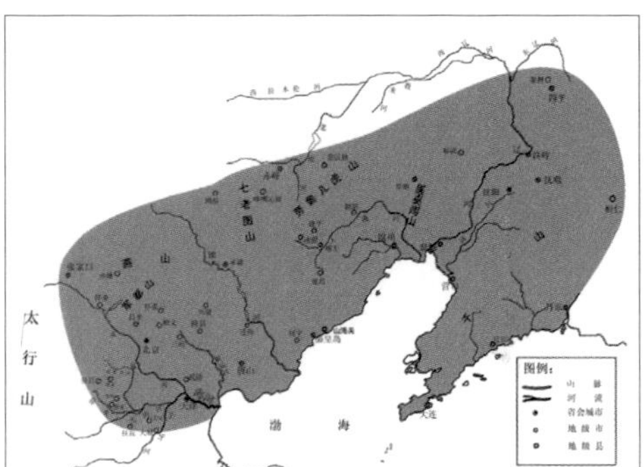

전국만기(기원전 309~기원전 221)

〈그림 5〉 연문화 확산 과정(周海峰, 2011)

III. 한위(漢魏)시기 요서

기원전 222년 진秦이 연燕을 멸하고 그 고토에 상곡, 어양, 우북평, 요서, 요동 등 5군을 설치하였다. 이는 한초漢初에도 그대로 답습되었으나, 한초에 흉노匈奴 세력이 급속히 강대해지면서 상곡 동쪽의 흉노는 예맥, 조선과 접하게 된다. 기원전 195년 연왕 노관盧綰이 한에 반하여 흉노로 귀부하면서 요서지역에 대한 흉노의 지배력은 더욱 강화된다. 기원전 128년에는 요서태수가 살해되고 이천여 인이 약취되기도 하였다.

기원전 2세기 말 위만조선의 멸망과 더불어 요서지역의 흉노 세력 또한 서북지역으로 퇴각하면서 한의 지배력이 회복되기에 이른다. 왕망王莽~동한 초 무렵 흉노와 오환烏桓이 연합하여 다시 요서지역에 출몰하였지만, 동한 광무제光武帝 시기 흉노는 오환에 의해 멀리 막북漠北지역으로 퇴패된 후 요서 및 중국 동북지역에서 그 영향력이 소멸된다. 이후 시라무룬허 및 라오하허, 그리고 대소릉하를 중심으로 하는 요서 삼림지역에는 오환과 선비鮮卑가 입거하여 동한 변경지역의 우환으로 등장한다. 한위시기의 요서지역은 바로 중원 한족정권과 이들 오환과 선비의 각축의 주 무대가 된다(이상王海, 2013).

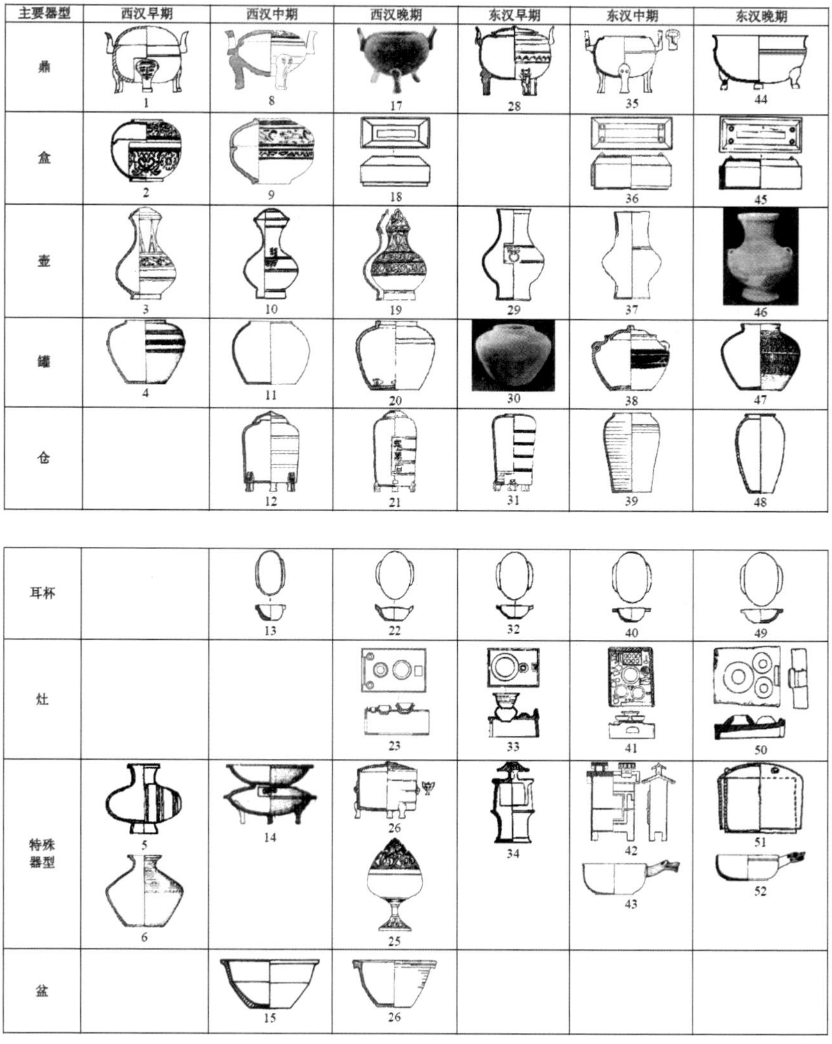

〈그림 6〉 하남 하북 지역 토기 변천(王春斌, 2013 부분 수정)

동한은 귀순 혹은 노획한 오환과 선비 등 유목민족들을 변군邊郡에 사민 안치하였는데, 이들을 통치 관리하기 위한 체제로서 속국屬國 제도를 채택하였다. 속국 제도 그 자체는 일찍이 진秦의 속방屬邦 제에서 비롯되지만, 한 고조 유방劉邦의 피휘避諱에 의해 '속국屬國'이라 하였다. 요서지역에 오환 선비 이민족 관리를 위한 요동속국遼東屬國은 동한 안제安帝(107~125년) 시기에 건치된 것으로 알려져 있다. 원래 요동군 서부도위西部都尉를 그 무렵 속국도위로 삼았는데, 요서군 관할의 창료昌遼 · 빈도賓徒 · 도하徒河 등 3현과 요동군의 무려無慮 · 험독險瀆 · 방房 3현을 떼 내어 별도 관리하게 한 것으로 그 치소는 요서 창려昌黎(지금의 랴오닝성 의현義縣 서북방에 해당)에 두었다. 구체적인 건치 시점은 불명확하지만 전술한 바와 같이 안제 재위시기이므로 대략 115~120년 사이에 해당되는 것으로 보는 견해가 유력하다(安梅梅, 2012: 80~83).

동한 말 이후 새외塞外의 오환이 강성해지면서 기미羈縻가 곤란해지자 조조曹操는 207년 오환 북벌을 통해 제압하기에 이른다. 그 후 조위曹魏 244년에 선비가 내부해 오자 요동속국 창려현에 안치하였다. 그 후 서진이 삼국을 통일하면서 요동속국을 폐지하게 된다. 요동속국의 위치는 지금의 랴오닝성 진錦현 일대로 비정되고 있다.

한대漢代의 고고학문화는 공통요소와 더불어 권역별로 일정한 차이를 보이는 것으로 드러나고 있다. 묘제와 토기상을 토대로 한 연구들에 의하면(宋蓉, 2009; 王春斌, 2013) 요서의 서쪽 지금의 베이징~친황다오秦皇島 구간은 하북성 및 하남성 북부와 동일한 권역에 해당된다. 요서지역은 전국 연이래 하북성의 물질문화와 밀접한 관련이 있으나, 진한이래 관중關中-낙양洛陽-태항산맥太行山脈 동록-업鄴-베이징-요서-요동으로 이어지는 교통로

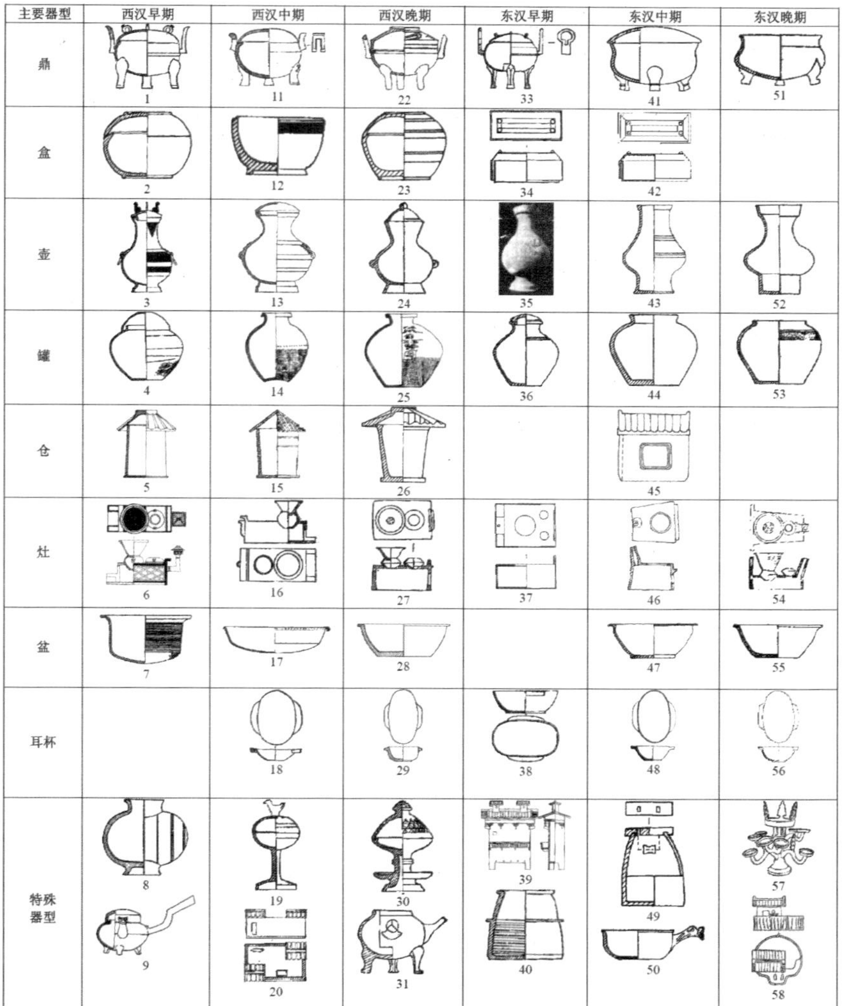

〈그림 7〉 산동 강소북부 지역 한대 토기 편년(王春斌, 2013 부분 수정)

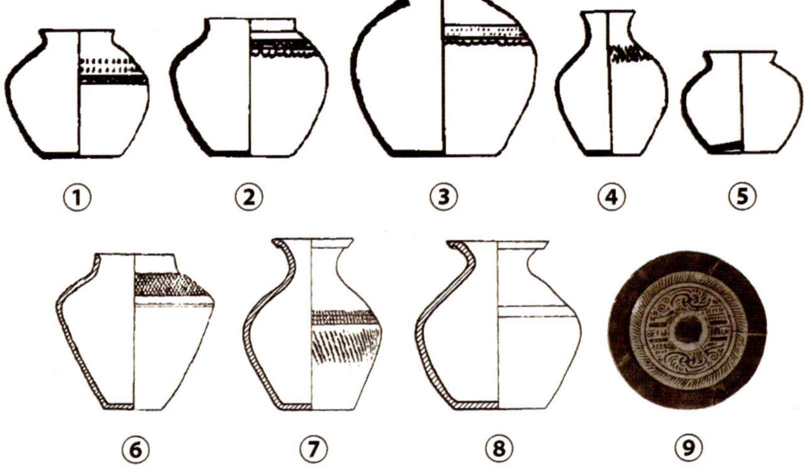

〈그림 8〉 요서지역 동한 만기~ 위진 시기 비한계 토기
(①~⑤錦縣 昌盛: 鄭君雷, 1997; ⑥錦州 雲飛路 M8: 劉謙, 1990;
⑦~⑨하북 玉田 大李庄村: 孟昭永 · 王子玉, 1991)

상에 있기 때문이다. 한편 이 지역에는 강소성江蘇省 북부에서 교동반도膠東半島에 이른 고고학문화 요소들이 다시 해로를 통해 확산된 예도 확인되고 있는데, 백색白色토기 옹 등이 대표적이다.

전술한 바와 같이 요서지역은 동한 중기까지는 중앙의 지배력이 미치고 있었으나, 말기 이후 오환을 중심으로 하는 새외 유목민들의 대량 유입과 더불어 한족의 문화는 상대적으로 위축된다. 그러한 사정을 가장 잘 보여주는 고고학자료는 요동속국에 비정되는 당시 창려군昌黎郡 일대에서 확인된다. 요녕 금현錦縣 창성昌盛 석곽묘 출토품을 근거로 이를 요동속국 시기와 상관되는 것으로 보는 견해(鄭君雷, 1997)도 있다. 이 무덤은 동한 만기~위진 시기로 비정되는데, 토기 중에 견부에 파상문波狀紋이 있는 것을 동

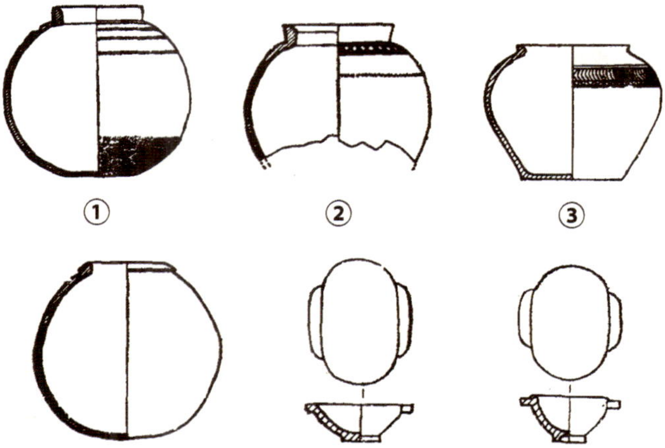

〈그림 9〉 산동 章丘 동한묘 출토 토기(章丘市博物館, 1996)

부 선비의 특징과 관련되는 것으로 보기 때문이다. 대릉하 중류지역 서한의 유성현柳城縣 부근에 위치한 차오양朝陽 웬타이쯔 분묘군 조사에서 드러난 역대 무덤의 수량 분포에서도 그러한 양상이 확인되고 있다. 동한말~16국시기의 무덤 수량이 그 이전에 비해 현저하게 적은 점은(遼寧省文物考古研究所 · 朝陽市博物館, 2010) 동한 말 이후 요서지역에서 진행된 사정을 보여주는 것이다.

한편, 견부 문양대가 있는 직구호 그 자체는 동한 만기 무렵 산동지역에서도 확인된다. 장츄章丘 황투야黃土崖 동한 만기 화상전묘 출토품이 그것이다. 〈그림 9〉의 ①은 견부에 4조의 문양대를 '〈'형 문양으로 채우고 저부는 승문을 타날한 것이고, ②는 견부 사격자문대 위에 조문爪紋을 시문한 것이며, ③은 역시 '〈'형 문양으로 된 견부문양대 아래 삼각형문을 돌린 것이다.

이러한 문양 내용은 백제토기 직구단경호 및 직구광견호와 극히 유사하다. 아무튼, 이로 보면 평저의 직구호 기형과 문양대는 본래 한의 요소라 할 수 있다. 전술한 요서지역의 경우 공반된 장경병은 한의 기형이 아니며, 오환·선비의 요소로 이해된다. 그와 동일한 예는 하북 위티엔玉田 따리좡촌大李庄村에서도 확인된 바(孟昭永·王子玉, 1991) 있다.

견부문양대를 가진 직구호는 백제토기의 대표적인 기종 가운데 하나인 직구단경호直口短頸壺와 관련이 깊은 것으로 판단되는데(朴淳發, 2001: 102~115), 그 분포권은 베이징~랴오양 사이이다. 이러한 점으로 보아 백제토기 직구단경호는 분명 이 지역과 관련이 있다 할 것이다. 다만, 산동지역에서도 확인되므로 동한 만기 무렵의 산동지역 토기 및 그 영향을 받은 하북지역의 토기가 요서 및 요동지역에 확산되고 그것이 다시 국가 성립기 한강유역 백제토기에 수용된 것으로 이해된다. 그러한 추정을 뒷받침하는 자료로 생각되는 것이 동한 중만기로 비정되는 톈진 씨관西關 한묘 출토품이다(相軍, 2010). 토기의 구성 내용은 하북·산동지역의 한 토기인데, 견부문양대가 있는 직구호와 더불어 산동지역 특산의 백색옹이 함께 나온다(〈그림 10〉 참조).

전술한 바와 같이 동한 말 이후 요서지역의 한족 관련 고고학자료가 희소해진 배경에는 207년 조조에 의한 오환 타격 이후 요서지역에 거주하던 오환 및 한족 약 20여만 호를 내지로 옮긴 사건이 있다. 이를 틈타 선비족이 요서지역으로 진입해 왔는데, 그 인구 규모는 약 130만 정도였던 것으로 추정된다(張天放, 2011). 이들은 238년 관구검毌丘儉의 요동 공손연公孫淵 정벌에 일조하여 창려군 일대에 자리 잡게 되는데, 당시 그들의 터전으로 판단되는 유적이 최근 발견되어 보고된 바(辛岩等, 2010) 있다. 요녕 베이

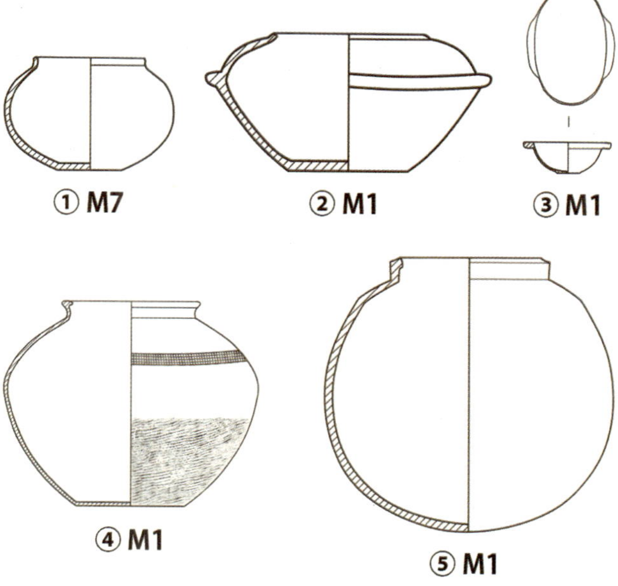

〈그림 10〉 톈진 西關 한묘(相軍, 2010)

퍄오北票 긴링스金嶺寺 건물지군이 그것이다. 이후 요서지역의 고고학문화는 모용慕容선비계 일색으로 전환된다.

요서지역에 오환을 비롯한 유목민족이 대거 남래하기 시작할 무렵 요하 이동 랴오양을 중심으로 하는 지역에는 공손씨 정권이 번영을 구가하고 있었다. 중원의 혼란을 피해 유주幽州 · 기주冀州 · 산동 등지에서 육해로를 통해 모여든 인구는 약 30만 이상으로 추산되고 있다. 이러한 사정과 관련된 것이 요동지역의 고고학문화이다. 동한 중기의 늦은 시기로 비정되는 랴오양 동문리東門里 벽화묘 출토품은 전술한 산동 장츄의 직구호와 동일 기종

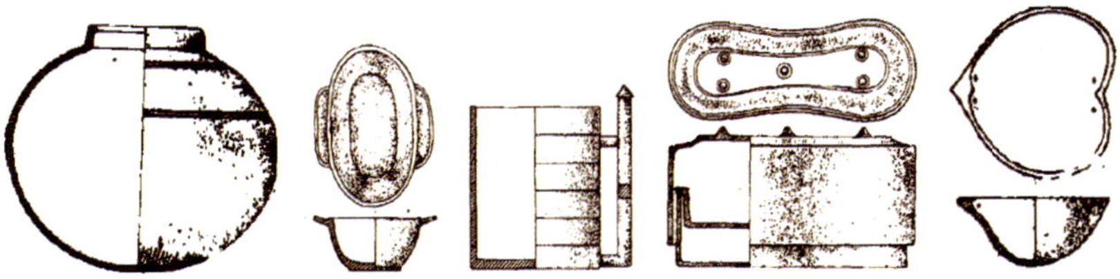

〈그림 11〉 랴오양 東門里벽화묘 출토토기(馮永謙等, 1985)

임을 알 수 있다(〈그림 11〉 참조).

그러나 238년 조위曹魏에 의해 공손씨 정권이 타멸되면서 9,000여 명이 도륙되고, 잔여 4만여 호의 30만여 구 가운데 한족들을 자유의사에 맡겨 내지로 옮겨 살게 하는 조치와 함께 인구는 격감하였다. 이때 랴오양에 호동이교위부護東夷校尉府를 설하여 서진 초에 이르기까지 지속된다. 당시 요동군 인구는 5,400여 호에 지나지 않았으며, 평주平州 26현 전체 호구도 16,100호에 불과하여 공손씨 정권시절의 3분의 1에도 미치지 않는 수준이 된다. 이러한 인구의 감소는 서진 말 영가永嘉의 난을 계기로 다시 증가하게 되는데, 중원의 혼란을 피해 요서지역으로 유입된 유이민과 낙랑 · 대방군의 멸망에 따른 유이민 등 약 100만에 달하였다. 모용씨 정권은 이들을 교군僑郡에 안치하여 안정적인 농업생산 기반을 구축하는 데에 활용하였다(張天放, 2011).

동한 말~위진 시기에 해당하는 요동지역의 고고학문화는 여전히 하북 · 산동계의 한족 문화와 다르지 않은 것으로 보인다. 그 예로는 최근 보고서

가 공간된 다롄 푸란덴普蘭店 장툰姜屯 한묘군(遼寧省文物考古研究所, 2013)[6]을 비롯하여 랴오닝 가이조우蓋州 동다잉쯔東達營子 동한 만기 전실묘(許玉林, 1993), 와팡덴瓦房店 마췐쯔馬圈子 동한 말~위진 초기 묘(洪剛等, 1993), 랴오양 산다오하오三道壕 진묘(289년)(鄒寶庫, 1990) 등이 있다.

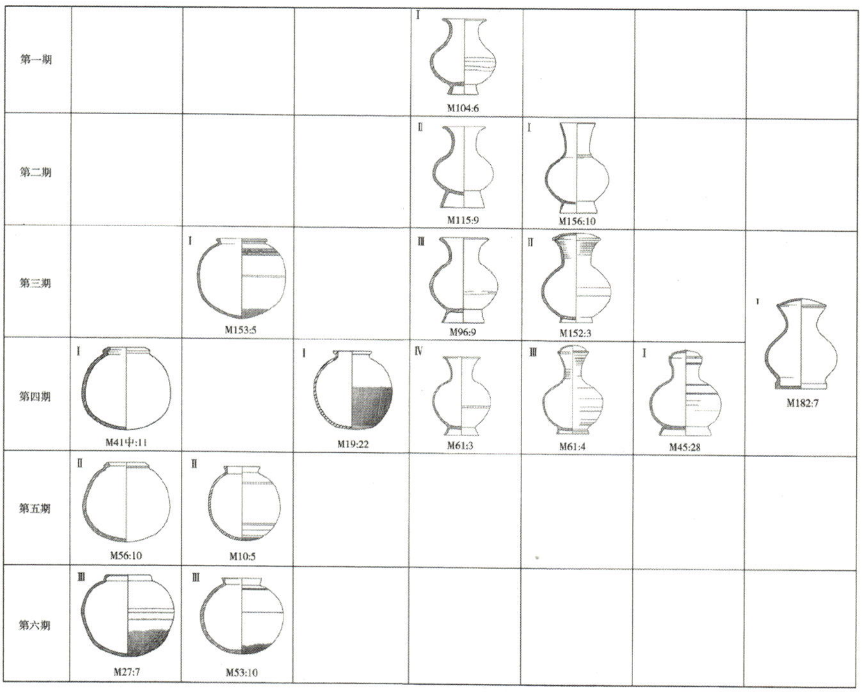

〈그림 12〉 다롄 장툰 한묘군 출토 유물(遼寧省文物考古研究所, 2013 수정)

6) 장툰 한묘 M140호에서는 동체 하반부에 격자타날이 있는 직구호가 확인된다. 보고서에서 비정한 시기는 동한 만기인데, 한반도 격자타날 출현 문제와 관련해 주목되는 자료이다.

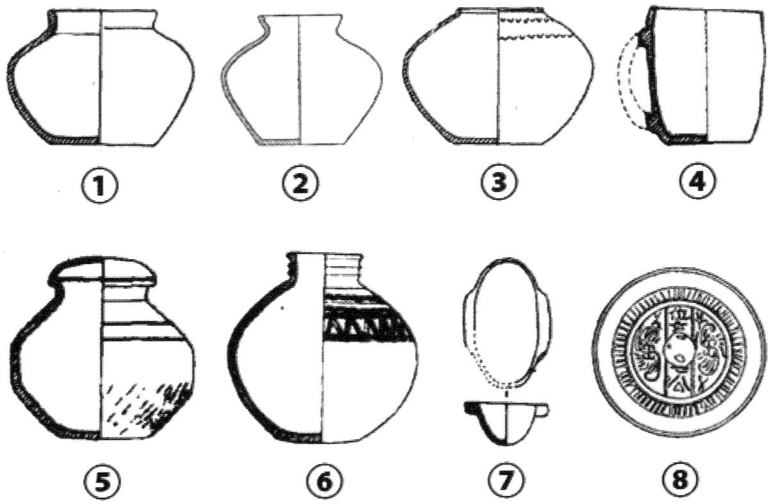

〈그림 13〉 요동지역 한진시기 고분 출토 유물
(①③馬圈子: 洪剛等, 1993; ②⑧三道壕: 鄒寶庫, 1990; ④~⑦東達營子: 許玉林, 1993)

지금까지 살펴본 동한 말기~위진시기의 요서 및 요동지역 고고학문화는 전술한 바와 같이 당시의 역사적인 사정과 밀접히 관련되어 있음은 물론이지만, 요서지역과 달리 요동지역에는 중국 내지의 한족 문화가 시종 지속되고 있는 것이 특징이다. 당시 이들 지역의 정치적 형세는 〈그림 14〉와 같다.

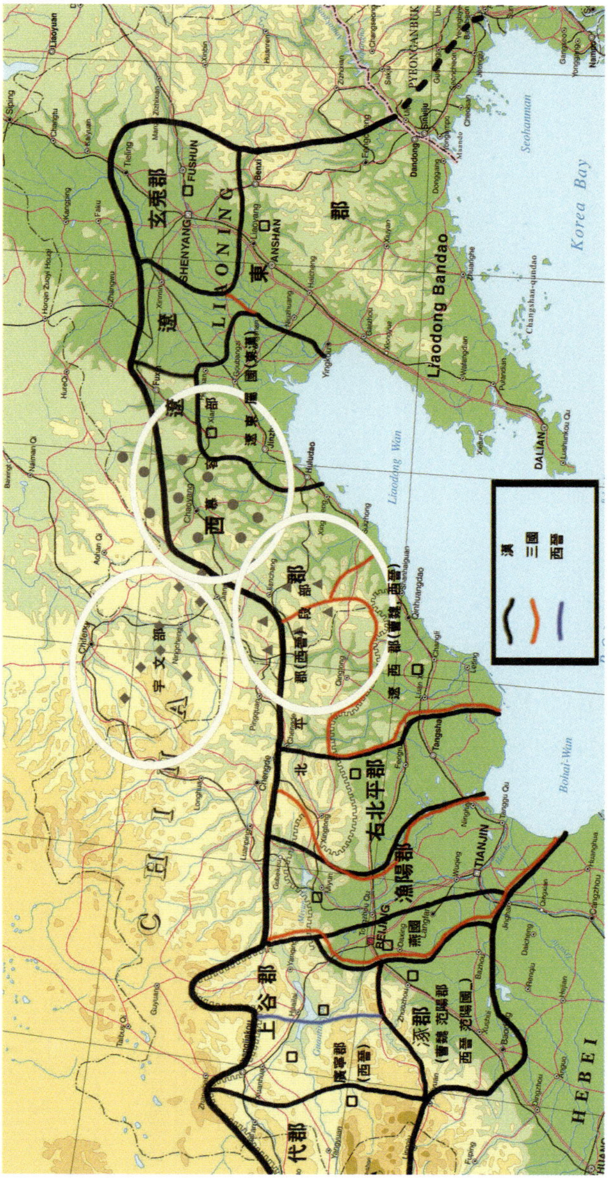

〈그림 14〉 3세기 요서지역 정세(譚其驤, 1982를 토대로 작성)

Ⅳ. 모용선비와 요서

선비족의 원거주지는 따씽안링大興安嶺 동북쪽인데, 서진 초 모용慕容, 우문宇文, 단段, 탁발拓跋, 독발禿髮, 걸복乞伏, 유연柔然, 철불鐵弗, 토곡혼吐谷渾 등 9개의 부족으로 분화되었다. 그 중 모용 · 우문 · 단 등 동부 선비는 동한 말 무렵 우북평, 요서, 요동군 변경으로 남천하였고, 그 가운데 모용부는 요서의 중심지 대소릉하유역에 입거하였다.

238년 조위의 공손씨정권 타멸시에 일익을 담당한 모용외慕容廆는 그 공으로 솔의왕率義王이 되고 극성棘城 북쪽에 왕부를 마련하였다. 285년에는 부여夫餘를 공격하여 도성을 함락시키고 만여 명을 노획하여 역량을 강화하였으며, 294년에 왕부를 극성으로 옮겼다. 극성의 위치에 대해서는 진조우錦州 북방설, 이셴義縣설 등이 있었으나 베이퍄오北票 산관잉쯔三官營子설이 유력하다(田立坤, 1996). 전술한 베이퍄오北票 긴링스金嶺寺 건축유적이 모용외 왕부와 관련되는 것이다.

서진 말 '팔왕의 난'에 이어 '영가永嘉의 난' 등 전란에 빠진 중원지역에서 발생한 유이민이 대거 요서지역 등으로 유입되면서 313년에는 이들을 안치하기 위한 교군僑郡을 설치하기도 하였다.[7] 한족 출신 사족들을 적극적으로 받아들이기 위한 노력으로서 당시 한족 정권의 정통으로 여기던 동진東晉으로부터 연왕燕王을 제수받기 위한 외교활동도 벌였다. 그러한 사정을 보여주는 고고학자료가 진조우 이외李廆묘 출토 묘지에 쓰인 동진 연호이다. 324년에 사망한 이외의 묘지에 보이는 "영창3년永昌三年"은 실제로는 태녕太寧 2년에 해당하는 것으로, '영창'은 원제元帝의 연호로 사망과 더불어 폐지되고 계위한 명제明帝가 '태녕'으로 개호한 사실을 몰각하고 있었던 것이다. 이외가 한족출신이기는 하나 당시 모용씨 정권이 동진의 연호를 사용하고 있었던 점으로써 그러한 정황을 알 수 있게 한다(辛發等, 1995).

337년에 이르러 마침내 모용황慕容皝이 연왕을 칭하면서 정식으로 정권을 수립하고, 342년 지금의 차오양인 룽청龍城으로 천도하였다. 346년 모용황은 세자 모용준慕容儁 등으로써 부여를 공격하여 5만여 구를 노획 천사遷徙하였다. 349년 모용준慕容儁이 참위僭位하면서 지금의 베이징 서쪽 계薊에 도읍을 옮겼다가, 352년 업鄴에서 마침내 칭제稱帝하니 이것이 전연이다. 그 후 얼마 지나지 않아 370년 전진前秦에 항복함으로써 전연은 막을 내린다. '비수지전淝水之戰'에서 전진이 동진에 패하면서 모용수慕容垂가 다시 정권을 회복한 것이 후연後燕인데, 이때의 도성은 업성이다.

407년 고구려계의 고운高雲이 한족인 풍발馮跋의 지원으로 룽청에서 후연

---

7) 『진서(晉書)』 모용황재기(慕容皝載記)에 등장하는 기실참군(記室參軍) 봉유(封裕)의 부 봉추(封抽)는 이때 모용씨에 귀부한 중원 사족 출신이다(仇鹿鳴, 2007). 교군 '발해군(渤海郡)'에 안치되는 것으로 보아 지금의 산동북부 더조우(德州)와 톈진 부근 출신 한족으로 생각된다.

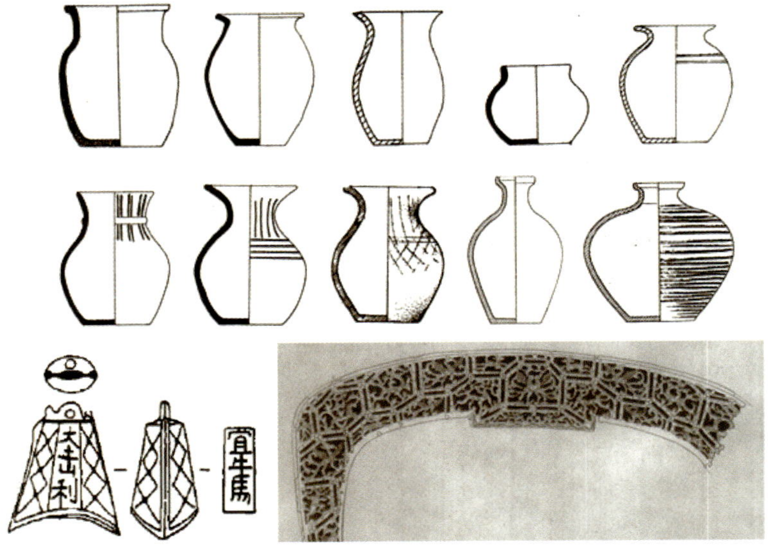

〈그림 15〉 요서지역 모용선비 고고학문화(토기: 吳松岩, 2010; 금속기: 田立坤 · 李智, 1994)

의 후계자가 되고, 곧 이어 정권이 풍발의 수중에 들어가면서 북연北燕이 된다. 436년 북연이 북위에 멸망됨으로써 약 100년간의 전연 · 후연 · 북연의 이른바 삼연三燕의 시대가 막을 내린다.[8]

요서지역에 남아 있는 모용선비의 고고학문화는 3세기 초 이래 초기 단계와 전연 시기의 것이 주를 이루지만, 지금까지 확인된 분묘유적을 통해 보면 정도의 차이는 있으나 대체로 삼연 전시기에 걸쳐 있다. 이른 시기 선비의 고고학문화 및 요서지역 선비 고고학문화에 대한 관련 연구들을(陳

8) 삼연(三燕) 약사(略史)는 陳平, 1998,「遼西三燕墓葬論述」,『內蒙古文物考古』第2期를 참고하여 필요한 사항을 보충한 한 것이다.

平, 1998; 嗚松岩, 2010) 통해 그 면모를 살펴볼 수 있다.

묘제는 기본적으로 두관족협頭寬足狹의 사다리꼴 평면의 수혈식 토광, 석곽묘가 주종을 이룬다. 이는 한족과 구분되는 선비무덤의 뚜렷한 특징 가운데 하나이다. 일부 석실묘도 있으며, 벽화가 있는 경우도 있으나 이들은 한족으로부터 수용한 문화 요소들이다. 선비족의 고고학문화의 고유성은 특히 토기에서 잘 나타난다. 앞 서 본 동시기 중국 내지의 토기와 비교해보면 기종 구성 및 기형상의 차이점을 쉽게 알 수 있다. 목이 있는 약간 긴 몸체의 토기의 경부와 동체 상반부에는 주로 암문暗紋이 시문되어 있는데, 이는 선비 토기의 특징이라 할 수 있다. 일부 직구호나 양이호와 같은 외래기원 요소도 발견되나 그 비중은 작다.

V. 맺음말

서두에 밝힌 바처럼 본고는 '요서백제' 문제에 대한 고고학적 접근의 가능성을 타진하기 위해 요서지역에 대한 역대 고고학문화의 내용을 일별해 보는 것을 목표로 하였다. 대상 기간 범위를 전국戰國시대부터 삼연三燕까지로 설정해 대략적인 전개 과정을 짚어 보려 하였으나 약 1,000년이 넘는 긴 기간이라는 시간 폭으로 인해 충분한 심도를 유지하기 어려웠다. 이제 그 과정에서 얻은 필자의 소회를 정리함으로써 본고를 맺고자 한다.

첫째, 요서라는 지역의 지리적 역사적 특성과 관련된 것이다. 이 지역은 요하遼河에 의해 형성된 광활한 충적지대가 따씽안링 및 옌산산지와 접하는 지점에 해당하는 곳으로서 신석기시대 이래 극동아시아농렵구와는 일정한 차이를 가지고 있었던 지역이다. 청동기시대 요동산지, 즉 극동아시아농렵구에서 형성된 비파형동검문화가 랴오허 중류지역을 거쳐 요서지역까지 확산된 적 있으나 기원전 4세기 전국중기에 연燕 문화가 확산되어 그것을 대체하였다. 전국만기에 그 추세가 랴오둥산지 지역까지 확산된 이후 주요 교통요지에 연 5군이 설치되고 그것이 진秦 · 한漢 교체기는 물론 서한西漢 기간에도 지속되면서 중국 내지의 한족 문화 확산의 거점으로 작용하였다. 동한 말기 중원의 혼란이 지속되는 가운데 오환烏桓, 선비鮮卑 등 새외 유목민족들이 남하하면서 요서지역의 고고학문화는 비한족 문화가 점차 우세하기 시작하였으나 상대적으로 안정을 유지한 요동군 영역에는 여전히 하북河北 및 산동山東 지역 중심의 한족 문화가 온존하였다.

둘째, 요서지역의 역대 고고학문화 가운데 한반도 삼국의 백제百濟와 관련성을 상정할 수 있는 사항의 존재 여부에 대한 것이다. '요서백제' 문제와 관련한 가장 이른 시기의 문헌기록인 『진서晉書』 모용황재기慕容皝載記의 기년을 기준으로 하면 342년 이전에 요서지역에 '백제'가 존재한 것이지만, 그와 관련된 고고학적 실체를 찾기는 어려웠다.

그러나 이전 필자도 주목한 바 있듯 백제토기의 대표적인 기종 가운데 하나인 직구단경호나 직구광견호 등의 기종은 요서 및 요동지역에 분포하고 있어 백제 국가 성립기 이들 지역과의 인적 왕래는 충분히 상정된다. 그와 관련해 필자는 『진서』 마한조에 보이는 바와 같이 서진과 한반도내 삼한 지역정치체들 사이의 견사遣使 등 장거리 교섭과 관련된 것으로 보았다. 본고를 통해 다시 검토하는 과정에서 그러한 백제기종의 특징은 대체로 동한 만기 무렵 산동지역의 토기문화와 더욱 밀접하다는 것이 확인되었다. 물론 산동에서 백제로 직결되는 것이 아니라 요서나 요동을 통해 재수용된 것으로 보는 것이 타당할 것이다.

아무튼, 이러한 맥락에서 주목되는 것은 백제 국가 성립기 마한 지역의 지역정치체에서 확인되는 물질문화 가운데서도 요서 및 요동지역의 고고학문화와 관련성이 상정될 수 있는 것이 있다는 점이다. 최근 청주 오송에서 발견된 이배耳杯, 봉명동 출토 토제 솥 및 표형瓢形토기 등이 그에 해당된다. 한편, 요서지역에 진입한 모용선비慕容鮮卑에서 기원한 고고학자료도 동시기 백제영역에서 보이고 있다. 청주 봉명동 출토 '대길大吉' 명 동탁도 그 예일 것이다. 시기적으로 조금 늦을지 모르나 한성기 백제 특유의 이른바 '전문錢紋' 와당 역시 전연 · 후연 시기의 그것과 밀접한 관련이 있다. 이점에 대해서는 별고를 기약하고자 한다.

마지막으로, '요서백제' 문제의 본질과는 별개의 사항이지만, 위에서 본 물질문화의 이동과 관련한 인적왕래는 해상을 통한 장거리교섭에 필수적인 항로 및 그에 수반된 기항지와 관련한 문제이다. 백제을 비롯한 한반도 지역정치체들이 랴오양에 위치한 서진의 동이교위부東夷校尉府를 내왕하는 과정에서 요동반도 일대에는 기항지와 상륙항 등이 존재하였을 것이다. 그러한 곳에는 물길에 밝고 항해에 필요한 유무형의 재화와 용역을 제공하는 세력이 있기 마련이다. 한반도 남해안 일대에 분포하고 있는 일본열도와 밀접한 고고학문화들을 상정하면 그에 상응하는 인적 고고학적 자료가 요동반도 등지의 기항지나 종착항에도 존재하였을 것이다.

참고문헌 |

仇鹿鳴, 2007,「僑郡改置與前燕政權中的胡漢關係」,『中國歷史地理叢書』第4期.

喬梁, 2010,「燕文化進入前的遼西」,『內蒙古文物考古』第2期.

靳楓毅, 1982,「論中國東北地區含曲刃靑銅短劍的文化遺存上」,『考古學報』第4期.

郭大順 · 張星德, 2005,「西周到春秋戰國之際燕北地區的三大文化集團」,『東北文化與幽燕文明』, 江蘇教育出版社.

金憲淑, 2000,「"百濟略有遼西"記事初探」,『延邊大學學報社會科學版』第3期.

孟昭永 · 王子玉, 1991,「河北玉田縣大李庄村漢墓淸理簡報」,『文物春秋』第1期.

譚其驤, 1982,『中國歷史地圖集』第二册 · 第三册, 中國地圖出版社.

朴淳發, 2001,『漢城百濟의 誕生』, 서경문화사.

______, 2015,「極東亞細亞 農獵區 設定」,『百濟硏究』第61輯.

相軍, 2010,「天津薊縣西關漢墓2006年發掘簡報」,『內蒙古文物考古』第1期.

宋蓉, 2009,『漢代郡國分制的考古學硏究』, 吉林大學博士學位論文.

辛發等, 1995,「錦州前燕李廆墓淸理簡報」,『文物』第6期.

辛岩等, 2010,「遼寧北票金嶺寺魏晉建築遺址發掘報告」,『遼寧考古文集二』, 科學出版社.

安梅梅, 2012,『兩漢魏晉屬國制度硏究』, 中央民族大學博士學位論文.

嗚松岩, 2010,『早期鮮卑墓葬硏究』, 吉林大學博士學位論文.

遼寧省文物考古硏究所, 2013,『姜屯漢墓』, 文物出版社.

遼寧省文物考古硏究所 · 朝陽市博物館, 2010,『朝陽袁台子』, 文物出版社.

劉謙, 1990,「遼寧錦州漢代貝殼墓」,『考古』第8期.

劉德彪 · 嗚磬軍, 2004,『燕下都瓦當硏究』, 河北大學出版社.

王春斌, 2013,『漢代陶器生産技術硏究』, 吉林大學博士學位論文.

王海, 2013,「燕秦漢時期遼西走廊考」,『咸陽師範學院學報』第5期.

張天放, 2011,「漢末至東晉初期人口遷徙對遼東地區的影響」, 遼寧大學碩士學位論文.

田立坤, 1996,「棘城新考」,『遼海文物學刊』第2期.

田立坤 · 李智, 1994,「朝陽發現的三燕文化遺物及相關問題」,『文物』第11期.

鄭君雷, 1997,「遼寧錦縣昌盛石槨墓與遼東屬國」,『北坊文物』第2期.

______, 2001,「戰國時期燕墓陶器的初步分析」,『考古學報』第3期.

趙賓福, 2009,「遼西山地地區考古學文化的分期與編年」,『中國東北地區夏至戰國時期的考古學文化研究』, 科學出版社.

朱永剛, 1997,「大小凌河流域含曲刃短劍遺存的考古學文化及相關問題」,『內蒙古文物考古文集』2輯, 中國大百科全書出版社.

______, 2000,「錦西部集屯小荒地出土的曲刃青銅短劍與屠何故城」,『文物春秋』第1期.

周海峰, 2011,『燕文化研究-以遺址˙墓葬爲中心的考古學考察-』, 吉林大學博士學位論文.

陳平, 1998,「遼西三燕墓葬論述」,『內蒙古文物考古』第2期.

鄒寶庫, 1990,「遼陽三道壕西晉墓清理簡報」,『考古』第4期.

韓昇, 1995,「"魏伐百濟"與南北朝時期東亞國際關係」,『歷史研究』第3期.

許玉林, 1993,「遼寧盖縣東漢墓」,『文物』第4期.

洪剛等, 1993,「遼寧瓦房店市馬圈子漢魏晉墓發掘」,『考古』第1期.

주제발표 3

16국시대 요서(遼西)의 인구 증감과 전연(前燕) · 후연(後燕) · 북연(北燕)의 대응

최 진 열 한국전통문화대학교

Ⅰ. 서론

Ⅱ. 모용부(慕容部) · 전연(前燕) 치하 요서(遼西)

Ⅲ. 후연(後燕) · 북연(北燕) 치하의 요서(遼西)

Ⅳ. 결론

Ⅰ. 서론

16국시대[1] 모용씨慕容氏는 전연前燕과 후연後燕, 남연南燕, 서연西燕 네 나라를 세웠다. 서연을 제외한 앞의 세 나라가 16국에 해당한다. 한 집단이 네 개의 나라를 세운 것은 이 시대에 모용부慕容部를 제외하면 없다. 『진서晉書』에는 막호발莫護跋이 모용부 최초의 우두머리로 등장하며, 그의 증손 모용외慕容廆가 영가永嘉의 난이라는 혼란을 틈타 요서遼西 지역을 중심으로 세력을 확대하였다. 모용외의 아들 모용황慕容皝은 요동遼東과 요서를 지배하고

1) 서진(西晉)이 망하고 흉노(匈奴) · 선비(鮮卑) · 갈(羯) · 강(羌) · 저(氐) 등이 화북(華北) 지방에서 나라를 세우며 흥망성쇠를 반복했던 시대를 일반적으로 5호 16국시대(五胡十六國時代)라고 한다. 그러나 16국 가운데 전량(前涼), 서량(西涼), 북연(北燕)은 한인(漢人, 중국인)이 세운 나라이므로 5호(五胡)가 세운 16국이라는 뜻은 논리적으로 성립하지 않는다. 따라서 중국에서는 이 시대 명칭을 '16국시대(十六國時期)'라고 하며, 남방의 '정통왕조' 동진(東晉)과 합쳐서 동진 · 십육국시대(東晉十六國時代)라고 한다. 본래 중국에서 사용하는 시대 명칭은 사서에서 따온 경우가 많고, 16국 역시 북위(北魏) 시대의 사학자 최홍(崔鴻)의 『십육국춘추(十六國春秋)』에서 따왔기 때문에 중국학계에서 사용하는 것처럼 16국시대가 이 시대를 대표하는 적절한 시대 명칭이다. 따라서 본고에서는 '5호 16국시대'보다 16국시대로 표기한다. 다만 이민족이 세운 나라를 강조할 경우 '오호제국(五胡諸國)'이라고도 표기한다.

수도를 용성龍城으로 옮겼다. 그리고 연왕燕王을 자칭했으며 우문부宇文部와 단부段部를 정복하고 고구려와 부여에 치명적인 패배를 안겼다. 모용황의 아들 모용준慕容儁은 후조後趙의 군주 석호石虎가 죽고 후조가 분열한 상황을 이용하여 하북河北으로 진격하여 황하 중하류를 정복하였다. 그러나 그의 아들 모용위慕容暐 시기인 370년에 전진前秦에 망하였다. 이를 전연前燕이라고 한다. 화북華北을 통일한 전진의 군주 부견苻堅이 중국을 통일하고자 남방의 동진東晉을 공격했으나, 383년 비수淝水의 전투에서 패하였다. 이후 전진이 분열하자 모용수慕容垂가 독립하였다. 이를 후연後燕이라고 한다. 후연은 모용수의 아들 모용보慕容寶 시기에 북위北魏에 하북 지역을 빼앗기고 용성으로 쫓겨났고 모용희慕容熙가 풍발馮跋에게 살해되면서 망하였다.[2]

선비鮮卑 모용부慕容部는 한국고대사에 자주 등장하는 이름이다. 3-4세기 고구려가 요동으로 진출할 때 부딪혔던 세력이 바로 모용부와 모용부가 세운 전연과 후연이었다. 모용황은 고구려의 수도를 함락하고 고국원왕의 아버지 미천왕의 시신과 태후 및 왕후王后를 사로잡아 결국 고국원왕의 항복을 받았다. 고국원왕의 손자 광개토대왕廣開土大王은 후연과의 전쟁에서 승리하고 요수遼水 서쪽의 숙군성宿軍城과 연군燕郡까지 진격하기도 했다. 이처럼 모용부와 요서는 고구려 역사에서 뗄 수 없는 관계였기 때문에 중국사 연구자뿐만 아니라 한국고대사 연구자에게도 관심의 대상이었다. 따라서 모용씨가 세운 전연과 후연, 혹은 고구려와 모용부(전연, 후연)의 관계 등에

2) 谷川道雄, 「慕容國家における君權と部族制」, 『隋唐帝國形成史論』, 東京: 筑摩書房, 1971(原載 「慕容燕の權力構造-とくに前燕を中心として-」, 『名古屋大學文學部硏究論集』 29, 1963), 68-75쪽.

대한 연구성과가 늘어났다.[3]

전연前燕 · 후연後燕에 대한 선행연구는 정치 · 제도, 대외관계, 문화, 기타 등으로 나눌 수 있다. 먼저 전연 · 후연의 정치나 제도에 관한 연구는 모용부慕容部의 확장,[4] 전연의 정치,[5] 후연의 정치,[6] 북연北燕의 정치,[7] 전연 · 후연

---

3) 전연(前燕)과 후연(後燕)을 포함한 16국시대(十六國時代) 제연(諸燕)의 선행연구 정리는 高然, 「20世紀以來五燕史研究綜述」, 『中國史研究動態』 2010-5, 2010 참조.

4) 關尾史郎, 「前燕政權成立(337~370年)の前提」, 『歷史學研究』 488, 1981, 12왼쪽-21오른쪽; 金成淑, 「試論慕容鮮卑的形成」, 『遼寧大學學報』 1998-3(總第151期), 1998; 蔣福亞, 「論鮮卑慕容部的封建化」, 『魏晉南北朝經濟史探』, 蘭州: 甘肅人民出版社, 2003; 牟晨霞, 「慕容鮮卑諸燕社會進程初探」, 『和田師範專科學校學報(漢文綜合版)』 27-6(總第50期), 2007; 三崎良章, 「慕容廆の遼西支配」, 記念論叢刊行會 編, 『福井重雅先生古稀 · 退職記念論集 古代東アジア史の社會と文化』, 東京: 汲古書院, 2007.

5) 馮家昇, 「慕容氏建國始末」, 『禹貢半月刊』 3-11, 1935; 邸富生, 「前燕初探」, 『遼寧師院學報』 1981-4, 1981.

6) 이춘호, 「五胡時期關中燕人의 '復燕'과 그 性格-慕容西燕의 건국과 그 역사적 의미에 대한 고찰-」, 『동북아역사논총』 35, 2012, 199-248쪽.

7) 大澤陽典, 「慕容燕から馮燕へ」, 『立命館文學』 418~421, 1980; 邱敏, 「慕容眈迁都龙城年代考异」, 『徐州师范大学学报(哲学社会科学版)』 1981-4, 1981; 池培善, 「北燕에 대하여(Ⅰ)~高句麗王族後裔 高雲과 그 在位時를 中心으로」, 『東方學志』 54~56, 1987; 동씨, 「北燕에 대하여(Ⅱ)-馮跋과 그 在位時를 중심으로-」, 『동양사학연구』 29, 1989, 141-194쪽; 張金龍, 「北燕政治史四題」, 『南都學壇』 1997-4, 1997(『北魏政治與制度論稿』, 蘭州: 甘肅教育出版社, 2002에 수록); 李椿浩, 「五胡時期 北燕(407-436)의 建國과 君主權-高雲 · 馮跋의 天王 즉위와 '二十三人結謀者'의 권력계층 構成을 중심으로-」, 『중국고중세사연구』 25, 2011, 223-266쪽.

의 지배방식,[8] 전연 · 후연의 군주권,[9] 전연 · 후연의 제도,[10] 전연 · 후연과 한인漢人 호족豪族의 관계,[11] 모용부의 요서 지배,[12] 전연의 토착인과 외래인 관계[13] 등을 다루었다. 다음으로 전연 · 후연의 대외관계는 전연의 근왕정책

8) 谷川道雄, 「慕容燕の權力構造-とくに前燕を中心として-」, 『名古屋大學文學部研究論集』 29, 1963; 田村實造, 「ボョウ王國の成立と性格」, 『東洋史研究』 11-2, 1951; 同氏, 「東アジアの民族移動-前期(五胡時代)の政治と社會を中心として-」, 『京都大學文學部研究紀要』 12, 1968; 小林聰, 「慕容政權の支配構造の特質-政治過程の檢討と支配層の分析を通して-」, 『九州大學東洋史論集』 16, 1988; 여호규, 「4세기-5세기 초 高句麗와 慕容'燕'의 영역확장과 지배방식 비교」, 『한국고대사연구』 67, 2012, 81-123쪽.

9) 谷川道雄, 「慕容國家における君權と部族制」, 68-99쪽; 姚宏杰, 「君位傳承與前燕 · 後燕政治」, 開封: 『史學月刊』 2004-3, 2004(K22 魏晉南北朝隋唐史 2004-4, 2004); 彭豐文, 「圍繞前燕政權的國家認同: 一種基于共同政治信仰和政治利益的認同模式」, 『兩晉時期國家認同研究』, 北京: 民族出版社, 2009.

10) 三崎良章, 「前燕の官僚機構について」, 『史觀』 122, 1990; 三崎良章, 「後燕 · 南燕の官僚機構について」, 『早稻田大學本庄高等學院研究紀要』 10, 1992; 何寧生, 「論後燕的法制」, 『西北大學學報(哲學社會科學版)』 33-3, 2003; 이춘호, 「'統府'體制와 後燕 · 南燕의 建國」, 『東方學(韓瑞大學校 東洋古典研究所)』 15, 2008; 同氏, 「五胡十六國時期 後燕의 中樞之官에 關한 研究」, 『중국고중세사연구』 19, 2008, 257-307쪽; 陳琳國, 「十六國時期的"軍封" · 營戶與依附關係」, 『華僑大學學報(哲學社會科學版)』 2008-1, 2008; 楊龍, 「試論十六國時期前燕的人口管理」, 『東北史地』 2008-4, 2008.

11) 飯塚勝重, 「慕容部の漢人政策についての一考察～前燕國成立以前を中心として」, 『東洋史學論集』 3, 1954; 小林聰, 「慕容政權の支配構造の特質-政治過程の檢討と支配層の分析を通して-」, 『九州大學東洋史論集』 16, 1988; 劉國石, 「鮮卑慕容氏與趙魏士族」, 『吉林大學社會科學學報』 1997-5, 1997.

12) 三崎良章, 「慕容廆の遼西支配」, 記念論叢刊行會 編, 『福井重雅先生古稀 · 退職記念論集 古代東アジア史の社會と文化』, 東京: 汲古書院, 2007.

13) 李海葉, 「慕容氏遼東政權的"僑土"關係」, 『內蒙古大學學報(人文社會科學版)』 37-3, 2005, 109왼쪽-113오른쪽; 仇鹿鳴, 「僑郡改置與前燕政權中的胡漢關係」, 『中國歷史地理論叢』 22-4, 2007, 94왼쪽-99오른쪽.

(전연과 동진의 외교),[14] 후연과 북위北魏의 관계,[15] 고구려와 전연의 관계,[16] 고구려와 후연의 관계,[17] 고구려와 전연 · 후연의 관계,[18] 고구려와 전연 · 후

14) 蔣福亞,「劉淵的'漢'旗號和慕容廆的'晉'旗號」,『北京師院學報』 1979-4, 1979(K2 中國古代史 1980-4, 1980); 池培善,「東晉과 前燕의 관계에 대하여-前燕 慕容廆 재위시를 중심으로-」,『동양사학연구』 62, 1998, 1-38쪽; 同氏,「慕容廆在位時前燕和東晋的關係」, 六朝文化國際學術研討會暨中國魏晉南北朝史學會第六屆年會論文, 1998; 李椿浩,「五胡時期 慕容前燕의 建國과 그 性格-'勤王'의 출현 및 그 運用을 중심으로-」,『동양사학연구』 113, 2010, 69-112쪽.

15) 韓雪松,「試論北魏與後燕的關係」,『長春師範學院學報(人文社會科學版)』 27-6, 2008; 李海葉,「拓跋鮮卑與慕容氏的關係及北魏初年的政治變亂」,『內蒙古師範大學學報』 37-5, 2008.

16) 金英珠,「高句麗 故國原王代의 對前燕關係」,『北岳史論』 4, 1997; 姜仙,「고구려와 전연의 관계에 대한 고찰」,『고구려발해연구』 11, 2001; 金洪培,「略論高句麗與慕容鮮卑的早期關係」,『인문과학연구』 30, 2011, 165-184쪽; 박세이,「4세기 慕容鮮卑 前燕의 성장과 고구려의 대응」,『한국고대사연구』 73, 2014, 41-77쪽.

17) 여호규,「4세기 동아시아 국제질서와 고구려 대외정책의 변화」,『역사와현실』 36, 2000; 金洪培,「略論高句麗與慕容鮮卑的早期關係」,『인문과학연구』 30, 2011, 165-184쪽; 李成制,「4世紀 末 高句麗와 後燕의 關係-396년 後燕의 廣開土王 册封 問題를 중심으로-」,『한국고대사연구』 68, 2012, 35-66쪽; 李明仁,「고구려 광개토왕 시기 慕容鮮卑와의 관계 및 문화교류」,『한국고대사연구』 67, 2012, 247-267쪽.

18) 姜仙,「五胡十六國의 關係-後燕 · 北燕과의 關係를 中心으로-」,『고구려발해연구』 14, 2002, 273-287쪽; 孔錫龜,「고구려와 모용 '燕'의 갈등 그리고 교류」,『강좌 한국고대사』, 가락국사적개발연구원, 2003; 여호규,「高句麗와 慕容燕의 조공 · 책봉관계 연구」,『한국고대국가와 중국왕조의 조공 · 책봉관계』, 동북아역사재단, 2006.

연의 전쟁,[19] 북연의 대외관계,[20] 전연 · 후연의 종족種族 문제[21] 등으로 나눌 수 있다. 이어서 문화에 대한 연구로 전연 · 후연의 지배층인 선비인鮮卑人의 한화漢化,[22] 혹은 호화胡化[23]를 다루거나 전연 · 후연의 음악[24]을 다룬 연구가 있다. 마지막으로 전연의 둔전屯田[25]을 다룬 연구가 있다. 선행연구의 추세를

---

19) 徐炳國, 「百濟와 高句麗의 遼西統治」, 『역사와실학』 19 · 20, 2001, 45-69쪽; 이홍두, 「高句麗의 鮮卑族戰爭과 騎兵戰術-특히 前燕 · 後燕 · 隋戰爭을 중심으로-」, 『사학연구』 75, 2004, 1-23쪽; 공석구, 「고구려와 모용 '연'의 전쟁과 그 의미」, 『동북아역사논총』 15, 2007, 57-101쪽; 池培善, 「高句麗와 鮮卑의 전쟁-慕容廆와 慕容皝을 중심으로-」, 『고구려발해연구』 24, 2006, 71-88쪽; 공석구, 「고구려와 모용연의 전쟁과 그 의미」, 『동북아역사논총』 15, 2007; 신정훈, 「高句麗 廣開土王代의 稗麗 征討와 後燕과의 冊封이 가진 의미」, 『중앙사론』 37, 2013, 5-39쪽; 박세이, 「광개토왕의 遼西 공략과 後燕 관계」, 『지역과 역사』 36, 2015, 37-62쪽.

20) 池培善, 「北燕에 대하여(Ⅲ)-馮弘 재위시와 對高句麗관계를 중심으로-」, 『동양사학연구』 32, 1990, 1-57쪽; 시노하라 히로카타, 「북연을 둘러싼 고구려의 정책과 국제질서인식-대북위, 대송관계를 중심으로」, 『한국사학보』 36, 2009, 193-234쪽.

21) 三崎良章, 「五胡十六國時代における遼東 · 遼西地方の民族構成の變化について」, 『早稻田大學本庄高等學院 研究紀要』 16, 1998; 三崎良章, 「"十六國"與烏桓-特別以烏桓與三燕的關係爲中心-」, 中國魏晉南北朝史學會 · 山西大學歷史文化學院 編, 『中國魏晉南北朝史學會第十屆年會暨國際學術研討會論文集』, 太原: 北岳文藝出版社, 2012.

22) 李森, 「鮮卑慕容氏諸燕漢化考述」, 『濰坊教育學院學報』 1998-4(總第30期), 1998; 鄭小容, 「慕容廆漢化改革略述」, 『西南民族大学学报(人文社科版)』 2005-1, 2005; 鄭小容, 「略述十六國時期慕容鮮卑文化的深層變化」, 中國魏晉南北朝史學會 · 四川大學歷史文化學院 編, 『魏晉南北朝史論文集』, 成都: 巴蜀書社, 2006; 劉桂馨, 「淺析漢文化對朝陽三燕 · 北魏的影響」, 『文化學刊』 2008-6(總第14期), 2008; 牟晨霞 · 李寶通, 「慕容鮮卑漢化程度探析」, 『產業與科技論壇』 7-4, 2008.

23) 鄭小容, 「慕容鮮卑漢化過程中所保留的本族文化」, 『西南民族大學學報 · 人文社科版』 26, 2005.

24) 黎虎, 「慕容鮮卑音樂論略」, 『魏晉南北朝史論』, 北京: 學苑出版社, 1999; 黎虎 · 金成淑, 「慕容鮮卑音樂論略」, 『中國史研究』 2000-2, 2000(K22 魏晉南北朝隋唐史 2001-2, 2001); 高人雄, 「十六國時期的慕容鮮卑歌」, 『西域研究』 2006-2, 2006.

25) 谷川道雄, 「慕容燕の權力構造-とくに前燕を中心として-」, 『名古屋大學文學部研究論集』 29, 1963; 關尾史郎, 「前燕'屯田'政策に關する二～三の問題」, 『上智史學』 22, 1977.

종합하면, 전연·후연과 주변 나라의 외교관계 혹은 전쟁에 대한 연구가 많다. 이는 고구려와 전연·후연이 서로 전쟁과 외교관계를 맺으면서 발전했기 때문에 한국고대사 연구자들의 주요 관심사였기 때문이다.

선행연구 가운데 모용부慕容部-전연前燕이 지배했던 요서 지역[26]에 관심을 가진 연구는 적다. 모용외 시기의 불완전한 요서 지배의 한계[27]나 모용부-전연과 요서 지역으로 몰려든 유민流民과 토착인의 문제,[28] 요동과 요서의 종족種族 문제,[29] 혹은 요서 지배 시기의 지역지배,[30] 요서를 지배한 단씨段氏(단부段部 혹은 단국段國이라고 함)[31]에 천착한 연구가 눈에 띈다. 필자는 전연이 요동·요서를 지배하다가 중원中原으로 팽창하게 된 원인을 찾던 중 모용부가 지배하던 요동·요서 지역에 16국시대十六國時代 장강長江 유역과 함께 영가의 난 이후 유민이 몰려든 지역이었음에 주목하였다. 요서 지역이 본래 인구가 적었던 변경지역이었음을 고려하면 갑자기 증가한 인구

26) 본고에서 다룬 '요서(遼西)'는 전한시대(前漢時代) 요서군(遼西郡)에 해당하는 지역이 아니라 요수(遼水)의 동쪽과 유수(濡水: 현재의 灤河) 서쪽 지역을 지칭한다.

27) 三崎良章, 「慕容廆の遼西支配」, 記念論叢刊行會 編, 『福井重雅先生古稀·退職記念論集 古代東アジア史の社會と文化』, 東京: 汲古書院, 2007.

28) 李海葉, 「慕容氏遼東政權的"僑土"關係」, 109왼쪽-113오른쪽; 仇鹿鳴, 「僑郡改置與前燕政權中的胡漢關係」, 94왼쪽-99오른쪽.

29) 三崎良章, 「五胡十六國時代における遼東·遼西地方の民族構成の變化について」, 『早稻田大學本庄高等學院 研究紀要』 16, 1998.

30) 여호규, 「4세기-5세기 초 高句麗와 慕容'燕'의 영역확장과 지배방식 비교」, 81-123쪽.

31) 志田不動麿, 「遼西鮮卑段氏考」, 『池內博士還曆記念東洋史論叢』, 1940; 邱久榮, 「鮮卑段部世系考略」, 『社會科學戰線』 1985-1, 1985; 池培善, 「段氏에 대하여」, 『漢城史學』 3, 1985; 李柏齡, 「鮮卑段遼自保之密雲山考」, 『北方文物』 1986-1, 1986; 張雲, 「鮮卑段部歷史初探」, 『東北地方史研究』 1988-1, 1988; 孟志偉, 「鮮卑段國史考」, 『牧丹江師範學院學報(哲學社會科學版)』 1997-2, 1997; 辛迪, 「段氏鮮卑起源考」, 『內蒙古大學學報(人文社會科學版)』 2005-1, 2005.

는 정치와 경제에 큰 영향을 줄 것임을 쉽게 생각할 수 있다. 특히 전연의 강성과 남진이 요서 지역의 인구 증가 및 농업 문제와 관계가 있을 것이라는 가설을 세우게 되었다. 필자는 이 점에 주목하여 모용부, 즉 전연과 후연의 흥망과 요서 일대의 인구 문제를 중심으로 살펴보고자 한다.

먼저 1장에서는 모용부(모용외)와 전연 치하 요서 지역의 상황을 인구 문제를 중심으로 살펴본다. 1절에서는 모용외와 모용황 시기 피정복민의 강제이주와 영가의 난 이후 유민의 요서 유입과 안치安置 문제를 살펴보고, 모용부 치하 요서의 인구를 추산해본다. 2절에서는 봉유封裕의 상소上疏에 보이는 농업 정책을 통해 당시 요서의 인구와 농경 문제의 관계를 검토하려고 한다. 3절에서는 전연의 황하黃河 중하류 정복과 아울러 진행된 지배층 등의 중원中原 내사內徙, 요서 인구의 감소 현상을 검토한다. 2장에서는 후연과 북연 시대 요서의 정치와 인구, 경제문제를 분석한다. 1절에서는 후연의 건국과 팽창, 분열 과정을 조감한다. 이어서 2절에서는 후연 '중산시대中山時代'[32]와 '용성시대龍城時代'[33] 요서의 상황을 인구의 증감 문제를 중심으로 검토한다. 3절에서는 북연 치하 요서의 상황을 내정이나 북위의 북연 공격이 야기한 인구의 감소 문제를 중심으로 살펴본다.

---

32) 후연(後燕)의 역사는 영토와 수도의 위치 등을 중심으로 구분하면 관동(關東, 黃河 중하류)을 지배했던 시기(384-397)와 요서(遼西)의 소국(小國)으로 전락했던 시기(397-407)로 나눌 수 있다. 본고에서는 이 가운데 황하(黃河) 중하류 지역을 지배하고 하북(河北)의 중산(中山)에 수도를 정했던 모용수(慕容垂) 재위 전시기와 모용보(慕容寶)의 재위 전반기를 후연(後燕) '중산시대(中山時代)'(384-397)로 지칭한다.

33) 본고에서는 후연(後燕)이 북위(北魏)에 하북(河北) 지역을 잃고 요서(遼西)로 쫓겨가서 전연(前燕)의 옛 수도 용성(龍城)을 다시 수도로 정했던 모용보(慕容寶) 후반기와 모용성(慕容盛), 모용희(慕容熙) 시기를 후연(後燕) '용성시대(龍城時代)'(397-407)라고 지칭한다.

Ⅱ. 모용부(慕容部)·전연(前燕) 치하 요서(遼西)

1. 사민(徙民)과 유민(流民) 수용

1) 모용외·모용황 치하 정복과 사민(徙民)

『삼국지三國志』「선비전鮮卑傳」에 따르면, 단석괴檀石槐가 나눈 3부部 가운데 중부中部의 대인大人 가운데 모용慕容이 언급되었다.[34] 이 기록을 바탕으로 모용부慕容部가 후한말後漢末 단석괴 시기부터 존재했다고 보기도 한다.[35] 그러나 『진서晉書』「모용외재기慕容廆載記」에 따르면 모용씨는 모용외慕容廆[36]

34) 『三國志』 卷30「魏書」30「鮮卑傳」, 835쪽, "乃分其地爲中東西三部. 從右北平以東至遼, (遼)[東]接夫餘·[濊]貊爲東部, 二十餘邑, 其大人曰彌加·闕機·素利·槐頭. 從右北平以西至上谷爲中部, 十餘邑, 其大人曰柯最·闕居·慕容等, 爲大帥. 從上谷以西至燉煌, 西接烏孫爲西部, 二十餘邑, 其大人曰置鞬落羅·日律推演·宴荔游等, 皆爲大帥, 而制屬檀石槐." 이하 正史類와 『資治通鑑』은 中華書局 標點校勘本에 따른다.

35) 馬長壽, 『烏桓與鮮卑』, 桂林: 廣西師範大學出版社, 2006, 185-186쪽.

36) 『宋書』「鮮卑吐谷渾傳」에서는 慕容廆의 이름을 若洛廆로 표기하였다(『宋書』 卷96「鮮卑吐谷渾傳」, 2369쪽, "父奕洛韓, 有二子, 長曰吐谷渾, 少曰若洛廆.").

의 증조曾祖 막호발莫護跋 시기에 처음으로 활동의 기록이 보인다. 막호발은 삼국시대三國時代 조위曹魏 초기에 제부諸部를 이끌고 요서에 입거入居하였고 조위曹魏 명제明帝 시기의 명장名將 사마의司馬懿를 따라 요동遼東의 공손연公孫淵을 격파하는데 공을 세워 솔의왕率義王에 봉해졌으며, 극성棘城의 북쪽에서 건국하였다. 모용외慕容廆의 조祖 목연木延은 좌현왕左賢王, 부父 섭귀涉歸[37]는 선비선우鮮卑單于에 임명되었다. 섭귀는 요동의 북쪽으로 옮겼다.[38] 모용섭귀慕容涉歸는 태강太康 3년(282) 서진西晉의 엄예嚴詣에게 창려昌黎에서 패하고 1만여 인이 참수되었다.[39] 이를 보면 모용섭귀慕容涉歸 시기의 모용부는 아직 서진에 대적할 세력은 아니었음을 알 수 있다.

모용부慕容部는 모용섭귀慕容涉歸가 죽은 후 계승분쟁이 발생하였다. 『진서』「모용외재기」에 따르면 모용산慕容刪은 조카 모용외慕容廆를 죽이려고 하여 모용외가 도망갔다가 후에 국인國人들이 모용산慕容刪을 살해한 후 모용외慕容廆를 옹립했다고 간단히 기록하였다.[40] 『자치통감』에 따르면, 모용

---

37) 『宋書』「鮮卑吐谷渾傳」에서는 涉歸의 이름을 弈洛韓으로 표기하였다(『宋書』 卷96 「鮮卑吐谷渾傳」, 2369쪽).

38) 『晉書』 卷108 「慕容廆載記」, 2803쪽, "慕容廆字弈洛瓌, 昌黎棘城鮮卑人也. 其先有熊氏之苗裔, 世居北夷, 邑于紫蒙之野, 號曰東胡. 其後與匈奴並盛, 控弦之士二十餘萬, 風俗官號與匈奴略同. 秦漢之際為匈奴所敗, 分保鮮卑山, 因以為號. 曾祖莫護跋, 魏初率其諸部入居遼西, 從宣帝伐公孫氏有功, 拜率義王, 始建國於棘城之北. 時燕代多冠步搖冠, 莫護跋見而好之, 乃斂髮襲冠, 諸部因呼之為步搖, 其後音訛, 遂為慕容焉. 或云慕二儀之德, 繼三光之容, 遂以慕容為氏. 祖木延, 左賢王. 父涉歸, 以全柳城之功, 進拜鮮卑單于, 遷邑於遼東北, 於是漸慕諸夏之風矣."

39) 『資治通鑑』 卷81 「晉紀」3 武帝太康三年條, 2580쪽, "三月, 安北將軍嚴詣敗慕容涉歸於昌黎, 斬獲萬計."

40) 『晉書』 卷108 「慕容廆載記」, 2804쪽, "涉歸死, 其弟耐簒位, 將謀殺廆, 廆亡潛以避禍. 後國人殺耐, 迎廆立之."

섭귀慕容涉歸의 죽음과 모용산慕容刪의 찬탈은 태강 4년(283)에 발생하였고,[41] 태강 6년(285) 모용산慕容刪이 죽고 모용외가 즉위하였다.[42] 여기서 계승분쟁이 끝난 것은 아니었다. 모용외慕容廆는 부인部人들의 다툼 때문에 서형庶兄 토욕혼吐谷渾의 집단과 결별하게 되고, 토욕혼은 서쪽으로 이주하여 음산陰山을 거쳐 상롱上隴에 정착하였다.[43] 주위주周偉洲는 섭귀涉歸(원문의 혁락한弈洛韓)가 태강 4년에 죽었음에 착안하여 토욕혼吐谷渾이 모용부慕容部를 떠난 시기를 태강 4년(283)부터 태강 10년(289) 사이의 기간이라고 고증하였다.[44] 이처럼 모용섭귀慕容涉歸에서 모용외慕容廆로 이어지는 사이에 계승분쟁과 모용부의 분열을 경험했다. 모용외慕容廆는 이를 딛고 285년 요서를 공격한 이후 서진의 변경을 침입하였고, 부여扶餘를 공격하여 만여 인을 생

41) 『資治通鑑』卷81「晉紀」3 武帝太康四年條, 2586쪽, "是歲, 鮮卑慕容涉歸卒. 弟刪簒立, 將殺涉歸子廆, 廆亡匿於遼東徐郁家."

42) 『資治通鑑』卷81「晉紀」3 武帝太康六年條, 2590쪽, "是歲, 慕容刪為其下所殺, 部眾復迎涉歸子廆而立之."

43) 『宋書』卷96「鮮卑吐谷渾傳」, 2369쪽, "阿柴虜吐谷渾, 遼東鮮卑也. 父弈洛韓, 有二子, 長曰吐谷渾, 少曰若洛廆. 若洛廆別為慕容氏. 渾庶長, 廆正嫡. 父在時, 分七百戶與渾, 渾與廆二部俱牧馬, 馬鬪相傷, 廆怒, 遣信謂渾曰: '先公處分, 與兄異部, 牧馬何不相遠, 而致鬪爭相傷?' 渾曰: '馬是畜生, 食草飲水, 春氣發動, 所以致鬪. 鬪在於馬, 而怒及人邪. 乖別甚易, 今當去汝萬里.' 於是擁馬西行, 日移一頓, 頓八十里. 經數頓, 廆悔悟, 深自咎責, 遣舊父老及長史乙那樓追渾令還. 渾曰: '我乃祖以來, 樹德遼右, 又卜筮之言, 先公有二子, 福胙並流子孫. 我是卑庶, 理無並大, 今以馬致別, 殆天所啟. 諸君試擁馬令東, 馬若還東, 我當相隨去.' 樓喜拜曰: '處可寒.' 虜言'處可寒', 宋言爾官家也. 即使所從二千騎共遮馬令回, 不盈三百步, 欻然悲鳴突走, 聲若頹山. 如是者十餘輩, 一向一遠. 樓力屈, 又跪曰: '可寒, 此非復人事.' 渾謂其部落曰: '我兄弟子孫, 並應昌盛, 廆當傳子及曾孫玄孫, 其間可百餘年, 我乃玄孫間始當顯耳.' 於是遂西附陰山. 遭晉亂, 遂得上隴. 後廆追思渾, 作阿干之歌. 鮮卑呼兄為'阿干'. 廆子孫竊號, 以此歌為輦後大曲."

44) 周偉洲, 『吐谷渾史』, 桂林 : 廣西師範大學出版社, 2006, 3-4쪽.

포하였다.[45] 이어서 아들 모용황慕容皝 재위 시기까지 모용부慕容部는 서진西晉, 부여夫餘, 扶餘, 고구려高句麗, 단부段部, 우문부宇文部 등을 공격하여 영토를 확장하였다.

모용외慕容廆는 285년 요서를 공격한 이후 서진의 변경을 공격하였고, 부여를 공격하여 만여 인을 생포하였다.[46] 그러나 당시 모용부慕容部보다 우문부宇文部와 단부段部가 더 강하였고 두 부部는 모용부慕容部를 공격하였다. 단부段部는 서쪽으로 유주幽州(『자치통감』에는 유주 대신 어양漁陽이라고 표기)부터 동쪽으로 요수遼水에 이르는 지역을 지배하며 호胡 · 진晉 3만여 가家, 戶를 거느렸다.[47] 이에 모용외는 자신을 낮추고 후한 재물을 주며 이들을 섬

45) 『晉書』 卷108 「慕容廆載記」, 2804쪽, "初, 涉歸有憾於宇文鮮卑, 廆將修先君之怨, 表請討之. 武帝弗許. 廆怒, 入寇遼西, 殺略甚眾. 帝遣幽州諸軍討廆, 戰于肥如, 廆眾大敗. 自後復掠昌黎, 每歲不絕. 又率眾東伐扶餘, 扶餘王依慮自殺, 廆夷其國城, 驅萬餘人而歸. 東夷校尉何龕遣督護賈沈將迎立依慮之子為王, 廆遣其將孫丁率騎邀之. 沈力戰斬丁, 遂復扶餘之國."; 『十六國春秋輯補』 卷23 「前燕錄」1, 175쪽. 『진서(晉書)』 재기(載記)에는 연도와 월일 표시가 없는 기사가 대부분이다. 반면 『십육국춘추집보(十六國春秋輯補)』에는 기사를 연도순으로 배열하였다. 따라서 사건의 시간적 순서를 살펴보기에는 후자가 편하다. 본문의 기사 가운데 연도와 날짜 표시는 『십육국춘추집보』의 동일 기사와 대조하여 비정하였다. 이하 두 사서의 기사 내용이 비슷한 경우 『십육국춘추집보』의 원문은 생략하고 해당 쪽수만 표기한다.

46) 『晉書』 卷108 「慕容廆載記」, 2804쪽, "初, 涉歸有憾於宇文鮮卑, 廆將修先君之怨, 表請討之. 武帝弗許. 廆怒, 入寇遼西, 殺略甚眾. 帝遣幽州諸軍討廆, 戰于肥如, 廆眾大敗. 自後復掠昌黎, 每歲不絕. 又率眾東伐扶餘, 扶餘王依慮自殺, 廆夷其國城, 驅萬餘人而歸. 東夷校尉何龕遣督護賈沈將迎立依慮之子為王, 廆遣其將孫丁率騎邀之. 沈力戰斬丁, 遂復扶餘之國."; 『十六國春秋輯補』 卷23 「前燕錄」1, 175쪽.

47) 『晉書』 卷63 「段匹磾傳」, 1712쪽, "其地西盡幽州, 東界遼水. 然所統胡晉可三萬餘家, 控弦可四五萬騎, 而與石季龍遞相侵掠, 連兵不息, 竟為季龍所破, 徙其遺黎數萬家於司雍之地."; 『資治通鑑』 卷93 「晉紀」15 明帝太寧三年條, 2939쪽, "段氏自務勿塵以來, 日益強盛, 其地西接漁陽, 東界遼水, 所統胡 · 晉三萬餘戶, 控弦四五萬騎." '호(胡) · 진(晉)'의 '호(胡)'는 단부(段部)를 비롯한 선비계 유목민, '진(晉)'은 서진(西晉)의 백성(중국인)을 지칭한다.

졌다. 그리고 단국段國과 혼인동맹을 맺어야 했다. 태강 10년(289) 정치적 중심지를 도하徒河의 청산靑山으로 옮겼다.[48] 모용외는 이후 원강元康 4년(294) 극성棘城으로 옮겼다. 극성棘城 천도 이후 농업과 뽕나무 재배農桑를 가르쳤으며, 징수하여 창고에 저장한 곡물을 영녕永寧 년간(301-302) 유주幽州에 홍수가 들었을 때 방출하여 유주幽州 사람들을 구제하였다.[49] 그러나 모용외가 지배한 영토는 극성棘城 일대[50]에 불과하였다. 모용외는 건흥원년

48) 『資治通鑑』 卷82「晉紀」4 武帝太康十年條, 2593쪽, "時鮮卑宇文氏 · 段氏方強, 數侵掠廆, 廆卑辭厚幣以事之. 段國于階以女妻廆, 生皝 · 仁 · 昭. 廆以遼東僻遠, 徙居徒河之青山."

49) 『晉書』 卷108「慕容廆載記」, p.2804, "太康十年, 廆又遷于徒河之青山. 廆以大棘城即帝顓頊之墟也, 元康四年乃移居之. 教以農桑, 法制同于上國. 永寧中, 燕垂大水, 廆開倉振給, 幽方獲濟. 天子聞而嘉之, 褒賜命服."; 『十六國春秋輯補』(崔鴻 撰, 湯球 輯補, 王魯一 · 王立華 點校, 濟南: 齊魯書社, 1998) 卷23「前燕錄」1, 175쪽.

50) 기존의 도하(徒何)의 청산(靑山)과 극성(棘城)의 위치 비정은 『通典 · 州郡典』 卷178「州郡」 柳城郡條(『通典 · 州郡典』 卷178「州郡」 柳城郡條, "營州(今理柳城縣.). 殷時爲孤竹國地(漢徒河縣之青山, 在郡城東百九十里. 棘城即顓頊之墟, 在郡城東南一百七十里.).")를 근거로 도하(徒河)의 청산(靑山)을 현재의 의현(義縣) 부근, 극성(棘城)을 현재의 금주시(錦州市) 부근에 해당한다는 견해가 유력하였다(田村實造, 「ボョウ王國の成立と性格」, 『東洋史研究』 11-2, 1951 및 同氏, 『中國史上の民族移動期』, 創文社, 1985 所收(「慕容王國の成立と性格」로 改題)). 장복아(蔣福亞)는 도하(徒河)의 청산(靑山)을 의현(義縣), 대극성(大棘城)을 금주시(錦州市) 부근으로 비정하였다(蔣福亞, 「論鮮卑慕容部的封建化」, 『歷史論叢』 3, 1983; 孫進己 · 馮永謙等 主編, 『東北歷史地理』 第二卷, 哈爾濱: 黑龍江人民出版社, 1989; 譚其驤 主編, 『中國歷史地圖集』 第四册「東晉十六國 · 南北朝時期」, 北京: 地圖出版社, 1982; 鄭小容, 「慕容廆漢化政策略述」, 『西南民族大學學報(人文社科版)』 2005-1, 2005). 그러나 전립곤(田立坤)은 도하(徒河)의 청산(靑山)을 조양시(朝陽市)로부터 의현(義縣)에 이르는 대릉하(大凌河) 양안(兩岸) 지대, 극성(棘城)을 의현(義縣)에서 서쪽의 북표시(北票市) 서부의 삼관영자(三官營子) 유지(遺址)에 비정했다. 삼기양장(三崎良章)은 고고발굴 성과(辛巖 等, 「金嶺寺魏晉時期大型建築群遺址考古發掘獲初步成果」, 『中國文物報』 2001. 1. 31; 遼寧省文物考古研究所 編, 『三燕文物精髓』, 瀋陽: 遼寧民族出版社, 2002; 田立坤, 「關于北票喇嘛洞三燕文化墓地的幾個問題」, 遼寧省文物考古研究所 編, 『遼寧考古文集』, 瀋陽: 遼寧民族出版社, 2003; 遼寧省文物考古研究所 · 朝陽市博物館

建興元年(313) 서진西晉의 유주자사幽州刺史 왕준王浚이 단질륙권段疾陸眷을 공격할 때 탁발의로拓跋猗盧와 함께 왕준의 편에 섰다. 그리고 모용한慕容翰을 보내 단질륙권을 공격하여 도하徒河와 신성新城을 점령하였다. 이어서 요서군遼西郡의 양락현陽樂縣까지 진출했다가 탁발육수拓跋六脩의 패배 사실을 알고 도하徒河에 주둔하였으며, 청산靑山에 방어시설을 구축하였다.[51] 아래의 〈지도 1〉에서 보듯이, 이때 모용외慕容廆의 지배 지역은 극성棘城과 도하徒河 일대에 불과하였다.

모용외慕容廆의 최대 위기는 태흥원년太興元年(318) 서진西晉의 평주자사平州刺史 최비崔毖가 고구려高句麗, 우문부宇文部, 단국段國과 연합하여 모용부慕容部를 공격하여 영토를 분할하려고 한 시도였다. 고구려와 우문부宇文部, 단국段國은 극성棘城을 포위하였으나, 모용외가 우문부宇文部를 우대하는 척하며 이간질을 펴자 고구려와 우문부宇文部는 포위를 풀고 돌아갔다. 오히려 모용부의 역습을 받아 패한 최비崔毖는 고구려로 도망갔고 모용외慕容廆는 요동을 점령하였다.[52] 전화위복으로 영토를 확장한 모용외慕容廆는 태흥太興

· 北票市文物管理所, 「遼寧北票喇嘛洞墓地1998年發掘報告」, 『考古學報』 2004-2, 2004)와 李廆의 墓記(辛發 · 魯寶林 · 吳鵬, 「錦州前燕李廆墓清理簡報」, 『文物』 1995-6, 1995; 關尾史郎, 「遼寧出土「五胡」時代墓記考釋-「東晉永昌三年正月李廆墓記」ならびに 「後燕建興十年崔遹墓記」をめぐって-」, 『環日本海研究年報』 11, 2004; 羅新 · 葉煒, 『新出魏晉南北朝墓誌疏證』, 中華書局, 2005) 등을 검토하여 전립곤(田立坤)의 비정이 옳다고 보았다. 즉 모용외시대(慕容廆時代) 모용부(慕容部)의 거점은 종래의 견해와 달리 북표시(北票市) 주변의 대릉하(大凌河) 중류 일대로 보았다(三崎良章, 「慕容廆の遼西支配」, 261-264쪽).

51) 『資治通鑑』 卷88 「晉紀」10 愍帝建興元年條, 2797쪽, "王浚使棗嵩督諸軍屯易水, 召段疾陸眷, 欲與之共擊石勒, 疾陸眷不至. 浚怒, 以重幣賂拓跋猗盧, 并檄慕容廆等共討疾陸眷. 廆遣慕容翰攻段氏, 取徒河 · 新城, 至陽樂, 聞六脩敗而還翰因留鎮徒河, 壁青山."

52) 『晉書』 卷108 「慕容廆載記」, 2806-2807쪽, "時平州刺史 · 東夷校尉崔毖自以為南州士望, 意存懷集, 而

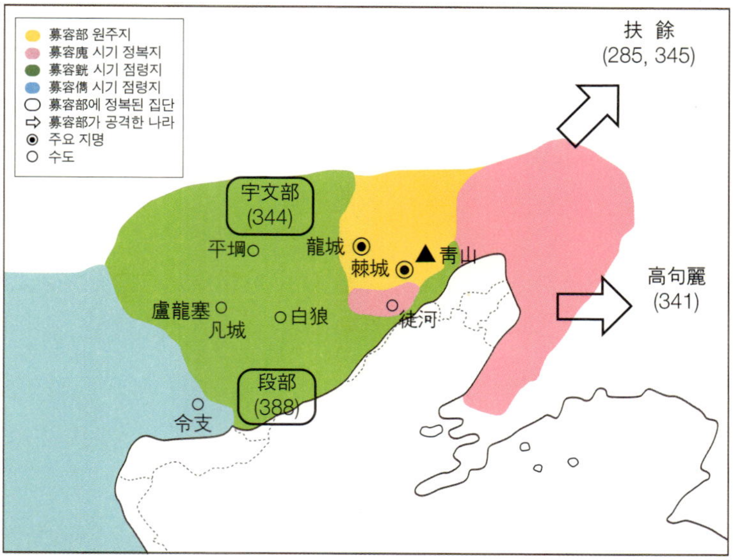

〈지도 1〉 모용외(慕容廆) · 모용황(慕容皝) 시기 모용부(전연)의 영토 확장
설명: 검은색 해안선과 강은 당시의 해안선과 강의 흐름이며,
회색 점선 해안선과 강은 현재의 해안선과 강의 흐름이다.

流亡者莫有赴之. 毖意廆拘留, 乃陰結高句麗及宇文 · 段國等, 謀滅廆以分其地. 太興初, 三國伐廆, 廆曰: '彼信崔 毖虛說, 邀一時之利, 烏合而來耳. 既無統一, 莫相歸伏, 吾今破之必矣. 然彼軍初合, 其鋒甚銳, 幸我速戰. 若逆擊之, 落其計矣. 靖以待之, 必懷疑貳, 迭相猜防. 一則疑吾與毖譎而覆之, 二則自疑三國之中與吾有韓魏之謀者, 待其人情沮惑, 然後取之必矣.' 於是三國攻棘城, 廆閉門不戰, 遣使送牛酒以犒宇文, 大言於眾曰: '崔毖昨有使至.' 於是二國果 疑宇文同於廆也, 引兵而歸. 宇文悉獨官曰: '二國雖歸, 吾當獨兼其國, 何用人為!' 盡眾逼城, 連營三十里. 廆簡銳士配皝, 推鋒於前; 翰領精騎為奇兵, 從旁出, 直衝其營; 廆方陣而進. 悉獨官自恃其眾, 不設備, 見廆軍之至, 方率兵距之. 前鋒始交, 翰已入其營, 縱火焚之, 其眾皆震擾, 不知所為, 遂大敗, 悉獨官僅以身免, 盡俘其眾. 於其營候獲皇帝玉璽三紐, 遣長史裴嶷送于建鄴. 崔毖懼廆之仇己也, 使兄子燾偽賀廆. 會三國使亦至請和, 曰: '非我本意也, 崔平州教我耳.' 廆將燾示以攻圍之處, 臨之以兵, 曰: '汝叔父教三國滅我, 何以詐來賀我乎?' 燾懼, 首服. 廆乃遣燾歸說毖曰: '降者上策, 走者下策也.' 以兵隨之. 毖與數十騎棄家室奔于高句麗, 廆悉降其眾, 徙燾及高瞻等于棘城, 待以賓禮. 明年, 高句麗寇遼東, 廆遣眾擊敗之."; 『十六國春秋輯補』 卷23 「前燕錄」1, 177-178쪽; 『資治通鑑』 卷91 「晉紀」13 元帝太興二年條, 2872쪽, "三國合兵伐廆, 諸將請擊之, 廆曰: '彼為崔毖所誘, 欲邀一切之利. 軍勢初合, 其鋒甚銳, 不可與戰, 當固守以挫之. 彼烏合而來, 既無統壹, 莫相歸服, 久必攜貳, 一則疑吾與毖詐而覆之, 二則三國自相猜忌. 待其人情離貳, 然後擊

4년(321) 동진東晉 원제元帝로부터 감평주제군사監平州諸軍事 평주자사平州刺史에 임명되고 이어서 도독유주동이제군사都督幽州東夷諸軍事 평주목平州牧으로 승진하였다.[53] "치평주수재置平州守宰"의 구절에서 알 수 있듯이, 평주平州 소속 군현郡縣의 태수太守와 현령縣令을 임명하는 인사권을 장악하였다. 이때 모용외는 요동과 요서 일대를 실질적으로 지배함을 공인받았다.

모용외慕容廆의 아들 모용황慕容皝 시기에 모용부(전연)의 영토가 확장되었다. 모용황은 338년 후조後趙의 침입을 막음과 동시에 단부段部를 멸하였다.[54] 이어서 341년 고구려의 수도 국내성國內城을 점령하였고 고국원왕故國

之, 破之必矣.'";『資治通鑑』卷91「晉紀」13 元帝太興二年條, 2873쪽, "崔毖聞之, 懼, 使其兄子燾詣棘城僞賀. 會三國使者亦至, 請和, 日: '非我本意, 崔平州教我耳.' 廆以示燾, 臨之以兵, 燾懼, 首服. 廆乃遣燾歸謂毖曰: '降者上策, 走者下策也.' 引兵隨之. 毖與數十騎棄家奔高句麗, 其眾悉降於廆. 廆以其子仁為征虜將軍, 鎮遼東, 官府·市里, 按堵如故."

53) 『晉書』卷108「慕容廆載記」, 2807쪽, "裴嶷至自建鄴, 帝遣使者拜廆監平州諸軍事·安北將軍·平州刺史, 增邑二千戶. 尋加使持節·都督幽州東夷諸軍事·車騎將軍·平州牧, 進封遼東郡公, 邑一萬戶, 常侍·單于並如故; 丹書鐵券, 承制海東, 命備官司, 置平州守宰.";『十六國春秋輯補』(崔鴻 撰, 湯球 輯補, 王魯一·王立華 點校, 濟南: 齊魯書社, 1998) 卷23「前燕錄」1, 178쪽.

54) 『晉書』卷109「慕容皝載記」, 2818쪽, "皝以段遼屢為邊患, 遣將軍宋回稱藩于石季龍, 請師討遼. 季龍於是總眾而至. 皝率諸軍攻遼令支以北諸城, 遼遣其將段蘭來距, 大戰, 敗之, 斬級數千, 掠五千餘戶而歸. 季龍至徐無, 遼奔密雲山. 季龍進入令支, 怒皝之不會師也, 進軍擊之, 至于棘城, 戎卒數十萬, 四面進攻, 郡縣諸部叛應季龍者三十六城. 相持旬餘, 左右勸皝降. 皝曰: '孤方取天下, 何乃降人乎!' 遣子恪等率騎二千, 晨出擊之. 季龍諸軍驚擾, 棄甲而遁. 恪乘勝追之, 斬獲三萬餘級, 築戍凡城而還. 段遼遣使詐降於季龍, 請兵應接. 季龍遣其將麻秋率眾迎遼, 恪伏精騎七千於密雲山, 大敗之, 獲其司馬陽裕·將軍鮮于亮, 擁段遼及其部眾以歸.";『十六國春秋輯補』卷24「前燕錄」2, 187쪽;『資治通鑑』卷96「晉紀」18 成帝咸康四年條, 3015쪽, "趙王虎進屯金臺(按水經註: 金臺在涿郡故安縣, 有金臺陂, 臺在陂北十餘步, 即燕昭王築以事郭隗之臺). 古雄長驅薊, 段遼所署漁陽上·上谷·代郡守相皆降, 取四十餘城. 北平相陽裕帥其民數千家登燕山以自固. 諸將恐其為後患, 欲攻之. 虎曰: '裕儒生, 矜惜名節, 恥於迎降耳, 無能為也.' 遂過之, 至徐無. 段遼以其弟蘭既敗, 不敢復戰, 帥妻子·宗族·豪大千餘家, 棄令支, 奔密雲山, 將行, 執慕容翰手泣曰: '不用卿言, 自取敗亡;

原王은 칭신稱臣하였다.[55] 마지막으로 건원建元 2년(344) 기병 2만을 동원하여 우문귀宇文歸를 공격하여 우문부를 정복하였다. 그리고 우문부 5만여 락落을 창려昌黎로 이주시켰다.[56]

我固甘心, 飮卿失所, 深以為愧.' 翰北奔字文氏."

55) 『晉書』 卷109 「慕容皝載記」, 2822쪽, "咸康七年, 皝遷都龍城. 率勁卒四萬, 入自南陜, 以伐宇文 · 高句麗, 又使翰及子垂為前鋒, 遣長史王寓等勒眾萬五千, 從北置而進. 高句麗王釗謂皝軍之從北路也, 乃遣其弟 武統精銳五萬距北置, 躬率弱卒以防南陜. 翰與釗戰于木底, 大敗之, 乘勝遂入丸都, 釗單馬而遁. 皝掘釗父利墓, 載其尸并其母妻珍寶, 掠男女五萬餘口, 焚其宮室, 毁丸都而歸. 明年, 釗遣使稱臣於皝, 貢其方物, 乃歸其父尸."; 『十六國春秋輯補』 卷24 「前燕錄」2, 190쪽; 『資治通鑑』 卷97 「晉紀」19 成帝咸康八年條, 3051쪽, "皝將還, 韓壽曰: '高句麗之地, 不可戍守. 今其主亡民散, 潛伏山谷; 大軍既去, 必復鳩聚, 收其餘燼, 猶足為患. 請載其父屍 · 囚其生母而歸, 俟其束身自歸, 然後返之, 撫以恩信, 策之上也.' 皝從之. 發釗父乙弗利墓. 載其屍, 收其府庫累世之寶, 虜男女五萬餘口, 燒其宮室, 毁丸都城而還."; 『資治通鑑』 卷97 「晉紀」19 康帝建元元年條, 3053쪽, "春, 二月, 高句麗王釗遣其弟稱臣入朝於燕, 貢珍異以千數. 燕王皝乃還其父屍, 猶留其母為質."; 『三國史記』 卷18 「高句麗本紀」6 故國原王十二年條, "十一月, 皝自將勁兵四萬, 出南道. 以慕容翰 · 慕容覇爲前鋒, 別遣長史王寓等, 將兵萬五千, 出北道以來侵. 王遣弟武, 帥精兵五萬, 拒北道, 自帥羸兵, 以備南道. 慕容翰等先至戰, 皝以大衆繼之, 我兵大敗. 左長史韓壽, 斬我將阿佛和度加, 諸軍乘勝, 遂入丸都. 王單騎走入斷熊谷, 將軍慕輿埿, 追獲王母周氏及王妃而歸. 會, 王寓等戰於北道, 皆敗沒. 由是, 皝不復窮追, 遣使招王, 王不出. 皝將還, 韓壽曰: '高句麗之地, 不可戍守. 今, 其主亡民散, 潛伏山谷, 大軍旣去, 必復鳩聚, 收其餘燼, 猶足爲患. 請載其父尸, 囚其生母而歸, 俟其束身自歸, 然後返之, 撫以恩信, 策之上也.' 皝從之. 發美川王廟, 載其尸, 收其府庫累世之寶, 虜男女五萬餘口, 燒其宮室, 毁丸都城而還."; 同上, 故國原王十三年條, "十三年, 春二月, 王遣其弟, 稱臣入朝於燕, 貢珍異以千數. 燕王皝乃還其父尸, 猶留其母爲質. 秋七月, 移居平壤東黃城, 城在今西京東木覓山中. 遣使如晉朝貢."

56) 『晉書』 卷109 「慕容皝載記」, p.2822, "尋又率騎二萬親伐宇文歸, 以翰及垂為前鋒. 歸使其騎將涉奕于盡眾距翰, 皝馳遣謂 翰曰: '奕于雄悍, 宜小避之, 待虜勢驕, 然後取也.' 翰曰: '歸之精銳, 盡在於此, 今若克之, 則歸可不勞兵而滅. 奕于徒有虛名, 其實易與耳, 不宜縱敵挫吾兵氣.' 於是前戰, 斬奕于, 盡俘其眾, 歸遠遁漠北. 皝開地千餘里, 徙其部人五萬餘落於昌黎, 改涉奕于城為威德城. 行飮至之禮, 論功行賞各有差."; 『十六國春秋輯補』 卷25 「前燕錄」3, 191쪽; 『資治通鑑』 卷97 「晉紀」19 康帝建元二年條, 3057-3058쪽, "燕王皝與左司馬高詡謀伐宇文豆歸, 詡曰: '宇文強監, 今不取, 必為國患, 伐之必克; 然不利於將.' 出而告人曰: '吾往必不返, 然忠臣不避也.' 於是皝自將伐

아래의 〈표 1〉은 모용외 · 모용황 시기 모용부의 정복전쟁과 이로 인해 모용부의 영토 안境內으로 옮긴 인구수를 정리한 것이다.

逸豆歸. 以慕容翰為前鋒將軍, 劉佩副之, 分命慕容軍 · 慕容恪 · 慕容霸及折衝將軍慕輿根將兵, 三道並進. 高詡將發, 不見其妻, 使人語以家事而行.";『資治通鑑』卷97「晉紀」19 康帝建元二年條, 3058쪽, "逸豆歸遣南羅大涉夜干將精兵逆戰, 皝遣人馳謂慕容翰曰: '涉夜干勇冠三軍, 宜小避之.' 翰曰: '逸豆歸掃其國內精兵以屬涉夜干, 涉夜干素有勇名, 一國所賴也; 今我克之, 其國不攻自潰矣. 且吾孰知涉夜干之為人, 雖有虛名, 實易與耳, 不宜避之以挫吾兵氣.' 遂進戰. 翰自出衝陳, 涉夜干出應之; 慕容霸從傍邀擊, 遂斬涉夜干. 宇文士卒見涉夜干死, 不戰而潰; 燕軍乘勝逐之, 遂克其都城. 逸豆歸走死漠北, 宇文氏由是散亡. 皝悉收其畜產 · 資貨, 徙其部眾五千餘落於昌黎, 闢地千餘里. 更命涉夜干所居城曰威德城, 使弟彪戍之而還. 高詡 · 劉佩皆中流矢卒."

〈표 1〉 모용외(慕容廆) · 모용황(慕容皝) 시기 피정복민(被征服民) 천사(遷徙)

연대	공격 대상	遷徙 戶口			遷徙 장소	지방행정조직 편제
		사람	戶	落		
285년	西晉 昌黎 扶餘[57]	1만여 人				
302년	宇文部[58]	?[59]				
311년	附塞鮮卑 素連과 木津[60]		3천여 家	素連과 木津의 2部	棘城	遼東郡

57) 『晉書』 卷108 「慕容廆載記」, 2804쪽, "初, 涉歸有憾於宇文鮮卑, 廆將修先君之怨, 表請討之. 武帝弗許. 廆怒, 入寇遼西, 殺略甚眾. 帝遣幽州諸軍討廆, 戰于肥如, 廆眾大敗. 自後復掠昌黎, 每歲不絕. 又率眾東伐扶餘, 扶餘王依慮自殺, 廆夷其國城, 驅萬餘人而歸. 東夷校尉何龕遣督護賈沈將迎立依慮之子為王, 廆遣其將孫丁率騎邀之. 沈力戰斬丁, 遂復扶餘之國."; 『十六國春秋輯補』 卷23 「前燕錄」1, 175쪽; 『資治通鑑』 卷81 「晉紀」3 武帝太康六年條, 2590쪽.

58) 『晉書』 卷108 「慕容廆載記」, 2805쪽, "太安初, 宇文莫圭遣弟屈雲寇邊城, 雲別帥大素延攻掠諸部, 廆親擊敗之. 素延怒, 率眾十萬圍棘城, 眾咸懼, 人無距志. 廆曰: '素延雖犬羊蟻聚, 然軍無法制, 已在吾計中矣. 諸君但為力戰, 無所憂也.' 乃躬貫甲冑, 馳出擊之, 素延大敗, 追奔百里, 俘斬萬餘人."; 『十六國春秋輯補』 卷23 「前燕錄」1, 175-176쪽; 『資治通鑑』 卷82 「晉紀」6 惠帝太安元年條, 2675쪽.

59) 이 전쟁에서 사로잡거나 참한 사람이 모두 1만 인이었다(위와 같음). 따라서 생포한 사람의 수를 정확히 알 수 없기 때문에 표에서 "?"로 표기하였다.

60) 『晉書』 卷108 「慕容廆載記」, 2805쪽, "永嘉初, 廆自稱鮮卑大單于. 遼東太守龐本以私憾殺東夷校尉李臻, 附塞鮮卑素連 · 木津等託為臻報讎, 實欲因而為亂, 遂攻陷諸縣, 殺掠士庶. 太守袁謙頻戰失利, 校尉封釋懼而請和. 連歲寇掠, 百姓失業, 流亡歸附者日月相繼. 廆子翰言於廆曰: '求諸侯莫如勤王, 自古有為之君靡不杖此以成事業者也. 今連 · 津跋扈, 王師覆敗, 蒼生屠膾, 豈甚此乎! 豎子外以龐本為名, 內實幸而為寇. 封使君以誅本請和, 而毒害滋深. 遼東傾沒, 垂已二周, 中原兵亂, 州師屢敗, 勤王杖義, 今其時也. 單于宜明九伐之威, 救倒懸之命, 數連 · 津之罪, 合義兵以誅之. 上則興復遼邦, 下則并吞二部, 忠義彰於本朝, 私利歸于我國, 此則吾鴻漸之始也, 終可以得志於諸侯.' 廆從之. 是日, 率騎討連 · 津, 大敗斬之, 二部悉降, 徙之棘城, 立遼東郡而歸."; 『十六國春秋輯補』 卷23 「前燕錄」1, 176쪽; 『資治通鑑』 卷87 「晉紀」9 懷帝永嘉五年條, 2773쪽.

318/319년[61]	西晉 平州刺史 崔毖, 高句麗, 宇文部, 段國 高句麗(河城)[62]	崔燾, 高瞻, 韓恆, 石琮	1千餘 家		棘城	
321년	段部(段末波, 令支)[63]					
322년	段部(段末柸, 令支)[64]		1千餘 家			
325년	宇文部(宇文乞得龜)[65]		수만 戶			

61) 『十六國春秋輯補』 卷23 「前燕錄」에 따르면 318년, 『資治通鑑』에 따르면 319년이다(『資治通鑑』 卷91 「晉紀」13 元帝太興二年條, 2874쪽, "高句麗將如奴子據于河城, 廆遣將軍張統掩擊, 擒之, 俘其眾千餘家; 以崔燾 · 高瞻 · 韓恆 · 石琮歸於棘城, 待以客禮.").

62) 『晉書』 卷108 「慕容廆載記」, 2806-2807쪽, "時平州刺史 · 東夷校尉崔毖自以為南州士望, 意存懷集, 而流亡者莫有赴之. 毖意廆 拘留, 乃陰結高句麗及宇文 · 段國等, 謀滅廆以分其地. 太興初, 三國伐廆, 廆曰: '彼信崔 毖虛說, 邀一時之利, 烏合而來耳. 既無統一, 莫相歸伏, 吾今破之必矣. 然彼軍初合, 其 鋒甚銳, 幸我速戰. 若逆擊之, 落其計矣. 靖以待之, 必懷疑貳, 迭相猜防. 一則疑吾與毖譎而覆之, 二則自疑三國之中與吾有韓魏之謀者, 待其人情沮惑, 然後取之必矣.' 於是三國攻棘城, 廆閉門不戰, 遣使送牛酒以犒宇文, 大言於眾曰: '崔毖昨有使至.' 於是二國果 疑宇文同於廆也, 引兵而歸. 宇文悉獨官曰: '二國雖歸, 吾當獨兼其國, 何用人為!' 盡眾逼城, 連營三十里. 廆簡銳士配皝, 推鋒於前; 翰領精騎為奇兵, 從旁出, 直衝其營; 廆方陣 而進. 悉獨官自恃其眾, 不設備, 見廆軍之至, 方率兵距之. 前鋒始交, 翰已入其營, 縱火焚之, 其眾皆震擾, 不知所為, 遂大敗, 悉獨官僅以身免, 盡俘其眾. 於其營候獲皇帝玉璽三紐, 遣長史裴嶷送于建鄴. 崔毖懼廆之仇己也, 使兄子燾偽賀廆. 會三國使亦至請和, 曰: '非我本意也, 崔平州教我耳.' 廆將燾示以攻圍之處, 臨之以兵, 曰: '汝叔父教三國滅我, 何以詐來賀我乎?' 燾懼, 首服. 廆乃遣燾歸說毖曰: '降者上策, 走者下策也.' 以兵隨之. 毖與數十騎棄家室奔于高句麗, 廆悉降其眾, 徙燾及高瞻等于棘城, 待以賓禮. 明年, 高句麗寇遼東, 廆遣眾擊敗之."; 『十六國春秋輯補』 卷23 「前燕錄」1, 177-178쪽; 『資治通鑑』 卷91 「晉紀」13 元帝太興二年條, 2872쪽; 2873쪽; 2874쪽; 『三國史記』 卷5 「高句麗本紀」 美川王二十年條, "我將如孥據于河城, 廆遣將軍張統掩擊擒之, 俘其衆千餘家, 歸于棘城."

63) 『晉書』 卷108 「慕容廆載記」, 2807쪽, "段末波初統其國, 而不修備, 廆遣皝襲之, 入令支, 收其名馬寶物而還."; 『十六國春秋輯補』 卷23 「前燕錄」1, 178쪽.

64) 『資治通鑑』 卷92 「晉紀」14 元帝永昌元年條, 2910쪽, "慕容廆遣其世子皝襲段末柸, 入令支, 掠其居民千餘家而還."

65) 『晉書』 卷108 「慕容廆載記」, 2808쪽, "石勒遣使通和, 廆距之, 送其使於建鄴. 勒怒, 遣宇文乞得龜擊廆, 廆遣皝距之. 以裴嶷為右部都督, 率索頭為右翼, 命其少子仁自平郭趣柏林為左翼, 攻乞得

334년	遼東(慕容仁)[66]	遼東 大姓			棘城	和陽 · 武次 · 西樂 3縣
334년	鮮卑 木堤(白狼), 烏丸 悉羅侯(平堈) 段遼(柳城)[67]					
335년	宇文部(宇文別部 涉奕于[68]					
336년	宇文部(宇文歸)[69] 段部(段遼)의 諸城과 宇文 別部[70]					

龜, 克之, 悉虜其眾. 乘勝拔其國城, 收其資用億計, 徙其人數萬戶以歸.";『十六國春秋輯補』卷23「前燕錄」1, 178-179쪽;『資治通鑑』卷93「晉紀」15 明帝太寧三年條, 2933쪽.

66) 『晉書』卷109「慕容皝載記」, 2816쪽, "[慕容]皝自征遼東, 克襄平. [慕容]仁所署居就令劉程以城降, 新昌人張衡執縣宰以降. 於是斬仁所置守宰, 分徙遼東大姓於棘城, 置和陽 · 武次 · 西樂三縣而歸.";『十六國春秋輯補』卷24「前燕錄」2, 185쪽;『資治通鑑』卷95「晉紀」17 成帝咸和九年十一月條, 2999쪽.

67) 『晉書』卷109「慕容皝載記」, 2816쪽, "咸和九年, 皝遣其司馬封弈攻鮮卑木堤于白狼, 揚威淑虞攻烏丸悉羅侯於平堈, 皆斬之. 材官劉佩攻乙連, 不克. 段遼遂寇徒河, 皝將張萌逆擊, 敗之. 遼弟蘭與翰寇柳城, 都尉石琮擊敗之. 旬餘, 蘭 · 翰復圍柳城, 皝遣寧遠慕容汗及封弈等救之. 皝戒汗曰: '賊眾氣銳, 難與爭鋒, 宜顧萬全, 慎勿輕進, 必須兵集陣整, 然後擊之.' 汗性驍銳, 遣千餘騎為前鋒而進, 封弈止之, 汗不從, 為蘭所敗, 死者太半. 蘭復攻柳城, 為飛梯 · 地道, 圍守二旬, 石琮躬勒將士出擊, 敗之, 斬首千五百級, 蘭乃遁歸.";『十六國春秋輯補』卷24「前燕錄」2, 185쪽.

68) 『十六國春秋輯補』卷24「前燕錄」2, 185쪽, "皝二年七月, 立子儁爲世子, 遣封弈襲宇文別部涉奕于, 大獲而還. 涉奕于追戰於 渾水, 又敗之."

69) 『晉書』卷109「慕容皝載記」, 2817쪽, "段遼遣其將李詠夜襲武興, 遇雨, 引還, 都尉張萌追擊, 擒詠. 段蘭擁眾數萬屯于曲水亭, 將攻柳城, 宇文歸入寇安晉, 為蘭聲援. 皝以步騎五萬擊之, 師次柳城, 蘭 · 歸皆遁. 遣封弈率輕騎追擊, 敗之, 收其軍實, 館穀二旬而還. 謂諸將曰: '二虜恥無功而歸, 必復重至, 宜於柳城左右設伏以待之.' 遣封弈率騎潛于馬兜山諸道. 俄而遼騎果至, 弈夾擊, 大敗之, 斬其將榮保. 遣兼長史劉斌 · 郎中令陽景送徐孟等歸于京師. 使其世子儁伐段遼諸城, 封弈攻宇文別部, 皆大捷而歸.";『十六國春秋輯補』卷24「前燕錄」2, 186쪽.

70) 『晉書』卷109「慕容皝載記」, 2817쪽, "段遼遣其將李詠夜襲武興, 遇雨, 引還, 都尉張萌追擊, 擒詠. 段蘭擁眾數萬屯于曲水亭, 將攻柳城, 宇文歸入寇安晉, 為蘭聲援. 皝以步騎五萬擊之, 師次柳城, 蘭 · 歸皆遁. 遣封弈率輕騎追擊, 敗之, 收其軍實, 館穀二旬而還. 謂諸將曰: '二虜恥無功而歸, 必復重至, 宜於柳城左右設伏以待之.' 遣封弈率騎潛于馬兜山諸道. 俄而遼騎果至, 弈夾擊, 大敗之, 斬其將榮保. 遣兼長史劉斌 · 郎中令

337년	段部(五官水)[71]					
338년	段部(段遼의 令支 이북) 後趙, 段部[72]	段遼 등	5천여 戶			
339년	後趙(遼西)		1千餘 戶			
340년	後趙 薊城(幽州)와 高陽(冀州)[73]		3萬餘 戶			
341년	宇文部 高句麗[74]	5만여 口				

陽景送徐孟等歸于京師. 使其世子儁伐段遼諸城, 封奕攻宇文別部, 皆大捷而歸.";『十六國春秋輯補』卷24「前燕錄」2, 186쪽;『資治通鑑』卷95「晉紀」17 成帝咸康二年條, 3006쪽.

71) 『晉書』卷109「慕容皝載記」, 2817쪽, "後徙昌黎郡, 築好城於乙連東, 使將軍蘭勃戍之, 以逼乙連. 又城曲水, 以為勃援. 乙連饑甚, 段遼輸之粟, 蘭勃要擊獲之. 遼遣將屈雲攻興國, 與皝將慕容遵大戰於五官水上, 雲敗, 斬之, 盡俘其眾.";『十六國春秋輯補』卷24「前燕錄」2, 186쪽.

72) 『晉書』卷109「慕容皝載記」, 2818쪽, "皝以段遼屢為邊患, 遣將軍宋回稱藩于石季龍, 請師討遼. 季龍於是總眾而至. 皝率諸軍攻遼令支以北諸城, 遼遣其將段蘭來距, 大戰, 敗之, 斬級數千, 掠五千餘戶而歸. 季龍至徐無, 遼奔密雲山. 季龍進入令支, 怒皝之不會師也, 進軍擊之, 至于棘城, 戎卒數十萬, 四面進攻, 郡縣諸部叛應季龍者三十六城. 相持旬餘, 左右勸皝降. 皝曰: '孤方取天下, 何乃降人乎!' 遣子恪等率騎二千, 晨出擊之. 季龍諸軍驚擾, 棄甲而遁. 恪乘勝追之, 斬獲三萬餘級, 築戍凡城而還. 段遼遣使詐降於季龍, 請兵應接. 季龍遣其將麻秋率眾迎遼, 恪伏精騎七千於密雲山, 大敗之, 獲其司馬陽裕 · 將軍鮮于亮, 擁段遼及其部眾以歸.";『十六國春秋輯補』卷24「前燕錄」2, 187쪽;『資治通鑑』卷96「晉紀」18 成帝咸康四年條, 3015쪽 및 3026쪽.

73) 『晉書』卷109「慕容皝載記」, 2821쪽, "皝將圖石氏, 從容謂諸將曰: '石季龍自以安樂諸城守防嚴重, 城之南北必不設備, 今若詭路出其不意, 冀之北土盡可破也.'於是率騎二萬出蠮螉塞, 長驅至于薊城, 進渡武遂津, 入于高陽, 所過焚燒積聚, 掠徙幽冀三萬餘戶.";『十六國春秋輯補』卷24「前燕錄」2, 189-190쪽;『資治通鑑』卷96「晉紀」18 成帝咸康六年條, 3039쪽.

74) 『晉書』卷109「慕容皝載記」, 2822쪽, "咸康七年, 皝遷都龍城. 率勁卒四萬, 入自南陝, 以伐宇文 · 高句麗, 又使翰及子垂為前鋒, 遣長史王寓等勒眾萬五千, 從北置而進. 高句麗王釗謂皝軍之從北路也, 乃遣其弟 武統精銳五萬距北置, 躬率弱卒以防南陝. 翰與釗戰于木底, 大敗之, 乘勝遂入丸都, 釗單馬而遁. 皝掘釗父利墓, 載其尸并其母妻珍寶, 掠男女五萬餘口, 焚其宮室, 毀丸都而歸. 明年, 釗遣使稱臣於皝, 貢其方物, 乃歸其父尸.";『十六國春秋輯補』卷24「前燕錄」2, 190쪽;『資治通鑑』卷97「晉紀」19 成帝咸康八年條, 3050쪽;『三國史記』卷18「高句麗本紀」故國原王十二年

343년	宇文部(宇文逸豆歸의 相 莫淺渾)	?				
344년	宇文部(宇文歸)[75]			5만여 落	昌黎	
345년	高句麗(南蘇城)[76]					
346/347년[77]	夫餘[78]	왕과 部衆 5만				
총계		11여만 口(人)	5千餘 家 +36,000餘 戶+수만호	5만여 落		1郡 3縣

〈표 1〉에서 알 수 있듯이 모용외 · 모용황 치하 모용부(전연)가 서진西晉 · 부여夫餘 · 고구려高句麗 · 단부段部 · 우문부宇文部 등 주변 세력을 공격하여 영토를 확장했을 뿐만 아니라 전쟁에서 승리한 후 포로들을 모용부의 경내境內로 이주시켰다. 『진서晉書』와 『십육국춘추집보』, 『자치통감』의 모용부

條, "發美川王廟, 載其尸, 收其府庫累世之寶, 虜男女五萬餘口, 燒其宮室, 毁丸都城而還."

75) 『晉書』 卷109 「慕容皝載記」, 2822쪽, "尋又率騎二萬親伐宇文歸, 以翰及垂為前鋒. 歸使其騎將涉奕于盡眾距翰, 皝馳遣謂 翰曰: '奕于雄悍, 宜小避之, 待虜勢驕, 然後取也.'翰曰: '歸之精銳, 盡在於此, 今若克之, 則歸可不勞兵而滅. 奕于徒有虛名, 其實易與耳, 不宜縱敵挫吾兵氣.'於是前戰, 斬奕于, 盡俘其眾, 歸遠遁漠北. 皝開地千餘里, 徙其部人五萬餘落於昌黎, 改涉奕于城為威德城. 行飲至之禮, 論功行賞各有差."; 『十六國春秋輯補』 卷25 「前燕錄」3, 191쪽; 『資治通鑑』 卷97 「晉紀」19 康帝建元二年條, 3058쪽.

76) 『晉書』 卷109 「慕容皝載記」, 2826쪽, "慕容恪攻高句麗南蘇, 克之, 置戍而還."; 『十六國春秋輯補』 卷25 「前燕錄」3, 194쪽; 『資治通鑑』 卷97 「晉紀」19 穆帝永和元年條, 3067쪽; 『三國史記』 卷18 「高句麗本紀」 故國原王十五年冬十月條, "十五年, 冬十月, 燕王皝使慕容恪來攻, 拔南蘇, 置戍而還."

77) 永和 3년(347). 『十六國春秋輯補』에서는 13년=丙午年=永和 2년(346)이라고 기록하였다. 『資治通鑑』에서도 永和 2년(346)이라고 기록하였다.

78) 『晉書』 卷109 「慕容皝載記」, 2826쪽, "慕容恪攻高句麗南蘇, 克之, 置戍而還. 三年, 遣其世子儁與恪率騎萬七千東襲夫餘, 克之, 虜其王及部眾五萬餘口以還."; 『十六國春秋輯補』 卷25 「前燕錄」3, 194쪽; 『資治通鑑』 卷97 「晉紀」19 穆帝永和元年條, 3067쪽 및 3069쪽.

정복과 사민徙民 기록 가운데 불명확한 기사가 많아 전체 이주된 호구의 수와 이들의 이주지, 설치된 군현을 구체적으로 알 수 없다.

〈표 1〉에서 천사遷徙된 인구(호구) 수가 가장 많은 집단 순서로 살펴보면, 모용부에 정복된 우문부가 수만 5천여 호와 5만여 락이 모용부 영토 안으로 사민되어 가장 많은 사민徙民의 수를 기록하였다. 그 다음으로 후조後趙의 31,000여 호戶가 모용부(전연)에게 끌려갔다. 이어서 부여인 6만인과 고구려인 5만여 구口와 1천여 가家가 모용부에 끌려 강제로 모용부의 영토 안으로 천사遷徙되었다. 또 단부段部는 1천여 가家와 5천여 호戶, 각종 선비鮮卑 부락部落 3천여 가家가 모용부의 경내境內로 끌려갔다. 여기에서 가장 많이 천사遷徙된 우문부와 달리 단부의 천사遷徙 인구가 적은 점이 주목된다. 이는 〈표 1〉에서 보듯이 단부가 모용부에게 8번 공격을 받아 인구와 영토를 빼앗겼지만 구체적인 수치가 나온 것은 두 차례에 불과하기 때문이다. 『자치통감』에서는 태녕太寧 3년(325) 단부의 영토는 서쪽으로 어양漁陽, 동쪽은 요수遼水에 이르렀고 단부段部가 호胡 · 진晉 3만여 호戶를 거느렸으며, 4-5만기萬騎의 군대를 보유하였다고 기록하였다.[79] 여기서 '호胡 · 진晉'의 '호胡'는 단부段部를 비롯한 선비계 유목민, '진晉'은 서진西晉의 백성(중국인)을 지칭한다. 『진서晉書』 권63 「단필제전段匹磾傳」에서는 어양漁陽 대신 유주幽州, '호戶'대신 '가家'로 바뀌었을 뿐 다른 내용은 같다.[80] 우문부처럼 단부도 모

79) 『資治通鑑』 卷93 「晉紀」15 明帝太寧三年條, 2939쪽, "慕容廆與段氏方睦, 為段牙謀, 使之徙都; 牙從之, 即去令支, 國人不樂. 段疾陸眷之孫遼欲奪其位, 以徙都為牙罪, 十二月, 帥國人攻牙, 殺之, 自立. 段氏自務勿塵以來, 日益強盛, 其地西接漁陽, 東界遼水, 所統胡 · 晉三萬餘戶, 控弦四五萬騎."

80) 『晉書』 卷63 「段匹磾傳」, 1712쪽, "自務勿塵已後, 值晉喪亂, 自稱位號, 據有遼西之地, 而臣御晉人. 其地西盡幽州, 東界遼水. 然所統胡晉可三萬餘家, 控弦可四五萬騎, 而與石季龍遞相侵掠, 連兵

용부에 정복되었음을 고려하면 단부의 인구 3만여 호戶 가운데 후조後趙의 사주司州 · 옹주雍州 · 연주兗州 · 예주豫州 4주로 사민徙民된 2만여 호[81]를 제외한 1만 호는 모용부에 끌려갔을 것이다.

〈표 1〉에 따르면, 모용부에 끌려간 인구는 최소 11여만 구口, 5천여 가家, 36,000여 호戶, 수만 호戶, 5만여 락落이다. '구口'는 한인漢人과 비한인非漢人 양자에 해당하는 인구의 단위였다. 그리고 '가家'와 '호戶'는 대개 한인漢人(중국인) 가구를 헤아리는 단위로 사용되었고, '락落'은 유목민의 가구를 지칭하였다. 그런데 위진남북조시대魏晉南北朝時代 '백실합호百室合戶', '천정공적千丁共籍',[82] '오십五十 · 삼십가방위일호三十家方為一戶'[83] 등 호구의 은닉蔭戶, 陰庇이 일반적이었다.[84] '백실합호百室合戶'는 100세대(가구)가 1호戶로 등록했다는 뜻이고, '천정공적千丁共籍'은 1천 명의 성인 남성이 호적을 공유한

不息, 竟為季龍所破, 徙其遺黎數萬家於司雍之地. 其子蘭復聚兵, 與季龍為患久之. 及石氏之亡, 末波之子勤鳩集胡羯得萬餘人, 保枉人山, 自稱趙王, 附于慕容儁. 俄為冉閔所敗, 徙于繹幕, 僭即尊號. 儁遣慕容恪擊之, 勤懼而降."

81) 『資治通鑑』 卷96 「晉紀」18 成帝咸康四年條, 3016쪽, "虎入令支官, 論功封賞各有差. 徙段國民二萬餘戶於司 · 雍 · 兗 · 豫四州; 士大夫之有才行, 皆擢敘之. 陽裕詣軍門降. 虎讓之曰: '卿昔為奴虜走, 今為士人來, 豈識知天命, 將逃匿無地邪?' 對曰: '臣昔事王公, 不能匡濟; 逃於段氏, 復不能全. 今陛下天網高張, 籠絡四海, 幽 · 冀豪傑莫不風從, 如臣比肩, 無所獨愧. 生死之命, 惟陛下制之!' 虎悅, 即拜北平太守."

82) 『晉書』 卷127 「慕容德載記」, 3170쪽, "而百姓因秦晉之弊, 迭相蔭冒, 或百室合戶, 或千丁共籍, 依託城社, 不懼燻燒, 公避課役, 擅爲姦宄, 損風毀憲, 法所不容."; 『十六國春秋輯補』 卷60 「南燕錄」3, 445쪽.

83) 『魏書』 卷53 「李沖傳」, 1180쪽, "舊無三長, 惟立宗主督護, 所以民多隱冒, 五十 · 三十家方為一戶."

84) 李愛琴, 「十六國時期的戶籍制度」, 『中山大學學報(社會科學版)』 2007-2, 2007, 37오른쪽-38오른쪽.

다는 뜻이다. 또 50가家 혹은 30가家가 1호戶가 된다는 것은 호적상 1호戶가 실제로 30가家 혹은 50가家를 1호戶로 축소하여 등록되었다는 뜻이다. 따라서 다른 시대에는 가家와 호戶가 같은 뜻이지만, 위진남북조시대에는 반드시 양자를 동일한 호구 단위로 볼 수 없다. 5천여 가家, 36,000여 호戶+수만 호戶, 5만여 락落의 인구를 정확히 계산하기 어렵다. 다만 가家와 호戶, 락落을 동일한 가구(세대)의 단위, 즉 5인이 거주하는 가족 단위로 가정하면, 최소한 113,000호戶=가家=락落(11여만 구口÷5+5천여 가家+36,000여 호戶+5만여 락落과 수만 호이다. 수만 호를 최소 2만호로 가정하면 모용부가 강제로 이주시킨 인구는 최소 133,000호)이다.

이처럼 모용부의 통치영역으로 끌려간 사람들은 어떻게 되었을까? 부여인의 경우 서진西晉에 노예로 팔려 갔다. 이 때문에 서진西晉의 무제武帝는 사주司州와 기주冀州에 명령을 내려 부여인을 사고팔지 못하도록 하였다.[85] 모용부는 부여인처럼 서진에 팔아 넘겨 필요한 물자를 획득하기도 했지만, 대부분의 천사遷徙 인구는 농경과 목축 등 각종 생산활동에 종사시켰을 것이다. 〈표 1〉에서 알 수 있듯이 모용외는 311년 소련素連과 목진木津의 2부部를 극성棘城으로 이주시켜 요동군遼東郡으로 편제하였다.[86] 그리고 모용황慕

85) 『晉書』 卷97 「東夷 · 夫餘國傳」, 2532-2533쪽, "爾後每為廆掠其種人, 賣於中國. 帝愍之, 又發詔以官物贖還, 下司 · 冀二州, 禁市夫餘之口."

86) 『晉書』 卷108 「慕容廆載記」, 2805쪽, "永嘉初, 廆自稱鮮卑大單于. 遼東太守龐本以私憾殺東夷校尉李臻, 附塞鮮卑素連 · 木津等託為臻報讎, 實欲因而為亂, 遂攻陷諸縣, 殺掠士庶. 太守袁謙頻戰失利, 校尉封釋懼而請和. 連歲寇掠, 百姓失業, 流亡歸附者日月相繼. 廆子翰言於廆曰: '求諸侯莫如勤王, 自古有為之君靡不杖此以成事業者也. 今連 · 津跋扈, 王師覆敗, 蒼生屠膾, 豈甚此乎! 豎子外以龐本為名, 內實幸而為寇. 封使君以誅本請和, 而毒害滋深. 遼東傾沒, 垂已二周, 中原兵亂, 州師屢敗, 勤王杖義, 今其時也. 單于宜明九伐之威, 救倒懸之命, 數連 · 津之罪, 合義兵以誅之. 上

容皝은 334년 동생 모용인慕容仁의 반란을 평정한 후 모용인의 편을 들었던 요동遼東 대성大姓을 극성棘城으로 옮겨 화양和陽 · 무차武次 · 서락西樂 3현縣으로 편제하였다.[87] 비록 〈표 1〉에서는 각종 천사遷徙된 인구나 집단에 설치된 군현이 1군郡과 3현縣에 불과했다. 그러나 338년 후조後趙의 군주 석호石虎가 수십 만을 동원하여 공격하자 후조의 군대에 항복한 군현郡縣과 제부諸部가 36성城이었다.[88] 이는 모용부(전연)의 영토가 주로 한인漢人으로 편제된 군현郡縣과 유목민 집단인 제부諸部라는 이원적二元的으로 편제되었음을 시사한다.

마지막으로 〈표 1〉에서 천사遷徙된 지역은 대부분 극성棘城이었다. 모용외는 아버지 섭귀 시기 웅거했던 요동의 북쪽에서 태강 10년(289) 도하徒河의 청산青山으로 근거지를 옮겼다. 이후 원강 4년(294) 극성으로 옮겼다.[89]

則興復遼邦, 下則并呑二部, 忠義彰於本朝, 私利歸于我國, 此則吾鴻漸之始也, 終可以得志於諸侯.' 廆從之. 是日, 率騎討連 · 津, 大敗斬之, 二部悉降, 徙之棘城, 立遼東郡而歸."; 『十六國春秋輯補』 卷23 「前燕錄」1, 176쪽; 『資治通鑑』 卷87 「晉紀」9 懷帝永嘉五年條, 2773쪽.

87) 『晉書』 卷109 「慕容皝載記」, 2816쪽, "[慕容]皝自征遼東, 克襄平. [慕容]仁所署居就令劉程以城降, 新昌人張衡執縣宰以降. 於是斬仁所置守宰, 分徙遼東大姓於棘城, 置和陽 · 武次 · 西樂三縣而歸."; 『十六國春秋輯補』 卷24 「前燕錄」2, 185쪽; 『資治通鑑』 卷95 「晉紀」17 成帝咸和九年十一月條, 2999쪽.

88) 『晉書』 卷109 「慕容皝載記」, 2818쪽, "皝以段遼屢為邊患, 遣將軍宋回稱藩于石季龍, 請師討遼. 季龍於是總衆而至. 皝率諸軍攻遼令支以北諸城, 遼遣其將段蘭來距, 大戰, 敗之, 斬級數千, 掠五千餘戶而歸. 季龍至徐無, 遼奔密雲山. 季龍進入令支, 怒皝之不會師也, 進軍擊之, 至于棘城, 戎卒數十萬, 四面進攻, 郡縣諸部叛應季龍者三十六城. 相持旬餘, 左右勸皝降. 皝曰: '孤方取天下, 何乃降人乎!' 遣子恪等率騎二千, 晨出擊之. 季龍諸軍驚擾, 棄甲而遁. 恪乘勝追之, 斬獲三萬餘級, 築戍凡城而還. 段遼遣使詐降於季龍, 請兵應接. 季龍遣其將麻秋率衆迎遼, 恪伏精騎七千於密雲山, 大敗之, 獲其司馬陽裕 · 將軍鮮于亮, 擁段遼及其部衆以歸."; 『十六國春秋輯補』 卷24 「前燕錄」2, 187쪽.

89) 『晉書』 卷108 「慕容廆載記」, 2804쪽, "太康十年, 廆又遷于徒河之青山. 廆以大棘城即帝顓頊之墟也, 元康四年乃移居之."; 『十六國春秋輯補』 卷23 「前燕錄」1, 175쪽.

이어서 함강咸康 7년(341) 용성龍城으로 천도하였다.[90] 311년과 318년(혹은 319년), 334년에 극성으로 옮긴 것은 당시 극성이 모용부의 수도였던 사실과 일치한다. 또 344년 우문부를 창려昌黎로 옮겼을 당시 수도는 용성이었다. 당시 용성은 이전의 창려였다. 즉 모용부는 피정복민을 주로 수도나 수도 인근 지역에 이주시켰음을 확인할 수 있다.[91]

선행연구에 따르면 모용부(전연)는 유목민인 우문부 · 단부, 고구려 · 부여 등은 대규모로 천사한 반면, 한인(중국인)들은 요동遼東 대성大姓과 이민吏民처럼 유력자만을 천사했다고 한다.[92] 그러나 이는 당시 상황을 오해한 것이다. '대성大姓'에는 해당 지역의 유력자뿐만 아니라 그들이 거느린 종족宗族 · 향당鄕黨 · 사속민私屬民 · 노비奴婢 등도 포함된다.[93] 따라서 334년 동생 모용인慕容仁의 반란을 평정한 후 요동遼東 대성大姓을 극성으로 옮겨 화양 · 무차 · 서악 3현으로 편제한 조치[94]는 요동의 소수 유력자만으로 불가

90) 『晉書』 卷109 「慕容皝載記」, 2822쪽, "咸康七年, 皝遷都龍城."; 『十六國春秋輯補』 卷24 「前燕錄」2, 190쪽; 『資治通鑑』 卷97 「晉紀」19 成帝咸康八年條, 3049-3050쪽.

91) 谷川道雄, 「慕容國家における君權と部族制」, 『隋唐帝國形成史論』, 東京: 筑摩書房, 1971(原載 「慕容燕の權力構造-とくに前燕を中心として-」, 『名古屋大學文學部研究論集』 29, 1963), 80쪽.

92) 關尾史郎, 「前燕政權成立(337～370年)の前提」, 12왼쪽-21오른쪽; 三崎良章, 「五胡十六國時代における遼東 · 遼西地方の民族構成の變化について」, 『早稻田大學本庄高等學院研究紀要』 16, 1998; 楊龍, 「試論十六國時期前燕的人口管理」, 『東北史地』 2008-4, 2008; 여호규, 「4세기-5세기 초 高句麗와 慕容'燕'의 영역확장과 지배방식 비교」, 91쪽.

93) 이 문제의 대표적인 연구로는 唐長孺, 「魏晉南北朝時期的客和部曲」, 『魏晉南北朝史論拾遺』, 中華書局, 1983, 1-24쪽; 同氏, 「南朝的屯 · 邸 · 別墅及山澤佔領」, 『山居存稿』, 北京: 中華書局, 2011, 1-26쪽 참조.

94) 『晉書』 卷109 「慕容皝載記」, 2816쪽, "[慕容]皝自征遼東, 克襄平. [慕容]仁所署居就令劉程以城降, 新昌人張衡執縣宰以降. 於是斬仁所置守宰, 分徙遼東大姓於棘城, 置和陽 · 武次 · 西樂三縣而歸."; 『十六國春秋輯補』 卷24 「前燕錄」2, 185쪽; 『資治通鑑』 卷95 「晉紀」17 成帝咸和九年

능하였다. 요동의 토착세력은 중원 출신의 유민中原僑族의 중용에 불만을 품고 모용인의 반란에 참여하였고 요동에서 큰 세력을 지니고 있었기 때문에 모용황은 요동을 지배하기 위해 요동의 토착세력을 근본적으로 제거해야 했다.[95] 이러한 정치적 상황을 고려하면 요동대성遼東大姓은 일부 토착세력에 해당하는 것이 아님을 알 수 있다. 즉 모용부의 천사遷徙는 호胡 · 한漢을 가리지 않고 수도 혹은 정치적 중심지로 옮긴 것이다.

이는 십육국시대 다른 나라에서도 살펴볼 수 있다. 먼저 전조前趙이다. 전조前趙는 서진西晉의 수도 낙양洛陽과 장안長安을 점령할 당시에는 대규모 사민정책을 취하지 않았다. 유요劉曜가 낙양을 점령한 후 왕공王公과 백관百官 3만여 인을 죽이고 민제愍帝와 혜제惠帝의 양황후羊皇后를 수도 평양平陽으로 데려갔다.[96] 서진의 부흥운동 세력이 장안에서 회제懷帝를 황제로 옹립한 후 전조와 맞서자 일진일퇴의 공방을 벌이다가 결국 유요가 장안을 함락하였다. 이때도 대규모 인구를 이주시켰다는 기록은 없다.[97] 그러나 유요가

十一月條, 2999쪽.

95) 李海葉, 「慕容氏遼東政權的"僑土"關係」, 112왼쪽-113왼쪽.

96) 『晉書』 卷102 「劉聰載記」, 2658-2659쪽, "署其衛尉呼延晏為使侍節 · 前鋒大都督 · 前軍大將軍, 配禁兵二萬七千, 自宜陽入洛川, 命王彌 · 劉曜及鎮軍石勒進師會之. 晏比及河南, 王師前後十二敗, 死者三萬餘人. 彌等未至, 晏留輜重于張方故壘, 遂寇洛陽, 攻陷平昌門, 焚東陽 · 宣陽諸門及諸府寺. 懷帝遣河南尹劉默距之, 王師敗于社門. 晏以外繼不至, 出自東陽門, 掠王公已下子女二百餘人而去. 時帝將濟河東遁, 具船于洛水, 晏盡焚之, 還于張方故壘. 王彌 · 劉曜至, 復與 晏會圍洛陽. 時城內饑甚, 人皆相食, 百官分散, 莫有固志. 宣陽門陷, 彌 · 晏入于南宮, 升太極前殿, 縱兵大掠, 悉收宮人 · 珍寶. 曜於是害諸王公及百官已下三萬餘人, 於洛水北築為京觀. 遷帝及惠帝羊后 · 傳國六璽于平陽."

97) 『晉書』 卷102 「劉聰載記」, p.2674, "劉曜陷長安外城, 愍帝使侍中宋敞送牋于曜, 帝肉袒牽羊, 輿櫬銜璧出降. 及至平陽, 聰以帝為光祿大夫 · 懷安侯, 使粲告于太廟, 大赦境內, 改年麟嘉. 麴允自殺."

즉위한 후 사정이 달라졌다. 유요는 즉위 이전 관중關中을 공격하면서 지양池陽을 점령한 후 1만 인을 장안으로 천사遷徙하였다.[98] 또 장안을 함락한 후 8만여 구口와 2만여 호를 평양平陽으로 옮긴 적이 있었다.[99] 유요는 유총劉聰 사후 발생한 근준靳準의 난을 평정한 후 319년 장안에 수도를 정하였다.[100] 320년 농우隴右 지역의 저氐·강羌 부락部落 20여만 구口, 322년과 323년 농서隴西의 저氐·강羌 만여 호戶와 진주秦州의 대성大姓 양楊·강姜 제족諸族 2천여 호戶를 각각 장안으로 이주시켰다.[101]

---

98) 『晉書』卷102「劉聰載記」, 2659-2660쪽, "署劉曜為車騎大將軍·開府儀同三司·雍州牧, 改封中山王, 鎮長安, 王彌為大將軍, 封齊公. 尋而石勒等殺彌於己吾而并其眾, 表彌叛狀. 聰大怒, 遣使讓勒專害公輔, 有無上之心, 又恐勒之有二志也, 以彌部眾配之. 劉曜既據長安, 安定太守賈疋及諸氐羌皆送質任, 唯雍州刺史麴特·新平太守竺恢固守不降. 護軍麴允·頻陽令梁肅自京兆南山將奔安定, 遇疋任子於陰密, 擁還臨涇, 推疋為平南將軍, 率眾五萬, 攻曜於長安, 扶風太守梁綜及麴特·竺恢等亦率眾十萬會之. 曜遣劉雅·趙染來距, 敗績而還. 曜又盡長安銳卒與諸軍戰于黃丘, 曜眾大敗, 中流矢, 退保甘渠. 杜人王禿·紀特等攻劉粲于新豐, 粲還平陽. 曜攻陷池陽, 掠萬餘人歸于長安."

99) 『晉書』卷102「劉聰載記」, 2662쪽, "麴特等圍長安, 劉曜連戰敗績, 乃驅掠士女八萬餘口退還平陽, 因攻司徒傅祗于三渚, 使其右將軍劉參攻郭默于懷城. 祗病卒, 城陷, 遷祗孫純·粹并其二萬餘戶于平陽縣."

100) 『晉書』卷103 劉曜載記, p.2684-2685, "靳準遣侍中卜泰降于勒, 勒囚泰, 送之曜. 謂泰曰: '先帝末年, 實亂大倫, 羣閹撓政, 誅滅忠良, 誠是義士匡討之秋. 司空執心忠烈, 行伊霍之權, 拯濟塗炭, 使朕及此, 勳高古人, 德格天地. 朕方寧濟大艱, 終不以非命及君子賢人. 司空若執忠誠, 早迎大駕者, 政由靳氏, 祭則寡人, 以朕此意布之司空, 宣之朝士.' 泰還平陽, 具宣曜旨. 準自以殺曜母兄, 沈吟未從. 尋而喬泰·王騰·靳康·馬忠等殺準, 推尚書令靳明為盟主, 遣卜泰奉傳國六璽降于曜. 曜大悅, 謂泰曰: '使朕獲此神璽而成帝王者, 子也.' 石勒聞之, 怒甚, 增兵攻之. 明戰累敗, 遣使求救于曜, 曜使劉雅·劉策等迎之. 明率平陽士女萬五千歸于曜, 曜命誅明, 靳氏男女無少長皆殺之. 使劉雅迎母胡氏喪于平陽, 還葬粟邑, 墓號陽陵, 偽諡宣明皇太后. 僭尊高祖父亮為景皇帝, 曾祖父廣為獻皇帝, 祖防懿皇帝, 考曰宣成皇帝. 徙都長安, 起光世殿於前, 紫光殿於後."

101) 葛劍雄,『中國移民史』第二卷 先秦至魏晉南北朝時期, 福州: 福建人民出版社, 1997, 515쪽; 周偉洲,『漢趙國史』, 桂林: 廣西師範大學出版社, 2006, 177-178쪽 및 177쪽 漢趙掠遷人口統計表.

후조後趙의 군주 석륵石勒은 이미 전조前趙 치하에 사실상 자립하였고 후조를 세웠다. 석륵은 정복한 지역의 사람들을 수도 양국襄國으로 이주시켰다. 예컨대 유주자사幽州刺史 왕준王浚을 격파하고 오환烏丸 심광審廣 등을 양국으로 옮겼다.[102] 이어서 318년 동연현東燕縣과 산조현酸棗縣의 2만여 호,[103] 평원平原 오환烏丸 전광展廣과 유치劉哆 등 부락部落 3만여 호,[104] 늠구현廩丘縣과 동무양현東舞陽縣 일대의 무리 만여 인,[105] 병주并州의 유곤劉琨 평정 후 양곡현陽曲縣과 낙평樂平의 호[106]를 각각 양국으로 이주시켰다. 피정복민뿐만

102) 『晉書』 卷104 「石勒載記」上, 2723쪽, "於是輕騎襲幽州, 以火宵行. 至柏人, 殺主簿游綸, 以其兄統在范陽, 懼聲軍計故也. 遣張慮奉牋于劉琨, 陳己過深重, 求討浚以自效. 琨既素疾浚, 乃檄諸州郡, 說勒知命思愆, 收累年之咎, 求拔幽都, 效善將來, 今聽所請, 受任通和. 軍達易水, 浚督護孫緯馳遣白浚, 將引軍距勒, 游統禁之. 浚將佐咸請出擊勒, 浚怒曰: '石公來, 正欲奉戴我也, 敢言擊 者斬!」乃命設饗以待之. 勒晨至薊, 叱門者開門. 疑有伏兵, 先驅牛羊數千頭, 聲言上禮, 實欲填諸街巷, 使兵不得發. 浚乃懼, 或坐或起. 勒升其廳事, 命甲士執浚, 立之于前, 使徐光讓浚曰: '君位冠元台, 爵列上公, 據幽都驍悍之國, 跨全燕突騎之鄉, 手握強兵, 坐觀京師傾覆, 不救天子, 而欲自尊. 又專任姦暴, 殺害忠良, 肆情恣欲, 毒偏燕壤. 自貽于此, 非為天也.' 使其將王洛生驛送浚襄國市斬之. 於是分遣流人各還桑梓, 擢荀綽 · 裴憲, 資給車服. 數朱碩 · 棗嵩 · 田矯等以賄亂政, 責游統以不忠于浚, 皆斬之. 遷烏丸審廣 · 漸裳 · 郝襲 · 靳市等于襄國. 焚燒浚宮殿. 以晉尚書劉翰為寧朔將軍 · 行幽州刺史, 戍薊, 置守宰而還."

103) 『晉書』 卷104 「石勒載記」上, 2724쪽, "逯明攻甯黑于茌平, 降之, 因破 東燕酸棗而還, 徙降人二萬餘戶于襄國."

104) 『晉書』 卷104 「石勒載記」上, 2724쪽, "徙平原烏丸展廣 · 劉哆等部落三萬餘戶于襄國."

105) 『晉書』 卷104 「石勒載記」上, 2725쪽, "使石季龍襲乞活王平于梁城, 敗績而歸. 又攻劉演于廩丘. 支雄 · 逯明擊甯黑于東武陽, 陷之, 黑赴河而死, 徙其眾萬餘于襄國."

106) 『晉書』 卷104 「石勒載記」上, 2725-2726쪽, "勒攻樂平太守韓據于坫城, 劉琨遣將軍姬澹率眾十餘萬討勒, 琨次廣牧, 為澹聲援. 勒將距之, 或諫之曰: '澹兵馬精盛, 其鋒不可當, 宜深溝高壘以挫其銳, 攻守勢異, 必獲萬全.' 勒曰: '澹大眾遠來, 體疲力竭, 犬羊烏合, 號令不齊, 可一戰而擒之, 何強之有! 寇已垂至, 胡可捨去, 大軍一動, 豈易中還! 若澹乘我之退, 顧乃無暇, 焉得深溝高壘乎! 此為 不戰而自滅亡之道.' 立斬諫者. 以孔萇為前鋒都督, 令三軍後出者斬. 設疑兵于山上, 分為二伏. 勒輕騎與澹戰, 偽收眾而北. 澹縱兵追之, 勒前後伏發, 夾擊, 澹軍大敗, 獲鎧馬萬匹, 澹奔代郡, 據奔

아니라 지배층도 수도 양국으로 옮겼다. 석륵은 조신朝臣의 연속掾屬[107] 이상 사족士族 300호戶를 양국의 숭인리崇仁里로 옮기고 공족대부公族大夫를 두어 거느리게 하였다.[108] 후에 전진前秦을 세운 부홍苻洪은 석호石虎 재위 시기에 수도를 업鄴으로 옮겼다.[109]

후조後趙는 수도뿐만 아니라 피정복민이나 반란민을 각지로 이주시켰다. 석륵은 근준靳準을 공격한 후 파수巴帥와 제강諸羌 · 갈羯 10여만 락落을 사주司州의 여러 현諸縣으로 옮겼다.[110] 석호石虎는 상규上邽를 점령한 후 진주秦州 3만여 호를 청주靑州와 병주并州로 이주시켰다.[111] 또 석호는 328년 상규를 점령한 후 저氐 · 강羌 15만 락落을 사주司州와 기주冀州로 이주시켰다.[112] 곽경郭敬은 양양을 함락한 후 양양성襄陽城을 훼손하고 양양襄陽의 백성을 면북沔北으로 옮긴 후 번성樊城을 쌓아 지키게 하였다.[113] 진주자사秦州刺史 임심臨

劉琨. 琨長史李弘以并州降于勒, 琨遂奔于段匹磾. 勒遷陽曲 · 樂平戶于襄國, 置守宰而退."

107) 연속(掾屬)은 사도연(司徒掾), 승상속(丞相屬)처럼 끝에 ○○연(掾), ○○속(屬)으로 끝나는 벼슬을 뜻한다. 진한시대(秦漢時代)에는 삼공(三公)과 구경(九卿), 태수(太守)와 현령(縣令)은 자기의 부하 관리를 스스로 임명하였다. 연속은 각 관청의 장관이 임명한 관리였다.

108) 『晉書』 卷105 「石勒載記」下, 2737쪽, "徙朝臣掾屬已上士族者三百戶于襄國崇仁里, 置公族大夫以領之."

109) 『晉書』 卷113 「苻堅載記」上, 2883쪽, "祖洪, 從石季龍徙鄴, 家於永貴里."

110) 『晉書』 卷105 「石勒載記」上, 2728쪽, "勒攻準于平陽小城, 平陽大尹周置等率雜戶六千降于勒. 巴帥及諸羌羯降者十餘萬落, 徙之司州諸縣."

111) 『晉書』 卷105 「石勒載記」下 附石弘傳, p.2755, "季龍遣郭敖及其子斌等率步騎四萬討之, 次于華陰. 上邽豪族害權以降. 徙秦州三萬餘戶于靑 · 并二州諸郡. 南氐楊難敵等送任通和."

112) 『晉書』 卷105 「石勒載記」下, 2745쪽, "季龍克上邽, 遣主簿趙封送傳國玉璽 · 金璽 · 太子玉璽各一于勒. 季龍進攻集木且羌于河西, 克之, 俘獲數萬, 秦隴悉平. 涼州牧張駿大懼, 遣使稱藩, 貢方物于勒. 徙氐羌十五萬落于司 · 冀州."

113) 『晉書』 卷105 「石勒載記」下, 2747쪽, "勒荊州監軍郭敬 · 南蠻校尉董幼寇襄陽. 勒驛敕敬退屯樊城, 戒之使偃藏旗幟, 寂若 無人, 彼若使人觀察, 則告之曰: '自愛堅守, 後七八日大騎將至, 相策不

深은 진주秦州 휴도休屠 왕강王羌의 반란을 평정한 후 진주 이호夷豪 5천여 호를 옹주雍州로 이주시켰다.[114] 334년에는 진주 3만여 호를 청주와 병주로 옮겼다.[115] 석호石虎는 335년 단부段部(段遼)를 정복한 후 단부의 2만여 호를 옹주雍州 · 사주司州 · 연주兗州 · 예주豫州 4주로 이주시켰다.[116] 340년 요서遼西 · 북평北平 · 어양漁陽 만호를 연주兗州 · 예주豫州 · 옹주雍州 · 낙주洛州 4주로 이주시켰다.[117] 이처럼 피정복민을 각지에 옮긴 후조가 붕괴한 후 청주青州 · 옹주雍州 · 유주幽州 · 형주荊州의 사호徙戶와 저氐 · 강羌 · 호胡 · 만蠻 수백만 인이 서로 자기의 고향으로 돌아가려고 하다가 길에서 만나 서로 싸웠

復得走矣.' 敬使人 浴馬于津, 周而復始, 晝夜不絕. 偵諜還告南中郎將周撫, 撫以為勒軍大至, 懼而奔武昌. 敬入襄陽, 軍無私掠, 百姓安之. 晉平北將軍魏該弟遐等率該部眾自石城降于敬. 敬毀襄陽, 遷其百姓于沔北, 城樊城以戍之."

114) 『晉書』 卷105 「石勒載記」下, 2747쪽, "秦州休屠王羌叛于勒, 刺史臨深遣司馬管光帥州軍討之, 為羌所敗, 隴右大擾, 氐羌悉叛. 勒遣石生進據隴城. 王羌兄子擢與羌有仇, 生乃賂擢, 與掎擊之. 羌敗, 奔涼州. 徙秦州夷豪五千餘戶于雍州."

115) 『晉書』 卷105 「石勒載記」下 附石弘傳, p.2755, "季龍遣郭敖及其子斌等率步騎四萬討之, 次于華陰. 上邽豪族害權以降. 徙秦州三萬餘戶于青 · 并二州諸郡. 南氐楊難敵等送任通和."

116) 『晉書』 卷106 「石季龍載記」上, 2767-2768쪽, "季龍將伐遼西鮮卑段遼, 募有勇力者三萬人, 皆拜龍騰中郎. 遼遣從弟屈雲襲幽州, 刺史李孟退奔易京. 季龍以桃豹為橫海將軍, 王華為渡遼將軍, 統舟師十萬出漂渝津, 支雄為龍驤大將軍, 姚弋仲為冠軍將軍, 統步騎十萬為前鋒, 以伐段遼. 季龍眾次金臺, 支雄長驅入薊, 遼漁陽太守馬鮑 · 代相張牧 · 北平相陽裕 · 上谷相侯龕等四十餘城並率眾降于季龍. 支雄攻安次, 斬其部大夫那樓奇. 遼懼, 棄令支, 奔于密雲山. 遼左右長史劉羣 · 盧諶 · 司馬崔悅等封其府庫, 遣使請降. 季龍遣將軍郭太 · 麻秋等輕騎二萬追遼, 及之, 戰于密雲, 獲其母妻, 斬級三千. 遼單馬竄險, 遣子乞特真送表及名馬, 季龍納之. 乃遷其戶二萬餘于雍 · 司 · 兗 · 豫四州之地, 諸有才行者皆擢敘之. 先是, 北單于乙回為鮮卑敦那所逐, 既平遼西, 遣其將李穆擊那破之, 復立乙回而還. 季龍入遼宮, 論功封賞各有差."

117) 『晉書』 卷106 「石季龍載記」上, 2770쪽, "季龍將討慕容皝, 令司 · 冀 · 青 · 徐 · 幽 · 并 · 雍兼復之家五丁取三, 四丁取二, 合鄴城舊軍滿五十萬, 具船萬艘, 自河通海, 運穀豆千一百萬斛于安樂城, 以備征軍之調. 徙遼西 · 北平 · 漁陽萬戶于兗 · 豫 · 雍 · 洛四州之地."

다. 그리고 도중에 굶주림과 역병으로 죽은 사람이 많아 고향까지 무사히 귀환한 사람들은 10명 중 2-3명에 불과하였다.[118] 이는 후조後趙의 지나친 사민정책徙民政策이 부른 부작용이었다.

이어서 화북華北을 통일한 전진前秦의 예를 살펴보자. 전진의 군주 부견苻堅은 370년 전연前燕을 멸한 후 전연의 왕공王公과 선비鮮卑 4만여 호를 장안長安으로 이주시켰다.[119] 그리고 부견은 관동關東 호걸豪傑과 잡이雜夷 15만호를 관중關中으로 이주시켰다. 이 가운데 오환烏桓은 풍익馮翊과 북지北地, 정령丁零 적빈翟斌은 신안新安과 민지澠池에 거주하게 하였다.[120]

다음으로 385년 걸복국인乞伏國仁이 세운 서진西秦이다. 서진은 409년 약양略陽과 남안南安, 농서隴西 제군諸郡을 공격하여 25,000호를 원천苑川과 포한枹罕으로 옮겼다. 서진은 후진後秦의 백양보柏陽堡, 영락성永樂城을 공격하여 4천여 호를 원천苑川으로 옮겼고, 3천여 호를 담교譚郊(현재의 甘肅省 臨

118) 『晉書』 卷107 「石季龍載記」下, 2795쪽, "與羌胡相攻, 無月不戰. 青 · 雍 · 幽 · 荊州徙戶及諸氐 · 羌 · 胡 · 蠻數百餘萬, 各還本土, 道路交錯, 互相殺掠, 且饑疫死亡, 其能達者十有二三. 諸夏紛亂, 無復農者."

119) 『晉書』 卷111 「慕容暐載記」, 2858쪽, "堅徙暐及其王公已下并鮮卑四萬餘戶于長安, 封暐新興侯, 署爲尚書."; 『十六國春秋輯補』 卷29 「前燕錄」7, 228-229쪽; 『資治通鑑』 卷102 「晉紀」24 海西公太和五年條, 3239쪽, "十二月, 秦王堅遷慕容暐及燕后妃 · 王公 · 百官並鮮卑四萬餘戶於長安."

120) 『晉書』 卷113 「苻堅載記」上, 2893쪽, "堅自鄴如枋頭, 讌諸父老, 改枋頭為永昌縣, 復之終世. 堅至自永昌, 行飲至之禮, 歌勞止之詩, 以饗其羣臣. 赦慕容暐及其王公已下, 皆徙於長安, 封授有差. 堅於是行禮於辟雍, 祀先師孔子, 其太子及公侯卿大夫士之元子, 皆束脩釋奠焉. 徙關東豪傑及諸雜夷十萬戶於關中, 處烏丸雜類於馮翊 · 北地, 丁零翟斌于新安, 徙陳留 · 東阿萬戶以實青州. 諸因亂流移, 避仇遠徙, 欲還舊業者, 悉聽之."; 『資治通鑑』 卷103 「晉紀」25 簡文帝咸安元年正月條, 3243쪽, "秦王堅徙關東豪傑及雜夷十五萬戶於關中, 處烏桓於馮翊 · 北地, 丁零翟斌於新安 · 澠池. 諸因亂流移 · 欲還舊業者, 悉聽之."

夏縣 서북쪽)으로 옮겼다.[121] 414년 남량南涼의 낙도樂都(현재의 青海省 樂都縣)를 공격하여 독발호대禿髮虎臺(『진서』에는 이호李虎의 이름을 피휘避諱하여 독발무대禿髮武臺로 표기)와 문무文武, 백성 만여 호를 포한枹罕으로 옮겼다.[122] 415년 후진後秦을 공격하여 황석黃爽·대강大羌 2수戍를 점령하고 5천여 호를 포한으로 옮겼다.[123] 을불선비乙弗鮮卑 오지연烏地延이 2만호를 거느리고 항복하자, 강천强川(현재의 甘肅省 남부) 강호羌豪 3천호를 포한으로 이주시켰다.[124] 서진은 용사성勇士城, 원천苑川(현재의 甘肅省 榆中縣 북쪽), 금성金城(현재의 甘肅省 蘭州市 서쪽), 낙도樂都, 포한枹罕 등을 도성으로 삼았고 이주된 인구의 대부분은 당시의 도성이었다.[125]

이어서 독발오고禿發烏孤가 397년 세운 남량南涼이다. 남량은 400년 후량後涼이 북량北涼을 공격하는 틈을 타서 고장姑臧을 습격하여 8천여 호를 노획하여 돌아왔다. 후에 후량의 현미顯美(현재의 甘肅省 永昌縣 동남)를 공격하

121) 『晉書』 卷125 「乞伏乾歸載記」, 3122쪽, "又攻克興別將姚龍于伯陽堡, 王憬于永洛城, 徙四千餘戶 於苑川, 三千餘戶于譚郊."

122) 『晉書』 卷125 「乞伏熾磐載記」, 3124쪽, "僭立十年, 有雲五色, 起於南山. 熾磐以為己瑞, 大悅, 謂羣臣曰: '吾今年應有所定, 王業成矣!' 於是繕甲整兵, 以待四方之隙. 聞禿髮傉檀西征乙弗, 投劍而起曰: '可以行矣!' 率步騎二萬襲樂都. 禿髮武臺憑城距守, 熾磐攻之, 一旬而克. 遂入樂都, 論功行賞各有差. 遣平遠犍虔率騎五千追傉檀, 徙武臺與其文武及百姓萬餘戶于枹罕. 傉檀遂降, 署為驃騎大將軍·左南公. 隨傉檀文武, 依才銓擢之. 熾磐既兼傉檀, 兵強地廣, 置百官, 立其妻禿髮氏為王后."

123) 『晉書』 卷125 「乞伏熾磐載記」, 3124쪽, "曇達進屯大利, 破黃石·大羌二戍, 徙五千餘戶于枹罕."

124) 『晉書』 卷125 「乞伏熾磐載記」, 3125쪽, "使征西孔子討吐谷渾覓地于弱水南, 大破之. 覓地率眾六千降于熾磐, 署為弱水護軍. 遣其左衛匹達·建威梯君等討彭利和于漒川, 大破之, 利和單騎奔仇池, 獲其妻子. 徙羌豪三千戶于枹罕, 漒川羌三萬餘戶皆安堵如故."

125) 葛劍雄, 『中國移民史』 第二卷 先秦至魏晉南北朝時期, 524-525쪽.

여 현미顯美와 여헌驪軒(현재의 甘肅省 永昌縣 서남) 2천여 호를 획득하여 돌아왔고,[126] 양택涼澤과 단총段冢(현재의 甘肅省 武威市 남쪽) 오백여 가를 이끌고 돌아왔다.[127] 407년 서평西平과 황하湟河(현재의 青海省 西寧市와 그 동남 일대)를 습격하여 제강諸羌 3만여 호를 무흥武興과 번화番禾, 무위武威, 창송昌松 4군(현재의 甘肅省 武威, 永昌 일대)로 이주시켰다.[128] 또 북량의 후방 번화番禾를 공격하여 3천여 가를 서평西平으로 옮겼다.[129] 남량은 수도인 낙도樂都와 서평西平 일대 피정복민을 이주시켰다. 그러나 414년 수도 낙도는 서진西秦에 점령되어 남량은 망하고 만여 호가 서진의 수도 포한枹罕으로 옮겨졌다.[130]

다음으로 혁련발발赫連勃勃이 세운 하夏이다. 후진後秦 황석고黃石固(현재의 寧夏 固原縣 동남), 아라성我羅城(현재의 甘肅省 平涼市 서북쪽)을 공격한 후 7천여 가를 대성大城(현재의 內蒙古自治區 杭錦旗 동남쪽)으로 옮겼다.[131]

---

126) 『晉書』 卷126 「乞伏熾磐載記」, 3147쪽, "徙顯美 · 麗軒二千餘戶而歸."

127) 『晉書』 卷126 「乞伏熾磐載記」, 3147쪽, "呂隆為沮渠蒙遜所伐, 遣使乞師, 利鹿孤引羣下議之. 尚書左丞婆衍崙曰: '今姑臧饑荒殘弊, 穀石萬錢, 野無青草, 資食無取. 蒙遜千里行師, 糧運不屬, 使二寇相殘, 以乘其釁. 若蒙遜拔姑臧, 亦不能守, 適可為吾取之, 不宜救也.' 傉檀曰: '崙知其一, 未知其二. 姑臧今雖虛弊, 地居形勝, 河西一都之會, 不可使蒙遜據之, 宜在速救.' 利鹿孤曰: '車騎之言, 吾之心也.' 遂遣傉檀率騎一萬救之. 至昌松而蒙遜已退, 傉檀徙涼澤 · 段冢五百餘家而歸."

128) 『晉書』 卷126 「乞伏傉檀載記」, 3150쪽, "傉檀偽游澆河, 襲徙西平 · 湟河諸羌三萬餘戶于武興 · 番禾 · 武威 · 昌松四郡."

129) 『晉書』 卷126 「乞伏傉檀載記」, 3154쪽, "蒙遜因克姑臧之威來伐, 傉檀遣其安北段苟 · 左將軍雲連乘虛出番禾以襲其後, 徙三千餘家於西平."

130) 關尾史郎, 「南涼政權(397-414)と徙民政策」, 『史學雜誌』 89-1, 1980; 葛劍雄, 『中國移民史』 第二卷 先秦至魏晉南北朝時期, 525-526쪽.

131) 『晉書』 卷130 「赫連勃勃載記」, 3204쪽, "勃勃又攻興將金洛生于黃石固, 彌姐豪地于我羅城, 皆拔之, 徙七千餘家于大城, 以其丞相右地代領幽州牧以鎮之."

410년 후진의 요수도姚壽都를 청수성淸水城(현재의 甘肅省 淸水縣)을 공격하여 16,000가를 대성大城으로 옮겼다.[132] 411년 안정安靜을 공격하여 45,000을 항복시키고 3천여 호를 이성貳城(현재의 陝北)으로 옮겼다.[133] 이처럼 오르도스 고원과 섬북陝北(陝西省 북부)에서 흥기하였고 확대과정과 후진後秦과의 대항 중에 부단히 많은 인구를 약탈하여 이주시켰다.[134]

마지막으로 북위北魏이다. 397년 후연後燕의 수도 중산中山을 점령한 북위는 천흥원년天興元年(398) 정월과 십이월에 각각 산동 6주山東六州의 민리民吏·도하徒何·고려高麗·잡이雜夷 36만과 백공기교百工伎巧 10만여 구口, 6주 22군의 수재守宰·호걸豪傑·이민吏民 2천가를 이주시켰다.[135] 이후 정복한 오호제국五胡諸國의 피정복민을 수도 평성平城과 경기京畿 일대로 이주시켰다.[136]

이상으로 살펴본 것처럼 모용부慕容部-전연前燕뿐만 아니라 서진西秦·남

132) 『晉書』 卷130 「赫連勃勃載記」, 3205쪽, "勃勃又攻興將姚壽都于淸水城, 壽都奔上邽, 徙其人萬六千家于大城."

133) 『晉書』 卷130 「赫連勃勃載記」, 3205쪽, "其年, 勃勃率騎三萬攻安定, 與姚興將楊佛嵩戰于青石北原, 敗之, 降其眾四萬五千, 獲戎馬二萬匹. 進攻姚興將党智隆于東鄉, 降之, 署智隆光祿勳, 徙其三千餘戶于貳城."

134) 葛劍雄, 『中國移民史』 第二卷 先秦至魏晉南北朝時期, 526쪽.

135) 『魏書』 卷2 「太祖紀」 天興元年春正月辛酉條, 32쪽, "辛酉, 車駕發自中山, 至于望都堯山 . 徙山東六州民吏及徒何·高麗雜夷三十六萬, 百工伎巧十萬餘口, 以充京師."

136) 河地重造, 「北魏王朝の成立とその性格について-徙民政策の展開から均田制へ-」, 『東洋史研究』 12-5, 1953; 古賀昭岑, 「北魏における徙民と計口受田について」, 『九州大學東洋史論集』 1, 1973; 前田正名, 「平城附近·桑乾河流域·隣接地域人口流動一覽表」, 『平城の歷史地理學的研究』, 東京: 風間書房, 1979; 李凭, 「道武帝時期的大移民與雁北的開發」, 『北魏平城時代』, 北京: 社會科學文獻出版社, 2000. 北魏의 徙民 정책과 지역지배의 관계는 崔珍烈, 「北魏의 地域支配方式과 그 性格-華北지역을 중심으로-」, 『東洋史學研究』 92, 2005, 118-128쪽.

량南涼 · 하夏 · 북위北魏는 모두 피정복민을 수도나 정치적 근거지로 대규모로 이주시켰다. 이는 피정복민 통치를 위한 조치였으며, 16국시대 여러 나라의 보편적인 통치 방식이었다. 후조後趙도 전연前燕의 침입과 천사遷徙 전략을 알았기 때문에 전연前燕과 가까운 변경의 지역의 주민을 이주시켰다. 예컨대 339년 후조後趙의 군주 석호石虎는 후조後趙의 군대가 전연前燕의 범성凡城을 공격했으나 열관悅綰의 방어로 패하였다. 이에 후조後趙는 요서遼西의 민民을 모용부慕容部의 공격에 대비해 기주冀州 남쪽으로 이주시켰다.[137] 석호石虎는 다음 해인 340년 모용황慕容皝을 공격하기 위해 인력과 물자를 동원하였다. 동시에 요서遼西 · 북평北平 · 어양漁陽 1만 호를 연주兗州 · 예주豫州 · 옹주雍州 · 낙주洛州 4주로 이주시켰다.[138] 이주의 대상이 된 지역인 요서遼西, 북평北平, 어양漁陽은 당시 전연前燕과 국경선을 접하거나 국경과 가까운 지역이었다. 후조後趙는 전연前燕이 이 지역을 침입하여 인구를 약탈하는 것을 막기 위해 3군郡의 1만 호를 내지인 연주兗州 · 예주豫州 · 옹주雍州 ·

137) 『資治通鑑』 卷96 「晉紀」18 成帝咸康五年條, 3035쪽, "虎以撫軍將軍李農為使持節 · 監遼西 · 北平諸軍事 · 征東將軍 · 營州牧, 鎮令支. 農帥眾三萬與征北大將軍張舉攻燕凡城. 燕王皝以榼盧城大悅綰為御難將軍, 授兵一千, 使守凡城. 及趙兵至, 將吏皆恐, 欲棄城走. 綰曰: '受命禦寇, 死生以之. 且憑城堅守, 一可敵百, 有敢妄言惑眾者斬!' 眾然後定. 綰身先士卒, 親冒矢石; 舉等攻之經旬, 不能克, 乃退. 虎以遼西迫近燕境, 數遭攻襲, 乃悉徙其民於冀州之南."

138) 『晉書』 卷106 「石季龍載記」上, 2770쪽, "季龍將討慕容皝, 令司 · 冀 · 青 · 徐 · 幽 · 并 · 雍兼復之家五丁取三, 四丁取二, 合鄴城舊軍滿五十萬, 具船萬艘, 自河通海, 運穀豆千一百萬斛于安樂城, 以備征軍之調. 徙遼西 · 北平 · 漁陽萬戸于兗 · 豫 · 雍 · 洛四州之地."; 『資治通鑑』 卷96 「晉紀」18 成帝咸康六年條, 3039쪽, "趙王虎命司 · 冀 · 青 · 徐 · 幽 · 並 · 雍七州之民五丁取三, 四丁取二, 合鄴城舊兵, 滿五十萬, 具船萬艘, 自河通海, 運谷千一百萬斛於樂安城. 徙遼西 · 北平 · 漁陽萬餘戸於兗 · 豫 · 雍 · 洛四川之地. 自幽州以東至白狼, 大興屯田. 悉括取民馬, 有敢私匿者腰斬, 凡得四萬餘匹. 大閱於宛陽, 欲以擊燕."

낙주洛州 4주州로 이주시킨 것이다.

2) 모용외(慕容廆)·모용황(慕容皝) 치하 유민(流民)과 항민(降民)의 안치(安置)

주지하듯이 위진남북조시대는 중국 역사상 최초의 대규모 인구이동이 벌어졌다. 특히 영가의 난 이후 황하 유역의 한인漢人(漢族)이 장강長江과 그 이남으로 대거 이주하였다. 이러한 대규모 인구 이동은 중국 사회를 크게 변화시켰다. 이에 착안하여 동진東晉·남조南朝를 교구체제僑舊體制 혹은 교민체제僑民體制로 해석하기도 한다.[139] 영가의 난 이후 장강 유역뿐만 아니라 요서遼西·요동遼東 지역에도 중원中原의 사람들이 대거 이주하였다. 이들 가운데 일부는 모용외慕容廆·모용황慕容皝의 지배 아래 들어왔다. 아래의 〈표 2〉는 모용부慕容部에 편입된 유민流民과 투항자를 정리한 것이다.

139) 朴漢濟, 「'僑民體制'의 展開와 南朝史-南·北朝史의 統一的 理解를 위한 하나의 提案-」, 『東洋史學研究』 50, 1995, 6-19쪽; 朴漢濟, 「東晉·南朝史와 僑民-'僑舊體制'의 形成과 그 展開-」, 『東洋史學研究』 53, 1996, 1-51쪽; 朴漢濟, 「爲魏晉南北朝隋唐史研究而提出的一個方法」, 武漢大學中國三至九世紀研究所, 『中國前近代史理論國際學術研討會論文集』, 武漢: 湖北人民出版社, 1996.

〈표 2〉 모용부(전연)에 편입된 유민(流民) · 투항자와 인구

연도	투항자(투항집단)	투항자 戶口	설치 군현
302년	遼東 孟暉(宇文部에서 慕容部로 귀부)[140]	수천 家	
309년	昌黎 王誕[141]		
313년	裴嶷, 陽耽, 黃泓, 魯昌, 游邃, 逄羡, 西方虔, 宋奭, 封抽, 裴開, 宋該, 皇甫岌, 皇甫眞, 務開, 劉斌, 封弈, 封裕[142]		
313년	裴嶷과 裴開 부자, 陽耽, 游邃, 逄羡, 宋奭, 黃泓, 宋該, 平原 杜群, 劉翔[143]		

140) 『資治通鑑』 卷82 「晉紀」6 惠帝太安元年條, 2675-2676쪽, "鮮卑宇文單于莫圭部眾強盛, 遣其弟屈雲攻慕容廆, 廆擊其別帥素怒延, 破之. 素怒延恥之, 復發兵十萬, 圍廆於棘城. 廆眾皆懼, 廆曰: '素怒延兵雖多而無法制, 已在吾算中矣, 諸君但為力戰, 無所憂也!' 遂出擊, 大破之, 追奔百里, 俘斬萬計. 遼東孟暉, 先沒於宇文部, 帥其眾數千家降於廆, 廆以為建威將軍. 廆以其臣慕輿句勤恪廉靖, 使掌府庫; 句心計默識, 不按簿書, 始終無漏. 以慕輿河明敏精審, 使典獄訟, 覆訊清允."

141) 『資治通鑑』 卷82 「晉紀」6 惠帝太安元年條, 2675-2676쪽, "鮮卑宇文單于莫圭部眾強盛, 遣其弟屈雲攻慕容廆, 廆擊其別帥素怒延, 破之. 素怒延恥之, 復發兵十萬, 圍廆於棘城. 廆眾皆懼, 廆曰: '素怒延兵雖多而無法制, 已在吾算中矣, 諸君但為力戰, 無所憂也!' 遂出擊, 大破之, 追奔百里, 俘斬萬計. 遼東孟暉, 先沒於宇文部, 帥其眾數千家降於廆, 廆以為建威將軍. 廆以其臣慕輿句勤恪廉靖, 使掌府庫; 句心計默識, 不按簿書, 始終無漏. 以慕輿河明敏精審, 使典獄訟, 覆訊清允."

142) 『資治通鑑』 卷88 「晉紀」10 愍帝建興元年條, 2797쪽, "初, 中國士民避亂者, 多北依王浚, 浚不能存撫, 又政法不立, 士民住往復去之. 段氏兄弟專尚武勇, 不禮士大夫. 唯慕容廆政事脩明, 愛重人物, 故士民多歸之. 廆舉其英俊, 隨才授任, 以河東裴嶷 · 北平陽耽 · 廬江黃泓 · 代郡魯昌為謀主, 廣平游邃 · 北海逄羡 · 北平西方虔 · 西河宋奭及封抽 · 裴開為股肱, 平原宋該 · 安定皇甫岌 · 岌弟真 · 蘭陵繆愷 · 昌黎劉斌及封奕 · 封裕典機要. 裕, 抽之子也."

143) 『資治通鑑』 卷88 「晉紀」10 愍帝建興元年條, 2798쪽, "裴嶷清方有幹略, 為昌黎太守, 兄武為玄菟太守. 武卒, 嶷與武子開以其喪歸, 過廆, 廆敬禮之, 及去, 厚加資送. 行及遼西, 道不通, 嶷欲還就廆. 開曰: '鄉里在南, 柰何北行!' 且等為流寓, 段氏強, 慕容氏弱, 何必去此而就彼也!' 嶷曰: '中國喪亂, 今往就之, 是相帥而入虎口也. 且道遠, 何由可達(言昌黎去河東既遠, 又路梗, 無由得遠.)! 若俟其清通, 又非歲月可冀. 今欲求託足之地, 豈可不慎擇其人. 汝觀諸段, 豈有遠略, 且能待國士乎! 慕容公修行仁義, 有霸王之志, 加以豐民安, 今往從之, 謂可以立功名, 下可以庇宗族, 汝何疑焉!' 開乃從之. 既至, 廆大喜. 陽耽清直沈敏, 為遼西太守, 慕容翰破段氏於陽樂, 獲之, 廆禮而用之. 游

313년	張統 집단(樂浪 · 帶方 2郡)[144]	1千餘 家	樂浪郡
314년	會稽 朱左車, 魯國 孔纂, 泰山 胡母翼과 流民[145]	수만 家	冀陽郡, 成周郡, 營丘郡, 唐國郡
319년	崔毖에 귀의한 鞠彭과 曹嶷 등 靑州民[146]	수천 家	

〈표 2〉는 대부분 모용부의 지배지역인 요서 등의 지역으로 이주한 유민과 모용부에 항복한 집단을 정리하였다. 묘지명墓誌銘을 검색하면, 북위 문성제文成帝의 보모였던 상씨常氏[147]의 선조는 본래 하내군河內郡 온현溫縣 출신이었으나, 영가의 난 때 요서로 피난하여 요서군遼西郡 비여현肥如縣에 정

邃 · 逄羨 · 宋奭, 皆嘗為昌黎太守, 與黃泓俱避地於薊, 後歸廆. 王浚屢以手書召邃兄暢, 暢欲走之, 邃曰: '彭祖刑政不修, 華 · 戎離叛, 以邃度之, 必不能久, 兄且磐桓以俟之.' 暢曰: '彭祖忍而多疑, 頃者流民北來, 命所在追殺之. 今手書殷勤, 我稽留不往, 將累及卿. 且亂世宗族宜分, 以冀遺種.' 邃從之, 卒與浚俱沒. 宋該與平原杜群 · 劉翔先依王浚, 又依段氏, 皆以為不足託, 帥諸流寓同歸於廆. 東夷校尉崔毖請皇甫岌為長史, 卑辭說諭, 終莫能致; 廆招之岌與弟真即時俱至."

144) 『資治通鑑』 卷88 「晉紀」10 愍帝建興元年四月條, 2799쪽, "遼東張統據樂浪 · 帶方二郡, 與高句麗王乙弗利相攻, 連年不解. 樂浪王遵說統帥其民千餘家歸廆, 廆為之置樂浪郡, 以統為太守, 遵參軍事."

145) 『資治通鑑』 卷89 「晉紀」11 愍帝建興二年條, 2814쪽, "劉翰不欲從石勒, 乃歸段匹磾, 匹磾遂據薊城. 王浚從事中郎陽裕, 耽之兄子也, 逃奔令支, 依段疾陸眷. 會稽朱左車 · 魯國孔纂泰山胡母翼自薊逃奔昌黎, 依慕容廆. 是時中國流民歸廆者數萬家, 廆以冀州人為冀陽郡, 豫州人為成周郡, 青州人為營丘郡, 并州人為唐國郡."

146) 『資治通鑑』 卷91 「晉紀」13 元帝太興二年條, 2874-2875쪽, "初, 鞠羨既死, 苟晞復以羨子彭為東萊太守. 會曹嶷徇青州, 與彭相攻; 嶷兵雖強, 郡人皆為彭死戰, 嶷不能克. 久之, 彭歎曰: '今天下大亂, 強者為雄. 曹亦鄉里(彭與嶷皆齊人), 為天所相, 苟可依憑, 即為民主, 何必與之力爭, 使百姓肝腦塗地! 吾去此, 則禍自息矣.' 郡人以為不可, 爭獻拒嶷之策, 一無所用, 與鄉里千餘家浮海歸崔毖. 北海鄭林客於東萊, 彭 · 嶷之相攻, 林情無彼此. 嶷賢之, 不敢侵掠, 彭與之俱去. 比至遼東, 毖已敗, 乃歸慕容廆. 廆以彭參龍驤軍事. 遺鄭林車牛粟帛; 皆不受, 躬耕於野."

147) 『北史』 卷13 「后妃上 · 魏 · 景穆恭皇后郁久閭氏傳附文成昭太后常氏傳」, 495쪽, "又文成乳母常氏, 本遼西人, 因事入宮, 乳帝, 有劬勞保護之功. 文成即位, 尊為保太后, 尋尊為皇太后, 告於郊廟."

착하였다.[148] 그러나 당시 비여현은 단부(단씨, 단국)의 영토였기 때문에 〈표 2〉에서 제외하였다.

〈표 2〉에 따르면, 302년과 309년, 313년, 319년 6회에 걸쳐 수천 가家가 모용부(전연)에 항복하거나 안치安置되었다. 〈표 2〉에서는 유민流民이나 항복자의 수치를 구체적으로 기록하지 않아서 중원中原에서 요서遼西 일대로 이주한 사람들의 규모를 정확히 파악하기 어렵다. 모두 합하면 수만 수천 가家로 집계된다. 수만을 2만으로, 수천을 2천으로 계산하면 모용부(전연)에 편입된 유민과 투항자는 최소 25,000가家인 셈이다. 이 경우 유민流民과 투항자는 최소 125,000명(1가家당 5명으로 계산)이라고 추산된다.

이 가운데 313년 낙랑樂浪 · 대방帶方 2군郡을 점거한 장통張統이 1천여 가家를 거느리고 모용부慕容部에 항복하였다. 모용부는 장통의 집단을 낙랑군樂浪郡으로 편제하였다.[149] 다음 해인 314년 중원中原 유민流民들을 기양군冀陽

148) 「魏故齊郡王妃常(季繁)氏墓誌銘」, 『漢魏南北朝墓誌彙編』(趙超, 天津古籍出版社, 1992), 132쪽, "其先河內溫人. 永嘉之末, 乃祖避地, 遂居遼西郡之肥如縣焉." 묘지명의 주인 상계번(常季繁)의 집안은 보태후(保太后) 상씨(常氏)가 문성제(文成帝)의 보모로 양육한 공로로 황태후가 된 후 황태후(皇太后) 가문에 왕작(王爵)을 더해주는 규정 덕분에 부형(父兄)에게 왕작(王爵)이 가해졌다고 기록하였다(「魏故齊郡王妃常(季繁)氏墓誌銘」, 132쪽, "初照皇太后籍聖善之德, 正坤元之位, 阿保高宗, 母儀天下, 惠訓邁于當時, 洪勳濟于來世. 朝廷式稽舊章, 褒崇懿戚, 是以王爵加隆於父兄, 世祿廣貽於子姪."). 이러한 기록을 종합하면 요서 상씨의 본적이 하내군 온현이었음을 일단 신뢰할 수 있을 것이다.

149) 『資治通鑑』 卷88 「晉紀」10 愍帝建興元年四月條, 2798-2799쪽, "遼東張統據樂浪 · 帶方二郡, 與高句麗王乙弗利相攻, 連年不解. 樂浪王遵說統帥其民千餘家歸廆, 廆為之置樂浪郡, 以統為太守, 遵參軍事." 고연(高然)은 낙랑군(樂浪郡: 현재의 遼寧省 義縣 서남쪽)을 설치하여 장통(張統)이 거느린 낙랑 · 대방(樂浪 · 帶方)의 유민(流民)을 안치(安置)하였다고 보았다(高然, 「十六國前燕疆域 · 政區考」, 『中國歷史地理論叢』 29-3, 2014, 72왼쪽).
여호규는 장통과 왕준이 313년 낙랑 · 대방군의 수천가를 거느리고 투항하자 모용외는 대

郡, 성주군成周郡, 영구군靈丘郡, 당국군唐國郡 등으로 편제하였다.[150] 이 가운데 영구군營丘郡은 『수경주』에 따르면 용성(황룡)을 지나가는 유수渝水, 즉 현재

릉하 하류에 낙랑군을 교치(僑置)했다고 주장하였다(여호규, 「4세기-5세기 초 高句麗와 慕容'燕'의 영역확장과 지배방식 비교」, 101쪽). 그러나 위 기사의 원문 중 "樂浪王遵說統帥其民千餘家歸廆(樂浪王遵說統帥其民千餘家歸廆)"의 "귀(歸)"는 모용외(慕容廆)가 지배하는 영토 안으로 이동했다고 해석할 수 없다. 예컨대 북연주(北燕主) 풍홍(馮弘)의 아들 풍숭(馮崇)이 북위(北魏)에 항복하자 풍홍은 봉우(封羽)를 보내 요서(遼西)를 포위하였다(『十六國春秋輯補』 卷100 「北燕錄」3, 678쪽, "弘黜長樂公崇, 使鎮肥如. 崇遣弟樂陵公邈如魏降. 世祖拜崇遼西王. 弘使別將封羽, 率衆圍崇於遼西."; 『資治通鑑』 卷122 「宋紀」4 文帝元嘉九年條, 3841쪽, "初, 燕王嫡妃王氏, 生長樂公崇, 崇于兄弟為最長. 及即位, 立慕容氏為王后, 王氏不得立, 又黜崇, 使鎮肥如. 崇母弟廣平公朗 · 樂陵公邈相謂曰: '今國家將亡, 人無愚智皆知之. 王復受慕容後譖, 吾兄弟死無日矣!' 乃相與亡奔遼西, 說崇使降魏, 崇從之. 會魏主使給事郎王德招崇, 十二月, 己丑, 崇使邈如魏, 請舉郡降. 燕王聞之, 使其將封羽圍崇於遼西."). 이에 북위(北魏)는 영창왕(永昌王) 건(健)을 보내 요서(遼西)의 풍숭(馮崇)을 구하도록 하였다(『資治通鑑』 卷122 「宋紀」4 文帝元嘉十年春正月乙卯條, 3845쪽, "春, 正月, 乙卯, 魏主遣永昌王健督諸軍救遼西."). 결국 풍숭(馮崇)는 북위(北魏)의 도움을 받아 북연(北燕)의 공격을 물리쳤다. 북위(北魏)의 태무제(太武帝)는 433년 풍숭(馮崇)을 유평이주목(幽平二州牧) 요서왕(遼西王)에 임명하고 요서(遼西) 10군(郡)을 식읍으로 주었다. 또 상서(尚書)와 자사(刺史) 등 임명권을 주었다(『資治通鑑』 卷122 「宋紀」4 文帝元嘉十年二月庚午條, 3846쪽, "二月, 庚午, 魏主以馮崇為都督幽 · 平 · 東夷諸軍事 · 車騎大將軍 · 幽 · 平二州牧, 封遼西王, 隸其國尚書事, 食遼西十郡, 承製假授尚書 · 刺史 · 征虜已下官."). 이 예에서 알 수 있듯이, 한 세력이 다른 나라로 "귀(歸)", 귀부(歸附), 귀항(歸降)하는 경우 그 나라의 영토 안으로 이주하는 것이 아니라 원래의 장소에 머무르면서 그 세력이 지배하는 지역의 소유권만 "귀(歸)", 귀부(歸附), 귀항(歸降)한 나라로 이전되는 것이다. 따라서 『자치통감(資治通鑑)』의 사료를 축자적으로 해석하면 모용외(慕容廆)는 항복한 장통(張統)이 점거한 낙랑(樂浪) · 대방(帶方) 2군(郡)에 설치한 낙랑군(樂浪郡)은 교군(僑郡)이 아니라 장통이 지배한 낙랑(樂浪) · 대방(帶方) 2군(郡)을 낙랑군(樂浪郡)으로 통폐합한 조치로 이해된다. 『삼국사기(三國史記)』에서는 같은 해 시월 낙랑군(樂浪郡)을 공격하여 2천여 구를 노획하였다고 기록하였다(『三國史記』 卷18 「高句麗本紀」5 美川王十四年冬十月條, "十四年冬十月, 侵樂浪郡, 虜獲男女二千餘口). 한국고대사학계의 통설로는 이 기사를 고구려의 낙랑군 정복으로 해석한다. 만약 여호규의 주장대로 장통(張統)의 낙랑군이 대릉하에 교치되었다면, 이 때 고구려는 대릉하 유역의 낙랑군을 공격했다는 논리가 성립한다.

150) 『晉書』 卷108 「慕容廆載記」, 2806쪽.

의 대릉하 하류에 있었다.[151] 『위서』「지형지」 영주營州 · 기양군조冀陽郡條의 세주細注에는 기양군冀陽郡이 "태평진군太平真君 8년(446) 창려군昌黎郡에 합쳐졌고, 무정武定 5년에 다시 설치되었다."[152]라고 기록되었다. 창려군조昌黎郡條의 세주細注에서 창려군이 태평진군太平真君 8년 "기양군冀陽郡을 병합하여 창려군에 속하게 했다."[153]고 기록하였다. 북연은 436년에 망했으므로, 북연이 망한 후인 446년 옛 북연 땅에 있었던 기양군冀陽郡을 용성이 있었던 창려군昌黎郡에 합쳤다. 이는 기양군冀陽郡이 용성 혹은 창려군과 가까운 곳에 있었음을 뜻한다. 영구군營丘郡과 기양군冀陽郡이 유수渝水 즉 현재의 대릉하大凌河 유역에 있었음은 모용외가 당시 수도였던 극성棘城 주변 지역에 유민을 안치하고 이들을 통제하는 군현을 설치하여 다스렸음을 보여준다.

이밖에 『진서』와 『자치통감』의 기록을 통해 유민流民과 투항자의 추이를 검토해 보자. 먼저 『진서』 권108 「모용외재기」의 기록이다.

> (가) "영가초永嘉初에 모용외慕容廆는 선비대선우鮮卑大單于를 자칭하였다. 요동태수遼東太守 방본龐本은 사감私憾으로 동이교위東夷校尉 이진李臻을 살해하였다. 이에 부새선비附塞鮮卑 소련素連과 목진木津 등이 이진李臻을 위해 복수한다고 하였지만, 실제로는 이로 인해 난을 일으키려고 하

---

151) 『水經注』(段熙仲 點校, 陳橋驛 復校, 『水經注疏』, 南京, 江蘇古籍出版社, 1989) 卷14 大遼水 "又東南過房縣西"條, 1275쪽, "渝水又東南逕一故城東, 俗曰女羅城. 又南逕營丘城西, 營丘在齊而名之於遼燕之間者, 蓋燕 · 齊遼迴, 僑分所在. 其水東南入海."

152) 『魏書』 卷106上 「地形志」2上 營州 · 冀陽郡條細注, 2495쪽, "真君八年併昌黎, 武定五年復."

153) 『魏書』 卷106上 「地形志」2上 營州 · 昌黎郡條細注, 2494쪽, "晉分遼東置, 真君八年併冀陽屬焉."

여 드디어 제현諸縣을 공격하여 함락하고 사서士庶를 죽이고 약탈하였다. 태수太守 원겸袁謙은 자주 나가 싸웠으나 이기지 못하였고, 교위校尉 봉석封釋이 두려워 하여 화친을 청하였다. 해마다 침입과 약탈이 계속되고 백성들은 생업을 잃었으며 유망流亡하여 귀부하는 자가 날마다 서로 이어졌다."[154]

『십육국춘추집보』[155]과 『자치통감』[156]에 따르면 위의 인용문은 영가 5년(311) 당시의 상황이다. 당시 요동 지방에서 요동태수遼東太守와 동이교위東夷校尉의 다툼과 살해, 이에 편승한 부새선비附塞鮮卑의 침입과 약탈로 요동 일대는 혼란스러웠다. 이에 요동 일대의 백성들은 모용외慕容廆에게 귀부하였다. 위의 인용문에서는 모용외에게 귀부한 유민들의 수는 구체적으로 언급되지 않았다.

다음으로 『자치통감』 권88 「진기晉紀」10 민제건흥원년조愍帝建興元年條의 기사이다.

(나) "처음에 난을 피한 중국中國 사민士民은 대개 북쪽으로 왕준王浚

154) 『晉書』 卷108 「慕容廆載記」, 2805쪽, "永嘉初, 廆自稱鮮卑大單于. 遼東太守龐本以私憾殺東夷校尉李臻, 附塞鮮卑素連 · 木津等託為臻報讎, 實欲因而為亂, 遂攻陷諸縣, 殺掠士庶. 太守袁謙頻戰失利, 校尉封釋懼而請和. 連歲寇掠, 百姓失業, 流亡歸附者日月相繼."

155) 『十六國春秋輯補』 卷23 「前燕錄」1, 176쪽.

156) 『資治通鑑』 卷87 「晉紀」9 懷帝永嘉五年條, 2773쪽, "李臻之死也, 遼東附塞鮮卑素喜連 · 木丸津託為臻報仇(素喜連 · 木丸津二部也), 攻陷諸縣, 殺掠士民, 屢敗郡兵, 連年為寇. 東夷校尉封釋不能討, 請與連和, 連 · 津不從. 民失業, 歸慕容廆者甚眾, 戍稟給遣還, 願留者即撫存之."

> 에 의지하였다. 그러나 왕준은 그들을 위로하고 달래지 못했으며 또 정법政法이 서지 않으니 사민士民은 왕왕 다시 그를 떠났다. 단씨段氏 형제兄弟는 오로지 무용武勇을 숭상하여 사대부士大夫에게 경의를 표하지 않았다. 오직 모용외慕容廆는 정사政事를 잘 처리하였으며 인물을 아끼고 소중히 여기니 사민士民 다수가 그에게 귀부하였다. 모용외는 영민하고 준순한 사람을 발탁하여 재능에 따라 관직을 주었다. 하동河東 배억裴嶷, 북평北平 양탐陽耽, 여강廬江 황홍黃泓, 대군代郡 노창魯昌을 모주謀主로 삼고, 광평廣平 유수游邃, 북해北海 봉선逄羨, 북평北平 서방건西方虔, 서하西河 송석宋奭과 봉추封抽, 배개裴開를 고굉股肱으로 삼았으며, 평원平原 송해宋該, 안정安定 황보급皇甫岌과 황보급의 아우 황보진皇甫真, 난릉蘭陵 무개繆愷, 창려昌黎 유빈劉斌, 봉혁封奕, 봉유封裕에게 기요機要를 맡도록 하였다."157

위의 인용문은 서진西晉 민제愍帝 건흥원년建興元年(313)의 상황이다. 중원中原에서 동북으로 피난한 유민流民들은 먼저 유주자사幽州刺史 왕준王浚을 만나게 된다. 그러나 이들은 왕준의 푸대접과 정사에 실망하여 유주幽州의 동쪽에 위치한 요서遼西의 지배자 단씨段氏 형제, 즉 단부段部로 갔다. 선비인인 단부段部의 지배자들이 무용武勇을 숭상하여 사대부士大夫, 즉 한인사민漢人士

157) 『資治通鑑』 卷88 「晉紀」10 愍帝建興元年條, 2797쪽, "初, 中國士民避亂者, 多北依王浚, 浚不能存撫, 又政法不立, 士民往往復去之. 段氏兄弟專尚武勇, 不禮士大夫. 唯慕容廆政事修明, 愛重人物, 故士民多歸之. 廆舉其英俊, 隨才授任, 以河東裴嶷 · 北平陽耽 · 廬江黃泓 · 代郡魯昌為謀主, 廣平游邃 · 北海逄羨 · 北平西方虔 · 西河宋奭及封抽 · 裴開為股肱, 平原宋該 · 安定皇甫岌 · 岌弟真 · 蘭陵繆愷 · 昌黎劉斌及封奕 · 封裕典機要."

民들을 경시하자 이들은 요서군遼西郡의 동쪽에 위치한 창려昌黎 일대를 지배한 모용외慕容廆에게 귀부하였다. 유민流民들은 "유주幽州(치소)→요서군遼西郡→창려昌黎"로 점점 국경 근처로 몰려들었으며, 마지막에 가장 변경에 위치한 모용외에게 받아들여졌다. 모용외는 배억裴嶷, 양탐陽耽, 황홍黃泓, 노창魯昌, 유수游邃, 봉선逄羡, 서방건西方虔, 홍석宋奭, 봉추封抽, 배개裴開, 송해宋該, 황보급皇甫岌, 황보진皇甫眞, 무개務開, 유빈劉斌, 봉혁封弈, 봉유封裕 등을 등용하였다. 이들의 본적을 보면 하동河東과 광평廣平은 사주司州, 북평北平·대군代郡은 유주幽州, 평원平原과 북해北海는 청주靑州, 서하西河는 병주幷州, 안정安定은 옹주雍州, 난릉蘭陵은 서주徐州, 여강廬江은 양주揚州, 창려昌黎는 평주平州에 속했다. 즉 최소한 8주州 11군郡에서 동북의 변경인 모용부의 경내境內로 몰려온 것이다.

같은 해에 배억裴嶷과 배개裴開 부자가 배억의 형 배무裴武의 초상을 치르러 가다가 요서에서 막혀 모용외에게 귀부하였다. 또 양탐은 모용한慕容翰이 단씨段氏를 양락陽樂에서 격파한 후 포로가 되었으나, 모용외에게 중용되었다. 이어서 창려태수昌黎太守를 역임한 유수, 방선, 송석이 황홍과 함께 계薊로 피난했다가 후에 모용외에게 귀부하였다. 마지막으로 송해, 평원平原 두군杜群, 유상劉翔이 왕준王浚과 단씨段氏를 거쳐 모용외에게 귀부하였다.[158]

158) 『資治通鑑』 卷88 「晉紀」10 愍帝建興元年條, 2798쪽, "裴嶷清方有幹略, 為昌黎太守, 兄武為玄菟太守. 武卒, 嶷與武子開以其喪歸, 過廆, 廆敬禮之, 及去, 厚加資送. 行及遼西, 道不通, 嶷欲還就廆. 開曰: '鄉里在南, 柰何北行!' 且等為流寓, 段氏強, 慕容氏弱, 何必去此而就彼也!' 嶷曰: '中國喪亂, 今往就之, 是相帥而入虎口也. 且道遠, 何由可達! 若俟其清通, 又非歲月可冀. 今欲求託足之地, 豈可不慎擇其人. 汝觀諸段, 豈有遠略, 且能待國士乎! 慕容公修行仁義, 有霸王之志, 加以豐民安, 今往從之, 謂可以立功名, 下可以庇宗族, 汝何疑焉!' 開乃從之. 既至, 廆大喜. 陽耽清直沈敏,

이처럼 313년에는 많은 한인(중국인)들이 모용외에게 귀부하였다.

다음해인 314년 모용외는 유민들을 받아들이며 체제를 정비하였다. 『진서』 권108 「모용외재기」의 기록을 보자.

(다) "이때 2경二京이 함락되고 유주幽州와 기주冀州가 점령되었다. 모용외慕容廆는 형정刑政을 잘 다스렸고 겸허하게 받아들이니, 유망流亡한 사서士庶가 대부분 포대기로 아이를 업고 그에게 귀부하였다. 모용외는 군郡을 세워 유인流人을 거느리게 하니, 기주인冀州人은 기양군冀陽郡, 예주인豫州人은 성주군成周郡, 청주인青州人은 영구군營丘郡, 병주인并州人은 당국군唐國郡으로 편제하였다. 이때 어질고 재능있는 이들을 발탁하여 서정庶政을 맡겼다. 하동河東 배억裴嶷, 대군代郡 노창魯昌, 북평北平 양탐陽耽을 모주謀主로 삼고, 북해北海 봉선逄羨, 광평廣平 유수游邃, 북평北平 서방건西方虔, 발해渤海 봉추封抽, 서하西河 송석宋奭, 하동河東 배개裴開를 고굉股肱으로 삼았으며, 발해渤海 봉혁封弈, 평원平原 송해宋該, 안정安定 황보급皇甫岌, 난릉蘭陵 무개繆愷는 문장文章이 뛰어나 추요樞要를 맡도록 하고 회계會稽 주좌거朱左車, 태산太山 호모익胡毋翼, 노국魯國 공찬孔纂은 옛 덕이 청중清重하니 빈우賓友로 삼았다. 평원平原 유찬劉讚은 유학儒學에 널

為遼西太守, 慕容翰破段氏於陽樂, 獲之, 廆禮而用之. 游邃 · 逄羨 · 宋奭, 皆嘗為昌黎太守, 與黃泓俱避地於薊, 後歸廆. 王浚屢以手書召邃兄暢, 暢欲走之, 邃曰: '彭祖刑政不修, 華 · 戎離叛, 以邃度之, 必不能久, 兄且磐桓以俟之.' 暢曰: '彭祖忍而多疑, 頃者流民北來, 命所在追殺之. 今手書殷勤, 我稽留不往, 將累及卿. 且亂世宗族宜分, 以冀遺種.' 邃從之, 卒與浚俱沒. 宋該與平原杜群 · 劉翔先依王浚, 又依段氏, 皆以為不足託, 帥諸流寓同歸於廆. 東夷校尉崔毖請皇甫岌為長史, 卑辭說諭, 終莫能致; 廆招之岌與弟真即時俱至."

리 통하여 동상제주東庠祭酒에 임명하니 모용외의 세자世子 모용황慕容皝은 국주國胄를 이끌고 예물을 바치고 유찬에게서 가르침을 받았다. 모용외는 정사를 살펴보는 틈틈이 친히 임하여 가르침을 들으니 이때에 길에는 태평한 세상을 노래하는 음악 소리가 들리고, 예양禮讓이 흥해졌다."[159]

『십육국춘추집보』[160]와 『자치통감』[161]에 따르면 이 기사는 동진東晉 건흥建興 2년(314)의 기사이다. 그러나 위의 기사가 318년 모용외의 채봉 이후, 평주자사平州刺史 최비崔毖를 격파하기 이전이므로 319년 전후로 추정하기도 한다.[162] 위의 인용문 (다)에서도 모용외가 유민들의 초납招納에 능하여 귀부한 사람들이 많았음을 기술하였다. 모용외는 유민들을 편제하여 기양군冀陽郡, 성주군成周郡, 영구군靈丘郡, 당국군唐國郡을 설치하였다. 이를 교군僑郡으로 보고, 특히 동진東晉보다 시기상 앞선다고 보기도 한다.[163] 유민들은

159) 『晉書』 卷108 「慕容廆載記」, 2806쪽, "時二京傾覆, 幽冀淪陷, 廆刑政修明, 虛懷引納, 流亡士庶多襁負歸之. 廆乃立郡以統流人, 冀州人為冀陽郡, 豫州人為成周郡, 青州人為營丘郡, 并州人為唐國郡. 於是推擧賢才, 委以庶政, 以河東裴嶷 · 代郡魯昌 · 北平陽耽為謀主, 北海逢羨 · 廣平游邃 · 北平西方虔 · 渤海封抽 · 西河宋奭 · 河東裴開為股肱, 渤海封弈 · 平原宋該 · 安定皇甫岌 · 蘭陵繆愷以文章才儁任居樞要, 會稽朱左車 · 太山胡毋翼 · 魯國孔纂以舊德清重引為賓友, 平原劉讚儒學該通, 引為東庠祭酒, 其世子皝率國胄束脩受業焉. 廆覽政之暇, 親臨聽之, 於是路有頌聲, 禮讓興矣."

160) 『十六國春秋輯補』 卷23 「前燕錄」1, 177쪽.

161) 『資治通鑑』 卷89 「晉紀」11 愍帝建興二年條, 2814쪽, "劉翰不欲從石勒, 乃歸段匹磾, 匹磾遂據薊城. 王浚從事中郎陽裕, 耽之兄子也, 逃奔令支, 依段疾陸眷. 會稽朱左車 · 魯國孔纂泰山胡毋翼自薊逃奔昌黎, 依慕容廆. 是時中國流民歸廆者數萬家, 廆以冀州人為冀陽郡, 豫州人為成周郡."

162) 仇鹿鳴, 「僑郡改置與前燕政權中的胡漢關係」, 94오른쪽-95왼쪽.

163) 仇鹿鳴, 「僑郡改置與前燕政權中的胡漢關係」, 94오른쪽-96왼쪽.

편제한 행정구역이라는 점에서 교군僑郡이라는 견해는 맞지만, 동진東晉 남조南朝의 교주군현僑州郡縣은 유민(혹은 교민僑民)들이 자신의 본적 군현명郡縣名을 딴 명칭이 많고 백적白籍에 편입되어 조세와 요역을 면제받았다. 그러나 당시 모용부의 영토가 좁은 상황에서 기양군 등 4군으로 편제된 중원 각지의 유민들이 조세와 요역의 면제를 받는 교주군현僑州郡縣에 속한 교민僑民과 같은 대우를 받았다고 보기 어렵다. 또 4군郡 가운데 유주幽州의 유민들은 언급되지 않았다. 요서와 가까운 유주의 유민이 보이지 않는 것은 유주자사幽州刺史 왕준王浚 치하 영토가 비교적 안정되었기 때문으로 보기도 한다.[164]

위의 인용문 (다)에 등장한 인물의 본적은 모두 9주州 13군郡에 해당한다. 이를 인용문 (나)의 인재 등용 기사와 비교하면 1주 2군이 더 늘었다. 기양군 등 4군이 4주의 유민으로 편제된데 비해, 지배층에 해당하는 한인(중국인) 인재들은 기주冀州 · 예주豫州 · 청주靑州 · 병주幷州 이외의 또 다른 5주 출신이었다. 이러한 불일치는 농민 위주의 일반 유민은 모용부가 있던 요서와 가까운 기주 · 예주 · 청주 · 병주 출신이 많은데 비해, 옹주雍州 · 서주徐州 · 사주司州 · 양주揚州 등 먼 지역에서는 관리나 지방호족이 주도적으로 이주했음을 알 수 있다.

다음으로 『진서』 권104 「석륵재기石勒載記」의 기록을 살펴보자.

(라) "공장孔萇이 대군代郡을 공격하니 희첨姬澹은 죽었다. 이때 사주司

164) 葛劍雄, 『中國移民史』 第二卷 先秦至魏晉南北朝時期, 436쪽.

州 · 기주冀州 · 병주并州 · 연주兗州의 유인流人 수만 호는 요서遼西에 있었는데, 서로 번갈아 끌어들이니 사람들은 편안히 생업에 종사하지 못했다. 공장孔萇 등은 마엄馬嚴 · 풍저馮膌를 공격했으나, 오래되었으나 이기지 못하였다. 석륵石勒은 장빈張賓에게 계책을 물었다. 장빈은 다음과 같이 말했다. '풍저馮膌 등은 본래 명공의 심한 원수는 아니고, 요서의 유인流人은 모두 고향을 그리워하고 있습니다. 지금 마땅히 군대를 회군시키고 전쟁을 그치며, 능력이 있는 태수太守를 뽑아 파견하며 공수지사龔遂之事로써 임명하고 상제常制에 구속되지 않고, 은혜와 혜택을 베풀며 위무威武를 떨치게 하면, 우주幽州와 기주冀州의 침입은 가히 발돋움하고 바라보며 진정시킬 것입니다. 그러면 요서의 유인流人은 시간을 알리고 올 것입니다.' 석륵은 '우후右侯의 계책이 옳다.'라고 말했다. 그리고 공장孔萇 등을 불러 돌아오게 하고 무수령武遂令 이회李回를 역북도호易北都護 진무장군振武將軍 고양태수高陽太守에 임명하였다. 마엄馬嚴의 사중士眾은 다수 이잠李潛의 군인이었고, 이회는 이전에 이잠 부府의 장사長史였으므로, 본래 이회의 위엄과 덕에 복속하여 다수는 마엄을 배반하고 이회에게 귀부하였다. 마엄은 부중部眾이 두 마음을 품자 두려워하여 유주幽州로 달아나다가 물에 빠져 죽었다. 풍도馮膌는 무리를 거느리고 석륵에게 항복하였다. 이회는 역경易京으로 옮겼고, 항복한 유인流人이 해마다 늘 수천을 헤아리니, 석륵은 이를 가상하게 여겨, 이회를 익양자弋陽子에 봉하고 식읍 300호를 주었다. 장빈에게 1천호를 봉하고, 장빈을 전

장군前將軍으로 승진시켰으나, 장빈은 고사하고 받지 않았다."[165]

『자치통감』에 따르면 위의 인용문은 동진 건흥建興 4년(316)의 상황이다.[166] 316년 전후 사주司州 · 기주冀州 · 병주并州 · 연주兗州 유민流民 수만 호가 요서에 흘러들어가 살았다. 후조의 군주 석륵은 모사 장빈의 계책을 받아들여 이회를 등용하여 요서 유인流人들을 회유하니 해마다 수천 호戶가 귀부하였다. 인용문에 등장하는 '요서'가 요수遼水 서쪽을 지칭하는지 아니면 요서군遼西郡만을 지칭하는지 특정特定하기 어렵다. 그런데 이보다 9년 뒤인 태녕太寧 3년(325) 단부段部는 서쪽으로 유주幽州, 혹은 어양漁陽[167]부터 동쪽으로 요수遼水에 이르는 지역을 지배하며 호胡 · 진晉 3만여 가家(戶)를 거느렸다.[168] 여기서 '호胡 · 진晉'의 '호胡'는 단부를 비롯한 선비계 유목민,

---

165) 『晉書』 卷104 「石勒載記」上, 2726쪽, "孔萇攻代郡, 澹死之. 時司 · 冀 · 并 · 兗州流人數萬戶在于遼西, 迭相招引, 人不安業. 孔萇等攻馬嚴 · 馮賭, 久而不克. 勒問計於張賓, 賓對曰: '馮賭等本非明公之深仇, 遼西流人悉有戀本之思. 今宜班師息甲, 差選良守, 任之以龔遂之事, 不拘常制, 奉宣仁澤, 奮揚威武, 幽冀之寇可翹足而靜, 遼西流人可指時而至.' 勒曰: '右侯之計是也.' 召萇等歸, 署武遂令李回為易北都護 · 振武將軍 · 高陽太守. 馬嚴士眾多李潛軍人, 回先為潛府長史, 素服回威德, 多叛嚴歸之. 嚴以部眾離貳, 懼, 奔于幽州, 溺水而死. 馮賭率眾降于勒. 回移居易京, 流人降者歲常數千, 勒甚嘉之, 封回弋陽子, 邑三百戶. 加賓封一千戶, 進賓位前將軍, 固辭不受."

166) 『資治通鑑』 卷89 「晉紀」11 愍帝建興四年條, 2839쪽, "萇等攻賊帥馬嚴 · 馮賭, 久而不克. 司 · 冀 · 并 · 兗流民數萬戶在遼西, 迭相招引, 民不安業. 勒問計於濮陽侯張賓, 賓曰: '嚴 · 賭本非公之深仇, 流民皆有戀左之志, 今班師振旅, 選良牧守使招懷之, 則幽 · 冀之寇可不日而清, 遼西流民將相帥而至矣.' 勒乃召萇等歸, 以武遂令李回為易北濬護, 兼高陽太守. 馬嚴士卒素服回威德, 多叛嚴歸之, 嚴懼而出走, 赴水死. 馮賭帥其眾降. 回徙居易京, 流民歸之者繼於道."

167) 『진서(晉書)』에서는 단부(段部)의 서쪽 지역을 유주(幽州), 『자치통감(資治通鑑)』에서는 어양(漁陽)이라고 달리 기록하였다.

168) 『晉書』 卷63 「段匹磾傳」, 1712쪽, "其地西盡幽州, 東界遼水. 然所統胡晉可三萬餘家, 控弦可四五萬騎, 而與石季龍遞相侵掠, 連兵不息, 竟為季龍所破, 徙其遺黎數萬家於司雍之地."; 『資治通

'진晉'은 서진西晉의 백성(중국인)을 지칭한다. 위의 인용문에 언급된 수만 호가 단부가 지배하는 요서군에 있었으면 3만여 가(호) 안에 포함될 수 있지만, 단부의 요서군이 아닌 지역(광의의 요서遼西)에 있었다면 요서의 인구는 추가로 수만 호가 늘어난 것이다.

위에서 살펴본 것처럼 〈표 2〉와 별도로 숫자를 알 수 없는 '많은' 유민들이 요서로 이주하였다. 사료의 요서가 단부가 지배한 요서군인지, 아니면 단부 지배 영역 이외의 요수 서쪽인지 특정할 수 없기 때문에[169] 〈표 2〉에 포함시킬 수 없었다. 그렇지만 당시 영가의 난 이후 중원의 혼란을 피해 동북의 변방 요서와 요동으로 피난한 중국인들이 많았음을 알 수 있다.

모용외는 받아들인 한인 유민들을 어떻게 활용했을까? 위의 인용문 (다)와 (라)에서 알 수 있듯이, 모용외는 인재들을 발탁하여 자신들의 참모나 교육을 담당하는 관리로 임명하였다.[170] 이밖에 하동군 출신 배억[171]과 우북평

鑑』 卷93 「晉紀」15 明帝太寧三年條, 2939쪽, "段氏自務勿塵以來, 日益強盛, 其地西接漁陽, 東界遼水, 所統胡 · 晉三萬餘戶, 控弦四五萬騎."

169) 삼기양장(三崎良章)은 도하(徒河)의 청산(青山)을 조양시(朝陽市)로부터 의현(義縣)에 이르는 대릉하(大凌河) 양안(兩岸) 지대, 극성(棘城)을 의현(義縣)에서 서쪽의 북표시(北票市) 서부의 삼관영자(三官營子) 유지(遺址)에 비정한 전립곤(田立坤)의 견해(田立坤, 「棘城新考」, 『遼海文物學刊』 1996-2, 1996)를 받아들여 모용외(慕容廆)가 지배한 지역이 대릉하(大凌河) 중류에도 미치지 않았다고 주장하였다. 이에 따르면 단부(段部)는 모용외(慕容廆) 시기에 대릉하(大凌河)와 소릉하(小凌河) 하류를 지배하여 영토의 동쪽이 요수(遼水)에까지 이르렀다(三崎良章, 「慕容廆の遼西支配」, 259-272쪽).

170) 『晉書』 卷108 慕容廆載記, 2806쪽.

171) 『晉書』 卷108 慕容廆載記 附裴嶷傳, 2811쪽, "裴嶷字文冀, 河東聞喜人也. 父昶, 司隸校尉. 嶷清方有幹略, 累遷至中書侍郎, 轉給事黃門郎 · 滎陽太守. 屬天下亂, 嶷兄武先為玄菟太守, 嶷遂求為昌黎太守. 至郡, 久之, 武卒, 嶷被徵, 乃將武子開送喪俱南. 既達遼西, 道路梗塞, 乃與開投廆. 時諸流寓之士見廆草創, 並懷去就. 嶷首定名分, 為羣士啟行. 廆甚悅, 以嶷為長史, 委以軍國之謀."

군右北平郡 출신 양무陽鶩[172]가 모용외의 참모로 활동하였다. 모용황 시기에는 우북평군 출신 양유陽裕[173]가 고구려 격파와 우문부 정복, 용성和龍城의 궁전과 궁묘宮廟 건축 등에 큰 영향을 주었다.[174] 모용준慕容儁 재위 시기 모용부前燕는 하북의 염위冉魏를 멸망시키고 중국 본토에 진입하였다. 이때 양무는 모용각慕容恪 다음으로 전연의 하북 정복에 크게 기여하였다.[175] 관진현灌津縣 출신인 한항韓恒[176]은 왕조의 정체성과 정통성을 상징하는 오행차五行次 제정에 기여하였다.[177] 요컨대 모용외와 모용황 · 모용준은 한인 문관이나 지방호족, 유민의 우두머리 등을 중용하여 관동 정복에 성공하였다.[178] 그러면 일반 유민들은 어떻게 대우했을까? 이는 다음 절에서 살펴보자.

---

172) 『晉書』 卷111 慕容暐載記 附陽鶩傳, 2860쪽, "陽鶩字士秋, 右北平無終人也. …… 起家為平州別駕, 屢獻安時強國之術, 事多納用, 廆甚奇之."

173) 『晉書』 卷109 慕容皝載記 附陽裕傳, 2828쪽, "陽裕字士倫, 右北平無終人也."

174) 『晉書』 卷109 慕容皝載記, 2821쪽, "使陽裕 · 唐柱等築龍城, 構宮廟, 改柳城為龍城縣."; 『晉書』 卷109 慕容皝載記 附陽裕傳, 2829쪽, "段遼之請迎於季龍也, 裕以左丞領征東麻秋司馬. 秋敗, 裕為軍人所執, 將詣皝. 皝素聞裕名, 即命釋其囚, 拜郎中令, 遷大將軍左司馬. 東破高句麗, 北滅宇文歸, 皆豫其謀, 皝甚器重之. 及遷都和龍, 裕雅有巧思, 皝所制城池宮閣, 皆裕之規模."

175) 『晉書』 卷111 慕容暐載記 附陽鶩傳, 2860쪽, "皝即王位, 遷左長史. 東西征伐, 參謀幃幄. 皝臨終謂儁曰: '陽士秋忠幹貞固, 可託付大事, 汝善待之.' 儁之將圖中原也, 鶩制勝之功亞于慕容恪."

176) 『晉書』 卷110 慕容儁載記 附韓恒傳, 2842쪽, "韓恒字景山, 灌津人也."

177) 『晉書』 卷110 慕容儁載記 附韓恒傳, 2843쪽, "儁僭位, 將定五行次, 眾論紛紜. 恒時疾在龍城, 儁召恒以決之. 恒未至而羣臣議以燕宜承晉為水德. 既而恒至, 言於儁曰: '趙有中原, 非唯人事, 天所命也. 天實與之, 而人奪之 ,臣竊謂不可. 且大燕王迹始自於震, 於易, 震為青龍. 受命之初, 有龍見於都邑城, 龍為木德, 幽契之符也.' 儁初雖難改, 後終從恒議."

178) 崔珍烈, 「유목국가 · 이민족왕조의 통치체제 정비 · 운영과 定住 · 農耕民의 역할」, 『고구려발해학보』 46, 2013, 156-157쪽.

2. 봉유(封裕) 상소(上疏)와 권농(勸農) 정책

모용외慕容廆는 일찍이 도하徒河의 청산青山에서 극성棘城으로 옮긴 다음 농사와 뽕나무 재배를 가르쳤다. 이에 농업생산량이 증가하고 창고에 저축한 곡식이 많았기 때문에 영녕永寧 년간(301-302) 유주幽州에 홍수가 들자 창고를 열어 구휼하였다.[179] 이후 농업의 상황이 기록되지 않았지만 『진서』 권109 「모용황재기慕容皝載記」에는 모용황慕容皝 재위 시기인 영화원년永和元年(345) 봉유封裕의 간언 이전에 다음과 같은 구절이 있다.

"목우牧牛를 가난한 집貧家에 주고 원중苑中에서 경작하게 하였다. 공公은 수확량의 8분(8/10)을 거두고 2분(2/10)은 사私에 들어갔다. 소가 있으나 땅이 없는 자도 원중苑中에서 경작하면, 공公은 7분(7/10)을 거두고 3분(3/10)은 사私에 들어갔다. 모용황慕容皝의 기실참군記室參軍 봉유封裕는 다음과 같이 간하였다. '영가永嘉의 상란喪亂부터 백성이 유망流亡하니, 중원中原은 스산하고 천리에 연기가 없으며 굶주림과 추위로 흩어지고 잃어버렸을 뿐만 아니라, 서로 이어져 움푹 뺀 구덩이에 빠집니다. 선왕은 뛰어난 무예와 용맹, 지력으로 한 지방을 보전하였고 위엄으로 간악한 자들을 죽이고 덕으로써 변방의 사람들을 안무安撫하셨습니다.

179) 『晉書』 卷108 「慕容廆載記」, 2804쪽, "太康十年, 廆又遷于徒河之青山. 廆以大棘城即帝顓頊之墟也, 元康四年乃移居之. 教以農桑, 法制同于上國. 永寧中, 燕垂大水, 廆開倉振給, 幽方獲濟. 天子聞而嘉之, 褒賜命服."; 『十六國春秋輯補』 卷23 「前燕錄」1, 175쪽; 『資治通鑑』 卷82 「晉紀」4 武帝太康十年條, 2593쪽.

따라서 구주九州의 사람들은 새표塞表의 오랑캐이지만 어린애를 업고 만리를 오니, 마치 적자赤子가 자애로운 아버지慈父에게 돌아오는 것과 같습니다. 유인流人은 구토舊土보다 10배가 많고도 남음이 있어서 사람은 많고 땅은 좁으니 따라서 농토가 없는 사람이 열 중의 넷입니다. 전하께서는 총명한 자질을 지니시고 능히 선업先業을 넓히시어 남쪽으로는 강한 조趙를 막아내고 동쪽으로 구려句麗를 멸망시켜 영토를 3천리를 넓혔으며, 호戶는 10만이 늘었습니다. 이처럼 선왕을 계승해 영토를 넓힌 공은 서백西伯보다 높습니다. 마땅히 모든 원유諸苑를 없애고 유인流人에게 생업으로 삼게 하십시오. 전하에게 왔으나 자산資產이 없는 자는 목우牧牛를 하사하십시오. 사람들은 이미 전하의 사람이니 소를 어찌 잃겠습니까! 잘 저장하는 자는 백성들에게 저장하게 하니 이것과 같을 뿐입니다. 가까이 있는 자는 낙토지망樂土之望을 뒤따르게 되니 중국中國의 사람들은 모두 바가지에 담은 밥을 가지고 마중나갈 것이니, 석계룡石季龍은 누구와 함께 거居하겠습니까! 또 위진魏晉은 비록 도道가 약해지던 시대이지만 오히려 백성에게 징수하는 것이 7-8분分에 이르지 않고, 관우官牛와 전田을 빌린 자는 관官이 6분分을 얻고 백성은 4분分을 얻었으며, 자기의 소私牛를 가지고 관전官田을 빌린 자는 관官과 중분中分하였으니, 백성은 이를 편안하게 여겼고 사람들은 모두 기뻐하였습니다. 신은 오히려 명왕明王의 도道가 아니라고 말합니다만, 하물며 이보다 늘리다뇨! 홍수와 가뭄의 재앙은 요堯와 탕湯이 면하지 못하는 것이니, 왕자王者는 마땅히 농토 사이의 물길을 개통시키고 수리시설을 정비해야 합니다. 정백鄭白과 서문西門, 사기史起의 개관지법溉灌之法을 따라서 가물면 봇도랑을 터뜨려 비처럼 물이 쏟아지게 하고 홍수가 나면 물이 개천에 흐르게 하면 위로는 더위와 가뭄의 걱정이 없고, 아래로는 수해의 근심이 없습니다.'"[180]

『자치통감』에 따르면 봉유封裕는 영화원년(345)에 위의 내용을 간언하였다.[181] 그리고 모용황은 고구려 · 백제 · 단국 · 우문부 사민徙民을 제외한 봉

180) 『晉書』 卷109 「慕容皝載記」, 2822-2824쪽, "以牧牛給貧家, 田于苑中, 公收其八, 二分入私. 有牛而無地者, 亦田苑中, 公收其七, 三分入私. 皝記室參軍封裕諫曰: …… 自永嘉喪亂, 百姓流亡, 中原蕭條, 千里無煙, 飢寒流隕, 相繼溝壑. 先王以神武聖略, 保全一方, 威以殄姦, 德以懷遠, 故九州之人, 塞表殊類, 襁負萬里, 若赤子之歸慈父, 流人之多舊土十倍有餘, 人殷地狹, 故無田者十有四焉. 殿下以英聖之資, 克廣先業, 南摧強趙, 東滅句麗, 開境三千, 戶增十萬, 繼武闡廣之功, 有高西伯. 宜省罷諸苑, 以業流人. 人至而無資產者, 賜之以牧牛. 人既殿下之人, 牛豈失乎! 善藏者藏於百姓, 若斯而已矣. 邇者深副樂土之望, 中國之人皆將壺餐奉迎, 石季龍誰與居乎! 且魏晉雖道消之世, 猶削百姓不至於七八, 持官牛田者官得六分, 百姓得四分, 私牛而官田者與官中分, 百姓安之, 人皆悅樂. 臣猶曰非明王之道, 而況增乎! 且水旱之厄, 堯湯所不免, 王者宜濬治溝澮, 循鄭白 · 西門 · 史起溉灌之法, 旱則決溝為雨, 水則入於溝瀆, 上無雲漢之憂, 下無昏墊之患."; 『十六國春秋輯補』 卷25 「前燕錄」3, 192-193쪽.

181) 『資治通鑑』 卷97 「晉紀」19 穆帝永和元年條, 3063쪽, "燕王皝以牛假貧民, 使佃苑中, 稅其什之八, 自有牛者稅其七. 記室參軍封裕上書諫, 以為'古者什一而稅, 天下之中正也. 降及魏 · 晉, 仁政衰薄, 假官田官牛者不過稅其什六, 自有牛者中分之, 猶不取其七八也. 自永嘉以來, 海內蕩析, 武宣王綏之以德, 華夷之民, 萬里輻湊, 襁負而歸之者, 若赤子之歸父母, 是以戶口十倍於舊, 無田者什有三四. 及殿下繼統, 南摧強趙, 東兼高句麗, 北取宇文, 拓地三千里, 增民十萬戶; 是宜悉罷苑囿以賦新民, 無牛者官賜之牛, 不當更收重稅也. 且以殿下之民用殿下之牛, 牛非陛下之有, 將何在哉! 如此, 則戎旗南指之日, 民誰不簞食壺漿以迎王師, 石虎誰與處矣! 川瀆溝渠有廢塞者, 皆應通利, 旱則灌溉, 潦則疏泄. 一夫不耕, 或受之飢, 況游食數萬, 何以得家給人足乎! 今官司猥多, 虛費廩祿, 苟才不周用, 皆宜澄汰. 工商末利, 宜立常員. 學生三年無成, 徒塞英儁之路, 皆當歸之於農. 殿下聖德寬明, 博察芻蕘, 參軍王憲 · 大夫劉明並以言事忤旨, 主者處以大辟, 嫉人有之, 掩蔽耳目, 不忠之甚者也.' 皝乃下令, 稱: '覽封記室之諫, 孤實懼焉. 國以民為本, 民以穀為命, 可悉罷苑囿以給民之無田者. 實貧者, 官與之牛; 力有餘願得官牛者, 並依魏 · 晉舊法. 溝瀆各有益者, 令以時修治. 今戎事方興, 勳伐既多, 官未可減, 俟中原平壹, 徐更議之. 工商 · 學生皆當裁擇. 夫人臣關言於人主, 至難也, 雖有狂妄, 當擇其善者而從之. 王憲 · 劉明, 雖罪應廢黜, 亦由孤之無大量也, 可悉復本官, 仍居

유의 정책을 받아들였다.[182] 위의 인용문에서 알 수 있는 사실을 정리하면 아래와 같다.

첫째, 345년 봉유가 간언하기 전까지 모용부(전연)는 농토가 없는 농민들에게 원苑의 땅을 주어 경작하게 하고 농민의 소 대여 여부에 따른 공公, 즉 국가와 사私, 즉 농민의 수확량을 나누었다. 국가로부터 소를 빌린 농민은 수확량의 8분(8/10)을 바치고 2분(2/10)을 자신의 소유물로 가졌다. 반면 소를 소유한 농민은 7분(7/10)을 국가에 바치고 3분(3/10)을 자기 몫으로 가질 수 있었다. 이를 둔전屯田으로 보는 견해도 있다.[183]

둘째, 당시 영가의 난으로 중원에 살던 사람들이 모용부의 영토로 귀부하였고, 유인流人(유민)은 구토舊土보다 10배나 많았다. 그리고 농토가 없는 사람이 40%(4/10)에 달하였다.

諫司. 封生蹇蹇, 深得王臣之體, 其賜錢五萬. 宣示內外, 有欲陳孤過者, 不拘貴賤, 勿有所諱!' 皝雅好文學, 常親臨庠序講授, 考校學徒至千餘人, 頗有妄濫者, 故封裕及之."

182) 『晉書』 卷109 「慕容皝載記」, 2825쪽, "皝乃令曰: '覽封記室之諫, 孤實懼焉. 君以黎元為國, 黎元以穀為命. 然則農者, 國之本也, 而二千石令長不遵孟春之令, 惰農弗勸, 宜以尤不修闢者措之刑法, 肅厲屬城. 主者明詳推檢, 具狀以聞. 苑囿悉可罷之, 以給百姓無田業者. 貧者全無資產, 不能自存, 各賜牧牛一頭. 若私有餘力, 樂取官牛墾官田者, 其依魏晉舊法. 溝洫溉灌, 有益官私, 主者量造, 務盡水陸之勢. 中州未平, 兵難不息, 勳誠既多, 官僚不可以減也. 待克平凶醜, 徐更議之. 百工商賈數, 四佐與列將速定大員, 餘者還農. 學生不任訓教者, 亦除員錄. 夫人臣闗言於人主, 至難也, 妖妄不經之事皆應蕩然不問, 擇其善者而從之. 王憲 · 劉明雖其罪應禁黜, 亦猶孤之無大量也. 可悉復本官, 仍居諫司. 封生蹇蹇, 深得王臣之體. 詩不云乎 : 『無言不酬. 』其賜錢五萬, 明宣內外, 有欲陳孤過者, 不拘貴賤, 勿有所諱.' "; 『十六國春秋輯補』 卷25 「前燕錄」3, 194쪽.

183) 谷川道雄, 「慕容國家における君權と部族制」, 91쪽; 關尾史郎, 「前燕'屯田'政策に關する二~三の問題」, 『上智史學』 22, 1977 참조; 關尾史郎, 「前燕政權(337~370年)成立の前提」, 20왼쪽. 고민은 둔전(屯田) 가운데 민둔(民屯)으로 보았다(高敏, 『魏晉南北朝經濟史』, 上海: 上海人民出版社, 1996, 448쪽).

셋째, 모용황은 후조의 군대를 막아내고 고구려를 공격하여 3천리里의 영토를 넓히고 호戶는 10만으로 늘었다. 그런데 『자치통감』에서는 "전하가 임금의 자리를 물려받아 남쪽으로 강한 조趙를 물리치고 동쪽으로 고구려를 겸병하였으며, 북쪽으로 우문부를 취하여 3천리의 영토를 넓혔으며, 민民 10만 호를 늘렸다."[184]라고 기록하였다. 위의 인용문과 비교하면 우문부의 병합 구절이 추가되었다. 게다가 모용황은 338년 후조의 침입을 막음과 동시에 단부를 멸하였다.[185] 또 봉유는 고구려를 멸했다고 서술하였지만, 『진서』「모용황재기」와 『자치통감』, 『삼국사기』에서는 341년 고구려의 고국원왕故國原王은 모용황의 공격을 받고 도망갔으나 모용황이 아버지 미천왕美川王의 시체와 어머니, 처를 생포해 갔기 때문에 방물方物을 바치고 시체

184) 『資治通鑑』 卷97 「晉紀」19 穆帝永和元年條, 3063쪽, "及殿下繼統, 南摧強趙, 東兼高句麗, 北取宇文, 拓地三千里, 增民十萬戶."

185) 『晉書』 卷109 「慕容皝載記」, 2818쪽, "皝以段遼屢為邊患, 遣將軍宋回稱藩于石季龍, 請師討遼. 季龍於是總眾而至. 皝率諸軍攻遼令支以北諸城, 遼遣其將段蘭來距, 大戰, 敗之, 斬級數千, 掠五千餘戶而歸. 季龍至徐無, 遼奔密雲山. 季龍進入令支, 怒皝之不會師也, 進軍擊之, 至于棘城, 戎卒數十萬, 四面進攻, 郡縣諸部叛應季龍者三十六城. 相持旬餘, 左右勸皝降. 皝曰: '孤方取天下, 何乃降人乎!' 遣子恪等率騎二千, 晨出擊之. 季龍諸軍驚擾, 棄甲而遁. 恪乘勝追之, 斬獲三萬餘級, 築戍凡城而還. 段遼遣使詐降於季龍, 請兵應接. 季龍遣其將麻秋率眾迎遼, 恪伏精騎七千於密雲山, 大敗之, 獲其司馬陽裕 · 將軍鮮于亮, 擁段遼及其部眾以歸."; 『十六國春秋輯補』 卷24 「前燕錄」2, 187쪽; 『資治通鑑』 卷96 「晉紀」18 成帝咸康四年條, 3015쪽, "趙王虎進屯金臺(按水經註: 金臺在涿郡故安縣, 有金臺陂, 臺在陂北十餘步, 即燕昭王築以事郭隗之臺). 古雄長驅薊, 段遼所署漁陽上 · 上谷 · 代郡守相皆降, 取四十餘城. 北平相陽裕帥其民數千家登燕山以自固. 諸將恐其為後患, 欲攻之. 虎曰: '裕儒生, 矜惜名節, 恥於迎降耳, 無能為也.' 遂過之, 至徐無(徐無縣, 屬北平郡, 其地在唐薊州玉田縣界). 段遼以其弟蘭既敗, 不敢復戰, 帥妻子 · 宗族 · 豪大千餘家(豪大, 猶言豪帥也. 是時東北夷率謂主帥為大, 部帥曰部大, 城主曰城大是也), 棄令支, 奔密雲山, 將行, 執慕容翰手泣曰: '不用卿言, 自取敗亡; 我固甘心, 飲卿失所, 深以為愧.' 翰北奔宇文氏."

를 돌려받았다. 그리고 고국원왕은 모용황에 칭신하였다.[186] 따라서 봉유의 상소문에는 모용황 당시 상황을 잘못 혹은 과장하여 서술하였다. 그러나 모용황 시기에 단부와 우문부를 멸했기 때문에 영토와 호구가 증가한 것은 틀림없는 사실이다.

넷째, 봉유는 위진시대魏晉時代의 관전官田 징세비율을 다음과 같이 서술하였다. 국가로부터 관우官牛와 관전官田을 빌리면 수확량의 6분(6/10)을 관官에 바치고 나머지 4분을 농민이 가졌다. 소를 가진 농민이 관전官田을 빌리면 수확물의 절반을 관官에 바치고 절반은 자신이 가졌다. 이는 모용황

186) 『晉書』 卷109 「慕容皝載記」, 2822쪽, "咸康七年, 皝遷都龍城. 率勁卒四萬, 入自南陝, 以伐宇文 · 高句麗, 又使翰及子垂為前鋒, 遣長史王寓等勒眾萬五千, 從北置而進. 高句麗王釗謂皝軍之從北路也, 乃遣其弟 武統精銳五萬距北置, 躬率弱卒以防南陝. 翰與釗戰于木底, 大敗之, 乘勝遂入丸都, 釗單馬而遁. 皝掘釗父利墓, 載其尸并其母妻珍寶, 掠男女五萬餘口, 焚其宮室, 毁丸都而歸. 明年, 釗遣使稱臣於皝, 貢其方物, 乃歸其父尸."; 『十六國春秋輯補』 卷24 「前燕錄」2, 190쪽; 『資治通鑑』 卷97 「晉紀」19 成帝咸康八年條, 3051쪽, "皝將還, 韓壽曰: '高句麗之地, 不可戍守. 今其主亡民散, 潛伏山谷; 大軍既去, 必復鳩聚, 收其餘燼, 猶足為患. 請載其父屍 · 囚其生母而歸, 俟其束身自歸, 然後返之, 撫以恩信, 策之上也.' 皝從之. 發釗父乙弗利墓. 載其屍, 收其府庫累世之寶, 虜男女五萬餘口, 燒其宮室, 毁丸都城而還."; 『資治通鑑』 卷97 「晉紀」19 康帝建元元年條, 3053쪽, "春, 二月, 高句麗王釗遣其弟稱臣入朝於燕, 貢珍異以千數. 燕王皝乃還其父屍, 猶留其母為質."; 『三國史記』 卷18 「高句麗本紀」6 故國原王十二年條, "十一月, 皝自將勁兵四萬, 出南道. 以慕容翰 · 慕容覇爲前鋒, 別遣長史王寓等, 將兵萬五千, 出北道以來侵. 王遣弟武, 帥精兵五萬, 拒北道, 自帥羸兵, 以備南道. 慕容翰等先至戰, 皝以大衆繼之, 我兵大敗. 左長史韓壽, 斬我將阿佛和度加, 諸軍乘勝, 遂入丸都. 王單騎走入斷熊谷, 將軍慕輿埿, 追獲王母周氏及王妃而歸. 會, 王寓等戰於北道, 皆敗沒. 由是, 皝不復窮追, 遣使招王, 王不出. 皝將還, 韓壽曰: '高句麗之地, 不可戍守. 今, 其主亡民散, 潛伏山谷, 大軍既去, 必復鳩聚, 收其餘燼, 猶足爲患. 請載其父尸, 囚其生母而歸, 俟其束身自歸, 然後返之, 撫以恩信, 策之上也.' 皝從之. 發美川王廟, 載其尸, 收其府庫累世之寶, 虜男女五萬餘口, 燒其宮室, 毁丸都城而還."; 同上, 故國原王十三年條, "十三年, 春二月, 王遣其弟, 稱臣入朝於燕, 貢珍異以千數. 燕王皝乃還其父尸, 猶留其母爲質. 秋七月, 移居平壤東黃城, 城在今西京東木覓山中. 遣使如晉朝貢."

당시 국가와 관전을 빌린 농민이 수확량을 8:2 혹은 7:3으로 나누어 위진시대와 비교하면, 관이 2분 더 징수했음을 뜻한다. 따라서 위진시대처럼 6:4 혹은 5:5의 비율로 나누어야 한다고 주장하였다.

다섯째, 봉유는 가뭄과 홍수를 막고 농업생산량 증대를 위해 수리시설을 확충해야 한다고 주장하였다.

먼저 첫째와 넷째의 수확량 분배 비율 문제를 살펴보면 봉유는 관이 소나 토지를 빌려주고 관이 8분分 혹은 7분分을 취하는 현재의 방식 대신 관전官田이나 관우官牛를 빌려 농사를 농민들에게 유리한 6:4 혹은 5:5의 배분 방식을 취하자고 건의하였다. 그리고 후자의 수확량 배분 비율이 위진시대의 제도였다고 주장하였다. 그러나 서진 무제 태시泰始 4년에 어사중승御史中丞 부현傅玄의 상소를 보면 이전의 둔전屯田에서 관우官牛를 빌리면 관官이 6분分, 사私(耕夫)가 4분分을 얻고, 개인의 소를 가진 경우 절반씩 나누었다. 그러나 서진 초기에는 그 분배 비율이 8:2 혹은 7:3이었다. 부현傅玄은 이를 고치자고 주장했으나 조정에서 부현의 주장을 받아들였는지 불확실하다.[187] 부현의 상소를 고려하면, 모용황 시기 빈민에게 원苑의 토지와 소를 대여하여 경작한 후 위진시대 둔전의 수확량 배분 비율에 따랐음을 알 수

---

187) 『晉書』 卷47 「傅玄傳」, 1320-1321쪽, "泰始四年, 以為御史中丞. 時頗有水旱之災, 玄復上疏曰 : ……其一曰, 耕夫務多種而耕暵不熟, 徒喪功力而無收. 又舊兵持官牛者, 官得六分, 士得四分; 自持私牛者, 與官中分, 施行來久, 眾心安之. 今一朝減持官牛者, 官得八分, 士得二分; 持私牛及無牛者, 官得七分, 士得三分, 人失其所, 必不歡樂. 臣愚以為 宜佃兵持 官牛者與四分, 持私牛與官中分, 則天下兵作歡然悅樂, 愛惜成穀, 無有損棄之憂. …… 詔曰: 「得所陳便宜, 言農事得失及水官興廢, 又安邊御胡政事寬猛之宜, 申省周備, 一二具之, 此誠為國大本, 當今急務也. 如所論皆善, 深知乃心, 廣思諸宜, 動靜以聞也.」"

있다. 서진시대 마지막 수확량 배분 비율이 6:4 혹은 5:5이었는지, 8:2 혹은 7:3이었는지는 알 수 없으나 『진서』 「부현전傅玄傳」에서 부현의 상소를 받아들였는지 불확실하고, 1장 2절에서 살펴본 『진서』 「모용외재기」 유민 수용 기사에서 모용외가 유민들에게 관대하게 대하고 안무安撫를 잘했다는 기사가 여러 번 등장하는 것을 보면 모용외가 서진의 둔전 경작 수확량 배분 비율보다 더 많이 받지는 않았을 것이다. 즉 모용부가 관전苑을 빌려주고 나눈 수확량 배분 비율인 8:2 혹은 7:3은 서진의 수확량 배분 비율을 따랐을 것이다. 봉유는 이러한 수확량 배분 비율이 농민들에게 가혹했기 때문에 이를 농민들에게 유리한 비율인 6:4 혹은 5:5로 바꾼 것이다. 어쨌든 봉유의 제안은 당시 형편이 어려운 농민들의 사정을 반영했음은 부인하기 어렵다.

이어서 모용부(전연) 영토 안의 인구와 경작지 문제이다. 둘째에서 유민이 폭증하여 농토가 없는 사람은 40%에 달했다고 하였다. 당시 모용부의 영토가 땅은 적고 사람이 많은 상황이었음을 알 수 있다.

여기에서 당시 요서 일대의 자연지리와 환경 문제를 살펴볼 필요가 있다. 우선 주지하듯이, 모용부가 활동한 십육국시대는 중국에서 유명한 한랭기였다. 중국기후 연구자들에 따르면 전한前漢 성제成帝 건시建始 4년(B.C. 29)부터 수 문제隋文帝 개황開皇 20년(600) 혹은 후한초부터 6세기 상반기까지 중국은 소위 2차 한랭기에 속했다.[188] 구체적으로 남북조시대에 여름의

188) 竺可楨, 「中國近五千年來氣候變遷的初步研究」, 『歷史地理學讀本』, 北京: 北京大學出版社, 2006(原載 『考古學報』 1972-1, 1972), 15-16쪽; 劉昭民 지음, 박기수 · 차경애 옮김, 『기후의 반역-기후로 본 중국의 흥망사-』, 성균관대학교출판부, 2005, 59-62쪽 및 115-133쪽.

눈과 서리, 겨울과 봄의 눈, 큰 추위, 큰 가뭄에 관한 기사가 빈출하며 이전에 코끼리의 분포가 이전의 황하 유역에서 회수 이남으로 축소되었다. 뿐만 아니라 『위서』의 기록을 보면 남북조시대의 물후가 춘추전국시대보다 늦어졌다. 예컨대 『일주서逸周書』와 『예기禮記』 「월령月令」에서는 복숭아 꽃이 피는 것을 경칩의 첫 번째 징후라고 기록했지만, 『위서』에서는 경칩의 두 번째 징후라고 하였다. 또 『위서』에서 청명의 세 징후가 『예기』 「월령」에서는 중춘仲春의 징후로 기록되었다. 양자를 비교하면 북위시대가 춘추전국시대 혹은 『예기』의 실제 편찬연대라는 한대보다 상대적으로 추웠음을 시사한다. 또 『제민요술齊民要術』에 서술된 곡식의 파종과 재배시기를 현재와 비교하면 15-30일 늦음을 알 수 있다. 뿐만 아니라 황하 유역에서 쌀을 재배하지 않았음도 확인된다. 이는 남북조시대가 추웠음을 뜻한다. 학자들의 추정에 약간의 차이가 있지만 이 시대 연평균 온도가 현재보다 최소 0.82℃, 최대 2.66℃ 하락하였다.[189] 또 한 학자는 당시 복숭아의 개화 시기가 이전 시대보다 2-4주 늦춰졌으며, 석류 재배를 비교하면 6세기 전반까지 현재의 하남성河南省과 산동성山東省은 현재보다 추웠다고 한다.[190] 반면 위진남북조시대가 한랭기라는 통설에 반대하는 소수설도 있다.[191] 이러한

189) 張丕遠 主编, 『中国歷史氣候变化』, 濟南: 山东科学技术出版社, 1996; 竺可楨, 「中國近五千年來氣候變遷」, 葛劍雄 · 華林甫 編, 『歷史地理研究』, 武漢: 湖北教育出版社, 2002, 61쪽(原載 『考古學報』 1972-1, 1972); 布雷特 · 辛斯基 編, 「氣候變遷和中國歷史」, 『中國歷史地理論叢』 2003-2, 2003, 59쪽; 徐勝一, 「北魏孝文帝遷都洛陽與氣候變化之硏究」, 『臺灣師大地理硏究報告』 38, 2003, 1-12쪽; 劉昭民 지음, 박기수 · 차경애 옮김, 『기후의 반역』, 59-62쪽 및 134-146쪽; 吳宏岐, 『西安歷史地理硏究』, 西安: 西安地圖出版社, 2006, 99-104쪽.

190) 竺可楨, 「中國近五千年來氣候變遷的初步硏究」, 15-16쪽.

191) 葛全勝 · 方修琦 · 鄭景云, 「中國歷史時期溫度變化特徵的新認識」, 『地理科學進展』 2002-4,

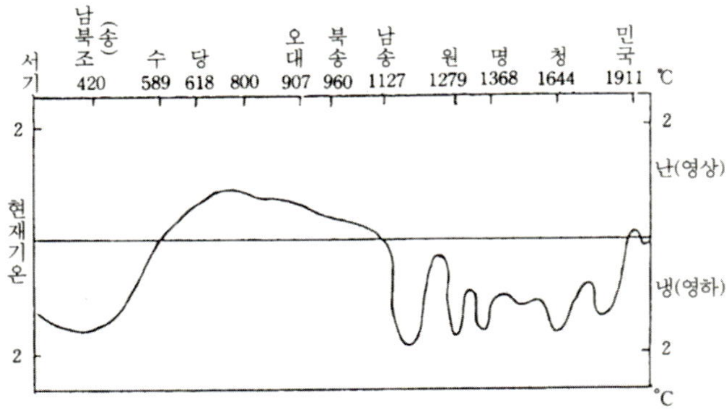

〈그래프 1〉 중국기후 그래프[192]

반론을 검증하기 위해 중국과 일본의 기온 그래프를 살펴보자.

위의 그래프를 보면 위진남북조시대 기후하강 현상에 주목한 선행연구 결과와 일치한다. 즉 위진남북조시대는 현재보다 1-2도 정도 기온이 낮았다.[193]

위의 그래프가 추정에 기반한 그래프라면, 탄소동위원소 등을 분석하여 기온을 과학적으로 복원한 연구도 있다.

2002; 鄭景雲 · 邵雪梅 · 郝志新 · 葛全勝, 「過去2000年中国氣候变化研究」, 『地理研究』 2010-9, 2010.

192) 劉昭民 저, 박기수 · 차경애 옮김, 『기후의 반역-기후로 본 중국의 흥망사-』, 55쪽, 〈그림 2〉 진대(晉代)와 남북조 이래 중국 기온변화곡선도.

193) 崔珍烈, 『북위황제 순행과 호한사회』, 서울대학교출판문화원, 2011, 410-414쪽.

194) 鈴木秀夫, 『氣候變動と人間-一萬年の歷史』, 大明堂, 2000, 127쪽.

195) 北川浩之, 「屋久杉に刻まれた歷史時代の氣候變動」, 梅原猛 · 伊東俊太郎 · 安田喜憲 編, 『講座 · 文明と環境』 第六卷 歷史と氣候, 朝倉書店, 1995, 50쪽.

196) 坂口豊, 「過去八〇〇〇年の氣候變化と人間の歷史」, 『專修人文論集』 51, 1993, 86쪽.

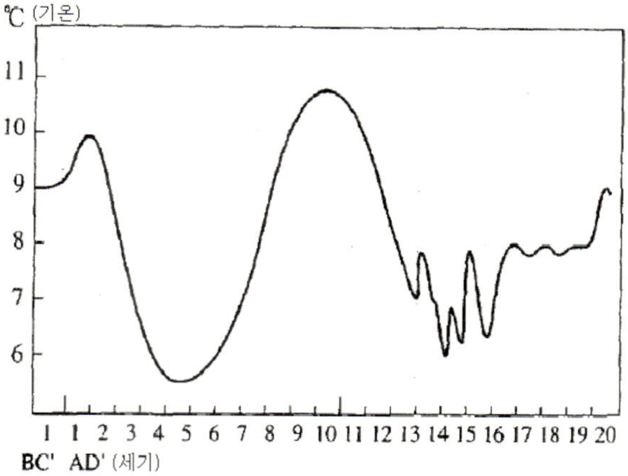

〈그래프 2〉 요녕성(遼寧省) 기온 그래프[194]

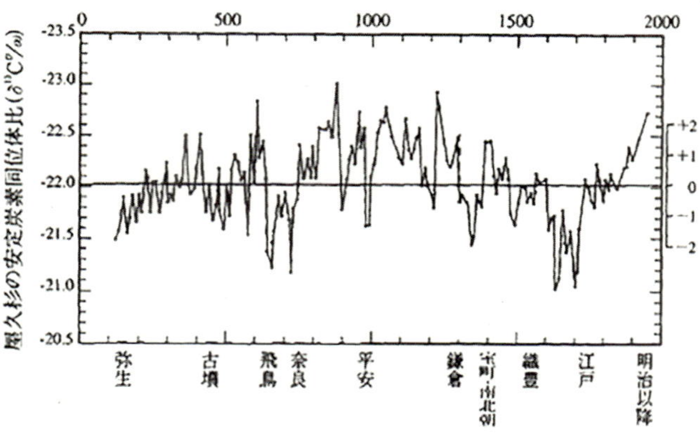

〈그래프 3〉 옥구삼(屋久杉)의 안정탄소동위체분석에서 분석한 기후복원도[195]

〈그래프 2〉는 중국 요녕성遼寧省의 기온 그래프이다. 〈그래프 3〉은 일본 구주九州 섬의 서남부에 있는 옥구도屋久島에서 서생하는 옥구삼屋久杉의 나이테를 안정탄소동위체로 분석한 옥구도屋久島의 기온과 기후 변동 그래프

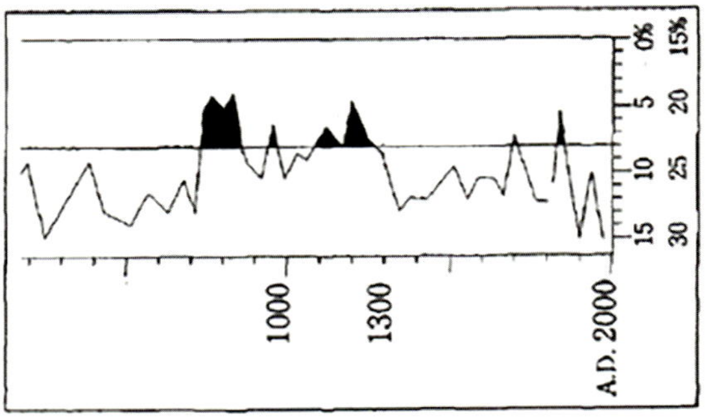

〈그래프 4〉 尾瀨ヶ原泥炭層 화분분석결과로 복원한 고기온곡선[196]

이다. 〈그래프 4〉는 일본 본주本州 섬 복도福島 · 신석新潟 · 군마群馬 3현 사이에 있는 미뢰尾瀨라는 고원의 이탄층泥炭層의 꽃가루를 분석하여 복원한 기온 곡선이다.

같은 중국의 동북 요녕성의 기온을 표시한 〈그래프 2〉는 기후학자들이 추정한 중국의 기온 그래프(〈그래프 1〉)와 대체로 일치한다. 각각 탄소동위원소와 꽃가루를 분석하고 일본의 기온을 나타내는 〈그래프 3〉과 〈그래프 4〉는 〈그래프 1〉과 〈그래프 2〉 보다 곡선의 상하 이동이 자세하지만, 위진남북조시대인 4-7세기의 기온이 현재보다 기온이 낮았음을 발견할 수 있다. 위에서 살펴본 〈그래프 2〉부터 〈그래프 4〉까지의 그래프에 보이는 위진남북조시대 기온도 〈그래프 1〉처럼 현재보다 기온이 낮은 한랭기였음을 보여준다.

이러한 온도 하락은 농작물 재배와 목축에도 영향을 줄 수밖에 없다.[197] 이와 관련하여 위진 혹은 십육국시대 유목민의 이동이 주목된다. 예컨대 탁발부拓跋部는 선비산鮮卑山에 있었으나,[198] 성무황제聖武皇帝 힐분詰汾은 헌제獻帝의 명령대로 남쪽으로 이주하였고, 흉노匈奴의 옛 땅故地에 거주하였다.[199] 이어서 신원황제神元皇帝 역미力微는 현재의 내몽골자치구 지역에 해당하는 성락盛樂으로 옮겼다.[200] 이때 탁발부를 따라 하란부賀蘭部와 위지부尉遲部를 포함한 36국國 99성姓이 남쪽으로 이주했다고 한다.[201] 이 과정에서 독발부禿跋部의 수장 필고匹孤가 탁발부에서 분리되어 새북塞北에서 하서河西로 이주하였다. 이후 서진초西晉初에 한때 양주涼州를 차지할 정도로 세력이 강하였다.[202] 또 여불사如弗斯 · 출련出連 · 질로叱盧 3부部는 막북漠北에서 남

---

197) 양부(楊富)는 이 시기 기온 하락과 한랭기를 인정하였지만 저온 현상이 요서(遼西)의 비습(卑濕)한 환경을 개선하여 농지 개발과 파종면적 증대에 유리했다고 보았다(楊富, 「三燕時期遼西地區的農業發展」, 『遼寧工程技術大學學報(社會科學版)』 8-4, 2006, 407왼쪽-407오른쪽). 그러나 기온 하락이 농경지 확대에 유리하다는 구체적인 증거를 제시하지 않았다.

198) 『魏書』 卷1 「序紀」, 1쪽, "昔黃帝有子二十五人, 或內列諸華, 或外分荒服, 昌意少子, 受封北土, 國有大鮮卑山, 因以為號."

199) 『魏書』 卷1 「序紀」, 2쪽, "聖武皇帝諱詰汾. 獻帝命南移, 山谷高深, 九難八阻, 於是欲止. 有神獸, 其形似馬, 其聲類牛, 先行導引, 歷年乃出. 始居匈奴之故地."

200) 『魏書』 卷1 「序紀」, 3쪽, "三十九年, 遷於定襄之盛樂."

201) 『周書』 卷4 「明帝紀」 明帝二年三月庚申條, 55쪽, "庚申, 詔曰: 「三十六國, 九十九姓, 自魏氏南徙, 皆稱河南之民. 今周室既都關中, 宜改稱京兆人.」"; 「賀蘭祥墓誌」, 『新出魏晉南北朝墓誌疏證』(羅新 · 葉煒, 中華書局, 2005), 245쪽, "公諱祥, 字盛樂, 河南洛陽人. 魏氏南遷, 有卌六國, 賀蘭國第四焉."; 「尉遲運墓誌」, 『新出魏晉南北朝墓誌疏證』, 304쪽, "始祖吐利, 封尉遲國. 君從魏聖武南遷, 因以國命氏."

202) 『晉書』 卷126 「禿髮烏孤載記」, 3141쪽, "禿髮烏孤, 河西鮮卑人也. 其先與後魏同出. 八世祖匹孤率其部自塞北遷于河西, 其地東至麥田 · 牽屯, 西至濕羅, 南至澆河, 北接大漠. 匹孤卒, 子壽闐立. 初, 壽闐之在孕, 母胡掖氏因寢而產於被中, 鮮卑謂被為'禿髮', 因而氏焉. 壽闐卒, 孫樹機能立,

쪽으로 대음산大陰山으로 이동하였고, 여기서 걸복부乞伏部와 만났다. 걸복부의 우린羽鱗은 4부部를 이끌고 하연夏緣으로 이주하였다.[203] 또 파다라破多羅·출불黜弗·소고연素古延·복혼僕渾·을불乙弗·절굴折掘·의운선비意云鮮卑·하남선비河南鮮卑·북산선비北山鮮卑·사반부思盤部·차개선비車蓋鮮卑·맥전선비麥田鮮卑·비화부卑和部·오제부烏啼部·아라다阿羅多 등의 선비鮮卑 부족도 관중關中·농서隴西·하서河西 지역으로 이주하였다.[204] 여기서 언급한 탁발부와 36국 99성, 독발부·여불사·출련·질로·걸복부 등은 대체로 북쪽(몽골고원과 막남漢南에서 남쪽華北 각지)으로 이주하였다. 이들이 남쪽으로 이주한 것도 기온 하락과 관계가 있을 것이다.

탁발부처럼 선비산에 있었던 모용부는 모용외의 증조 막호발이 막북에서 요서로 이주하였다. 그리고 아버지 섭귀는 요동의 북쪽으로 옮겼다.[205]

壯果多謀略. 泰始中, 殺秦州刺史胡烈於萬斛堆, 敗涼州刺史蘇愉于金山, 盡有涼州之地, 武帝為之旰食. 後為馬隆所敗, 部下殺之以降."

203) 『晉書』卷125「乞伏國仁載記」, 3113쪽, "乞伏國仁, 隴西鮮卑人也. 在昔有如弗斯·出連·叱盧三部, 自漠北南出大陰山, 遇一巨蟲於路, 狀若神龜, 大如陵阜, 乃殺馬而祭之, 祝曰: '若善神也, 便開路; 惡神也, 遂塞不通.' 俄而不見, 乃有一小兒在焉. 時又有乞伏部有老父無子者, 請養為子, 眾咸許之. 老父欣然自以有所依憑, 字之曰紇干. 紇干者, 夏言依倚也. 年十歲, 驍勇善騎射, 彎弓五百斤. 四部服其雄武, 推為統主, 號之曰乞伏可汗託鐸莫何. 託鐸者, 言非神非人之稱也. 其後有祐鄰者, 即國仁五世祖也. 泰始初, 率戶五千遷于夏緣, 部眾稍盛. 鮮卑鹿結七萬餘落, 屯于高平川, 與祐鄰迭相攻擊."

204) 周偉洲, 「魏晉十六國時期鮮卑族向西北地區的遷徙及其分布」, 『民族研究』 1983-5, 1983, 33-38쪽.

205) 『晉書』卷108「慕容廆載記」, 2803쪽, "慕容廆字弈洛瓌, 昌黎棘城鮮卑人也. 其先有熊氏之苗裔, 世居北夷, 邑于紫蒙之野, 號曰東胡. 其後與匈奴並盛, 控弦之士二十餘萬, 風俗官號與匈奴略同. 秦漢之際為匈奴所敗, 分保鮮卑山, 因以為號. 曾祖莫護跋, 魏初率其諸部入居遼西, 從宣帝伐公孫氏有功, 拜率義王, 始建國於棘城之北. 時燕代多冠步搖冠, 莫護跋見而好之, 乃斂髮襲冠, 諸部因呼之為步搖, 其後音訛, 遂為慕容焉. 或云慕二儀之德, 繼三光之容, 遂以慕容為氏. 祖木延, 左賢王.

이어서 모용외 시기에 모용부는 분열과 이동을 다시 경험하였다. 모용외는 서형庶兄 토욕혼과 불화하였고, 이 때문에 토욕혼이 서쪽 음산으로 이주했다가 다시 남쪽으로 이동하여 농우隴右로 옮겼다. 이 과정을 『송서宋書』 권96 「선비토욕혼전鮮卑吐谷渾傳」에서 아래와 같이 기록하였다.

"아시로阿柴虜 토욕혼吐谷渾은 요동遼東의 선비鮮卑이다. 토욕혼의 아버지 혁락한弈洛韓에게는 두 아들이 있었는데, 큰 아들의 이름은 토욕혼이고, 작은 아들의 이름은 약락외若洛廆였다. 후에 약락외는 따로 모용씨慕容氏가 되었다. 토욕혼은 서장자庶長子였고, 약락외는 본처本妻에게서 난 아들이었다. 아버지 혁락한이 살아 있을 때 700호戶를 나누어 토욕혼에게 주었다. 후에 토욕혼과 약락외의 2부部는 함께 말을 길렀는데, 말들이 서로 싸워 다치고 상하게 되자 약락외는 화가 나서 측근을 보내 토욕혼에게 '아버지께서 처리하여 다루시기를, 나와 형이 부部를 나누어 다르게 하셨는데, 말을 기르는 장소가 어찌 내가 통솔하는 집단 사람들이 말을 기르는 장소보다 멀지 않아서 말들이 서로 다투고 싸워서 서로 다치고 상하는 지경에 이르게 되었다는 말인가'라고 말하게 하였다. 토욕혼은 '말은 사람이 기르는 가축으로 풀을 먹고 물을 마시며 춘기春氣가 발동하여 싸움에 이르게 되었다. 싸움은 말들이 벌였는데, 어찌 노하고 화난 것이 사람에게 미친단 말인가? 두 집단이 싸운다면 나뉘고 떨어지는 것이 문제 해결에 매우 쉬운 방법이니, 지금 나는 너에게서 만리萬里

父涉歸, 以全柳城之功, 進拜鮮卑單于, 遷邑於遼東北, 於是漸慕諸夏之風矣."

나 떨어진 곳으로 가겠다.'라고 말하였다. 이때 말을 가지고 서쪽으로 갔는데, 날마다 움직이며 한번 멈추었고, 한번 멈출 때 마다 80리里를 움직였다. 며칠 지나 약락외가 잘못을 뉘우치고 깨닫고 스스로 깊이 잘못을 뉘우치며 옛 부로父老와 장사長史 을나루乙那樓를 보내 토욕혼을 추격하여 데리고 오도록 하였다. 토욕혼은 '우리는 할아버지 이후 요우遼右에서 덕을 세웠고 또 복서卜筮의 말에 의하면 아버지께는 두 아들이 있는데 복이 모두 자손들에게 흘러간다고 하였다. 나는 비천한 서자이므로 이치에 따르면 약락외와 함께 대인大人이 될 수 없다. 현재 말들의 싸움 때문에 내가 아우인 약락외와 헤어지게 되었는데, 이것은 아마도 하늘이 인도한 운명일 것이다. 여러분들은 말에게 동쪽으로 가도록 움직여보시오. 말이 만약 동쪽으로 움직인다면 나도 마땅히 여러분들을 따라서 동쪽으로 갈 것이오.'라고 말하였다. 을나루는 기뻐하여 절하며 '처가한處可寒'이라 말하였다. 선비어鮮卑語의 처가한은 한어漢語로 '너는 관가官家이다'라는 뜻이다. 이에 사신이 데리고 왔던 2천 기騎는 모두 말을 가로막아 동쪽으로 향하게 하여 돌아가려 했으나, 300보步도 채 가지 못하였는데 갑자기 슬프게 울며 갑작스럽게 달려가는데 목소리는 산이 무너지는 듯하였다. 이렇게 하기를 십여 차례 되풀이 하였고, 사람들이 동쪽으로 말을 몰수록 말들은 서쪽으로 움직여 동쪽에서 더욱 멀어졌다. 을나루는 힘이 다하여 꿇어앉고 '가한可寒이시여! 이는 다시 인간의 힘으로 할 수 있는 일이 아닙니다'라고 말하였다. 토욕혼은 그의 부락部落 사람들에게 '우리 형제자손은 모두 마땅히 창성할 것이고, 약락외는 마땅히 아들과 증손曾孫, 현손玄孫에 [자신의 자리를] 전할 것이고, 그 사이에 100여 년이 지날 것이다. 내 현손玄孫은 그때가 되어서 비로소 현

> 달하게 될 것이다'라고 말하였다. 이에 드디어 서쪽으로 향하여 음산陰山에 이르러 [자리잡고] 살았다. 서진西晉의 [영가永嘉의] 난을 만나 드디어 롱隴 지역으로 이동하여 이 지역을 얻었다.[206]

위의 인용문에서 약락외若洛廆(모용외)와 토욕혼은 부인部人들이 말 사육을 두고 싸우게 되고 결국 수장인 두 사람도 분쟁에 휘말렸다. 결국 토욕혼은 약락외와의 갈등을 피하기 위해 음산을 거쳐 농우로 이주하였다. 여기에서 인용문에서 언급된 토욕혼과 약락외(모용외) 2부部 소속 말들의 싸움은 단순한 말들만의 싸움이 아니라는 주장이 있다. 즉 당시 요동과 요서의 선비인들 사이에 유목경제가 발전하면서 서로 인구와 가축, 목장을 빼앗는 싸움이 치열했음을 보여준다는 것이다. 당시 모용부는 작은 집단이었기 때문에 협소한 목지를 두고 토욕혼과 약락외(모용외) 집단이 다툰 것이다.[207] 양자의 결별과 토욕혼이 모용부를 떠난 시기를 태강 4년(283)부터 태강 10

206) 『宋書』 卷96, 「鮮卑吐谷渾傳」, 2369쪽, "阿柴虜吐谷渾, 遼東鮮卑也. 父弈洛韓, 有二子, 長曰吐谷渾, 少曰若洛廆. 若洛廆別為慕容氏. 渾庶長, 廆正嫡. 父在時, 分七百戶與渾, 渾與廆二部俱牧馬, 馬鬪相傷, 廆怒, 遣信謂渾曰 : '先公處分, 與兄異部, 牧馬何不相遠, 而致鬪爭相傷?' 渾曰 : '馬是畜生, 食草飲水, 春氣發動, 所以致鬪. 鬪在於馬, 而怒及人邪. 乖別甚易, 今當去汝萬里.' 於是擁馬西行, 日移一頓, 頓八十里. 經數頓, 廆悔悟, 深自咎責, 遣舊父老及長史乙那樓追渾令還. 渾曰 : '我乃祖以來, 樹德遼右, 又卜筮之言, 先公有二子, 福胙並流子孫. 我是卑庶, 理無並大, 今以馬致別, 殆天所啟. 諸君試擁馬令東, 馬若還東, 我當相隨去.' 樓喜拜曰 : '處可寒.' 虜言'處可寒', 宋言爾官家也. 即使所從二千騎共遮馬令回, 不盈三百步, 欻然悲鳴突走, 聲若頹山. 如是者十餘輩, 一向一遠. 樓力屈, 又跪曰 : '可寒, 此非復人事.' 渾謂其部落曰 : '我兄弟子孫, 並應昌盛, 廆當傳子及曾孫玄孫, 其間可百餘年, 我乃玄孫間始當顯耳.' 於是遂西附陰山. 遭晉亂, 遂得上隴."

207) 周偉洲, 『吐谷渾史』, 4-5쪽.

년(289) 사이의 기간이라고 한다.[208] 이 주장을 받아들인다면 모용부는 인구 증가와 협소한 목지 때문에 유목민들의 목축이 열악한 상황이었음을 알 수 있다. 이러한 상황에서 우문부와 단부의 합병으로 목지도 증가하였지만, 유목민의 인구도 증가하였다. 그런데 봉유의 간언에 따르면 우문부와 단부는 모용부(전연)의 수도인 용성과 그 일대로 이주되었다.[209] 따라서 용성 일대의 목지 부족 현상이 심각했음을 알 수 있다.

목지뿐만 아니라 농토도 넉넉한 상황은 아니었다. 위진시대의 기록은 아니지만, 전한시대의 요서 등 동북 지역의 경제적 상황을 『사기』에서는 아래와 같이 기록하였다.

> "상곡上谷에서 요동遼東에 이르기까지 땅은 아득히 멀고 인민人民은 적었으며 여러 차례 노략질을 당했다. 대체로 조趙 · 대代와 풍속이 서로 비슷했다. 그러나 민民은 용맹하고 사나우며 생각이 적었다. 물고기 · 소금 · 대추 · 밤이 풍부하였다."[210]

요서는 상곡과 요동 사이에 있었다. 위에서 언급한 지역은 공통적으로

208) 周偉洲, 『吐谷渾史』, 3-4쪽.

209) 『晉書』 卷109 「慕容皝載記」, 2825쪽, "句麗 · 百濟及宇文 · 段部之人, 皆兵勢所徙, 非如中國慕義而至, 咸有思歸之心. 今戶垂十萬, 狹湊都城, 恐方將為國家深害, 宜分其兄弟宗屬, 徙于西境諸城, 撫之以恩, 檢之以法, 使不得散在居人, 知國之虛實."; 『十六國春秋輯補』 卷24 「前燕錄」2, 193쪽.

210) 『史記』 卷129 「貨殖列傳第」, 3265쪽, "上谷至遼東, 地踔遠, 人民希, 數被寇, 大與趙 · 代俗相類, 而民雕捍少慮, 有魚鹽棗栗之饒."

사람이 적었다고 기록되었다. 『한서』에서도 비슷한 표현이 보인다.

> "상곡上谷에서 요동遼東에 이르기까지 땅은 넓고 민民은 드물었다. 여러 차례 호胡의 침입을 받았다. 조趙 · 대代와 풍속이 서로 비슷했다. 물고기 · 소금 · 대추 · 밤이 풍부하였다."[211]

위의 인용문을 『사기』와 비교하면 전한 중기와 후한 초(『한서』가 완성될 시점)에 요서를 포함한 북쪽의 상곡에서 동북쪽의 요동에 이르는 지역에 사람들이 적다고 기록하였다. 이 지역의 풍속이 조趙 · 대代와 같다고 한 점에 주목해 보자. 『사기』「화식열전貨殖列傳」에서는 대代 지역의 상황을 아래와 같이 기록하였다.

> "종種과 대代는 석읍현石邑縣의 북쪽이며,[212] 그 땅의 변방에 있는 호胡는 여러 차례 중국을 침입했다. 인민人民은 사나움과 포악함을 자랑스러워하며, 용기를 뽐내고, 임협任俠이 되어 간악한 짓을 저지를 뿐 아니라 농경과 상업에 종사하지 않는다. 그러나 북이北夷에 가까이 있기 때문에 군대가 빨리 출동하며, 중국에서 물자를 이곳으로 운송하기 때문에 늘

---

211) 『漢書』 卷28下 「地理志」下 燕地條, 1657쪽, "上谷至遼東, 地廣民希, 數被胡寇, 俗與趙 · 代相類, 有魚鹽棗栗之饒."

212) 『사기집해(史記集解)』에서는 석북(石北)을 석읍현(石邑縣)의 북쪽이라고 보았다(『史記』 卷129 「貨殖列傳」 注引 『集解』, 3263쪽, "徐廣曰: 「石邑縣也, 在常山.」" 본문에서는 이 주석에 의거하여 번역했다.

남은 재물이 있다."[213]

위의 인용문을 보면 현재의 산서성山西省 북부에 해당하는 종種과 대代 지역에 사는 사람들은 농경과 상업에 종사하지 않았다. 『한서』「지리지地理志」에서도 유사한 구절이 보인다.

> "종種 · 대代 · 석石 · 북北은 호胡의 침입을 가까이에서 맞이하는 곳이다. 백성은 사납고 포악하며 용기를 뽐내며 간악할 뿐 아니라 농경과 상업에 종사하지 않았다. [춘추시대] 진晉 시기에는 이미 나라에서 그들의 사납고 강인함을 근심했으며 후에 [전국시대 조趙] 무령왕武靈王이 또 더욱 엄격하게 대했다."[214]

위의 인용문에서도 현재의 산서성 북부 지역의 사람들은 농경과 상업에 종사하지 않았다고 기록하였다. 이 점이 상곡-요동 지역에도 해당한다고 보면 역시 이 지역에 속하는 요서는 농경이 활발한 지역이 아니었음을 알 수 있다. 6세기 중엽에 가사협賈思勰이 쓴 『제민요술齊民要術』에는 이를 방증하는 기록이 있다.

---

213) 『史記』 卷129「貨殖列傳」, 3263쪽, "種 · 代, 石北也, 地邊胡, 數被寇. 人民矜懻忮, 好氣, 任俠為姦, 不事農商. 然迫近北夷, 師旅亟往, 中國委輸時有奇羨."

214) 『漢書』 卷28下「地理志」下, 1656쪽, "鍾 · 代 · 石 · 北, 迫近胡寇, 民俗懻忮, 好氣為姦, 不事農商, 自全晉時, 已患其剽悍, 而武靈王又益厲之."

"최식崔寔의 정론政論에서는 다음과 같이 말하였다: 「[전한前漢] 무제武帝는 조과趙過를 수속도위搜粟都尉에 임명하여 백성들에게 경식耕殖을 가르치게 하였다. 그 법을 보면 삼리三犂를 소 한 마리가 매고 한 사람이 소를 조종하며 씨를 뿌리고 누耬를 당기니 모두 이것에 갖추어져서 하루에 1경頃을 경작할 수 있다. 현재까지 삼보三輔는 여전히 그 이로움을 보고 있다. 그러나 요동遼東에서 논밭 갈 때 사용하는 리犂는 끌채轅의 길이가 4척尺이고, 회전迴轉에 서로 방해가 되므로 여전히 소 두 마리를 사용하고 두 사람이 소를 끌며, 한 사람이 리犂를 조종하고 한 사람이 씨를 뿌리며 두 사람이 누耬를 당긴다: 모두 두 마리의 소와 여섯 사람이 사용되어 하루에 겨우 25무畝를 경작할 뿐이다. 삼보와 요동의 격차가 심함이 이와 같다.」"[215]

위의 인용문에서 요동에서 두 마리의 소와 여섯 사람이 하루에 25무를 경작하는데 비해 삼보(전한前漢의 수도 장안長安과 그 주변)에는 하루에 한 마리와 한 사람이 1경, 즉 100무를 경작한다는 표현이 주목된다. 같은 시기 요동은 삼보지역보다 경작 면적 기준으로 1/4, 동원된 인력면에서 1/6, 동원된 소의 수에도 1/2에 불과하다. 요동의 생산력이 떨어짐을 확인할 수 있다. 최식崔寔은 2세기後漢에 활동한 관리이므로 당시 요동의 농업과 농업생

215) 『齊民要術』(賈思勰 原著, 繆啓愉 校釋, 北京: 中國農業出版社, 1998) 卷1 「耕田」, 50쪽, "崔寔政論曰: 「武帝以趙過為搜粟都尉, 教民耕殖. 其法三犂共一牛, 一人將之, 下種, 挽耬, 皆取備焉. 日種一頃. 至今三輔猶賴其利. 今遼東耕犂, 轅長四尺, 迴轉相妨, 既用兩牛, 兩人牽之, 一人將耕, 一人下種, 二人挽耬: 凡用兩牛六人, 一日纔種二十五畝. 其懸絕如此.」"

산력에 대한 지식을 정확히 알고 있었다. 요서는 요동과 이웃한 군이었으므로, 요서 일대의 농업생산력 수준도 요동처럼 후진적인 상황이었을 것이다. 조양朝陽 원대자袁臺子 동진묘東晉墓 서벽감西壁龕의 우경도牛耕圖에는 홍색과 황색의 두 마리 소가 쟁기犁를 끌고 경작하였다. 한 사람의 왼손에 쟁기犁, 오른손에 채찍을 들고 소를 몰았다. 소 앞에는 두 사람이 있어서 경작을 도왔다. 이는 위의 인용문(『제민요술』)에서 서술한 요동의 상황, 즉 두 마리의 소와 세 사람의 경작 방법과 일치한다.[216]

요서 지역의 후진적인 농경 상황은 요서 지역의 호구에서도 방증할 수 있다.

216) 楊富, 「三燕時期遼西地區的農業發展」, 『遼寧工程技術大學學報(社會科學版)』 8-4, 2006, 409 오른쪽.

〈표 3〉 전한(前漢)–당(唐) 요서(遼西) 지역의 호구

왕조	당시 행정구역	戶數	口數	비고
前漢[217]	遼西郡, 遼東郡의 3현(無慮 · 險瀆 · 房縣)[218]	81,983[219]	397,748[220]	
後漢[221]	遼西郡, 遼東屬國, 遼東郡의 1縣(無慮)[222]	19,983[223]	89,143[224]	遼東屬國 戶口 누락
西晋[225]	遼西郡, 昌黎郡[226]	3,700[227]	–	口數 누락
東魏[228]	營州, 平州[229]	1,989[230]	8,405[231]	

217) 『漢書』 卷28下 「地理志」下 遼西郡條, 1625쪽, "戶七萬二千六百五十四, 口三十五萬二千三百二十五. 縣十四: ……"; 『漢書』 卷28下 「地理志」下 遼東郡條, 1625-1626쪽, "遼東郡, 秦置. 屬幽州. 戶五萬五千九百七十二, 口二十七萬二千五百三十九. 縣十八."

218) 譚其驤 主編, 『中國歷史地圖集』 第二册(秦 · 西漢 · 東漢時期), 上海: 地圖出版社, 1982, 27-28쪽, 幽州刺史部.

219) 81,983 = 72,654(遼西郡) + 9,329(55,972×3/18; 遼東郡의 3縣)

220) 397,748 = 352,325(遼西郡) + 45,423(272,539×3/18; 遼東郡의 3縣)

221) 『後漢書』 卷23 「郡國志」5 幽州 · 遼西郡條, 3528쪽, "五城, 戶萬四千一百五十, 口八萬一千七百一十四."; 『後漢書』 卷23 「郡國志」5 幽州 · 遼東郡條, 3529쪽, "十一城, 戶六萬四千一百五十八, 口八萬一千七百一十四."; 『後漢書』 卷23 「郡國志」5 幽州 · 遼東屬國條, 3530쪽.

222) 譚其驤 主編, 『中國歷史地圖集』 第二册(秦 · 西漢 · 東漢時期), 61-62쪽, 幽州刺史部.

223) 19,983 = 14,150(遼西郡) + 5,833(64,158×1/11; 遼東郡의 1縣)

224) 89,143 = 81,714 + 7,429(81,714×1/11; 遼東郡의 1縣)

225) 『晉書』 卷14 「地理志」上 幽州 · 遼西郡條細注, 426쪽, "秦置. 統縣三, 戶二千八百."; 『晉書』 卷14 「地理志」上 平州 · 昌黎郡條細注, 427쪽, "漢屬遼東屬國都尉, 魏置郡. 統縣二, 戶九百."

226) 譚其驤 主編, 『中國歷史地圖集』 第三册(三國 · 西晉時期), 上海: 地圖出版社, 1990, 41-42쪽, 幽州 · 平州.

227) 3,700 = 2,800(遼西郡) + 900(昌黎郡)

228) 『魏書』 卷106上 「地形志」2上 營州條, 2494쪽, "領郡六. 縣十四. 戶一千二十一. 口四千六百六十四."; 『魏書』 卷106上 「地形志」2上 營州條, 2496쪽, "領郡二. 縣五. 戶九百七十三. 口三千七百四十一."

229) 譚其驤 主編, 『中國歷史地圖集』 第四册(東晉十六國 · 南北朝時期), 上海: 地圖出版社, 1982, 61-62쪽, 東魏.

隋[232]	北平郡, 遼西郡[233]	3,020[234]	–	口數 누락
唐(639)[235]	營州, 平州[236]	1,634[237]	7,274[238]	唐太宗 시기의 戶口
唐(742)[239]	柳城郡(營州), 北平郡(平州)[240]	4,110[241]	28,875[242]	唐玄宗 시기의 戶口

〈표 3〉에서 요서를 요수遼水 서쪽으로 보았기 때문에 전한前漢의 요동군遼東郡 가운데 요수 서쪽 3현의 호구도 요서의 호구에 포함시켰다. 전한시대에는 요서 지역의 호구는 81,983호戶와 397,748구口였다. 그러나 후한시대에는 19,983호戶와 89,143구口로 대폭 감소하였다. 이어서 서진西晉 시대에는 요서에 해당하는 요서군과 창려군昌黎郡의 호수戶數가 3,700호戶에 불과

230) 1,989 = 1,022(營州) + 967(平州)

231) 8,405 = 4,664(營州) + 3,741(平州)

232) 『隋書』 卷30 「地理志」中 冀州 · 遼西郡條, 859쪽, "統縣一, 戶七百五十一."; 『隋書』 卷30 「地理志」中 冀州 · 北平郡條, 858쪽, "統縣一, 戶二千二百六十九."

233) 譚其驤 主編, 『中國歷史地圖集』 第五册(隋 · 唐 · 五代十國時期), 上海: 地圖出版社, 1982, 15-16쪽, 河北諸郡 및 19-20쪽 遼西諸郡 · 室韋靺鞨等部. 19-20쪽 遼西諸郡 · 室韋靺鞨等部 지도에 보이는 燕郡과 遼東郡은 『隋書』 「地理志」에는 보이지 않는다.

234) 3,020 = 2,269(北平郡) + 751(遼西郡)

235) 梁方仲, 『中國歷代戶口 · 田地 · 田賦統計』, 上海: 上海人民出版社, 1980, 80쪽, 甲表24. 唐貞觀十三年各道府州戶口數及每縣平均戶數和每戶平均口數.

236) 譚其驤 主編, 『中國歷史地圖集』 第五册(隋 · 唐 · 五代十國時期), 50-51쪽, 河北道北部.

237) 1,634 = 603(平州) + 1,031(營州)

238) 7,274 = 2,542(平州) + 4,732(營州)

239) 梁方仲, 『中國歷代戶口 · 田地 · 田賦統計』, 88-89쪽, 甲表26. 唐天保元年各道郡戶口數及每縣平均戶數和每戶平均口數.

240) 譚其驤 主編, 『中國歷史地圖集』 第五册(隋 · 唐 · 五代十國時期), 50-51쪽, 河北道北部.

241) 4,110 = 3,113(北平郡/平州) + 997(柳城郡/營州)

242) 28,875 = 28,086(北平郡/平州) + 3,789(柳城郡/營州)

하였다. 따라서 모용부慕容部가 흥기할 시점 요서의 인구는 3,700호에 불과하였다. 북조北朝 동위東魏 시대 요서에는 영주營州와 평주平州가 설치되었는데 2주의 호구 합계는 1,989호戶와 8,405구口였다. 주목할 점은 성세盛世인 당唐 현종玄宗 시기인 742년 요서의 호구는 4,110호戶와 28,875구口에 불과하였다. 한당漢唐 사이 요서의 호구를 살펴보면 전한시대를 제외하고 요서의 인구는 수천 호에서 2만여 호에 불과하였다.[243] 물론 여기에는 호적에 편제되지 않은 유목민 집단과 변경에 주둔하는 군사들의 수가 누락되었을 가능성도 있다. 이를 고려하더라도 모용부가 지배할 무렵 요서의 인구는 지나치게 적었다. 이는 요서 지역이 농경에 부적합하여 많은 인구를 부양할 경제력이 부족함을 시사한다. 이처럼 적은 호구는 『사기』와 『한서』에서 요서 일대의 사람들이 농경에 종사하지 않는다는 점과 부합한다. 이러한 상황에서 영가의 난 이후 유민들이 요서로 밀려들면서 요서에는 농경지에 비해 지나치게 많은 사람들이 거주하게 된 것이다. 이처럼 수요(농경지)에 비해 공급(농민과 유민)이 지나치게 늘어났기 때문에 모용부는 국가 소유의 토지를 빌려주는 대가로 7:3, 혹은 8:2의 비율로 농민들에게 고율의 전

243) 한대(漢代)부터 서진시대(西晉時代)까지 요서(遼西) 지역에 리(犁) 등 철제 농기구, 우경(牛耕), 시비법(施肥法)을 보급하고 수리시설 확충 등을 통해 요서(遼西) 지역의 농업이 발전했다는 연구가 있다(李宇峰, 「遼寧漢晉時期農業考古綜述」, 『農業考古』 1989-1, 1989, 104-107쪽; 池培善, 「就封裕上書論前燕慕容皝時期的經濟政策」, 『許昌師專學報』 1999-3(18-3), 1999, 63-69쪽; 楊富, 「三燕時期遼西地區的農業發展」, 407왼쪽-407오른쪽; 李春玲, 「論十六國時期遼西地區農業經濟的發展」, 『北方文物』 2009-2, 2009, 78-83쪽; 安樂, 「簡述三燕時期朝陽的農業」, 『遼寧省博物館館刊』 2012, 2012, 356-359쪽; 張桂鳳, 「淺談前燕時期的社會經濟」, 『現代經濟信息』 2014-13, 2014, 419왼쪽-419오른쪽). 그러나 〈표 3〉에서 보는 것처럼 요서(遼西) 지역의 인구가 적은 것을 보면 이러한 농기구와 농사 기술의 전파는 한계가 있음을 알 수 있다.

조田租를 징수할 수 있었다.

봉유의 상소에는 호수戶數가 10만이 늘었다고 기록하였다. 그러나 1장 1절에서 살펴본 것처럼 모용부가 강제로 이주시킨 인구는 최소 133,000호이다. 또 2장 2절에서는 모용부 치하의 요서로 온 유민들이 최소 25,000가家였다고 집계하였다. 가家와 호戶를 동일한 것으로 보면 모용부에 끌려온 사람과 자발적으로 온 유민들은 모두 최소 158,000호家이다. 봉유의 말과 필자가 조사한 호구는 최소 58,000호가 차이가 난다. 즉 당시 모용부(전연)의 호구는 봉유의 말보다 최소 58,000호가 많다는 뜻이다. 여기에서 유목민 집단인 우문부 5만 여 락과 단부와 기타 선비를 제외한다면 대략 한인과 부여인 등 농민의 수는 10여만 호가 된다. 여기에 당시 요서 지역(과 요동 지역) 토착인의 수는 빠졌다. 유목민들이 곡물 대신 육류와 가축의 젖을 먹고 산다고 하더라도 최소 10여만 호의 농민 및 정주민이 부양해야 할 식량을 생산할 수 있는 농지가 있어야 한다. 봉유는 원유苑囿를 농토가 없는 사람들에게 나눠 주어 농경에 종사하도록 해야 한다는 대안을 제시하였다.

봉유는 농업과 관련하여 또 다른 제안을 내놓았다.

> "사업四業에 종사하는 자는 나라의 밑천이 되며 학문을 가르치는 자는 나라의 성사盛事가 있습니다. 전쟁 훈련을 하고 농경에 힘쓰는 것은 더욱 근본입니다. 백공百工과 상고商賈는 여전히 말업末業입니다. 마땅히 군국軍國에 필요한 비용을 헤아려 백공百工과 상고商賈의 수를 정한 후 나머지는 농경에 종사하도록 하고 전법戰法을 가르치게 해야 합니다. 배우는 자가 3년 동안 성취가 없으면 다시 농사짓도록 해야 하며 무리를 대원大員에 충당하여 총명하고 능력이 있는 자들의 길을 막아서는 안됩

니다."[244]

위의 인용문은 학생과 백공상고百工商賈 가운데 쓸모없는 인물들을 각자의 직업군에서 퇴출시켜 농사를 짓도록 하였다. 영화원년(345) 당시 학교를 세웠고 학생은 1천여 인에 달하였다.[245] 위의 인용문에 따르면 1천여 인의 학생들 가운데 학문적 성취가 없으면 이들은 공부를 그만두고 농경에 종사해야 했다.

위의 인용문에서 봉유는 백공상고百工商賈와 학생들 중 필수요원을 제외하고 생산활동인 농경과 전쟁 훈련에 전념하도록 하였다. 이는 총력전체제로 해석할 수 있다. 그러나 백공상고百工商賈와 학생 일부도 농경에 투입해야 할 정도로 당시 요서의 농업생산량이 많지 않아서 유민과 피정복민의 강제이주로 늘어난 인구 부양이 어려웠음을 시사한다. 이는 2년 후의 기사에서도 확인된다.

"(1) 오랜 가뭄으로 백성의 전조田租를 면제하였다. (2) 성주成周 · 기양冀陽 · 영구營丘 등 군郡을 없앴다. 발해인勃海人은 흥집현興集縣, 하간인河間人은 영집현寧集縣, 광평廣平과 위군魏郡 사람들은 흥평현興平縣, 동래東

244) 『晉書』 卷109 「慕容皝載記」, 2824쪽, "四業者國之所資, 教學者有國盛事. 習戰務農, 尤其本也. 百工商賈, 猶其末耳. 宜量軍國所須, 置其員數, 已外歸之於農, 教之戰法, 學者三年無成, 亦宜還之於農, 不可徒充大員, 以塞聰儁之路."; 『十六國春秋輯補』 卷24 「前燕錄」2, 193쪽.

245) 『晉書』 卷109 「慕容皝載記」, 2826쪽, "賜其大臣子弟為官學生者號高門生, 立東庠于舊宮, 以行鄉射之禮, 每月臨觀, 考試優劣. 皝雅好文籍, 勤於講授, 學徒甚盛, 至千餘人. 親造太上章以代急就, 又著典誡十五篇, 以教冑子."; 『十六國春秋輯補』 卷25 「前燕錄」3, 194쪽.

> 萊와 북해군北海郡 사람들은 육려현育黎縣, 오군吳郡 사람들은 오현吳縣으로 편제하였으며, 모두 연국燕國에 예속시켰다."[246]

위의 인용문은 『진서』 권109「모용황재기」의 기사이다. 중화서국中華書局의 표점교감자標點校勘者는 (1)과 (2)를 별개의 문장으로 끊었다. 『십육국춘추집보』에서는 이 사건이 347년에 발생했다고 기록하였다. 그리고 (1)과 (2)에 해당하는 문장을 하나의 문장으로 표점標點하였다. 또 본문의 '영집현寧集縣'은 '영구현寧邱縣'으로 표기하였고, 인용문처럼 '연국燕國'이 아닌 '연국요동내사燕國遼東內史'에 예속되었다고 기록하였다.[247] 위의 인용문에서 2년 전인 345년 봉유의 건의대로 수리시설을 확충했음에도 불구하고 가뭄이 오랫동안 계속되었다는 구절("以久旱")이 주목된다. 이는 2년 동안 농업 생산량 확충에 매진했음에도 불구하고 효과가 없었음을 뜻한다. (1)과 (2)를 같은 문장으로 보건, 별개의 문장으로 보건 간에 (1)과 (2)의 인과 관계를 설정할 수 있다. (1)에서 오랜 가뭄은 곡물 생산량의 감소를 뜻하며, 이는 백성들의 수입 감소로 이어진다. 백성들이 먹을 곡식이 없는 상황에서 전조田租를 내는 것이 어려웠기 때문에 백성들의 전조田租를 면제한 것이다. 백성들의 전조田租를 면제한 것은 군현郡縣을 운영할 태수太守·공조功曹·

246) 『晉書』 卷109「慕容皝載記」, 2826쪽, "以久旱, 丐百姓田租. 罷成周·冀陽·營丘等郡. 以勃海人為興集縣, 河間人為寧集縣, 廣平·魏郡人為興平縣, 東萊·北海人為育黎縣, 吳人為吳縣, 悉隸燕國."

247) 『十六國春秋輯補』 卷25「前燕錄」3, 195쪽, "以久旱, 丐百姓田租, 罷成周·冀陽·營丘等郡. 以勃海人為興集縣, 河間人為寧邱縣, 廣平·魏郡人為興平縣, 東萊·北海人為育黎縣, 吳人為吳縣, 悉隸燕國遼東內史."

독우督郵 등 군부郡府의 관리들 봉급과 군郡 행정에 필요한 비용을 충당하기 어려운 재정수입 감소로 이어진다. 따라서 성주成周 · 기양冀陽 · 영구營丘 등 군郡을 없애고 흥집현興集縣, 영집현寧集縣, 흥평현興平縣, 육여현育黎縣, 오현吳縣 등으로 축소한 조치는 군郡을 운영할 재정수입이 없었음을 시사한다. 전조田租의 전부를 면제할 정도이면 347년과 그 전년의 작황이 심각하게 나빴음을 시사한다. 또 인용문의 (1)에서는 언급하지 않았지만, 군郡을 없애고 군의 하위 지방행정조직인 현縣을 설치했음은 재정문제, 즉 전조田租 수입의 급감과 함께 그만큼 인구가 줄었음을 보여준다. 1장 1절에서 기양군冀陽郡과 영구군營丘郡이 용성龍城 · 극성棘城이 위치한 유수渝水(대릉하) 유역에 위치했음을 고려하면, 이는 수도 용성에도 영향을 줄 수 있었다. (1)에서 가뭄으로 사람들이 굶어죽었다는 기록은 생략되었지만 전조田租를 전액 면제할 정도의 가뭄이면 농민들이 수확 때까지 버틸 식량이 없어서 굶어 죽는 사람이 많았을 것이다. 따라서 군郡으로 편제할 필요로 인구가 줄었기 때문에 하위 행정단위인 현縣으로 격하여 편제해도 충분했을 것이다. 즉 군郡을 현縣으로 격하시킨 것은 당시 가뭄으로 전조田租 면제에 따른 재정수입 감소와 인구 감소 때문일 것이다.

또 봉유는 이러한 인구 폭증, 특히 용성 일대의 인구 폭증과 식량 부족 가능성을 알았기 때문에 다음과 같이 제안하였다.

> "구려句麗와 백제百濟, 우문宇文, 단부段部의 사람들은 모두 병력이 옮긴 것이므로 중국中國에서 의義를 흠모하여 온 것과 같지 않아서 모두 돌아갈 마음을 지니고 있습니다. 지금 호戶는 10만을 헤아리고 도성都城에 밀집했습니다. 바야흐로 국가에 깊은 해가 될 수 있을까 두렵습니다.

마땅히 그들 형제와 종속宗屬을 서쪽 변경의 여러 성諸城으로 이주시켜 은혜로써 안무安撫하고 법으로써 단속하며 그들이 거민居民 사이에 흩어져 나라의 허실을 알지 못하도록 해야 합니다."[248]

위의 인용문에서 모용부(전연)의 수도 인근에 고구려 · 백제 · 우문부 · 단부의 포로들이 밀집해 살았음을 알 수 있다. 본문의 10만 호는 고구려 11,000호[249] 우문부 5만여 락과 수만 호, 단부 6천여 가家, 부새선비附塞鮮卑 3천여 가家의 합계와 대략 비슷하다. 이들 가운데 고구려를 제외한 8-9만 호가 유목민이었음을 고려하면 이들이 용성 일대에서 가축을 기를 목지가 부족한 상황이었음을 유추할 수 있다. 모용부가 팽창하기 전 토욕혼과 모용외의 다툼이 목지의 부족 때문에 발생했기 때문이다. 후한말 선비를 통합했던 단석괴檀石槐도 인구의 증가 때문에 식량이 부족하여 농경 · 목축 · 사냥 등의 방법만으로 식량 조달이 어렵게 되자 물고기를 잡아 보충하고자 했다.[250] 북위전기 황제들이 물고기 잡이를 시찰한 것도 식량 부족과 관계가 있었다.[251] 봉유는 식량 확보를 위해 수단과 방법을 가리지 않는 대신 수

248) 『晉書』 卷109 「慕容皝載記」, 2825쪽, "句麗 · 百濟及宇文 · 段部之人, 皆兵勢所徙, 非如中國慕義而至, 咸有思歸之心. 今戶垂十萬, 狹湊都城, 恐方將為國家深害, 宜分其兄弟宗屬, 徙于西境諸城, 撫之以恩, 檢之以法, 使不得散在居人, 知國之虛實."; 『十六國春秋輯補』 卷24 「前燕錄」2, 193쪽.

249) 〈표 1〉에서 341년 끌려간 5만여 구(口)를 1만 호로 계산하였다.

250) 『三國志 · 魏書』 卷30 「東夷 · 鮮卑傳」 注引 『魏書』, 838쪽, "鮮卑衆日多, 田畜射獵, 不足給食. 後檀石槐乃案行烏侯秦水, 廣袤數百里, 停不流, 中有魚而不能得. 聞汗人善捕魚, 於是檀石槐東擊汗國, 得千餘家, 徙置烏侯秦水上, 使捕魚以助糧. 至于今, 烏侯秦水上有汗人數百戶."; 『後漢書』 卷90 烏桓鮮卑列傳, 2994쪽.

251) 崔珍烈, 『북위황제 순행과 호한사회』, 135-142쪽.

도 용성에서 먼 서쪽 변경으로 고구려 · 백제 · 단부 · 우문부 사람들을 이주시켜 이들의 반란 가능성과 식량 부족 문제를 한 번에 해결하려고 하였다. 그러나 모용황은 봉유의 간언 가운데 이 제안만은 받아들이지 않았다.[252]

3절에서 살펴본 것처럼 모용부(전연)는 경쟁세력인 우문부와 단부를 정복하고 영토를 늘렸으며, 고구려와 부여를 격파하였다. 정복전쟁의 성공에 따라 영토는 팽창되어 외형적으로는 강성한 것처럼 보였다. 그러나 모용부의 핵심지역인 요서에는 피정복민의 천사遷徙와 유민流民의 대거 유입으로 인구압과 농경지의 부족 등의 문제가 생겼다. 특히 수도 용성에는 고구려 · 백제 · 우문부 · 단부의 피정복민이 대거 강제 이주되어 인구밀집이 심하였다. 이에 봉유는 345년에 농업진흥책과 수리시설 확충 등의 정책을 제안하였고 모용황은 이를 받아들였다. 그러나 2년 후인 347년에 오랜 가뭄 때문에 백성들의 삶이 어려워지자 전조田租를 면제하고 줄어든 인구 때문에 군郡을 없애고 현縣으로 격하하여 재정지출을 줄여야 했다. 이러한 상황에서 유일한 돌파구는 대외 팽창이었고, 그 대상은 후조後趙가 지배한 화북華北 지역이었다. 때마침 후조의 군주 석호石虎가 죽은 후 염민冉閔이 권력을 잡고 갈인羯人들을 대거 학살하였다.[253] 이에 호인羯人과 한인(중국인)의 종

252) 『晉書』 卷109 「慕容皝載記」, 2825쪽, "皝乃令曰: '…… 中州未平, 兵難不息, 勳誠既多, 官僚不可以減也. 待克平凶醜, 徐更議之."

253) 『晉書』 卷107 「石季龍載記」下, 2791-2792쪽, "龍驤孫伏都 · 劉銖等結羯士三千伏于胡天, 亦欲誅閔等. 時鑒在中臺, 伏都率三十餘人將升臺挾鑒以攻之. 鑒見伏都毀閣道, 臨問其故. 伏都曰: '李農等反, 已在東掖門, 臣嚴率衛士, 謹先啟知.' 鑒曰: '卿是功臣, 好為官陳力. 朕從臺觀卿, 勿慮無報也.' 於是伏都及銖率眾攻閔 · 農, 不克, 屯於鳳陽門. 閔 · 農率眾數千毀金明門而入. 鑒懼閔之

족種族 갈등이 첨예하였고, 후조는 붕괴하였다. 후조가 붕괴하자 후조의 지배를 받던 청주青州 · 옹주雍州 · 유주幽州 · 형주荊州의 사호徙戶와 저氐 · 강羌 · 호胡 · 만蠻 수백만 인이 351년 서로 자기의 고향으로 돌아가려고 하였다. 이때의 상황을 『자치통감』 권99 「진기」21 목제영화칠년조에서 다음과 같이 서술하였다.

"처음에 염민冉閔이 조趙의 재상이 되어 창고倉庫를 흩어 사은私恩을 심었지만 강羌 · 호胡와 서로 싸워서 전쟁하지 않는 달이 없었다. 후조後趙가 이주시킨 청青 · 옹雍 · 유幽 · 형荊 4주의 민民과 저氐 · 강羌 · 호胡 · 만蠻 수백만 구口는 조趙의 법금法禁이 행해지지 않자 각자 본토本土로 돌아갔다. 길에서 서로 뒤섞이자 서로 죽이고 약탈하니 능히 본토本土까지 도달한 사람은 10명 중 2-3명에 불과하였다. 중원中原의 대란大亂 때문에 굶주림과 전염병이 퍼졌고 사람들은 서로 잡아먹었으며 다시 농사지을 사람이 없었다."[254]

誅己也, 馳招閔 · 農, 開門內之, 謂曰: '孫伏都反, 卿宜速討之.' 閔 · 農攻斬伏都等, 自鳳陽至琨 華, 橫尸相枕, 流血成渠. 宣令內外六夷敢稱兵杖者斬之. 胡人或斬關, 或踰城而出者, 不可勝數. 使尚書王簡 · 少府王鬱帥眾數千, 守鑒于御龍觀, 懸食給之. 令城內曰: '與官同心者住, 不同心者各任所之.' 敕城門不復相禁. 於是趙人百里內悉入城, 胡羯去者填門. 閔知胡之不為己用也, 班令內外趙人, 斬一胡首送鳳陽門者, 文官進位三等, 武職悉拜牙門. 一日之中, 斬首數萬. 閔躬率趙人誅諸胡羯, 無貴賤男女少長皆斬之, 死者二十餘萬, 尸門諸城外, 悉為野犬豺狼所食. 屯據四方者, 所在承閔書誅之, 于時高鼻多鬚至有濫死者半."

254) 『資治通鑑』 卷99 「晉紀」21 穆帝永和七年條, 3115쪽, "初, 閔之為趙相也, 悉散倉庫以樹私恩, 與羌 · 胡相攻, 無月不戰. 趙所徙青 · 雍 · 幽 · 荊四州之民及氐 · 羌 · 胡 · 蠻數百萬口, 以趙法禁不行, 各還本土; 道路交錯, 互相殺掠, 其能達者什有二 · 三. 中原大亂, 因以饑疫, 人相食, 無復耕者."

위의 인용문은 『진서』 권107 「석계룡재기」하[255]에도 보이지만, 『자치통감』의 기록이 더 상세하다. 위의 인용문에서 후조가 붕괴한 후 청주青州 · 옹주雍州 · 유주幽州 · 형주荊州 4주의 민民은 호삼성胡三省의 주석에 따르면 석호石虎가 조억曹嶷을 격파한 후 옮긴 청주의 민民과 유윤劉胤과 석생石生을 격파한 후 옮긴 옹주의 민民, 단필제段匹磾를 격파 후 옮긴 유주의 민民, 석륵石勒이 동진東晉의 장강長江과 한수漢水 유역을 점령한 후 옮긴 형주荊州의 민民이라고 한다.[256] 이 4주의 민民과 저氐 · 강羌 · 호胡 · 만蠻 수백만 인이 서로 자기의 고향으로 돌아가려고 하다가 길에서 만나 서로 싸우니 20-30%의 사람들만 고향으로 돌아갈 수 있었음을 알 수 있다. 이는 화북華北 지역의 인구 감소를 뜻한다. 이러한 인구감소는 인용문의 밑줄 친 부분에서 더욱 잘 드러난다. 또 염민冉閔이 후조後趙를 멸망시키며 염위冉魏를 세우고 이에 저항하는 후조의 잔여 세력과의 싸움뿐만 아니라 각지의 사민徙民이 고향으로 돌아가려고 하다가 만난 사람들과 싸우게 된 상황이 '중원中原의 대란大亂'으로 요약되었다. 이때 굶주림과 전염병 때문에 사람들이 먹을 식량이 부족하였고 많은 사람들이 죽었다. 그래서 사람들이 인육을 먹는 상황이 되었다. 이처럼 황하 유역의 인구 감소는 인구 과잉인 요서를 지배하는 전연前燕 치하의 한인(중국인) 농민들에게 주인이 없는 기름지고 넓은 농토를 차지할 수 있는 경제적 유인이 되었을 것이다. 이는 요서 지역의 농업

255) 『晉書』 卷107 「石季龍載記」下, 2795쪽, "與羌胡相攻, 無月不戰. 青 · 雍 · 幽 · 荊州徙戶及諸氐 · 羌 · 胡 · 蠻數百餘萬, 各還本土, 道路交錯, 互相殺掠, 且饑疫死亡, 其能達者十有二三. 諸夏紛亂, 無復農者."

256) 『資治通鑑』 卷99 「晉紀」21 穆帝永和七年條 胡註, 3115쪽, "石虎破曹嶷, 徙青州之民; 破劉胤 · 石生, 再徙雍州之民; 破段匹磾及為燕所敗, 徙幽州之民; 石勒南掠江 · 漢, 徙荊州之民."

생산량 부족에 시달린 전연의 모용부 지배층에게도 매력적인 상황이었다.[257]

3. 전연(前燕)의 중원(中原) 지배와 내사(內徙)

1) 전연(前燕)의 중원 정복 과정

일찍이 모용외는 함화咸和 6년(331) 동진東晉의 태위太尉 도간陶侃에게 편지를 보내 함께 중원中原을 공격하자고 제안하였다.[258] 함강咸康 5년(339)에도 동진에 사신을 보내 함께 중원을 공격하자고 하였다.[259] 모용외 시기에 요동과 요서의 일부를 지배하는 동북쪽의 작은 나라였기 때문에 자력으로 중원을 공격할 수 있는 힘이 없었기 때문에 동진과의 협공을 구상하였다.

257) 그러나 347년과 같은 가뭄이 지속되어 흉년이 지속될 경우 대규모 아사자가 속출하여 국가의 기본 토대가 허물어질 가능성도 있었다. 그전에 일어난 후조(後趙)의 붕괴는 후연(前燕)의 팽창과 인구압 문제 해결에 긍정적으로 작용하였다.

258) 『資治通鑑』 卷93「晉紀」15 明帝咸和六年條, 2980쪽, "慕容廆遣使與太尉陶侃牋, 勸以興兵北伐, 共清中原. 僚屬宋該等共議, 以'廆立功一隅, 位卑任重, 等差無別, 不足以鎮華·夷, 宜表請進廆官爵.' 參軍韓恆駁曰: '夫立功者患信義不著, 不患名位不高. 桓·文有匡復之功, 不先求禮命以令諸侯. 宜繕甲兵, 除群凶, 功成之後, 九錫自至. 比於邀君以求寵, 不亦榮乎!' 廆不悅, 出恆為新昌令. 於是東夷校尉封抽等疏上侃府, 請封廆為燕王, 行大將軍事. 侃復書曰: '夫功成進爵, 古之成制也. 車騎雖未能為官摧勒, 然忠義竭誠; 今騰牋上聽, 可不·遲速, 當在天臺也.」"; 『晉書』 卷108「慕容廆載記」, 2808-2811쪽.

259) 『資治通鑑』 卷96「晉紀」18 成帝咸康五年條, 3035-3036쪽, "燕王皝自以稱王未受晉命, 冬, 遣長史劉翔·參軍鞠運來獻捷論功, 且言權假之間, 並請刻期大舉, 共平中原."

소국의 군주 모용외의 중원 공격 계획은 현실적으로 쉽지 않는 공상에 불과하였다. 그러나 모용외의 아들 모용황 시기에는 상황이 바뀌었다. 3절에서 살펴본 것처럼 전연은 겉으로 강성한 것처럼 보였지만, 인구폭증과 농업생산량의 부진, 모용황 말기의 가뭄으로 경제적인 어려움에 처했다. 모용황은 봉유의 의견을 받아들여 유휴인력을 농업에 종사하게 하고 수리시설을 확충하여 농업생산량을 증가시키려고 하였다. 한편 또 다른 돌파구는 영토의 확장이었다. 이때 중원에서는 후조의 내분이 발생했다.

모용황이 죽고 아들 모용준慕容儁이 349년 즉위하였다. 이 해에 후조의 군주 석호가 죽고 내분이 발생하자 모용준은 모용패慕容霸, 慕容垂와 봉혁封弈, 황홍黃泓, 모여근慕輿根의 건의를 받아들여 중원을 정복할 생각을 굳혔다. 그리고 모용각慕容恪을 보국장군輔國將軍, 모용평慕容評을 보필장군輔弼將軍, 양무陽騖를 보의장군輔義將軍, 모용수慕容垂를 전봉도독前鋒都督 건봉장군建鋒將軍에 임명하고 정예 병졸 20여 만을 선발하여 대기시켰다.[260]

260) 『晉書』 卷110 「慕容儁載記」, 2831쪽, "皝死, 永和五年, 僭即燕王位, 依春秋列國故事稱元年, 赦于境內. 是時石季龍死, 趙魏大亂, 儁將圖兼并之計, 以慕容恪為輔國將軍, 慕容評為輔弼將軍, 陽騖為輔義將軍, 慕容垂為前鋒都督 · 建鋒將軍, 簡精卒二十餘萬以待期."; 『十六國春秋輯補』 卷26 「前燕錄」4, 199-200쪽; 『資治通鑑』 卷98 「晉紀」20 穆帝永和五年條, 3092쪽, "燕平狄將軍慕容霸上書於燕王儁曰: '石虎窮凶極暴, 天之所棄, 餘燼僅存, 自相魚肉. 今中國倒懸, 企望仁恤, 若大軍一振, 勢必投戈.' 北平太守孫興亦表言: '石氏大亂, 宜以時進取中原.' 儁以新遭大喪, 弗許. 霸馳詣龍城, 言於儁曰: '難得而易失者, 時也. 萬一石氏衰而復興, 或有英雄據其成資, 豈惟失此大利, 亦恐更為後患.' 儁曰: '鄴中雖亂, 鄧恆據安樂, 兵強糧足, 今若伐趙, 東道不可由也, 當由盧龍; 盧龍山徑險狹, 虜乘高斷要, 首尾為患, 將若之何?' 霸曰: '恆雖欲為石氏拒守, 其將士顧家, 人懷歸志, 若大軍臨之, 自然瓦解. 臣請為殿下前驅, 東出徒河, 潛趣令支, 出其不意, 彼聞之, 勢必震駭, 上不過閉門自守, 下不免棄城逃潰, 何暇禦我哉! 然則殿下可以安步而前, 無復留難矣.' 儁猶豫未決, 以問五材將軍封奕, 對曰: '用兵之道, 敵強則用智, 敵弱則用勢. 是故以大吞小, 猶狼之食豚也; 以治易亂, 猶日之消雪也. 大王自上世以來, 積德累仁, 兵強士練. 石虎極其殘暴, 死未瞑目, 子孫爭國, 上下乖亂.

모용준이 즉위하기 1년 전부터 후조에 내분이 발생하였다. 석호가 죽기도 전에 태자 석선石宣과 석도石韜 형제의 골육상쟁이 벌어졌고, 349년 사월부터 350년 삼월까지 석호 사후 석세石世와 석준石遵, 석감石鑒 등의 계승분쟁이 일어났다. 이 과정에서 석감의 부하였던 석민石閔은 석감과 석지石祗를 제거하고 350년 업鄴에서 황제로 즉위하고 국호를 '위魏'라고 정하였다. 즉위 후 옛 성인 '염冉'으로 바꾸었다(염민冉閔은 석호의 양자가 되어 석씨石氏로 바뀜). 염민(석민)이 세운 나라를 염위冉魏라고 한다.[261]

모용준은 후조의 내분과 염위의 건국으로 분열된 화북의 분위기를 이용하여 중원 공격을 시도하였다. 350년 전연의 군대는 노룡盧龍-무종無終을 거쳐 후조의 유주幽州와 치소治所인 계薊를 점령하였고, 모용준은 계를 수도로 정하였다.[262] 이어서 모용각慕容恪이 351년 중산中山을 점령하고[263] 352년

中國之民, 墜於塗炭, 延頸企踵以待振拔. 大王若揚兵南邁, 先取薊城, 次指鄴都, 宣耀威德, 懷撫遺民, 彼孰不扶老提幼以迎大王; 凶黨將望旗冰碎, 安能為害乎!' 從事中郎黃泓曰: 今太白經天, 歲集畢北, 陰國受命, 此必然之驗也, 宜速出師, 以承天意.' 折衝將軍慕輿根曰: '中國之民困於石氏之亂, 咸思易主以救湯火之急, 此千載一時, 不可失也. 自武宣王以來, 招賢養民, 務農訓兵, 正俟今日. 今時至不取, 更復顧慮, 豈天意未欲使海內平定邪, 將大王不欲取天下也?' 儁笑而從之. 以慕容恪為輔國將軍, 慕容評為輔弼將軍, 左長史陽騖為輔義將軍, 謂之'三輔'. 慕容霸為前鋒都督 · 建鋒將軍, 選精兵二十餘萬, 講武戒嚴, 為進取之計."

261) 三崎良章 저, 김영환 옮김, 『오호십육국-中國史上의 民族 大移動-』, 景仁文化社, 2007, 60-63쪽.

262) 『晉書』 卷110 「慕容儁載記」, 2832쪽, "明年, 儁率三軍南伐, 出自盧龍, 次于無終. 石季龍幽州刺史王午棄城走, 留其將王他守薊. 儁攻陷其城, 斬他, 因而都之."; 『十六國春秋輯補』 卷26 「前燕錄」 4, 200쪽. ; 『資治通鑑』 卷98 「晉紀」20 穆帝永和六年三月條, 3103쪽, "三月, 燕兵至無終. 王午留其將王佗以數千人守薊, 與鄧恆走保魯口. 乙巳, 儁拔薊, 執王佗, 斬之. …… 儁入都於薊, 中州士女降者相繼."

263) 『資治通鑑』 卷99 「晉紀」21 穆帝永和七年八月條, 3118-3119쪽, "燕王儁遣慕容恪攻中山, 慕容評攻王午於魯口, 魏中山太守上谷侯龕閉城拒守. 恪南徇常山, 軍於九門, 魏趙郡太守遼西李邽舉

사월 염민을 생포했으며[264] 곧이어 업을 점령하였다.[265] 모용준은 352년 계에서 황제로 즉위하였고[266] 357년 계에서 업으로 수도를 옮겼다.[267]

郡降, 恪厚撫之, 將邽還圍中山, 侯龕乃降. 恪入中山, 遷其將帥 · 土豪數十家詣薊, 餘皆安堵; 軍令嚴明, 秋豪不犯. 慕容評至南安, 王午遣其將鄭生拒戰, 評擊斬之."

264) 『資治通鑑』 卷99 「晉紀」21 穆帝永和八年四月條, 3125-3126쪽, "閔軍於安喜, 慕容恪引兵從之. 閔趣常山, 恪追之, 丙子, 及於魏昌之廉台. 閔與燕兵十戰, 燕兵皆不勝. 閔素有勇名, 所將兵精銳, 燕人憚之. 慕容恪巡陳, 謂將士曰: '冉閔勇而無謀, 一夫敵耳! 其士卒饑疲, 甲兵雖精, 其實難用, 不足破也!' 閔以所將多步卒, 而燕皆騎兵, 引兵將趣林中. 恪參軍高開曰: '吾騎兵利平地, 若閔得入林, 不可複製. 宜亟遣輕騎邀之, 既合而陽走, 誘致平地, 然後可擊也」. 恪從之. 魏兵還就平地, 恪分軍為三部, 謂諸將曰: '閔性輕銳, 又自以眾少, 必致死於我. 我厚集中軍之陳以待之, 俟其合戰, 卿等從旁擊之, 無不克矣.' 乃擇鮮卑善射者五千人, 以鐵鎖連其馬, 為方陳而前. 閔所乘駿馬曰硃龍, 日行千里. 閔左操雙刃矛, 右執鉤戟, 以擊燕兵, 斬首三百餘級. 望見大幢, 知其為中軍, 直衝之; 燕兩軍從旁夾擊, 大破之. 圍閔數重, 閔潰圍東走二十餘里, 硃龍忽斃, 為燕兵所執. 燕人殺魏僕射劉群, 執董閔 · 張溫, 及閔皆送於薊. 閔子操奔魯口. 高開被創而卒. 慕容恪進屯常山, 儁命恪鎮中山."

265) 『晉書』 卷110 「慕容儁載記」, 2833-2834쪽, "時鮮卑段勤初附於儁, 其後復叛. 儁遣慕容恪及相國封弈討冉閔于安喜, 慕容垂討段 勤于繹幕, 儁如中山, 為二軍聲勢. 閔懼, 奔于常山, 恪追及於泒水. 閔威名素振, 眾咸憚之. 恪謂諸將曰: '閔師老卒疲, 實為難用; 加其勇而無謀, 一夫之敵耳. 雖有甲兵, 不足擊也. 吾今分軍為三部, 掎角以待之. 閔性輕銳, 又知吾軍勢非其敵, 必出萬死衝吾中軍. 吾今貫甲厚陣以俟其至, 諸君但厲卒, 從旁須其戰合, 夾而擊之, 蔑不克也.' 及戰, 敗之, 斬首七千餘級, 擒閔, 送之, 斬於龍城. 恪屯軍呼沲. 閔將蘇亥遣其將金光率騎數千襲恪, 恪逆擊, 斬之, 亥大懼, 奔于并州. 恪進據常山, 段勤懼而請降, 遂進攻鄴. 閔將蔣幹閉城距守. 儁又遣慕容評等率騎一萬會攻鄴. 是時燕鳥巢于儁正陽殿之西椒, 生三雛, 項上有豎毛; 凡城獻異鳥, 五色成章. 儁謂羣僚曰: '是何祥也?' 咸稱: '鷰者, 燕鳥也. 首有毛冠者, 言大燕龍興, 冠通天章甫之象也. 巢正陽西椒者, 言至尊臨軒朝萬國之徵也. 三子者, 數應三統之驗也. 神鳥五色, 言聖朝將繼五行之籙以御四海者也.' 儁覽之大悅. 既而蔣幹率銳卒五千出城挑戰, 慕容評等擊敗之, 斬首四千餘級, 幹單騎還鄴. 於是羣臣勸儁稱尊 號, 儁答曰: '吾本幽漠射獵之鄉, 被髮左衽之俗, 曆數之籙寧有分邪! 卿等苟相褒舉, 以覬非望, 實匪寡德所宜聞也.' 慕容恪 · 封弈討王午于魯口, 降之. 尋而慕容評攻克鄴城, 送冉閔妻子僚屬及其文物于中."; 『十六國春秋輯補』 卷26 「前燕錄」4, 201-202쪽.

266) 『資治通鑑』 卷99 「晉紀」21 穆帝永和八年十一月戊辰條, 3131쪽, "戊辰, 儁即皇帝位, 大赦. 自謂獲傳國璽, 改元元璽. 追尊武宣王為高祖武宣皇帝, 文明王為太祖文明皇帝."

267) 『資治通鑑』 卷100 「晉紀」22 穆帝升平元年十一月條, 3166쪽, "十一月, 癸酉, 燕主儁自薊徙都鄴."

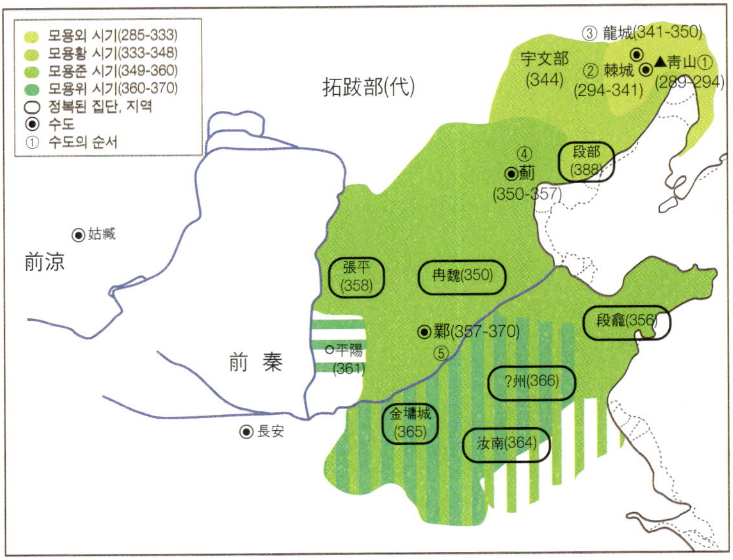

〈지도 2〉 전연(前燕)의 영토 확장 과정
설명: 검은색 해안선과 강은 당시의 해안선과 강의 흐름이며,
회색 점선 해안선과 강은 현재의 해안선과 강의 흐름이다.

〈지도 2〉에서 볼 수 있듯이, 전연의 영토 확장은 염민을 사로잡고 염위의 수도 업을 점령한 후 관동關東[268]을 일시에 점령한 것이 아니라 점진적으로 확대되었다.

모용부에게 정복된 단부 가운데 단란段蘭의 아들 단감段龕이 후조와 염위의 전쟁을 틈타 광고廣固를 점령하고 제왕齊王을 칭하였다. 그리고 현재의 산동반도에 해당하는 청주靑州 전체와 서주徐州 및 연주兗州의 일부를 지배

268) 관동(關東)은 함곡관(函谷關) 동쪽이라는 뜻으로 화산(華山) 혹은 효산(崤山) 동쪽을 뜻하는 산동(山東)과 동의어로 사용된다. 당시 황하 중하류 지역을 가리켰으며, 대부분 전연 혹은 후연의 영토와 일치하였다.

하였다. 모용각慕容恪은 356년 단감을 격파하고 광고를 점령하였다. 그리고 선비鮮卑 · 호胡 · 갈羯 3천여 호를 계로 옮겼으며, 모용진慕容塵에게 광고에 주둔하게 하였다.[269] 모용평慕容評은 358년 병주并州에서 장평張平을 공격하고, 양무陽鶩가 동연東燕에서 고창高昌을, 모용장慕容臧이 복濮에서 이력李歷을 토벌하였다. 장평의 무리인 이력은 형양滎陽으로 도망가고 무리들은 전연에 항복하였다. 이어서 병주并州의 벽루壁壘 100여 개가 전연에 항복하였다. 상서우복야尚書右僕射 열관悅綰은 병주자사并州刺史에 임명되어 병주 일대를 위무慰撫하였다. 장평이 임명한 제갈양諸葛驤이 벽루壁壘 138개를 거느리고 전

269) 『晉書』 卷110 「慕容儁載記」, 2837쪽, "初, 段蘭之子龕因冉閔之亂, 擁衆東屯廣固, 自號齊王, 稱藩于建鄴, 遣書抗中表之儀, 非儁正位. 儁遣慕容恪 · 慕容塵討之. 恪既濟河. 龕弟羆驍勇有智計, 言於龕曰: '慕容恪善用兵, 加其衆旅既盛, 恐不可抗也. 若頓兵城下, 雖復請降, 懼終不聽. 王但固守, 羆請 率精銳距之. 若其戰捷, 王可馳來追擊, 使虜匹馬無反. 如其敗也, 遽出請降, 不失千戶侯也.' 龕弗從. 羆固請行, 龕怒斬之, 率衆三萬來距恪. 恪遇龕於濟水之南, 與戰, 大敗之, 遂斬其弟欽, 盡俘其衆. 恪進圍廣固, 諸將勸恪宜急攻之, 恪曰: '軍勢有宜緩以克敵, 有宜急而取之. 若彼我勢均, 且有強援, 慮腹背之患者, 須急攻之, 以速大利. 如其我強彼弱, 外無寇援, 力足制之者, 當羈縻守之, 以待其斃. 兵法十圍五攻, 此之謂也. 龕恩結賊黨, 衆未離心, 濟南之戰, 非不銳也, 但其用之無術, 以致敗耳. 今憑固天險, 上下同心, 攻守勢倍, 軍之常法. 若其促攻, 不過數旬, 克之必矣, 但恐傷吾士衆. 自有事已來, 卒不獲寧, 吾每思之, 不覺忘寢, 亦何宜輕殘人命乎! 當持久以取耳.' 諸將皆曰: '非所及也.' 乃築室反耕, 嚴固圍壘. 龕所署徐州刺史王騰 · 索頭單于薛雲降于恪. 段龕之被圍也, 遣使詣建鄴 請救. 穆帝遣北中郎將荀羨赴之, 憚虜強遷延不敢進. 攻破陽都, 斬王騰以歸. 恪遂克廣固, 以龕為伏順將軍, 徙鮮卑胡羯三千餘戶于薊, 留慕容塵鎮廣固, 恪振旅而歸."; 『十六國春秋輯補』 卷26 「前燕錄」4, 205-206쪽; 『資治通鑑』 卷100 「晉紀」22 穆帝永和十二年十月條, 3158쪽, "燕大司馬恪圍段龕於廣固, 諸將請急攻之. 恪曰: '用兵之勢, 有宜緩者, 有宜急者, 不可不察. 若彼我勢敵, 外有強援, 恐有腹背之患, 則攻之不可不急. 若我強彼弱, 無援於外, 力足制之者, 當羈縻守之, 以待其斃. 兵法「十圍五攻」, 正謂此也. 龕兵尚衆, 未有離心. 濟南之戰, 非不銳也, 但龕用之無術, 以取敗耳. 今憑阻堅城, 上下戮力, 我盡銳攻之, 計數旬可拔, 然殺吾士卒必多矣. 自有事中原, 兵不暫息, 吾每念之, 夜而忘寐, 奈何輕用其死乎! 要在取之, 不必求功之速也!' 諸將皆曰: '非所及也.' 軍中聞之, 人人感悅. 於是為高牆深塹以守之. 齊人爭運糧以饋燕軍."

연에 항복하였다.[270] 전연은 장평 일파를 평정하여 현재의 산서성 중북부 지역에 해당하는 병주并州를 점령하는데 성공하였다.

여기서 설명이 필요한 부분이 전연의 하남河南 점령과 지배이다. 모용각과 양무, 모용장은 358년 북중랑장北中郎將 사만謝萬과 제갈유諸葛攸가 이끄는 동진東晉의 군대를 각각 격파하고 여汝·영潁·초譙·패沛 등 황하黃河 이남과 회수淮水 이북 점령하였다. 모용각은 이 지역에 수재守宰, 즉 군태수郡太守와 현령縣令을 임명하고 돌아갔다.[271] 그러나 이것으로 전연의 하남 지배가 시작된 것이 아니었다. 동진의 순선荀羨이 358년 전연의 태산태수太山太守 가견賈堅을 공격하였으나,[272] 청주자사靑州刺史 모용진이 사마열司馬悅을 보내

270) 『晉書』 卷110 「慕容儁載記」, 2839-2840쪽, "張平跨有新興·雁門·西河·太原·上黨·上郡之地, 壘壁三百餘, 胡晉十餘萬戶, 遂拜置征·鎭, 爲鼎峙之勢. 儁遣其司徒慕容評討平, 領軍慕輿根討鶱, 司空陽鶩討昌, 撫軍慕容臧攻歷. 并州壘壁降者百餘所, 以尙書右僕射悅綰爲安西將軍·領護匈奴中郎將·并州刺史以撫之. 平所署征西諸葛驤·鎭北蘇象·寧東喬庶·鎭南石賢等率壘壁百三十八降于儁, 儁大悅, 皆復其官爵."; 『十六國春秋輯補』 卷27 「前燕錄」5, 209쪽; 『資治通鑑』 卷100 「晉紀」22 穆帝升平二年九月條, 3170쪽, "趙之亡也, 其將張平·李歷·高昌皆遣使降燕, 已而降晉, 又降秦, 各受爵位, 欲中立以自固. 燕主儁使司徒評討張平於并州, 司空陽鶩討高昌於東燕, 樂安王臧討李歷於濮. 陽鶩攻昌別將於黎陽, 不拔. 歷奔滎陽, 其眾皆降. 并州壁壘百餘降於燕, 儁以右僕射悅綰為并州刺史以撫之. 平所署征西將軍諸葛驤等帥壁壘百三十八降於燕, 儁皆復其官爵. 平帥眾三千奔平陽, 復請降於燕."

271) 『晉書』 卷110 「慕容儁載記」, 2838쪽, "晉太山太守諸葛攸伐其東郡. 儁遣慕容恪距戰, 王師敗績. 北中郎將謝萬先據梁宋, 懼而遁歸. 恪進兵入寇河南, 汝·潁·譙·沛皆陷, 置守宰而還."; 『十六國春秋輯補』 卷27 「前燕錄」5, 207-208쪽; 『資治通鑑』 卷100 「晉紀」22 穆帝升平元年條, 3170쪽, "冬, 十月, 泰山太守諸葛攸攻燕東郡, 入武陽, 燕主儁遣大司馬恪統陽鶩及樂安王臧之兵以擊之. 攸敗走, 還泰山, 恪遂渡河, 略地河南, 分置守宰."

272) 『資治通鑑』 卷100 「晉紀」22 穆帝升平二年十月條, 3171-3172쪽, "燕泰山太守賈堅屯山茌, 荀羨引兵擊之; 堅所將才七百餘人, 羨兵十倍於堅. 堅將出戰, 諸將皆曰: '眾少, 不如固守.' 堅曰: '固守亦不能免, 不如戰也.' 遂出戰, 身先士卒, 殺羨兵千餘人, 復還入城. 羨進攻之, 堅歎曰: '吾自結髮, 志立功名, 而每值窮厄, 豈非命乎! 與其屈辱而生, 不若守節而死.' 乃謂將士曰: '今危困, 計無所設,

태산泰山을 구하였다. 순선이 패하고 전연은 다시 산치山茌를 수복하였다.[273] 동진이 태산군太山郡(泰山郡)을 공격했던 것을 보면 358년 모용각 등이 황하 이남과 회수 이북을 점령하고 지방관을 두었던 것은 일시적인 조치였던 것으로 보인다. 동진의 태산태수 제갈유가 359년 2만을 거느리고 전연을 공격하여 석문石門을 거쳐 하저河渚에 주둔하였다. 모용평과 장락태수長樂太守 부안傅顔이 보병과 기병 5만을 거느리고 동아東阿에서 제갈유의 동진군을 대파하였다.[274] 이 기사에서 동진의 군대가 황하 이남의 동아까지 진출한 것으로 보아 전연은 황하 이남 지역을 지배했다고 보기 어렵다. 같은 해 동진의 사만이 전연을 공격했으나 전연군前燕軍을 보고 후퇴하고 허창許昌 · 영천潁川 · 초譙 · 패沛 등이 전연에 점령되었다.[275] 이는 허창許昌 · 영천潁川 · 초譙 · 패沛 등 황하 이남과 회수 이북의 지역이 이전에 동진의 지역이었

卿等可去, 吾將止死.' 將士皆泣曰: '府君不出, 眾亦俱死耳.' 乃扶堅上馬. 堅曰: '我如欲逃, 必不相遺. 今當為卿曹決鬥, 若勢不能支, 卿等可趣去, 勿復顧我也!' 乃開門直出. 羨兵四集, 堅立馬橋上, 左右射之, 皆應弦而倒. 羨兵眾多, 從塹下斫橋, 堅人馬俱陷, 生擒之, 遂拔山茌. 羨謂堅曰: '君父 · 祖世為晉臣, 奈何背本不降?' 堅曰: '晉自棄中華, 非吾叛也. 民既無主, 強則托命. 既已事人, 安可改節! 吾束脩自立, 涉趙歷燕, 未嘗易志, 君何匆匆相謂降乎!' 羨復責之, 堅怒曰: '豎子, 兒女御乃公!' 羨怒, 執置雨中, 數日, 堅憤惋而卒."

273) 『資治通鑑』 卷100 「晉紀」22 穆帝升平二年十月條, 3172쪽, "燕青州刺史慕容塵遣司馬悅明救泰山, 羨兵大敗, 燕復取山茌. 燕主儁以賈堅子活為任城太守."

274) 『資治通鑑』 卷100 「晉紀」22 穆帝升平三年七月條, 3176쪽, "泰山太守諸慕攸將水陸二萬擊燕, 入自石門, 屯於河渚. 燕上庸王評 · 長樂太守傅顏帥步騎五萬與攸戰於東阿, 攸兵大敗."

275) 『資治通鑑』 卷100 「晉紀」22 穆帝升平三年條, 3176-3177쪽, "冬, 十月, 詔謝萬軍下蔡, 郗曇軍高平以擊燕. 萬矜豪傲物, 但以嘯詠自高, 未嘗撫眾. 兄安深憂之, 謂萬曰: '汝為元帥, 宜數接對諸將以悅其心, 豈有傲誕如此而能濟事也!' 萬乃召集諸將, 一無所言, 直以如意指四坐云: '諸將皆勁卒」. 諸將益恨之. 安慮萬不免, 乃自隊帥以下, 無不親造, 厚相親托. 既而萬帥眾入渦 · 潁以援洛陽, 郗曇以病退屯彭城. 萬以為燕兵大盛, 故曇退, 即引兵還, 眾遂驚潰. 萬狼狽單歸, 軍士欲因其敗而圖之, 以安故而止. 既至, 詔廢萬為庶人, 降曇號建武將軍. 於是許昌 · 潁川 · 譙 · 沛諸城相次皆沒於燕."

음을 보여준다. 그리고 전연과 동진이 각축을 벌이는 지역임을 보여준다. 동진의 실력자 환온桓溫은 361년 환활桓豁을 독면중칠군제군사督沔中七郡諸軍事 겸신야·의성이군태수兼新野義城二郡太守에 임명하고 환활에게 허창許昌을 공격하게 하였다. 환활은 전연의 모용진을 격파하였다.[276] 전연의 예주자사豫州刺史 손흥孫興이 362년 낙양 공격을 주청하자 이에 여호呂護를 하음河陰에 주둔시켰다.[277] 여호가 낙양을 공격하자 동진의 환온은 유희庾希와 등하鄧遐를 보내 진우陳祐를 도와 낙양을 지키게 하였다.[278] 같은 해 모용충慕容忠이 형양滎陽을 점령하고[279] 장평長平에서 동진의 진류태수陳留太守 원피袁披를 공격하였다. 동진의 여남태수汝南太守 주빈朱斌은 그 틈을 타서 전연의 허창을 점령하였다.[280]

이러한 교착상태는 364년에 전연의 우세로 기울어졌다. 영흥永興(363-365) 초, 구체적으로 364년 모용평 등의 전연군은 허창許昌·현호懸瓠·진성陳城을 점령하고 여남汝南 제군諸郡 공략한 후 만여 호를 유주幽州와 기주冀

276) 『資治通鑑』 卷101 「晉紀」23 穆帝升平五年條, 3184-3185쪽, "夏, 四月, 桓溫以其弟黃門郎豁督沔中七郡諸軍事, 兼新野·義城二郡太守, 將兵取許昌, 破燕將慕容塵."

277) 『資治通鑑』 卷101 「晉紀」23 哀帝融和元年條, 3188쪽, "燕豫州刺史孫興請攻洛陽, 曰: '晉將陳祐弊卒千餘, 介守孤城, 不中取也!' 燕人從其言, 遣寧南將軍呂護屯河陰."

278) 『資治通鑑』 卷101 「晉紀」23 哀帝融和元年二月條, 3189쪽, "燕呂護攻洛陽. 三月, 乙酉, 河南太守戴施奔宛, 陳祐告急. 五月, 丁巳, 桓溫遣庾希及竟陵太守鄧遐帥舟師三千人助祐守洛陽, 遐. 岳之子也."

279) 『晉書』 卷111 「慕容暐載記」, 2849쪽, "暐遣其寧東慕容忠攻陷滎陽, 又遣鎮南慕容塵寇長平. 時晉冠軍將軍陳祐戍洛陽, 遣使請救, 帝遣桓溫援之."; 『十六國春秋輯補』 卷28 「前燕錄」6, 217쪽; 『資治通鑑』 卷101 「晉紀」23 哀帝興寧元年條, 3192쪽, "夏, 四月, 燕寧東將軍慕容忠攻滎陽太守劉遠, 遠奔魯陽."

280) 『資治通鑑』 卷101 「晉紀」23 哀帝興寧元年十月條, 3193쪽, "冬, 十月, 燕鎮南將軍慕容塵攻陳留太守袁披於長平; 汝南太守朱斌乘虛襲許昌, 克之."

州로 천사遷徙시켰다.[281] 그리고 다음해인 365년 금용金墉을 점령하고 모용축慕容筑에게 금용에 주둔하게 하고 모용수에게 노양魯陽에 주둔하게 하였다.[282] 모용각은 365년 낙양을 점령하고[283] 효崤, 민澠까지 점령하였다. 이에 관중이 크게 놀라니 전진前秦의 부견苻堅은 섬성陜城에 군대를 주둔시켜 대비하게 하였다.[284] 이어서 모용려慕容厲가 366년 동진東晉의 태산태수太山太守 제갈유諸葛攸를 공격하여 노魯 · 고평高平 등 연주兗州 제군諸郡을 함락하고 지방관을 설치하고 돌아왔다.[285]

---

281) 『十六國春秋輯補』 卷28 「前燕錄」6, 217쪽, "五年, 暐復使慕容評寇許昌 · 懸瓠 · 陳城, 並陷之, 遂略汝南諸郡, 徙萬餘戶于幽冀. 暐豫州刺史孫興上疏, 請步卒五千先圖洛陽. 暐納之, 遣其太宰司馬悅希軍于盟津, 孫興分戍成皐, 以為之聲援. 尋而陳祐率眾奔陸渾, 河南諸壘悉陷于希."

282) 『晉書』 卷111 「慕容暐載記」, 2849쪽, "興寧初, 暐復使慕容評寇許昌 · 懸瓠 · 陳城, 並陷之, 遂略汝南諸郡, 徙萬餘戶于幽冀. 暐豫州刺史孫興上疏, 請步卒五千先圖洛陽. 暐納之, 遣其太宰司馬悅希軍于盟津, 孫興分戍成皐, 以為之聲援. 尋而陳祐率眾奔陸渾, 河南諸壘悉陷于希. 慕容恪攻陷金墉, 害揚威將軍沈勁. 以其左中郎將慕容筑為假節 · 征虜將軍 · 洛州刺史, 鎮金墉, 慕容垂為都督荊揚洛徐兗豫雍益梁秦等十州諸軍事 · 征南大將軍 · 荊州牧, 配兵一萬, 鎮魯陽."; 『十六國春秋輯補』 卷28 「前燕錄」6, 217쪽, "六年, 慕容恪攻陷金墉, 害揚威將軍沈勁. 以其左中郎將慕容筑為假節 · 征虜將軍 · 洛州刺史, 鎮金墉, 慕容垂為都督荊揚洛徐兗豫雍益梁秦等十州諸軍事 · 征南大將軍 · 荊州牧, 配兵一萬, 鎮魯陽."; 『資治通鑑』 卷101 「晉紀」23 哀帝興寧二年條, 3194-3195쪽, "夏, 四月, 甲辰, 燕李洪攻許昌 · 汝南, 敗晉兵於懸瓠, 潁川太守李福戰死, 汝南太守朱斌奔壽春, 陳郡太守朱輔退保彭城. 大司馬溫遣西中郎將袁真等禦之, 溫帥舟師屯合肥. 燕人遂拔許昌 · 汝南 · 陳郡, 徙萬餘戶於幽 · 冀二州, 遣鎮南將軍慕容塵屯許昌."

283) 『資治通鑑』 卷101 「晉紀」23 哀帝興寧三年條, 3198-3199쪽, "燕太宰恪 · 吳王垂共攻洛陽. 恪謂諸將曰: '卿等常患吾不攻, 今洛陽城高而兵弱, 易克也, 勿更畏懦而怠惰!' 遂攻之. 三月, 克之, 執揚武將軍沈勁. 勁神氣自若, 恪將宥之. 中軍將軍慕輿虔曰: '勁雖奇士, 觀其志度, 終不為人用, 今赦之, 必為後患.' 遂殺之."

284) 『資治通鑑』 卷101 「晉紀」23 哀帝興寧三年三月條, 3199쪽, "恪略地至崤 · 澠, 關中大震, 秦王堅自將屯陜城以備之."

285) 『晉書』 卷111 「慕容暐載記」, 2851쪽, "太和元年, 暐遣撫軍慕容厲攻晉太山太守諸葛攸. 攸奔于淮南, 厲悉陷兗州諸郡, 置守宰而還." ; 『十六國春秋輯補』 卷28 「前燕錄」6, 219쪽; 『資治通鑑』 卷

그러나 동진도 반격을 시도하였다. 동진의 형주자사荊州刺史 환활桓豁과 경릉태수竟陵太守 나숭羅崇이 367년 완宛을 점령하였다.[286] 369년 동진의 대사마大司馬 환온桓溫이 북벌北伐을 시작하였고,[287] 방두枋頭까지 진격하였다. 이에 놀란 전연의 군주 모용위慕容暐와 모용평慕容評은 화룡和龍으로 달아나려고 하였다. 모용수慕容垂가 공격을 청하자 모용위는 모용수에게 동진의 군대를 맞아 싸우도록 하였다.[288] 그리고 모용위는 악숭樂嵩을 전진에 보내 호뢰虎牢 이서以西의 땅을 준다는 조건으로 구원병을 청하였다. 이에 응한 전진의 부견苻堅은 구지苟池와 등강鄧羌에게 보병과 기병 2만을 이끌고 전연을 구원하게 하였다. 등강은 낙양에서 나와 영천潁川에 이르렀다.[289] 이때 환

101「晉紀」23 海西公太和元年十月條, 3203쪽, "燕撫軍將軍下邳王厲寇兗州, 拔魯 · 高平數郡, 置守宰而還."

286) 『資治通鑑』卷101「晉紀」23 海西公太和二年條, 3206쪽, "荊州刺史桓豁 · 竟陵太守羅崇攻宛, 拔之. 趙億走, 趙盤退歸魯陽. 豁追擊盤於雉城, 擒之, 留兵戍宛而還."

287) 『資治通鑑』卷102「晉紀」24 海西公太和四年四月條, 3214-3215쪽, "大司馬溫自兗州伐燕. 郗超曰: '道遠, 汴水又淺, 恐漕運難通.' 溫不從. 六月, 辛丑, 溫至金鄉, 天旱, 水道絕, 溫使冠軍將軍毛虎生鑿巨野三百里, 引汶水會於清水. 虎生, 寶之子也. 溫引舟師自清水入河, 舳艫數百里. 郗超曰: '清水入河, 難以通運. 若寇不戰, 運道又絕, 因敵為資, 復無所得, 此危道也. 不若盡舉見眾直趨鄴城, 彼畏公威名, 必望風逃潰, 北歸遼 · 碣. 若能出戰, 則事可立決. 若欲城鄴而守之, 則當此盛夏, 難為功力. 百姓布野, 盡為官有, 易水以南必交臂請命矣. 但恐明公以此計輕銳, 勝負難必, 欲務持重, 則莫若頓兵河 · 濟, 控引漕運, 俟資儲充備, 至來夏乃進兵; 雖如賒遲, 然期於成功而已. 捨此二策而連軍北上, 進不速決, 退必愆乏. 賊因此勢以日月相引, 漸及秋冬, 水更澀滯. 且北土早寒, 三軍裘褐者少, 恐於時所憂, 非獨無食而已.' 溫又不從."

288) 『資治通鑑』卷102「晉紀」24 海西公太和四年秋七月條, 3215-3216쪽, "秋, 七月, 溫屯武陽, 燕故兗州刺史孫元帥其族黨起兵應溫. 溫至枋頭, 暐及太傅評大懼, 謀奔和龍. 吳王垂曰: '臣請擊之; 若其不捷, 走未晚也.' 暐乃以垂代樂安王臧為使持節 · 南討大都督, 帥征南將軍范陽王德等眾五萬以拒溫. 垂表司徒左長史申胤 · 黃門侍郎封孚 · 尚書郎悉羅騰皆從軍."

289) 『資治通鑑』卷102「晉紀」24 海西公太和四年條, 3216쪽, "暐又遣散騎侍郎樂嵩請救於秦, 許賂以虎牢以西之地. 秦王堅引群臣議於東堂, 皆曰: '昔桓溫伐我, 至灞上, 燕不我救. 今溫伐燕, 我何救

온은 예주자사豫州刺史 원진袁真에게 초譙와 양梁을 점령하여 석문石門으로 이어지는 보급로를 열게 하였으나 원진은 초와 양을 점령하지 못하여 수운로가 막혔다.[290] 이어 모용덕慕容德이 석문에서 동진의 양조糧漕를 끊었다. 이방李邦도 환온의 궤운餽運을 단절시켰다. 보급로가 끊긴 환온은 전진의 구원병이 온다는 소식을 듣고 후퇴하였고 전연군의 협공을 받아 대패하였다.[291] 모용수의 분전으로 방두의 전투에서 승리한 전연은 멸망의 위기를 모면하였다. 그러나 모용위는 전진의 구원병을 불러오기 위해 주기로 한 호뢰 이서의 땅을 주지 않자 전진의 부견은 대노하며 왕맹王猛, 양성梁成, 등강鄧羌에게 보병과 기병 3만을 거느리고 전연을 공격하게 하였다.[292] 그리고 이 전

焉! 且燕不稱藩於我, 我何為救之!' 王猛密言於堅曰: '燕雖強大, 慕容評非溫敵也. 若溫舉山東, 進屯洛邑, 收幽·冀之兵, 引並·豫之粟, 觀兵崤·澠, 則陛下大事去矣. 今不如與燕合兵以退溫; 溫退, 燕亦病矣, 然後我承其弊而取之, 不亦善乎!' 堅從之. 八月, 遣將軍苟池·洛州刺史鄧羌帥步騎二萬以救燕, 出自洛陽, 軍至穎川; 又遣散騎侍郎姜撫報使於燕. 以王猛為尚書令."

290) 『資治通鑑』 卷102 「晉紀」24 海西公太和四年條, 3217쪽, "初, 溫使豫州刺史袁真攻譙·梁, 開石門以通水運, 真克譙·梁而不能開石門, 水運路塞."

291) 『晉書』 卷111 「慕容暐載記」, 2853쪽, "晉大司馬桓溫·江州刺史桓沖·豫州刺史袁真率眾五萬伐暐, 前兗州刺史孫元起兵應之. 溫部將檀玄攻胡陸, 執暐寧東慕容忠. 暐遣其將慕容厲與溫戰于黃墟, 厲師大敗, 單馬奔還. 高平太守徐翻以郡歸順. 溫前鋒朱序又破暐將傅顏于林渚, 溫軍大振, 次于枋頭. 暐懼, 謀奔和龍. 慕容垂曰: '不然. 臣請擊之, 若戰不捷, 走未晚也.' 乃以垂為使持節·南討大都督, 慕容德為征南將軍, 率眾五萬距溫, 使其散騎侍郎樂嵩乞師於苻堅. 堅遣將 軍苟池率眾二萬, 出自洛陽, 師于穎川, 外為赴援, 內實觀隙, 有兼并之志矣. 慕容德屯于石門, 絕溫糧漕. 豫州刺史李邦率州兵五千斷溫餽運. 溫頻戰不利, 糧運復絕, 及聞堅師之至, 乃焚舟棄甲而退. 德率勁騎四千, 先溫至襄邑東, 伏於澗中, 與垂前後夾擊, 王師大敗, 死者三萬餘人. 苟池聞溫班師, 邀擊於譙, 溫眾又敗, 死者萬計."; 『十六國春秋輯補』 卷28 「前燕錄」6, 217쪽.

292) 『資治通鑑』 卷102 「晉紀」24 海西公太和四年條, 3226쪽, "初, 燕人許割虎牢以西賂秦. 晉兵既退, 燕人悔之, 謂秦人曰: '行人失辭. 有國有家者, 分災救患, 理之常也.' 秦王堅大怒, 遣輔國將軍王猛·建威將軍梁成·洛州刺史鄧羌帥步騎三萬伐燕. 十二月, 進攻洛陽."

쟁에서 패해 전연은 망하였다.

2) 요서(遼西) 거주 호(胡)·한(漢)의 중원(中原) 내사(內徙)

모용준慕容儁 재위 시기에 전연은 황하 중하류 지역을 정복하였다. 모용준이 영화永和 5년(349) 즉위한 후 다음 해에 남벌南伐하여 계성薊城을 점령한 후 계薊로 천도하였다.[293] 2년 후 업鄴을 점령하였고 357년 계에서 업으로 천도하였다.[294] 수도를 용성龍城에서 계로, 계에서 업으로 옮김에 따라 전연의 조정과 행정기구는 계를 거쳐 업으로 옮겨졌다. 이에 따라 군사력의 근간인 선비인과 문서행정을 담당한 한인관료들도 중원으로 옮겼을 것이다.

먼저 모용부를 비롯한 선비인이다. 369년 전연 멸망 당시 모용평慕容評이 40여만 명을 거느리고 출전하여 전진군前秦軍에 대적하였다.[295] 『십육국춘추집보』에는 30만이라고 기록하였다.[296] 전연군前燕軍 30만 혹은 40만 명 가

293) 『晉書』 卷110 「慕容儁載記」, 2832쪽, “明年, 儁率三軍南伐, 出自盧龍, 次于無終. 石季龍幽州刺史王午棄城走, 留其將王他守薊. 儁攻陷其城, 斬他, 因而都之. 徙廣寧·上谷人于徐無, 代郡人于凡城而還.”; 『十六國春秋輯補』 卷26 「前燕錄」4, 200쪽. ; 『資治通鑑』 卷98 「晉紀」20 穆帝永和六年三月條, 3103쪽, “三月, 燕兵至無終. 王午留其將王佗以數千人守薊, 與鄧恆走保魯口. 乙巳, 儁拔薊, 執王佗, 斬之. 儁欲悉坑其士卒千餘人, 慕容霸諫曰: ‘趙為暴虐, 王興師伐之, 將以拯民於塗炭而撫有中州也; 今始得薊而坑其士卒, 恐不可以為王師之先聲也.’ 乃釋之. 儁入都於薊, 中州士女降者相繼.”

294) 『資治通鑑』 卷100 「晉紀」22 穆帝升平元年十一月條, 3166쪽, “十一月, 癸酉, 燕主儁自薊徙都鄴.”

295) 『晉書』 卷111 「慕容暐載記」, 2857쪽, “苻堅又使王猛·楊安率眾伐暐, 猛攻壺關, 安攻晉陽. 暐使慕容評等率中外精卒四十餘萬距之.”

296) 『十六國春秋輯補』 卷28 「前燕錄」6, 227쪽, “六月, 苻堅又使輔國將軍王猛·鎮南將軍楊安率眾六萬來伐, 猛攻壺關, 安攻晉陽. 暐使太傅評·下邳王厲等率中外精卒三十餘萬, 距秦師於潞川.”

운데 상당수는 선비鮮卑와 오환烏桓 등 유목민 출신 기병이었으며, 대부분 모용부의 옛 지역인 요서 일대에서 왔을 것이다. 보다 구체적인 수치는 전연이 망했을 때에 드러난다. 370년 전진이 전연을 멸한 후에 연주燕主 모용위慕容暐와 왕공王公 이하와 선비 4만여 호가 장안으로 천사遷徙되었다.[297] 이는 전연의 수도 업鄴에 모용부를 비롯한 선비인 약 4만 호가 거주했음을 뜻한다. 이들은 이전의 수도 용성에서 옮겨왔을 것이다. 부견苻堅은 371년 방두枋頭로 행차한 후 전연의 황제 모용위慕容暐와 관리들을 사면하고, 장안으로 이주시켰다. 이때 전진은 전연 멸망 이후 관동關東 호걸豪傑과 잡이雜夷 15만 호를 관중關中으로 이주시켰다. 구체적으로 오환은 풍익군馮翊郡과 북지군北地郡, 정령丁零 적빈翟斌은 신안新安과 민지澠池에 거주하게 하였다.[298] 문맥상 잡이雜夷에는 모용부를 따라 중원으로 이주한 선비인 등 유목민과 전조前趙·후조後趙를 세운 흉노匈奴와 갈羯, 이들의 지배를 받았던 오환烏桓, 정령丁零 등 다양한 종족種族이 있었으므로 선비인들의 비중을 구체적으로 알기 어렵다. 전진前秦이 비수淝水의 전투에서 패한 후 384년 모용홍慕容泓이 관동關東으로 망명하여 선비 수천을 모아 화음華陰에 주둔하였고,[299] 같은 해

297) 『晉書』 卷111 「慕容暐載記」, 2858쪽, "堅徙暐及其王公已下并鮮卑四萬餘戶于長安, 封暐新興侯, 署爲尙書."; 『十六國春秋輯補』 卷29 「前燕錄」7, 228-229쪽.

298) 『晉書』 卷113 「苻堅載記」上, 2893쪽, "堅自鄴如枋頭, 讌諸父老, 改枋頭為永昌縣, 復之終世. 堅至自永昌, 行飮至之禮, 歌勞止之詩, 以饗其羣臣. 赦慕容暐及其王公已下, 皆徙於長安, 封授有差. 堅於是行禮於辟雍, 祀先師孔子, 其太子及公侯卿大夫士之元子, 皆束脩釋奠焉. 徙關東豪傑及諸雜夷十萬戶於關中, 處烏丸雜類於馮翊·北地, 丁零翟斌于新安, 徙陳留·東阿萬戶以實青州. 諸因亂流移, 避仇遠徙, 欲還舊業者, 悉聽之."; 『資治通鑑』 卷103 「晉紀」25 簡文帝咸安元年正月條, 3243쪽, "秦王堅徙關東豪傑及雜夷十五萬戶於關中, 處烏桓於馮翊·北地, 丁零翟斌於新安·澠池. 諸因亂流移·欲還舊業者, 悉聽之."

299) 『資治通鑑』 卷105 「晉紀」27 孝武帝太元九年三月條, 3326쪽, "秦北地長史慕容泓聞燕王垂攻

전진의 수도 장안에 남아 있는 선비 수천인이 반란 일으켰으나 모용위慕容暐 등 수천인이 모두 살해되었다.[300] 386년 모용영慕容永과 모용긍慕容恆 등이 선비 남녀 40여만 구口를 거느리고 장안에서 동쪽으로 이동하였다.[301] 전연이 망한 370년부터 384년 혹은 386년은 불과 14-16년밖에 지나지 않았으므로 세 기사에 보이는 선비인 40-41만 구口의 대부분은 전연을 세운 모용부가 지배한 선비일 것이다. 그리고 이들은 용성龍城에서 중원中原으로 남진하고 수도를 업鄴으로 옮긴 이후 업과 황하 중하류 각지에 주둔하거나 거주하던 사람들일 것이다. 용성시대龍城時代 모용부慕容部의 총 인구수를 알 수 없지만, 40여만 구口는 요서 일대에 거주하던 선비를 비롯한 각종 유목민의 대다수에 해당할 것이다.[302]

鄴, 亡奔關東, 收集鮮卑, 眾至數千. 還屯華陰, 敗秦將軍強永, 其眾遂盛. 自稱都督陝西諸軍事・大將軍・雍州牧・濟北王, 推垂為丞相・都督陝東諸軍事・領大司馬・冀州牧・吳王."

300) 『資治通鑑』 卷105 「晉紀」27 孝武帝太元九年十月條, 3338쪽, "鮮卑在長安城中者猶千餘人, 慕容紹之兄肅, 與慕容暐陰謀結鮮卑為亂. 十二月, 暐白堅, 以其子新昏, 請堅幸其家, 置酒, 欲伏兵殺之. 堅許之, 會天大雨, 不果往. 事覺, 堅召暐及肅, 肅曰: '事必洩矣, 入則俱死. 今城內已嚴, 不如殺使者馳出, 既得出門, 大眾便集. 暐不從, 遂俱入. 堅曰: '吾相待何如, 而起此意?' 暐飾辭以對. 肅曰: '家國事重, 何論意氣!' 堅先殺肅, 乃殺暐及其宗族, 城內鮮卑無少長・男女, 皆殺之. 燕王垂幼子柔, 養於宦者宋牙家為牙子, 故得不坐, 與太子寶之子盛乘間得出, 奔慕容沖."

301) 『資治通鑑』 卷106 「晉紀」28 孝武帝太元十一年條, 3362-3363쪽, "西燕左僕射慕容恆・尚書慕容永襲段隨, 殺之; 立宜都王子顗為燕王, 改元建明, 帥鮮卑男女四十餘萬口去長安而東. 恆弟護軍將軍韜, 誘顗於臨晉, 恆怒, 捨韜去詠與武衛將軍刁雲帥眾攻韜. 韜敗, 奔恆營. 恆立西燕主沖之子瑤為帝, 改元建平, 謚沖曰威皇帝. 眾皆去瑤奔永, 永執瑤, 殺之, 立慕容泓子忠為帝, 改元建武. 忠以永為太尉, 守尚書令, 封河東公. 永持法寬平, 鮮卑安之. 至聞喜, 聞燕主垂已稱尊號, 不敢進, 築燕熙城而居之."

302) 흉노(匈奴)의 경우 전성기 인구는 약 200만 인, 남북으로 분열될 때 130만 인으로 추정된다(林幹, 『匈奴史』, 呼和浩特: 內蒙古人民出版社, 2007, 11-16쪽). 본문에서 살펴본 모용부(慕容部)의 유목민 인구 40만 명은 전성기 흉노의 1/5, 분열기의 약 1/3에 해당한다. 전성기 흉

선비인뿐만 아니라 요서로 이주했던 한인(중국인)들도 중원으로 되돌아 갔을 것이다. 예컨대 352년 모용준慕容儁이 계에서 황제로 즉위할 때 봉혁封弈을 태위太尉, 양무陽鶩를 상서령尚書令, 황보진皇甫眞을 상서좌복야尚書左僕射, 장희張悕를 상서우복야尚書右僕射에 임명하였다. 다른 한인(중국인) 출신들도 문무文武 관리들도 벼슬을 받았다.[303] 황보진과 봉혁은 모용외 시기에 모용부에 귀부한 중원 출신 한인이었다.[304] 또 황홍黃泓은 전연에 벼슬하였으나, 전연이 망한 후 "귀가歸家", 즉 고향으로 돌아갔다.[305] 이는 요서 일대에서[306]

노는 내몽골과 몽골고원, 하서회랑(河西回廊) 지역 등을 지배했으므로 요동(遼東) · 요서(遼西) 일대를 지배했던 모용부(慕容部)의 유목민 수는 결코 적은 수가 아니었다.

303) 『資治通鑑』 卷99 「晉紀」21 穆帝永和八年條, 3131쪽, "燕群僚共上尊號於燕王儁, 儁許之. 十一月, 丁卯, 始置百官, 以國相封弈為太尉, 左長史陽鶩為尚書令, 右司馬皇甫真為尚書左僕射, 典書令張悕為右僕射; 其餘文武, 拜授有差."

304) 『資治通鑑』 卷88 「晉紀」10 愍帝建興元年條, 2797쪽, "初, 中國士民避亂者, 多北依王浚, 浚不能存撫, 又政法不立, 士民住往復去之. 段氏兄弟專尚武勇, 不禮士大夫. 唯慕容廆政事脩明, 愛重人物, 故士民多歸之. 廆舉其英俊, 隨才授任, 以河東裴嶷 · 北平陽耽 · 廬江黃泓 · 代郡魯昌為謀主, 廣平游邃 · 北海逄羨 · 北平西方虔 · 西河宋奭及封抽 · 裴開為股肱, 平原宋該 · 安定皇甫岌 · 岌弟真 · 蘭陵繆愷 · 昌黎劉斌及封奕 · 封裕典機要. 裕, 抽之子也."

305) 『晉書』 卷95 「藝術 · 黃泓傳」, 2493쪽, "慕容暐敗, 以老歸家, 歎曰: '燕必中興, 其在吳王, 恨吾年過不見耳.' 年九十七卒. 卒後三年, 偽吳王慕容垂興焉."

306) 黃泓은 建興元年(313) 慕容廆에 귀부하였다(『資治通鑑』 卷88 「晉紀」10 愍帝建興元年條, 2798쪽, "裴嶷清方有幹略, 為昌黎太守, 兄武為玄菟太守. 武卒, 嶷與武子開以其喪歸, 過廆, 廆敬禮之. 及去, 厚加資送. 行及遼西, 道不通, 嶷欲還就廆. 開曰: '鄉里在南, 柰何北行!' 且等為流寓, 段氏強, 慕容氏弱, 何必去此而就彼也!' 嶷曰: '中國喪亂, 今往就之, 是相帥而入虎口也. 且道遠, 何由可達! 若俟其清通, 又非歲月可冀. 今欲求託足之地, 豈可不慎擇其人. 汝觀諸段, 豈有遠略, 且能待國士乎! 慕容公修行仁義, 有霸王之志, 加以豐民安, 今往從之, 謂可以立功名, 下可以庇宗族, 汝何疑焉!' 開乃從之. 既至, 廆大喜. 陽耽清直沈敏, 為遼西太守, 慕容翰破段氏於陽樂, 獲之, 廆禮而用之. 游邃 · 逄羨 · 宋奭, 皆嘗為昌黎太守, 與黃泓俱避地於薊, 後歸廆. 王浚屢以手書召邃兄暢, 暢欲走之, 邃曰: '彭祖刑政不修, 華 · 戎離叛, 以邃度之, 必不能久, 兄且磐桓以俟之.' 暢曰: '彭祖忍而多疑. 頃者流民北來, 命所在追殺之. 今手書殷勤, 我稽留不往, 將累及卿. 且亂世宗族宜分, 以冀遺

다시 고향인 위군魏郡 척구현斥丘縣으로 갔음을 알 수 있다. 중원 정복 이후 고관을 지낸 양무와 황보진 등을 제외하면 한인관료들의 명단이 많이 보이지 않는다. 그러나 황홍처럼 중원으로 들어와 벼슬을 하면서 수도인 업에 거주하거나 자신의 향리로 되돌아갔을 것이다.

그런데 중원으로의 귀향은 한인관료와 지방호족 등 한인지배층에 해당하고 대다수 평민은 요서 일대로 이주한지 이미 30-40년이 흘렀고 2-3대로 진입하였으므로 고향으로 돌아가기 어려웠다는 견해가 있다.[307] 그러나 전연은 후조의 유주幽州를 점령한 후 352년 정월 을사일 군중軍中의 문무병민가文武兵民家를 계薊로 옮겼다는 기사[308]에 주목하자. 이미 350년에 수도를 용성龍城에서 계薊로 옮겼으므로 2년 후 문무병민가文武兵民家를 수도로 옮겨 수도의 인구 확충을 꾀한 것이다. '문무병민가文武兵民家'는 문무관리와 병兵, 일반 민民의 가家로 해석할 수 있다면, 전연은 계薊로 천도遷都하기로 결정한 후 2년 후에 용성과 주변 지역의 인구를 새 수도로 이주시킨 것이다. 후에 계에서 업으로 천도한 후에도 계로 옮겼던 문무관리뿐만 아니라 군사들 및 일반 백성들도 다시 이주시켰을 것이다. 또 354년 전연은 대거 병兵을 징발하였다.[309] 이는 요서에 있는 백성들에게도 해당함은 분명하다. 당시 상황

種.' 邃從之, 卒與浚俱沒. 宋該與平原杜群·劉翔先依王浚, 又依段氏, 皆以為不足託, 帥諸流寓同歸於廆. 東夷校尉崔毖請皇甫岌為長史, 卑辭說諭, 終莫能致; 廆招之岌與弟真即時俱至.").

307) 葛劍雄, 『中國移民史』 第二卷 先秦至魏晉南北朝時期, 442-443쪽.

308) 『資治通鑑』 卷99 「晉紀」21 穆帝永和八年正月條, 3123쪽, "乙巳, 燕王儁還薊, 稍徙軍中文武兵民家屬於薊."

309) 『資治通鑑』 卷99 「晉紀」21 穆帝永和十年七月條, 3143쪽, "燕大調兵眾, 因發詔之日, 號曰: '丙戌舉.'"

을 보면 황하 중하류 지역을 공격하던 중이었으므로 징발의 목적은 남진하는 전연군에 충당하려는 것이었을 것이다. 또 요서 지역 유민들이 중원으로 이주될 수밖에 없었던 상황은 358년 전연의 호적 조사와 징발에서 찾아볼 수 있다. 모용준은 전진前秦과 동진東晉을 정복하려고 하였다. 이에 주군州郡에 호적조사를 하여 정丁의 수를 파악하고 호戶마다 1정丁을 남기고 나머지는 징발하여 병兵으로 삼았다. 그리고 보졸步卒 150만을 채워 다음 해 봄에 낙양으로 집합시키려고 하였다. 유귀劉貴가 상서上書하여 간언하자 징집 방식을 바꾸어 병兵을 징발하여 다음 해 겨울에 업에 모이게 하였다.[310] 보졸 150만 명을 징집한다는 구절에서 이 보졸은 말타기와 활쏘기에 능한 선비 등 유목민이 아니라 정주농경민, 그 가운데 한인이었을 것이다. 요서 지역에서도 보졸로 징발되는 정丁이 많았을 것이다. 그리고 전연의 입장에서 동진東晉 혹은 전진前秦과 싸우기 위해 군사와 보급 인력이 필요한 상황에서 변방인 요서 지역에 많은 사람들을 놔둘 필요가 없었을 것이다. 즉 이들은 중원으로 사민徙民하는 것이 보졸이나 군수품의 운반을 위한 징발에 편했을 것이다. 따라서 사서에 요서에서 황하 중하류로 이주한 기록이 없다고 하더라도 정황상 중원으로 이주된 요서 유민들이 많았을 것이다.

위에서 살펴본 공식적인 징발이나 사민徙民 가능성 이외에도 개인적인 이주 혹은 귀향도 있었을 것이다. 즉 요서에 유입된 한인관료와 지방호족들은 자기 가족뿐만 아니라 종족宗族, 향리鄕里, 각종 사속민을 거느리고 갔

310) 『資治通鑑』 卷100 「晉紀」22 穆帝升平二年十月條, 3171쪽, "燕主儁欲經營秦 · 晉, 十二月, 令州郡校實見丁, 戶留一丁, 餘悉發為兵, 欲使步卒滿一百五十萬, 期來春大集洛陽. 武邑劉貴上書, 極陳'百姓凋弊, 發兵非法, 必致土崩之變.' 儁善之, 乃更令三五發兵,. 寬其期日, 以來冬集鄴."

을 것이다. 요서는 아니지만 화북華北에서 남방으로 이주한 유민 가운데 각 종 사속민이나 고향 사람들을 거느린 예가 보인다. 북방의 유주幽州에 속하는 범양군范陽郡 주현遒縣 출신인 조적祖逖[311]은 영가의 난이 발생하자 친당親黨 수백 가家를 거느리고 회사淮泗 지역으로 피난 갔다. 그는 노약자들을 수레에 태우고 자신은 걸었으며, 먹거리와 옷을 일행들과 나누었기 때문에 일행들로부터 행주行主로 추대되었다. 그리고 사구泗口를 거쳐 단도현丹徒縣의 경구京口로 옮겼다.[312] 장광군長廣郡 액현掖縣 사람인 소준蘇峻은 영가의 난이 발생하자 수천 가家를 규합하여 고향인 액현掖縣에 루壘를 만들어 지켰다. 후에 조억曹嶷의 공격을 받자 수백 가家를 거느리고 바다로 광릉군廣陵郡에 도착하였다.[313] 조적祖逖과 소준蘇峻의 예에서 고향에서 다른 지역으로 피난갈 때 일족이나 고향 사람들 수백 가를 규합하고 유능한 인물이 우두머리가 되어 함께 이동하였음을 알 수 있다. 이는 요서로 유입된 유민들도 마찬가지일 것이다.[314] 생사고락을 함께 한 우두머리가 전연의 관동 점령 이후 중원으로 이주할 때 대부분 고향이 같은 유민들이 따라가지 않을 이유는 없을 것이다.

---

311) 『晉書』 卷62 「祖逖傳」, 1693쪽, "祖逖字士稚, 范陽遒人也."

312) 『晉書』 卷62 「祖逖傳」, 1694쪽, "及京師大亂, 逖率親黨數百家避地淮泗, 以所乘車馬載同行老疾, 躬自徒步, 藥物衣糧 與衆共之, 又多權略, 是以少長咸宗之, 推逖為行主. 達泗口, 元帝逆用為徐州刺史, 尋徵軍諮祭酒, 居丹徒之京口."

313) 『晉書』 卷100 「蘇峻傳」, 2628쪽, "蘇峻字子高, 長廣掖人也. …… 永嘉之亂, 百姓流亡, 所在屯聚, 峻糾合得數千家, 結壘於本縣. 于時豪傑所在屯聚, 而峻最強. 遣長史徐瑋宣檄諸屯, 示以王化, 又收枯骨而葬之, 遠近感其恩義, 推峻為主. …… 元帝聞之, 假峻安集將軍. 時曹嶷領青州刺史, 表峻為掖令, 峻辭疾不受. 嶷惡其得衆, 恐必為患, 將討之. 峻懼, 率其所部數百家汎海南渡. 既到廣陵, 朝廷嘉其遠至, 轉鷹揚將軍."

314) 關尾史郎, 「前燕政權(337～370年)成立の前提」, 15오른쪽.

한인(중국인)의 중원 내사內徙에 대한 기록이 적은 것과 달리 고구려와 부여 사람들의 내사內徙를 보여주는 기록이 있다. 369년 전진의 군대가 전연의 수도 업을 포위하자 서울徐蔚이 부여 · 고구려 · 상당上黨의 질자質子 500여 인을 이끌고 업성鄴城의 문을 열어 전진군前秦軍에 내통하였다.[315] 『자치통감』과 『십육국춘추집보』에서는 '서울徐蔚'을 '여울餘蔚'로 표기하였고,[316] 호삼성은 여울餘蔚이 부여의 왕자라고 주기注記하였다.[317] 이 기록에서 당시 전연의 수도 업에 고구려인과 부여인이 거주했고, 이는 요서 일대에서 업으로 이주했음을 시사한다. 또 후연 시기의 여화餘和,[318] 후연의 군주 모용수慕容垂에 반기를 들었던 여암餘巖,[319] 후연의 장군 여숭餘嵩[320]과 여숭餘

315) 『晉書』 卷111 「慕容暐載記」, 2858쪽, "堅遣將鄧羌攻信都, 桓率鮮卑五千退保和龍. 散騎侍郎徐蔚等率扶餘 · 高句麗及上黨質子五百餘人, 夜開城門以納堅軍."

316) 『十六國春秋輯補』 卷29 「前燕錄」7, 228쪽; 『資治通鑑』 卷102 「晉紀」24 海西公太和五年條, 3236쪽, "初, 燕宜都王桓帥眾萬餘屯沙亭, 為太傅評後繼, 聞評敗, 引兵屯內黃. 堅使鄧羌攻信都. 丁丑, 桓帥鮮卑五千奔龍城. 戊寅, 燕散騎侍郎餘蔚帥扶餘 · 高句麗及上黨質子五百餘人, 夜, 開鄴北門, 納秦兵, 燕主暐與上庸王評 · 樂安王臧 · 定襄王淵 · 左衛將軍孟高 · 殿中將軍艾朗等奔龍城. 辛巳, 秦王堅入鄴宮."

317) 『資治通鑑』 卷102 「晉紀」24 海西公太和五年條 胡註, 3236쪽, "餘蔚, 扶餘王子, 故陰率諸質子開門以納秦兵." 이도학은 여울(餘蔚)이 모용씨(慕容氏)에 끌려온 부여인이 아니라 아직 독립국으로 존재하는 부여왕의 왕자로 해석하였다(이도학, 「백제의 요서경략과 중 · 고등학교 한국사 교과서의 기술」, 『한국전통문화연구』 15, 2015, 208-209쪽).

318) 『資治通鑑』 卷105 「晉紀」27 孝武帝太元九年(384)條, 3321쪽, "[畢]聰與屠各卜勝 · 張延 · 李白 · 郭超及東夷餘和 · 敕勃 · 易陽烏桓劉大各帥部眾數千赴之."

319) 『資治通鑑』 卷106 「晉紀」28 孝武帝太元十年(385)條, 3347쪽, "燕建節將軍餘巖叛, 自武邑北趣幽州. 燕王垂馳使敕幽州將平規曰: '固守勿戰, 俟吾破丁零自討之.' 規出戰, 為巖所敗. 巖入薊, 掠千餘戶而去, 遂據令支."

320) 『資治通鑑』 卷108 「晉紀」30 孝武帝太元二十一年(396)條, 3425쪽, "燕主垂遣征東將軍平規發兵冀州. 二月, 規以博陵 · 武邑 · 長樂三郡兵反於魯口, 其從子冀州刺史喜諫, 不聽. 規弟海陽令翰亦起兵於遼西以應之. 垂遣鎮東將軍餘嵩擊規, 嵩敗死."

崇[321] 부자, 여초餘超,[322] 남연南燕의 장군 여울餘鬱[323] 등의 동선을 보면 모두 황하 중하류에 있었다. 이들은 후연의 옛 영토에 남아 있거나 전연이 망한 후 관중으로 천사遷徙되었다가 모용수가 세력을 규합하자 이에 포섭되었을 것이다.

요컨대 전연이 황하 중하류 지역을 정복한 후 군사력의 근간인 선비인과 한인관료, 고구려인, 부여인 등은 중원으로 이주하였다. 그리고 일반 한인漢人 유민流民들도 다시 고향으로 돌아갔을 것으로 추정된다.

3) 업(鄴) 천도(遷都) 이후 요서(遼西)의 상황

전연은 영토의 확장에 따라 "용성龍城→계薊→업鄴"으로 수도를 옮겼다. 이는 모용부 시기부터 정치와 군사, 경제의 중심이었던 요서 지역의 중요성이 떨어졌을 것처럼 보인다. 이는 대체로 사실이지만, 천도 이후 용성의 정치적 기능이 바로 추락한 것은 아니었다. 350년 계로 천도한 후[324] 전연

321) 『資治通鑑』 卷109卷 「晉紀」31 安帝隆安元年(397)條, 3441쪽, "初, 燕清河王會聞魏軍東下, 表求赴難, 燕主寶許之. 會初無去意, 使征南將軍庫傉官偉 · 建威將軍餘崇將兵五千為前鋒. 崇, 嵩之子也."

322) 『資治通鑑』 卷109卷 「晉紀」31 安帝隆安三年(399)條, 3491쪽, "燕散騎常侍餘超 · 左將軍高和等坐謀反, 誅."

323) 『資治通鑑』 卷114 「晉紀」36 安帝義熙二年(406)條, 3593쪽, "[慕容]超遣慕容鎮攻青州, 慕容昱攻徐州, 右僕射濟陽王凝及韓範攻兗州. 昱拔莒城, 段宏奔魏. 封融與群盜襲石塞城, 殺鎮西大將軍餘鬱, 國中振恐."

324) 『晉書』 卷110 「慕容儁載記」, 2832쪽, "明年, 儁率三軍南伐, 出自盧龍, 次于無終. 石季龍幽州刺史王午棄城走, 留其將王他守薊. 儁攻陷其城, 斬他, 因而都之."; 『十六國春秋輯補』 卷26 「前燕錄」 4, 200쪽; 『資治通鑑』 卷98 「晉紀」20 穆帝永和六年三月條, 3103쪽, "三月, 燕兵至無終. 王午留

의 군주 모용준은 계와 용성 왕래를 반복하였다. 〈표 4〉는 모용준의 순행巡幸을 정리한 것이다.

〈표 4〉 350-357년 모용준(慕容儁)의 순행(巡幸)

날짜	이동 지역	체류 기간			기타
		龍城	薊	中山	
350년 九月[325]	薊→龍城	5-6개월			陵廟 배알.
351년 二月[326]	龍城→薊		9-11개월		
351년 十二月[327]	薊→龍城	1-2개월			

其將王佗以數千人守薊, 與鄧恆走保魯口. 乙巳, 儁拔薊, 執王佗, 斬之. …… 儁入都於薊, 中州士女降者相繼."

325) 『資治通鑑』 卷98 「晉紀」20 穆帝永和六年九月條, 3109쪽, "燕王儁還薊, 留諸將守之; 儁還龍城, 謁陵廟."

326) 『資治通鑑』 卷99 「晉紀」21 穆帝永和七年二月條, 3114쪽, "燕王儁還薊."

327) 『資治通鑑』 卷99 「晉紀」21 穆帝永和七年十二月條, 3121쪽, "燕王儁如龍城."

328) 『資治通鑑』 卷99 「晉紀」21 穆帝永和八年正月條, 3123쪽, "乙巳, 燕王儁還薊, 稍徙軍中文武兵民家屬於薊."

329) 『資治通鑑』 卷99 「晉紀」21 穆帝永和八年秋七月條, 3128쪽, "丙辰, 燕王儁如中山."

330) 『資治通鑑』 卷99 「晉紀」21 穆帝永和八年冬十月丁卯條, 3130쪽, "丁卯, 燕王儁還薊."

331) 『資治通鑑』 卷99 「晉紀」21 穆帝永和十年十月條, 3143쪽, "燕王儁如龍城."

332) 『資治通鑑』 卷100 「晉紀」22 穆帝永和十一年夏四月條, 3145쪽, "夏, 四月, 燕王儁自和龍還薊. 先是, 幽·冀之人以俊為東遷, 互相驚擾, 所在屯結. 群臣請討之, 儁曰: 「群小以朕東巡, 故相惑為亂耳. 今朕既至, 尋當自定, 不足討也.」"; 『晉書』 卷110 「慕容儁載記」, 2835, "儁自和龍至薊城, 幽冀之人以為東遷, 互相驚擾, 所在屯結. 其下請討之, 儁曰: '羣小以朕東巡, 故相惑耳. 今朕既至, 尋當自定. 然不虞之備亦不可不為.' 於是令內外戒嚴."; 『十六國春秋輯補』 卷26 「前燕錄」4, 204쪽.

333) 『資治通鑑』 卷100 「晉紀」22 穆帝升平元年十二月條, 3167쪽, "十二月, 乙巳, 燕主儁入鄴宮, 大赦. 復作銅雀臺."

334) 『資治通鑑』 卷100 「晉紀」22 穆帝升平元年十一月條, 3166쪽, "十一月, 癸酉, 燕主儁自薊徙都鄴."

352년 正月 乙巳日[328]	龍城→薊		6-8개월		軍中文武兵民家를 薊로 옮김.
352년 秋七月[329]	薊→中山			3-4개월	
352년 十月 丁卯[330]	中山→薊		25-26개월		
354년 十月[331]	薊→龍城	6-7개월			
355년 四月[332]	龍城→薊		33-34개월		내외 계엄
357년 十二月[333]	薊→鄴				十一月에 鄴 遷都 선언.[334]

〈표 4〉에서 두 지점 사이의 왕복 기간은 해당 지역의 체류 기간에 포함하였다. 〈표 4〉에서 볼 수 있듯이 계薊에 수도를 정했던 350-357년 약 8년 동안(약 97-98개월) 전연의 군주 모용준慕容儁은 계薊에서 73-79개월 머물렀고, 용성龍城에서는 12-15개월, 중산中山에서는 3-4개월 머물렀다. 이 가운데 모용준은 세 차례 계에서 출발하여 용성에 갔다. 350년 구월 능묘陵廟에 배알한 것을 제외하고 모용준이 용성에서 무슨 일을 했는지 기록이 없어 알 수 없다. 350년 구월 능묘 배알은 그 전에 계 천도를 선언한 것을 고려하면, 조상들에게 계 천도를 알리는 의식을 행했을 것으로 추정된다. 352년 정월 을사일(2. 16)[335] 군중軍中의 문무병민가文武兵民家를 계로 옮긴 것을 보면,[336] 351년 십이월 용성으로 간 것은 용성에 있었던 군인과 문무 관리,

335) 본문에 한글 혹은 한자의 숫자와 간지로 표기된 날짜는 음력이다. 이를 양력으로 변환한 경우 진원(陳垣)의 『이십사삭윤표(二十史朔閏表)』(북경(北京): 중화서국(中華書局), 1999)를 참조하여 바꾸었으며, 괄호 안에 아라비아 숫자로 표기했다.

336) 『資治通鑑』 卷99 「晉紀」21 穆帝永和八年正月條, 3123쪽, "乙巳, 燕王儁還薊, 稍徙軍中文武兵民家屬於薊."

민가의 천사를 직접 지휘하기 위한 것임을 알 수 있다.[337] 그리고 모용준은 업으로 천도한 이후에는 용성을 방문하지 않았다. 모용준이 계 천도 이후 세 차례에 걸쳐 12-15개월 동안 용성에 머무르는 동안 용성의 정치적 지위와 위상은 아직 약해지지 않았을 것이다.

다음으로 천도 이후 전연의 용성에 대한 조치를 살펴보자. 352년 모용준은 계에서 황제로 즉위하고 옛 수도 용도龍都(龍城)에 유대留臺를 설치하였다. 그리고 현도태수玄菟太守 을일乙逸을 상서尙書로 임명하여 용도龍都에 설치된 유대의 행정留務을 처리하게 하였다.[338] 호삼성주胡三省註에서는 "연燕은 처음에 용성龍城에 도읍을 정했다가 이때 계薊로 옮겼다. 따라서 용성에 유대를 세우고 이를 용도龍都라고 불렀다."[339]라고 하였다. '도都'라는 표현으로 보아 전연은 계, 후에 업으로 천도한 이후에도 용성을 수도로 예우했던 것 같은 느낌을 준다. 만약 전연이 용도(용성)를 법적인 수도로 간주했다면 2개의 수도, 즉 양도체제兩都體制를 유지한 셈이다.

용성에 유대를 설치한 것은 용성의 정치적 상징성을 감안한 조치로 해석된다. 을일乙逸을 상서로 임명한 것으로 보아 유대는 유상서대留尙書臺, 혹은 상서유대尙書留臺의 약칭으로 생각된다. 선행연구에 따르면, 북조시대, 특히

337) 소림총(小林聰)은 모용준(慕容儁)의 순행(巡幸) 원인으로 해동(海東)의 정세, 특히 고구려(高句麗)의 동향 때문으로 추정하였다(小林聰, 『慕容政權の支配構造の特質-政治過程の檢討と支配層の分析を通して-』, 54쪽).

338) 『資治通鑑』 卷99 「晉紀」21 穆帝永和八年十一月戊辰條, 3131쪽, "戊辰, 儁即皇帝位, 大赦. …… 改司州為中州, 建留臺於龍都, 以玄菟太守乙逸為尙書, 專委留務."

339) 『資治通鑑』 卷99 「晉紀」21 穆帝永和八年十一月戊辰條 胡註, 3131쪽, "燕初都龍城, 時遷于薊, 故建留臺於龍城, 謂之龍都."

북위말과 동위東魏 · 북제北齊에 보이는 행대行臺는 상서행대尙書行臺의 약칭이며, 상서대尙書臺(尙書省)의 지방 출장기관이고 중앙을 대표하여 지방을 지휘하는 기구였다.[340] 그런데 중앙정부의 기관인 상서대(상서성)를 수도가 아닌 지방에 설치하는 것은 중국의 제도사에서 이례적이다. 그러나 십육국 · 북조시대에 자주 등장하였다. 석륵石勒은 331년 낙양을 남도南都로 삼고 낙양에 행대치서시어사行臺治書侍御史를 설치하였다.[341] 석륵은 석홍石弘을 후계자로 삼으면서[342] 수도 양국襄國과 낙양 중간에 위치한 업鄴에 업궁鄴宮을 만들고 아들 석홍에게 진수鎭守시키게 하였다. 그리고 거기장군車騎將軍 소속 54영營을 석홍이 지휘하도록 하였다.[343] 자신의 후계자를 수도가 아닌 곳에 거주하게 하고 군대를 지휘하게 한 것은 또 다른 정치적 · 군사적 중심지를 만든 것이다. 하夏도 관중關中을 점령한 후 장안長安에 남대南臺를 설치하고 태자 혁련괴赫連璝를 대장군大將軍 옹주목雍州牧 녹남대상서사錄南臺尙書事에 임명하여 주둔하게 하였다.[344] 혁련발발赫連勃勃은 수도 통만성統萬城에 있으면서 태자 혹은 후계자를 관중의 중심지 장안의 남대에 주둔시켜 2개의 정치적 · 군사적 중심지를 운영하였다. 이는 북위의 전신인 대代도 마

340) 嚴耕望, 『中國地方行政制度史』, 上編中卷, 臺北: 臺灣商務印書館, 1963, 801쪽.

341) 『晉書』 卷105 「石勒載記」下, 2748-2749쪽, "勒以成周土中, 漢晉舊京, 復欲有移都之意, 乃命洛陽爲南都, 置行臺治書侍御史于洛陽."; 『資治通鑑』 卷94 「晉紀」16 成帝咸和六年九月條, 2979쪽, "九月, 趙主勒復營鄴宮; 以洛陽為南都, 置行臺."

342) 『晉書』 卷105 「石勒載記」下, 2739쪽, "先是, 勒世子興死, 至是, 立子弘爲世子, 領中領軍."

343) 『晉書』 卷105 「石勒載記」下, 2743쪽, "勒旣將營鄴宮, 又欲以其世子弘爲鎭, 密與程遐謀之. 石季龍自以勳效之重, 仗鄴爲基 雅無去意. … 勒以弘鎭鄴, 配禁兵萬人, 車騎所統五十四營悉配之, 以驍騎領門臣祭酒王陽專統六夷以輔之."

344) 『晉書』 卷130 「赫連勃勃載記」, 3210쪽, "乃于長安置南臺, 以璝領大將軍 · 雍州牧 · 錄南臺尙書事."; 『十六國春秋輯補』 卷16 「夏錄」2, 475쪽.

찬가지였다. 탁발의로拓跋猗盧는 313년 성락盛樂에 성城을 쌓고 북도北都로 삼았으며 고평성故平城을 수리하여 남도南都로 삼았다.[345] 후연도 389년 용성에 유대를 설치하고 모용륭慕容隆을 녹유대상서사錄留臺尚書事에 임명하였다.[346] 이어서 391년 계에 행대를 설치하고 모용성慕容盛을 녹행대상서사錄行臺尚書事에 임명하였다.[347]

동위東魏 · 북제北齊와 서위西魏 · 북주北周도 두 개의 정치적 중심지를 가졌다. 두 나라는 수도인 업鄴과 장안長安 이외에 실질적인 지배자인 고환高歡 부자와 우문태宇文泰 · 우문호宇文護가 수도가 아닌 태원太原(晉陽)과 화주華州(同州)[348]에 각각 장기 주둔하며 통치하였다. 동위 · 북제의 업-태원(진양)과 서위 · 북주의 장안-화주(동주)의 이원체제를 양도체제兩都體制로 명명하기도 한다.[349] 특히 동위 · 북제는 수도 업과 태원에 각각 상서성을 두었다. 이를 업성鄴省과 병성并省이라 부른다.[350] 동위 · 북제의 공식적인 수도는 업도

345) 『魏書』 卷1 「序紀」 穆皇帝條, 8쪽, "六年, 城盛樂以爲北都, 修故平城以爲南都. 帝登平城西山, 觀望地勢, 乃更南百里, 於灅水之陽黃瓜堆築新平城, 晉人謂之小平城, 使長子六脩鎮之, 統領南部."

346) 『晉書』 卷123 「慕容垂載記」, 3087쪽, "建留臺于龍城, 以高陽王慕容隆錄留臺尚書事."; 『十六國春秋輯補』 卷44 「後燕錄」3, 350쪽, "遼西王農在龍城五年, 庶務脩舉, 表請代還. 垂乃召農還, 爲侍中司隸校尉, 而以高陽王隆代之. 農建留臺龍城, 使隆錄留臺尚書事. 隆因農舊規, 修而廣之, 遼碣遂安."

347) 『資治通鑑』 卷107 「晉紀」29 孝武帝太元十六年春正月條, 3398쪽, "春, 正月, 燕置行臺於薊, 加長樂公盛錄行臺尚書事."

348) 북위시대(北魏時代) 설치된 화주(華州)는 서위(西魏) 폐제삼년(廢帝三年)에 동주(同州)로 바뀌었다(『周書』 卷2 「文帝紀」下 魏廢帝三年春正月條, 34쪽, "又改置州郡及縣: …… 華州為同州, ……)".

349) 谷川道雄, 「兩魏齊周時代の霸府と王都」, 『(增補)隋唐帝國形成史論』, 東京: 筑摩書房, 1998.

350) 두 개의 상서성(尚書省)의 양립(兩立)은 몽원제국(蒙元帝國)의 중서성(中書省)과 행중서성(行中書省)처럼 특수한 현상으로 평가하기도 한다(嚴耀中, 「北齊政治與尚書并省」, 『上海師

鄴都였지만 태원(진양)은 별도別都,[351] 배도陪都,[352] 하도下都[353]로 지칭되었다.

이처럼 십육국 · 북조시대 수도 이외에 상서대(상서성)가 설치된 것은 각각의 나라마다 정치적 사정이 다르다. 후조와 하는 태자太子 혹은 후계자를 제 2의 수도後趙의 남도南都, 하夏의 남대南臺에 두어[354] 태자 혹은 후계자에게 정치적으로 힘을 실어주었다. 반면 동위 · 북제와 서위 · 북주는 제 2의 수도에 해당하는 태원과 동주(화주)가 황제 혹은 사실상의 최고 통치자가 거주하며 강력한 군사력을 바탕으로 수도의 조정을 원격조정하였다.[355] 전

範大學學報(哲社版)』1990-4, 1990, 36쪽). 업성(鄴省)과 병성(并省)의 지위에 대해 주일량(周一良)과 진림국(陳琳國)은 양성(兩省)의 지위는 비슷하지만 병성(并省)이 업성(鄴省)과 같은 것이 아니라고 보았으나(周一良, 「北齊書札記 · 各立一省條」, 『魏晉南北朝史札記』, 北京: 中華書局, 1985, 408쪽; 陳琳國, 『魏晉南北朝政治制度研究』, 臺北: 文津出版社, 1994, 138쪽), 엄요중(嚴耀中)은 병성(并省)이 우위에 있었다고 보았다(嚴耀中, 「北齊政治與尙書并省」, 38쪽). 그리고 업(鄴)이 아닌 태원(晉陽)은 실질적인 수도였고 정치중심의 소재지였다고 평가되기도 한다(朴漢濟, 「東魏~北齊時代의 胡漢體制의 展開」, 서울대학교동양사학연구실 編, 『分裂과 統合-中國 中世의 諸相-』, 知識産業社, 1998, 162쪽; 崔彦華, 「晉陽在東魏北齊時的霸府和別都地位」, 『晉陽學刊』2004-3, 2004, 22왼쪽; 崔彦華, 「"鄴-晉陽"兩都體制與東魏北齊政治」, 『社會科學戰線』2010-7, 2010, 245왼쪽).

351) 『周書』卷40「宇文神擧傳」, 715쪽, "及高祖東伐, 詔神擧從軍. 并州平, 即授并州刺史, 加上開府儀同大將軍. 州既齊氏 別都, 控帶要重."

352) 『資治通鑑』卷155「梁紀」11 武帝中大通四年七月壬寅條, 4826쪽, "歡以晉陽四塞, 乃建大丞相府而居之(胡註: 自此至于高齊建國, 遂以晉陽為陪都)."

353) 『太平御覽』(石家莊: 河北教育出版社, 1994) 卷155「州郡部」1 敍京都上, 312쪽, "東魏禪北齊, 高洋以鄴爲上都, 晉陽爲下都."

354) 대(代)의 경우 탁발의로(拓跋猗盧)는 장자 탁발육수(拓跋六脩)에게 남도(南都)가 아닌 신평성(新平城)에 거주하게 했지만, 나라를 남부(南部)와 북부(北部)로 나누고 남부(南部)를 다스리게 한 것은 후조(後趙)나 하(夏)와 유사하다.

355) 宮崎市定, 「東洋における素朴主義の民族と文明主義の社會」, 『宮崎市定アジア史論考』上卷 · 概論編, 東京: 朝日新聞社, 1976, 82쪽; 崔彦華, 「晉陽在東魏北齊時的霸府和別都地位」, 22왼쪽-22오른쪽; 同氏, 「"鄴-晉陽"兩都體制與東魏北齊政治」, 244오른쪽-245왼쪽; 崔珍烈, 「西魏

연과 후연은 이 두 유형과 다르다. 전연과 후연은 자신들의 발상지인 용성에 유대를 두었다. 전연시대 용성에는 유대뿐만 아니라 유주자사幽州刺史의 치소治所도 있었던 것으로 추정된다. 357년 을일乙逸이 좌광록대부左光祿大夫에 임명되기 전에 유주자사로 재임하였다. 을일은 좌광록대부가 된 후 녹차鹿車를 타고 가다가 아들 을장乙璋의 복식服飾이 화려한 것을 보고 아들과 말하지 않다가 성城에 이르러 을장을 질책했다고 하였다.[356] 여기에서 호삼성은 다음과 같은 주석을 달았다.

> "성에 도착했다는 것은 계성薊城에 도착했음을 말한다. 영화 8년(352) 연왕燕王이 계薊에 수도를 정한 후 용성龍城에 유대留臺를 설치하였고 을일乙逸에게 유무留務를 거느리게 하였다. 아마도 유주자사幽州刺史가 용성龍城에 주둔했을 것이다."[357]

호삼성의 주석이 옳다면 용성龍城에는 유주자사가 거처하였고, 이는 용성이 유주자사의 치소였음을 뜻한다. 모용수慕容垂가 357년 평주자사平州刺史에 임명되어 요동에 주둔했다는 기록을 보면,[358] 평주의 치소는 요동이었다. 양자의 기록에서 서진시대 평주에 속했던 용성(창려군)이 전연이 중원

北周 華州(同州)의 政治 · 軍事的 지위와 역할」, 『中國古中世史研究』 31, 2014, 233-238쪽.

356) 『資治通鑑』 卷100 「晉紀」22 穆帝升平元年條, 3160쪽, "燕主儁徵幽州刺史乙逸為左光祿大夫. 逸夫婦共載鹿車; 子璋數十騎, 服飾甚麗, 奉迎於道. 逸大怒, 閉車不與言, 到城, 深責之, 璋猶不悛."

357) 『資治通鑑』 卷100 「晉紀」22 穆帝升平元年條 胡註, 3160쪽, "到城, 謂到薊城也. 永和八年, 燕王都薊, 於龍城置留臺, 以乙逸領留務, 蓋以幽州刺史鎮龍城也."

358) 『十六國春秋輯補』 卷27 「前燕錄」5, 209쪽, "以吳王垂爲東夷校尉 · 平州刺史, 鎮遼東."

을 정복한 후 유주에 속했을 뿐만 아니라 계를 대신하여 유주의 치소가 되었음을 알 수 있다. 즉 용성은 천도 이후 유대가 설치되고 유주의 치소가 되어 전연의 동북 지역의 중요한 정치적 중심지로 남았음을 확인할 수 있다. 그리고 십육국시대 하의 남대나 후조의 업과 남도처럼 용성의 유대는 상서대(상서성)의 행정적 기능보다 용성과 요서 일대의 군민軍民을 총괄하고 군사를 지휘하는 군사적 기능이 강했을 것이다.[359] 즉 정확한 수는 알 수 없으나, 용성에는 상당한 군대가 주둔했을 것이다. 전진이 370년 전연의 수도 업을 점령하자 전연의 마지막 군주 모용위와 모용평은 수십 기를 거느리고 창려로 도망가다가 모용위는 전진의 거무巨武에게 고양高陽에서 생포되었다.[360] 모용평은 고구려로 도망가다가 생포되어 전진으로 송환되었다.[361] 모용위와 모용평이 용성으로 달아난 것은 용성에 주둔한 군대에 의

359) 牟發松(古賀昭岑譯), 「北朝行臺の地方官化についての考察」, 『九州大學東洋史論集』 25, 1997, 134-136쪽.

360) 『晉書』 卷111 「慕容暐載記」, 2858쪽, "暐與評等數十騎奔于昌黎. 堅遣郭慶追及暐于高陽, 堅將巨武執暐, 將縛之, 暐曰: '汝何小人而縛天子!' 武曰: '我梁山巨武, 受詔縛賊, 何謂天子邪!' 遂送暐于堅. 堅詰其奔狀, 暐曰: '狐死首丘, 欲歸死于先人墳墓耳!' 堅哀而釋之, 令還宮率文武 出降. 郭慶遂追評 · 桓于和龍. 桓殺其鎮東慕容亮而并其眾, 攻其遼東太守韓稠于平川. 郭慶遣將軍朱嶷擊桓, 執而送之."; 『十六國春秋輯補』 卷29 「前燕錄」7, 228쪽; 『資治通鑑』 卷102 「晉紀」24 海西公太和五年條, 3237쪽, "燕主暐之出鄴也, 衛士猶千餘騎, 既出城, 皆散, 惟十餘騎從行; 秦王堅使游擊將軍郭慶追之. 時道路艱難, 孟高扶侍暐, 經護二王, 極其勤瘁, 又所在遇盜, 轉斗而前. 數日, 行至福祿, 依塚解息, 盜二十餘人猝至, 皆挾弓矢, 高持刀與戰, 殺傷數人. 高力極, 自度必死, 乃直前抱一賊, 頓擊於地, 大呼曰: '男兒窮矣!' 餘賊從帝射高, 殺之. 艾朗見高獨戰, 亦還趨賊, 並死. 暐失馬步走, 郭慶追及於高陽, 部將巨武將縛之, 暐曰: '汝何小人, 敢縛天子!' 武曰: '我受詔追賊, 何謂天子!' 執以詣秦王堅. 堅詰其不降而走之狀, 對曰: '狐死首丘, 欲歸死於先人墳墓耳.' 堅哀而釋之, 令還宮, 帥文武出降. 暐稱孟高 · 艾朗之忠於堅, 堅命厚加斂葬, 拜其子為郎中."

361) 『資治通鑑』 卷102 「晉紀」24 海西公太和五年條, 3237-3238쪽, "郭慶進至龍城, 太傅評奔高句麗, 高句麗執評, 送於秦. 宜都王桓殺鎮東將軍勃海王亮, 並其眾, 奔遼東. 遼東太守韓稠, 先已降秦,

지하여 전진의 공격을 막고 재기할 발판을 마련하기 위한 권토중래였을 것이다.

사서의 기록에 따르면 전연 시대 유대에서 근무한 사람은 을일과 모용수였다. 352년 을일은 상서에 임명되어 유무留務, 즉 유대留臺의 행정을 맡았다.[362] 2년 후인 354년 오왕吳王 모용수慕容垂는 시중侍中 우금장군右禁將軍 녹유대사錄留臺事에 임명되어 용성에 주둔하였다.[363] 을일은 용성에서 상서 혹은 유주자사를 역임하다가 좌광록대부左光祿大夫를 거쳐 중서령中書令과 어사중승御史中丞이라는 요직을 거쳤다.[364] 따라서 을일은 정치적으로 중요한 인물이라고 볼 수 있다. 그러나 모용수는 전연 황실 일족임에도 불구하고 전연의 군주 모용준과 황후 가족혼씨可足渾氏에게 미움을 받았다.[365] 전연의

桓至. 不得入, 攻之, 不克. 郭慶遣將軍朱嶷擊之, 桓充眾單走, 嶷獲而殺之."

362) 『資治通鑑』 卷99 「晉紀」21 穆帝永和八年十一月戊辰條, 3131쪽, "戊辰, 儁即皇帝位, 大赦. …… 改司州為中州, 建留臺於龍都, 以玄菟太守乙逸為尚書, 專委留務."

363) 『晉書』 卷123 「慕容垂載記」, 3078쪽, "及儁僭稱尊號, 封垂吳王, 徙鎮信都, 以侍中 · 右禁將軍錄留臺事, 大收東北之利."; 『資治通鑑』 卷99 「晉紀」21 穆帝永和十年四月條, 3140쪽, "戊申, 燕主儁封撫軍將軍軍為襄陽王, 左將軍彭為武昌王; 以衛將軍恪為大司馬 · 侍中 · 大都督 · 錄尚書事, 封太原王; 鎮南將軍評為司徒 · 驃騎將軍, 封上庸王; 封安東將軍霸為吳王, 左賢王友為范陽王, 散騎常侍厲為下邳王, 散騎常侍宜為廬江王, 寧北將軍度為樂浪王; 又封弟桓為宜都王, 逮為臨賀王, 徽為河間王, 龍為歷陽王, 納為北海王, 秀為蘭陵王, 岳為安豐王, 德為梁公, 默為始安公, 僂為南康公; 子鹹為樂安王, 亮為勃海王, 溫為帶方王, 涉為漁陽王, 暐為中山王; 以尚書令陽騖為司空, 仍守尚書令. 命冀州刺史吳王霸徙治信都. 初, 燕王皝奇霸之才, 故名之曰霸, 將以為世子, 群臣諫而止, 然寵遇猶逾於世子. 由是儁惡之, 以其嘗墜馬折齒, 更名曰缺; 尋以其應讖文, 更名曰垂; 遷侍中, 錄留臺事, 徙鎮龍城. 垂大得東北之和, 儁愈惡之, 復召還."

364) 『資治通鑑』 卷100 「晉紀」22 穆帝升平元年條, 3160쪽, "燕主儁徵幽州刺史乙逸為左光祿大夫. 逸夫婦共載鹿車; 子璋數十騎, 服飾甚麗, 奉迎於道. 逸大怒, 閉車不與言, 到城, 深責之, 璋猶不悛. 逸常憂其敗, 而璋更被擢任, 歷中書令 · 御史中丞."

365) 『資治通鑑』 卷100 「晉紀」22 穆帝升平二年十月條, 3172-3173쪽, "燕吳王垂娶段末柸女, 生子

군주 모용준과 모용위 시기 사실상 군국軍國 정사政事를 총괄한 태원왕太原王 모용각慕容恪이 모용수의 실력을 알아보고 모용위에게 중용할 것을 권했으나 모용수는 방두枋頭의 전투 이전까지 중용되지 않았다. 방두의 전투에서 동진의 대사마 환온을 격파하였으나, 모용평이 질투하여 죽이려고 하자 전진으로 망명하였다.[366] 모용수의 정치적 이력을 보면 354년 유대에 근무한 관리들의 중량감이 떨어졌다고 볼 수 있다.

그러나 전연 전시기 동안 용성은 의례상 중요한 공간이었다.[367] 350년 계로 수도를 옮긴 이후에도 용성에는 여전히 능묘가 있었다.[368] 모용준은 352년 계에서 포로가 된 염민을 만난 후 용성으로 보냈다.[369] 같은 해 용성에서

令·寶. 段氏才高性烈, 自以貴姓, 不尊事可足渾後, 可足渾氏銜之. 燕主儁素不快於垂, 中常侍涅皓因希旨告段氏及吳國典書令遼東高弼為巫蠱, 欲以連污垂. 俊收段氏及弼下大長秋·延尉考驗, 段氏及弼志氣確然, 終無撓辭. 掠治日急, 垂愍之, 私使人謂段氏曰: '人生會當一死, 何堪楚毒如此! 不若引服.' 段氏歎曰: '吾豈愛死者耶! 若自誣以惡逆, 上辱祖宗, 下累於王, 固不為也!' 辯答益明, 故垂得免禍, 而段氏竟死於獄中. 出垂為平州刺史, 鎮遼東. 垂以段氏女弟為繼室; 足渾氏黜之, 以其妹長安君妻垂; 垂不悅, 由是益惡之."

366) 『晉書』 卷123 「慕容垂載記」, 3078쪽, "又為征南將軍·荊兗二州牧, 有聲於梁楚之南. 再為司隸, 偽王公已下莫不累迹. 時慕容暐嗣偽位, 慕容恪為太宰. 恪甚重垂, 常謂暐曰: '吳王將相之才十倍於臣, 先帝以長幼之次, 以臣先之, 臣死之後, 願陛下委政吳王, 可謂親賢兼舉.' 及敗桓溫于枋頭, 威名大振. 慕容評深忌惡之, 乃謀誅垂. 垂懼禍及己, 與世子全 奔于苻堅."

367) 후연(後燕) 시대에 용성(龍城)에 종묘(宗廟)가 있었다고 기록되었다(『晉書』 卷124 「慕容寶載記」, 3093-3094쪽, "垂之伐魏, 以龍城舊都, 宗廟所在, 復使會鎮幽州, 委以東北之重, 高選僚屬以崇威望."; 『十六國春秋輯補』 卷45 「後燕錄」4, 356쪽). 전연(前燕) 시대에는 천도(遷都) 이후에도 용성(龍城)에 종묘(宗廟)가 있었는지 기록이 없지만, 정황상 종묘(宗廟)가 있었을 가능성이 높다.

368) 『資治通鑑』 卷98 「晉紀」20 穆帝永和六年九月條, 3109쪽, "燕王儁還薊, 留諸將守之; 儁還龍城, 謁陵廟."

369) 『資治通鑑』 卷99 「晉紀」21 穆帝永和八年四月條, 3126쪽, "己卯, 冉閔至薊. 儁大赦, 立閔而責之曰: '汝奴僕下才, 何得妄稱帝?' 閔曰: '天下大亂, 爾曹夷狄禽獸之類猶稱帝, 況我中土英雄, 何為

염민을 죽였다.[370] 염민을 죽인 구체적인 장소를 기록하지 않았지만, 염민을 죽인 후 종묘에 아뢰는 의식을 거행했을 것이다. 한때 적국의 군주를 참한 장소가 새로 천도한 계가 아닌 용성이었다는 사실은 용성이 의례와 재판에서 상징적으로 차지하는 비중이 큼을 보여준다. 또 모용준이 죽은 후에 용릉龍陵에 묻혔다.[371] 그런데 호삼성의 주석에 따르면 용릉은 용성에 위치하였다. 용성의 '용龍'자를 딴 명칭이라는 것이다.[372] 이것이 사실이라면 전연의 군주들은 용성에 묻히는 전통이 있었음을 확인할 수 있다. 이는 모용수가 396년 죽은 후 단후段后와 함께 용성의 선평릉宣平陵에서 장사지낸 사실에서도 확인된다.[373]

그러나 모용준의 아들 모용위 시기에 용성의 지위는 약화되었다. 시중侍中 모여룡慕輿龍이 364년 용성을 방문하여 종묘와 남아 있는 백관을 업으로 옮겼다.[374] 비록 이때 유대를 없앴다는 기록은 없지만, 전연의 중요한 의례 공간인 종묘와 용성에 남아 있는 백관을 업으로 옮긴 것을 보면 용성의 외

不得稱帝邪!' 儁怒, 鞭之三百, 送於龍城."

370) 『資治通鑑』 卷99 「晉紀」21 穆帝永和八年五月條, 3127쪽, "辛卯, 燕人斬冉閔於龍城. 會大旱, 蝗, 燕王儁謂閔為祟, 遣使祀之, 諡曰悼武天王."

371) 『晉書』 卷110 「慕容儁載記」, 2842쪽, "升平四年, 儁死, 時年四十二, 在位十一年. 偽諡景昭皇帝, 廟號烈祖, 墓號龍陵."

372) 『資治通鑑』 卷101 「晉紀」23 穆帝升平四年三月己卯條 胡註, 3181쪽, "陵在龍城, 因以為名."

373) 『十六國春秋輯補』 卷45 「前燕錄」4, 356쪽, "九月, 章武王宙奉垂及成哀段后元妃喪, 葬於龍城宣平陵."; 『資治通鑑』 卷108 「晉紀」30 孝武帝太元二十一年九月條, 3430쪽, "九月, 章武王宙奉燕方垂及成哀段後之喪葬於龍城宣平陵." 전연(前燕)과 후연(後燕)의 용성(龍城) 귀장(歸葬)은 李海莫, 「慕容氏龍城歸葬習俗與民族融合」, 『內蒙古師範大學學報(哲學社會科學版)』 40-3, 2011, 89왼쪽-92오른쪽 참조.

374) 『資治通鑑』 卷101 「晉紀」23 哀帝興寧二年條, 3196쪽, "燕侍中慕輿龍詣龍城, 徙宗廟及所留百官皆詣鄴."

형적인 위상은 제 2의 수도에서 일반 군현으로 떨어졌을 것이다.

2항에서 전연의 중원 정복과 천도로 선비인, 한인관료, 고구려인, 부여인, 한인의 일반 백성이 중원 각지로 이주했음을 언급하였다. 반대로 다른 지역에서 요서로 사민徙民된 예도 있었다. 예컨대 모용준은 350년 노룡盧龍-무종無終을 거쳐 후조의 유주를 점령하고 계로 천도하였다. 이때 광녕군廣寧郡과 상곡군上谷郡 사람을 서무徐無로, 대군代郡 사람을 범성凡城으로 각각 이주시켰다.[375] 이주 지역인 서무와 범성 가운데 범성이 요서에 해당하는 지역이었다. 『자치통감』에 따르면 광녕 · 상곡 · 대 3군 민民의 강제 이주는 대군代郡 사람 조합趙榼이 300여 가家를 거느리고 전연을 배반하여 후조의 병주자사 장평張平에게 달아났기 때문이다.[376] 호삼성은 이들이 다시 후조로 달아날 것을 두려워하여 천사遷徙하였다고 보았다.[377] 호삼성의 주석이 옳다면 350년의 천사遷徙는 요서 지역의 인구 확충보다 반란과 도망을 막기 위한 정치적 조치였다.

이밖에 용성과 요서 일대로의 사민徙民은 보이지 않고 죄인의 유배 사실만을 확인할 수 있다. 모용수가 370년 전진前秦으로 망명한 후 전진군前秦軍의 향도가 되었다. 이때 모용수의 아들 모용령慕容令은 전진의 군중을 이탈하여 전연으로 도망갔다. 그러나 전연에서는 모용령이 간첩으로 왔다고 생

375) 『晉書』 卷110 「慕容儁載記」, 2832쪽, "明年, 儁率三軍南伐, 出自盧龍, 次于無終. 石季龍幽州刺史王午棄城走, 留其將王他守薊. 儁攻陷其城, 斬他, 因而都之. 徙廣寧 · 上谷人于徐無, 代郡人于凡城."; 『十六國春秋輯補』 卷26 「前燕錄」4, 200쪽.

376) 『資治通鑑』 卷98 「晉紀」20 穆帝永和六年八月條, 3106쪽, "八月, 代郡人趙榼帥三百餘家叛燕歸趙并州刺史張平. 燕王儁徙廣寧 · 上谷二郡民於徐無, 代郡民於凡城."

377) 『資治通鑑』 卷98 「晉紀」20 穆帝永和六年八月條 胡註, 3106쪽, "恐其復叛歸趙, 故徙之."

각하고 용도(용성) 동북쪽 600리 떨어진 사성沙城으로 옮겼다.[378] 모용령은 사성의 적수사謫戍士 수천인을 선동하여 반란을 일으켰으나, 실패하여 살해되었다.[379] '적수사謫戍士'의 존재에서 당시 용성 일대가 죄수들의 유배지였음을 확인할 수 있다.

378) 『資治通鑑』 卷102 「晉紀」24 海西公太和五年條, 3228-3229쪽, "王猛之發長安也, 請慕容令參其軍事, 以為鄉導. 將行, 造慕容垂飲酒, 從容謂垂曰: '今當遠別, 卿何以贈我, 使我睹物思人?' 垂脫佩刀贈之. 猛至洛陽, 賂垂所親金熙, 使詐為垂使者, 謂令曰: '吾父子來此, 以逃死也. 今王猛疾人如仇, 讒毀日深; 秦王雖外相厚善, 其心難知. 丈夫逃死而卒不免, 將為天下笑. 吾聞東朝比來始更悔悟, 主 · 後相尤. 吾今還東, 故遣告汝; 吾已行矣, 便可速發.' 令疑之, 躊躇終日, 又不可審覆. 乃將舊騎, 詐為出獵, 遂奔樂安王臧於石門. 猛表令叛狀, 垂懼而出走, 及藍田, 為追騎所獲. 秦王堅引見東堂, 勞之曰: '卿家國失和, 委身投朕. 賢子心不忘本, 猶懷首丘, 亦各其志, 不足深咎. 然燕之將亡, 非令所能存, 惜其徒入虎口耳. 且父子兄弟, 罪不相及, 卿何為過懼而狼狽如是乎!' 待之如舊. 燕人以令叛而復還, 其父為秦所厚, 疑令為反間, 徙之沙城, 在龍都東北六百里."

379) 『資治通鑑』 卷102 「晉紀」24 海西公太和五年條, 3230-3231쪽, "慕容令自度終不得免, 密謀起兵, 沙城中謫戍士數千人, 令皆厚撫之. 五月, 庚午, 令殺牙門孟嬀. 城大涉圭懼, 請自效. 令信之, 引置左右. 遂帥謫戍士東襲威德城, 殺城郎慕容倉, 據城部署, 遣人招東西諸戍, 翕然皆應之. 鎮東將軍勃海王亮鎮龍城, 令將襲之; 其弟麟以告亮, 亮閉城拒守. 癸酉, 涉圭因侍直擊令, 令單馬走, 其黨皆潰. 涉圭追令至薛黎澤, 擒而殺之, 詣龍城白亮. 亮為之誅涉圭, 收令屍而葬之."

Ⅲ. 후연(後燕)·북연(北燕) 치하의 요서(遼西)

1. 후연(後燕)의 독립과 팽창, 분열

1) 전진(前秦) 지배 시기의 요서(遼西)

전진前秦은 전연前燕을 멸한 후 황하 중하류, 즉 관동關東 지역을 지배하였다.[380] 전진의 군주 부견苻堅은 전연 정벌군 총사령관이 되어[381] 전연을 멸망시키는데 공헌한 왕맹王猛을 도독관동육주제군사都督關東六州諸軍事 기주목冀州牧에 임명하고 업鄴에 남아 구전연舊前燕 통치를 맡겼다.[382] 이때 왕맹은 편

---

380) 張先昌, 「苻堅滅燕後對關東六州的經營」, 『史學月刊』 1988-4, 1988, 27왼쪽-31오른쪽; 小林聰, 「慕容政權の支配構造の特質 -政治過程の檢討と支配層の分析を通して-」, 47쪽.

381) 『晉書』 卷113 苻堅載記上, 2891쪽, "太和五年 又遣猛率楊安·張蚝·鄧羌等十將率步騎六萬伐暐."

382) 『晉書』 卷113 苻堅載記上, 2893쪽, "堅遂攻鄴, 陷之. …… 以王猛為使持節·都督關東六州諸軍事·車騎大將軍·開府儀同三司·冀州牧, 鎮鄴, 以郭慶為持節·都督幽州諸軍事·揚武將軍·幽州刺史, 鎮薊."

의종사便宜從事의 권한을 획득하였고 관동關東의 태수太守와 현령縣令을 황제皇帝의 허락 없이 임명할 권리를 얻을 정도로[383] 부견의 신임을 얻었다. 372년 왕맹은 승상丞相에 임명되었고 부견의 신임을 얻어 군국軍國·내외內外의 만기萬機를 모두 처리하였다.[384] 장안長安으로 돌아간 왕맹王猛 대신 양평공陽平公 부융苻融이 사지절使持節 도독육주제군사都督六州諸軍事 진동대장군鎮東大將軍 기주목冀州牧[385]에 임명되어 관동關東 통치를 총괄하였다.[386] 사서에는 명확히 기록되지 않았지만, 380년 유주幽州를 나누어 평주平州를 설치했던 것을 보면,[387] 전진은 전연을 정복한 후 평주의 군현을 유주에 편입시킨 것 같다. 이는 구평주舊平州 지역의 경제적 가치가 하락했기 때문으로 해석할 수 있다. 부견은 371년 구전연舊前燕 지역을 방문하고 방두로 행차하였다. 이때 부견은 관동의 호걸과 잡이雜夷 10만 호를 관중으로 천사遷徙하고 진류陳留와 동아東阿의 1만호를 청주靑州로 이주시키는 등 사민정책徙民政策을 취하였

383) 『晉書』卷114 苻堅載記下 附王猛傳, 2931쪽, "時既留鎮冀州, 堅遣猛於六州之內聽以便宜從事, 簡召英儁, 以補關東守宰, 授訖, 言臺除正."

384) 『晉書』卷114 苻堅載記下 附王猛傳, 2932쪽, "俄入為丞相·中書監·尚書令·太子太傅·司隸校尉 持節·常侍·將軍·侯如故. …… 軍國內外萬機之務, 事無巨細, 莫不歸之."

385) 『晉書』卷113 「苻堅載記」上, 2895쪽, "乃以王猛為丞相, 以苻融為鎮東大將軍, 代猛為冀州牧."; 『資治通鑑』卷103 「晉紀」25 簡文帝咸安二年條, 3256쪽, "六月, 癸酉, 秦以王猛為丞相·中書監·尚書令·太子太傅·司隸校尉, 特進·常侍·持節·將軍·侯如故; 陽平公融為使持節·都督六州諸軍事·鎮東大將軍·冀州牧."

386) 전진(前秦)의 구전연(舊前燕) 통치는 張先昌, 「苻堅滅燕後對關東六州的經營」, 27왼쪽-31오른쪽 참조.

387) 『晉書』卷113 「苻堅載記」上, 2903쪽, "於是分幽州置平州, 以石越為平州刺史, 領護鮮卑中郎將, 鎮龍城; ……"; 『資治通鑑』卷104 「晉紀」26 孝武帝太元五年八月條, 3296쪽, "八月, 分幽州置平州, 以石越為平州刺史, 鎮龍城."

다.[388] 이와 아울러 귀향 정책을 취하였다.

> "(1) 난亂으로 인해 유이流移하거나 (2) 원수를 피해 멀리 이주遠徙한 사람들 가운데 고향으로 돌아와 구업舊業에 종사하기를 원하는 사람들은 모두 귀향하는 것을 허락한다."[389]

위의 인용문에서 (1) "인란류이因亂流移"는 영가의 난과 전진이 화북을 통일하기 전 전란이 끊이지 않자 고향을 떠나 강남東晉 南朝이나 하서회랑北涼, 涼州, 요서 등 각지로 흩어진 유민을 지칭한다. (2)의 "피구원사避仇遠徙"는 살인 등의 이유로 원수를 죽이는 사형私刑을 가하면 상대방 집안이 복수하여 두 개 이상의 집안이 집단 복수하는 것을 막기 위해 정부에서는 한 집안을 복수하러 찾아오지 못하도록 먼 곳으로 이주시킨 것을 뜻한다.[390] 『자치통감』에는 (2)의 부분을 언급하지 않았다. 여기에서 (1) 부분, 즉 각종 전란으로 고향을 떠난 유민들에게 고향으로 돌아오도록 허락한 조치가 주목된

388) 『晉書』 卷113 「苻堅載記」上, 2893쪽, "堅自鄴如枋頭, 讌諸父老, 改枋頭為永昌縣, 復之終世. 堅至自永昌, 行飮至之禮, 歌勞止之詩, 以饗其羣臣. 赦慕容暐及其王公已下, 皆徙於長安, 封授有差. 堅於是行禮於辟雍, 祀先師孔子, 其太子及公侯卿大夫士之元子, 皆束脩釋奠焉. 徙關東豪傑及諸雜夷十萬戶於關中, 處烏丸雜類於馮翊 · 北地, 丁零翟斌于新安, 徙陳留 · 東阿萬戶以實青州."

389) 『晉書』 卷113 「苻堅載記」上, 2893쪽, "諸因亂流移, 避仇遠徙, 欲還舊業者, 悉聽之."; 『資治通鑑』 卷103 「晉紀」25 簡文帝咸安元年正月條, 3243쪽, "諸因亂流移 · 欲還舊業者, 悉聽之."

390) 중국에서는 아버지 등 가족이나 친척의 원수에게 복수하는 습관이 있었다. 후한초에 이를 금지하는 법이 만들어졌지만, 없어지지 않았다. 정부는 보복과 살상으로 두 개 이상의 가문이 원수가 되어 대대로 향리에서 싸우는 것을 막기 위해 살인자를 2천리 밖으로 옮겼다(니시다 다이이찌로 지음, 천진호 · 임대희 · 전영섭 옮김, 『중국 형법사 연구』, 신서원, 1998, 117-130쪽).

다. 이는 영가의 난 이후 중원의 유민을 대량으로 수용했던 요서 지역에도 해당될 것이다. 이 조치 이후 자기의 고향으로 돌아가고 싶은 유민 혹은 그 후손들은 고향으로 돌아갈 수 있었다. 이는 요서 지역의 인구 감소에 영향을 줄 수 있는 정책이었다. 평주를 없애고 소속 군현을 유주에 합병시킨 조치도 요서 일대의 인구 감소와 무관하지 않을 것이다.

그러나 용성(화룡)은 전략적인 가치를 지닌 지역이었다. 379년 전진이 대代(拓跋部)를 공격할 때 유주자사幽州刺史 부락苻洛은 북토대도독北討大都督에 임명되어 유주幽州와 기주冀州의 군대 10만을 거느리고 대代를 공격하였다. 이때 함께 출정한 병주자사并州刺史 구난俱難, 진군장군鎮軍將軍 등강鄧羌, 상서尚書 조천趙遷과 이유李柔, 전장군前將軍 주융朱肜, 전금장군前禁將軍 장자張蚝, 우금장군右禁將軍 곽경郭慶이 보병과 기병 20만을 거느리고 동쪽에서 화룡和龍, 서쪽 상군上郡에서 출격하도록 하였다.[391] 이는 당시 화룡(용성)이 북쪽 변경을 지키고 막남과 음산 지역의 유목민을 공격하는 전진기지의 역할을 했음을 알 수 있다.

이는 전진의 유주자사 부락苻洛의 반란에서도 찾아볼 수 있다. 전진의 황제 부견이 380년 부락을 유주자사에서 익주목益州牧으로 전출시키자 부락은 반란을 결심하였다. 이때 부하인 유주치중幽州治中 평규平規가 오환烏桓, 선비鮮卑, 구려句麗, 백제百濟를 끌어들이면 활시위를 당길 수 있는 군사控弦之

391) 『資治通鑑』 卷104 「晉紀」26 孝武帝太元元年條, 3277쪽, "劉衛辰為代所逼, 求救於秦, 秦王堅以幽州刺史行唐公洛為北討大都督, 帥幽 · 冀兵十萬擊代; 使并州刺史俱難 · 鎮軍將軍鄧羌 · 尚書趙遷 · 李柔 · 前將軍朱肜 · 前禁將軍張蚝 · 右禁將軍郭慶帥步騎二十萬, 東出和龍, 西出上郡, 皆與洛會, 以衛辰為鄉導. 洛, 菁之弟."

士 50만을 얻을 수 있다고 주장하였다. 이에 부락은 대장군大將軍 대도독大都督 진왕秦王을 자칭하고 평규를 유주자사, 현도태수玄菟太守 길정吉貞을 좌장사左長史, 요동태수遼東太守 조찬趙贊을 좌사마左司馬, 창려태수昌黎太守 왕온王縕을 우사마右司馬, 요서태수遼西太守 왕림王琳과 북평태수北平太守 황보걸皇甫傑, 목관도위牧官都尉 위부魏敷를 종사중랑從事中郎에 임명하였다. 그리고 사자使者를 보내 오환烏桓, 선비鮮卑, 고구려高句麗, 백제百濟, 설라薛羅, 휴인休忍에서 군대를 징발하여 3만을 보내 부중苻重을 도와 계薊에 주둔하게 하였다(그러나 이들은 부락苻洛의 명령을 따르지 않았다). 그리고 부락은 사월에 7만의 군대를 거느리고 화룡和龍에서 출발하였다.[392] 당시 유주의 치소는 계현이었지

392) 『晉書』卷113「苻堅載記」上, 2902쪽, "又以苻洛為散騎常侍 · 持節 · 都督益寧西南 夷諸軍事 · 征南大將軍 · 益州牧, 領護西夷校尉, 鎮成都, 命從伊闕自襄陽溯漢而上. 洛, 健之兄子也. 雄勇多力, 而猛氣絕人, 堅深忌之, 故常為邊牧. 洛有征伐之功而未賞, 及是遷也, 恚怒, 謀於眾曰: '孤於帝室, 至親也, 主上不能以將相任孤, 常擯孤於外, 既投之西裔, 復不聽過京師, 此必有伏計, 令梁成沈孤於漢水矣. 為宜束手就命, 為追晉陽之事以匡社稷邪?諸君意如何?' 其治中平顏妄陳祥瑞, 勸洛舉兵. 洛因攘袂大言曰: '孤計決矣, 沮謀者斬!' 於是自稱大將軍 · 大都督 · 秦王, 署置官司, 以平顏為輔國將軍 · 幽州刺史, 為其謀主. 分遣使者徵兵於鮮卑 · 烏丸 · 高句麗 · 百濟及薛羅 · 休忍等諸國, 並不從. 洛懼而欲止, 平顏曰: '且宜聲言受詔, 盡幽并之兵出自中山 · 常山, 陽平公必郊迎於路, 因而執之, 進據冀州, 總關東之眾以圖秦雍, 可使百姓不覺易主而大業定矣.' 洛從之, 乃率眾七萬發和龍, 將圖長安."; 『資治通鑑』卷104「晉紀」26 孝武帝太元五年條, 3292-3294쪽, "秦征北將軍 · 幽州刺史行唐公洛, 勇而多力, 能坐制奔牛, 射洞犁耳; 自以有滅代之功, 求開府儀同三司, 不得, 由是怨憤. 三月, 秦王堅以洛為使持節 · 都督益 · 寧 · 西南夷諸軍事 · 征南大將軍 · 益州牧, 使自伊闕趨襄陽, 溯漢而上. 洛謂官屬曰: '孤, 帝室至親, 不得入為將相, 而常擯棄邊鄙. 今又投之西裔, 復不聽過京師, 此必有陰計, 欲使梁成沉孤於漢水耳. 於諸君意何如?' 幽州治中平規曰: '逆取順守, 湯 · 武是也; 因禍為福, 桓 · 文是也. 主上雖不為昏暴, 然窮兵黷武, 民思有所息肩者, 十室而九. 若明公神旗一建, 必率土雲從. 今跨據全燕, 地盡東海, 北總烏桓 · 鮮卑, 東引句麗 · 百濟, 控弦之士不減五十餘萬, 奈何束手就征, 蹈不測之禍乎!' 洛攘袂大言曰: '孤計決矣, 沮謀者斬!' 於是自稱大將軍 · 大都督 · 秦王. 以平規為幽州刺史, 玄菟太守吉貞為左長史, 遼東太守趙贊為左司馬, 昌黎太守王縕為右司馬, 遼西太守王琳 · 北平太守皇甫傑 · 牧官都尉魏敷等為從事中郎. 分遣使者徵兵於鮮

만, 정예 부대가 주둔한 군사적 중심지는 화룡(용성)이었을 것이다. 그러나 부락의 반란은 부견의 재빠른 대응으로 진압되었다.[393] 이 과정에서 화룡(용성)을 비롯한 요서 지역이 전쟁터가 되었기 때문에 인적 · 물적 피해가 심했음은 당연하다.

부락의 반란을 평정한 후 부견은 380년 몇 가지 후속 조치를 취하였다. 부견은 삼원三原 · 구종九嵕 · 무도武都 · 견汧 · 옹雍의 저氐 15만 호를 각 지방에 이주시켰다. 부비苻丕에게 3천호를 주고, 구지저仇池氐 양응楊膺과 구종저九嵕氐 제오齊午에게 1,500호를 주어 부비苻丕의 세경世卿으로 삼고 부비를 보필하게 하였다. 그리고 모흥毛興을 하주자사河州刺史에 임명하여 포한枹罕에, 왕등王騰을 병주자사并州刺史에 임명하여 진양晉陽에 주둔하도록 하고 저氐 3천호를 배치하였다. 부휘苻暉를 예주목豫州牧으로 삼아 낙양에 주둔하도록 하고 부예苻叡를 옹주자사雍州刺史에 임명하여 각각 저氐 3,200호를 분배하였다. 또 유주를 나누어 평주를 두고 석월石越을 평주자사平州刺史에 임명하여 용성龍城에 주둔하며 양당梁讜은 유주자사幽州刺史에 임명하여 계성薊城에 주둔하도록 하였다.[394] 여기에서 주목할 점은 이때 유주幽州에서 요서遼西와 요

卑 · 烏桓 · 高句麗 · 百濟 · 新羅 · 休忍諸國, 遣兵三萬助北海公重戍薊. 諸國皆曰: '吾為天子守籓, 不能從行唐公為逆.' 洛懼, 欲止, 猶豫未決. 王緩 · 王琳 · 皇甫傑 · 魏敷知其無成, 欲告之; 洛皆殺之. 吉貞 · 趙贊曰: '今諸國不從, 事乖本圖. 明公若憚益州之行者, 當遣使奉表乞留, 主上亦不慮不從.' 平規曰: '今事形頗露, 何可中止! 宜聲言受詔, 盡幽州之兵, 南出常山, 陽平公必郊迎; 因而執之, 進據冀州, 總關東之眾以圖西土, 天下可指麾而定也.' 洛從之. 夏, 四月, 洛帥眾七萬發和龍."

393) 『晉書』 卷113 「苻堅載記」上, 2903쪽, "堅大怒, 遣其左將軍 竇衝及呂光率步騎四萬討之, 右將軍都貴馳傳詣鄴, 率冀州兵三萬為前鋒, 以苻融為大都, 授之節度. 使石越率騎一萬, 自東萊出石徑, 襲和龍, 海行四百餘里. 苻重亦盡薊城之 眾會洛, 次於中山, 有眾十萬. 衝等與洛戰於中山, 大敗之, 執洛及其將蘭殊, 送於長安. 呂光追斬苻重於幽州, 石越克和龍, 斬平顏及其黨與百餘人."

394) 『晉書』 卷113 「苻堅載記」上, 2903쪽, "洛既平, 堅以關東地廣人殷, 思所以鎮靜之, 引其羣臣於

동遼東 지역의 군현을 나누어 평주平州가 설치되었다. 그리고 부견이 저인氐人을 대거 이주시키면서 평주자사 석월과 유주자사 양당에게는 저호氐戶를 나눠 주지 않은 점이 주목된다. 이는 저인氐人들을 유주와 평주로 이주시키지 않았음을 뜻한다. 전진의 입장에서 보면 요서를 포함한 동북 지역幽州·平州은 중요하지 않은 지역이었다.

2) 북위(北魏)의 하북(河北) 점령과 후연(後燕)의 분열

383년 전진前秦과 동진東晉이 싸운 비수淝水의 전쟁에서 동진이 승리하고 전진이 패하였다. 비수의 전쟁에서 전진이 패한 후 전진의 지배를 받았던 종족種族들이 독립하였다. 한때 화북 전체를 지배했던 전진은 후진後秦, 서

東堂議曰: '凡我族類, 支胤彌繁, 今欲分三原 · 九嵕 · 武都 · 汧 · 雍十五萬戶於諸方要鎮, 不忘舊德, 為磐石之宗, 於諸君之意如何?' 皆曰: '此有周所以祚隆八百, 社稷之利也.' 於是分四帥子弟三千戶, 以配苻丕鎮鄴, 如世封諸侯, 為新券主. 堅送丕於灞上, 流涕而別. 諸戎子弟離其父兄者, 皆悲號哀慟, 酸感行人, 識者以為喪亂流離之象. 於是分幽州置平州, 以石越為平州刺史, 領護鮮卑中郎將, 鎮龍城; 大鴻臚韓胤領護赤沙中郎將, 移烏丸府于代郡之平城; 中書令梁讜為安遠將軍 · 幽州刺史, 鎮薊城; 毛興為鎮西將軍 · 河州刺史, 鎮枹罕; 王騰為鷹揚將軍 · 并州刺史, 領護匈奴中郎將, 鎮晉陽; 二州各配支戶三千; 苻暉為鎮東大將軍 · 豫州牧, 鎮洛陽; 苻叡為安東將軍 · 雍州刺史, 鎮蒲坂."; 『資治通鑑』 卷104 「晉紀」26 孝武帝太元五年條, 3295-3296쪽, "堅以諸氐種類繁滋, 秋, 七月, 分三原 · 九嵕 · 武都 · 汧 · 雍氐十五萬戶, 使諸宗親各領之, 散居方鎮, 如古諸侯. 長樂公丕領氐三千戶, 以仇池氐酋射聲校尉楊膺為征東左司馬, 九嵕氐酋長水校尉齊午為右司馬, 各領一千五百戶, 為長樂世卿. 長樂國郎中令略陽垣敞為錄事參軍, 侍講扶風韋干為參軍事, 申紹為別駕. 膺, 丕之妃兄也; 午, 膺之妻父也. 八月, 分幽州置平州, 以石越為平州刺史, 鎮龍城. 中書令梁讜為幽州刺史, 鎮薊城. 撫軍將軍毛興為都督河 · 秦二州諸軍事 · 河州刺史, 鎮枹罕. 長水校尉王騰為并州刺史, 鎮晉陽. 河 · 并二州各配氐戶三千. 興 · 騰並苻氏婚姻, 氐之崇望也. 平原公暉為都督豫 · 洛 · 荊 · 南兗 · 東豫 · 揚六州諸軍事 · 鎮東大將軍 · 豫州牧, 鎮洛陽. 移洛州刺史治豐陽. 以巨鹿公睿為雍州刺史, 鎮蒲阪. 各配氐戶三千二百."

진西秦, 후량後涼, 서량西涼, 남량南涼, 북량北涼, 서연西燕, 후연後燕, 곽위翟魏, 대代, 北魏, 구지仇池, 後仇池國가 독립하였다.[395] 이에 전진은 관롱關隴의 일부를 지배하는 소국小國으로 전락하였다.

모용수慕容垂는 비수의 전투에서 전진군이 붕괴했을 때 유일하게 피해를 입지 않고 지휘 부대를 유지하였다. 모용수는 부견苻堅을 모시고 낙양에 이르렀다. 이때 모용수는 연대燕岱의 순무巡撫와 묘墓 참배를 위해 동쪽으로 가겠다고 하였다. 부견은 이를 허락하였다.[396] 모용수가 384년 낙양에서 동쪽으로 이르자 형양태수滎陽太守 여울餘蔚과 창려선비昌黎鮮卑 위구衛駒는 모용수에 항복하였다. 모용수는 형양滎陽에서 연왕燕王으로 즉위하였다.[397] 이때 모용농慕容農이 열인현列人縣에서 군대를 일으켰다. 이에 도각屠各 필총畢聰, 도각屠各 복승卜勝, 장연張延, 이백李白, 곽초郭超, 동이(부여) 여화餘和, 칙륵敕勒, 역양易陽 오환烏桓 유대劉大가 각각 수천을 거느리고 모용농에 합류하였다. 모용농은 난한蘭汗, 단찬段贊, 조추趙秋, 모여희慕輿悕를 보내 강대康臺의 목

---

395) 이 가운데 서연(西燕)과 곽위(翟魏), 대(代, 北魏), 구지(仇池)는 16국에 포함되지 않는다.

396) 『晉書』 卷114 「苻堅載記」下, 2919쪽, "諸軍悉潰, 惟慕容垂一軍獨全, 堅以千餘騎赴之. 垂子寶勸垂殺堅, 垂不從, 乃以兵屬堅. 初, 慕容暐屯鄖城, 姜成等守漳口, 晉隨郡太守夏侯澄攻姜成, 斬之, 暐棄其眾奔還. 堅收離集散, 比至洛陽, 眾十餘萬, 百官威儀軍容粗備. 未及關而垂有貳志, 說堅請巡撫燕岱, 并求拜墓, 堅許之. 權翼固諫以為不可, 堅不從. 尋懼垂為變, 悔之, 遣驍騎石越率卒三千戍鄴, 驃騎張蚝率羽林五千戍并州, 留兵四千配鎮軍毛當戍洛陽."

397) 『資治通鑑』 卷105 「晉紀」27 孝武帝太元九年條, 3320쪽, "垂以洛陽四面受敵, 欲取鄴而據之, 乃引兵而東. 故扶餘王餘蔚為滎陽太守, 及昌黎鮮卑衛駒各帥其眾降垂. 垂至滎陽, 群下固請上尊號, 垂乃依晉中宗故事, 稱大將軍 · 大都督 · 燕王, 承製行事, 謂之統府. 群下稱臣, 文表奏誥, 封拜官爵, 皆如王者. 以弟德為車騎大將軍, 封范陽王; 兄子楷為征西大將軍, 封太原王; 翟斌為建義大將軍, 封河南王; 餘蔚為征東將軍, 統府左司馬, 封扶餘王; 衛駒為鷹揚將軍, 慕容鳳為建策將軍. 帥眾二十餘萬, 自石門濟河, 長驅向鄴."

마牧馬 수천 필을 취하였다.[398] 이후 모용농과 모용주慕容宙가 각각 수만을 거느리고 모용수에게 합류하였다. 이에 모용수의 무리가 십여 만에 달하였다.[399] 모용수가 업에 이르러 전진의 건원建元 20년을 연 원년燕元年으로 정하였다. 그리고 야왕野王을 점령한 후 업鄴을 공격하였다.[400] 모용수가 업의 외곽을 점령하자 관동關東 6주의 군현에서 모용수에게 항복을 청하고 질임

398) 『資治通鑑』 卷105 「晉紀」27 孝武帝太元九年正月條, 3321-3322쪽, "慕容農之奔列人也, 止於烏桓魯利家, 利為之置饌, 農笑而不食. 利謂其妻曰: '惡奴, 郎貴人, 家貧無以饌之, 奈何?' 妻曰: '郎有雄才大志, 今無故而至, 必將有異, 非為飲食來也. 君亟出, 遠望以備非常.' 利從之. 農謂利曰: '吾欲集兵列人以圖興復, 卿能從我乎?' 利曰: '死生唯郎是從.' 農乃詣烏桓張驤, 說之曰: '家王已舉大事, 翟斌等鹹相推奉, 遠近響應, 故來相告耳.' 驤再拜曰: '得舊主而奉之, 敢不盡死!' 於是農驅列人居民為士卒, 斬桑榆為兵, 裂襜裳為旗, 使趙秋說屠各畢聰. 聰與屠各卜勝 · 張延 · 李白 · 郭超及東夷餘和 · 敕勒 · 易陽烏桓劉大各帥部眾數千赴之. 農假張驤輔國將軍, 劉大安遠將軍, 魯利建威將軍. 農自將攻破館陶, 收其軍資器械, 遣蘭汗 · 段贊 · 趙秋 · 慕輿悕略取康臺牧馬數千匹. 汗, 燕王垂之從舅; 贊, 聰之子也. 於是步騎雲集, 眾至數萬, 驤等共推農為使持節 · 都督河北諸軍事 · 驃騎大將軍, 監統諸將, 隨才部署, 上下肅然. 農以燕王垂未至, 不敢封賞將士. 趙秋曰: '軍無賞, 士不往. 今之來者, 皆欲建一時之功, 規萬世之利, 宜承製封拜, 以廣中興之基.' 農從之, 於是赴者相繼; 垂聞而善之. 農西招庫辱官偉於上黨, 東引乞特歸於東阿, 北召光烈將軍平睿及睿兄汝陽太守幼於燕國; 偉等皆應之. 又遣蘭汗等攻頓丘, 克之. 農號令整肅, 軍無私掠, 士女喜悅."

399) 『晉書』 卷123 「慕容垂載記」, 3082쪽, "初, 垂之發鄴中, 子農及兄子楷 · 紹, 弟子宙, 為苻丕所留. 及誅飛龍, 遣田生密告農 等, 使起兵趙魏以相應. 於是農 · 宙奔列人, 楷 · 紹奔辟陽, 眾咸應之. 農西招庫辱官偉于上黨, 東引乞特歸于東阿, 各率眾數萬赴之, 眾至十餘萬. 丕遣石越討農, 為農所敗, 斬越于陳."; 『十六國春秋輯補』 卷42 「後燕錄」1, 339쪽.

400) 『資治通鑑』 卷105 「晉紀」27 孝武帝太元九年正月條, 3323-3324쪽, "庚戌, 燕王垂至鄴, 改秦建元二十年為燕元年, 服色朝儀, 皆如舊章. 以前岷山公庫辱官偉為左長史, 肖尚書段崇為右長史, 滎陽鄭豁等為從事中郎. 慕容農引兵會垂於鄴, 垂因其所稱之官而授之. 立世子寶為太子, 封從弟拔等十七人及甥宇文輸 · 舅子蘭審皆為王; 其餘宗族及功臣封公者三十七人, 侯 · 伯 · 子, 男者八十九人. 可足渾潭集兵得二萬餘人, 攻野王, 拔之, 引兵會攻鄴. 平幼及弟睿 · 規亦帥眾數萬會垂於鄴."

質任을 보냈다.[401] 질임質任은 복종을 전제로 인질을 보내는 것이므로,[402] 이는 당시 황하 중하류 지역의 여러 집단들이 모용수의 지배를 받아들였음을 뜻한다. 그러나 모용수가 업을 점령하지 못하자 385년 원근에서 거취를 저울질하였다.[403]

〈지도 3〉은 후연의 영토 확장 과정을 표시한 것이다. 〈지도 3〉에서 알 수 있듯이 후연은 점진적으로 영토를 확장하였다. 위에서 살펴본 것처럼 384년 업을 포위한 후 일시적으로 하북 지역을 점령하였다. 이해 모용린慕容麟이 상산常山을 점령하니 부량苻亮과 부모苻謨가 항복하였고, 중산中山을 점령하였다.[404] 이어서 모용좌慕容佐와 평규平規가 385년 계薊를 공격하고 유주幽州를 점령하였다.[405] 이때 후연의 군주 모용수慕容垂는 모용좌에게 용성을 지키게 하였다. 고구려가 요동과 현도를 공격하자 모용좌는 사마司馬 학경郝景을 보냈으나 고구려에게 패하였다. 이에 고구려는 요동과 현도 2군을 점령하였다.[406] 그리고 385년 서암徐巖(『자치통감』에는 여암餘巖으로 표기. 이하 본

401) 『資治通鑑』 卷105 「晉紀」27 孝武帝太元九年正月條, 3325쪽, "壬子, 燕王垂攻鄴, 拔其外郭, 長樂公丕退守中城. 關東六州郡縣多送任請降於燕. 癸丑, 垂以陳留王紹行冀州刺史, 屯廣阿."

402) 질임(質任) 관련 연구는 宋杰, 「漢末三國時期的"質任"制度」, 『北京師範學報 · 社會科學版』 1984-1, 1984, 25-28쪽; 周士龍, 「試論魏晉的質任制」, 『天津師大學報』 1987-3, 1987, 81-83쪽 참조.

403) 『資治通鑑』 卷106 「晉紀」28 孝武帝太元十年三月條, 3342쪽, "燕王垂攻鄴, 久不下, 將北詣冀州, 乃命撫軍大將軍麟屯信都, 樂浪王溫屯中山, 召驃騎大將軍農還鄴; 於是遠近聞之, 以燕為不振, 頗懷去就."

404) 『資治通鑑』 卷105 「晉紀」27 孝武帝太元九年條, 3330쪽, "燕慕容麟撥常山, 秦苻亮 · 苻謨皆降. 麟進圍中山, 秋, 七月, 克之, 執苻鑒. 麟威聲大振, 留屯中山."

405) 『資治通鑑』 卷106 「晉紀」28 孝武帝太元十年條, 3340쪽, "燕帶方王佐與寧朔將軍平規共攻薊, 王永兵屢敗. 二月, 永使宋敞燒和龍及薊城宮室, 帥眾三萬奔壺關; 佐等入薊."

406) 『晉書』 卷123 「慕容垂載記」, 3086쪽, "高句驪寇遼東, 垂平北慕容佐遣司馬郝景率眾救之,

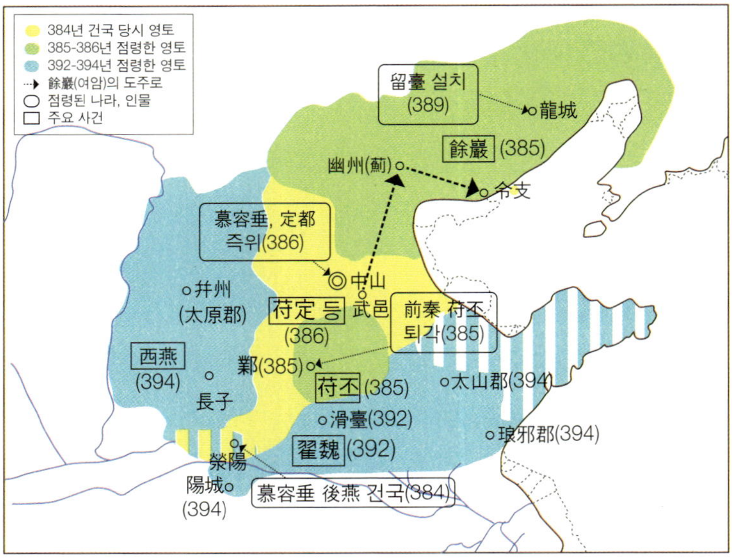

〈지도 3〉 후연(後燕)의 영토 확장 과정
설명: 검은색 해안선과 강은 당시의 해안선과 강의 흐름이며,
회색 점선 해안선과 강은 현재의 해안선과 강의 흐름이다.

문에서 여암餘巖으로 표기한다)이 무읍武邑에서 반란을 일으켜 4천여 인을 거느리고 영지令支를 점령하였다. 이때 모용수가 평규에게 정령丁零 격파 때까지 기다리라고 하였다. 평규는 이를 어기고 여암餘巖을 공격하였으나, 여암은 이를 격파하고 여암은 계를 점령하고 천여호를 빼앗아 차지한 후 동

為高句驪所敗, 遼東 · 玄菟遂沒.";『十六國春秋輯補』卷43「後燕錄」2, 346쪽;『資治通鑑』卷106「晉紀」28 孝武帝太元十年夏閏月條, 3346쪽, "庚戌, 燕王垂至常山, 圍翟成於行唐. 命帶方王佐鎮龍城. 六月, 高句麗寇遼東, 佐遣司馬郝景將兵救之, 為高句麗所敗, 高句麗遂陷遼東 · 玄菟.";『三國史記』卷18「高句麗本紀」6 故國壤王二年夏六月條, "二年, 夏六月, 王出兵四萬, 襲遼東. 先是, 燕王垂命帶方王佐, 鎮龍城. 佐聞我軍襲遼東, 遣司馬郝景, 將兵救之, 我軍擊敗之, 遂陷遼東 · 玄菟, 虜男女一萬口而還."

쪽의 영지令支로 갔다.[407] 이에 모용수는 모용화慕容和에게 업을 지키게 하고 모용농에게 열옹새蠮螉塞-범성凡城-용성龍城으로 진격하여 여암을 토벌하도록 명령하였다.[408] 모용농은 영지를 공격하여 여암 형제를 살해하였으며, 고구려를 공격하여 요동과 현도 2군을 회복한 후 용성에 주둔하였다.[409] 결국 385년 유주와 평주를 점령하였다.

후연은 392년 적위翟魏을 정복하고 7군의 38,000호를 획득하였다.[410] 투

407) 『晉書』 卷123 「慕容垂載記」, 3086쪽, "建節將軍徐巖叛于武邑, 驅掠四千餘人, 北走幽州. 垂馳敕其將平規曰: '但固守勿戰, 比破丁零, 吾當自討之.' 規違命距戰, 為巖所敗. 巖乘勝入薊, 掠千餘戶而去, 所過寇暴, 遂據令支."; 『十六國春秋輯補』 卷43 「後燕錄」2, 346쪽; 『資治通鑑』 卷106 「晉紀」28 孝武帝太元十年秋七月條, 3347쪽, "燕建節將軍餘巖叛, 自武邑北趣幽州. 燕王垂馳使敕幽州將平規曰: '固守勿戰, 俟吾破丁零自討之.' 規出戰, 為巖所敗. 巖入薊, 掠千餘戶而去, 遂據令支. 癸酉, 翟成長史鮮於得斬成出降; 垂屠行唐, 盡坑成眾."

408) 『資治通鑑』 卷106 「晉紀」28 孝武帝太元十年秋七月條, 3349쪽, "燕主垂以魯王和為南中郎將, 鎮鄴. 遣慕容農出蠮螉塞, 歷凡城, 趣龍城, 會兵討餘巖, 慕容麟·慕容隆自信都徇勃海·清河. 麟擊勃海太守封懿, 執之, 因屯歷口. 懿, 放之子也."

409) 『晉書』 卷123 「慕容垂載記」, 3086쪽, "慕容農攻克令支, 斬徐巖兄弟. 進伐高句驪, 復遼東·玄菟二郡, 還屯龍城."; 『十六國春秋輯補』 卷43 「後燕錄」2, 346쪽; 『資治通鑑』 卷106 「晉紀」28 孝武帝太元十年條, 3356쪽, "慕容農至龍城, 休士馬十餘日. 諸將皆曰: '殿下之來, 取道甚速, 今至此. 久留不進, 何也?' 農曰: '吾來速者, 恐餘巖過山鈔盜, 侵擾良民耳. 巖才不逾人, 誑誘饑兒, 烏集為群, 非有綱紀. 吾已扼其喉, 久將離散, 無能為也. 今此田善熟, 未收而行, 徒自耗損; 當俟收畢, 往則梟之, 亦不出旬日耳.' 頃之, 農將步騎三萬至令支, 巖眾震駭, 稍稍逾城歸農. 巖計窮出降, 農斬之. 進擊高句麗, 復遼東·玄菟二郡. 還至龍城上, 上疏請繕修陵廟."; 『三國史記』 卷18 「高句麗本紀」6 故國壤王二年冬十月條, "冬十月, 燕慕容農將兵來侵, 復遼東·玄菟二郡."

410) 『晉書』 卷123 「慕容垂載記」, 3089쪽, "翟遼死, 子釗代立, 攻逼鄴城, 慕容農擊走之. 垂引師伐釗于滑臺, 次于黎陽津, 釗于南岸距守, 諸將惡其兵精, 咸諫不宜濟河. 垂笑曰: '豎子何能為, 吾今為卿等殺之.' 遂徙營就西津, 為牛皮船百餘艘, 載疑兵列杖, 溯流而上. 釗先以大眾備黎陽, 見垂向西津, 乃棄營西距. 垂潛遣其桂林王慕容鎮·驃騎慕容國於黎陽津夜濟, 壁于河南. 釗聞而奔還, 士眾疲渴, 走歸滑臺, 釗攜妻子率數百騎北趣白鹿山. 農追擊, 盡擒其眾, 釗單騎奔長子. 釗所統七郡戶三萬八千皆安堵如故. 徙徐州流人七千餘戶于黎陽."; 『十六國春秋輯補』 卷44 「後燕

르크계 유목민인 정령丁零은 전진 치하에서 적빈翟斌의 지휘 아래 낙양의 서쪽인 신안新安과 민지澠池에 옮겨졌다.[411] 적빈은 383년 비수의 전투에 종군했으나 전진이 패배하자 십이월에 자립하였다. 그러나 384년 모용수에게 패하여 모용수의 지배를 받았다. 후에 적빈 형제는 업을 지키던 부비苻丕와 내통하다가 후연에 의해 제거되었다. 적빈의 조카 적진翟眞의 아들 적요翟遼는 여양黎陽으로 달아나 386년 여양을 점령하고 태산泰山 · 고평高平 · 초譙 · 진陳 등을 점령했다. 적요는 388년 위천왕魏天王으로 즉위하였다. 이 나라를 적위翟魏라고 부르지만, 16국에는 포함되지 않는다. 정령丁零이 세운 적위翟魏는 황하 중류 이남의 형양滎陽 · 돈구頓丘 · 귀향歸鄕의 일부, 여양黎陽 · 진류陳留 · 제음濟陰 · 복양濮陽의 서쪽 등을 지배하였다. 적위는 이를 기반으로 후연과 끊임없이 싸우며 후연을 괴롭혔다.[412] 391년 적요가 죽고 적쇠翟釗가 즉위하였다. 적쇠가 후연의 영토인 업성을 공격하자 모용수는 모용농을 보내 격파하게 하였다.[413] 모용수는 392년 노구魯口에서 하간河間, 발해勃海, 평원平原으로 이동하였다. 이때 적쇠가 적도翟都를 보내 관도館陶와 소강루蘇康壘를 공격하였다. 이에 모용수는 남쪽으로 방향을 바꿔서 적쇠를 공격하

錄」3, 351쪽.

411) 『晉書』 卷113 「苻堅載記」上, 2893쪽, "徙關東豪傑及諸雜夷十萬戶於關中, 處烏丸雜類於馮翊 · 北地, 丁零翟斌于新安, 徙陳留 · 東阿萬戶以實青州."; 『資治通鑑』 卷103 「晉紀」25 簡文帝咸安元年正月條, 3243쪽, "秦王堅徙關東豪傑及雜夷十五萬戶於關中, 處烏桓於馮翊 · 北地, 丁零翟斌於新安 · 澠池."

412) 적위(翟魏)의 역사는 譚其驤, 「翟魏始末」, 『益世報』 1942.12.17; 周偉洲, 『敕勒與柔然』, 桂林: 廣西師範大學出版社, 2006, 21-25쪽; 三崎良章 저, 김영환 옮김, 『五胡十六國-中國史上의 民族 大移動-』, 101-102쪽 참조.

413) 『資治通鑑』 卷107 「晉紀」29 孝武帝太元十六年冬十月條, 3402쪽, "翟遼卒, 子釗代立, 改元定鼎. 攻燕鄴城, 燕遼西王農擊卻之."

였다.[414] 모용수는 소강루를 공격하였다. 하사월에 적도가 활대滑臺로 도망갔다. 적쇠는 서연西燕에 구원을 요청하였고 서연의 군주 모용영慕容永은 신하들의 간언을 무시하고 적쇠의 구원 요청을 받아들였다.[415] 모용수가 여양에 주둔하여 적쇠를 격파하였다. 적쇠는 서연의 수도 장자長子로 도망갔다. 적쇠는 모반을 꾀하다가 서연의 군주 모용영에게 주살되었다.[416] 후연은 적위를 정복한 후 모용주慕容宙를 연·예 2주자사兗豫二州刺史에 임명하여 활대滑臺에 거주하게 하였다. 그리고 서주민徐州民 7천여 호를 여양으로 이주시키고 모용탈慕容脫을 서주자사徐州刺史에 임명하여 여양에 주둔하게 하였다.[417]

---

414) 『資治通鑑』 卷108 「晉紀」30 孝武帝太元十七年條, 3404쪽, "二月, 壬寅, 燕主垂自魯口如河間·渤海·平原. 翟釗遣其將翟都侵館陶, 屯蘇康壘. 三月, 垂引兵南擊釗."

415) 『資治通鑑』 卷108 「晉紀」30 孝武帝太元十七年條, 3405쪽, "燕主垂進逼蘇康壘. 夏, 四月, 翟都南走滑臺. 翟釗求救於西燕, 西燕主永謀於群臣, 尚書渤海鮑遵曰: '使兩寇相弊, 吾承其後, 此卞莊子之策也.' 中書侍郎太原張騰曰: '垂強釗弱, 何弊之承! 不如速救之, 以成鼎足之勢. 今我引兵趨中山, 晝多疑兵, 夜多火炬, 垂必懼而自救. 我沖其前, 釗躡其後, 此天授之機, 不可失也.' 永不從."

416) 『資治通鑑』 卷108 「晉紀」30 孝武帝太元十七年條, 3405-3406쪽, "六月, 燕主垂軍黎陽. 臨河欲濟, 翟釗列兵南岸以拒之. 辛亥, 垂徙營就西津, 去黎陽西四十里, 為牛皮船百餘艘, 偽列兵仗, 溯流而上. 釗亟引兵趣西津, 垂潛遣中壘將軍桂林王鎮等自黎陽津夜濟, 營於河南, 比明而營成. 釗聞之, 亟還, 攻鎮等營; 垂命鎮等堅壁勿戰. 釗兵往來疲暍, 攻營不能拔, 將引去; 鎮等引兵出戰. 驃騎將軍農自西津濟, 與鎮等夾擊, 大破之. 釗走還滑臺, 將妻子, 收遺眾, 北濟河, 登白鹿山, 憑險自守, 燕兵不得進. 農曰: '釗無糧, 不能久居山中.' 乃引兵還, 留騎候之. 釗果下山; 還兵掩擊, 盡獲其眾, 釗單騎奔長子. 西燕主永以釗為車騎大將軍·兗州牧, 封東郡王. 歲餘, 釗謀反, 永殺之."

417) 『資治通鑑』 卷108 「晉紀」30 孝武帝太元十七年六月條, 3406쪽, "初, 郝晷·崔逞及清河崔宏·新興張卓·遼東夔騰·陽平路纂皆仕於秦, 避秦亂來奔, 詔以為冀州諸郡, 各將部曲營於河南. 既而受翟氏官爵, 翟氏敗, 皆降於燕, 燕主垂各隨其材而用之. 釗所統七郡三萬餘戶, 皆按堵如故. 以章武王宙為兗·豫二州刺史, 鎮滑臺; 徙徐州民七千餘戶於黎陽, 以彭城王脫為徐州刺史,

이후 후연은 394년 서연(모용영)을 정복하고 모용영이 전후 거느린 8군郡의 호 76,800과 승여乘輿 등을 획득하였다.[418] 이어서 모용찬慕容瓚을 병주자사并州刺史에 임명하여 진양晉陽에 주둔하도록 하고 모용봉慕容鳳을 옹주자사雍州刺史로 삼아 장자長子에 주둔시켰다.[419] 이어서 같은 해 모용농은 청주青州와 연주兗州 등 황하 이남을 점령하였고, 지방관을 설치한 후 돌아왔다.[420] 이때가 후연의 영토가 가장 넓었다. 그러나 후연은 북위北魏(拓跋部)의

鎮黎陽. 脫, 垂之弟子也. 垂以崔廕為宙司馬."

418) 『晉書』 卷123 「慕容垂載記」, 3088-3089쪽, "於是議征長子. 諸將咸諫, 以慕容永未有釁, 連歲征役, 士卒疲怠, 請俟他年. 垂將從之, 及聞慕容德之策, 笑曰: '吾計決矣. 且吾投老, 扣囊底智, 足以克之, 不復留逆賊以累 子孫也.' 乃發步騎七萬, 遣其丹楊王慕容瓚·龍驤張崇攻永弟支于晉陽. 永遣其將刁雲·慕容鍾率眾五萬屯潞川. 垂遣慕容楷出自滏口, 慕容農入自壺關, 垂頓于鄴之西南, 月餘不進. 永謂垂詭道伐之, 乃攝諸軍還杜太行軹關. 垂進師入自天井關, 至于壺壁. 永率精卒五萬來距, 阻河曲以自固, 馳使請戰. 垂列陣于壺壁之南, 農·楷分為二翼, 慕容國伏千兵于深澗, 與永大戰. 垂引軍偽退, 永追奔數里, 國發伏兵馳斷其後, 楷·農夾擊之, 永師大敗, 斬首八千餘級, 永奔還長子. 慕容瓚攻克晉陽. 垂進圍長子, 永將賈韜等潛為內 應. 垂進軍入城, 永奔北門, 為前驅所獲, 於是數而戮之, 并其所署公卿刁雲等三十餘人. 永所統新舊八郡戶七萬六千八百及乘輿·服御·伎樂·珍寶悉獲之, 於是品物具矣."; 『十六國春秋輯補』 卷44 「後燕錄」3, 351쪽.

419) 『資治通鑑』 卷108 「晉紀」30 孝武帝太元十九年八月條, 3416-3417쪽, "西燕主永困急, 遣其子常山公弘等求救於雍州刺史郗恢, 並獻玉璽一紐. 恢上言: '垂若並永, 為患益深, 不如兩存之, 可以乘機雙斃.' 帝以為然, 詔青·兗二州刺史王恭·豫州刺史庾楷救之. 楷, 亮之孫也. 永恐晉兵不出, 又遣其太子亮為質; 平規追亮, 及於高都, 獲之. 永又告急於魏, 魏王珪遣陳留公虔·將軍庾岳帥騎五萬東渡河, 屯秀容, 以救之. 虔, 紇根之子也. 晉·魏兵皆未至, 大逸豆歸部將伐勤等開門內燕兵, 燕人執永, 斬之, 並斬其公卿大將刁雲·大逸豆歸等三十餘人, 得永所統八郡七萬餘戶及秦乘輿·服御·伎樂·珍寶甚眾. 燕主垂以丹楊王瓚為并州刺史, 鎮晉陽; 宜都王鳳為雍州刺史, 鎮長子. 永尚書僕射昌黎屈遵·尚書陽平王德·秘書監中山李先·太子詹事渤海封則·黃門郎太山胡母亮·中書郎張騰·尚書郎燕郡公孫表皆隨才擢敘."

420) 『晉書』 卷123 「慕容垂載記」, 3089쪽, "使慕容農略地河南, 攻廩丘·陽城, 皆克之, 太山·琅邪諸郡皆委城奔潰, 農進師臨海, 置守宰而還. 垂告捷于龍城之廟."; 『十六國春秋輯補』 卷44 「後燕錄」3, 351-352쪽; 『資治通鑑』 卷108 「晉紀」30 孝武帝太元十九年十月條, 3418쪽, "燕主垂

공격을 받고 영토가 축소되었다.

〈지도 4〉에서 보듯이, 후연은 북위에 수도 중산中山과 하북河北을 빼앗긴 후 용성龍城으로 쫓겨났다. 이때 모용덕慕容德이 청주靑州(현재의 山東省)로 이주하여 남연南燕을 세웠다.

후연 쇠퇴의 전조는 395년 후연의 북위 공격이었다. 북위와 후연의 공격 원인은 북위(탁발부)의 후연 배신 때문이었다. 탁발규拓跋珪가 후연의 부새附塞 제부諸部를 공격하자 후연의 군주 모용수는 98,000명을 보내 북위를 공격하였다.[421] 탁발규는 부락部落과 축산畜産을 황하 서쪽 1천리 밖으로 철수시켰다.[422] 이후 탁발규는 참합피參合陂에서 모용보慕容寶의 후연군後燕軍을 격파하였다.[423] 이에 모용수는 친정親征하여 북위(탁발부)를 공격하기로 결

東巡陽平 · 平原, 命遼西王農濟河, 與安南將軍尹國略地靑 · 兗. 農攻廩丘, 國攻陽城, 皆拔之. 東平太守韋簡戰死, 高平 · 太山 · 琅邪諸郡皆委城奔潰, 農進軍臨海, 遍置守宰. …… 十一月, 燕遼西王農敗辟閭渾於龍水, 遂入臨淄. 十二月, 燕主垂召農等還."

421) 『晉書』 卷123 「慕容垂載記」, 3089쪽, "遣其太子寶及農與慕容麟等率眾八萬伐魏, 慕容德 · 慕容紹以步騎一萬八千為寶後繼."; 『十六國春秋輯補』 卷44 「後燕錄」3, 352쪽; 『資治通鑑』 卷108 「晉紀」30 孝武帝太元二十年春三月條, 3421쪽, "魏王珪叛燕, 侵逼附塞諸部. 五月, 甲戌, 燕主垂遣太子寶 · 遼西王農 · 趙王麟帥眾八萬, 自五原伐魏, 范陽王德 · 陳留王紹別將步騎萬八千為後繼. 散騎常侍高湖諫曰: '魏與燕世為昏姻, 彼有內難, 燕實存之, 其施德厚矣, 結好久矣. 間以求馬不獲而留其弟, 曲在於我, 奈何遽興兵擊之! 拓跋涉珪沉勇有謀, 幼歷艱難, 兵精馬強, 未易輕也. 皇太子富於春秋, 志果氣銳, 今委之專征, 必小魏而易之, 萬一不如所欲, 傷威毀重, 願陛下深圖之!' 言頗激切. 垂怒, 免湖官. 湖, 泰之子也."

422) 『資治通鑑』 卷108 「晉紀」30 孝武帝太元二十年七月條, 3421-3422쪽, "魏張兗聞燕軍將至, 言於魏王珪曰: '燕狃於滑臺 · 長子之捷, 竭國之資力以來. 有輕我之心. 宜羸形以驕之, 乃可克也.' 珪從之, 悉徙部落畜產西渡河千餘里以避之. 燕軍至五原, 降魏別部三萬餘家, 收穄田百餘萬斛, 置黑城, 進軍臨河, 造船為濟具. 珪遣右司馬許謙乞師於秦."

423) 『資治通鑑』 卷108 「晉紀」30 孝武帝太元二十年十一月條, 3423-3424쪽, "魏軍晨夜兼行, 乙酉, 暮, 至參合陂西. 燕軍在陂東, 營於蟠羊山南水上. 魏王珪夜部分諸將, 掩覆燕軍, 士卒銜枚東

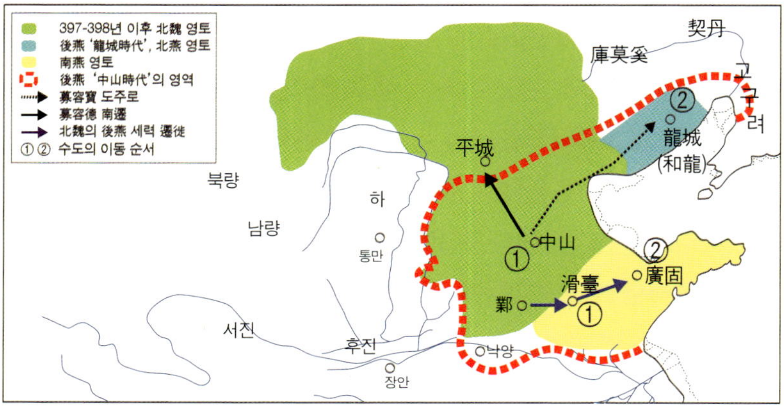

〈지도 4〉 후연(後燕)의 영토와 분열

정하였다.[424] 모용수는 396년 친정親征을 감행하자 탁발규가 도망갔다.[425] 모용수는 참합피에 이르러 후연 군사들의 시체가 산처럼 쌓인 것을 보고 제사를 지냈다. 모용수는 분하여 피를 토하고 병에 걸렸다. 이에 후연군은

馬口潛進. 丙戌, 日出, 魏軍登山, 下臨燕營. 燕軍將東引, 顧見之, 士卒大驚擾亂. 珪縱兵擊之, 燕兵走赴水, 人馬相騰, 躡壓溺死者以萬數. 略陽公遵以兵邀其前, 燕兵四五萬人, 一時放仗斂手就禽, 其遺迸去者不過數千人, 太子寶等皆單騎僅免. 殺燕右僕陳留悼王紹, 生禽魯陽王倭奴 · 桂林王道成 · 濟陰公尹國等文武將吏數千人, 兵甲糧貨以巨萬計. 道成, 垂之弟子也."

424) 『資治通鑑』 卷108 「晉紀」30 孝武帝太元二十年十一月條, 3425쪽, "燕太子寶恥於參合之敗, 請更擊魏. 司徒德言於燕主垂曰: '虜以參合之捷, 有輕太子之心, 宜及陛下神略以服之, 不然, 將為後患.' 垂乃以清河公會錄留臺事, 領幽州刺史, 代高陽王隆鎮龍城; 以陽城王蘭汗為北中郎將, 代長樂公盛鎮薊; 命隆 · 盛悉引其精兵還中山, 期以明年大舉擊魏."

425) 『資治通鑑』 卷108 「晉紀」30 孝武帝太元二十一年條, 3426쪽, "三月, 庚子, 燕主垂留范陽王德守中山, 引兵密發. 逾青嶺, 經天門, 鑿山通道, 出魏不意, 直指雲中. 魏陳留公虔帥部落三萬餘家鎮平城; 垂至獵嶺, 以遼西王農 · 高陽王隆為前鋒以襲之. 是時, 燕兵新敗, 皆畏魏, 惟龍城兵勇銳爭先. 虔素不設備, 閏月, 乙卯, 燕軍至平城, 虔乃覺之, 帥麾下出戰, 敗死, 燕軍盡收其部落. 魏王珪震怖, 欲走, 諸部聞虔死, 皆有貳心, 珪不知所適."

후퇴하였다.[426] 이어서 상곡上谷의 저양沮陽에서 죽었다.[427]

모용수 사후 태자 모용보가 즉위하였다. 북위의 탁발규는 396년 탁발규가 보병과 기병 40여만을 거느리고 후연을 공격하였다.[428] 북위군이 상산常山을 점령하자 상산 동쪽의 지방관들이 달아나거나 도망가고 군현은 북위에 붙었다. 오직 중산中山 · 업鄴 · 신도信都만이 후연을 위해 지켰다. 탁발규는 원의元儀에게 업鄴을, 왕건王建과 이율李栗에게 신도信都를 공격하게 한 후 자신은 후연의 수도 중산中山으로 진격하였다.[429] 모용보는 탁발규가 신도信都로 진격한 틈을 타서 중산을 나와 보졸步卒 12만 인과 기병 37,000인을 거느리고 곡양曲陽으로 나갔고 심택深澤에 주둔하였다. 모용보는 북위군을 공격했으나 패하였다.[430] 이때 모용린慕容麟이 397년 모용정慕容精을 동원해 모

---

426) 『資治通鑑』 卷108 「晉紀」30 孝武帝太元二十一年條, 3426쪽, "垂之過參合陂也, 見積骸如山, 為之設祭, 軍士皆慟哭, 聲震山谷. 垂慚憤嘔血, 由是發疾, 乘馬輿而進, 頓平城西北三十里. 太子寶等聞之, 皆引還. 燕軍叛者告於魏云'垂已死, 輿屍在軍.' 魏王珪欲追之, 聞平城已沒, 乃引還阻山."

427) 『資治通鑑』 卷108 「晉紀」30 孝武帝太元二十一年條, 3426쪽, "垂在平城積十日, 疾轉篤, 乃築燕昌城而還. 夏, 四月, 癸未, 卒於上谷之沮陽, 秘不發喪. 丙申, 至中山; 戊戌, 發喪, 諡曰成武皇帝, 廟號世祖. 壬寅, 太子寶即位, 大赦, 改元永康."

428) 『資治通鑑』 卷108 「晉紀」30 孝武帝太元二十一年八月己亥條, 3430쪽, "八月, 己亥, 魏王珪大舉伐燕, 步騎四十餘萬, 南出馬邑, 逾句注, 旌旗二千餘里, 鼓行而進. 左將軍雁門李栗將五萬騎為前驅, 別遣將國封真等從東道出軍都, 襲燕幽州."

429) 『資治通鑑』 卷108 「晉紀」30 孝武帝太元二十一年冬條, 3434쪽, "魏王珪進攻常山, 拔之, 獲太守苟延, 自常山以東, 守宰或走或降, 諸郡縣皆附於魏, 惟中山 · 鄴 · 信都三城為燕守. 十一月, 珪命東平公儀將五萬騎攻鄴, 冠軍將軍王建 · 左將軍李栗攻信都. 戊午, 珪進軍中山; 己未, 攻之. 燕高陽王隆守南郭, 帥眾力戰, 自旦至晡, 殺傷數千人, 魏兵乃退. 珪謂諸將曰: '中山城固, 寶必不肯出戰. 急攻則傷士, 久圍則費糧, 不如先取鄴 · 信都, 然後圖之.' 丁卯, 珪引兵而南."

430) 『晉書』 卷124 「慕容寶載記」, 3094-3095쪽, "魏攻中山不克, 進據博陵魯口, 諸將望風奔退, 郡縣悉降于魏. 寶聞魏有內難, 乃盡眾出距, 步卒十二萬, 騎三萬七千, 次于曲陽柏肆. 魏軍進至新

용보를 살해하려고 했으나 모용정이 이를 거절하자 모용린이 모용정을 살해하였다.[431] 반란을 일으킨 모용린은 단평자段平子의 말을 듣고 모용회慕容會의 군대를 습격한 후 동쪽으로 용성龍城을 점거하려고 하였다. 모용보는 계에서 모용회를 만나 모용상慕容祥에게 중산을 지키도록 하였다.[432] 모용보는 모용린이 모용회의 군대를 빼앗아 먼저 용성을 점거할 것을 두려워 하

梁. 寶憚魏師之銳, 乃遣征北隆夜襲魏軍, 敗績而還. 魏軍方軌而至, 對營相持, 上下兇懼, 三軍奪氣. 農·麟勸寶還中山, 乃引歸. 魏軍追擊之, 寶·農等棄大軍, 率騎二萬奔還. 時大風雪, 凍死者相枕于道. 寶恐為魏軍所及, 命去袍杖戎器, 寸刃無返.";『十六國春秋輯補』卷45「前燕錄」4, 357쪽;『資治通鑑』卷109「晉紀」31 安帝隆安元年正月條, 3438쪽, "燕主寶聞魏王珪攻信都, 出屯深澤, 遣趙王麟攻楊城, 殺守兵三百. 寶悉出珍寶及宮人募郡縣君盜以擊魏.";『資治通鑑』卷109「晉紀」31 安帝隆安元年正月條, 3439-3440쪽, "二月, 己巳朔, 珪還屯楊城. 沒根兄子丑提為并州監軍, 聞其叔父降燕, 懼誅, 帥所部兵還國作亂. 珪欲北還, 遣其國相涉延求和於燕, 且請以其弟為質. 寶聞魏有內難, 不許, 使冗從僕射蘭真責珪負恩, 悉發其眾步卒十二萬·騎三萬七千屯於曲陽之柏肆, 營於滹沱水北以邀之. 丁丑, 魏軍至, 營於水南. 寶潛師夜濟, 募勇敢萬餘人襲魏營, 寶陳於營北以為之援. 募兵因風縱火. 急擊魏軍, 魏軍大亂, 珪驚起, 棄營跣走; 燕將軍乞特真帥百餘人至其帳下, 得珪衣靴. 既而募兵無故自驚, 互相斫射. 珪於營外望見之, 乃擊鼓收眾, 左右及中軍將士舟稍稍來集, 多布火炬於營外, 縱騎沖之. 募兵大敗, 還赴寶陳, 寶引兵復渡水北. 戊寅, 魏整眾而至, 與燕相持, 燕軍奪氣. 寶引還中山, 魏兵隨而擊之, 燕兵屢敗. 寶懼, 棄大軍, 帥騎二萬奔還. 時大風雪, 凍死者相枕. 寶恐為魏軍所及, 命士卒皆棄袍仗·兵器數十萬, 寸刃不返, 燕之朝臣將卒降魏及為魏所繫虜者甚眾. 先是, 張袞常為魏王珪言燕秘書監崔逞之材, 珪得之, 甚喜, 以逞為尚書, 使錄三十六曹, 任以政事."

431) 『資治通鑑』卷109「晉紀」31 安帝隆安元年三月條, 3443쪽, "是夜, 麟以兵劫左衛將軍北地王精, 使帥禁兵弒寶. 精以義拒之, 麟怒, 殺精, 出奔西山, 依丁零餘眾. 於是城中人情震駭."

432) 『晉書』卷124「慕容寶載記」, 3095쪽, "初, 寶聞魏之來伐也, 使慕容會率幽并之眾赴中山. 麟既叛, 寶恐其逆奪會軍, 將遣兵迎之. 麟侍郎段平子自丁零奔還, 說麟招集丁零, 軍眾甚盛, 謀襲會軍, 東據龍城. 寶與其太子策及農·隆等萬餘騎迎會于薊, 以開封公慕容詳守中山. 會傾身誘納, 繕甲厲兵, 步騎萬, 列陣而進, 迎寶薊南. 寶分其兵給農·隆, 遣西河公庫辱官驥率眾三千助守中山.";『十六國春秋輯補』卷45「後燕錄」4, 358쪽.

여 모용농을 불러 중산을 떠나 용성을 갈 것을 모의하였다.[433] 모용보와 태자 모용책慕容策, 모용농, 모용륭慕容隆, 모용성慕容盛 등 1만여 기를 거느리고 모용회의 진영으로 갔다. 이때 왕침王沈이 북위에 항복하고 모용혜慕容惠와 한범韓範, 단굉段宏, 유기劉起 등은 업으로 달아났다.[434] 모용보는 중산을 나가 모용린과 승성阩城에서 만났고,[435] 삼월에 계에 이르렀다.[436] 도중에 모용회가 반란을 일으키자 모용보는 수백 기를 거느리고 용성으로 도망갔다. 이때 시어랑侍御郎 고운高雲이 모용회慕容會의 반란을 평정하였다.[437]

433) 『資治通鑑』 卷109 「晉紀」31 安帝隆安元年三月條, 3443-3444쪽, “寶不知麟所之, 以淸河王會軍在近, 恐麟奪會軍, 先據龍城, 乃召隆及驃騎大將軍農, 謀去中山, 走保龍城. 隆日「先帝櫛風沐雨以成中興之業, 崩未期年而天下大壞, 豈得不謂之孤負邪! 今外寇方盛而內難復起, 骨肉乘離, 百姓疑懼, 誠不可以拒敵; 北遷舊都, 亦事之宜. 然龍川地狹民貧, 若以中國之意取足其中, 復朝夕望有大功, 此必不可. 若節用愛民, 務農訓兵, 數年之中, 公私充實, 而趙 · 魏之間, 厭苦寇暴, 民思燕德, 庶幾返旆, 克復故業. 如其未能, 則憑險自固, 猶足以優遊養銳耳.’ 寶日: ‘卿言盡理, 朕一從卿意耳.」”

434) 『資治通鑑』 卷109 「晉紀」31 安帝隆安元年三月條, 3445쪽, “壬子, 夜, 寶與太子策 · 遼西王農 · 高陽王隆 · 長樂王盛等萬餘騎出赴會軍, 河間王熙 · 勃海王朗 · 博陵王鑒皆幼, 不能出城, 隆還入迎之, 自為鞁乘, 俱得免. 燕將王沈等隆降魏. 樂浪王惠 · 中書侍郎韓范 · 員外郎段宏 · 太史令劉起等帥工伎三百奔鄴.”

435) 『資治通鑑』 卷109 「晉紀」31 安帝隆安元年三月條, 3446쪽, “燕主寶出中山, 與趙王麟遇於阩城, 麟不意寶至, 驚駭, 帥其眾奔蒲陰, 復出屯望都, 土人頗供給之. 慕容詳遣兵掩擊麟, 獲其妻子, 麟脫走入山.”

436) 『資治通鑑』 卷109 「晉紀」31 安帝隆安元年三月條, 3446쪽, “甲寅, 寶至薊, 殿中親近散亡略盡, 惟高陽王隆所領數百騎為宿衛. 淸河王會帥騎卒二萬迎於薊南, 寶怪會容止怏怏有恨色, 密告隆及遼西王農. 農 · 隆俱日: ‘會年少, 專任方面, 習驕所致, 豈有它也! 臣等當以禮責之.’ 寶雖從之, 然猶詔解會兵以屬隆, 隆固辭; 乃減會兵分給農 · 隆. 又遣西河公庫辱官驥帥兵三千助守中山.”

437) 『晉書』 卷124 「慕容寶載記」, 3095-3096쪽, “會以策為太子, 有恨色. 寶以告農 · 隆, 俱日: ‘會一年少, 專任方事, 習驕所致, 豈有他也. 臣 當以禮責之.’ 幽平之士皆懷會威德, 不樂去之, 咸請日: ‘淸河王天資神武, 權略過人, 臣等 與之誓同生死, 感王恩澤, 皆勇氣自倍. 願陛下與皇太

한편 중산에 있던 모용상慕容祥은 황제의 자리에 올랐다. 이때 모용린慕容麟이 정령丁零을 이끌고 중산에 들어가 모용상과 친당親黨 300여인을 살해하였다. 이어서 모용린慕容麟도 황제로 즉위하였다. 모용린은 중산을 빠져나와 신시新市를 거쳐 의대義臺에서 북위군에게 패한 후 업으로 도망갔다.[438]

子 · 諸王止駕薊宮, 使王統臣等進解 京師之圍, 然後奉迎車駕.' 寶左右皆害其勇略, 譖而不許, 眾咸有怨言. 左右勸寶殺會, 侍御史仇尼歸聞而告會曰: '左右密謀如是, 主上將從之. 大王所恃唯父母也, 父已異圖; 所杖者兵也, 兵已去手, 進退路窮, 恐無自全之理. 盍誅二王, 廢太子, 大王自處東宮, 兼領將相, 以匡社稷.' 會不從. 寶謂農 · 隆曰: '觀會為變, 事當必然, 宜早殺之. 不爾, 恐成大禍.' 農曰: '寇賊內侮, 中州紛亂, 會鎮撫舊都, 安眾寧境, 及京師有難, 萬里星赴, 威名之重, 可以振服戎狄. 又逆跡未彰, 宜且隱忍. 今社稷之危若綴旒然, 復內相誅戮, 有損威望.' 寶曰: '會逆心已成, 而王等仁慈, 不欲去之, 恐一旦釁發, 必先害諸父, 然後及吾. 事 敗之後, 當思朕言.' 農等固諫, 乃止. 會聞之彌懼, 奔于廣都黃榆谷. 會遣仇尼歸等率壯士二十餘人分襲農 · 隆, 隆是夜見殺, 農中重創. 既而會歸于寶, 寶意在誅會, 誘而安之, 潛使左衛慕輿騰斬會, 不能傷. 會復奔其眾, 於是勒兵攻寶. 寶率數百騎馳如龍城, 會率眾追之, 遣使請誅左右佞臣, 并求太子, 寶弗許. 會圍龍城, 侍御郎高雲夜率敢死士百餘人襲會, 敗之, 眾悉逃散, 單馬奔還中山, 乃踰圍而入, 為慕容詳所殺."; 『十六國春秋輯補』 卷45 「後燕錄」4, 358-359쪽; 『資治通鑑』 卷109 「晉紀」31 安帝隆安元年三月條, 3448-3449쪽, "乙亥, 會遣仇尼歸攻龍城; 寶夜遣兵襲擊, 破之. 會遣使請誅左右佞臣, 並求為太子; 寶不許. 會盡收乘輿器服, 以後宮分給將帥, 署置百官, 自稱皇太子 · 錄尚書事, 引兵向龍城, 以討慕輿騰為名; 丙子, 頓兵城下. 寶臨西門, 會乘馬遙與寶語, 寶責讓之. 會命軍士向寶大噪以耀威, 城中將士皆憤怒, 向暮出戰, 大破之, 會兵死傷太半, 走還營. 侍御郎高雲夜帥敢死士百餘人襲會軍, 會眾皆潰. 會將十餘騎奔中山, 開封公詳殺之. 寶殺會母及其三子."

438) 『晉書』 卷124 「慕容寶載記」, 3096쪽, "詳僭稱尊號, 置百官, 改年號. 荒酒奢淫, 殺戮無度, 誅其王公以下五百餘人, 內外震局, 莫敢忤視. 城中大飢, 公卿餓死者數十人. 麟率丁零之眾入中山, 斬詳及其親黨三百餘人, 復僭稱尊號. 中山飢甚, 麟出據新市, 與魏師戰於義臺, 麟軍敗績. 魏師遂入中山, 麟乃奔鄴."; 『十六國春秋輯補』 卷45 「後燕錄」4, 359-360쪽; 『資治通鑑』 卷109 「晉紀」31 安帝隆安元年條, 3459쪽, "中山饑甚, 慕容麟帥二萬餘人出據新市. 甲子晦, 魏王珪進軍攻之. 太史令晁崇曰: '不吉. 昔紂以甲子亡, 謂之疾日, 兵家忌之.' 珪曰: '紂以甲子亡, 周武不以甲子興乎?' 崇無以對. 冬, 十月, 丙寅, 麟退阻泒水. 甲戌, 珪與麟戰於義臺, 大破之, 斬首九千餘級. 麟與數十騎馳取妻子入西山, 遂奔鄴."

북위가 중산을 점령한 후 후연의 항복자가 2만여 인에 달하였다.[439] 북위는 397년 후연의 수도 중산을 점령하고 398년 구후연舊後燕 지역을 지배하고 산동山東의 방어와 치안유지를 위해 중산中山 · 업鄴 · 합구合口(勃海)에 행대行臺 혹은 군진軍鎭을 설치하여 하북 지배의 거점으로 삼았다. 또, 평성과 중산을 잇는 직도直道를 건설하였다. 이어서 천흥원년天興元年 정월과 십이월 각각 산동山東 6주 민리民吏 · 도하徒何 · 고려高麗 · 잡이雜夷 36만, 백공기교百工伎巧 10만여 구口와 6주州 22군郡의 수재守宰 · 호걸豪傑 · 이민吏民 2천 가家를 천도遷徙하였다.[440]

모용덕慕容德은 모용보가 즉위한 후 업鄴에 주둔하였다.[441] 모용보가 용성으로 도망가고 중산에 있었던 모용상慕容祥이 즉위할 때 모용덕은 업에 주둔하였다. 모용덕은 황제로 즉위하려고 했으나 모용달慕容達이 용성에서 업으로 와서 모용보가 건재함을 알리자 포기하였다. 모용보는 모용덕을 승상

439) 『資治通鑑』 卷109 「晉紀」31 安帝隆安元年條, 3459쪽, "甲申, 魏克中山, 燕公卿 · 尚書 · 將吏 · 士卒降者二萬餘人. 張驤 · 李沈等先嘗降魏, 覆亡去; 珪入城, 皆赦之. 得燕璽綬, 圖書 · 府庫珍寶以萬數, 班賞群臣將士有差. 追謚弟觚為秦愍王. 發慕容詳塚, 斬其屍; 收殺觚者高霸 · 程同, 皆夷五族, 以大刃剉之. 丁亥, 遣三萬騎就衛王儀, 將攻鄴."

440) 『魏書』 卷 2 太祖紀 天興元年春正月條, 31-32쪽, "乃置行臺, 以龍驤將軍日南公和跋爲尙書, 與左丞賈彝率郎吏及兵五千人鎭鄴. …… 東駕將北還, 發卒萬人治直道, 自望都鐵關鑿恒嶺至代五百餘里. 帝慮還後山東有變, 乃置行臺於中山, 詔左丞相 · 守尚書令衛王儀鎭中山, 撫軍大將軍, 略陽公元遵鎭勃海之合口. 右軍將軍尹國先督租于冀州, 聞帝將還, 謀反, 欲襲信都, 安南將軍長孫嵩執送, 斬之. 辛酉, 車駕發自中山, 至于望都堯山 . 徙山東六州民吏及徒何 · 高麗雜夷三十六萬, 百工伎巧十萬餘口, 以充京師."

441) 『晉書』 卷127 「慕容德載記」, 3162쪽, "垂臨終, 敕其子寶以鄴城委德. 寶既嗣位, 以德為使持節 · 都督冀兗青徐荊豫六州諸軍事 · 特進 · 車騎大將軍 · 冀州牧, 領南蠻校尉, 鎭鄴, 罷留臺, 以都督專總南夏."; 『十六國春秋輯補』 卷58 「南燕錄」1, 435쪽.

丞相 영기주목領冀州牧에 임명하였다.[442] 모용덕은 398년 업에서 활대滑臺로 옮겼다. 이때 4만 호, 수레 27,000승을 거느리고 갔다.[443] 『십육국춘추집보』에서는 43,000호로 기록하였다.[444] 활대에 수도를 정할 당시 모용덕은 10성, 수만 명의 무리를 거느렸다.[445] 모용덕이 활대에서 청주靑州로 진격했던 399년 오환돌기烏丸突騎와 삼하三河의 맹사猛士로 구성된 12만의 군대를 거느렸다.[446]

요컨대 후연은 397년 수도 중산과 하북 지역을 북위에 빼앗겼다. 이때 산동山東 6주 민리民吏 · 도하徒何 · 고려高麗 · 잡이雜夷 36만, 백공기교百工伎巧 10만여 구口와 6주州 22군郡의 수재守宰 · 호걸豪傑 · 이민吏民 2천 가家가 북

442) 『晉書』 卷127 「慕容德載記」, 3163쪽, "時魏師入中山, 慕容寶出奔于薊, 慕容詳又僭號. 會劉藻自姚興而至, 興太史令高魯 遣其甥王景暉隨藻送玉璽一紐, 并圖讖祕文, 曰: '有德者昌, 無德者亡. 德受天命, 柔而復剛.' 又有謠曰: '大風蓬勃揚塵埃, 八井三刀卒起來. 四海鼎沸中山積, 惟有德人據三臺.' 於是德之羣臣議以慕容詳僭號中山, 魏師盛于冀州, 未審寶之存亡, 因勸德即尊號. 德不從. 會慕容達自龍城奔鄴, 稱寶猶存, 羣議乃止. 尋而寶以德為丞相, 領冀州牧, 承制南夏."; 『十六國春秋輯補』 卷58 「南燕錄」1, 436쪽.

443) 『晉書』 卷127 「慕容德載記」, 3164쪽, "先是, 慕容和亦勸德南徙, 於是許之. 隆安二年, 乃率戶四萬 · 車二萬七千乘, 自鄴將徙于滑臺. 遇風, 船沒, 魏軍垂至, 眾懼, 議欲退保黎陽. 其夕流澌凍合, 是夜濟師, 旦, 魏師至而冰泮, 若有神焉. 遂改黎陽津為天橋津. 及至滑臺, 景星見于尾箕. 漳水得白玉, 狀若璽. 於是德依燕元故事, 稱元年, 大赦境內殊死已下, 置百官. 以慕容麟為司空 · 領尚書令, 慕容法為中軍將軍, 慕輿拔為尚書左僕射, 丁通為尚書右僕射, 自餘封授各有差."

444) 『十六國春秋輯補』 卷58 「南燕錄」1, 437쪽.

445) 『晉書』 卷127 「慕容德載記」, 3165쪽, "時德始都滑臺, 介于晉魏之間, 地無十城, 眾不過數萬. 及鍾喪師, 反側之徒多歸于廣. 德乃留慕容和守滑臺, 親率眾討廣, 斬之."; 『十六國春秋輯補』 卷59 「南燕錄」2, 439쪽.

446) 『晉書』 卷127 「慕容德載記」, 3167쪽, "鍾傳檄青州諸郡曰: 「…… 孤以不才, 忝荷先驅, 都督元戎一十二萬, 皆烏丸突騎, 三河猛士, 奮劍與夕火爭光, 揮戈與秋月競色. ……」"; 『十六國春秋輯補』 卷59 「南燕錄」2, 441쪽.

위의 수도 평성으로 천사遷徙되었다.[447] 후연의 군주 모용보는 용성으로 도망가 요서 일대를 보전하였다. 업에 주둔하던 모용덕은 활대를 거쳐 광고廣固로 남하하여 남연을 세웠다.[448] 모용덕이 업에서 활대로 도망갈 때 4만호, 수레 27,000승,[449] 혹은 43,000호[450]를 거느리고 남하하였다. 이에 후연은 황하 이북의 땅을 빼앗겼을 뿐만 아니라 최소 472,000명과 4만호 혹은 43,000호의 호구도 잃어버렸다. 뿐만 아니라 이때 굴준屈遵,[451] 곡혼谷渾,[452]

447) 『魏書』 卷2 「太祖紀」 天興元年春正月條, 31-32쪽, "乃置行臺, 以龍驤將軍日南公和跋爲尚書, 與左丞賈彝率郎吏及兵五千人鎮鄴. …… 東駕將北還, 發卒萬人治直道, 自望都鐵關鑿恒嶺至代五百餘里. 帝慮還後山東有變, 乃置行臺於中山, 詔左丞相 · 守尚書令衛王儀鎮中山, 撫軍大將軍,略陽公元遵鎮勃海之合口. 右軍將軍尹國先督租于冀州, 聞帝將還, 謀反, 欲襲信都, 安南將軍長孫嵩執送, 斬之. 辛酉, 車駕發自中山, 至于望都堯山 . 徙山東六州民吏及徒何 · 高麗雜夷三十六萬, 百工伎巧十萬餘口, 以充京師."

448) 남연(南燕)에 대한 연구는 池培善, 「南燕與慕容德」, 『文史哲』 1993-3, 1993, 34왼쪽-34오른쪽; J. 霍爾姆格林, 謝萌珍 譯, 「論南燕政權的建立與滅亡」, 『國外社會科學』 1993-11, 1993, 47왼쪽-51오른쪽; 閻忠, 「南燕國考」, 『松遼學刊(社會科學版)』 1995-3, 1995; 李森, 「南燕史考論」, 『濰坊教育學院學報』 2002-2, 2002; 史貴國, 「南燕國史研究」, 山東師範大學碩士學位論文, 2012. 5. 15. 참조.

449) 『晉書』 卷127 「慕容德載記」, 3164쪽, "先是, 慕容和亦勸德南徙, 於是許之. 隆安二年, 乃率戶四萬 · 車二萬七千乘, 自鄴將徙于滑臺. 遇風, 船沒, 魏軍垂至, 眾懼, 議欲退保黎陽. 其夕流澌凍合, 是夜濟師, 旦, 魏師至而冰泮, 若有神焉. 遂改黎陽津為天橋津. 及至滑臺, 景星見于尾箕. 漳水得白玉, 狀若璽. 於是德依燕元故事, 稱元年, 大赦境內殊死已下, 置百官. 以慕容麟為司空 · 領尚書令, 慕容法為中軍將軍, 慕輿拔為尚書左僕射, 丁通為尚書右僕射, 自餘封授各有差."

450) 『十六國春秋輯補』 卷58 「南燕錄」1, 437쪽.

451) 『魏書』 卷33 「屈遵傳」, 777쪽, "屈遵, 字子皮, 昌黎徒河人也. 博學多藝, 名著當時. 為慕容永尚書僕射, 武垣公. 永滅, 垂以為博陵令. 太祖南伐, 車駕幸魯口, 博陵太守申永南奔河外, 高陽太守崔玄伯東走海濱, 屬城長吏率多逃竄. 遵獨告其吏民曰: '往年寶師大敗, 今茲垂征不還, 天之棄燕, 人弗支也. 魏帝神武命世, 寬仁善納, 御眾百萬, 號令若一, 此湯武之師. 吾欲歸命, 爾等 勉之, 勿遇嘉運而為禍先.' 遂歸太祖. 太祖素聞其名, 厚加禮焉. 拜中書令, 出納王言, 兼總文誥. 中原既平, 賜爵下蔡子. 從駕還京師, 卒, 時年七十."

452) 『魏書』 卷33 「谷渾傳」, 780쪽, "谷渾, 字元沖, 昌黎人也. 父袞, 膂力兼人, 彎弓三百斤, 勇冠

노로원盧魯元[453]과 노추盧醜[454]의 선조, 한병韓昞,[455] 한기린韓麒麟의 선조,[456] 손지孫志,[457] 두로승豆盧勝,[458] 우문귀宇文貴의 선조,[459] 기주冀州 · 정주定州 · 유주幽州 3주[460]의 도하徒何[461] 등 모용부을 비롯한 선비인과 창려 출신 한인들은 용성과 요서 일대로 도망가지 못하고 북위의 지배를 받게 되었다.[462]

一時. 仕慕容垂, 至廣武將軍. 渾少有父風, 任俠好氣, 以父母在, 常自退抑. 晩乃折節受經業, 遂覽群籍, 被服類儒者. 太祖時, 以善隸書為內侍左右."

453) 『魏書』 卷34 「盧魯元傳」, 801쪽, "盧魯元, 昌黎徒河人也. 曾祖副鳩, 仕慕容垂為尚書令 · 臨澤公. 祖父並至大官. 魯元敏而好學, 寬和有雅度. 太宗時, 選為直郎."

454) 『魏書』 卷84 「儒林 · 盧醜傳」, 1843쪽, "盧醜, 昌黎徒河人, 襄城王魯元之族也."

455) 『魏書』 卷42 「韓秀傳」, 952-953쪽, "韓秀, 字白虎, 昌黎人也. 祖宰, 慕容儁謁者僕射. 父昞, 皇始初歸國, 拜宣威將軍 · 騎都尉."

456) 『魏書』 卷60 「韓麒麟傳」, 1331쪽, "韓麒麟, 昌黎棘城人也, 自云漢大司馬增之後. 父瑚, 秀容 · 平原二郡太守."

457) 『魏書』 卷78 「孫紹傳」, 1723쪽, "孫紹, 字世慶, 昌黎人. 世仕慕容氏. 祖志入國, 卒於濟陽太守."

458) 『北史』 卷68 「豆盧寧傳」, 2365쪽, "豆盧寧字永安, 昌黎徒何人. 其先本姓慕容氏, 燕北地王精之後也. 高祖勝, 以燕. 皇始初歸魏, 授長樂郡守, 賜姓豆盧氏. 或云北人謂歸義為「豆盧」, 因氏焉, 又云避難改焉, 未詳孰是."

459) 『北史』 卷60 「宇文貴傳」, 2137쪽, "宇文貴字永貴, 其先昌黎大棘人也, 徙居夏州."

460) 본문의 '정주(定州)'는 북위(北魏)가 후연(後燕)의 하북(河北)을 점령한 후 기주(冀州)를 나누어 기주(冀州)의 북부에 설치한 주(州)이다.

461) 『魏書』 卷3 「太宗紀」 泰常三年夏四月己巳條, 58쪽, "夏四月己巳, 徙冀 · 定 · 幽三州徒何於京師."

462) 庫傉官氏는 北魏에 항복했다가 후에 北燕으로 달아났다(『魏書』 卷3 「太宗紀」 泰常元年冬十月壬戌條, 56쪽, "徒何部落庫傉官斌先降, 後復叛歸馮跋.").

2. 후연(後燕) 시대 요서(遼西)

1) 후연(後燕) '중산시대(中山時代)'(384-397)의 요서(遼西)

후연後燕이 막 건국하여 영토를 확장할 무렵 모용좌慕容佐와 평규平規가 385년 계薊를 공격하였다. 전진前秦의 유주자사幽州刺史 왕영王永이 패배하자 이월에 송창宋敞에게 화룡和龍과 계성薊城의 궁실宮室을 불사르도록 하고 3만을 거느리고 호관壺關으로 달아났다.[463] 전연前燕의 옛 수도 화룡龍城과 계성薊城을 파괴하여 후연後燕이 사용하지 못하도록 한 것이다. 후연後燕은 전연前燕의 옛 수도에 행대行臺 혹은 유대留臺를 설치하였다. 389년 용성龍城(모용부慕容部-전연前燕의 세 번째 수도)에 유대留臺를 설치하고 모용륭慕容隆을 녹유대상서사錄留臺尚書事에 임명하였다.[464] 391년 계薊(모용부慕容部-전연前燕의 네 번째 수도)에 행대行臺를 설치하고 모용성慕容盛을 녹행대상서사錄行臺尚書

463) 『資治通鑑』 卷106 「晉紀」28 孝武帝太元十年條, 3340쪽, "燕帶方王佐與寧朔將軍平規共攻薊, 王永兵屢敗. 二月, 永使宋敞燒和龍及薊城宮室, 帥眾三萬奔壺關; 佐等入薊."

464) 『晉書』 卷123 「慕容垂載記」, 3087쪽, "建留臺于龍城, 以高陽王慕容隆錄留臺尚書事."; 『十六國春秋輯補』 卷44 「後燕錄」3, 350쪽, "遼西王農在龍城五年, 庶務脩舉, 表請代還. 垂乃召農還, 爲侍中司隸校尉, 而以高陽王隆代之. 農建留臺龍城, 使隆錄留臺尚書事. 隆因農舊規, 修而廣之, 遼碣遂安."; 『資治通鑑』 卷107 「晉紀」29 孝武帝太元十四年春正月條, 3386쪽, "遼西王農在龍城五年, 庶務脩舉, 乃上表曰: '臣頃因征即鎮, 所統將士安逸積年, 青·徐·荊·雍遺寇尚繁, 願時代還, 展竭微效, 生無餘力, 沒無遺恨, 臣之志也!' 庚申, 燕主垂召農為侍中·司隸校尉; 以高陽王隆為都督幽·平二州諸軍事·征北大將軍·幽州牧; 建留臺於龍城, 以隆錄留臺尚書事. 又以護軍將軍平幼為征北長史, 散騎常侍封孚為司馬, 並兼留臺尚書. 隆因農舊規, 脩而廣之, 遼·碣遂安(遼·碣, 謂遼水·碣石)."

事에 임명하였다.[465] 업鄴(모용부慕容部-전연前燕의 다섯째 수도)에 유대留臺가 설치된 해는 알려져 있지 않지만, 모용보慕容寶가 즉위한 후 모용덕慕容德이 기주목冀州牧에 임명되어 업鄴에 주둔하며 유대留臺를 파견했다는 기록이 있다.[466] 여기에서 유대留臺 폐지는 이전에 업鄴에 유대留臺가 있었다는 뜻이다.

이 가운데 모용부(전연과 후연)의 발상지 용성龍城에는 종묘宗廟가 설치되었다. 모용농慕容農이 394년 황하黃河 이남을 공격하여 늠구廩丘와 양성陽城, 태산太山 · 낭야琅邪 제군諸郡을 점령하자 후연後燕의 군주 모용수慕容垂는 용성의 묘廟에 승전보를 알렸다.[467] 이는 전연처럼 후연 시대에도 용성에 종묘가 설치되었고, 용성은 중요한 사건을 고하는 의식이 행해지는 의례적 공간이었음을 뜻한다. 또 용성은 후연 황실의 정신적 고향이기도 했다. 따라서 후연의 창업군주 모용수는 396년 사후 용성의 선평릉宣平陵에 묻혔다.[468]

후연이 처음 건국했을 때 모용수가 385년 전진前秦의 부비苻丕, 동진東晉의 유뢰지劉牢之와 싸웠다. 이때 모용수는 모용좌慕容佐에게 용성을 지키게 하였다. 고구려는 후연이 변경에 신경을 쓰지 못하는 틈을 타서 요동과 현

---

465) 『資治通鑑』 卷107 「晉紀」29 孝武帝太元十六年春正月條, 3398쪽, "春, 正月, 燕置行臺於薊, 加長樂公盛錄行臺尙書事."

466) 『晉書』 卷127 「慕容德載記」, 3162쪽, "垂臨終, 敕其子寶以鄴城委德. 寶既嗣位, 以德為使持節 · 都督冀兗青徐荊豫六州諸軍事 · 特進 · 車騎大將軍 · 冀州牧, 領南蠻校尉, 鎮鄴, 罷留臺, 以都督專總南夏."; 『十六國春秋輯補』 卷58 「南燕錄」1, 435쪽.

467) 『晉書』 卷123 「慕容垂載記」, 3089쪽, "使慕容農略地河南, 攻廩丘 · 陽城, 皆克之, 太山 · 琅邪諸郡皆委城奔潰, 農進師臨海, 置守宰而還. 垂告捷于龍城之廟."; 『十六國春秋輯補』 卷44 「後燕錄」3, 351-352쪽.

468) 『十六國春秋輯補』 卷45 「前燕錄」4, 356쪽, "九月, 章武王宙奉垂及成哀段后元妃喪, 葬於龍城宣平陵."; 『資治通鑑』 卷108 「晉紀」30 孝武帝太元二十一年九月條, 3430쪽, "九月, 章武王宙奉燕方垂及成哀段後之喪葬於龍城宣平陵."

도를 점령하였다.[469] 그리고 부여인 여암餘巖이 무읍武邑에서 반란을 일으켜 4천여 인을 거느리고 영지令支를 점령하였다.[470] 고구려는 요동 지방을, 여암餘巖은 요서군遼西郡을 지배하여 후연은 동북 지역을 상실하였다. 이에 모용수는 모용농慕容農을 파견하여 여암餘巖을 공격하도록 하였다.[471] 모용농은 영지를 공격하여 여암 형제를 살해하고 고구려를 공격하여 요동과 현도 2군을 회복한 후 용성에 주둔하였다.[472] 이에 후연의 요동 · 요서 지배는 안정되었다. 『자치통감』에서는 당시의 상황을 다음과 같이 설명하였다.

469) 『晉書』 卷123 「慕容垂載記」, 3086쪽, "高句驪寇遼東, 垂平北慕容佐遣司馬郝景率眾救之, 為高句驪所敗, 遼東 · 玄菟遂沒."; 『十六國春秋輯補』 卷43 「後燕錄」2, 346쪽; 『資治通鑑』 卷106 「晉紀」28 孝武帝太元十年夏閏月條, 3346쪽, "庚戌, 燕王垂至常山, 圍翟成於行唐. 命帶方王佐鎮龍城. 六月, 高句麗寇遼東, 佐遣司馬郝景將兵救之, 為高句麗所敗, 高句麗遂陷遼東 · 玄菟."

470) 『晉書』 卷123 「慕容垂載記」, 3086쪽, "建節將軍徐巖叛于武邑, 驅掠四千餘人, 北走幽州. 垂馳敕其將平規曰: '但固守勿戰, 比破丁零, 吾當自討之.' 規違命距戰, 為巖所敗. 巖乘勝入薊, 掠千餘戶而去, 所過寇暴, 遂據令支."; 『十六國春秋輯補』 卷43 「後燕錄」2, 346쪽; 『資治通鑑』 卷106 「晉紀」28 孝武帝太元十年秋七月條, 3347쪽, "燕建節將軍餘巖叛, 自武邑北趣幽州. 燕王垂馳使敕幽州將平規曰: '固守勿戰, 俟吾破丁零自討之.' 規出戰, 為巖所敗. 巖入薊, 掠千餘戶而去, 遂據令支. 癸酉, 翟成長史鮮於得斬成出降; 垂屠行唐, 盡坑成眾."

471) 『資治通鑑』 卷106 「晉紀」28 孝武帝太元十年秋七月條, 3349쪽, "燕主垂以魯王和為南中郎將, 鎮鄴. 遣慕容農出蠮螉塞, 歷凡城, 趣龍城, 會兵討餘巖, 慕容麟 · 慕容隆自信都徇勃海 · 清河. 麟擊勃海太守封懿, 執之. 因屯歷口. 懿, 放之子也."

472) 『晉書』 卷123 「慕容垂載記」, 3086쪽, "慕容農攻克令支, 斬徐巖兄弟. 進伐高句驪, 復遼東 · 玄菟二郡, 還屯龍城."; 『十六國春秋輯補』 卷43 「後燕錄」2, 346쪽; 『資治通鑑』 卷106 「晉紀」28 孝武帝太元十年條, 3356쪽, "慕容農至龍城, 休士馬十餘日. 諸將皆曰: '殿下之來, 取道甚速, 今至此. 久留不進, 何也?' 農曰: '吾來速者, 恐餘巖過山鈔盜, 侵擾良民耳. 巖才不逾人, 誑誘饑兒, 烏集為群, 非有綱紀. 吾已扼其喉, 久將離散, 無能為也. 今此田善熟, 未收而行, 徒自耗損; 當俟收畢, 往則梟之, 亦不出旬日耳.' 頃之, 農將步騎三萬至令支, 巖眾震駭, 稍稍逾城歸農. 巖計窮出降, 農斬之. 進擊高句麗, 復遼東 · 玄菟二郡. 還至龍城上, 上疏請繕修陵廟."

"연왕燕王 수垂는 모용농慕容農을 사지절使持節 도독유 · 평2주 · 북적제군사都督幽 · 平二州 · 北狄諸軍事 유주목幽州牧에 임명하여 용성龍城에 주둔하도록 하였다. 또 평주자사平州刺史 대방왕帶方王 모용좌慕容佐는 평곽平郭에 주둔하도록 하였다. 모용농은 이때에 법제法制를 창립創立하고, 일은 관대하고 간단하게 하였다. 또 형옥刑獄을 맑게 하며 부역賦役을 없애고 농상農桑을 권과勸課하니, 거민居民이 부유해졌다. 이에 전후 모용농의 휘하에 이른 사방四方의 민民이 수만 구口에 달했다. 이전에 유주幽州와 기주冀州의 유민流民 대부분은 고구려高句麗로 들어갔다. 모용농이 표기사마驃騎司馬 범양范陽 방연龐淵을 요동태수遼東太守로 임명하여 고구려로 유입된 유주와 기주의 유민을 초무招撫하게 하였다."

『십육국춘추집보』에도 위의 인용문과 유사한 구절이 있다.[473] 위의 인용문에서 모용농慕容農이 유주목幽州牧에 임명된 후 유주幽州의 치소治所는 계薊에서 용성龍城으로 바뀌었음을 알 수 있다. 이는 평주平州에 속한 요서遼西 지역이 유주幽州에 편입되었음을 뜻한다. 이에 따라 평주는 요동 일대로 한정되었고 평주의 치소는 평곽平郭으로 바뀌었다. 그리고 모용농은 고구려로 유입된 유주와 기주의 유민을 초무하게 하였다. 이는 요서의 인구와 경제력 확충을 꾀한 조치였다. 용성에서 5년 동안 주둔하며 유주를 다스리던 모용농이 389년 다른 곳으로 가기 원하자 모용수는 모용농慕容隆을 유주목幽州牧으로 임명하고 용성에 유대留臺를 설치한 후 모용륭慕容隆을 녹유대상서사

473) 『十六國春秋輯補』 卷43 「後燕錄」2, 346쪽, "垂以農爲幽州牧, 留鎭之. 農法制寬簡, 淸刑獄, 省賦役, 勸農桑, 居民富贍. 四方流民, 至者數萬."

錄留臺尙書事에 임명하였다.[474] 용성에 유대를 설치한 것은 용성의 정치적 위상을 높인 조치였지만, 맹장 모용농이 시중侍中 사예교위司隷校尉에 임명하여 용성을 떠나고 모용륭이 녹유대상서사錄留臺尙書事에 임명되어 모용농 대신 용성에 주둔하니, 고구려로서는 후연의 군사적 위협을 줄일 수 있었다.

전연과 마찬가지로 후연시대에도 용성과 요서 일대에는 정예 군대가 주둔했던 것 같다. 하염간賀染干이 391년 하눌賀訥을 살해하려 하여 둘이 싸웠다. 이때 탁발규拓跋珪가 후연에 토벌을 청하고 향도가 되겠다고 하자 모용수는 모용린慕容麟에게 하눌을 공격하게 하였다. 난한蘭汗은 용성의 군대를 동원하여 하염간을 격파하였다.[475] 이는 용성에 정예 혹은 대규모 군대가 주둔했음을 보여준다. 즉 전연처럼 후연도 용성을 군사적 중심지의 하나로 육성하였다. 모용수가 395년 북위를 친정親征하기로 결심한 후 모용회를 녹유대사錄留臺事 영유주자사領幽州刺史에 임명하여 용성에 주둔하게 하였다. 그리고 난한을 북중랑장北中郎將에 임명하여 계薊에 주둔하게 하였다. 이어서 모용수는 모용륭慕容隆과 모용성慕容盛에게 용성과 계에서 군대를 이끌고

474) 『十六國春秋輯補』 卷44 「後燕錄」3, 350쪽, "遼西王農在龍城五年, 庶務脩舉, 表請代還. 垂乃召農還, 爲侍中司隷校尉, 而以高陽王隆代之. 農建留臺龍城, 使隆錄留臺尙書事. 隆因農舊規, 修而廣之, 遼碣遂安."; 『資治通鑑』 卷107 「晉紀」29 孝武帝太元十四年春正月條, 3386쪽, "遼西王農在龍城五年, 庶務脩舉, 乃上表曰: '臣頃因征即鎮, 所統將士安逸積年, 青 · 徐 · 荊 · 雍遺寇尚繁, 願時代還, 展竭微效, 生無餘力, 沒無遺恨, 臣之志也!' 庚申, 燕主垂召農為侍中 · 司隸校尉; 以高陽王隆為都督幽 · 平二州諸軍事 · 征北大將軍 · 幽州牧; 建留臺於龍城, 以隆錄留臺尚書事. 又以護軍將軍平幼為征北長史, 散騎常侍封孚為司馬, 並兼留臺尚書. 隆因農舊規, 脩而廣之, 遼 · 碣遂安."

475) 『資治通鑑』 卷107 「晉紀」29 孝武帝太元十六年條, 3398쪽, "賀染干謀殺其兄訥, 訥知之, 舉兵相攻. 魏王珪告於燕, 請為鄉導以討之. 二月, 甲戌, 燕主垂遣趙王麟將兵擊訥, 鎮北將軍蘭汗帥龍城之兵擊染干."

다음해에 후연의 수도 중산中山에 모일 것을 명령하였다.[476] 모용륭이 396년 용성의 군대를 이끌고 중산에 합류하자 후연군의 사기가 올랐다.[477] 이는 모용륭이 데리고 간 군대가 정예부대였음을 시사한다.

북위와의 전쟁을 벌이고 있었던 모용수는 396년 정동장군征東將軍 평규平規를 보내 기주冀州의 군대를 징발하도록 하였다. 그러나 평규는 이월 박릉博陵·무읍武邑·장락長樂 3군郡의 군대를 이끌고 노구魯口에서 반란을 일으켰다. 평규의 아우 해양령海陽令 평한平翰도 요서군遼西郡에서 기병하여 내응하였다. 후연의 군주 모용수는 진동장군鎭東將軍 여숭餘嵩을 보냈으나 도리어 여숭이 패하고 전사하였다. 이에 모용수가 직접 군대를 이끌고 평규를 공격하였다. 해양령 평한은 용성을 공격했으나 모용회慕容會가 모용근慕容根을 보내 평한의 군대를 격파하였다. 이에 평한은 산남山南(백랑白狼과 서무徐無 등 산의 남쪽)[478]으로 달아났다.[479] 평규와 평한의 반란이 전쟁터가 된 용성과 요서 일대에 큰 피해를 끼쳤음은 충분히 예상할 수 있다.

후연後燕 '중산시대中山時代'에 요서에는 대규모로 인구가 유입된 흔적이

---

476) 『資治通鑑』 卷108 「晉紀」30 孝武帝太元二十年十一月條, 3425쪽, "燕太子寶恥於參合之敗, 請更擊魏. 司徒德言於燕主垂曰: '虜以參合之捷, 有輕太子之心, 宜及陛下神略以服之, 不然, 將為後患.' 垂乃以清河公會錄留臺事, 領幽州刺史, 代高陽王隆鎮龍城; 以陽城王蘭汗為北中郎將, 代長樂公盛鎮薊; 命隆·盛悉引其精兵還中山, 期以明年大舉擊魏."

477) 『資治通鑑』 卷108 「晉紀」30 孝武帝太元二十一年春正月條, 3425쪽, "春, 正月, 燕高陽王隆引龍城之甲入中山, 軍容精整, 燕人之氣稍振."

478) 『資治通鑑』 卷108 「晉紀」30 孝武帝太元二十一年條 胡註, 3426쪽, "白狼·徐無等山之南."

479) 『資治通鑑』 卷108 「晉紀」30 孝武帝太元二十一年條, 3425-3426쪽, "燕主垂遣征東將軍平規發兵冀州. 二月, 規以博陵·武邑·長樂三郡兵反於魯口, 其從子冀州刺史喜諫, 不聽. 規弟海陽令翰亦起兵於遼西以應之. 垂遣鎮東將軍餘嵩擊規, 嵩敗死. 垂自將擊規, 軍至魯口, 規棄眾, 將妻子及平喜等數十人走渡河, 垂引兵還. 翰引兵趣龍城, 清河公會遣東陽公根等擊翰, 破之, 翰走山南."

없다. 다만 훗날 북연北燕을 세우는 풍발馮跋의 아버지 풍안馮安이 서연西燕이 망한 후 창려군昌黎郡으로 옮겨 장곡長谷에 집을 두게 되었다.[480] 이는 전연이 중원 정복 이후 요서로 유입되는 인구가 거의 없었고, 있다고 해도 죄수들이 이송되었던 현상과 유사하다. 용성과 요서 지역은 다시 후연의 정치적 중심지가 되지 않는 이상 인구 증가와 농업생산력 확대를 꾀할 수 없었다. 그러나 북위가 397-398년 후연의 수도 중산中山과 하북河北 지역을 점령하고 후연의 군주 모용보慕容寶가 용성으로 이주하면서 상황은 변하였다. 이는 다음 항에서 살펴보자.

2) 후연(後燕) '용성시대(龍城時代)'(397-407)의 요서(遼西)

대代, 北魏의 탁발규拓跋珪가 396년 후연을 공격하였다. 북위의 군대가 후연의 수도 중산을 포위하자 모용보慕容寶는 곤경에 처했다. 모용보는 탁발규가 신도信都로 진격한 틈을 타서 수도 중산中山을 나와 보졸步卒 12만과 기병騎兵 37,000을 거느리고 곡양曲陽으로 나갔다.[481] 이후 모용보는 중산으로

480) 『晉書』 卷125 「馮跋載記」, 3128쪽, "馮跋字文起, 長樂信都人也, 小字乞直伐, 其先畢萬之後也. 萬之子孫有食采馮鄉者, 因以氏焉. 永嘉之亂, 跋祖父和避地上黨. 父安, 雄武有器量, 慕容永時為將軍. 永滅, 跋東徙和龍, 家于長谷."; 『魏書』 卷97 「海夷馮跋傳」, 2126쪽, "海夷馮跋, 字文起, 小名乞直伐, 本出長樂信都. 慕容永僭號長子, 以跋父安為將. 永為垂所滅, 安東徙昌黎, 家于長谷. 跋飲酒至一石不亂. 母弟素弗, 次丕, 次洪, 皆任俠放逸, 不修行業, 跋恭慎勤稼穡. 既家昌黎, 遂同夷俗."

481) 『晉書』 卷124 「慕容寶載記」, 3094-3095쪽, "魏攻中山不克, 進據博陵魯口, 諸將望風奔退, 郡縣悉降于魏. 寶聞魏有內難, 乃盡眾出距, 步卒十二萬, 騎三萬七千, 次于曲陽柏肆. 魏軍進至新梁. 寶憚魏師之銳, 乃遣征北隆夜襲魏軍, 敗績而還. 魏軍方軌而至, 對營相持, 上下兇懼, 三軍奪氣. 農·麟勸寶還中山, 乃引歸. 魏軍追擊之, 寶·農等棄大軍, 率騎二萬奔還. 時大風雪, 凍死者相枕于道. 寶恐為魏軍所及, 命去袍杖戎器, 寸刃無返."; 『十六國春秋輯補』 卷45 「前燕錄」4, 357쪽; 『資

돌아가지 않고 계薊로 갔다.[482] 397년 자신 대신 모용책慕容策을 태자로 삼은 것에 불만을 느낀 모용회慕容會가 반란을 일으키자 모용보는 수백 기를 거느리고 용성으로 도망갔다. 시어랑侍御郎 고운高雲이 모용회의 군대를 격파하였다.[483] 그러나 이미 후연의 영토는 용성과 요서 일대로 축소되었다. 북

治通鑑』 卷109 「晉紀」31 安帝隆安元年正月條, 3438쪽, "燕主寶聞魏王珪攻信都, 出屯深澤, 遣趙王麟攻楊城, 殺守兵三百. 寶悉出珍寶及宮人募郡縣君盜以擊魏."; 『資治通鑑』 卷109 「晉紀」31 安帝隆安元年正月條, 3439-3440쪽, "二月, 己巳朔, 珪還屯楊城. 沒根兄子丑提為并州監軍, 聞其叔父降燕, 懼誅, 帥所部兵還國作亂. 珪欲北還, 遣其國相涉延求和於燕, 且請以其弟為質. 寶聞魏有內難, 不許, 使冗從僕射蘭真責珪負恩, 悉發其眾步卒十二萬 · 騎三萬七千屯於曲陽之柏肆, 營於滹沱水北以邀之. 丁丑, 魏軍至, 營於水南. 寶潛師夜濟, 募勇敢萬餘人襲魏營, 寶陳於營北以為之援. 募兵因風縱火. 急擊魏軍, 魏軍大亂, 珪驚起, 棄營跣走; 燕將軍乞特真帥百餘人至其帳下, 得珪衣靴. 既而募兵無故自驚, 互相斫射. 珪於營外望見之, 乃擊鼓收眾, 左右及中軍將士稍稍來集, 多布火炬於營外, 縱騎沖之. 募兵大敗, 還赴寶陳, 寶引兵復渡水北. 戊寅, 魏整眾而至, 與燕相持, 燕軍奪氣. 寶引還中山, 魏兵隨而擊之, 燕兵屢敗. 寶懼, 棄大軍, 帥騎二萬奔還. 時大風雪, 凍死者相枕. 寶恐為魏軍所及, 命士卒皆棄袍仗 · 兵器數十萬, 寸刃不返, 燕之朝臣將卒降魏及為魏所繫虜者甚眾. 先是, 張袞常為魏王珪言燕秘書監崔逞之材, 珪得之, 甚喜, 以逞為尚書, 使錄三十六曹, 任以政事."

482) 『晉書』 卷124 「慕容寶載記」, 3095쪽, "初, 寶聞魏之來伐也, 使慕容會率幽并之眾赴中山. 麟既叛, 寶恐其逆奪會軍, 將遣兵迎之. 麟侍郎段平子自丁零奔還, 說麟招集丁零, 軍眾甚盛, 謀襲會軍, 東據龍城. 寶與其太子策及農 · 隆等萬餘騎迎會于薊, 以開封公慕容詳守中山. 會傾身誘納, 繕甲厲兵, 步騎二萬, 列陣而進, 迎寶薊南. 寶分其兵給農 · 隆, 遣西河公庫辱官驥率眾三千助守中山."; 『資治通鑑』 卷109 「晉紀」31 安帝隆安元年三月條, 3446쪽, "甲寅, 寶至薊, 殿中親近散亡略盡, 惟高陽王隆所領數百騎為宿衛. 清河王會帥騎卒二萬迎於薊南, 寶怪會容止怏怏有恨色, 密告隆及遼西王農. 農 · 隆俱曰: '會年少, 專任方面, 習驕所致, 豈有它也! 臣等當以禮責之.' 寶雖從之, 然猶詔解會兵以屬隆, 隆固辭; 乃減會兵分給農 · 隆. 又遣西可公庫辱官驥帥兵三千助守中山."

483) 『晉書』 卷124 「慕容寶載記」, 3095-3096쪽, "會以策為太子, 有恨色. 寶以告農 · 隆, 俱曰: '會一年少, 專任方事, 習驕所致, 豈有他也. 臣當以禮責之.' 幽平之士皆懷會威德, 不樂去之, 咸請曰: '清河王天資神武, 權略過人, 臣等與之誓同生死, 感王恩澤, 皆勇氣自倍. 願陛下與皇太子 · 諸王止駕薊宮, 使王統臣等進解 京師之圍, 然後奉迎車駕.' 寶左右皆害其勇略, 譖而不許, 眾咸有怨言. 左右勸寶殺會, 侍御史仇尼歸聞而告會曰: '左右密謀如是, 主上將從之. 大王所恃唯父母也, 父已異圖; 所杖者兵也, 兵已去手, 進退路窮, 恐無自全之理. 盍誅二王, 廢太子, 大王自處東宮, 兼領將相, 以匡社稷.' 會不從. 寶謂農 · 隆曰: '觀會為變, 事當必然, 宜早殺之. 不爾, 恐成大禍.' 農曰: '寇賊內侮,

위의 강력한 군대를 막지 못한 탓도 있었지만 후연이 수도 중산성中山城과 하북河北 지역을 빼앗기는 과정을 보면 모용보慕容寶의 무능과 모용린慕容麟, 모용상慕容詳, 모용회慕容會 등의 반란이 있었다.

청주靑州(현재의 山東省)로 남하한 모용덕慕容德이 398년 남벌南伐을 권하자[484] 모용보는 보병과 기병 3만을 거느리고 을련乙連에 주둔하였다. 이때 단속골段速骨 등이 군인들이 전쟁터에 나가는 것을 두려워하는 점을 이용하여 모용주慕容宙를 죽이고 모용숭慕容崇을 옹립하려고 하였다. 단속골의 공격을 받은 모용보는 용성으로 달아났다가 단속골의 군사가 용성을 공격하자 용성을 버리고 모용성慕容盛·모여등慕輿騰 등과 함께 달아났다. 모용보는 계薊를 거쳐 여양黎陽으로 갔으나 모용덕慕容德이 칭제稱制했다는 소식을 듣고 다시 용성으로 돌아갔다. 이때 모용보는 난한蘭汗에게 살해되었다.[485]

中州紛亂, 會鎮撫舊都, 安眾寧境, 及京師有難, 萬里星赴, 威名之重, 可以振服戎狄. 又逆跡未彰, 宜且隱忍. 今社稷之危若綴旒然, 復內相誅戮, 有損威望.' 寶曰: '會逆心已成, 而王等仁慈, 不欲去之, 恐一旦釁發, 必先害諸父, 然後及吾. 事敗之後, 當思朕言.' 農等固諫, 乃止. 會聞之彌懼, 奔于廣都黃榆谷. 會遣仇尼歸等率壯士二十餘人分襲農·隆, 隆是夜見殺, 農中重創. 既而會歸于寶, 寶意在誅會, 誘而安之, 潛使左衛慕輿騰斬會, 不能傷. 會復奔其眾, 於是勒兵攻寶. 寶率數百騎馳如龍城, 會率眾追之, 遣使請誅左右佞臣, 并求太子, 寶弗許. 會圍龍城, 侍御郎高雲夜率敢死士百餘人襲會, 敗之, 眾悉逃散, 單馬奔還中山, 乃踰圍而入, 為慕容詳所殺.";『十六國春秋輯補』卷45「後燕錄」4, 358-359쪽.

484) 『資治通鑑』卷110「晉紀」32 安帝隆安二年條, 3463쪽, "庚申, 渡澆洛水, 會南燕王德遣侍郎李延詣寶, 言'涉珪西上, 中國空虛.' 延追寶及之, 寶大喜, 即日引還."

485) 『晉書』卷124「慕容寶載記」, 3096-3097쪽, "慕容德遣侍郎李延勸寶南伐, 寶大悅. 慕容盛切諫, 以為兵疲師老, 魏新平中原, 宜養兵觀釁, 更俟他年. 寶將從之. 撫軍慕輿騰進曰: '今眾旅已集, 宜乘新定之機以成進取之功. 人可使由之, 而難與圖始, 惟當獨決聖慮, 不足廣採異同, 以沮亂軍議也.' 寶曰: '吾計決矣, 敢諫者斬!' 寶發龍城, 以慕輿騰為前軍大司馬, 慕容農為中軍, 寶為後軍, 步騎三萬, 次于乙連. 長上段速骨·宋赤眉因眾軍之憚役也, 殺司空·樂浪王宙, 逼立高陽王崇. 寶單騎奔農, 仍引軍討速骨. 眾咸憚征幸亂, 投杖奔之. 騰眾亦潰, 寶·農馳還龍城. 蘭汗潛與速骨通謀,

위에서 살펴본 것처럼 후연은 북위에 하북 지역을 빼앗기고 용성과 요서를 지배하는 소국小國으로 전락하였다. 그나마 모용보가 중산성을 탈출할 때 데리고 나온 보졸步卒 12만 인과 기병騎兵 37,000인의 상당수와 모용씨와 관리 등 지배층 일부가 용성과 요서로 이주하여 그만큼 인구가 늘어난 점은 재기의 기반이 될 수 있었다. 후연의 재기를 위해 398년 모용농慕容農은 아래와 같이 제안하였다.

"연燕의 계륜啟倫이 용성龍城으로 돌아와서, 중산中山이 이미 함락되었다고 보고하였다. 연주燕主 모용보慕容寶는 파병罷兵을 명령하였다. 요서왕遼西王 모용농慕容農은 모용보慕容寶에게 다음과 같이 말하였다. '지금 도성都城을 옮긴지 얼마 안 되었으니 아직 남정南征할 수 없습니다. 마땅히 군대를 이끌고 고막해庫莫奚를 습격하여 고막해의 소와 말을 취하여 군자軍資에 충당하고 다시 허실을 살펴 내년까지 기다린 후 의논해야 합

速骨進師攻城, 農為蘭汗所譎, 潛出赴賊, 為速骨所殺. 眾皆奔散, 寶與慕容盛 · 慕輿騰等南奔. 蘭汗奉太子策承制, 遣使迎寶, 及于薊城. 寶欲還北, 盛等咸以汗之忠款虛實未明, 今單馬而還, 汗有貳志者, 悔之無及. 寶從之, 乃自薊而南. 至黎陽, 聞慕容德稱制, 懼而退. 遣慕輿騰招集散兵于鉅鹿, 慕容盛結豪桀于冀州, 段儀 · 段溫收部曲于內黃, 眾皆響會, 剋期將集. 會蘭汗遣左將軍蘇超迎寶, 寶以汗垂之季舅, 盛又汗之壻也, 必謂忠款無貳, 乃還至龍城. 汗引寶入于外邸, 弒之, 時年四十四, 在位三年, 即隆安三年也. 汗又殺其太子策及王公卿士百餘人. 汗自稱大都督 · 大將軍 · 大單于 · 昌黎王. 盛僭位, 偽諡寶惠愍皇帝, 廟號烈宗.";『十六國春秋輯補』卷45「後燕錄」4, 360-361쪽;『資治通鑑』卷110「晉紀」32 安帝隆安二年條, 3464쪽, "壬午, 寶至乙連, 長上段速骨 · 宋赤眉等因眾心之憚征役, 遂作亂. 速骨等皆高陽王隆舊隊, 共逼隆子高陽王崇為主, 殺樂浪威王宙 · 中牟熙公段誼及宗室諸王. 河間王熙素與崇善, 崇擁佑之, 故獨得免. 燕主寶將十餘騎奔司空農營, 農將出迎, 左右抱其腰, 止之曰: '宜小清澄, 不可便出.' 農引刀將斫之, 遂出見寶, 又馳信追慕輿騰. 癸未, 寶 · 農引兵還趣大營, 討速骨等. 農營兵亦厭征役, 皆棄仗走, 騰營亦潰. 寶 · 農奔還龍城. 長樂王盛聞亂, 引兵出迎, 寶 · 農僅而得免."

니다.' 모용보는 모용농의 말을 따랐다."[486]

모용농慕容農은 북위에게 빼앗긴 하북 지역을 다시 되찾으면 군세軍勢가 약하니 후연보다 약한 고막해庫莫奚를 공격해 가축을 확보하여 후연의 경제력을 확충할 것을 제안하였다. 이는 모용외慕容廆와 모용황慕容皝이 우문부宇文部 · 단부段部 · 고구려高句麗 · 부여夫餘 등을 공격하여 영토를 넓히고 피정복민을 천사遷徙하여 인구를 늘렸던 정책으로 돌아가는 것이다. 모용보의 뒤를 이어 후연의 군주가 된 모용성慕容盛과 모용희慕容熙 재위 시기에 주변의 고구려高句麗와 고막해庫莫奚, 거란契丹 등을 공격하였다. 모용성은 400년 3만을 이끌고 고구려를 공격하여 신성新城과 남소南蘇를 점령하고 5천여 호戶를 요서로 옮겼다.[487] 또 401년 고막해를 공격하여 대거 노획하여 돌아왔다.[488] 모용희는 404년 북쪽의 거란契丹을 습격하여 대파하였다.[489] 전년(404

486) 『資治通鑑』 卷110 「晉紀」32 安帝隆安二年條, 3463쪽, "燕啟倫還至龍城, 言中山已陷; 燕主寶命罷兵. 遼西王農言於寶曰: '今遷都尚新, 未可南征, 宜因成師襲庫莫奚, 取其牛馬以充軍資, 更審虛實, 俟明年而議之.' 寶從之."

487) 『晉書』 卷124 「慕容盛載記」, 3103쪽, "盛率眾三萬伐高句驪, 襲其新城 · 南蘇, 皆克之, 散其積聚, 徙其五千餘戶于遼西."; 『十六國春秋輯補』 卷46 「後燕錄」5, 367쪽; 『資治通鑑』 卷111 「晉紀」33 安帝隆安四年條, 3507쪽, "高句麗王安事燕禮慢; 二月, 丙申, 燕王盛自將兵三萬襲之, 以驃騎大將軍熙為前鋒, 拔新城 · 南蘇二城, 開境七百餘里, 徙五千餘戶而還. 熙勇冠諸將, 盛曰: 「叔父雄果, 有世祖之風, 但弘略不如耳!」"; 『三國史記』 卷18 「高句麗本紀」6 廣開土王九年春二月條, "二月, 燕王盛, 以我王禮慢, 自將兵三萬襲之. 以驃騎大將軍慕容熙, 爲前鋒, 拔新城 · 南蘇二城, 拓地七百餘里, 徙五千餘戶而還."

488) 『晉書』 卷124 「慕容盛載記」, 3104쪽, "盛討庫莫奚, 大虜獲而還."; 『十六國春秋輯補』 卷46 「後燕錄」5, 368쪽.

489) 『晉書』 卷124 「慕容熙載記」, 3106쪽, "熙北襲契丹, 大破之."; 『十六國春秋輯補』 卷47 「後燕錄」6, 370쪽; 『資治通鑑』 卷114 「晉紀」36 安帝義熙元年條, 3588쪽, "十二月, 燕王熙襲契丹."

년) 고구려의 침입을 받자[490] 모용성은 405년 정월 요동성遼東城을 공격했으나 고구려 군사들의 완강한 저항과 비와 눈이 많이 내려 사졸들이 많이 죽자 후퇴하였다.[491] 406년에는 거란을 습격하려고 했으나, 거란의 무리를 두려워하여 치중輜重을 버리고 대신 고구려를 공격하였다. 후연군後燕軍은 3천여 리를 행군하여 목저성木底城을 공격했으나 이기지 못하고 돌아갔다.[492] 이상으로 살펴본 것처럼 모용성과 모용희 시기 모두 6차례에 걸쳐 고막해와 거란, 고구려를 친정親征하였다. 그러나 그들의 선조 모용외 · 모용황 시기와는 달리 주변 세력을 압도하지 못하였다. 6차례의 원정遠征에서 고작 세 차례 이기는데 그쳤다. 405년에는 거란을 공격하려다가 거란의 군대를 무서워하여 공격을 포기하고 대신 고구려를 공격하다가 이기지 못하여 모

490) 『三國史記』 卷18 「高句麗本紀」6 廣開土王九年十三年冬十一月條, "十三年, 冬十一月, 出師侵燕." 『晉書』 「慕容熙載記」에 따르면, 이때 高句麗는 燕郡을 공격하여 백여 인을 죽였다(『晉書』 卷124 「慕容熙載記」, 3106쪽, "會高句驪寇燕郡, 殺略百餘人.").

491) 『晉書』 卷124 「慕容熙載記」, 3106쪽, "會高句驪寇燕郡, 殺略百餘人. 熙伐高句驪, 以苻氏從, 爲衝車地道以攻遼東. 熙曰: '待剗平寇城, 朕當與后乘輦而入, 不聽將士先登.' 於是城內嚴備, 攻之不能下. 會大雨雪, 士卒多死, 乃引歸."; 『十六國春秋輯補』 卷47 「後燕錄」6, 371쪽; 『資治通鑑』 卷114 「晉紀」36 安帝義熙元年正月條, 3579쪽, "燕王熙伐高句麗. 戊申, 攻遼東. 城且陷, 熙命將士: '毋得先登, 俟剗平其城, 朕與皇后乘輦而入.' 由是城中得嚴備, 卒不克而還."; 『三國史記』 卷18 「高句麗本紀」6 廣開土王九年十四年春正月條, "十四年, 春正月, 燕王熙來攻遼東城. 且陷, 熙命將士: "毋得先登, 俟剗平其城, 朕與皇后, 乘轝而入." 由是, 城中得嚴備, 卒不克而還."

492) 『晉書』 卷124 「慕容熙載記」, 3106쪽, "熙與苻氏襲契丹, 憚其眾盛, 將還, 苻氏弗聽, 遂棄輜重, 輕襲高句驪, 周行三千餘里, 士馬疲凍, 死者屬路. 攻木底城, 不克而還."; 『十六國春秋輯補』 卷47 「後燕錄」6, 371쪽; 『資治通鑑』 卷114 「晉紀」36 安帝義熙二年十二月條, 3588쪽, "十二月, 燕王熙襲契丹."; 『資治通鑑』 卷114 「晉紀」36 安帝義熙二年春正月條, 3588쪽, "燕王熙至陘北, 畏契丹之眾, 欲還, 苻后不聽; 戊申, 遂棄輜重, 輕兵襲高句麗."; 『三國史記』 卷18 「高句麗本紀」6 廣開土王九年十五年冬十二月條, "冬十二月, 燕王熙襲契丹, 至陘北, 畏契丹之衆, 欲還. 遂棄輜重, 輕兵襲我. 燕軍行三千餘里, 士馬疲凍, 死者屬路. 攻我木底城, 不克而還."

용희는 체면까지 구겼다.

후연 군주들의 친정親征뿐만 아니라 친후연親後燕 세력이 북위를 공격하였다. 『위서』 권2 「태조기」 천흥원년삼월조에는 북위의 이위伊謂가 398년 어양漁陽의 군도羣盗 고녹관도庫傉官韜의 반란을 토벌했다고 하였다.[493] 같은 해 고녹관도는 다시 북위를 공격하였다. 이에 왕건王建이 토벌하여 평정하였다.[494] 고녹관씨庫傉官氏는 모용부에 속한 집단이었고 어양漁陽이 후연의 요서와 가까운 지역이었음을 보면 친후연親後燕 성향이거나 후연에 신속臣屬한 고녹관씨 집단이 북위를 공격한 것이다. 그러나 북위의 공격을 받아 패하여 영토 확장은 실패하였다.

후연은 어양군漁陽郡과 요서군遼西郡의 지배권을 두고 북위와 일진일퇴의 공방전을 계속하였다. 후연의 요서태수遼西太守 이랑李朗이 399년 칠월 북위에 항복하였다.[495] 같은 해 십이월 후연의 연군태수燕郡太守 고호高湖가 3천 호를 거느리고 북위에 내속內屬하였다.[496] 북위는 400년 정월 무오일(2. 11)

493) 『魏書』 卷2 「太祖紀」 天興元年三月條, 32쪽, "漁陽羣盗庫傉官韜聚衆反. 詔中堅將軍伊謂討之."

494) 『魏書』 卷2 「太祖紀」 天興元年秋七月條, 33쪽, "漁陽烏丸庫傉官韜復聚黨為寇. 詔冠軍將軍王建討平之."

495) 『魏書』 卷2 「太祖紀」 天興二年秋七月辛亥條, 32쪽, "慕容盛遼西太守李朗, 擧郡內屬."

496) 『魏書』 卷2 「太祖紀」 天興二年十二月甲午條, 36쪽, "十有二月甲午, 慕容盛征虜將軍 · 燕郡太守高湖, 率戶三千內屬." 여기서 '연군(燕郡)'이 광개토대왕(廣開土大王)이 공격한 연군(燕郡) 때문에 주목되지만, 『위서』 권32 「고호전(高湖傳)」에서 북위(北魏) 항복 후 고호(高湖)가 대(代) 동쪽의 제부(諸部)를 관할하였던 것을 보면(『魏書』 卷32 「高湖傳」, 751쪽, "寶立, 乃起湖為征虜將軍 · 燕郡太守. 寶走和龍, 兄弟交爭, 湖見其衰亂, 遂率戶三千歸國. 太祖賜爵東阿侯, 加右將軍, 總代東諸部."), 고호(高湖)는 항복 후 북위(北魏)의 영토 안에 들어왔음을 알 수 있다. 고호(高湖)가 태수(太守)로 있었던 연군(燕郡)은 북위(北魏)의 동쪽 경계에 가까운 지역에 있었을 것으로 생각된다. 약 5개월 전 후연(後燕)의 요서태수(遼西太守) 이랑(李朗)이 북위

어양군 일대에 있었던 후연의 유주자사幽州刺史 노부盧溥를 생포하였다.[497] 『자치통감』에 따르면, 북위의 전 하간태수河間太守였던 노부는 부곡部曲 수천가家를 거느리고 어양군으로 취식就食하러 갔다. 그리고 어양군을 비롯한 여러 군郡을 점령하였다. 이때 후연의 군주 모용성은 노부를 유주자사에 임명하였다.[498] 노부가 어양군 일대에서 북위와 싸움으로써 후연의 서쪽 변경의 영토가 넓어졌음과 동시에 북위와 후연 사이의 완충지대도 생겼다. 노부는 북위의 유주 군현을 공격하였고 북위의 유주자사 봉답간封沓干을 살해하였다.[499] 북위는 노부를 토벌하여 어양군 일대를 점령하였고, 이는 후연의 영토가 줄어들었음을 뜻한다. 401년에는 북위의 숙답간宿沓干이 후연을 공격하여 영지令支를 점령하였다.[500] 영지令支는 요서군에 속한 지역이었으며, 현재의 난하灤河 서쪽에 위치하였다. 후연은 다음해인 402년 반격하였다. 후연의 모용발慕容拔이 북위 영지수令支戍를 공격하여 점령하였다. 모용발은 유주자사에 임명되어 영지에 주둔하였고 요서遼西 양호陽豪가 본군태

(北魏)에 항복했음을 고려하면, 이때의 연군(燕郡)은 요서군(遼西郡) 주변에 있었을 것이다.

497) 『晉書』 卷124 「慕容盛載記」, 3103쪽, "魏襲幽州, 執刺史盧溥而去. 遣孟廣平援之, 無及."; 『魏書』 卷2 太祖紀 天興三年春正月戊午條, 36쪽, "和突破盧溥於遼西, 生獲溥及其子煥, 傳送京師, 轘之."; 『資治通鑑』 卷111 「晉紀」33 安帝隆安四年條, 3506쪽, "魏材官將軍和跋漢置材官將軍, 領郡國材官士以出征, 師還則省. 襲盧溥於遼西, 戊午, 克之, 禽溥及其子煥送平城, 車裂之. 燕主盛遣廣威將軍孟廣平救溥不及, 斬魏遼西守宰而還."

498) 『資治通鑑』 卷111 「晉紀」33 安帝隆安三年六月條, 3492쪽, "魏前河間太守范陽盧溥帥其部曲數千家, 就食漁陽, 遂據有數郡. 秋, 七月, 己未, 燕主盛遣使拜溥幽州刺史."

499) 『魏書』 卷2 太祖紀 天興二年八月辛亥條, 36쪽, "范陽人盧溥, 聚衆海濱, 稱使持節 · 征北大將軍 · 幽州刺史, 攻掠郡縣, 殺幽州刺史封沓干."

500) 『資治通鑑』 卷112 「晉紀」34 安帝隆安五年十二月條, 3530쪽, "乙卯, 魏虎威將軍宿沓干伐燕, 攻令支; 乙丑, 燕中領軍宇文拔救之. 壬午, 宿沓干拔令支而戍之."

수遼西太守에 임명되었다.[501] 이는 북위에게 빼앗겼던 영토를 다시 수복한 것에 불과하였다.

모용부와 전연에 일방적으로 당했던 고구려는 후연에게는 반대였다. 비록 다시 빼앗겼지만, 이미 385년 고국양왕故國壤王은 요동遼東과 현도玄菟 2군郡을 점령한 적이 있다.[502] 고구려가 요동군을 언제 점령했는지는 사서에 구체적으로 기록되지 않았다. 「광개토대왕비廣開土大王碑」에는 395년 무렵 고구려가 요동을 지배했음을 시사하는 구절이 보인다.

> "영락永樂 5년(395), 세차歲次로는 을미년乙未年에 왕은 패려稗麗가 고구려인에 대한 [노략질을 그치지 않으므로] 몸소 군사를 이끌고 가서 토벌하였다. 부산富山, 부산負山을 지나 염수鹽水 가에 이르러 그 3개 부락部落 600-700영營을 격파하였다. [노획한] 소 · 말 · 양의 수를 헤아릴 수 없을 정도였다. 이에 양평도襄平道를 지나 동쪽으로 □성□城, 역성力城, 북풍北豊, 오비□五備□로 오면서 영토를 시찰하고, 사냥한 후 돌아왔다.[503]

501) 『魏書』 卷2 「太祖紀」 天興五年春正月丁丑條, 32쪽, "五年春正月丁丑慕容熙遣將寇遼西, 虎威將軍宿沓干等拒戰不利, 棄令支而還."; 『資治通鑑』 卷112 「晉紀」34 安帝元興元年丁丑條, 3533쪽, "丁丑, 燕慕容拔攻魏令支戍, 克之, 宿沓干走, 執魏遼西太守那頡. 燕以拔為幽州刺史, 鎮令支, 以中堅將軍遼西陽豪為本郡太守."

502) 『三國史記』 卷18 「高句麗本紀」6 故國壤王二年條, "二年, 夏六月, 王出兵四萬, 襲遼東. 先是, 燕王垂命帶方王佐, 鎮龍城. 佐聞我軍襲遼東, 遣司馬郝景, 將兵救之, 我軍擊敗之, 遂陷遼東 · 玄菟, 虜男女一萬口而還. 冬十月, 燕慕容農將兵來侵, 復遼東 · 玄菟二郡."

503) 「廣開土大王碑」, "永樂五年歲在乙未, 王以稗麗不□□[人], 躬率往討. 過富山[負]山, 至鹽水上, 破其三部洛六七百營, 牛馬群羊, 不可稱數. 於是旋駕, 因過襄平道, 東來□城, 力城, 北豊, 五備□, 遊觀土境, 田獵而還."

위의 인용문에서 양평도襄平道는 한대漢代 이래 요동군의 치소였던 양평현襄平縣 일대에 있던 길로 추정된다. 따라서 패려稗麗[504]를 격파하고 고구려의 영토인 요동으로 돌아왔다는 해석이 가능하다.[505] 그러나 400-402년 사이에 점령한 요동 지역을 「광개토대왕비廣開土大王碑」에서는 395년 이전 점령한 것처럼 기술하였다고 비판하는 견해도 있다.[506] 그리고 양자의 주장을 절충하여 395년 무렵까지 고구려와 후연이 요동을 분점分占하였다고 보기도 한다.[507] 반면 398년에 요동을 점령했다는 중국학자의 견해도 있다.[508]

고구려의 광개토대왕廣開土大王은 402년 후연의 숙군宿軍을 공격하였다. 이에 후연 평주자사平州刺史 모용귀慕容歸가 도망갔다.[509] 후연이 406년 비여

---

504) 선행연구에 따르면, 패려(稗麗)는 서요하 상류 시라무렌하 유역에 있었던 거란(契丹)의 필혈부(匹絜部)라고 한다(朴時亨, 『광개토왕릉비』, 사회과학원출판사, 1966, 150-163쪽; 朴性鳳, 「광개토호태왕기 고구려 남진의 성격」, 『한국사연구』 27, 1979, 15-16쪽).

505) 고구려가 395년 이전 요동(遼東)을 점령했다는 주장은 徐榮洙, 「「廣開土大王陵碑文」의 정복기사 재검토(中)」, 『역사학보』 119, 1988, 94-103쪽; 武田幸男, 「長壽王の東アジア認識」, 『高句麗史と東アジア』, 吉川弘文館, 1989, 214쪽; 田中俊明, 「高句麗의 北方進出과 『廣開土王碑文』-北方領域形成史에 있어서 廣開土王時代-」, 『高句麗硏究』 2, 1996, 514-516쪽; 孔錫龜, 「廣開土王의遼西地方 進出에 대한 고찰」, 『韓國古代史硏究』 67, 2012, 125-157쪽; 井上直樹, 「廣開土王의 對外關係와 永樂 5年의對稗麗戰」, 『韓國古代史硏究』 67, 2012, 206쪽; 임기환, 「고구려의 요동 진출과 영역」, 『高句麗渤海硏究』 45, 2013, 94-10쪽.

506) 노태돈, 「광개토왕대의 정복활동과 고구려 세력권의 구성」, 『한국고대사연구』 67, 2012, 15-16쪽; 여호규, 「광개토왕릉비에 나타난 고구려의 대중인식과 대외정책」, 『역사와현실』 55, 2005, 36쪽.

507) 이성제, 「4世紀 末 高句麗와 後燕의 關係-396년 後燕의 廣開土王 冊封 問題를 중심으로-」, 『韓國古代史硏究』 68, 2012, 35-66쪽.

508) 趙智濱, 「高句麗占領遼東時間略考」, 『東北史地』 2015-2, 2015, 39왼쪽-43오른쪽.

509) 『資治通鑑』 卷112 「晉紀」34 安帝元興元年五月條, 3543쪽, "高句麗攻宿軍, 燕平州刺史慕容歸棄城走."; 『三國史記』 卷18 「高句麗本紀」6 廣開土王十一年條, "十一年, 王遣兵攻宿軍, 燕平州刺史慕容歸, 棄城走."

肥如와 숙군宿軍 2성城을 크게 쌓고 구니예仇尼倪를 영주자사營州刺史로 임명하여 숙군성宿軍城에, 모용의慕容懿를 유주자사幽州刺史로 삼아 영지令支에, 유목劉木을 기주자사冀州刺史에 임명하여 비여肥如에 주둔하게 한 기사를 보면,[510] 고구려는 숙군성宿軍城을 점령하고 406년 이전 숙군성에서 철수했을 것이다. 404년에도 고구려는 후연을 공격하였다.[511] 『진서』「모용희재기慕容熙載記」에는 이때 연군燕郡을 공격했다고 기록하였다.[512] 당대唐代의 사료를 바탕으로 연군燕郡을 현재의 요녕성遼寧省 의현義縣 일대로 비정하는 견해가 있다.[513] 이 경우 연군燕郡은 숙군성宿軍城의 서북쪽에 위치하므로[514] 404년 당시에는 숙군성宿軍城이 고구려의 영토일 가능성이 있다.[515] 두 차례에 걸친 고구려의 공격으로 고구려의 영토가 요서까지 확장되었는지 단언하기 어렵지만 적어도 고구려는 요동 지방을 지배하게 된 것은 확실한 것 같다.[516]

---

510) 『晉書』 卷124 「慕容熙載記」, 3106쪽, "大城肥如及宿軍, 以仇尼倪為鎮東大將軍 · 營州刺史, 鎮宿軍, 上庸公懿為鎮西將軍 · 幽州刺史, 鎮令支; 尚書劉木為鎮南大將軍 · 冀州刺史, 鎮肥如."; 『十六國春秋輯補』 卷47 「後燕錄」6, 371쪽.

511) 『資治通鑑』 卷113 「晉紀」35 安帝元興三年十一月條, 3577쪽, "高句麗侵燕."; 『三國史記』 卷18 「高句麗本紀」6 廣開土王十三年冬十一月條, "十三年, 冬十一月, 出師侵燕."

512) 『晉書』 卷124 「慕容熙載記」, 3106쪽, "會高句驪寇燕郡, 殺略百餘人."

513) 孔錫龜, 「廣開土王의 遼西地方 進出에 대한 고찰」, 『한국고대사연구』 67, 2012, 141-145쪽.

514) 위와 같음, 144쪽, 〈그림 1〉 고구려의 요서지방 진출 개념도.

515) 공석구(孔錫龜)는 「廣開土大王陵碑」 永樂 17년조 기사가 『삼국사기(三國史記)』에 기록된 고구려(高句麗)의 숙군(宿軍) 공격과 연(燕, 燕郡) 침입 기사를 압축한 것으로 해석하였다(위와 같음, 145-154쪽).

516) 『송서(宋書)』와 『양서(梁書)』, 『통전(通典)』에서는 연대를 구체적으로 특정(特定)하지 않았지만 광개토대왕(廣開土大王) 시기에 요동군(遼東郡)을 점령하였다고 기록하였다(『宋書』 卷97 「夷蠻 · 東夷 · 百濟國傳」, 2393쪽, "百濟國, 本與高驪俱在遼東之東千餘里, 其後高驪略有遼東, 百濟略有遼西. 百濟所治, 謂之晉平郡晉平縣."; 『梁書』 卷54 「諸夷 · 東夷 · 高句驪傳」, 803쪽,

후연의 기록은 없지만, 후연의 뒤를 이은 북연 시대에 요동군遼東郡의 이름이 자주 등장한다. 풍발馮跋이 415년 건국공신 손호孫護 등을 제거할 때 요동태수遼東太守 무은제務銀提를 살해하였다.[517] 또 카간 계승 분쟁에서 패한 유연柔然의 곡률斛律이 416년 북연北燕으로 오자 곡률斛律을 요동군遼東郡에 두었다.[518] 432년 북위의 공격을 받아 항복한 4군 가운데 요동군遼東郡의 명칭이 보인다.[519] 북위는 요동군을 포함한 6군의 민民 3만 가家를 유주幽州로

"垂死, 子寶立, 以句驪王安為平州牧, 封遼東 · 帶方二國王. 安始置長史 · 司馬 · 參軍官, 後略有遼東郡."; 『通典 · 邊防典』 卷186 「邊防」2 東夷下 高句麗傳, 5013쪽, "其後慕容寶以句麗王安爲平州牧, 封遼東 · 帶方二國王. 安始置長史 · 司馬 · 參軍官, 後略有遼東郡.").

517) 『晉書』 卷125 「馮跋載記」, 3132쪽, "昌黎尹孫伯仁 · 護弟叱支 · 叱支弟乙拔等俱有才力, 以驍勇聞. 跋之立也, 並冀開府, 而跋未之許, 由是有怨言. 每於朝饗之際, 常拔劍擊柱曰: '興建大業, 有功力焉, 而滯於散將, 豈是漢祖河山之義乎!' 跋怒, 誅之, 進護左光祿大夫 · 開府儀同三司 · 錄尚書事以慰之. 護自三弟誅後, 常怏怏有不悅之色, 跋怒, 酖之. 尋而遼東太守務銀提自以功在孫護 · 張興之右, 而出為邊郡, 抗表有恨言, 密謀外叛. 跋怒, 殺之."; 『十六國春秋輯補』 卷99 「北燕錄」2, 672쪽; 『資治通鑑』 卷116 「晉紀」38 安帝義熙十一年十月條, 3683쪽, "燕尚書令孫護之弟伯仁為昌黎尹, 與其弟叱支拔皆有才勇, 從燕王跋起兵有功, 求開府不得, 有怨言, 跋皆殺之. 進護開府儀同三司 · 錄尚書事, 以慰其心, 護怏怏不悅, 跋鴆殺之. 遼東太守務銀提自以有功, 出為邊郡, 怨望, 謀外叛, 跋亦殺之."

518) 『晉書』 卷125 「馮跋載記」, 3132쪽, "蝚蠕斛律為其弟大但所逐, 盡室奔跋, 乃館之于遼東郡, 待之以客禮."; 『十六國春秋輯補』(崔鴻 撰, 湯球 輯補, 王魯一 · 王立華 點校, 濟南: 齊魯書社, 1998) 卷99 「北燕錄」2, 673쪽. 『자치통감』에 따르면, 풍발(馮跋)은 곡률(斛律)에게 상곡후(上谷侯)의 작위를 주고 곡률(斛律)의 딸을 소의(昭儀)로 받아들였다. 그러나 유연(柔然) 카간 대단(大檀)을 의식하여 북연(北燕)의 만릉(萬陵)이 곡률(斛律)을 죽이자 대단(大檀)이 말 3천 필과 양 만 마리를 북연에 주었다(『資治通鑑』 卷116 「晉紀」38 安帝義熙十年條, 3668-3669쪽, "斛律至和龍, 燕王跋賜斛律爵上谷侯, 館之遼東, 待以客禮, 納其女為昭儀. 斛律上書請還其國, 跋曰: '今度國萬里, 又無內應, 若以重兵相送, 則饋運難繼. 兵少則不足成功, 如何可還?' 斛律固請, 曰: '不煩重兵, 願給三百騎, 送至敕勒. 國人必欣然來迎.' 跋乃遣單于前輔萬陵帥騎三百送之. 陵憚遠役, 至黑山, 殺斛律而還. 大檀亦遣使獻馬三千匹 · 羊萬口於燕.").

519) 『十六國春秋輯補』(崔鴻 撰, 湯球 輯補, 王魯一 · 王立華 點校, 濟南: 齊魯書社, 1998) 卷100

이주시켰다.[520] 이 요동군이 311년 부새선비附塞鮮卑 소련素連과 목진木津을 격파하고 두 사람을 참한 후 2부部를 극성棘城으로 옮긴 후 설치한 요동군遼東郡[521]과 동일한 군郡인지는 단정할 수 없다. 『위서』「지형지」 요동군조의 세주에는 "진秦이 설치하였으며, 후에 없앴다. 정광正光 년간에 다시 설치하였다. 치소는 고도성固都城이다."[522]라고 하였다. 고잠高潛이 현조(북위의 5대 황제 헌문제獻文帝의 묘호) 시기에 고구려에서 북위로 투항하여 요동遼東에

「北燕錄」3, 677쪽, "七月, 魏師來伐神高. 八月 石城遼東營丘成周四郡並降魏. 九月, 魏師引還, 徙民四萬餘戶而西."

520) 『資治通鑑』卷122「宋紀」4 文帝元嘉九年夏條, 3840쪽, "八月, 燕王使數萬人出戰, 魏昌黎公丘等擊破之, 死者萬餘人. 燕尚書高紹帥萬餘家保羌胡固; 辛巳, 魏主攻紹, 斬之. 平東將軍賀多羅攻帶方, 撫軍大將軍永昌王健攻建德, 驃騎大將軍樂平王丕攻冀陽, 皆拔之. 九月, 乙卯, 魏主引兵西還, 徙營丘 · 成周 · 遼東 · 樂浪 · 帶方 · 玄菟六郡民三萬家於幽州."

521) 『晉書』卷108「慕容廆載記」, 2805쪽, "永嘉初, 廆自稱鮮卑大單于. 遼東太守龐本以私憾殺東夷校尉李臻, 附塞鮮卑素連 · 木津等託為臻報讎, 實欲因而為亂, 遂攻陷諸縣, 殺掠士庶. 太守袁謙頻戰失利, 校尉封釋懼而請和. 連歲寇掠, 百姓失業, 流亡歸附者日月相繼. 廆子翰言於廆曰: '求諸侯莫如勤王, 自古有為之君靡不杖此以成事業者也. 今連 · 津跋扈, 王師覆敗, 蒼生屠膾, 豈甚此 乎! 豎子外以龐本為名, 內實幸而為寇. 封使君以誅本請和, 而毒害滋深. 遼東傾沒, 垂已二周, 中原兵亂, 州師屢敗, 勤王杖義, 今其時也. 單于宜明九伐之威, 救倒懸之命, 數 連 · 津之罪, 合義兵以誅之. 上則興復遼邦, 下則并吞二部, 忠義彰於本朝, 私利歸于我國, 此則吾鴻漸之始也, 終可以得志於諸侯.' 廆從之. 是日, 率騎討連 · 津, 大敗斬之, 二部悉降, 徙之棘城, 立遼東郡而歸."; 『十六國春秋輯補』卷23「前燕錄」1, 176쪽; 『資治通鑑』卷87「晉紀」9 懷帝永嘉五年條, 2773쪽, "廆少子鷹揚將軍翰言於廆曰: '自古有為之君, 莫不尊天子以從民望, 成大業. 今連 · 津外以龐本為名, 內實幸災為亂. 封使君已誅本請和, 而寇暴不已. 中原離亂, 州師不振, 遼東荒散, 莫之救恤, 單石不若數其罪而討之. 上則興復遼東, 下則并吞二部, 忠義彰於本朝, 私利歸於我國, 此霸不之基也.' 廆笑曰: '孺子乃能及能此乎!' 遂帥眾東擊連 · 津, 以翰為前鋒, 破斬之, 盡併二部之眾. 得所掠民三千餘家, 及前歸廆者悉以付郡遼東賴以復存."

522) 『魏書』卷106上「地形志」2上 營州 · 遼東郡條細注, 2495쪽, "秦置, 後罷. 正光中復. 治固都城."

살았다는 『위서』 「고숭전」의 기록[523]을 신뢰할 수 있다면, 『위서』 「지형지」와는 달리 5세기 중엽인 헌문제 시기에 북위 영토 안에 요동군이 있었을 것이다. 그런데 요동군의 속현屬縣인 양평현襄平縣의 세주細注에는 "전한·후한二漢과 진晉에 속하였고 후에 없앴다. 정광正光 년간 다시 설치하였다. 청산靑山이 있다"[524]라는 기록이 있다. 『중국역사지명대사전』에 따르면, 청산은 현재의 요녕성遼寧省 의현義縣 동쪽이라고 한다.[525] 또 고도성固都城의 위치는 알 수 없으나, 고도하固都河는 현재의 요녕성 북표시北票市 서남쪽을 흐르는 고동하顧洞河이며, 대릉하大凌河의 지류이다.[526] 최근 전립곤田立坤의 고증에 따르면 청산靑山은 조양시朝陽市로부터 의현義縣에 이르는 대릉하大凌河 양안兩岸 지대, 극성棘城은 의현義縣에서 서쪽의 북표시北票市 서부의 삼관영자三官營子 유지遺址라고 비정하였다.[527] 이는 사위락 주편의 『중국역사지명대사전』과 구체적인 위치는 다르지만, 북연의 수도가 있었던 화룡和龍, 즉 지금의 조양시 주변이라는 점은 일치한다. 요컨대 『위서』 「지형지」의 요동군은 북연의 수도 화룡의 동쪽에 있었다. 이 요동군은 고구려의 광개토대왕廣開土大王이 요동 지역을 점령한 후 후연이 자신의 영토에 설치한 교군僑郡이었을 것이다. 이처럼 후연과 북연에 있었던 요동군의 존재는 고구려의 요동 점령과 후

523) 『魏書』 卷77 「高崇傳」, 1707쪽, "高崇, 字積善, 勃海蓨人. 四世祖撫, 晉永嘉中與兄顧避難奔於高麗. 父潛, 顯祖初歸國, 賜爵開陽男, 居遼東, 詔以沮渠牧犍女賜潛為妻, 封武威公主."

524) 『魏書』 卷106上 「地形志」2上 營州 · 遼東郡 · 襄平縣條細注, 2495쪽, "二漢 · 晉屬, 後罷. 正光中復. 有青山."

525) 史爲樂 主編, 『中國歷代地名大辭典』, 北京: 中國社會科學出版社, 2005, 1442오른쪽.

526) 史爲樂 主編, 『中國歷代地名大辭典』, 1540왼쪽.

527) 田立坤, 「棘城新考」, 『遼海文物學刊』 1996-2, 1996.

연 및 북연의 동쪽 국경선 후퇴를 상징한다. 즉 후연의 입장에서 보면 고구려 광개토대왕廣開土大王의 공격을 받아 최소한 요동 지방을 빼앗겨 후연의 영토는 더욱 축소되었다.

후연은 외환外患뿐만 아니라 내우內憂에도 시달렸다.

〈표 5〉 후연(後燕) '용성시대(龍城時代)' 반란과 내분 일람표

군주	연도	주모자	경과 · 결과
慕容寶	397년	慕容會	侍御郎 高雲이 慕容會 격파[528]

528) 『晉書』 卷124「慕容寶載記」, 3095-3096쪽, "會以策為太子, 有恨色. 寶以告農 · 隆, 俱曰: '會一年少, 專任方事, 習驕所致, 豈有他也. 臣 當以禮責之.' 幽平之士皆懷會威德, 不樂去之, 咸請曰: '清河王天資神武, 權略過人, 臣等 與之誓同生死, 感王恩澤, 皆勇氣自倍. 願陛下與皇太子 · 諸王止駕薊宮, 使王統臣等進解 京師之圍, 然後奉迎車駕.' 寶左右皆害其勇略, 譖而不許, 眾咸有怨言. 左右勸寶殺會, 侍御史仇尼歸聞而告會曰: '左右密謀如是, 主上將從之. 大王所恃唯父母也, 父已異圖; 所杖者兵也, 兵已去手, 進退路窮, 恐無自全之理. 盍誅二王, 廢太子, 大王自處東宮, 兼領將相, 以匡社稷.' 會不從. 寶謂農 · 隆曰: '觀會為變, 事當必然, 宜早殺之. 不爾, 恐成大禍.' 農曰: '寇賊內侮, 中州紛亂, 會鎮撫舊都, 安眾寧境, 及京師有難, 萬里星赴, 威名之重, 可以振服戎狄. 又逆跡未彰, 宜且隱忍. 今社稷之危若綴旒然, 復內相誅戮, 有損威望.' 寶曰: '會逆心已成, 而王等仁慈, 不欲去之, 恐一旦釁發, 必先害諸父, 然後及吾. 事 敗之後, 當思朕言.' 農等固諫, 乃止. 會聞之彌懼, 奔于廣都黃榆谷. 會遣仇尼歸等率壯士二十餘人分襲農 · 隆, 隆是夜見殺, 農中重創. 既而會歸于寶, 寶意在誅會, 誘而安之, 潛使左衛慕輿騰斬會, 不能傷. 會復奔其眾, 於是勒兵攻寶. 寶率數百騎馳如龍城, 會率眾追之, 遣使請誅左右佞臣, 并求太子, 寶弗許. 會圍龍城, 侍御郎高雲夜率敢死士百餘人襲會, 敗之, 眾悉逃散, 單馬奔還中山, 乃踰圍而入, 為慕容詳所殺."; 『十六國春秋輯補』 卷45「後燕錄」4, 358-359쪽; 『資治通鑑』 卷109「晉紀」31 安帝隆安元年三月條, 3448-3449쪽, "乙亥, 會遣仇尼歸攻龍城; 寶夜遣兵襲擊, 破之. 會遣使請誅左右佞臣, 並求為太子; 寶不許. 會盡收乘輿器服, 以後宮分給將帥, 署置百官, 自稱皇太子 · 錄尚書事, 引兵向龍城, 以討慕輿騰為名; 丙子, 頓兵城下. 寶臨西門, 會乘馬遙與寶語, 寶責讓之. 會命軍士向寶大噪以耀威, 城中將士皆憤怒, 向暮出戰, 大破之, 會兵死傷太半, 走還營. 侍御郎高雲夜帥敢死士百餘人襲會軍, 會眾皆潰. 會將十餘騎奔中山, 開封公詳殺之. 寶殺會母及其三子."

慕容寶	398년	段速骨, 蘭汗	段速骨이 南伐 중인 慕容寶 습격. 蘭汗이 慕容寶와 太子 慕容策, 王公卿士 100餘人 살해.[529]
	398년	慕容盛	慕容盛이 慕容寶를 살해한 蘭汗과 그 일파 살해.[530]

529) 『晉書』 卷124 「慕容寶載記」, 3096-3097쪽, "慕容德遣侍郎李延勸寶南伐, 寶大悅. 慕容盛切諫, 以為兵疲師老, 魏新平中原, 宜養兵觀釁, 更俟他年. 寶將從之. 撫軍慕輿騰進曰: '今眾旅已集, 宜乘新定之機以成進取之功. 人可使由之, 而難與圖始, 惟當獨決聖慮, 不足廣採異同, 以沮亂軍議也.' 寶曰: '吾計決矣, 敢諫者斬!' 寶發龍城, 以慕輿騰為前軍大司馬, 慕容農為中軍, 寶為後軍, 步騎三萬, 次于乙連. 長上段速骨·宋赤眉因眾軍之憚役也, 殺司空·樂浪王宙, 逼立高陽王崇. 寶單騎奔農, 仍引軍討速骨. 眾咸憚征幸亂, 投杖奔之. 騰眾亦潰, 寶·農馳還龍城. 蘭汗潛與速骨通謀, 速骨進師攻城, 農為蘭汗所謠, 潛出赴賊, 為速骨所殺. 眾皆奔散, 寶與慕容盛·慕輿騰等南奔. 蘭汗奉太子策承制, 遣使迎寶, 及子薊城. 寶欲還北, 盛等咸以汗之忠款虛實未明, 今單馬而還, 汗有貳志者, 悔之無及. 寶從之, 乃自薊而南. 至黎陽, 聞慕容德稱制, 懼而退. 遣慕輿騰招集散兵于鉅鹿, 慕容盛結豪桀于冀州, 段儀·段溫收部曲于內黃, 眾皆響會, 剋期將集. 會蘭汗遣左將軍蘇超迎寶, 寶以汗垂之季舅, 盛又汗之壻也, 必謂忠款無貳, 乃還至龍城. 汗引寶入于外邸, 弒之, 時年四十四, 在位三年, 即隆安三年也. 汗又殺其太子策及王公卿士百餘人. 汗自稱大都督·大將軍·大單于·昌黎王. 盛僭位, 偽諡寶惠愍皇帝, 廟號烈宗."; 『十六國春秋輯補』 卷45 「後燕錄」4, 360-361쪽.

530) 『晉書』 卷124 「慕容盛載記」, 3099쪽, "寶為蘭汗所殺, 盛馳進赴哀, 將軍張真固諫以為不可. 盛曰: '我今投命, 告以哀窮. 汗性 愚近, 必顧念婚姻, 不忍害我. 旬月之間, 足展吾志.' 遂入赴喪. 汗妻乙氏泣涕請盛, 汗亦 哀之, 遣其子穆迎盛, 舍之宮內, 親敬如舊. 汗兄提·弟難勸汗殺盛, 汗不從. 慕容奇, 汗之 外孫也, 汗亦宥之. 奇入見盛, 遂相與謀. 盛遣奇起兵于外, 眾至數千. 汗遣蘭提討奇. 提驕很淫荒, 事汗無禮, 盛因間之於汗曰: '奇, 小兒也, 未能辦此, 必內有應之者. 提素驕, 不可委以大眾.' 汗因發怒, 收提誅之, 遣其撫軍仇尼慕率眾討奇. 汗兄弟見提之誅, 莫不危懼, 皆阻兵背汗, 襲敗慕軍. 汗大懼, 遣其子穆率眾討之. 穆謂汗曰: '慕容盛, 我之仇也. 奇今起逆, 盛必應之. 兼內有蕭牆之難, 不宜養心腹之疾.' 汗將誅盛, 引見察之. 盛妻以 告, 於是偽稱疾篤, 不復出入, 汗乃止. 有李旱·衛雙·劉志·張豪·張真者, 皆盛之舊昵, 蘭穆引為腹心. 旱等屢入見盛, 潛結大謀. 會穆討蘭難等斬之, 大饗將士, 汗·穆皆醉. 盛夜因如廁, 袒而踰牆, 入于東宮, 與李旱等誅穆, 眾皆踴呼, 進攻汗, 斬之. 汗二子魯公和·陳公楊分屯令支·白狼, 遣李旱·張真襲誅之. 於是內外怗然, 士女咸悅. 盛謙揖自卑, 不 稱尊號. 其年, 以長樂王稱制, 赦其境內, 改元曰建平. 諸王降爵為公, 文武各復舊位."; 『十六國春秋輯補』 卷46 「後燕錄」5, 363쪽.

慕容盛	398년	慕容奇 慕容豪, 張通, 張順	慕容盛이 慕容奇를 제거한 후 백여 인을 죽임. 慕容豪, 張通, 張順이 모반하자 慕容盛은 이들을 죽임.[531]
	398년	馬勒	慕容盛이 馬勒의 모반 진압. 주살.[532]
	399년	留忠	昌黎尹 留忠이 모반으로 주살됨. 慕容根과 段成도 살해됨.[533]
	399년	張眞, 和翰	張眞과 和翰이 모반하다 주살됨.[534]
	399년	餘超, 高和	餘超와 高和가 모반 시도 주살됨.[535]

531) 『晉書』 卷124 「慕容盛載記」, 3099-3100쪽, "初, 慕容奇聚衆于建安, 將討蘭汗, 百姓翕然從之. 汗遣兄子全討奇, 奇擊滅之, 進屯乙連. 盛既誅汗, 命奇罷兵, 奇遂與丁零嚴生·烏丸王龍之阻兵叛盛, 引軍至橫溝, 去龍城十里. 盛出兵擊敗之, 執奇而還, 斬龍·生等百餘人. 盛於是僭即尊位, 大赦殊死已下, 追尊伯考獻莊太子全為獻莊皇帝, 尊寶后段氏為皇太后, 全妃丁氏為獻莊皇后, 謚太子策為獻哀太子. 盛幽州刺史慕容豪·尚書左僕射張通·昌黎尹張順謀叛, 盛皆誅之. 改年為長樂. 有犯罪者, 十日一自決之, 無撾捶之罰, 而獄情多實."; 『十六國春秋輯補』 卷46 「後燕錄」5, 364쪽; 『資治通鑑』 卷110 「晉紀」32 安帝隆安二年條, 3485쪽, "己亥, 燕幽州刺史慕容豪·尚書左僕射張通·昌黎尹張順坐謀反誅."

532) 『十六國春秋輯補』 卷46 「後燕錄」5, 364쪽, "其月(八月), 步兵校尉馬勒謀反伏誅."

533) 『資治通鑑』 卷111 「晉紀」33 安帝隆安三年正月條, 3486쪽, "戊辰, 燕昌黎尹留忠謀反, 誅, 事連尚書令東陽公根·尚書段成, 皆坐死; 遣中衛將軍衛雙就誅忠弟幽州刺史志於凡城. 以衛將軍平原公元為司徒·尚書令."

534) 『資治通鑑』 卷111 「晉紀」33 安帝隆安三年正月條, 3487쪽, "壬午, 燕右將軍張真·城門校尉和翰坐謀反誅."

535) 『資治通鑑』 卷111 「晉紀」33 安帝隆安三年正月條, 3491쪽, "燕散騎常侍餘超·左將軍高和等坐謀反誅."

<table>
<tr><td rowspan="2">慕容盛</td><td>399년</td><td>李朗</td><td>慕容盛은 遼西太守 李朗을 공격하여 참함.[536]</td></tr>
<tr><td>401년</td><td>慕容國
段璣</td><td>慕容盛은 慕容國 등 반란 평정, 주살. 段璣 등이 慕容盛 살해.[537]</td></tr>
<tr><td rowspan="2">慕容熙</td><td>402년</td><td>高和</td><td>慕容熙가 北原에서 사냥하는 도중 石城令 高和가 司隷校尉 張顯을 죽이고 문을 닫고 반란을 일으킴. 慕容熙가 반란 진압.[538]</td></tr>
<tr><td>405년</td><td>邵頻</td><td>遼西太守 邵頻이 망명, 도적이 됨. 中常侍 郭仲이 참함.[539]</td></tr>
</table>

536) 『晉書』 卷124 「慕容盛載記」, 3102-3103쪽, "遼西太守李朗在郡十年, 威制境內, 盛疑之, 累徵不赴. 以母在龍城, 未敢顯叛, 乃陰引魏軍, 將為自安之計, 因表請發兵以距寇. 盛曰: '此必詐也.' 召其使而詰之, 果驗, 盡滅 其族, 遣輔國將軍李旱率騎討之. 師次建安, 召旱旋師. 朗聞其家被誅也, 擁三千餘戶以自固. 及聞旱中路而還, 謂有內變, 不復為備, 留其子養守令支, 躬迎魏師于北平. 旱候知之, 襲克令支, 遣廣威孟廣平率騎追朗, 及于無終, 斬之."; 『十六國春秋輯補』 卷46 「後燕錄」5, 367쪽; 『資治通鑑』 卷111 「晉紀」33 安帝隆安三年條, 3494쪽, "燕遼西太守李朗在郡十年, 威行境內, 恐燕主盛疑之, 累徵不赴. 以其家在龍城, 未敢顯叛, 陰召魏兵, 許以郡降魏; 遣使馳詣龍城, 廣張寇勢. 盛曰: '此必詐也.' 召使者詰問, 果無事實. 監盡滅朗族; 丁酉, 遣輔國將軍李旱討之."

537) 『晉書』 卷124 「慕容盛載記」, 3104쪽, "左將軍慕容國與殿中將軍秦輿 · 段讚等謀率禁兵襲盛, 事 覺, 誅之, 死者五百餘人. 前將軍 · 思悔侯段璣 · 輿子興 · 讚子泰等, 因眾心動搖, 夜於禁中 鼓譟大呼. 盛聞變, 率左右出戰, 眾皆披潰. 俄而有一賊從闇中擊傷盛, 遂輦升前殿, 申約禁衛, 召叔父河間公熙屬以後事. 熙未至而盛死, 時年二十九, 在位三年."; 『十六國春秋輯補』 卷46 「後燕錄」5, 368쪽; 『資治通鑑』 卷112 「晉紀」34 安帝隆安五年條, 3526쪽, "燕王盛懲其父寶以懦弱失國, 務峻威刑, 又自矜聰察, 多所猜忌, 群臣有纖介之嫌, 皆先事誅之, 由是宗親 · 勳舊, 人不自保. 丁亥, 左將軍慕容國與殿上將軍秦輿 · 段讚謀帥禁兵襲盛, 事發, 死者五百餘人. 壬辰夜, 前將軍段璣與秦輿之子興 · 段讚之子泰潛於禁中鼓譟大呼; 盛聞變, 帥左右出戰, 賊眾逃潰. 璣被創, 匿廂屋間. 俄有一賊從闇中擊盛, 盛被傷, 輦升前殿, 申約禁衛, 事定而卒."

538) 『晉書』 卷124 「慕容熙載記」, 3105쪽, "熙狩于北原, 石城令高和殺司隸校尉張顯, 閉門距熙. 熙率騎馳返, 和眾皆投杖, 熙入誅之."; 『資治通鑑』 卷112 「晉紀」34 安帝元興元年十一月條, 3545쪽, "辛未, 熙畋於北原, 石城令高和與尚方兵於後作亂, 殺司隸校尉張顯, 入掠宮殿, 取庫兵, 脅營署, 閉門乘城. 熙馳還, 城上人皆投仗開門; 盡誅反者, 唯和走免. 甲戌, 大赦."

539) 『資治通鑑』 卷114 「晉紀」36 安帝義熙元年八月條, 3586쪽, "八月, 燕遼西太守邵頻有罪, 亡命為盜; 九月, 中常侍郭仲斬之."

慕容熙	406년	慕容熙	慕容熙가 慕容虔과 慕容昭 등 慕容寶의 아들들을 모두 주살[540]
	407년	馮跋	慕容熙 살해.[541] 高雲 즉위[542]

540) 『晉書』卷124「慕容熙載記」, 3106쪽, "盡殺寶諸子."; 『十六國春秋輯補』卷47「後燕錄」6, 371쪽; 『資治通鑑』卷114「晉紀」36 安帝義熙二年春五月條, 3589쪽, "五月, 燕主寶之子博陵公虔·上黨公昭, 皆以嫌疑賜死."

541) 『晉書』卷124「慕容熙載記」, 3107쪽, "中衛將軍馮跋·左衛將軍張興, 先皆坐事亡奔, 以熙政之虐也, 與跋從兄萬泥等二十二人結盟, 推慕容雲為主, 發尚方徒五千餘人閉門距守. 中黃門趙洛生奔告之, 熙曰: '此鼠盜耳, 朕還當誅之.' 乃收髮貫甲, 馳還赴難. 夜至龍城, 攻北門不克, 遂敗, 走入龍騰苑, 微服隱于林中, 為人所執, 雲得而弑之, 及其諸子同殯城北. 時年二十三, 在位六年. 雲葬之于苻氏墓, 偽諡昭文皇帝."; 『十六國春秋輯補』卷47「後燕錄」6, 372쪽; 『資治通鑑』卷114「晉紀」36 安帝義熙三年秋七月條, 3598쪽, "熙退入龍騰苑, 尚方兵褚頭逾城從熙, 稱營兵同心效順, 唯俟軍至. 熙聞之, 驚走而出, 左右莫敢追. 熙從溝下潛遁, 良久, 左右怪其不還, 相與尋之, 唯得衣冠, 不知所適. 中領軍慕容拔謂中常侍郭仲曰: '大事垂捷, 而帝無故自驚, 深可怪也. 然城內企遲, 至必成功, 不可稽留. 吾當先往趣城, 卿留待帝, 得帝, 速來; 若帝未還, 吾得如意安撫城中, 徐迎未晚.' 乃分將壯士二千餘人登北城. 將士謂熙至, 皆投仗請降. 既而熙久不至, 拔兵無後繼, 眾心疑懼, 復下城赴苑, 遂皆潰去. 拔為城中人所殺. 丙寅, 熙微服匿於林中, 為人所執, 送於雲, 雲數而殺之, 並其諸子. 雲複姓高氏."

542) 『資治通鑑』卷114「晉紀」36 安帝義熙三年秋七月條, 3598쪽, "初, 中衛將軍馮跋及弟侍御郎素弗皆得罪於熙, 熙欲殺之, 跋亡命山澤. 熙賦役繁數, 民不堪命; 跋·素弗與其從弟萬泥謀曰: '吾輩還首無路, 不若因民之怨, 共舉大事, 可苡建公侯之業; 事之不捷, 死未晚也.' 遂相與乘車, 使婦人御, 潛入龍城, 匿於北部司馬孫護之家. 及熙出送葬, 跋等與左衛將軍張興及苻進餘黨作亂. 跋素與慕容雲善, 乃推雲為主. 雲以疾辭, 跋曰: '河間淫虐, 人神共怒, 此天亡之時也. 公, 高氏名家, 何能為人養子, 而棄難得之運乎?」扶之而出. 跋弟乳陳等帥眾攻弘光門, 鼓噪而進, 禁衛皆散走; 遂入宮授甲, 閉門拒守. 中黃門趙洛生走告于熙, 熙曰: '鼠盜何能為! 朕當還誅之.' 乃置后柩於南苑, 收髮貫甲, 馳還赴難. 夜, 至龍城, 攻北門, 不克, 宿於門外. 乙丑, 雲即天王位, 大赦, 改元正始."

<table>
<tr><td rowspan="2">高雲</td><td>408년</td><td>慕輿良</td><td>高雲이 慕輿良 반란 격파[543]</td></tr>
<tr><td>409년</td><td>離班, 桃仁</td><td>慕容雲(高雲)이 離班, 桃仁 등에게 살해됨.[544]</td></tr>
</table>

〈표 5〉에서 알 수 있듯이 후연後燕 '용성시대龍城時代', 즉 모용보慕容寶가 용성龍城으로 쫓겨온 후 후연에서는 모용보慕容寶 시기에 3회, 모용성慕容盛 시기에 9회(401년 중복), 모용희慕容熙 시기 4회, 고운高雲 시기 2회 등 최소 18회 이상의 반란과 후연 군주의 친위쿠데타가 일어났다. 모용보는 중산에서 용성으로 쫓겨나던 과정에서도 모용린慕容麟, 모용회慕容會, 모용상慕容詳 등의 반란이나 황제皇帝의 참칭 등을 경험하였다. 이는 모용보의 정치적 · 군사적 무능 때문이기도 했지만, 아버지 모용수慕容垂가 모용회慕容會를 모용보의 후계자로 삼으라는 유언을 무시하고 모용책慕容策을 태자太子로 삼았기 때문이다.[545] 이에 모용성慕容盛과 모용회慕容會 등의 불만을 샀다. 또 후연後燕 '용성시대龍城時代' 4명의 군주(고구려인 고운高雲 포함) 모두 신하들

543) 『晉書』 卷124 「慕容雲載記」, 3108쪽, "越騎校尉慕輿良謀叛, 雲誅之."; 『十六國春秋輯補』 卷47 「前燕錄」6, 373쪽.

544) 『晉書』 卷124 「慕容雲載記」, 3109쪽, "雲臨東堂, 幸臣離班 · 桃仁懷劍執紙而入, 稱有所啟, 拔劍擊雲, 雲以几距班, 桃仁進而弒之. 馮跋遷雲尸于東宮, 偽諡惠懿皇帝. 雲自以無功德而為豪桀所推, 常內懷懼, 故寵養壯士以為腹心. 離班 · 桃仁等並專典禁衛, 委之以爪牙之任, 賞賜月至數千萬, 衣食臥起皆與之同, 終以此致敗云."; 『十六國春秋輯補』 卷47 「後燕錄」6, 373쪽.

545) 『晉書』 卷124 「慕容寶載記」, 3095-3096쪽, "初, 垂以寶冢嗣未建, 每憂之. 寶庶子清河公會多材藝, 有雄略, 垂深奇之. 及寶之北伐, 使會代攝宮事, 總錄 · 禮遇一同太子, 所以見定旨也. 垂之伐魏, 以龍城舊都, 宗廟所在, 復使會鎮幽州, 委以東北之重, 高選僚屬以崇威望. 臨死顧命, 以會為寶嗣. 而寶寵愛少子濮陽公策, 意不在會. 寶庶長子長樂公盛自以同生年長, 恥會先之, 乃盛稱策宜為儲貳, 而非毀會焉. 寶大悅, 乃訪其趙王麟 · 高陽王隆, 麟等咸希旨贊成之. 寶遂與麟等定計, 立策母段氏為皇后, 策為皇太子, 盛 · 會進爵為王."

에게 살해되었다. 이는 후연後燕 '용성시대龍城時代' 군주권君主權이 불안했음을 알 수 있다. 모용희慕容熙가 406년 모용건慕容虔과 모용소慕容昭 등 모용보의 아들들을 모두 주살한 것도[546] 모용희慕容熙가 자신의 권력 강화를 위해 잠재적인 경쟁자들을 제거한 것으로 이해할 수 있다.[547] 이처럼 내분과 반란이 거듭되면서 지배층이 분열하고 많은 사람들이 정변政變과 반란으로 살해되었다. 이는 인구 감소 효과와 함께 후연의 국력에도 영향을 주었을 것이다. 특히 살해된 사람들 가운데 무장들이 많았기 때문에 군사력에도 일정부분 부정적인 영향을 주었을 것이다.

후연後燕 '용성시대龍城時代' 토목공사가 잦았으며, 이는 모용희慕容熙 재위 시기에 집중되었다.

> "이해 봄에 궁실宮室을 대거 수리하였다. 사월에 이르러 부귀인苻貴人을 소의昭儀로 삼았다. 오월 용등원龍騰苑을 크게 축조하니, 넓이가 10여 리에 달았으며, 동원된 역도役徒가 2만 인이었다. 또 경운산景雲山을 원내苑內에 만들었는데, 터는 너비 500보步였고, 봉우리의 높이는 17장丈이었다. 또 소요궁逍遙宮과 감로전甘露殿을 만들었는데, 대문 좌우로 죽 벌여 있는 행랑이 수백 간이었고, 관각觀閣이 서로 만났다. 천하거天河渠

546) 『晉書』 卷124 「慕容熙載記」, 3106쪽, "盡殺寶諸子."; 『十六國春秋輯補』 卷47 「後燕錄」6, 371쪽; 『資治通鑑』 卷114 「晉紀」36 安帝義熙二年春五月條, 3589쪽, "五月, 燕主寶之子博陵公虔·上黨公昭, 皆以嫌疑賜死."

547) 전연(前燕)과 후연(後燕)은 대부분 부자상속을 통해 군주의 지위가 계승되었다. 유일한 예외는 모용희(慕容熙)였다. 따라서 모용희(慕容熙)는 군주의 자격이 있는 모용보(慕容寶)의 자손들을 죽여 자신에게 대항할 세력을 없앨 필요가 있었다.

를 파서 물을 궁宮 안에 끌어들였다. 또 소의昭儀 부씨苻氏를 위해 곡광해曲光海와 청량지清涼池를 만들었다. 늦여름에 더위가 심한데다가 사졸이 휴식을 취하지 못하니, 더위를 먹고 죽은 사람들이 태반太半(2/3)이었다."[548]

위의 인용문의 출처는 『십육국춘추집보』인데, 403년의 일이다.[549] 위의 글은 『진서』 권124 「모용희재기慕容熙載記」 기사[550]보다 자세하다. 위의 인용문에서 궁실宮室을 대거 수리하고 용등원龍騰苑과 경운산景雲山, 소요궁逍遙宮, 감로전甘露殿, 천하거天河渠, 곡광해曲光海, 청량지清涼池 등을 만들었음을 확인할 수 있다. 이는 소의昭儀 부씨苻氏를 위한 토목공사였다. 이때 각종 토목공사에 동원한 인부가 2만 인에 달했고, 더운 여름에 휴식도 없이 공사를 강행하다가 인부의 2/3가 더위를 먹고 죽었다. 모용희慕容熙는 부소의苻昭儀 한 사람을 위한 사치스런 토목공사로 물자를 낭비했을 뿐만 아니라 동원된 백

548) 『十六國春秋輯補』 卷47 「後燕錄」6, 370쪽, "是春, 大治宮室. 至四月, 立苻貴人爲昭儀. 五月, 大築龍騰苑, 廣袤十餘里, 役徒二萬人. 又起景雲山于苑內, 基廣五百步, 峰高十七丈. 又起逍遙宮 · 甘露殿, 連房數百, 觀閣相交. 鑿天河渠, 引水入宮. 又為其昭儀苻氏鑿曲光海 · 清涼池. 季夏盛暑, 士卒不得休息, 暍死者太半."

549) 『자치통감(資治通鑑)』에서는 용등원(龍騰苑) 축조를 403년, 소요궁(逍遙宮) 축조를 404년의 일로 보았다(『資治通鑑』 卷113 「晉紀」35 安帝元興二年五月條, 3550쪽, "五月, 燕王熙作龍騰苑, 方十餘里, 役徒二萬人; 築景雲山於苑內, 基廣五百步, 峰高十七丈."; 『資治通鑑』 卷113 「晉紀」35 安帝元興三年夏四月條, 3570쪽, "燕王熙於龍騰苑起逍遙宮, 連房數百, 鑿曲光海, 盛夏, 士卒不得休息, 暍死者太半.").

550) 『晉書』 卷124 「慕容熙載記」, 3105쪽, "大築龍騰苑, 廣袤十餘里, 役徒二萬人. 起景雲山于苑內, 基廣五百步, 峯高十七丈. 又起逍遙宮 · 甘露殿, 連房數百, 觀閣相交. 鑿天河渠, 引水入宮. 又為其昭儀苻氏鑿曲光海 · 清涼池. 季夏盛暑, 士卒不得休息, 暍死者太半. 熙游於城南, 止大柳樹下, 若有人呼曰: '大王且止.' 熙惡之, 伐其樹, 乃有蛇長丈餘, 從樹中而出."

성들을 죽음에 이르게 함으로써 인력과 인구 감소를 초래했다.

모용희慕容熙와 황후皇后 부씨苻氏의 사냥을 아래와 같이 기록하였다.

> "모용희慕容熙의 황후皇后가 사냥을 좋아하니 모용희가 황후와 함께 사냥하러 나갔다. 북쪽으로 백록산白鹿山에 올랐으며 동쪽으로 청령青嶺을 지났고, 남쪽으로 창해滄海에 임하니, 백성들이 고통스럽게 생각하였고 승냥이와 이리에게 해害를 당하거나 동사凍死한 사졸士卒이 5천여 인이었다."[551]

위의 기사는 404년에 발생한 사건이다.[552] 위의 인용문 앞부분은 모용희慕容熙와 황후皇后 부씨苻氏의 사냥과 두 사람이 지나간 경로를 서술하였다. 그런데 모용희 부부의 출행出行을 백성들이 고통스럽게 생각하고 승냥이와 이리에게 죽거나 동사한 사졸이 5천여 인에 달했다는 인용문의 후반부를 보면, 모용희 부부의 사냥에 많은 수의 백성들과 사졸들이 징발되거나 동원되었음을 알 수 있다. 위의 인용문에서도 모용희가 황후 부씨의 취미를 위해 최소 5천여 인의 사졸을 죽게 만들었음을 알 수 있다.

또 405년 업鄴의 봉양문鳳陽門을 본떠서 3층의 홍광문弘光門을 만들었

551) 『晉書』 卷124 「慕容熙載記」, 3106쪽, "其后好游田, 熙從之, 北登白鹿山, 東過青嶺, 南臨滄海, 百姓苦之, 士卒為豺狼所害及凍死者五千餘人矣."

552) 『十六國春秋輯補』 卷47 「後燕錄」6, 370쪽; 『資治通鑑』 卷113 「晉紀」35 安帝元興三年十二月條, 3576-3577쪽, "燕王熙與苻後游畋, 北登白鹿山, 東逾青嶺, 南臨滄海而還, 士卒為虎狼所殺及凍死者五千餘人."

고,[553] 407년 승화전承華殿을 만들었다. 이때 두정杜靜이 관을 가지고 궁궐을 방문하여 극간極諫했지만 모용희慕容熙가 간언을 듣지 않고 두정을 죽였다.[554] 이처럼 모용희는 황후 부씨와 소의 부씨 자매를 위해 무리한 토목공사를 벌였다. 그리고 두 여성에 대한 집착은 모용희의 기행奇行을 초래했다. 예컨대 404년 부소의가 죽었을 때 치료를 잘못한 왕영王榮을 처형하였다.[555] 또 모용희는 407년 황후 부씨가 여름에 동어회凍魚膾, 겨울에 생지황生地黃을 먹고 싶다고 하자 모용희는 제철에 구할 수 없는 음식을 구하라고 신하들에게 독촉하였고, 구하지 못하면 신하들을 죽였다.[556] 같은 해에 황후 부씨가 죽자 모용희는 몹시 슬퍼하며 신하들을 순장시키는 등 거대한 장례식을 치뤘다.[557] 『자치통감』에서는 이 대목에서 "공경公卿 이하 병민兵民

553) 『晉書』 卷124 「慕容熙載記」, 3106쪽, "擬鄴之鳳陽門, 作弘光門, 累級三層."; 『十六國春秋輯補』 卷47 「後燕録」6, 371쪽.

554) 『資治通鑑』 卷114 「晉紀」36 安帝義熙三年二月條, 3595쪽, "燕王熙為其后苻氏起承華殿, 負土於北門, 土與穀同價. 宿軍典軍杜靜載棺詣闕極諫, 熙斬之."

555) 『資治通鑑』 卷113 「晉紀」35 安帝元興三年七月條, 3574쪽, "燕苻昭儀有疾, 龍城人王榮自言能療之. 昭儀卒, 燕王熙立榮於公車門, 支解而焚之."

556) 『晉書』 卷124 「慕容熙載記」, 3106쪽, "苻氏嘗季夏思凍魚膾, 仲冬須生地黃, 皆下有司切責, 不得, 加以大辟, 其虐也如此."; 『十六國春秋輯補』 卷47 「後燕録」6, 371쪽; 『資治通鑑』 卷114 「晉紀」36 安帝義熙三年二月條, 3595쪽, "苻氏嘗季夏思凍魚, 仲冬須生地黃, 熙下有司切責不得而斬之."

557) 『晉書』 卷124 「慕容熙載記」, 3106-3107쪽, "苻氏死, 熙悲號躃踊, 若喪考妣, 擁其尸而撫之曰: '體已就冷, 命遂斷矣!' 於是僵仆氣絕, 久而乃蘇. 大斂既訖, 復啟其棺而與交接. 服斬縗, 食粥. 制百僚於宮內哭臨, 令沙門素服. 使有司案檢哭者, 有淚以為忠孝, 無則罪之, 於是羣臣震懼, 莫不含辛以為淚焉. 慕容隆妻張氏, 熙之嫂也, 美姿容, 有巧思. 熙將以為苻氏之殉, 欲以罪殺之, 乃毀其襚韡, 中有弊氈, 遂賜死. 三女叩頭求哀, 熙不許. 制公卿已下至于百姓, 率戶營墓, 費殫府藏. 下錮三泉, 周輪數里, 內則圖畫尚書八坐之象. 熙曰: '善為之, 朕將隨后入此陵.' 識者以為不祥. 其右僕射韋璆等並懼為殉, 沐浴而待死焉. 號苻氏墓曰徽平陵. 熙被髮徒跣, 步從苻氏喪. 轜車高大, 毀北門而出.";

에 이르기까지 릉陵을 만드는데 동원되었고, 그 비용으로 정부에서 저축한 재물을 다 써버렸다."[558]라고 기록하였다. 그리고 모용희는 황후 부씨의 장례식을 치르는 사이를 이용해 반란을 일으킨 풍발馮跋에게 권력을 빼앗기고 살해되었다.[559]

위에서 살펴본 것처럼 후연의 모용희慕容熙는 황후皇后 부씨苻氏와 부소의苻昭儀 자매를 위해 무리한 토목공사와 사치스런 생활을 하였고, 이는 후연의 경제력과 인력을 소모하였다. 후연의 뒤를 이은 북연北燕의 군주 풍발馮跋은 부역賦役이 번고繁苦하여 백성들이 곤궁하자 후연前朝의 가혹한 수취와 징발苛政을 모두 없앴다.[560] 이는 후연後燕 '용성시대龍城時代' 특히 모용희 시

『十六國春秋輯補』卷47「後燕錄」6, 371쪽.

558) 『資治通鑑』卷114「晉紀」36 安帝義熙三年夏四月癸丑條, 3596쪽, "公卿以下至兵民, 戶率營陵, 費殫府藏."

559) 『資治通鑑』卷114「晉紀」36 安帝義熙三年秋七月條, 3598쪽, "初, 中衛將軍馮跋及弟侍御郎素弗皆得罪於熙, 熙欲殺之, 跋亡命山澤. 熙賦役繁數, 民不堪命; 跋·素弗與其從弟萬泥謀曰: '吾輩還首無路, 不若因民之怨, 共舉大事, 可苡建公侯之業; 事之不捷, 死未晚也.' 遂相與乘車, 使婦人御, 潛入龍城, 匿於北部司馬孫護之家. 及熙出送葬, 跋等與左衛將軍張興及苻進餘黨作亂. 跋素與慕容雲善, 乃推雲為主. 雲以疾辭, 跋曰: '河間淫虐, 人神共怒, 此天亡之時也. 公, 高氏名家, 何能為人養子, 而棄難得之運乎?」扶之而出. 跋弟乳陳等帥眾攻弘光門, 鼓噪而進, 禁衛皆散走; 遂入宮授甲, 閉門拒守. 中黃門趙洛生走告于熙, 熙曰: '鼠盜何能為! 朕當還誅之.' 乃置后柩於南苑, 收髮貫甲, 馳還赴難. 夜, 至龍城, 攻北門, 不克, 宿於門外. 乙丑, 雲即天王位, 大赦, 改元正始. …… 熙退入龍騰苑, 尚方兵褚頭逾城從熙, 稱營兵同心效順, 唯俟軍至. 熙聞之, 驚走而出, 左右莫敢迫. 熙從溝下潛遁, 良久, 左右怪其不還, 相與尋之, 唯得衣冠, 不知所適. 中領軍慕容拔謂中常侍郭仲曰: '大事垂捷, 而帝無故自驚, 深可怪也. 然城內企遲, 至必成功, 不可稽留. 吾當先往趣城, 卿留待帝, 得帝, 速來; 若帝未還, 吾得如意安撫城中, 徐迎未晚.' 乃分將壯士二千餘人登北城. 將士謂熙至, 皆投仗請降. 既而熙久不至, 拔兵無後繼, 眾心疑懼, 復下城赴苑, 遂皆潰去. 拔為城中人所殺. 丙寅, 熙微服匿於林中, 為人所執, 送於雲, 雲數而殺之, 並其諸子. 雲複姓高氏."

560) 『晉書』卷125「馮跋載記」, 3129쪽, "跋下書曰:「自頃多故, 事難相尋, 賦役繁苦, 百姓困窮. 宜加寬宥, 務從簡易, 前朝苛政, 皆悉除之. 守宰當垂仁惠, 無得侵害百姓, 蘭臺都官明加澄察.」."

기 잦은 토목공사와 출행出行 등으로 백성들의 부역賦役 동원이 심하였음을 시사한다.

요컨대 전진前秦 시대 유민流民의 고향 복귀 등으로 용성龍城과 요서遼西 일대의 인구가 감소되었을 것으로 추정된다. 북위北魏에게 수도 중산中山을 빼앗기고 용성龍城으로 쫓겨온 모용보慕容寶와 그 후계 군주들은 지배층의 분열과 반란, 살해로 인력을 축냈을 뿐만 아니라 특히 모용희慕容熙는 잦은 토목공사와 무리한 유행遊幸으로 2만 인에 가까운 사망자를 냈고 국고의 물자를 탕진하였다. 이는 후연의 인구 감소를 초래하였을 것이다. 후연은 이러한 인구 감소와 물자 부족에 대처하기 위해 고막해庫莫奚, 거란契丹, 고구려高句麗를 공격하였지만, 모용외慕容廆 · 모용황慕容皝 시기와는 달리 주변 국가를 정복하지 못하였고, 대외원정의 결과는 성공보다 실패에 가까웠다. 이러한 요인이 복합적으로 작용하여 전연前燕처럼 새외塞外에서 중원中原으로 진출하지 못하고 요서를 지배하는 소국小國으로 전락하고 결국 풍발馮跋에게 망하였다.

3. 북연(北燕) 치하 요서(遼西)

1) 북연(北燕)의 인구와 영토

후연後燕과 북연北燕 사이의 과도기가 고운高雲 정권이다. 『진서』에는 고운高雲 재위 시기의 기록을 「모용운재기慕容雲載記」이라 하여 「모용보재기慕容寶載記」, 「모용성재기慕容盛載記」, 「모용희재기慕容熙載記」와 동권同卷에 실었다.

현재 개설서에는 고운高雲(慕容雲)을 후연後燕의 마지막 군주로 보거나 북연北燕의 첫 번째 군주로 간주되기도 한다.

풍발馮跋이 모용희慕容熙를 살해하고[561] 모용운慕容雲(高雲)을 군주로 추대하니 모용운慕容雲이 즉위하여 본래의 성인 '고高'를 취하였다.[562] 고운高雲은 407년 풍발과 풍만니馮萬泥, 풍소불馮素佛, 풍홍馮弘, 손호孫護, 장흥張興을 중용하였다.[563] 풍발馮跋 일족이 고관高官에 대거 등용된 것을 보면 고운高雲은

561) 『晉書』 卷124 「慕容熙載記」, 3107쪽, "中衛將軍馮跋 · 左衛將軍張興, 先皆坐事亡奔, 以熙政之虐也, 與跋從兄萬泥等二十二人結盟, 推慕容雲為主, 發尚方徒五千餘人閉門距守. 中黃門趙洛生奔告之, 熙曰: '此鼠盜耳, 朕還當誅之.' 乃收髮貫甲, 馳還赴難. 夜至龍城, 攻北門不克, 遂敗, 走入龍騰苑, 微服隱于林中, 為人所執, 雲得而弒之, 及其諸子同殯城北. 時年二十三, 在位六年. 雲葬之于苻氏墓, 偽謚昭文皇帝."; 『十六國春秋輯補』 卷47 「後燕錄」6, 372쪽; 『資治通鑑』 卷114 「晉紀」36 安帝義熙三年秋七月條, 3598쪽, "熙退入龍騰苑, 尚方兵褚頭逾城從熙, 稱營兵同心效順, 唯俟軍至. 熙聞之, 驚走而出, 左右莫敢追. 熙從溝下潛遁, 良久, 左右怪其不還, 相與尋之, 唯得衣冠, 不知所適. 中領軍慕容拔謂中常侍郭仲曰: '大事垂捷, 而帝無故自驚, 深可怪也. 然城內企遲, 至必成功, 不可稽留. 吾當先往趣城, 卿留待帝, 得帝, 速來; 若帝未還, 吾得如意安撫城中, 徐迎未晚.' 乃分將壯士二千餘人登北城. 將士謂熙至, 皆投仗請降. 既而熙久不至, 拔兵無後繼, 眾心疑懼, 復下城赴苑, 遂皆潰去. 拔為城中人所殺. 丙寅, 熙微服匿於林中, 為人所執, 送於雲, 雲數而殺之, 並其諸子. 雲複姓高氏."

562) 『資治通鑑』 卷114 「晉紀」36 安帝義熙三年秋七月條, 3598쪽, "初, 中衛將軍馮跋及弟侍御郎素弗皆得罪於熙, 熙欲殺之, 跋亡命山澤. 熙賦役繁數, 民不堪命; 跋 · 素弗與其從弟萬泥謀曰: '吾輩還首無路, 不若因民之怨, 共舉大事, 可苁建公侯之業; 事之不捷, 死未晚也.' 遂相與乘車, 使婦人御, 潛入龍城, 匿於北部司馬孫護之家. 及熙出送葬, 跋等與左衛將軍張興及苻進餘黨作亂. 跋素與慕容雲善, 乃推雲為主. 雲以疾辭, 跋曰: '河間淫虐, 人神共怒, 此天亡之時也. 公, 高氏名家, 何能為人養子, 而棄難得之運乎?' 扶之而出. 跋弟乳陳等帥眾攻弘光門, 鼓噪而進, 禁衛皆散走; 遂入宮授甲, 閉門拒守. 中黃門趙洛生走告于熙, 熙曰: '鼠盜何能為! 朕當還誅之.' 乃置后柩於南苑, 收髮貫甲, 馳還赴難. 夜, 至龍城, 攻北門, 不克, 宿於門外. 乙丑, 雲即天王位, 大赦, 改元正始."

563) 『資治通鑑』 卷114 「晉紀」36 安帝義熙三年秋七月條, 3601쪽, "北燕王雲以馮跋為都督中外諸軍事 · 開府儀同三司 · 錄尚書事, 馮萬泥為尚書令, 馮素弗為昌黎尹, 馮弘為征東大將軍, 孫護為尚書左僕射, 張興為輔國大將軍. 弘, 跋之弟也."

풍발 일족의 허수아비였다. 같은 해 고운高雲은 이씨李氏를 황후皇后로, 아들 고팽성高彭城을 태자太子로 각각 책봉하였다.[564] 고구려의 광개토대왕廣開土大王이 408년 후연(북연)에 사신을 보내자 고운高雲은 시어사侍御史 이발李拔을 보냈다.[565] 이후 두 나라의 전쟁 기사가 없던 것으로 보아 두 나라는 평화관계를 유지했던 것으로 보인다. 고운高雲은 자신의 심복 이반離班, 도인桃仁 등에게 살해되었다.[566] 이때 풍발馮跋이 홍광문洪光門에 올라 사태를 지켜보다가 이반과 도인을 죽이고 즉위하였다.[567]

풍발은 408년 즉위 후 모용귀慕容歸를 요동공遼東公에 봉해 후연의 제사를

564) 『資治通鑑』 卷114 「晉紀」36 安帝義熙四年春正月條, 3605쪽, "北燕王雲立妻李氏為皇后, 子彭城為太子."

565) 『資治通鑑』 卷114 「晉紀」36 安帝義熙四年三月條, 3606쪽, "高句麗遣使聘北燕, 且敘宗族, 北燕王雲遣侍御史李拔報之."

566) 『晉書』 卷124 「慕容雲載記」, 3109쪽, "雲臨東堂, 幸臣離班 · 桃仁懷劍執紙而入, 稱有所啟, 拔劍擊雲, 雲以几距班, 桃仁進而弑之. 馮跋遷雲尸于東宮, 偽謚惠懿皇帝. 雲自以無功德而為豪桀所推, 常內懷懼, 故寵養壯士以為腹心. 離班 · 桃仁等並專典禁衛, 委之以爪牙之任, 賞賜月至數千萬, 衣食臥起皆與之同, 終以此致敗云."; 『十六國春秋輯補』 卷47 「後燕錄」6, 373쪽.

567) 『資治通鑑』 卷115 「晉紀」37 安帝義熙五年冬十月條, 3621-3622쪽, "馮跋升洪光門以觀變, 帳下督張泰 · 李桑言於跋曰: '此豎勢何所至, 請為公斬之!' 乃奮劍而下, 桑斬班於西門, 泰殺仁於庭中. 眾推跋為主, 跋以讓其弟范陽公素弗, 素弗不可. 跋乃即天王位於昌黎, 大赦, 詔曰: '陳氏代姜, 不改齊國. 宜即國號曰燕.' 改元太平, 謚雲曰惠懿皇帝. 跋尊母張氏為太后, 立妻孫氏為王后, 子永為太子, 以范陽公素弗為車騎大將軍 · 錄尚書事, 孫護為尚書令, 張興為左僕射, 汲郡公弘為右僕射, 廣川公萬泥為幽 · 平二州牧, 上谷公乳陳為並 · 青二州牧. 素弗少豪俠放蕩, 嘗請婚於尚書左丞韓業, 業拒之. 及為宰輔, 待業尤厚. 好申拔舊門, 謙恭儉約, 以身帥下, 百僚憚之, 論者美其有宰相之度. 魏主珪將立齊王嗣為太子. 魏故事, 凡立嗣子, 輒先殺其母, 乃賜嗣母劉貴人死. 珪召嗣諭之曰: '漢武帝殺鉤弋夫人, 以防母后預政, 外家為亂也. 汝當繼統, 吾故遠跡古人, 為國家長久之計耳.' 嗣性孝, 哀泣不自勝. 珪怒之. 嗣還捨, 日夜號泣, 珪知而復召之. 左右曰: '上怒甚, 入將不測, 不如且避之, 俟上怒解而入.' 嗣乃逃匿於外, 帷帳下代人車路頭 · 京兆王洛兒二人隨之."

받들게 하였다.[568] 이는 모용씨 세력을 수습하기 위한 조치였다. 또 풍발은 411년 전조前朝, 즉 후연의 가정苛政, 즉 지나친 부역賦役 징발과 가렴주구를 모두 없앴다.[569] 이어서 412년 농업을 권하고 선정을 베풀었다.[570] 그리고 409년[571]과 411년,[572] 421년[573] 사자를 보내 군국郡國을 순행巡行하도록 하고 풍속風俗을 살피고 불쌍한 사람들에게 재물을 하사하는 등 민심 수습 조치를 취하였다. 그러나 풍발은 414년 뽕나무가 적기 때문에 이익을 알지 못한다고 하며 백성들에게 뽕나무 100그루, 산뽕나무柘 20그루를 심도록 명령하였다.[574] 이 하서下書의 "전무황예田畝荒穢"는 위에서 살펴본 풍발의 권농정책에도 불구하고 농사가 순조롭지 않음을 보여준다.

그러나 풍발의 선정에도 불구하고 북연의 국력은 약하였다. 이는 북연의

568) 『資治通鑑』 卷114 「晉紀」36 安帝義熙四年秋七月條, 3609쪽, "北燕王雲封慕容歸為遼東公, 使主燕祀."

569) 『晉書』 卷125 「馮跋載記」, 3129쪽, "跋下書曰: 「自頃多故, 事難相尋, 賦役繁苦, 百姓困窮. 宜加寬宥, 務從簡易, 前朝苛政, 皆悉除之. 守宰當垂仁惠, 無得侵害百姓, 蘭臺都官明加澄察.」."; 『十六國春秋輯補』 卷98 「北燕錄」1, 669쪽.

570) 『晉書』 卷125 「馮跋載記」, 3130쪽, "跋勵意農桑, 勤心政事, 乃下書省徭薄賦, 墮農者戮之, 力田者褒賞, 命尚書紀達為之條制. 每遣守宰, 必親見東堂, 問為政事之要, 令極言無隱, 以觀其志. 於是朝野競勸焉."; 『十六國春秋輯補』 卷98 「北燕錄」1, 670쪽.

571) 『晉書』 卷125 「馮跋載記」, 3128쪽, "羣固請, 乃許之, 於是以太元二十年乃僭稱天王于昌黎, 而不徙舊號, 卽曰燕, 赦其境內, 建元曰太平. 遣使者巡行郡國, 觀察風俗."

572) 『晉書』 卷125 「馮跋載記」, 3130쪽, "分遣使者巡行郡國, 孤老久疾不能自存者, 振穀帛有差, 孝悌力田閨門和順者 皆褒顯之."; 『十六國春秋輯補』 卷98 「北燕錄」1, 669쪽.

573) 『晉書』 卷125 「馮跋載記」, 3133쪽, "分遣使者巡行郡國, 問所疾苦, 孤老不能自存者, 賜以穀帛有差."; 『十六國春秋輯補』 卷99 「北燕錄」2, 674쪽.

574) 『晉書』 卷125 「馮跋載記」, 3131쪽, "跋又下書曰: 「今疆宇無虞, 百姓寧業, 而田畝荒穢, 有司不隨時督察, 欲令家給人足, 不亦難乎! 桑柘之益, 有生之本. 此土少桑, 人未見其利, 可令百姓人殖桑一百根, 柘二十根.」"; 『十六國春秋輯補』 卷98 「北燕錄」1, 670쪽.

영토에서 확인할 수 있다. 408년 풍만니馮萬泥를 유 · 기 2주목幽冀二州牧, 풍유진馮乳陳을 병주목并州牧, 풍소불馮素佛을 사예교위司隷校尉에 임명하였다. 아래의 〈지도 5〉에서 보듯이, 유주幽州 · 기주冀州의 치소治所가 비여肥如, 병주并州의 치소가 백랑白狼이었다.[575] 유주와 기주, 병주는 본래 황하黃河 이북에 설치한 주州였고, 당시 북연의 영토가 아니었다. 사예司隷는 전한前漢 무제武帝 시기에 설치한 사예교위부司隷校尉部에서 유래했으며, 사주司州라고 하며 서진시대西晉時代에는 수도 낙양洛陽 일대의 경기京畿 지역에 설치하였다.[576] 따라서 유주와 기주, 병주, 사예 4주州=部는 실제로 북연이 지배하는 영토가 아니었고, 이 지역의 주목州牧과 사예교위司隷校尉를 임명한 것은 요령遙領이었다. 요령遙領은 지배하지 않은 지역을 마치 직접 지배하는 것처럼 꾸미기 위해 지배하지 않은 지역의 지방관을 임명하는 것을 뜻한다. 즉 북연은 화룡(용성)과 요서 일부를 지배하는 소국小國임에도 마치 하북을 지배하는 것처럼 요령遙領을 통해 대국大國으로 분식粉飾하였다. 홍량길의 「십육국강역지十六國疆域志」에서는 북연의 영토에 평주平州, 유주幽州, 기주冀州, 병

575) 『資治通鑑』 卷114 「晉紀」36 安帝義熙四年五月條, 3606쪽, "五月, 北燕以尚書令馮萬泥為幽 · 冀二州牧, 鎮肥如; 中軍將軍馮乳陳為并州牧, 鎮白狼; 撫軍大將軍馮素弗為司隷校尉; 司隷校尉務銀提為尚書令."

576) 『晉書』 卷14 「地理志」上 司州條, 415쪽, "司州. 案禹貢豫州之地. 及漢武帝, 初置司隷校尉, 所部三輔 · 三河諸郡. 其界西得雍州之京兆 · 馮翊 · 扶風三郡, 北得冀州之河東 · 河內二郡, 東得豫州之弘農 · 河南二郡, 郡凡七. 位望隆于牧伯, 銀印青綬. 及光武都洛陽, 司隷所部與前漢不異. 魏氏受禪, 即都漢宮, 司隷所部河南 · 河東 · 河內 · 弘農并冀州之平陽, 合五郡, 置司州. 晉仍居魏都, 乃以三輔還屬雍州, 分河南立滎陽, 分雍州之京兆立上洛, 廢東郡立頓丘, 遂定名司州, 以司隷校尉統之. 州統郡一十二, 縣一百, 戶四十七萬五千七百."

주井州, 청주青州가 있었다고 하였다.[577]

〈지도 5〉에는 앞에서 설명한 요령遙領 혹은 교치僑置한 주州뿐만 아니라 군의 이름도 표기되었다. 북연 치하 군의 수와 이름을 구체적으로 알 수는 없지만, 북연이 북위에게 빼앗긴 군에서 유추해 볼 수 있다. 즉 북연에는 창

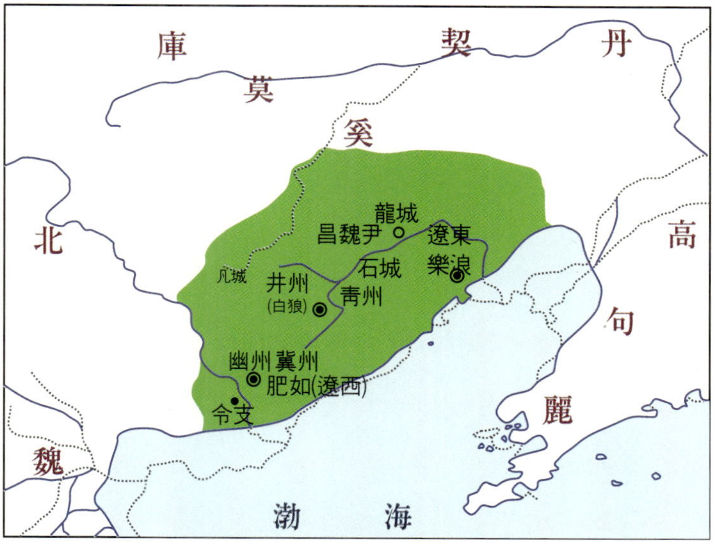

〈지도 5〉 북연(北燕) 강역도[578]
설명: 검은색 해안선과 강은 당시의 해안선과 강의 흐름이며,
회색 점선 해안선과 강은 현재의 해안선과 강의 흐름이다.

577) 洪亮吉, 「十六國疆域志」(『二十五史補編』, 中華書局, 1955) 卷16 北燕疆域志, 4199-4200쪽. 그러나 홍량길(洪亮吉) 본인이 밝히고 있듯이 북연(北燕)에 청주(青州)가 설치되었다는 근거는 없다.

578) 郭沫若 主編, 『中國史稿地圖集』(上册), 北京: 中國地圖出版社, 1996, 61쪽. 북연(北燕)의 동쪽 영토와 국경선을 필자가 수정하였다.

려昌黎 · 요동遼東,[579] 대방帶方 · 건덕建德 · 기양冀陽 3군郡,[580] 영구營丘 · 성구成周 · 요동遼東 · 낙랑樂浪 · 대방帶方 · 현도玄菟 6군郡[581]의 이름이 확인된다. 또 석성군石城郡과 이름이 확인되지 않은 10군[582] 혹은 10여 군[583]이 있었다. 이 밖에 비여현肥如縣에 요서군遼西郡이 있었고, 수도 화룡和龍에는 창려윤昌黎尹[584]이 설치되었다. 홍량길洪亮吉에 따르면, 창려윤昌黎尹과 요동군遼東郡, 낙

579) 『魏書』 卷3 「太宗紀」 永興三年春正月己亥條, 51쪽, "昌黎 · 遼東民二千餘家內屬."

580) 『資治通鑑』 卷122 「宋紀」4 文帝元嘉九年八月條, 3840쪽, "八月, 燕王使數萬人出戰, 魏昌黎公丘等擊破之, 死者萬餘人. 燕尙書高紹帥萬餘家保羌胡固; 辛巳, 魏主攻紹, 斬之. 平東將軍賀多羅攻帶方, 撫軍大將軍永昌王健攻建德, 驃騎大將軍樂平王丕攻冀陽, 皆拔之."

581) 『魏書』 卷4上 世祖紀上 延和元年九月乙卯條, 81쪽, "車駕西還. 徙營丘 · 成周 · 遼東 · 樂浪 · 帶方 · 玄菟六郡民三萬家于幽州, 開倉以賑之."; 『魏書』 卷97 「海夷馮跋傳附文通傳」, 2127쪽, "延和元年, 世祖親討之, 文通嬰城固守. 文通營丘 · 遼東 · 成周 · 樂浪 · 帶方 · 玄菟六郡皆降, 世祖徙其三萬餘戶于幽州."; 『資治通鑑』 卷122 「宋紀」4 文帝元嘉九年夏條, 3840쪽, "八月, 燕王使數萬人出戰, 魏昌黎公丘等擊破之, 死者萬餘人. 燕尙書高紹帥萬餘家保羌胡固; 辛巳, 魏主攻紹, 斬之. 平東將軍賀多羅攻帶方, 撫軍大將軍永昌王健攻建德, 驃騎大將軍樂平王丕攻冀陽, 皆拔之. 九月, 乙卯, 魏主引兵西還, 徙營丘 · 成周 · 遼東 · 樂浪 · 帶方 · 玄菟六郡民三萬家於幽州."

582) 『資治通鑑』 卷122 「宋紀」4 文帝元嘉九年秋七月條, 3839쪽, "燕石城太守李崇等十郡降於魏. 魏主發其民三萬穿圍塹以守和龍. 崇, 績之子也."

583) 『魏書』 卷46 「李訢傳」, 1039쪽, "李訢, 字元盛, 小名眞奴, 范陽人也. …… 父崇, 馮跋吏部尙書 · 石城太守. 延和初, 車駕至和龍, 崇率十餘郡歸降. 世祖甚禮之, 呼曰 '李公' 以崇爲平西將軍 · 北幽州刺史 · 固安侯."

584) 『진서』 「풍발재기(馮跋載記)」에는 손백인(孫伯仁)이 창려윤(昌黎尹)에 임명되었던 기사(『晉書』 卷125 「馮跋載記」, 3132쪽, "昌黎尹孫伯仁 · 護弟叱支 · 叱支弟乙拔等俱有才力, 以驍勇聞.")가 있으며, 『자치통감』에는 풍소불(馮素佛)이 창려윤(昌黎尹)에 임명되었던 기사(『資治通鑑』 卷114 「晉紀」36 安帝義熙三年秋七月條, 3601쪽, "北燕王雲以馮跋為都督中外諸軍事 · 開府儀同三司 · 錄尙書事, 馮萬泥為尙書令, 馮素弗為昌黎尹, 馮弘為征東大將軍, 孫護為尙書左僕射, 張興為輔國大將軍. 弘, 跋之弟也.")가 있다. 모용성(慕容盛) 시기에 모반했던 인물 가운데 창려윤(昌黎尹)에 임명되었던 장순(張順)이 있었던 것으로 보아(『晉書』 卷124 「慕容盛載記」, p.3099-3100, "初, 慕容奇聚眾于建安, 將討蘭汗, 百姓翕然從之. 汗遣兄子全討奇, 奇擊滅之, 進屯乙連. 盛既誅汗, 命奇罷兵, 奇遂與丁零嚴生 · 烏丸王龍之阻兵叛盛, 引軍至橫溝, 去龍城十里. 盛出

랑군樂浪郡, 대방군帶方郡, 현도군玄菟郡, 기양군冀陽郡은 평주平州에, 요서군遼西郡, 건덕군建德郡은 유주幽州에, 우북평군右北平郡과 석성군石城郡은 병주并州에, 영구군營丘郡과 성주군成周郡은 청주青州에 속했다.[585]

다음으로 대략의 인구를 추산해 보자. 북위에 항복한 인구는 409년 북연의 창려昌黎 · 요동遼東 민民 2천여 가家[586]와 432년 건덕령建德令 고육高育의 500여 가家[587]가 있었다. 북위가 약탈한 인구는 418년 1만여 가家,[588] 432년

兵擊敗之, 執奇而還, 斬龍 · 生等百餘人. 盛於是僭即尊位, 大赦殊死已下, 追尊伯考獻莊太子全為獻莊皇帝, 尊寶后段氏為皇太后, 全妃丁氏為獻莊皇后, 諡太子策為獻哀太子. 盛幽州刺史慕容豪 · 尚書左僕射張通 · 昌黎尹張順謀叛, 盛皆誅之. 改年為長樂. 有犯罪者, 十日一自決之, 無撾捶之罰, 而獄情多實.";『十六國春秋輯補』(崔鴻 撰, 湯球 輯補, 王魯一 · 王立華 點校, 濟南: 齊魯書社, 1993) 卷46「後燕錄」5, 364쪽) 창려윤(昌黎尹)은 후연(後燕) '용성시대(龍城時代)'에 설치된 것으로 추정된다.

585) 洪亮吉,「十六國疆域志」(『二十五史補編』, 中華書局, 1955) 卷16 北燕疆域志, 4199-4200쪽. 그러나 洪亮吉 본인이 밝히고 있듯이 북연(北燕)에 청주(青州)가 설치되었다는 근거는 없다.

586) 『魏書』 卷3「太宗紀」 永興三年春正月己亥條, 51쪽, "昌黎 · 遼東民二千餘家內屬."

587) 『魏書』 卷62「高道悅傳」, 1399쪽, "高道悅, 字文欣, 遼東新昌人也. 曾祖策, 馮跋散騎常侍 · 新昌侯. 祖育, 馮文通建德令. 值世祖東討, 率其所部五百餘家歸命軍門, 世祖授以建忠將軍, 齊郡 · 建德二郡太守, 賜爵肥如子."

588) 『魏書』 卷97「海夷馮跋傳」, 2126쪽, "太宗詔征東大將軍長孫道生率眾二萬討之, 跋嬰城固守, 不克而還.";『資治通鑑』 卷118「晉紀」40 安帝義熙十四年夏條, 3718쪽, "初, 和龍有赤氣四塞蔽日, 自寅至申, 燕太史令張穆言於燕王跋曰: '此兵氣也. 今魏方強盛, 而執其使者, 好命不通, 臣竊懼焉.' 跋曰: '吾方思之.' 五月, 魏主嗣東巡, 至濡源及甘松, 遣征東將軍長孫道生 · 安東將軍李先 · 給事黃門侍郎奚觀帥精騎二萬襲燕, 又命驍騎將軍延普 · 幽州刺史尉諾自幽州引兵趨遼西, 為之聲勢, 嗣屯突門嶺以待之. 道生等拔乙連城, 進攻和龍, 與燕單于右輔古泥戰, 破之, 殺其將皇甫軌. 燕王跋嬰城自守, 魏人攻之, 不克, 掠其民萬餘家而還."

3만 가家[589] 혹은 4만여 호,[590] 435년 6천 구口[591]였다. 양자를 합하면 최소 42,500가家와 6천 구口이다. 혹은 『십육국춘추집보』의 기록을 긍정한다면 최대 2,500가家와 4만여 호戶, 6천 구口이다. 16국 · 북조시대 가家와 호戶가 동일하지는 않지만, 계산의 편의를 위해 같다고 가정하면 북위에 빼앗긴 전연의 최대 인구는 52,500가(=호)와 6천 구口이다. 이는 최소 43,700가家 혹은 218,500구口, 최대 53,700가家 혹은 268,500구口로 추산된다.

위에서 추산한 인구는 북연이 북위에게 빼앗긴 인구였고, 북연 시대 다른 지역에서 인구가 유입된 기록은 적었다. 하간河間 저광褚匡이 414년 바다를 통해 배로 하북河北의 사람들을 데려오겠다고 건의하였다. 그리고 저광褚匡과 풍발의 종형從兄 풍매馮買, 종제從弟 풍도馮睹는 장락군長樂郡에서 5천여 호를 데리고 화룡和龍으로 돌아왔다. 또 풍발의 아우 풍비馮丕가 고구려로 피난 갔다가 북연으로 돌아왔다.[592] 이 기록이 북연으로 인구가 유입된 거

589) 『魏書』 卷4上 世祖紀上 延和元年九月乙卯條, 81쪽, "車駕西還. 徙營丘 · 成周 · 遼東 · 樂浪 · 帶方 · 玄菟六郡民三萬家于幽州, 開倉以賑之."; 『魏書』 卷97 「海夷馮跋傳附文通傳」, 2127쪽, "延和元年, 世祖親討之, 文通嬰城固守. 文通營丘 · 遼東 · 成周 · 樂浪 · 帶方 · 玄菟六郡皆降, 世祖徙其三萬餘戶于幽州."; 『資治通鑑』 卷122 「宋紀」4 文帝元嘉九年九月條, 3840쪽, "九月, 乙卯, 魏主引兵西還, 徙營丘 · 成周 · 遼東 · 樂浪 · 帶方 · 玄菟六郡民三萬家於幽州."

590) 『십육국춘추집보』에서는 북위(北魏)는 석성(石城) · 요동(遼東) · 영구(營丘) · 성주(成周) 4군(郡)의 항복을 받고 4만여 호를 북위(北魏)의 영토로 옮겼다고 기록하였다(『十六國春秋輯補』 卷100 「北燕錄」3, 677쪽, "七月, 魏師來伐神高. 八月, 石城遼東營丘成周四郡並降魏. 九月, 魏師引還, 徙民四萬餘戶而西."). 『십육국춘추집보』의 기록을 『위서(魏書)』나 『자치통감(資治通鑑)』과 비교하면 군(郡)의 수는 2개가 적고 호수(戶數)는 1만 호가 많다.

591) 『資治通鑑』 卷122 「宋紀」4 文帝元嘉十二年秋七月條, 3858쪽, "己卯, 魏樂平王丕等至和龍. 燕王以牛酒犒軍, 獻甲三千. 屈垣責其不送侍子, 掠男女六千口而還."

592) 『資治通鑑』 卷116 「晉紀」38 安帝義熙十年條, 3667-3668쪽, "河間人褚匡言於燕王跋曰: '陛下龍飛遼 · 碣, 舊邦族黨, 傾首朝陽, 以日為歲, 請往迎之.' 跋曰: '道路數千里, 復隔異國, 如何可

의 유일한 기록이다.

위에서 살펴본 북위에 빼앗긴 인구와 북연에 유입된 인구를 추산한 인구에 합하면 확인 가능한 북연의 최소 인구는 최소 48,700가(=호) 혹은 243,500구口, 최대 58,700가(=호) 혹은 293,500구口이다. 1장 2절에서 살펴본 전한-당의 인구와 비교하면 전한시대 요서 지역의 인구(81,983호, 397,748구)보다 적지만, 후한시대(19,983호, 89,143구)나 서진시대(3,700호)보다 많다.

다음으로 북연의 인재풀을 살펴보자. 풍발馮跋은 411년 창려昌黎 학월郝越, 영구營丘 장매성張買成 · 조협周刁 · 온건덕溫建德 · 하찬何纂을 등용하였다.[593] 또 415년 장락長樂 유헌劉軒과 영구營丘 장치張熾, 성주成周 적숭翟崇을 박사博士와 낭중郎中으로 등용하였다.[594] 411년 등용한 인물의 본적인 창려昌黎와 영구營丘는 모두 북연北燕 영역 안에 있었다. 이는 중원中原 출신 한인漢人이 없음을 보여준다.[595] 415년의 인재 등용에서도 장락長樂 유헌劉軒을 제외하

致?' 匡曰: '章武臨海, 舟楫可通, 出於遼西臨渝, 不為難也.' 跋許之, 以匡為游擊將軍 · 中書待郎, 厚資遣之. 匡與跋從兄買 · 從弟睹自長樂帥五千餘戶歸於和龍, 契丹 · 庫莫奚皆降於燕. 跋署其大人為歸善王. 跋弟丕避亂在高句麗, 跋召之, 以為左僕射, 封常山公."

593) 『晉書』 卷125 「馮跋載記」, 3130쪽, "昌黎郝越 · 營丘張買成 · 周刁 · 溫建德 · 何纂以賢良皆擢敘之."; 『十六國春秋輯補』 卷98 「北燕錄」1, 669쪽.

594) 『晉書』 卷125 「馮跋載記」, 3132쪽, "跋下書曰: 「武以平亂, 文以經務, 寧國濟俗, 實所憑焉. 自頃喪難, 禮崩樂壞, 閭閻絕諷誦之音, 後生無庠序之教, 子衿之歎復興于今, 豈所以穆章風化, 崇闡斯文! 可營建太學, 以長樂劉軒 · 營丘張熾 · 成周翟崇為博士郎中, 簡二千石已下子弟年十五已上教之.」"; 『十六國春秋輯補』 卷99 「北燕錄」2, 672-673쪽.

595) 영구(營丘)와 성주(成周)는 모용외(慕容廆) 시기인 314년 설치된 교군현(僑郡縣)이었고 각각 청주(青州)와 예주(豫州) 출신 유민들로 편제되었다. 그러나 이들이 계속 요서(遼西)에 남아 있었다면, 411년에는 이미 100년 가까운 시간이 흘렀다. 30년을 한 세대로 본다면 이들은 이미 3세대 이상이 요서(遼西)에 거주했으므로, 이미 요서(遼西)의 외지인이 아니라

면 북연 영토안인 영구營丘와 성주成周 출신이었다.[596] 『위서』에서 북연에서 벼슬했던 인물을 찾아보면 요동군遼東郡 출신 고책高策과 고육高育[597]과 동향 출신인 공손수公孫壽; 燕 給事黃門侍郎,[598] 요서군遼西郡 출신 두표竇表[599]가 요동과 요서 지역의 비중원非中原 출신 본토인이었다. 반면 광평군廣平郡 출신 유유游幼[600]와 범양군范陽郡 출신 이숭李崇[601]만이 중원中原 출신의 외지인으로 볼 수 있다. 이는 모용외慕容廆 시기와는 달리 후연後燕의 모용보慕容寶가 용성龍城으로 쫓겨났을 때 따라온 중원中原 출신의 한인漢人들이 거의 없었음을 보여준다. 북위가 후연의 수도 중산성을 점령했을 때 사로잡아 평성平城으로 강제로 이주시킨 대상 가운데 산동山東 6주 민리民吏와 6주州 22군郡의

토착인으로 보는 것이 타당할 것이다. 따라서 본문에서는 영구(營丘)와 성주(成周) 출신 인물을 중원(中原) 출신이 아닌 요서(遼西)의 토착인으로 간주하였다.

596) 영구군(營丘郡)과 성주군(成周郡)은 모용외(慕容廆)가 314년에 각각 청주(靑州)와 예주(豫州)의 유민(流民)들을 대상으로 설치한 교군(僑郡)이었다.

597) 요동군(遼東郡) 신창현(新昌縣) 출신의 고책(高策)이 북연(北燕)에서 산기상시(散騎常侍) 신창후(新昌侯), 그의 아들 고육(高育)이 건덕령(建德令)을 역임하였다(『魏書』 卷62 「高道悅傳」, 1399쪽, "高道悅, 字文欣, 遼東新昌人也. 曾祖策, 馮跋散騎常侍 · 新昌侯. 祖育, 馮文通建德令. 値世祖東討, 率其所部五百餘家歸命軍門, 世祖授以建忠將軍, 齊郡 · 建德二郡太守, 賜爵肥如子.").

598) 「魏故假節東夏州刺史公孫猗墓誌銘」, 『漢魏南北朝墓誌彙編』, 197쪽.

599) 두표(竇表)는 북연(北燕)의 성주태수(成周太守)를 역임하였다(『魏書』 卷88 「良吏 · 竇瑗傳」, 1907쪽, "竇瑗, 字世珍, 遼西遼陽人. 自言本扶風平陵人, 漢大將軍竇武之曾孫崇為遼西太守, 子孫遂家焉. 曾祖堪, 慕容氏漁陽太守. 祖表, 馮文通成周太守, 入國.").

600) 유유(游幼)는 북연(北燕)의 광평태수(廣平太守)를 역임하였다(『魏書』 卷55 「游明根傳」, 1213쪽, "游明根, 字志遠, 廣平任人也. …… 父幼, 馮跋假廣平太守. 和龍平, 明根乃得歸鄕里.").

601) 이숭(李崇)은 북연(北燕)의 이부상서(吏部尙書)와 석성태수(石城太守)를 역임하였다(『魏書』 卷46 「李訢傳」, 1039쪽, "李訢, 字元盛, 小名眞奴, 范陽人也. …… 父崇, 馮跋吏部尙書 · 石城太守. 延和初, 車駕至和龍, 崇率十餘郡歸降. 世祖甚禮之, 呼曰 '李公' 以崇爲平西將軍 · 北幽州刺史 · 固安侯.").

수재守宰 · 호걸豪傑 · 이민吏民 2천 가家[602]가 있었음에 주목하자. 6주 22군의 수재(태수와 현령), 호걸, 이민吏民은 사실상 관리와 지방의 지배층이었다. 이들이 후연의 수도 중산성이 함락되자 마자 북위의 수도 평성으로 이주되었으므로, 후연으로 따라올 한인(중국인) 인재는 적었을 것이다. 이는 인재풀의 축소를 뜻한다.[603]

2) 북위(北魏)의 영토 잠식과 북연(北燕)의 타격

이러한 상황에서 북위는 북연의 영토를 잠식하였고 북연의 백성들을 빼앗았다. 409년 북연의 창려昌黎 · 요동遼東 민民 2천여 가家가 북위로 내속하였다.[604] 고녹관빈庫傉官斌이 북위에 항복했다가 416년 다시 북연에 항복하였다. 북위의 연보延普가 유수濡水를 건너 고녹관빈庫傉官斌을 공격하여 참하고 북연의 유주자사 고녹관창庫傉官昌과 고욕관제庫辱官提를 공격하여 살해

602) 『魏書』 卷2 「太祖紀」 天興元年春正月條, 31-32쪽, "乃置行臺, 以龍驤將軍日南公和跋爲尙書, 與左丞賈彝率郎吏及兵五千人鎭鄴. …… 東駕將北還, 發卒萬人治直道, 自望都鐵闕鑿恒嶺至代五百餘里. 帝慮還後山東有變, 乃置行臺於中山, 詔左丞相 · 守尙書令衛王儀鎭中山, 撫軍大將軍,略陽公元遵鎭勃海之合口. 右軍將軍尹國先督租于冀州, 聞帝將還, 謀反, 欲襲信都, 安南將軍長孫嵩執送, 斬之. 辛酉, 車駕發自中山, 至于望都堯山 . 徙山東六州民吏及徒何 · 高麗雜夷三十六萬, 百工伎巧十萬餘口, 以充京師."

603) 장금룡(張金龍)은 고관(高官) 13인 가운데 군주씨족(君主氏族)인 풍씨(馮氏)가 6인을 차지하여 47.7%를 차지하였다. 여기에 외척(張興, 孫護, 王難)을 포함하면 69.2%이다. 북연은 군주씨족 풍씨를 중핵으로 하여 인재풀이 협소한 정치이익집단이라고 한다. 또 구체적인 예를 제시하지 않았지만, 최고 통치집단 가운데 하북(河北)과 요동(遼東) 지역의 한족 사인(漢族士人)이 없었고, 중하층 관리군에 일부의 한인(중국인)이 존재했을 것으로 추정하였다(張金龍, 「北燕政治史四題」, 『南都學壇』 17(1997-4), 1997, 20-21쪽).

604) 『魏書』 卷3 「太宗紀」 永興三年春正月己亥條, 51쪽, "昌黎 · 遼東民二千餘家內屬."

하였다.[605] 북위 명원제明元帝가 418년 동순東巡하며 유원濡源과 감송甘松에 이르러 장손도생長孫道生 · 이선李先 · 위낙尉諾에게 북연을 공격하도록 명령하였다. 장손도생長孫道生은 을련성乙連城을 점령하고 화룡和龍을 공격했으나, 북연의 방어에 막혀 1만여 가家를 약탈하여 회군하였다.[606]

북위의 북연 공격은 그치고 이후 432년까지 평화 상태를 유지하였다. 이는 북위 명원제의 뒤를 이은 태무제太武帝의 전략 수정 때문이다. 태무제는 즉위 후에 신하들과 함께 공격의 우선 순위를 의논하였다. 장손숭長孫嵩과 장손한長孫翰, 해근奚斤 등은 먼저 몽골고원에 있던 유연柔然을 공격해야 한다고 주장하였다. 반면 최호崔浩는 하夏를 먼저 공격해야 한다고 주장하였다. 또 유결劉潔과 안원安遠은 북연을 먼저 공격해야 한다고 주장하였다. 이때 하夏에서 혁련발발赫連勃勃이 죽기 직전 혁련괴赫連璝와 혁련창赫連昌 사이의 계승분쟁이 발생하자 태무제는 하夏를 공격하기로 결정하였다.[607] 따라

605) 『魏書』 卷3 「太宗紀」 泰常元年條, 56-57쪽, "冬十月壬戌, 幸犲山宮. 徒何部落庫傉官斌先降, 後復叛歸馮跋. 驍騎將軍延普渡濡 水討擊, 大破之, 斬斌及 馮跋幽州刺史 · 漁陽公庫傉官昌, 征北將軍 · 關內侯庫傉官提等首, 生擒庫傉官女生, 縛送京師. 幽州平."; 『資治通鑑』 卷116 「晉紀」38 安帝義熙十二年冬十月條, 3693쪽, "初, 燕將庫傉官斌降魏, 既而復叛歸燕. 魏主嗣遣驍騎將軍延普渡濡水擊斌, 斬之; 遂攻燕幽州刺史庫傉官昌 · 征北將軍庫辱官提, 皆斬之."

606) 『魏書』 卷97 「海夷馮跋傳」, 2126쪽, "太宗詔征東大將軍長孫道生率眾二萬討之, 跋嬰城固守, 不克而還."; 『資治通鑑』 卷118 「晉紀」40 安帝義熙十四年夏條, 3718쪽, "初, 和龍有赤氣四塞蔽日, 自寅至申, 燕太史令張穆言於燕王跋曰: '此兵氣也. 今魏方強盛, 而執其使者, 好命不通, 臣竊懼焉.' 跋曰: '吾方思之.' 五月, 魏主嗣東巡, 至濡源及甘松, 遣征東將軍長孫道生 · 安東將軍李先 · 給事黃門侍郎奚觀帥精騎二萬襲燕, 又命驍騎將軍延普 · 幽州刺史尉諾自幽州引兵趨遼西, 為之聲勢, 嗣屯突門嶺以待之. 道生等拔乙連城, 進攻和龍, 與燕單于右輔古泥戰, 破之, 殺其將皇甫軌. 燕王跋嬰城自守, 魏人攻之, 不克, 掠其民萬餘家而還."

607) 『魏書』 卷25 「長孫嵩傳」, 644쪽, "世祖即位, 進爵北平王, 司州中正. 詔問公卿, 赫連 · 蠕蠕征討何先. 嵩與平陽王長孫翰 · 司空奚斤等曰: '赫連居土, 未能為患, 蠕蠕世為邊害, 宜先討大檀. 及

서 북위는 하夏 정복에 신경을 기울였으므로 동쪽의 북연 정복은 우선순위에서 밀렸다. 덕분에 두 나라 사이에 17년 동안 전쟁이 없었다. 그러나 북위 태무제는 432년 하오월 남교南郊에서 군사훈련을 하면서 북연 공격을 계획하고,[608] 유월 경인일(7. 30)에 북연 공격을 시작하여[609] 칠월 기사일(9. 7)에 북연의 수도 화룡和龍에 이르렀다.[610] 이때 석성태수石城太守 이숭李崇 등이 10군[611] 혹은 10여 군[612]을 가지고 북위에 항복하였다. 이때 건덕령建德令 고육高育도 500여 가家를 거느리고 북위에 항복하였다.[613] 북연이 팔월에 수만 인 동원하여 북위군北魏軍과 싸웠으나 대패하였다. 상서尙書 고소高紹는 1

則收其畜產, 足以富國; 不及則校獵陰山, 多殺禽獸, 皮肉筋角, 以充軍實, 亦愈於破一小國.' 太常崔浩曰: '大檀遷徙鳥逝, 疾追則不足經久, 大眾則不能及之. 赫連屈丐, 土宇不過千里, 其刑政殘虐, 人神所棄, 宜先討之.' 尙書劉潔 · 武京侯安原請先平馮跋. 帝默然, 遂西巡狩. 後聞屈丐死, 關中大亂, 議欲征之. 嵩等曰: '彼若城守, 以逸代勞, 大檀聞之, 乘虛而寇, 危道也.' 帝乃問幽微於天師寇謙之, 謙之勸行. 杜超之贊成之, 崔浩又言西伐利. 嵩等固諫不可. 帝大怒, 責嵩在官貪汚, 使武士頓辱. 尋遷太尉. 久之, 加柱國大將軍."

608) 『資治通鑑』 卷122 「宋紀」4 文帝元嘉九年夏五月條, 3837쪽, "魏主治兵於南郊, 謀伐燕."

609) 『資治通鑑』 卷122 「宋紀」4 文帝元嘉九年夏六月條, 3837쪽, "庚寅, 魏主伐燕. 命太子晃錄尙書事, 時晃才五歲. 又遣左僕射安原 · 建寧王崇等屯漠南以備柔然."

610) 『資治通鑑』 卷122 「宋紀」4 文帝元嘉九年夏秋七月條, 3838쪽, "秋, 七月, 己未, 魏主至濡水. 庚申, 遣安東將軍奚斤發幽州民及密雲丁零萬餘人, 運攻具, 出南道, 會和龍. 魏主至遼西, 燕王遣其侍御史崔聘奉牛酒犒師. 己巳, 魏主至和龍."

611) 『資治通鑑』 卷122 「宋紀」4 文帝元嘉九年秋七月條, 3839쪽, "燕石城太守李崇等十郡降於魏. 魏主發其民三萬穿圍塹以守和龍. 崇, 績之子也."

612) 『魏書』 卷46 「李訢傳」, 1039쪽, "李訢, 字元盛, 小名眞奴, 范陽人也. …… 父崇, 馮跋吏部尙書 · 石城太守. 延和初, 車駕至和龍, 崇率十餘郡歸降. 世祖甚禮之, 呼曰 '李公' 以崇爲平西將軍 · 北幽州刺史 · 固安侯."

613) 『魏書』 卷62 「高道悅傳」, 1399쪽, "高道悅, 字文欣, 遼東新昌人也. 曾祖策, 馮跋散騎常侍 · 新昌侯. 祖育, 馮文通建德令. 值世祖東討, 率其所部五百餘家歸命軍門, 世祖授以建忠將軍, 齊郡 · 建德二郡太守, 賜爵肥如子."

만여 가家를 거느리고 강호고羌胡固를 지켰다. 태무제가 팔월 신사일(9. 19)에 공격하여 고소高紹를 참하고 대방帶方 · 건덕建德 · 기양冀陽 3군郡을 점령하였다.[614] 그리고 구월 을묘일(10. 23)에 영구營丘 · 성구成周 · 요동遼東 · 낙랑樂浪 · 대방帶方 · 현도玄菟 6군郡 민民 3만 가家 혹은 4만여 호[615]를 유주幽州로 천사遷徙시켰다.[616] 이때 북연北燕의 상서랑尙書郎 곽연郭淵이 풍홍馮弘에게 북위에 딸을 바치고 부용附庸이 될 것을 청하였다. 풍홍은 이를 거절하였다.[617]

곽연郭淵이 풍홍에게 북위에 공주를 바치고 북위의 부용附庸, 즉 속국이 되기를 청한 것은 432년 북위의 공격을 받고 받은 타격이 컸기 때문이다.

〈지도 6〉은 북연이 망하기 전 해인 435년까지 북위가 잠식한 영토를 표

614) 『資治通鑑』 卷122 「宋紀」4 文帝元嘉九年八月條, 3840쪽, "八月, 燕王使數萬人出戰, 魏昌黎公丘等擊破之, 死者萬餘人. 燕尙書高紹帥萬餘家保羌胡固; 辛巳, 魏主攻紹, 斬之. 平東將軍賀多羅攻帶方, 撫軍大將軍永昌王健攻建德, 驃騎大將軍樂平王丕攻冀陽, 皆拔之."

615) 『십육국춘추집보』에서는 북위(北魏)는 석성(石城) · 요동(遼東) · 영구(營丘) · 성주(成周) 4군(郡)의 항복을 받고 4만여 호를 북위(北魏)의 영토로 옮겼다고 기록하였다(『十六國春秋輯補』 卷100 「北燕錄」3, 677쪽, "七月, 魏師來伐神高. 八月, 石城遼東營丘成周四郡並降魏. 九月, 魏師引還, 徙民四萬餘戶而西."). 『십육국춘추집보』의 기록을 『위서(魏書)』나 『자치통감(資治通鑑)』과 비교하면 군(郡)의 수는 2개가 적고 호수(戶數)는 1만 호가 많다.

616) 『魏書』 卷4上 世祖紀上 延和元年九月乙卯條, 81쪽, "車駕西還. 徙營丘 · 成周 · 遼東 · 樂浪 · 帶方 · 玄菟六郡民三萬家于幽州, 開倉以賑之."; 『魏書』 卷97 「海夷馮跋傳附文通傳」, 2127쪽, "延和元年, 世祖親討之, 文通嬰城固守. 文通營丘 · 遼東 · 成周 · 樂浪 · 帶方 · 玄菟六郡皆降, 世祖徙其三萬餘戶于幽州."; 『資治通鑑』 卷122 「宋紀」4 文帝元嘉九年九月條, 3840쪽, "九月, 乙卯, 魏主引兵西還, 徙營丘 · 成周 · 遼東 · 樂浪 · 帶方 · 玄菟六郡民三萬家於幽州."

617) 『資治通鑑』 卷122 「宋紀」4 文帝元嘉九年九月條, 3840쪽, "燕尙書郭淵勸燕王送款獻女於魏, 乞為附庸. 燕王曰: 「負釁在前, 結忿已深, 降附取死, 不如守志更圖也.」"

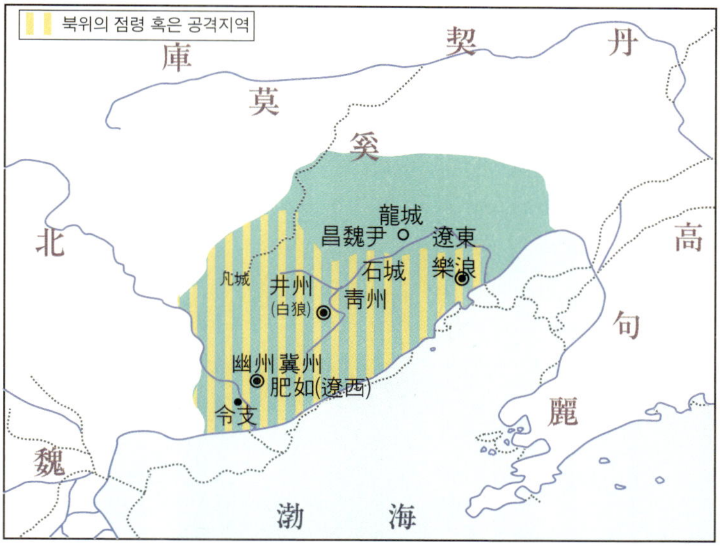

〈지도 6〉 북연(北燕)의 영토 상실과 북위(北魏)의 영토 잠실
설명 : 검은 해안선과 강은 당시의 해안선과 강의 흐름이며,
회색 점선 해안선과 강은 현재의 해안선과 강의 흐름이다.

시한 것이다. 특히 432년 북위의 공격으로 북연은 9군을 북위에게 빼앗겼다. 게다가 3만 가 혹은 4만여 호의 백성도 빼앗겼다. 그리고 북위의 공격에 항복한 이숭이 바친 석성石城 등 10군 혹은 10여 군과 고육이 바친 건덕현建德縣과 500여 가를 포함하면 북연의 피해는 더 커진다. 이처럼 곽연은 북연이 432년 국가의 존립에 위태로울 정도로 영토와 인구를 빼앗겼기 때문에 북위의 부용(속국)이 되자는 제안을 풍홍에게 제시할 수밖에 없을 것이다.

같은 해 태자의 자리에서 쫓겨난 풍홍의 아들 풍숭馮崇은 북위에 항복하였고 북위 태무제는 풍숭을 유평이주목幽平二州牧 요서왕遼西王에 임명하고 요서遼西 10군郡을 식읍으로 주었다. 그리고 상서尙書와 자사刺史 등 임명권을 주었다.[618] 이에 북연의 군주 풍홍이 봉우封羽를 보내 풍숭의 근거지 요서를 포위하였다.[619] 이에 북위가 영창왕永昌王 탁발건拓跋健을 보내 풍숭을 구하게 하였다.[620] 요서의 풍숭을 공격했던 북연의 장군 봉우는 범성凡城을 바치고 항복하였다. 영창왕 탁발건은 3천여 가家를 천사遷徙하고 돌아왔다.[621]

북연이 궁지에 몰리자 풍숭은 433년 아버지 풍홍을 항복시키러 설득하겠다고 하였으나 태무제가 거절하였다.[622] 다음 해 434년 풍홍이 화친을 청

618) 『魏書』 卷97 「海夷馮跋傳附文通傳」, 2127쪽, "先是, 文通廢其元妻王氏, 黜世子崇, 令鎭肥如, 以後妻慕容氏子王仁為世子. 崇母弟廣平公朗 · 樂陵公邈相謂曰: '大運有在, 家國已亡, 又慕容之譖, 禍將至矣.' 於是遂出奔遼西, 勸崇來降, 崇納之. 會世祖使給事中王德陳示成敗, 崇遣邈入朝. 世祖遣兼鴻臚李繼持節拜崇假節 · 侍中 · 都督幽平二州東夷諸軍事 · 車騎大將軍 · 領護東夷校尉 · 幽平二州牧, 封遼西王, 錄其國尚書事, 食遼西十郡; 承制, 假授文官尚書 · 刺史, 武官征虜已下."; 『十六國春秋輯補』 卷100 「北燕錄」3, 678쪽, "弘黜長樂公崇, 使鎭肥如. 崇遣弟樂陵公邈如魏降. 世祖拜崇遼西王. 弘使別將封羽, 率衆圍崇於遼西."; 『資治通鑑』 卷122 「宋紀」4 文帝元嘉十年二月庚午條, 3846쪽, "二月, 庚午, 魏主以馮崇為都督幽 · 平 · 東夷諸軍事 · 車騎大將軍 · 幽 · 平二州牧, 封遼西王, 隷其國尚書事, 食遼西十郡, 承製假授尚書 · 刺史 · 征虜已下官."

619) 『資治通鑑』 卷122 「宋紀」4 文帝元嘉九年條, 3841쪽, "初, 燕王嫡妃王氏, 生長樂公崇, 崇于兄弟為最長. 及即位, 立慕容氏為王后, 王氏不得立, 又黜崇, 使鎭肥如. 崇母弟廣平公朗 · 樂陵公邈相謂曰: '今國家將亡, 人無愚智皆知之. 王復受慕容後譖, 吾兄弟死無日矣!' 乃相與亡奔遼西, 說崇使降魏, 崇從之. 會魏主使給事郎王德招崇, 十二月, 己丑, 崇使邈如魏, 請舉郡降. 燕王聞之, 使其將封羽圍崇於遼西."

620) 『資治通鑑』 卷122 「宋紀」4 文帝元嘉十年春正月乙卯條, 3845쪽, "春, 正月, 乙卯, 魏主遣永昌王健督諸軍救遼西."

621) 『魏書』 卷97 「海夷馮跋傳附文通傳」, 2127쪽, "文通遣, 其將封羽率眾圍崇, 世祖詔永昌王健督諸軍救之. 封羽又以凡城降, 徙其三千餘家而還."; 『資治通鑑』 卷122 「宋紀」4 文帝元嘉十年六月條, 3849쪽, "六月, 魏永昌王健 · 左僕射安原督諸軍擊和龍, 將軍樓孛文別將五千騎圍凡城. 燕守將封羽以凡城降, 收其三千餘家而還."

622) 『資治通鑑』 卷122 「宋紀」4 文帝元嘉十年秋八月條, 3849쪽, "秋, 八月, 馮崇上表請說降其父, 魏主不聽."

하였으나 태무제가 거부하였다.[623] 이에 풍홍이 북위에 딸을 후궁으로 바친다고 하니 북위의 태무제가 허락하며 북연의 군주 풍홍의 아들 풍왕인馮王仁을 입조하도록 명령하였다. 그러나 풍홍은 아들을 보내지 않았다.[624] 이때 유자劉滋가 태자를 인질로 바쳐야 한다고 주장하였으나, 풍홍의 노여움을 사서 살해되었다.[625] 북연이 북위에 인질을 바친다는 것은 북연이 북위의 속국 혹은 부용국附庸國이 됨을 뜻하였다. 따라서 북연의 군주 풍홍은 이를 거부한 것이다. 북연의 풍홍이 자신의 명령대로 인질을 바치지 않자 북위 태무제는 영창왕 탁발건 등을 보내 북연을 공격하게 하였다. 영창왕 탁발건은 북연의 곡식을 거두고 생포한 백성을 이주시키고 회군하였다.[626] 이에 궁지에 몰린 풍홍은 435년 정월과 사월에 유송劉宋에 사신을 보내 구원병을 요청하였다.[627] 이와 동시에 삼월에 북위에 탕촉湯燭을 보내 조공을 바치

623) 『資治通鑑』 卷122 「宋紀」4 文帝元嘉十一年春正月戊戌條, 3851쪽, "春, 正月, 戊戌, 燕王遣使請和於魏, 魏主不許."

624) 『魏書』 卷97 「海夷馮跋傳附文通傳」, 2128쪽, "文通遣其尚書高顒請罪, 乞以季女充掖庭. 世祖許之, 徵其子王仁入朝, 文通不遣."; 『資治通鑑』 卷122 「宋紀」4 文帝元嘉十一年閏月條, 3853쪽, "辛巳, 燕王遣尚書高顒上表稱藩, 請罪於魏, 乞以季女充掖庭; 魏主乃許之, 徵其太子王仁入朝. 燕王送魏使者於什門還平城. 什門在燕二十一年, 不屈節. 魏主下詔褒稱, 以比蘇武, 拜治書御史, 賜羊千口, 帛千匹, 策告宗廟, 頒示天下."

625) 『資治通鑑』 卷122 「宋紀」4 文帝元嘉十一年六月條, 3854쪽, "燕王不遣太子質魏, 散騎常侍劉滋諫曰: '昔劉禪有重山之險, 孫皓有長江之阻, 皆為晉擒. 何則? 強弱之勢異也. 今吾弱於吳 · 蜀而魏強於晉, 不從其欲, 將有危亡之禍. 願亟遣太子, 而修政事, 撫百姓, 收離散, 賑饑窮, 勸農桑, 省賦役, 社稷猶庶幾可保.' 燕王怒, 殺之."

626) 『資治通鑑』 卷122 「宋紀」4 文帝元嘉十一年六月條, 3854쪽, "辛亥, 魏主遣撫軍大將軍永昌王健等伐燕, 收其禾稼, 徙民而還."

627) 『資治通鑑』 卷122 「宋紀」4 文帝元嘉十二年正月條, 3855쪽, "燕王數為魏所攻, 遣使詣建康稱藩奉貢. 癸酉, 詔封為燕王, 江南謂之黃龍國."; 『資治通鑑』 卷122 「宋紀」4 文帝元嘉十二年夏四月條, 3857쪽, "燕王遣右衛將軍孫德來乞師."

고, 태자가 병에 걸려 입조하지 못했다고 핑계를 대며 사죄하였다.[628] 이를 믿지 않은 북위의 낙평왕樂平王 탁발비拓跋丕와 굴원屈垣 등이 유월 무신일(8. 3) 기병 4만을 거느리고 북연을 공격하였다.[629] 북위군北魏軍이 칠월 기묘일(9. 2)에 북연의 수도 화룡에 진격하였다. 북연의 풍홍은 우주牛酒를 북위군에 바치고 갑甲 3천을 바쳤다. 이에 굴원屈垣은 태자를 바치지 않음을 책하며 남녀 6천 구口를 잡아 돌아왔다.[630]

이상으로 북연이 망하기 전 해인 435년까지 북위의 북연 공격을 살펴보았다. 〈지도 6〉에서 보듯이 북연은 북위에 10군郡과 범성凡城을 빼앗겼고 4만 3천여 가家와 6천 구口의 인구를 빼앗겼다. 인구수로 계산하면 1가家에 5구口가 있다고 가정하면 모두 4만 4천여 가家 혹은 221,000여 구口의 인구를 북위에 빼앗긴 셈이다. 이처럼 많은 영토와 인구를 빼앗긴 북연은 경제력과 군사력을 확충하여 북위에 대항하기 어려웠다.

이러한 상황에서 북연의 태상太常 양민楊岷이 435년 태자를 북위에 보내야 한다고 주장하였으나 풍홍은 여전히 거부하였다. 대신 풍홍은 비밀리에 상서尙書 양이陽伊를 보내 고구려에 보내 도움을 청하였다.[631] 이어서 풍홍이

---

628) 『資治通鑑』 卷122 「宋紀」4 文帝元嘉十二年三月癸亥條, 3856쪽, "三月, 癸亥, 燕王遣大將湯燭入貢於魏, 辭以太子王仁有疾, 故未之遣."

629) 『資治通鑑』 卷122 「宋紀」4 文帝元嘉十二年六月條, 3858쪽, "戊申, 魏主命驃騎大將軍樂平王丕·鎮東大將軍徒河屈垣等帥騎四萬伐燕."

630) 『資治通鑑』 卷122 「宋紀」4 文帝元嘉十二年秋七月條, 3858쪽, "己卯, 魏樂平王丕等至和龍. 燕王以牛酒犒軍, 獻甲三千. 屈垣責其不送侍子, 掠男女六千口而還."

631) 『資治通鑑』 卷122 「宋紀」4 文帝元嘉十二年八月條, 3859쪽, "魏人數伐燕, 燕日危蹙, 上下憂懼. 太常楊崏復勸燕王速遣太子入侍. 燕王曰: '吾未忍為此. 若事急, 且東依高麗以圖後舉.' 崏曰: '魏舉天下以擊一隅, 理無不克. 高麗無信, 始雖相親, 終恐為變.' 燕王不聽, 密遣尚書陽伊請迎於高麗."

436년 이월 무자일(3. 9)에 북위에 사신을 보내 아들을 바치겠다고 하였다. 그러나 태무제가 허락하지 않고 북연을 공격할 것을 계획하였다.[632] 같은 달에 아청娥清과 고필古弼이 1만을 거느리고 북연을 공격하였고 평주자사平州刺史 탁발영拓跋嬰은 요서의 군대를 이끌고 합류하였다.[633] 사월에 아청娥清과 고필古弼이 백랑성白狼城을 함락하였다. 이때 고구려는 갈로葛盧와 맹광孟光에게 수만 명을 거느리고 양이陽伊를 따라 화룡和龍으로 들어갔다.[634] 고구려군이 화룡에 들어가 무고武庫의 무기로 무장하고 성안을 약탈하였다.[635] 고구려군은 북위군과 싸우는 대신 풍홍을 고구려로 데리고 갔다.[636] 후에 풍홍은 고구려에서 망명한 지 2년 만에 살해되었다.[637]

632) 『資治通鑑』 卷123 「宋紀」5 文帝元嘉十三年二月條, 3860쪽, "二月, 戊子, 燕王遣使入貢於魏, 請送侍子, 魏主不許, 將舉兵討之."

633) 『資治通鑑』 卷123 「宋紀」5 文帝元嘉十三年二月條, 3861쪽, "辛未, 魏平東將軍娥清 · 安西將軍古弼將精騎一萬伐燕, 平州刺史拓跋嬰帥遼西諸軍會之."

634) 『資治通鑑』 卷123 「宋紀」5 文帝元嘉十三年夏四月條, 3861쪽, "夏, 四月, 魏娥清 · 古弼攻燕白狼城, 克之. 高麗遣其將葛盧孟光將眾數萬隨陽伊至和龍迎燕王."

635) 『資治通鑑』 卷123 「宋紀」5 文帝元嘉十三年夏四月條, 3862쪽, "高麗屯於臨川. 燕尚書令郭生因民之憚遷, 開城門納魏兵; 魏人疑之, 不入. 生遂勒兵攻燕王, 王引高麗兵入自東門, 與生戰於闕下, 生中流矢死. 葛盧孟光入城, 命軍士脫弊褐, 取燕武庫精仗以給之, 大掠城中."

636) 『資治通鑑』 卷123 「宋紀」5 文帝元嘉十三年五月條, 3862쪽, "五月, 乙卯, 燕王帥龍城見戶東徙, 焚宮殿, 火一旬不滅; 令婦人被甲居中, 陽伊等勒精兵居外, 葛盧孟光帥騎殿後, 方軌而進, 前後八十餘里. 古弼部將高苟子帥騎欲追之, 弼醉, 拔刀止之, 故燕王得逃去. 魏主聞之, 怒, 檻車征弼及娥清至平城, 皆黜為門卒."

637) 『晉書』 卷125 「馮跋載記」, 3133쪽, "跋立十一年, 至是, 元熙元年也, 此後事入于宋. 至元嘉七年死. 弟弘殺跋子翼自立, 後為魏所伐, 東奔高句麗. 居二年, 高句麗殺之."; 『十六國春秋輯補』 卷100 「北燕錄」3, 678-679쪽.

Ⅳ. 결론

요서遼西 지역은 장강長江 유역과 하서회랑河西回廊 등의 지역처럼 영가永嘉의 난 이후 중원中原의 인구가 유입되었던 지역이었다. 동진東晉 남조南朝처럼 토착인(구舊 혹은 오성吳姓)과 이주민(교僑 혹은 교성僑姓)의 대립과 갈등이 첨예하지 않았지만,[638] 모용부(전연)가 지배했던 요서遼西와 요동遼東도 양자의 미묘한 대립과 갈등이 존재하였다.[639] 이주민이 토착민보다 정치적으로 우세했다는 점은 전연前燕과 동진남조東晉南朝의 역사에서 공통된 현상이었다.

전연前燕과 후연後燕은 좌우 대칭이었다. 전연前燕이 용성龍城을 중심으로 한 요서遼西에서 황하黃河 중하류로 영토를 확장했다면, 후연後燕은 그 반대로 황하 중하류를 지배하다가 용성龍城과 요서遼西를 지배하는 소국小國으로 전락하였다. 전연前燕은 모용외慕容廆 시기부터 중원中原에서 유입된 유민流民

---

638) 朴漢濟,「'僑民體制'의 展開와 南朝史-南·北朝史의 統一的 理解를 위한 하나의 提案-」, 6-19쪽 및 同氏,「東晉·南朝史와 僑民-'僑舊體制'의 形成과 그 展開-」, 1-51쪽.

639) 李海葉,「慕容氏遼東政權的"僑土"關係」, 109왼쪽-113오른쪽.

들을 수용하였고 주변국을 공격하여 피정복민을 수도 근처로 이주시켜 인구 증가를 꾀하였다. 그러나 지나치게 많은 인구와 반비례하여 적은 농경지 때문에 모든 사민徙民과 유민流民들에게 경작할 토지를 충분히 나누어주지 못했다. 이러한 인구압과 기근, 한랭기 등 요서遼西의 불리한 환경은 전연前燕이 외부로 팽창할 동기였다. 때마침 하서회랑河西回廊을 제외한 화북華北 지역을 지배하던 후조後趙가 석호石虎 사후 분열하면서 전연前燕의 중원中原 진출은 성공하였다. 이때 모용부慕容部와 중원中原 출신의 한인관료漢人官僚뿐만 아니라 유민流民들도 대거 중원中原으로 이주했을 것이다. 이후 요서遼西 지역은 인구의 유입지역이라기보다 유출지역이었다. 이는 후연後燕 '용성시대龍城時代'에 잠시 바뀌었다. 모용보가 데려온 군사들과 관리들 때문에 요서는 잠시 인구 유입으로 인구가 증가하였다. 북위北魏에 하북河北 지역을 빼앗기고 용성龍城으로 쫓겨온 후연後燕의 모용보慕容寶와 뒤를 이은 군주들은 그들의 조상인 모용외慕容廆와 모용황慕容皝처럼 유민流民을 받아들이거나 주변국을 정복하여 피정복민을 이주시켜 인구의 수를 늘리지 못하였다. 오히려 지배층의 분열과 반란, 살해로 많은 사람들이 죽었고 특히 모용희慕容熙는 잦은 토목공사와 무리한 유행遊幸으로 2만 인에 가까운 사망자를 냈고 국고의 물자를 탕진하였다. 이런 상황에서 주변국을 정복하는 것은 무리였다. 후연後燕의 뒤를 이은 북연北燕은 후연後燕의 가렴주구의 뒷처리와 인구 감소, 북위北魏의 영토 잠식과 북연민北燕民의 약탈에 시달렸기 때문에 부국강병은 꿈도 꾸지 못하고 북위北魏에 정복되었다.

이처럼 요서遼西 지역에 인구가 증가했던 전연前燕 시대에는 외부로 팽창할 수 있었지만, 전연前燕이 황하黃河 중하류를 지배하고 수도를 업鄴으로 천도한 후 대규모 인구가 다시 중원으로 흘러들어가면서 인구 감소로 발전할 수 있는 활력을 잃었다. 그러나 전연前燕과 후연後燕은 자신의 고향인 용성龍城을 잊지 않았다. 전연前燕이 업鄴(처음에는 계薊)으로 천도한 이후에도 '용도龍都'라고 불리며 유대留臺가 설치되었다. 이는 후연後燕 시대에도 마찬가지였다. 용성龍城의 유대留臺를 제 2의 수도, 혹은 부도副都로 볼 수 있을지는 논란의 여지가 있지만, 16국시대 자신의 원주지에 상징적인 '정치적 수도'를 둔 것은 전연前燕과 후연後燕밖에 없었다.[640] 전연前燕과 후연後燕이 중원中原을 지배한 시기에 용성龍城은 여전히 군사적 중심지였고, 종묘 등 의례공간이 존재하였으며 모용씨慕容氏 군주들이 사후 묻히는 장소였다.

640) 중국의 역대 이민족왕조 가운데 원주지에서 중국본토로 천도(遷都)한 후 원래의 수도를 부도(副都), 혹은 제 2의 수도로 인정한 나라는 여진(女眞)이 세운 금(金)의 상경 황룡부(上京黃龍府)와 만주인(滿洲人)이 세운 청(淸)의 성경(盛京)밖에 없었다. 중국의 이민족 왕조는 아니지만 발해(渤海)도 고구려의 수도 국내성(國內城)에 서경 압록부(西京鴨淥府)를 설치하였다. 반면 거란(契丹)이 세운 요(遼)는 중국의 북부 지역을 지배했지만, 수도는 여전히 원래의 거주지인 상경 임황부(上京臨潢府)에 두었다.

참고문헌 |

1. 사료

『史記』(司馬遷 撰, 裴駰 集解, 司馬貞 索隱, 張守節 正義, 北京: 中華書局, 1959)

『漢書』(班固 撰, 顔師古 注, 北京: 中華書局, 1962)

『後漢書』(范曄 撰, 李賢 等注, 北京: 中華書局, 1965)

『三國志』(陳壽 撰, 裴松之 注, 北京: 中華書局, 1959)

『晉書』(房玄齡 等撰, 北京: 中華書局, 1974)

『宋書』(沈約 撰, 北京: 中華書局, 1974)

『梁書』(姚思廉 撰, 北京: 中華書局, 1973)

『魏書』(魏收 撰, 北京: 中華書局, 1974)

『周書』(令狐德棻 撰, 北京: 中華書局 , 1971)

『隋書』(魏徵 等撰, 北京: 中華書局, 1973)

『北史』(李延壽 撰, 北京: 中華書局, 1974)

『資治通鑑』(司馬光 編著, 胡三省 音注, 北京: 中華書局, 1956)

『通典』(杜佑 撰, 王文錦 등 點校, 中華書局, 1988)

『十六國春秋輯補』(崔鴻 撰, 湯球 輯補, 王魯一 · 王立華 點校, 濟南: 齊魯書社, 1998)

『漢魏南北朝墓誌彙編』(趙超, 天津古籍出版社, 1992)

『齊民要術』(賈思勰 原著, 繆啓愉 校釋, 北京: 中國農業出版社, 1998)

『太平御覽』(石家莊: 河北教育出版社, 1994)

洪亮吉, 「十六國疆域志」(『二十伍史補編』, 中華書局, 1955)

『水經注』(段熙仲 點校, 陳橋驛 復校, 『水經注疏』, 南京, 江蘇古籍出版社, 1989)

『三國史記』

2. 연구서

국문

니시다 다이이찌로 지음, 천진호 · 임대희 · 전영섭 옮김, 『중국 형법사 연구』, 신서원, 1998

朴時亨, 『광개토왕릉비』, 사회과학원출판사, 1966

三崎良章 저, 김영환 옮김, 『오호십육국-中國史上의 民族 大移動-』, 景仁文化社, 2007

劉昭民 지음, 박기수 · 차경애 옮김, 『기후의 반역-기후로 본 중국의 흥망사-』, 성균관대학교출판부, 2005

崔珍烈, 『북위황제 순행과 호한사회』, 서울대학교출판문화원, 2011

중문

葛劍雄, 『中國移民史』 第二卷 先秦至魏晉南北朝時期, 福州: 福建人民出版社, 1997

葛全勝 · 方修琦 · 鄭景云, 「中國歷史時期溫度變化特徵的新認識」, 『地理科學進展』 2002-4, 2002

郭沫若 主編, 『中國史稿地圖集』(上册), 北京: 中國地圖出版社, 1996

譚其驤 主編, 『中國歷史地圖集』 第二册(秦 · 西漢 · 東漢時期), 上海: 地圖出版社, 1982

__________, 『中國歷史地圖集』 第三册(三國 · 西晉時期), 上海: 地圖出版社, 1990

__________, 『中國歷史地圖集』 第四册(東晉十六國 · 南北朝時期), 上海: 地圖出版社, 1982

__________, 『中國歷史地圖集』 第伍册(隋 · 唐 · 伍代十國時期), 上海: 地圖出版社, 1982
史爲樂 主編, 『中國歷代地名大辭典』, 北京 : 中國社會科學出版社, 2005
梁方仲, 『中國歷代戶口 · 田地 · 田賦統計』, 上海: 上海人民出版社, 1980
馬長壽, 『烏桓與鮮卑』, 桂林: 廣西師範大學出版社, 2006
孫進己 · 馮永謙等 主編, 『東北歷史地理』 第二卷, 哈爾濱: 黑龍江人民出版社, 1989
鳴宏岐, 『西安歷史地理研究』, 西安: 西安地圖出版社, 2006
林幹, 『匈奴史』, 呼和浩特: 內蒙古人民出版社, 2007
張丕遠 主编, 『中国歷史氣候变化』, 濟南: 山东科学技术出版社, 1996
鄭景雲 · 邵雪梅 · 郝志新 · 葛全勝, 「過去2000年中国氣候变化研究」, 『地理研究』 2010-9, 2010
周偉洲, 『吐谷渾史』, 桂林 : 廣西師範大學出版社, 2006
_____, 『漢趙國史』, 桂林: 廣西師範大學出版社, 2006
陳琳國, 『魏晉南北朝政治制度研究』, 臺北: 文津出版社, 1994
陳垣, 『二十史朔閏表』, 北京: 中華書局
布雷特 · 辛斯基 編, 「氣候變遷和中國歷史」, 『中國歷史地理論叢』 2003-2, 2003

일문

鈴木秀夫, 『氣候變動と人間-一萬年の歷史』, 大明堂, 2000

3. 논문

국문

강선, 「伍胡十六國의 關係-後燕·北燕과의 關係를 中心으로-」, 『고구려발해연구』 14, 2002

___, 「고구려와 전연의 관계에 대한 고찰」, 『고구려발해연구』 11, 2001

孔錫龜, 「고구려와 모용 '燕'의 갈등 그리고 교류」, 『강좌 한국고대사』, 가락국사적개발연구원, 2003

_____, 「고구려와 모용 '연'의 전쟁과 그 의미」, 『동북아역사논총』 15, 2007

_____, 「廣開土王의 遼西地方 進出에 대한 고찰」, 『韓國古代史硏究』 67, 2012

김영주, 「高句麗 故國原王代의 對前燕關係」, 『北岳史論』 4, 1997

김홍배, 「略論高句麗與慕容鮮卑的早期關係」, 『인문과학연구』 30, 2011

노태돈, 「광개토왕대의 정복활동과 고구려 세력권의 구성」, 『한국고대사연구』 67, 2012

朴性鳳, 「광개토호태왕기 고구려 남진의 성격」, 『한국사연구』 27, 1979

박세이, 「4세기 慕容鮮卑 前燕의 성장과 고구려의 대응」, 『한국고대사연구』 73, 2014

_____, 「광개토왕의 遼西 공략과 後燕 관계」, 『지역과 역사』 36, 2015

朴漢濟, 「'僑民體制'의 展開와 南朝史-南·北朝史의 統一的 理解를 위한 하나의 提案-」, 『東洋史學硏究』 50, 1995

_____, 「東晉·南朝史와 僑民-'僑舊體制'의 形成과 그 展開-」, 『東洋史學硏究』 53, 1996

_____, 「東魏~北齊時代의 胡漢體制의 展開」, 서울대학교동양사학연구실 編, 『分裂과 統合-中國 中世의 諸相-』, 知識産業社, 1998

서병국, 「百濟와 高句麗의 遼西統治」, 『역사와실학』 19·20, 2001

徐榮洙, 「「廣開土大王陵碑文」의 정복기사 재검토(中)」, 『역사학보』 119, 1988

시노하라 히로카타, 「북연을 둘러싼 고구려의 정책과 국제질서인식-대북위, 대송관계를 중심으로」, 『한국사학보』 36, 2009

신정훈, 「高句麗 廣開土王代의 稗麗 征討와 後燕과의 册封이 가진 의미」, 『중앙사론』 37, 2013

여호규, 「4세기 동아시아 국제질서와 고구려 대외정책의 변화」, 『역사와현실』 36, 2000

_____, 「광개토왕릉비에 나타난 고구려의 대중인식과 대외정책」, 『역사와현실』 55, 2005

_____, 「高句麗와 慕容燕의 조공 · 책봉관계 연구」, 『한국고대국가와 중국왕조의 조공 · 책봉관계』, 동북아역사재단, 2006

_____, 「4세기-5세기 초 高句麗와 慕容'燕'의 영역확장과 지배방식 비교」, 『한국고대사연구』 67, 2012

이도학, 「백제의 요서경략과 중 · 고등학교 한국사 교과서의 기술」, 『한국전통문화연구』 15, 2015

이명인, 「고구려 광개토왕 시기 慕容鮮卑와의 관계 및 문화교류」, 『한국고대사연구』 67, 2012

이성제, 「4世紀 末 高句麗와 後燕의 關係-396년 後燕의 廣開土王 册封 問題를 중심으로-」, 『韓國古代史研究』 68, 2012

이춘호, 「'統府' 體制와 後燕 · 南燕의 建國」, 『東方學(韓瑞大學校 東洋古典研究所)』 15, 2008

_____, 「伍胡十六國時期 後燕의 中樞之官에 關한 研究」, 『중국고중세사연구』 19, 2008

_____, 「伍胡時期 慕容前燕의 建國과 그 性格-'勤王'의 출현 및 그 運用을 중심으로-」, 『동양사학연구』 113, 2010

_____, 「伍胡時期 北燕(407~436)의 建國과 君主權-高雲 · 馮跋의 天王 즉위와

'二十三人結謀者'의 권력계층 構成을 중심으로-」, 『중국고중세사연구』 25, 2011
_____, 「伍胡時期關中燕人의 '復燕'과 그 性格-慕容西燕의 건국과 그 역사적 의미에 대한 고찰-」, 『동북아역사논총』 35, 2012
이홍두, 「高句麗의 鮮卑族戰爭과 騎兵戰術-특히 前燕·後燕·隋戰爭을 중심으로-」, 『사학연구』 75, 2004
임기환, 「고구려의 요동 진출과 영역」, 『高句麗渤海研究』 45, 2013
田中俊明, 「高句麗의 北方進出과 『廣開土王碑文』-北方領域形成史에 있어서 廣開土王時代-」, 『高句麗研究』 2, 1996
井上直樹, 「廣開土王의 對外關係와 永樂 5年의 對稗麗戰」, 『韓國古代史研究』 67, 2012
지배선, 「段氏에 대하여」, 『漢城史學』 3, 1985
_____, 「北燕에 대하여(Ⅰ)~高句麗王族後裔 高雲과 그 在位時를 中心으로」, 『東方學志』 54~56, 1987
_____, 「北燕에 대하여(Ⅱ)-馮跋과 그 在位時를 중심으로-」, 『동양사학연구』 29, 1989
_____, 「北燕에 대하여(Ⅲ)-馮弘 재위시와 對高句麗관계를 중심으로-」, 『동양사학연구』 32, 1990
_____, 「東晉과 前燕의 관계에 대하여-前燕 慕容廆 재위시를 중심으로-」, 『동양사학연구』 62, 1998
_____, 「高句麗와 鮮卑의 전쟁-慕容廆와 慕容皝을 중심으로-」, 『고구려발해연구』 24, 2006
崔珍烈, 「北魏의 地域支配方式과 그 性格-華北지역을 중심으로-」, 『東洋史學研究』 92, 2005
_____, 「유목국가·이민족왕조의 통치체제 정비·운영과 定住·農耕民의 역할」, 『고

구려발해학보』 46, 2013

_____, 「西魏北周 華州(同州)의 政治 · 軍事的 지위와 역할」, 『中國古中世史研究』 31, 2014

중문

J. 霍爾姆格林, 謝萌珍 譯, 「論南燕政權的建立與滅亡」, 『國外社會科學』 1993-11, 1993

高然, 「20世紀以來伍燕史研究綜述」, 『中國史研究動態』 2010-5, 2010

高然, 「十六國前燕疆域 · 政區考」, 『中國歷史地理論叢』 29-3, 2014

高人雄, 「十六國時期的慕容鮮卑歌」, 『西域研究』 2006-2, 2006

邱久榮, 「鮮卑段部世系考略」, 『社會科學戰線』 1985-1, 1985

仇鹿鳴, 「僑郡改置與前燕政權中的胡漢關係」, 『中國歷史地理論叢』 22-4, 2007

邱敏, 「慕容皝迁都龙城年代考异」, 『徐州师范大学学报(哲学社会科学版)』 1981-4, 1981

金成淑, 「試論慕容鮮卑的形成」, 『遼寧大學學報』 1998-3(總第151期), 1998

譚其驤, 「翟魏始末」, 『益世報』 1942.12.17; 周偉洲, 『敕勒與柔然』, 桂林: 廣西師範大學出版社, 2006

唐長孺, 「魏晉南北朝時期的客和部曲」, 『魏晉南北朝史論拾遺』, 中華書局, 1983

_____, 「南朝的屯 · 邸 · 別墅及山澤佔領」, 『山居存稿』, 北京: 中華書局, 2011

羅新 · 葉煒, 『新出魏晉南北朝墓誌疏證』, 中華書局, 2005

孟志偉, 「鮮卑段國史考」, 『牡丹江師範學院學報(哲學社會科學版)』 1997-2, 1997

牟晨霞, 「慕容鮮卑諸燕社會進程初探」, 『和田師範專科學校學報(漢文綜合版)』 27-6(總第50期), 2007

牟晨霞 · 李寶通, 「慕容鮮卑漢化程度探析」, 『產業與科技論壇』 7-4, 2008

朴漢濟, 「爲魏晉南北朝隋唐史研究而提出的一個方法」, 武漢大學中國三至九世紀研究所,

『中國前近代史理論國際學術研討會論文集』, 武漢: 湖北人民出版社, 1996
史貴國, 「南燕國史研究」, 山東師範大學碩士學位論文, 2012. 5. 15.
三崎良章, 「"十六國"與烏桓-特別以烏桓與三燕的關係爲中心-」, 中國魏晉南北朝史學會 · 山西大學歷史文化學院 編, 『中國魏晉南北朝史學會第十屆年會暨國際學術研討會論文集』, 太原: 北岳文藝出版社, 2012
徐勝一, 「北魏孝文帝遷都洛陽與氣候變化之研究」, 『臺灣師大地理研究報告』 38, 2003
宋杰, 「漢末三國時期的"質任"制度」, 『北京師範學報 · 社會科學版』 1984-1, 1984
辛發 · 魯寶林 · 嗚鵬, 「錦州前燕李廆墓淸理簡報」, 『文物』 1995-6, 1995
辛巖 等, 「金嶺寺魏晉時期大型建築群遺址考古發掘獲初步成果」, 『中國文物報』 2001. 1. 31
辛迪, 「段氏鮮卑起源考」, 『內蒙古大學學報(人文社會科學版)』 2005-1, 2005
安樂, 「簡述三燕時期朝陽的農業」, 『遼寧省博物館館刊』 2012, 2012
楊龍, 「試論十六國時期前燕的人口管理」, 『東北史地』 2008-4, 2008
楊富, 「三燕時期遼西地區的農業發展」, 『遼寧工程技術大學學報(社會科學版)』 8-4, 2006
嚴耀中, 「北齊政治與尙書并省」, 『上海師範大學學報(哲社版)』 1990-4, 1990
黎虎, 「慕容鮮卑音樂論略」, 『魏晉南北朝史論』, 北京: 學苑出版社, 1999
黎虎 · 金成淑, 「慕容鮮卑音樂論略」, 『中國史硏究』 2000-2, 2000(K22 魏晉南北朝隋唐史 2001-2, 2001)
閻忠, 「南燕國考」, 『松遼學刊(社會科學版)』 1995-3, 1995
姚宏杰, 「君位傳承與前燕 · 後燕政治」, 開封: 『史學月刊』 2004-3, 2004(K22 魏晉南北朝隋唐史 2004-4, 2004)
遼寧省文物考古研究所 編, 『三燕文物精髓』, 瀋陽: 遼寧民族出版社, 2002

遼寧省文物考古硏究所 · 朝陽市博物館 · 北票市文物管理所, 「遼寧北票喇嘛洞墓地1998年發掘報告」, 『考古學報』 2004-2, 2004
劉桂馨, 「淺析漢文化對朝陽三燕 · 北魏的影響」, 『文化學刊』 2008-6(總第14期), 2008
劉國石, 「鮮卑慕容氏與趙魏士族」, 『吉林大學社會科學學報』 1997-5, 1997
李柏齡, 「鮮卑段遼自保之密雲山考」, 『北方文物』 1986-1, 1986
李凭, 「道武帝時期的大移民與雁北的開發」, 『北魏平城時代』, 北京: 社會科學文獻出版社, 2000
李森, 「鮮卑慕容氏諸燕漢化考述」, 『濰坊敎育學院學報』 1998-4(總第30期), 1998
_____, 「南燕史考論」, 『濰坊敎育學院學報』 2002-2, 2002
李愛琴 「十六國時期的戶籍制度」, 『中山大學學報(社會科學版)』 2007-2, 2007
李宇峰 「遼寧漢晉時期農業考古綜述」, 『農業考古』 1989-1, 1989
李春玲 「論十六國時期遼西地區農業經濟的發展」, 『北方文物』 2009-2, 2009
李海葉, 「慕容氏遼東政權的“僑土”關係」, 『內蒙古大學學報(人文社會科學版)』 37-3, 2005
_____, 「拓跋鮮卑與慕容氏的關係及北魏初年的政治變亂」, 『內蒙古師範大學學報』 37-5, 2008
張桂鳳, 「淺談前燕時期的社會經濟」, 『現代經濟信息』 2014-13, 2014
張金龍, 「北燕政治史四題」, 『南都學壇』 17(1997-4), 1997(『北魏政治與制度論稿』, 蘭州: 甘肅敎育出版社, 2002에 수록)
蔣福亞, 「劉淵的‘漢’旗號和慕容廆的‘晉’旗號」, 『北京師院學報』 1979-4, 1979(K2 中國古代史 1980-4, 1980)
_____, 「論鮮卑慕容部的封建化」, 『魏晉南北朝經濟史探』, 蘭州: 甘肅人民出版社, 2003
張先昌, 「苻堅滅燕後對關東六州的經營」, 『史學月刊』 1988-4, 1988

張雲,「鮮卑段部歷史初探」,『東北地方史研究』1988-1, 1988

邸富生,「前燕初探」,『遼寧師院學報』1981-4, 1981

田立坤,「關于北票喇嘛洞三燕文化墓地的幾個問題」, 遼寧省文物考古研究所 編,『遼寧考古文集』, 瀋陽: 遼寧民族出版社, 2003

鄭小容,「慕容鮮卑漢化過程中所保留的本族文化」,『西南民族大學學報 · 人文社科版』26, 2005

_____,「慕容廆漢化政策略述」,『西南民族大學學報(人文社科版)』2005-1, 2005

_____,「略述十六國時期慕容鮮卑文化的深層變化」, 中國魏晉南北朝史學會 · 四川大學歷史文化學院 編,『魏晉南北朝史論文集』, 成都: 巴蜀書社, 2006

趙智濱,「高句麗占領遼東時間略考」,『東北史地』2015-2, 2015

周士龍,「試論魏晉的質任制」,『天津師大學報』1987-3, 1987

周偉洲,「魏晉十六國時期鮮卑族向西北地區的遷徙及其分布」,『民族研究』1983-5, 1983

周一良,「北齊書札記 · 各立一省條」,『魏晉南北朝史札記』, 北京: 中華書局, 1985

池培善,「南燕與慕容德」,『文史哲』1993-3, 1993

_____,「慕容廆在位時前燕和東晋的關係」, 六朝文化國際學術硏討會暨中國魏晉南北朝史學會第六屆年會論文, 1998

_____,「就封裕上書論前燕慕容皝時期的經濟政策」,『許昌師專學報』1999-3(18-3), 1999

陳琳國,「十六國時期的“軍封” · 營戶與依附關係」,『華僑大學學報(哲學社會科學版)』2008-1, 2008

崔彦華,「晉陽在東魏北齊時的霸府和別都地位」,『晉陽學刊』2004-3, 2004

_____,「“鄴-晉陽”兩都體制與東魏北齊政治」,『社會科學戰線』2010-7, 2010

竺可楨,「中國近伍千年來氣候變遷」, 葛劍雄 · 華林甫 編,『歷史地理研究』, 武漢: 湖北教

育出版社, 2002(原載『考古學報』1972-1, 1972)
______,「中國近伍千年來氣候變遷的初步研究」,『歷史地理學讀本』, 北京: 北京大學出版社, 2006(原載『考古學報』1972-1, 1972)
彭豐文,「圍繞前燕政權的國家認同: 一種基于共同政治信仰和政治利益的認同模式」,『兩晉時期國家認同研究』, 北京: 民族出版社, 2009
馮家昇,「慕容氏建國始末」,『禹貢半月刊』3-11, 1935
韓雪松,「試論北魏與後燕的關係」,『長春師範學院學報(人文社會科學版)』27-6, 2008

일문

古賀昭岑,「北魏における徙民と計口受田について」,『九州大學東洋史論集』1, 1973
谷川道雄,「慕容燕の權力構造-とくに前燕を中心として-」,『名古屋大學文學部研究論集』29, 1963
______,「慕容國家における君權と部族制」,『隋唐帝國形成史論』, 東京: 筑摩書房, 1971(原載「慕容燕の權力構造-とくに前燕を中心として-」,『名古屋大學文學部研究論集』29, 1963)
______.「兩魏齊周時代の霸府と王都」,『(增補)隋唐帝國形成史論』, 東京: 筑摩書房, 1998
關尾史郎,「前燕 '屯田' 政策に關する二~三の問題」,『上智史學』22, 1977
______,「南涼政權(397-414)と徙民政策」,『史學雜誌』89-1, 1980
______,「前燕政權成立(337~370年)の前提」,『歷史學研究』488, 1981
______,「遼寧出土「伍胡」時代墓記考釋-「東晉永昌三年正月李廆墓記」ならびに「後燕建興十年崔遹墓記」をめぐって-」,『環日本海研究年報』11, 2004
宮崎市定,「東洋における素朴主義の民族と文明主義の社會」,『宮崎市定アジア史論考』

上卷・概論編, 東京: 朝日新聞社, 1976
大澤陽典,「慕容燕から馮燕へ」,『立命館文學』418~421, 1980
牟發松(古賀昭岑譯),「北朝行臺の地方官化についての考察」,『九州大學東洋史論集』25, 1997
武田幸男,「長壽王の東アジア認識」,『高句麗史と東アジア』, 吉川弘文館, 1989
飯塚勝重,「慕容部の漢人政策についての一考察~前燕國成立以前を中心として」,『東洋史學論集』3, 1954
北川浩之,「屋久杉に刻まれた歷史時代の氣候變動」, 梅原猛・伊東俊太郎・安田喜憲 編,『講座・文明と環境』第六卷 歷史と氣候, 朝倉書店, 1995
三崎良章,「前燕の官僚機構について」,『史觀』122, 1990
_______,「伍胡十六國時代における遼東・遼西地方の民族構成の變化について」,『早稻田大學本庄高等學院 研究紀要』16, 1998
_______,「後燕・南燕の官僚機構について」,『早稻田大學本庄高等學院研究紀要』10, 1992; 何寧生,「論後燕的法制」,『西北大學學報(哲學社會科學版)』33-3, 2003
_______,「慕容廆の遼西支配」, 記念論叢刊行會 編,『福井重雅先生古稀・退職記念論集 古代東アジア史の社會と文化』, 東京: 汲古書院, 2007
小林聰,「慕容政權の支配構造の特質-政治過程の檢討と支配層の分析を通して-」,『九州大學東洋史論集』16, 1988
前田正名,「平城附近・桑乾河流域・隣接地域人口流動一覽表」,『平城の歷史地理學的研究』, 東京: 風間書房, 1979
田村實造,「ボョウ王國の成立と性格」,『東洋史研究』11-2, 1951(「慕容王國の成立と性格」,『中國史上の民族移動期』, 創文社, 1985 所收)
_______,「東アジアの民族移動-前期(伍胡時代)の政治と社會を中心として-」,『京都大

學文學部研究紀要』 12, 1968
志田不動麿,「遼西鮮卑段氏考」,『池內博士還曆記念東洋史論叢』, 1940
坂口豊,「過去八○○○年の氣候變化と人間の歷史」,『專修人文論集』 51, 1993
河地重造,「北魏王朝の成立とその性格について-徙民政策の展開から均田制へ-」,『東洋史研究』 12-5, 1953

주제발표 4

백제 '요서진출설'의 문헌적 검토

윤 용 구 인천도시공사

I. 머리말

남조 『송서宋書』에 처음 수록된 백제百濟의 '요서약유遼西略有' 혹은 '요서진출' 문제는 조선후기 한진서韓鎭書와 신경준申景濬이 각각 부정론과 긍정론을, 안정복安鼎福과 김정희金正喜가 부여夫餘를 백제百濟로 혼동하였다는 절충론을 제시한 이래 현재까지 이어지고 있다. 근대에 들어 1895년 나카 미치요那珂通世와 1915년 정겸丁謙이 각기 부정과 긍정론을 폈으나 조선후기 실학자의 논리를 넘어서는 것은 아니었다.

백제의 요서진출설은 『송서』·『양서梁書』 등 남조계南朝系 사서史書에서만 나타나고 그 내용 또한 명료하지 않아 사료의 가치를 의심받고 있다. 당시 고구려高句麗의 압박에 시달리던 백제가 과연 바다를 건너 요서지역을 장악할 군사력과 출병할 타당한 이유를 찾기 어렵다는 입장이다.

그러나 요서진출설은 일제강점기 신채호申采浩, 정인보鄭寅普 등 민족주의사학에서 백제사를 대륙과 해양을 넘나들던 대제국의 표징으로 주장한 이래 확대 해석되어 왔다. 현재는 민족주의사학의 계승을 표방하는 '사이비(유사) 역사학'에 있어서 우리 학계가 사료의 취약성을 감안하며 신중한 연구 태도를 취하여 온 것을 식민사학植民史學의 아류라 하며 매도의 대상으로 삼고 있다.

요서진출설과 관련한 새로운 연구가 나와도 반론이나 지지로 이어지지 않는다. 백제의 요서진출 자체를 완전히 부정하지는 않지만, 보다 구체적인 검토와 연구를 기다려야 하는 문제로 보기 때문이다. 현재로선 새로운 자료가 나오지 않는 한 명료한 설명이 쉽지 않은 형편이다.

이런 점에서 기왕의 연구 성과와 관련 사료를 살펴보는 것도 필요할 것 같다. 이에 대해서는 이미 세밀한 검토가 이루어져(강종훈, 1992) 이 방면 이해에 크게 기여한 바 있다. 따라서 본고에서는 1992년 이후 연구 성과를 중심으로 검토하되, '요서진출설遼西進出說' 관련 사료史料의 독법讀法과 그 이해 과정에 중점을 두고 살펴보고자 한다.

Ⅱ. 기존 연구의 사료 이해

1. 시기별 개관

조선후기 실학자 역사지리 연구과정에서 『송서』와 『양서』 등에 수록된 백제의 요서 점령(약유略有, 거유據有) 기록에 대하여 한진서의 부정론, 신경준의 긍정론, 안정복과 김정희의 절충론(부여 혼동론)이 제시 되었다. 그 가운데 안정복에 의한 부여혼동론에 대한 내용을 보면 다음과 같다.

> 「且百濟源出扶餘. 故中國人多混稱之. 南史云晉世. 百濟畧有遼西. 北史云仇台始王於帶方. 公孫度以女妻之之說. 皆扶餘事. 而混爲百濟.」
>
> (『順菴先生文集』10, 東史問答 上星湖先生書[丙子])

> 「十三號. 文獻通考曰. 唐時高句麗旣略有遼東. 百濟亦略有遼西 , 晉平. 案百濟源出夫餘. 而又以夫餘爲姓. 故中國史書. 夫餘百濟. 每多混稱. 南史云晉時句麗略有遼東. 百濟亦據遼西晉平二郡. 此百濟亦指夫餘國也. 中國於外夷事. 多錯記如此.」

(『與猶堂全書』1, 雜纂集 輿地考 7)

반면 중국에서는 『만주원류고滿洲原流考』 등 청대 나온 여러 문헌에 백제의 요서 경략을 긍정하는 내용이 매우 많다. 뒤에 보겠지만 백제가 요서를 점령하고 다스리던 곳('백제소치百濟所治')을 백제의 첫 번째 도성都城으로 보고, 이어 고구려에 의해 격파 당한 후에 '천거남한遷居南韓'하여 세운 도성을 거발성居拔城(고마성固麻城)이라고도 하였다.

1915년 청말 정겸丁謙(1915)이 후연 멸망기의 혼란을 틈타 요서에 진출했다는 견해, 정인보의 요서진출론에 관한 장문의 논고는 『만주원류고』 등 청대의 지리서에 영향 받은 것이 분명하다. 정인보의 연구는 이후 이만렬(1973), 신형식(1992)의 이해에 영향을 주었다.

이 시기 부정론은 나카 미치요那珂通世(1895), 이케우치 히로시池内宏(1947) 등 일본학자에 의해 일부 주장되었지만, 사료 자체를 날조捏造된 것으로 해석하는 등 정인보 등의 정연한 논리에 크게 미치지 못하였다. 조선후기 이래 일제강점기까지는 한진서 등의 부정론이 있었지만 조선과 청淸에서는 긍정론이 우세하였다고 보겠다.

1951년 와다 하카토코和田博德에 의하여 부정론이 하나의 논리로서 자리잡게 된다. 물론 이케우치 히로시池内宏의 요서진출 날조설에 영향을 받기도 하였지만, 백제 요서진출을 남제 등 남조왕조와 사가들이 사실로 인정하고 기록을 남긴 이유를 구명하고자 하였다. 북위의 백제 침공을 고구려와의 전쟁으로 이해한 것도 그가 처음이었다.

와다 하카토코和田博德 이후 일본에서는 이노우에 히데오井上秀雄(1972)와 다나카 도시아키田中俊明(2003) 연구가 유일하다. 일본학자로는 이례적으로 이노우에 히데井上秀雄가 긍정론을 폈지만, 다나카 도시아키田中俊明은 북제에 의해 백제왕 여창餘昌이 받은 동청주자사東靑州刺史는 중국 지역에 없었다고 보았다. 곧 동청주東靑州는 청주靑州(산동반도)의 동쪽 곧 백제가 동청주라는 견해를 통하여 와다 하카토코和田博德의 연구를 보강하고 있다.

일본 연구자와 마찬가지로 중국에서는 청말 정겸丁謙이후 1940년 김육불金毓黻이 고구려 남쪽에 있는 백제가 도해渡海하여 요서에 진출하였다는 것은 곤란하며 잘못된 전문傳聞이 남조 측에 전달된 것으로 보았다. 이후 40여 년이 지나 류영지劉永智(1983)의 연구를 시작으로 하덕장何德章(1994), 한승韓昇(1995), 류자민劉子敏(2001)의 연구로 이어졌지만 모두 부정론이다. 류영지劉永智는 백제가 점령한 곳은 요서遼西가 아니라 패서浿西 곧 대방군 지역이며 치소인 진평군晉平郡은'진晉 평양군平壤郡'의 약칭으로 보았다. 다만 하덕장何德章은 494년 말 북위北魏의 낙양천도를 계기로 남제南齊와의 전운이 짙게 드리운 상황에서 백제의 허위 보고가 받아들여졌다고 보았으며, 한승韓昇은 북위가 바다를 건너거나 고구려를 통과하여 백제와 전쟁을 벌인 것은 아니고, 488년 남제로 향하던 백제 사행단이 산동반도의 교역항이던 광주光州(동래東萊) 부근에서 소규모 충돌을 확대 보고한 것으로 이해하였다.

해방이후 남북한 모두 긍정론에 입각한 논고들이 이어졌다.(김세익 1967, 김상기 1967, 김철준 1973, 이만렬 1973, 이민수 1980, 이명규 1983) 이런 긍정론의 분위기 속에서 1976년 이래 중학교 · 고등학교 국사교과서에 백제 요서진출 관련 서술이 수록되었다.(강종훈, 1992) 그러나 이 시기는 부정론도 새로운 계기를 맞게 된다. 그것은 1960년 발견된 「양직공도」 백제국기의 요서진출 기록 때문이었다.

뒤의 사료 A-②에서 보는 대로 「양직공도」에는 요서를 점령한 주체를 백제가 아닌 낙랑樂浪으로 적혀있다. 자연 남조 사가들이 낙랑을 어떤 이유로 백제로 오인했다는 견해(이홍직, 1965)로부터 그 동안 백제의 요서 진출을 회의적으로 보던 견해를 더욱 굳게 만들었다.(천관우 1973, 이기동 1982, 유원재 1989)

1990년을 넘어서면서 백제의 요서진출 문제는 긍정과 부정론이라는 양단의 입장이 아니라 안정복과 김정희가 제시한 방법, 곧 사료를 부정하지 않으면서 그 사료가 남아있는 이유를 합리적으로 설명하려는 방향으로 전개되었다. 동진으로부터 근초고왕이 받은 '영낙랑태수領樂浪太守'를 통해 요서遼西에 교치된 낙랑군에 대한 관할권을 인정받았던 것으로 본 김기섭의 연구(1997), 특히 고구려의 요동 점령 직후인 385년 요서 영지令支에 부여계 유민 여암餘巖이 웅거雄據하던 사실로 본 새로운 견해(여호규, 2001)를 계기로, 부여계 유민 여암餘巖은 실제 백제 침류왕枕流王과 형제 관계였으며(강종훈, 2003), 백제는 요서의 부여계 유민집단과 밀접한 관계를 통해 일시적으로 요서에 진출했다는 견해로 이어졌다.(정재윤, 2005)

최근 중국사 전공자의 가세로 백제 요서진출 자체가 다시 한 번 강하게 부정되기도 하였는데(방향숙, 2013), 기초 사료에 대한 김성한의 연구(김성한, 2013 a · b)에 의하여 사료 이해의 측면에서 새로운 문제제기가 많이 이루어 졌다. 김성한의 연구는 요서진출 이후 '백제百濟'라는 국명이 처음 사용되었으며 그 전에는 백제는 존재하지 않았다는 논리의 비약이 있지만, 요서진출의 1차 사료를 『송서』 백제전이 아닌 「양직공도梁職貢圖」 백제국기百濟國記로 보아야 한다는 지적은 충분히 검토되어야 할 것으로 생각된다.

아무튼 1990년대 이래 「양직공도」와 요서의 부여계 유민에 주목한 연구가 현재 우리 학계의 새로운 경향으로 자리 잡았다. 백제의 요서진출과 관련하여 신중한 태도를 견지해오던 학계로선 새 바람이 분 것인데, 그 때문인지 드라마 등의 소재로 채택되면서 일반의 대중적 관심도 높아졌다.[1]

2000년대 이후 컴퓨터와 인터넷의 보편화는 요서경략설을 회의적으로 보는 학계를 식민사학으로 매도하는 사이비 역사학의 주된 활동 무대였다. 그러나 점차 이에 참여하는 구성층이 다양해지면서 관련 논의는 크게 변모하였다. 요서진출설을 강변하는 사이비 역사학의 논의가 여전하지만 나름의 논리와 자료를 통해 부정과 절충을 시도하며 일반의 이해를 돕고 있다. 그러한 과정에서 전문 연구자도 생각하지 못한 문제제기와 논의가 엿보인다.[2]

---

1) 2010년 출간된 이문열의 장편소설 『대륙의 한』(도서출판 실크로드)을 각색하여 KBS1 TV에서 『근초고왕』(60부작, 2011년 5월 29일 종영)이 방영되면서 백제의 요서진출은 일반의 상식처럼 인식되었다.

2) 인터넷의 보급과 중국의 동북공정에 대한 반발 등의 이유로 2003년부터 현재까지 백제의 '요서진출'에 관한 일반 대중의 여러 의견이 나타나고 있으며 그 주요 의견을 보면 아래와 같다.
백제의 대륙진출설에 대한 연구사 정리 2003.05.07. http://blog.daum.net/_blog/BlogTypeView.do?blogid=0Cl46&articleno=16598884&_bloghome_menu=recenttext
대륙백제설에 관한 2가지 의견 2006.03.31. http://blog.naver.com/ghkdwp10?Redirect=Log&logNo=23079417
"중국에 또 하나의 백제 있었다" 2008.05.22. http://www.donga.com/docs/magazine/new_donga/9711/nd97110190.html
백제의 요서경략설 2008.09.28. http://blog.daum.net/hanquk/6824092?srchid=IIMVaAlo000
구라 구라 구라 : 백제의 요서진출설에 대한 연구 동향 2009.12.30. http://moduru76.egloos.com/v/4281322
백제 대륙설 오소운 맹꽁이 2009.10.11. http://blog.daum.net/osowny/15967991
百濟遼西經略說에 대한 一考察 http://mahan.wonkwang.ac.kr/nonmun/03/96305019.htm
대륙 백제 입증 관련 사료 모음 및 해설 2010.10.13. http://totosoro.egloos.com/3468595
백제의 요서 경략은 신중하게… 2010.10.27. http://yeohwi.egloos.com/m/1248818

그 동안의 연구를 전체적으로 보면 중국과 일본에서는 백제의 요서진출설에 관한 연구 자체가 극히 저조하다. 그 나마 정겸丁謙(1915)과 이노우에 히데井上秀雄(1972)의 긍정론 이해를 제시하였을 뿐 대부분 사료 자체를 잘못된 것으로 보고 있다. 일부 연구자에게서 요서진출과 무관하게 사료가 남게 된 연유를 설명하고 있을 뿐이다.(한승韓昇 1995, 다나카 도시아키田中俊明 2003)

2. 주제별 검토

이처럼 백제의 요서진출 문제는 조선후기 이래 한국학계가 주도해온 연구 분야이다. 과연 백제가 요서를 비롯한 중국 대륙에 진출 혹은 지배를 한 적이 있었는가하는 그 진위여부에서부터 있었다면 언제, 어느 곳을 얼마간 존속했으며 그 배경과 역사적 성격까지 논의가 이어져 왔다.

하지만 여전히 사료 상으로는 백제의 요서진출의 진위 자체를 단정하기 어렵다. 그러나 『송서』를 비롯한 요서진출을 당연시한 남조계 사서의 일관

남제서 백제전 결문은 왜 생겼나? 2011.02.26. http://blog.daum.net/hsg8689
에레메스, 백제와 북위의 전쟁 기록에 대한 검토 2012.12.01. http://ekrrkdwjd.egloos.com/v/2999635
백제의 요서진출학설 분류와 흥미로운 논문1편 2012.12.17. http://www.todayhumor.co.kr/board/view.php?table=humorbest&no=588095 (남제서 제 판본을 비교하여 백제전 전반부의 결락시기를 청초로 비정함.)
(스압)허황된 망상 '대륙백제' 주장하는 환빠들에게 날리는 일침 2013.04.28. http://www.ilbe.com/1144022626

된 서술, 또 백제 측의 소전所傳에 의해 작성된 것이 분명한 「양직공도」 백제국기百濟國記의 기록은 이 문제를 단지 부정하여 해결될 문제가 아님을 보여주고 있다. 이 때문에 조선후기부터 부여사夫餘事를 백제의 것으로 혼동하였다는 이해가 있던 것처럼 사료 자체를 인정하고 그 실제를 추구하려는 것이 현재의 추세이다.

이를 절충론 혹은 수정론이라 부르기도 하는데 그 내용은 여전히 부정론의 입장에서 부여夫餘(김정학 1981, 여호규 2001)나 낙랑樂浪(이홍직 1965, 유원재 1989, 김기섭 1997, 김성한 2013b)으로 바꾸어 보는 것이 대부분이다.

아무튼 2001년 여호규에 의해 『진서』 모용황재기慕容垂載記에 기록된 서암徐巖(『자치통감』에는 여암餘巖)의 385년 7월에서 11월까지 요서遼西 '영지웅거令支雄據' 사실을 남조南朝의 사가史家들이 백제로 착각한 것이라는 견해를 발표하였다. 조선후기 이래 부여夫餘의 요서진출을 백제사百濟事로 착각해 왔다는 견해가 이어져 왔지만, 요서지역 부여계 유민집단에 의한 것으로 본 것은 처음이었다. 이에 자극되어 백제가 요서지역 부여계 유민집단과 연합하여 일어났다는 견해(강종훈 2003, 정재윤 2005)로 이어져 제한적이나마 긍정론이 이어지고 있다.

① 「百濟國, 本與高驪俱在遼東之東千餘里. 其後高驪略有遼東, 百濟略有遼西. 百濟所治, 謂之晉平郡晉平縣.」

(『宋書』97, 夷蠻 東夷 百濟國)

② 「高句驪寇遼東, 垂平北慕容佐遣司馬郝景率衆救之, 爲高句驪所敗. 遼東玄菟遂沒. 建節將軍徐巖叛于武邑, 驅掠四千餘人, 北走幽州. 垂馳敕

其將平規曰, 但固守勿戰比破丁零吳當自討之. 規違命距戰爲巖所敗. 巖乘勝入薊, 掠千餘戶而去, 所過寇暴, 遂據令支」

(『晋書』123, 載記 慕容垂)

③「六月 高句麗寇遼東, 佐遣司馬郝景將兵救之, 為高句麗所敗. 高句麗遂陷遼東玄菟 秋七月…燕建節將軍餘巖叛, 自武邑北趣幽州. 燕王垂馳使敕幽州將平規曰, 固守勿戰俟吳破丁零自討之, 規出戰為巖所敗, 巖入薊掠千餘户而去, 遂據令支」

(『資治通鑑』106, 晉紀 太元 10年)

백제의 요서진출 기사는 사료 ①과 같이 고구려의 요동 점령이후의 일로 기재하는 서술 형식을 취하고 있다. 그 기록은 매우 간략한 것으로 미루어 기초가 되는 사료를 간결하고 정형화된 표현을 하고 있음을 짐작할 수 있다. 이런 점에서 사료 ②에 보이는 고구려의 제1차 요동점령이 있던 385년의 기록에 뒤 이어 여암의 요서遼西 '영지웅거令支雄據' 기록은 사료 ①의 기재 방식의 원 자료 상태를 유추하게 된다. 같은 자료 계통에 의한 것으로 여겨지는 사료 ③『자치통감』의 내용도 마찬가지 이다.

『진서』와『자치통감』에 수록된 부여계 유민 여암餘巖 '영지웅거令支雄據'에 대한 기록은 모두 북위말北魏末 최홍崔鴻이 편찬한『십육국춘추十六国春秋』후연록後燕錄의 기록으로 여겨지고 있다.『십육국춘추十六国春秋』는 16국기國期 각 국의 사서를 자료로 하여 경명연간景明年間(500~503년)에 시작하여 정광

正光 3년(522년)경에 완성하였다고 한다.[3] 『십육국춘추十六国春秋』의 편찬이 백제의 요서진출을 가장 먼저 기록한 『송서』보다 원 사료의 모습을 보여주는 것으로 이해된다.

그러나 여암餘巖 '영지웅거令支雄據'에 대한 기록과 『송서』 등 백제의 요서진출 기사의 시기와 서술 상의 유사성을 인정하더라도, 이를 남조계 사가들이 백제사百濟事로 착각하였다는 부분은 이미 지적된 바와 같이 충분한 설명이 되고 있지 않다.(김기섭 2003) 나아가 「양직공도」 백제국기에 요서진출을 '낙랑'의 일로 적고 있는 기록을 설명하기 어렵다.

한편 여호규의 견해를 계기로 여암餘巖 '영지웅거令支雄據'를 백제 침류왕과 연합한 일로 보는 견해(강종훈 2003)는 백제와 연결시킬 직접적인 자료가 없다는 것이 가장 큰 난점이다.(김성한 2013a, 2013b) 방증으로 삼은 「여암형제徐巖兄弟」를 여암餘巖과 침류왕枕流王으로 풀이하였지만, 서로 다른 정치 세력임에도 성姓이 같다하여 「형제兄弟」라고 표기할 수 있는 것인지 의문이다.(김기섭 2003) 더하여 『진서』 「여암형제徐巖兄弟」에 해당하는 『자치통감』의 기록에는 「암중巖衆」으로 표기하고 있다. 『진서』 재기載記에 나오는 '형제兄弟'의 용례를 살펴보면 대부분 '형제종속兄弟宗屬(족族, 실室)' 등 유목민인 5호胡의 무리 전체를 보여주고 있다.

아무튼 2000년대 이후 백제 요서진출 기사를 385년 7월에서 11월 사이 부여계 유민 여암餘巖 '영지웅거令支雄據'로 보는 견해는 부여사夫餘事를 백제사百濟事로 혼동한 것이라는 안정복安鼎福, 김정희金正喜 등 조선후기 이래의

3) 梶山智史, 「崔鴻 『十六国春秋』の成立について」, 『明大アジア史論集』10, 2005.

인식의 새로운 이해를 도모한 것이다. 진말晉末 고구려의 요동정복 시기에 요서지역에서 찾아지는 유일한 할거집단割據集團의 존재라는 점에서 여암餘巖 '영지웅거令支雄據' 기사는 중시되어야 할 것이다. 다만 논의 출발인 385년의 요서진출 시점을 고정하는데 다소 주저되는 부분이 있다.

①「孝武太元十年, 句驪攻遼東玄菟郡, 後燕慕容垂遣弟農伐句驪, 復二郡. 垂死子寶立, 以句驪王安爲平州牧, 封遼東帶方二國王. 安始置長史司馬參軍官, 後略有遼東郡. 至孫高璉晉安帝義熙中, 始奉表, 通貢職.

(『梁書』54, 東夷 高句驪)

②「其國本與句驪在遼東之. 晉世句驪既略有遼東, 百濟亦據有遼西晉平二郡地矣, 自置百濟郡.」

(『梁書』54, 諸夷 東夷 百濟)

사료 ②는 이미 언급한 『양서』의 백제 요서진출 기사이다. 여암餘巖 '영지군웅令支雄據' 기사의 다른 표현이라는 견해로 보면 385년 곧 동진東晉 효무제孝武帝 태원太元 10년에 해당한다. 그런데 사료 ①에서 보는 대로 같은 『양서』에 효무제孝武帝 태원太元 10년에 고구려가 요동·현도 2군을 점령하였고, 그 뒤를 이은 고구려왕(안安=광개토왕)대에 '후약유요동군後略有遼東郡'한 사실을 기록하고 있다. 물론 광개토왕대의 '약유요동略有遼東'은 동진 말 고구려의 제2차 요동정복을 가리키는 것이다. 문제는 뒤이은 백제의 요서진출 기사에 기록된 고구려의 '기약유요동既略有遼東'과 사료 ①의 '후약유요동군後略有遼東郡'을 구별하기 쉽지 않다는 점이다. 다시 말해서 같은 사서에서 백제의 요서진출 기사를 태원太元 10년 여암餘巖 '영지웅거令支雄據' 기사로 보기 위해서는 『양서』 고구려전과 백제전에 각각 보이는 '약유요동略有遼東'이 시기상 차이가 있다는 점이 밝혀져야 할 것이다.

Ⅲ. 관련 사료의 집록과 검토

1. 교감과 재인용 자료의 집록

백제의 요서진출을 보여주는 사료는 『해동역사海東繹史』를 증보하면서 한진서韓鎭書가 『송서』와 『양서』 백제전의 "요서약(거)유遼西略(據)有" 기사를 언급한[4] 남조계 사서와 1960년 발견된 「양직공도梁職貢圖」 백제국기百濟國記 등이 1차 사료를 이루고 있다. 이를 토대로 하여 내용이 당대 『양서』 · 『남사』 · 『건강실록建康實錄』 · 『통전通典』에 재수록되었고, 송대에 들어서도 『통지通志』 · 『태평환우기太平寰宇記』 · 『문헌통고文獻通考』를 거쳐 청대 『만주원류고滿洲源流考』에까지 역대 사서와 지리지에 보인다. 당대 이후로는 남조대와 다른 계통의 자료가 더해진 흔적이 없는 2차 자료라 하겠다.

현재까지 여러 연구에서 요서진출 관련 사료로 제시된 것은 대체로 4개의 단락으로 볼 수 있다. 곧 『송서』 백제전에 처음 보이는 ① "백제약유요

4) 「鎭書謹按 越海萬里 據有遼西數郡 事不近理 宋書明是有誤 梁書及通考 徒襲宋書 無足徵也.」(『海東繹史』續集 8, 地理考 百濟 疆域總論)

서百濟略有遼西" 기사와 『남제서南齊書』 백제전에 수록된 ② "위로공백제魏虜攻百濟" 기사, ③ "자진대수번작自晋代授蕃爵" 기사, 끝으로 최치원崔致遠의 「상태사시중상上太師侍中狀」에 보이는 ④ "백제남침북요百濟南侵北撓" 기사 등이다.

【"百濟略有遼西" 기사】

A-① 「百濟國, 本與高驪俱在遼東之東千餘里. 其後高驪略有遼東, 百濟略有遼西. 百濟所治, 謂之晉平郡晉平縣.」[5]

(『宋書』97, 夷蠻 東夷 百濟國)

②「百濟 舊(東)夷馬韓之屬. 晋末句驪畧有遼東, 樂浪亦有遼西晉平縣.」[6]

(『梁職貢圖』百濟國記)

③「其國本與句驪在遼東之東. 晉世句驪既畧有遼東, 百濟亦據有遼西晉平二郡地矣, 自置百濟郡.」[7]

(『梁書』54, 諸夷 東夷 百濟)

④「初, 以百家濟海, 因號百濟. 晉時句麗既畧有遼東, 百濟亦據有遼西晉平二郡. 今柳城北(安)平之間.」[8]

---

5) 「백제국은 본래 고려[고구려]와 함께 요동의 동쪽 천여리 밖에 있었다. 그 후 고려가 요동을 공략하여 차지하자, 백제는 요서를 차지하였다. 백제가 다스리는 곳을 진평군 진평현(晉平郡 晉平縣)이라 하였다.」 국역문은 양기석(1990)의 논문에서 발췌하였으며, 번역이 없거나 오식인 경우만 수정하였다.

6) 「백제는 옛날에 동이 마한에 속하던 나라였다. 진나라 말기에 고구려가 요동을 경략하자, 낙랑은 또한 요서 진평현을 차지하였다.」

7) 「그 나라는 본래 고구려[句驪]와 함께 요동의 동쪽에 있었다. 진(晉)나라때 고구려가 이미 요동을 공략하자, 백제도 역시 요서 · 진평 2군의 땅을 점거하고 스스로 백제군을 설치하였다.」

8) 「처음 백여 가구가 바다를 건넘으로써 국호를 백제라고 했다. 진나라 때에 고구려가 이미 요동을 경략하자, 백제 역시 요서와 진평 2군을 점거하였다. 지금의 유성과 북평의 사이이다.」

(『通典』185, 邊防 東夷 百濟)

B-① 「皝記室糸軍封裕諫曰….句麗百濟及宇文叚部之人, 皆兵勢所徙, 非如中國慕義而至, 咸有思歸之心. 今户垂十萬, 狹湊都城, 恐方將為國家深害. 宜分其兄弟宗屬, 徙于西境諸城撫.」[9]

(『晋書』109, 慕容皝載記)

② 「初, 夫餘居于鹿山, 為百濟所侵, 部落衰散, 西徙近燕, 而不設備. 燕王皝遣世子儁 · 帥慕容軍 · 慕容恪 · 慕容根三將軍 · 萬七千騎襲夫餘. 儁居中指授, 軍事皆以任恪. 遂拔夫餘, 虜其王玄及部落五萬餘口而還. 皝以玄為鎮軍將軍, 妻以女.」[10]

(『資治通鑑』97, 晉紀 穆皇 永和2년 정월)

【"魏虜攻百濟" 기사】

C-① 「是歲, 魏虜又發騎數十萬攻百濟入其界, 牟大遣將沙法名 · 贊首

9) 「모용황의 기실참군인 봉유가 간언하기를, "…(중략)… 고구려, 백제 및 우문부(宇文部)와 단부(段部) 사람들은 모두 전쟁으로 인해 강제로 끌려온 사람들이지 중국인들처럼 의(義)를 사모하여 온 사람들이 아닙니다. 그래서 모두 (고향으로) 돌아가고자 하는 마음밖에 없습니다. 지금 십만여 호에 이르러 도성을 비좁게 할 정도로 많으니 장차 우리나라에 큰 해가 되지 않을까 염려가 됩니다. 마땅히 그 兄弟宗屬을 분산시켜 서쪽 경계의 여러 성으로 옮겨 다스려야 합니다.」

10) 「앞서 부여가 녹산에 있을 때 백제의 침략을 받아 부락이 쇠잔해져서 서쪽으로 전연 부근에 근거지를 옮기고는 (전연에) 방비를 전혀 하지 않았다. 이에 연왕 모용황이 모용준으로 하여금 모용군 · 모용각 · 묘용근 세 장군에게 1만 7천 명의 기병을 이끌고 부여를 습격토록 하였다. …(중략)…드디어 부여를 멸하고 그 왕 현과 부락민 5만여 구를 포로로 붙잡아 귀환하였다.」

流·解禮昆·木干那率衆襲擊虜軍, 大破之.」[11]

(『南齊書』58, 東夷 百濟國)

②「魏遣兵擊百濟, 為百濟所敗.[12]」[13]

(『資治通鑑』136, 齊紀 武帝 永明 6년 12월조 末尾)

③「百濟弁辰之國. 起晉世受蕃爵, 自置百濟郡. 在高麗東北. 齊建元二年, 其王弁都, 使貢方物. 永明二年, 魏虜征之大破百濟王弁都. 新羅國三韓種也.」[14]

(『建康實録』16, 東夷 百濟)

④「魏遣兵來伐, 爲我所敗.」

(『三國史記』26, 百濟本紀 東城王 10년)

【"自晋代授蕃爵" 기사】

D-①「牟大又表曰, 臣所遣行建威將軍廣陽太守兼長史臣高達·行建威將軍朝鮮太守兼司馬臣楊茂行·宣威將軍兼參軍臣會邁等三人, 志行清亮. 忠款夙著. 往太始中, 比使宋朝, 今任臣使, 冒涉波險, 尋其至効, 宜在

---

11) 「이 해(490)에 魏虜가 또다시 기병 수십만을 동원하여 백제를 공격하여 그 지경에 들어가니 모대(牟大)가 장군 사법명(沙法名)·찬수류(贊首流)·해례곤(解禮昆)·목간나(木干那)를 파견하여 무리를 거느리고 오랑캐군을 기습 공격하여 그들을 크게 물리쳤다.」

12) 「陳壽曰, 三韓凡七十八國百濟其一也. 據李延壽史, 其先以百家濟海, 後浸強盛, 以立國故曰百濟. 晉世句麗畧有遼東, 百濟亦據有遼西晉平二郡地.」(胡三省 音註)

13) 「위 나라가 병사를 보내 백제를 공격하였으나 (도리어) 백제에게 패하였다.」

14) 「백제는 변진의 나라로 진대(晉代)에 일어나 봉작을 받았는데 스스로 백제군을 고려 동북쪽에 두었다. 남제 건원 2년 (백제)왕 모도가 사신을 보내 방물를 바쳤다. 영명 2년(484) 위로가 백제를 정벌하여 백제왕 모도를 크게 격파하였다.」

進爵, 謹依先例, 各假行職. 且玄澤靈休, 萬里所企, 况親趾天庭乃不棠頼, 伏願天監特愍除正. 達邊効夙著, 勤勞公務, 今假行龍驤將軍帶方太守. 茂志行清壹, 公務不廢, 今假行建威將軍廣陵太守. 邁執志周密, 屢致勤効,今假行廣武將軍清河太守. 詔可, 竝賜軍號, 除太守.」[15]

(『南齊書』58, 東夷 百濟國)

② 「建武二年牟大遣使上表曰…. 又表曰, 臣所遣行龍驤將軍樂浪太守兼長史臣慕遺 · 行建武將軍城陽太守兼司馬臣王茂 · 兼參軍行振武將軍朝鮮太守臣張塞 · 行揚武將軍陳明,在官忘私, 唯公是務, 見危授命,蹈難弗顧, 今任臣使, 冒涉波險,盡其至誠, 實宜進爵, 各假行署, 伏願聖朝特賜除正. 詔可, 竝賜軍號.」[16]

---

15) 「모대(牟大: 東城王)가 또 표문을 올려, "신이 파견한 행건위장군 광양태수(廣陽太守) 겸 장사 신 고달(高達)과 행건위장군조선태수(朝鮮太守) 겸 사마 양무(楊茂), 행선위장군 겸 참군 신 회매(會邁) 등 3인은 지조와 행동이 깨끗하고 밝으며, 충성과 정성이 일찍부터 드러났습니다. 지난 태시(泰始) 연간에는 나란히 송조에 사신으로 갔었고, 지금은 신의 사신의 임무를 받아 험한 파도를 무릅쓰고 바다를 건넜으니, 그 지극한 공로를 따지면 벼슬이 올라야 마땅하므로 선례에 따라 각자 가행직(假行職)을 내렸습니다. …(중략)… (고)달은 변경에서의 공적이 일찍부터 뚜렷하고 공무에 부지런하였으므로 이제 가행용양장군 대방태수(帶方太守)라 하였고, (양)무는 마음과 행동이 맑고 한결 같으며 공무를 항상 놓지 않았으므로 이제 행건위장군 광릉태수(廣陵太守)라 하였으며, (회)매는 생각이 찬찬하고 빈틈이 없어서 여러 번 근무의 성과를 나타내었으므로 이제 가행광무장군 청하태수(淸河太守)라 하였습니다."라고 하니 이를 허락한다는 조서를 내림과 더불어 장군의 호를 하사하고 태수의 관직을 제수하였다.」

16) 「또 표문을 올리기를, "신이 사신으로 보낸 행용양장군 낙랑태수(樂浪太守) 겸 장사 신 모유(慕遺)와 행건무 장군 성양태수(城陽太守) 겸 사마 신 왕무(王茂), 겸 참군 행진무장군 조선태수(朝鮮太守) 신 장새(張塞), 행양무장군 진명(陳明)은 관직에 있어 사사로운 것을 잊어버리고 오로지 공무에만 힘써, 나라가 위태로운 것을 보면 목숨을 내던지고 어려운 일을 당해서는 자기 몸을 돌보지 않습니다. 지금 신의 사신 임무를 맡아 험한 파도를 무릅쓰고 바

(『南齊書』58, 東夷 百濟國)

③「二年春正月…戊寅, 以百濟王餘昌為使持節都督東青州刺史.」[17]

(『北齊書』8, 後主紀 武平2년)

【"百濟南侵北撓" 기사】

E「上太師侍中狀云, 伏聞, 海之外有三國, 其名馬韓 · 卞韓 · 辰韓. 馬韓則高麗, 卞韓則百濟, 辰韓則新羅也. 高麗 · 百濟, 全盛之時, 强兵百萬, 南侵吳 · 越, 北撓幽 · 燕 · 齊 · 魯, 爲中國巨蠹…」[18]

(『三國史記』46, 崔致遠傳)

2. 독법과 문헌적 검토

우선 요서진출을 직접적으로 보여주는 『송서宋書』와 『남제서南齊書』, 그리고 『양서梁書』 백제전의 해당 기사에 대한 교감을 시도하였다. 백납본百衲本

다를 건너 그의 지성을 다하고 있습니다. 실로 [그들의] 관작을 올려 주어야 마땅하므로 각각 가행직(假行職)에 임명하였습니다. 엎드려 바라옵건대 성조(聖朝)에서는 특별히 정식으로 관작을 제수하여 주십시오."라고 하였다. 이에 조서를 내려 허락함과 더불어 장군의 호를 내려주었다.」

17) 「무평(武平) 2년(571) 정월… 무인에 백제왕 여창(餘昌, 위덕왕)을 사지절도독동청주자사(使持節都督東青州刺史)로 삼았다.」

18) 「태사시중에게 올린 狀에서 다음과 같이 썼다. 엎드려 살피건대 바다 밖에 세 나라가 있는데 그 이름은 마한 · 변한 · 진한입니다. 마한은 곧 고려요, 변한은 백제, 진한은 신라입니다. 고구려와 백제가 전성시에 백만의 강병을 가지고 남으로 오월(吳越)지방을 침략하고 북으로 유주(幽州) · 연(燕) · 제(齊) · 노(魯)의 지방을 소란케 하여 중국의 큰 좀이 되었다.」

을 비롯한 송본宋本에서 청대 무영전본武英殿本에 이르는 제 판본을 살펴 본 결과 현재 통행본 기록과 큰 차이가 발견되지 않았다.

이어 4개의 단락에 해당되는 기사와 주요 어구語句를 사고전서四庫全書 전자판電子版을 활용하여 관련 기사의 후대 재록再錄된 내용을 집록輯錄해 보았다. 이 과정에서 재록再錄한 찬자撰者의 원 자료에 대한 이해(곧 독법讀法)를 통하여 백제 요서진출 관련 사료에 대한 문헌적 이해를 넓힐 수 있을 것으로 생각된다. 『송서』의 "백제약유요서百濟略有遼西" 기사의 경우를 살펴보자.

「百濟國, 本與高驪俱在遼東之東千餘里. 其後高驪略有遼東, 百濟略有遼西. 百濟所治, 謂之晉 平郡晉平縣」

(『宋書』97, 夷蠻 東夷 百濟國)

「其國本與句驪在遼東之東. 晉世句驪旣畧有遼東, 百濟亦據有遼西晉平二郡地矣, 自置百郡.」

(『梁書』54, 諸夷 東夷 百濟)

「百濟都居拔城亦曰固麻城 晉時據遼東晉平二郡 在柳城北平之間」

(『通志』41, 四夷都)

「宋書 百濟所治 謂之晉平郡晉平縣. 梁書 晉世百濟有遼西晉平二郡地, 自置百濟郡. 梁天監 中為高句驪所破 遷居南韓地. 後更為强國 號所治城曰固麻

(『滿洲源流考』9, 疆域 百濟都城)

먼저 『통지』와 『만주원류고』에서는 『송서』에 이은 "백제소치百濟所治, 위지진평군진평현謂之晉平郡晉平縣"을 현재 우리가 막연히 "백제가 다스리는 곳을 진평군晉平郡 진평현晉平縣이라 하였다."라 읽지 않고 "백제소치百濟所治"를 백제도성百濟都城이라 읽고 있음이 주목된다. 이는 백제가 약유略有한 요서와 소치所治 진평晉平을 백제의 군명郡名으로 읽은 『양서』와도 크게 차이가 난다. 「양직공도梁職貢圖」 백제국기百濟國記에는 "요서진평현遼西晉平縣"으로 되어 있어서 1차 사료에 가까운 것으로 평가받는 『송서』의 "백제약유요서百濟略有遼西" 기사는 당송대 이후 여러 가지 독법讀法이 찾아진다. 1995년 북위의 백제 침공을 다룬 중국학자의 글에서(하덕장何德章, 1995, 101쪽) 우리가 백제가 진출한 요서遼西에 입국立國한 것으로 사료를 설명하고 있음을 본다. 그렇다면 백제소치百濟所治는 그냥 다스리는 곳이 아닌 치소治所 곧 도성都城이라 해석한 독법도 능히 있을 수 있다고 여겨진다.

그렇다고 백제소치百濟所治를 백제도성百濟都城으로 보아야 한다고 주장하는 것이 아니다. 그동안 백제의 요서 진출관련 사료를 검토하는 것에 미흡한 부분이 많았다는 것을 지적하고자 한다. 관련 사료를 두고 긍정과 부정 혹은 절충 등 사료 자체에 대한 내부 논리나, 1차 자료와 2차 자료 사이의 세밀한 문헌적 검토가 부족했다는 것이다.

백제의 요서진출 사료 가운데 최치원崔致遠의 「상태사시중상上太師侍中狀」에 보이는 ④ "백제거강좌百濟據江左" 기사는 당시의 사실로 보기 어려운 것이 사실이다. 그 때문인지 최근 이를 자료로 활용하는 연구는 찾아보기 어렵다. 다만 최치원崔致遠이 당말唐末의 중국에서 오랫동안 거주하며 혼란한 사회를 직접 목도하던 인물이던 점에서 왜 이 같은 과장된 표현을 하였는지는 별도로 검토가 되어야 할 것이다.

이렇게 보면 백제의 요서진출 문제와 직접 관련된 자료는 ① "백제약유요서百濟略有遼西", ② "위로공백제魏虜攻百濟" 기사 및 ③ "자진대수번작自晋代授蕃爵" 기사로 정리될 수 있겠다. 『남제서』에 수록된 ②와 ③의 기록과 ①의 기록은 서술하는 시점의 차이가 크다. "백제약유요서百濟略有遼西"는 진대晋代(혹은 진말晋末)인 반면 "위로공백제魏虜攻百濟" 기사는 그로부터 100년 가까이 후대의 일이다. 수록된 사료에서 두 사건이 연속된 것으로 이해할 만한 단서가 찾아지지 않는다.

그 동안 "위로공백제魏虜攻百濟" 사건이 일어난 전장戰場을 백제로 보기는 어렵기 때문에 백제가 진출하여 영유한 요서지역遼西地域으로 보기도 하였다. 이를 근거로 백제의 요서진출과 기간을 5세기 후반까지 장기간 진행된 근거로 제시하였다. 그러나 앞서 본대로 두 사건을 연결시키거나, 북위와 백제의 전투를 요서遼西로 볼 아무런 자료가 없는 형편이다. 백제의 요서진출을 보여주는 사료 ①과 ②·③의 기사는 별개로 검토하여야 할 자료로 생각된다.

그런데 사료 ①과 ②·③의 기사가 하나로 연결된 것이 없는 것은 아니다. 『건강실록建康實錄』 백제전이 그러한 자료이다.

> 「百濟弁辰之國. 起晉世受蕃爵, 自置百濟郡. 在高麗東北. 齊建元二年, 其王弁都, 使貢方物. 永明二年, 魏虜征之大破百濟王弁都. 新羅國三韓種也.」
>
> (『建康實錄』16, 東夷 百濟)

『건강실록建康實錄』 백제전에도 요서 진출을 짐작케 하는 "자치백제군自置百濟郡"과 영명永明 2년의 전장 기록을 같은 장소를 지칭한다고 볼 근거는 없다. 하지만 『건강실록建康實錄』 백제전이 현재는 소실된 『남제서南齊書』 백제전의 편린을 보여준다는 견해[19]로 미루어 본다면 검토의 여지를 남기고 있는 것이다. 앞으로 자세한 검토가 뒤 따라야하겠지만 필자는 『건강실록建康實錄』 백제전의 내용을 『남제서南齊書』 백제전의 결엽缺葉을 대체하여 보입補入하는 것에 신중할 필요가 있다고 생각한다. 우선 백제를 변진지국弁辰之國으로 표현하고 있는 것은 최치원의 「상태사시중상上太師侍中狀」에서도 보듯이 당唐 이전의 기록에서는 찾을 수 없는 인식이다. 『양서梁書』를 비롯하여 『주서周書』, 『남사南史』 등 남북조시대 대부분의 사서에서 백제는 마한馬韓에 소국으로 되어 있다. 중당中唐의 한 가운데 살았던 찬자의 시대 인식이 더 해진 표현으로 본다.

한편으로 사료②와 ③의 내용은 백제사에서 가장 활발한 연구가 이루어지고 있는 부분이다. 사료 ①의 『송서』와 「양직공도」의 기록은 백제의 요서진출이 있은지(진세晋世, 진말晋末) 100여년이 지나 채록된 것이지만, ②와 ③의 내용 곧 『남제서』 백제전에 보이는 북위의 백제 침공은 거의 해당 사건과 동시기의 기록이라는 점에서 간단히 무시하기 어려운 대상이다. 일찍이 이에 대하여

> 그러나 외교문서外交文書에나마 전혀 허구의 사실을 백제가 주장할 수 있었을까 하는 일말一抹의 의문疑問은 남는다. 또 『남제서南齊書』의 같은 글에 백제의 장군들이 광양廣陽 · 광릉廣陵 · 청하淸河 · 성양城陽 등 북위

---

19) 田中俊明, 1981, 「《南齊書》東夷傳の缺葉について」, 『村上四男博士退官記念 朝鮮史論文集』, 弘文書館, pp.212~220.

北魏 영내領內 제군諸郡의 태수太守의 관작을 제수除授받았던 것이 나오는데, 그것은 제수받는 편의 희망에 따르는 일이 많다는 것은 앞에서 말한 바가 있지만, 그 관작의 일부는 문맥으로 보아 북위군北魏軍의 백제침공百濟侵攻이 있었다는 해 이전부터 제수되어 있었던 듯한 것이 주목되며, 비록 명목상의 직함이나마 하필이면 이 제군의 이름을 백제가 요구했던 것인지 역시 하나의 의문이라 하겠다.

(천관우千寬宇, 1972, p.164)

라 한 바와 같이 사료 자체와 관련 연구가 계속되어야 할 문제이다. 북위의 백제침공 기사와 섞여있는 "자진대수번작自晋代授蕃爵" 기사는 최근 백제사에서 가장 활발한 연구 분야인 왕王 · 후侯 · 태수제太守制의[20] 기초 자료이기도 하다. 요서진출 문제가 그 진위 규명에 그치는 것이 아니라, 백제사 이해에 있어서 폭넓게 검토가 요구된다.

---

20) 백길남, 2008,「백제 蓋鹵王대 중국식 官爵의 활용과 그 정치적 의의」, 연세대 대학원 석사학위논문.
채민석, 2012,「백제 蓋鹵王代 왕후제의 실시와 운영」, 서강대 대학원 석사학위논문.
박찬우, 2015,「한성기 백제의 將軍號 활용 배경과 정치적 의미」,『백제문화』52, 공주대 백제문화연구소.

Ⅳ. 맺음말

백제의 요서진출에 대한 연구는 그 동안 한국학계가 주도하여 왔다. 사료의 신빙성을 크게 두지 않는 중국과 일본의 연구는 극히 저조한 실정이다. 국내의 연구라 하여도 활발하다고 보기는 어렵다. 1960~70년대와 같이 백제의 요서遼西 나아가서 북중국지역北中國地域에 대한 광범위한 진출進出과 영유領有를 사실로 규명하려는 시도는 더 이상 이루어지지 않고 있다.

1990년대 이후로는 백제가 요서로 진출하였는지에 대한 사실여부 보다는 관련 사료를 그대로 인정하고 어떻게 이해하는 것이 온당한지에 대한 문제에 관심을 두고 있다. 그 과정에서 16국시기 요서지역遼西地域에 거주하던 범부여계汎夫餘系 유민집단遺民集團의 동향을 백제의 요서진출 문제와 연관시켜 이해하려는 새로운 경향이 주목된다.

사료 이해의 측면에서도 백제의 요서 진출을 믿기 어렵다는 전제 아래 관련 사료에 대한 검토 없이 무시하거나, 요서 진출의 주체를 부여夫餘 혹은 낙랑樂浪으로 바꾸어 이해하기도 하였다. 사료의 사실 여부와 관계없이 기록으로 남아있는 이유에 대한 규명은 필요한 것이며, 그를 통해 새로운 이해도 가능한 것이라 하겠다. 최근 사료 자체에 대한 재검토가 이루어지고,

백제를 침공한 북위北魏를 고구려高句麗로 이해해 온 데 대한 반성도 연구의 변화를 보여주고 있다.

그러나 여전히 백제百濟의 '요서진출설遼西進出說'은 적극적인 논의가 곤란한 주제이다. 의심이들지만 후고後考를 요하는 문제라고 보는 것이 시종 우리 학계가 견지해온 입장이었다. 다음의 글이 그러한 입장을 잘 보여주고 있다.

> 위에서 보다시피 백제百濟의 북중국진출설北中國進出說은 매우 근거가 박약하지만, 약간의 의문이 아주 없을 수는 없는 것이어서 서둘러 단정을 내리기 보다는 우선 후고後考에 미루어 두기로 하겠다.
>
> (천관우千寬宇, 1972, p.164)

> 다만 이 두 번의 전쟁이 일어난 곳이 백제의 본토인지 아니면 요서지역인지는 현재로서는 단정하기 어렵다. 그렇다고 하더라도 두 번의 전쟁 기사는 두 나라 사이에 긴장 관계가 형성되어 있었음을 보여준다.
>
> (노중국, 2012, p.10)

요서진출 관련 사료에 대하여 의심疑心과 두찬杜撰, 혹은 날조捏造와 착오錯誤와 같은 표현을 많이 사용하였다. 자료를 세밀하게 검토하기 보다는 사실의 진위여부에 대한 판단을 통해 거꾸로 사료를 재단하는 이해태도였다. 이후 요서 진출의 주체는 부여夫餘나 낙랑樂浪을 혼동하였거나 오기하였던지, 수십만의 기병을 동원하여 백제를 침공한 '위노魏虜'는 북위北魏가 아닌 고구려高句麗였다는 논의가 지속되기도 하였다. 해당 사료에서 백제를 부여로, 위노魏虜를 고구려로 볼 확실한 근거가 제시된 것도 아니었다. 두찬杜撰과 날조捏造로 관련 사료를 이해한 연구태도의 연장으로 생각된다.

최근 들어 사료를 있는 대로 이해하고 해당 시기 중국사에 대한 이해를 높이려는 경향이 주류를 이루고 있다. 16국시기 요서지역의 주민구성과 정치세력 간의 존재양태에 대한 이번 심포지움을 비롯하여, 중국 강소성 연운항連雲港 부근에서[21] 백제계 주민이 남긴 분묘군墳墓群이 확인되는 것을 계기로 중국 내 백제인의 활동지역에 대한 이해와 관심이 증대될 전망이다.[22]

---

21) 박순발, 2013, 「連雲港 封土石室墓의 역사 성격」, 『百濟研究』57, pp.81~91.

22) 方善柱(1971)에 의해 제기된 北魏의 지배하에 있던 산동 연안지역 반란세력을 百濟가 뒤에서 煽動, 支援했다는 이해나, 백제 사신의 488년 남제로의 이동과정에서 산동 연안지역에서 국지적인 분쟁이 있었다는 연구(韓昇, 1995)처럼 북위대 산동지역과 백제의 사행로에 대한 이해를 깊이할 필요가 있다. 이와 관련하여 최근의 논고가 참고된다.
임동민, 2014, 「백제와 東晋의 교섭과 航路」, 고려대 대학원 석사학위논문.
백다해, 2015, 「장수왕대 고구려의 對宋關契와 그 성격-山東지역의 동향을 중심으로」, 이화여대대학원 석사학위논문.

부록 | 백제 "요서진출" 관련 논저목록 : 1895~2015

那珂通世,「百濟考」『史學雜誌』6-7, 1895;『那珂通世遺書』外交繹史 2, 朝鮮古史考, 岩波 書店, 1915(1958), p.139.

丁 謙, 1915,「宋書 · 南齊書 · 梁書夷貊傳地理攷證」,『浙江圖書館叢書』第1集; 1994,『二十伍史三編』第5分册, 岳麓書社, p.494, p.521, p.537.

申采浩, 1931,「近仇首卽位後 海外經略」,『朝鮮日報』, 1931.8.8; 2007,『단재신채호전집』1(조선상고사), 독립기념관, pp.729~730.

金毓黻, 1940,「慕容氏與高句麗」『東北通史』中國東北大學 研究室叢書(臺聯國風出版社), 1969; 洪氏出版社, 1976), p.239.

鄭寅普, 1947,「百濟의 海上發展」,『朝鮮史硏究』下, 서울신문사, pp.199~214.

池內宏, 1947,「高句麗長壽王の時代に於ける半島形勢」,『上代日本史の一硏究』, 近藤書店, pp.154~157.

和田博德, 1951,「百濟の遼西領有說について」,『史学』25-1, 三田史学会, pp.90~100.

李弘稙, 1965,「梁職貢圖論考」,『高麗大學校開校60週年紀念論文集(人文科學篇)』;『韓國古代史의 硏究』, 新丘文化社, 1971, pp.401~404

金庠基, 1967,「百濟의 遼西經略에 對하여」,『白山學報』11;『東方史論叢』, 서울大出版部, pp.426~433.

김세익, 1967,「중국 료서지방에 있었던 백제의 군에 대하여」,『력사과학』1967-1 · 3; 1991,『북한의 우리 고대사 인식(Ⅱ)』, 대륙연구소 출판부, pp.480~501.

方善柱, 1971,「百濟軍의 華北進出과 그 背景」,『白山學報』11, 백산학회, pp.1~26.

井上秀雄, 1972,『古代朝鮮』, 日本放送出版協會.

千寬宇, 1973,「三國時代(3)-濟羅同盟과 百濟의 公州遷都」,『新東亞』101, pp.163~164

金哲埈, 1973, 「百濟社會와 그 文化」, 『武寧王陵』; 『韓國古代社會研究』, 지식산업사, pp.51~54.
李萬烈, 1975, 「百濟의 遼西經略說」, 『講座 三國時代史』, 지식산업사, pp.78~87.
李玟洙, 1980, 「百濟의 遼西經略에 대한 考察」, 『韓社大學 論文集』10, pp.101~108.
金廷鶴, 1981, 「宋書 · 梁書 · 北史 · 舊唐書にみる百済文化」, 『百済と倭國』, 六興出版, pp.221~224.
李基東, 1982, 「百濟의 遼西經略說」, 『韓國史講座-古代篇』, 一潮閣, pp.195~197.
李明揆, 1983, 「百濟 對外關係 關한 一試論-〈大陸進出說〉考察을 위한 하나의 假設로서」, 『史學研究』37, 한국사학회, pp.73~110.
刘永智, 1983, 「"百济略有辽西"辨」, 『学术研究丛刊』, 1983年 第4期; 1994, 『中朝关系史研究』, 中州古籍出版社, pp.209~223.
金瑛二, 1986, 「百済の遼西経営について: 「遼西領有」説の基礎的検討を中心に」, 『東洋文化学科年報』1, 追手門学院大学文学部東洋文化学科, pp.49~66; 1987, 『韓國文化』97, 98.
兪元載, 1989, 「'百濟略有遼西'記事의 分析」, 『百濟研究』20, 충남대학교 백제연구소; 同改題, 「《宋書》(百濟國傳)의 百濟略有遼西 記事」, 『中國正史 百濟傳 研究』, 학연문화사, pp.181~230.
盧泰敦, 1989, 「扶餘國의 境域과 그 變遷」, 『國史館論叢』4, 국사편찬위원회, pp.50~51.
양기석, 1990, 「백제 대륙진출설의 허실」, 『역사산책』2(1990년 10월호).[23]
金秉柱, 1991, 「(논평) 百濟의 遼西進出說에 대한 검토」, 『북한의 우리고대사 인식

23) 본고는 인터넷 포털에 "백제 대륙진출설" 혹은 "백제 대륙 진출설의 허실(2008.06.19 http://mini.thinkpool.com/linkrain/960512) 등 여러 이름의 한글파일이 유포되어 있다.

(Ⅱ)』, 대륙연구소 출판부, pp.502~505.[24]

신형식, 1992,「百濟의 遼西進出問題」,『百濟史』, 이화여자대학교 출판부, pp.209~224.

姜鍾薰, 1992,「백제 대륙진출설의 제문제」,『韓國古代史論叢』4, 한국고대사회연구소, pp.391~442.

兪元載, 1992,「魏虜의 百濟侵入 記事」,『百濟研究』23, 충남대학교 백제연구소; 同改題,「《南齊書》(百濟 國傳)의 魏虜侵入百濟 記事」,『中國正史 百濟傳 研究』, 학연문화사, pp.231~258.

何德章, 1994,「《南齐书·东南夷传》记北魏攻百济事纠谬」,『魏晋南北朝隋唐史資料』第13輯, 武漢大學出版社, pp.97~101.

韩 昇, 1995,「"魏伐百济"与南北朝时期东亚国际关系」,『歷史研究』, 1995年 03期, pp.34~44.

유원재, 1995,「백제의 요서영유(설)」,『한국사』6, 국사편찬위원회, pp.132~150.

金起燮, 1997,「百濟의 遼西經略說 再檢討」『韓國古代의 考古와 歷史』 學研文化社, pp.319~338.

김헌숙, 1999,「百濟의 遼西 進出에 대한 一考擦」, 전북대 사학과 석사학위논문.

李熙眞, 1999,「百濟의 大陸植民地 建設에 대하여」,『STRATEGY21』2-2, 한국해양전략연구소, pp.126~148.

金宪淑, 2000,「"百济略有辽西"记事初探」,『延边大学学报(社会科学版)』, 2000年 03期, pp.98~100.

刘子敏, 2001,「驳〈"百济略有辽西"1事初探〉」,『延边大学学报(社会科学版)』, 2001年 01

24) 앞의 김세익(1967) 논문에 대한 토론 형식의 글이다.

期, pp.93~96.

余昊奎, 2001, 「百濟의 遼西進出說 재검토-4세기 후반 扶餘系 人物의 동향과 관련하여」『震檀學報』 91, 진단학회, pp.391~442.

강종훈, 2003, 「4세기 百濟의 遼西지역 진출과 그 배경」, 『韓國古代史研究』30, 한국고대사학회, pp.391~442.

김기섭, 2003, 「강종훈〈4세기 백제의 요서 지역 진출과 그 배경〉토론」, 제71회 한국고대사학회 정기발표회 토론요지, pp.1~2.

田中俊明, 2003, 「百済と北齊」, 『東アジア《半島空間》-山東半島と遼東半島』, 思文閣出版, pp.155~169.

정재윤, 2005, 「中國 史書에 보이는 百濟의 遼西進出에 대한 考察」, 『漢城百濟 史料研究』, 경기문화재단, pp.155~173.

노중국, 2012, 「무령왕대 백제의 동아시아 상에서의 위상」, 『百濟文化』46, pp.7~10.

김성한, 2013a, 「百濟의 遼西 영유와'百濟郡'」, 『歷史學研究』50, 호남사학회, pp.1~31.

김성한, 2013b, 「百濟의 遼西 영유와'樂浪'」, 『歷史學研究』52, 호남사학회, pp.171~205.

방향숙, 2013, 「5~7세기 중국왕조들의 백제에 대한 인식과 外交 전략의 변화」, 『百濟研究』57, pp.68~69.

이병헌, 2015, 「百濟枕流王의 遼西進出과 그 意義」, 동국대학교 교육대학원 석사학위논문.

주제발표 5

4세기 전반 백제군(百濟軍)의 요하(遼河) 일대에서의 활동에 관한 기사의 검토

강종훈 대구가톨릭대

Ⅰ. 머리말

필자는 10여 년 전에 『송서宋書』와 『양서梁書』 등에 전하는 백제의 요서 지역 진출 관련 기사들을 검토하면서, 백제 침류왕枕流王 2년에 해당하는 385년에 동진東晉의 북벌 계획에 호응하여 후연後燕의 부여계 무장 여암餘巖 세력과 연계하는 형태로 백제군의 요서 지역 진출이 실행되었을 가능성을 탐색한 바 있다.[1] 당시 논지 전개의 산만함을 우려하여 상세하게 다루지 않고 후일을 기약한 것이 있었는데, 바로 『진서晉書』 모용황慕容皝 재기載記와 『자치통감資治通鑑』에 실린 다음과 같은 기사들에 관한 것이다.[2]

> 皝記室參軍封裕諫曰 … 句麗百濟及宇文段部之人 皆兵勢所徙 非如中國慕義而至 咸有思歸之心[3] (『晉書』 卷109 載記第9 慕容皝)

1) 강종훈, 2003, 「4세기 백제의 遼西 지역 진출과 그 배경」, 『한국고대사연구』 30.

2) 논지 전개의 편의상 인용문에서는 한문으로 된 원문을 제시하고, 각주를 통해 해당 사료의 번역문을 싣는 것으로 하겠다.

3) "모용황의 기실참군인 봉유가 간하여 말하였다. …'구려(고구려)와 백제 및 우문부와 단부의 사람들은 모두 전쟁으로 인해 강제로 끌려온 자들이지 중국인들처럼 義를 사모하여 온

> 初夫餘居于鹿山 爲**百濟**所侵 部落衰散 西徙近燕而不設備 燕王皝 遣世子儁 帥慕容軍,慕容恪,慕輿根三將軍萬七千騎 襲夫餘 … 遂拔夫餘 虜其王玄及部落五萬餘口而還[4] (『資治通鑑』 卷97 晉紀 穆帝 永和 2年 正月)

전자 즉 『진서』의 기록은 서기 345년의 사실을 전하는 기사의 내용 중에 들어 있고, 후자 즉 『자치통감』의 기록은 그 이듬해인 346년 정월에 벌어진 사건에 관한 기사 가운데 실려 있다. 매우 단편적이기는 하지만 4세기 전반의 특정 시기에 관련된 두 개의 기사에서 '백제百濟'가 함께 거론되고 있음이 주목된다.

먼저 『진서』의 기사에서는 전쟁 포로가 되어 전연前燕에 붙잡혀 온 자들로서 고구려와 선비족 우문부宇文部, 단부段部 사람들과 함께 '백제' 사람들이 거명되었고, 다음으로 『자치통감』의 기사에서는 만주 지역에 위치한 부여夫餘를 침공한 주체로서 '백제'가 언급되었다. 4세기 전반 당시 한반도 중부의 한강 유역에 자리 잡고 있던 백제가 요하 서쪽의 대릉하 유역을 중심으로 세력을 떨치고 있던 전연과 군사적 충돌을 일으켰다고 하고, 요하 이동의 만주 지역 중심부에 있었던 부여를 격파하는 군사 활동까지 벌였다고 하니, 과연 이것이 사실이라면 놀라운 일이 아닐 수 없다. 백제사의 전개 과

자들이 아닙니다. 그래서 모두들 자기 나라로 돌아가고자 하는 마음을 갖고 있습니다.'"

4) "애초에 부여는 녹산에 자리 잡고 있었는데, 백제의 침략을 받아 부락이 쇠약해져 흩어졌다. 서쪽으로 연에 가까운 곳으로 옮겨갔으나 대비를 하지 않고 있으니, (전연의 왕) 모용황이 세자 모용준을 보내어 모용군과 모용각, 모여근 세 장군의 17,000 기병을 거느리고 부여를 습격하게 하였다. … 드디어 부여를 멸망시키고, 그 왕 현과 부락 5만여 구를 포로로 붙잡아 귀환하였다."

정에서 볼 때, 4세기 후반에 전개된 요서(구체적으로는 난하) 일대에서의 군사 작전에 결코 뒤지지 않는 중대한 의미를 지니는 사건으로 평가될 수 있다.

그런데 그간 우리 학계에서는 위의 두 기사에 대해 사실성을 인정하지 않으려는 분위기가 강하였다. 대체로 『진서』 기사에서의 백제는 '부여'의 오기誤記이고, 『자치통감』 기사에서의 백제는 '고구려'의 오기라고 보면서, 4세기 전반에 백제가 요하 일대에서 군사 활동을 벌였다는 것은 와전訛傳된 것일 뿐 사실이 아니라고 판단하였다.[5]

사실 『삼국사기三國史記』를 비롯한 우리 측 사서에 관련 기록이 보이지 않고, 중국 측 사서에서도 이 두 기사 외에는 다른 자료를 찾기 힘든 상황이므로, 이들만을 가지고 섣불리 백제의 해외 진출과 그에 따른 영토 확장 등을 주장하는 것은 곤란하다. 하지만 관련 기록이 극히 적기는 해도 일부 남아 전해지는 상황에서, 그것들을 오기일 것이라며 무턱대고 도외시하는 것 역시 사료를 대하는 올바른 태도라고 할 수 없다. 더욱이 두 기사는 내용상 시간적으로 매우 근접함을 보이며 상호 독립적으로 전해지는바, 이를 단순한 우연의 일치라고 치부하는 것은 온당치 않다. 또 『삼국사기』 백제본기가 사료적으로 불비不備가 심하다는 점을 고려하면, 거기에 관련 기록이 나오지 않는다는 것이 곧 사실의 부재를 입증하지 않는다는 것도 명백하다. 아

5) 불신론의 입장에 서 있는 논저들 가운데 대표적인 것들을 소개하면, 다음과 같다.
이병도, 1976, 「부여고」, 『한국고대사연구』, 박영사, p.221.
여호규, 2015, 「4세기-5세기 초엽 백제의 대중교섭 양상」, 『백제의 성장과 중국』, 한성백제박물관, pp.132~136.

울러 중국 측 사료에서 사건의 전후맥락이 드러나지 않는다는 것은 분명 아쉬운 일이기는 하나, 편사자編史者가 중국 왕조의 입장에서 굳이 드러내거나 부각시킬 만한 거리가 아니라고 판단했을 경우 관련 기록이 후대에 전해지지 않을 수 있음도 유념해야 한다.

요컨대 지금 남아 있는 두 기사만으로 4세기 전반 백제군의 요하 일대에서의 활동의 전모를 밝히기란 매우 어려운 것이 현실이지만, 그렇다고 해서 이 기사들의 사료적 가치를 면밀하게 측정하지 않고 내버리는 것만이 능사는 아니라는 이야기이다. 이에 본고에서는 두 기사가 과연 어느 정도 신빙성을 지니는지를 판별해 봄으로써 향후 좀 더 진전된 논의의 발판을 마련해 보고자 한다.

Ⅱ. 사료상 오기(誤記)의 사례와 '1차 사료'

위에서 언급한 것처럼 그동안 많은 연구자들은 두 기사에서의 백제가 각각 '부여'와 '고구려'의 오기일 것이라고 보고, 4세기 전반 백제군의 요하 일대에서의 활동 가능성을 인정하지 않으려 했다. 오기로 판단한 주된 근거는 '백제로 보아서는 너무도 거리가 맞지 않다'는 정황론이었다.

정황론은 사료의 신빙성을 저울질하는 데 있어 나름 중요한 잣대이다. 시간적, 공간적으로 들어맞지 않는 내용의 기사를 곧장 믿을 수 없다는 것은 역사학의 상식이다. 그렇지만 우리가 갖고 있는 지식이 완전한 것이 아닌 이상, 때로는 정황론이 실상의 파악을 가로막는 장애물이 될 수도 있다. 정황론에만 기대어서 사료의 가치를 판별하는 것은 그 자체로 부족할뿐더러 위험할 수 있음을 깊이 인식할 필요가 있는 것이다.

그렇다면, 불신론의 입장에서는 논지의 타당성을 확보하기 위해, 문제가 되는 두 기사가 제각기 오기로 말미암아 잘못된 내용을 전한다는 것을 사료 자체의 측면에서 증명하는 것이 무엇보다도 중요하게 된다. 그러나 아쉽게도 그간 많은 연구자들이 이 두 기사들을 믿기 어렵다고 하면서도, 사료적으로 왜 오기로 보아야 하는지를 적절하게 입증한 경우는 없었다. 사료적 측면에서의 논증 과정이 생략된 채 막연히 아닐 것 같다는 선입견 내지 고정관념에 좌우되어 오기임을 주장한다면, 이는 자의적인 사료 변개라는 비판을 면하기 어려울 것이다.

그래서 본고에서는 먼저 몇몇 사서들에서 나타나는 오기의 사례들을 찾아보고, 그 오기가 어떤 배경에서 발생한 것인지를 분석하면서, 불신론적 견지에서의 오기 주장의 논리적 타당성을 검증해 보고자 한다.

현재 남아 있는 사서들에서 특정 정치체가 그 실체와 다른 이름으로 잘못 기록된 예는 심심찮게 확인된다. 우리 측 사서를 예로 들자면, 필자는 예전에 『삼국사기』 백제본기와 신라본기의 초기 기록에 보이는 '말갈靺鞨'과 '낙랑樂浪'이 각기 '예맥濊貊'과 '진한辰韓'의 오기임을 밝힌 바 있다.[6] 『삼국사기』 또는 그에 앞서 만들어진 사서의 편찬 단계에서 편사자가 이전부터 내려오던 자료를 바탕으로 새로 사서를 편수할 때, 이런저런 이유로 일괄적으로 개서改書를 하면서 오기가 발생한 것으로 판단된다. 원사료原史料에 나오는 예맥과 후대의 말갈이 종족적으로 연결된다는 인식에서 말갈이라는 명칭을 초기 기록에까지 소급 적용한 결과이기도 하고, 진한은 곧 신라의 전신前身이라고 파악하면서 원사료에 신라 주변의 나라로 기록된 진한을 중국 측 사서에 그와 관련이 있다고 나오는 '낙랑樂浪'으로 변개한 데서 생긴 결과이기도 하다.

이처럼 후대에 사서가 편찬되는 과정에서 편사자의 오해나 자의적 판단으로 인해 실체와 무관한 다른 명칭으로 잘못 기록될 여지는 충분히 있다.

---

6) 강종훈, 1995, 「삼국사기 초기기록에 보이는 '낙랑'의 실체」, 『한국고대사연구』 10; 2011, 『삼국사기 사료비판론』, 여유당.

중국 측 사서에서 보이는 다음의 사례 또한 그러한 예에 해당한다.

> 是歲 魏虜又發騎數十萬 攻百濟入其界 牟大遣將沙法名, 贊首流, 解禮昆, 木干那 率衆襲擊虜軍 大破之[7] (『南齊書』 卷58 列傳39 東夷 百濟)

이 기사는 백제 동성왕東城王 12년에 해당하는 490년에 '위로魏虜'가 기병 수십만을 동원하여 백제를 공격했다가 크게 패하였음을 전하는 것이다. 여기서 '위로魏虜'는 당시 북중국을 장악하고 있던 북위北魏를 가리키는 명칭으로 남조南朝 측에서 사용하던 것인바, 북위가 수군이 아닌 기병으로 백제를 공격하였다고 하니, 백제와 북위가 영역을 맞대고 있었다고 인식될 여지가 있고, 그렇다면 이 무렵 백제의 영토가 중국 대륙 어딘가에 있었을지 모른다는 생각을 해 볼 수도 있다. 북위가 백제를 공격하였다는 기사는 『자치통감』과 『건강실록建康實錄』 등에도 단편적으로 확인되는데,[8] 이런 연유로 이른바 백제의 산동반도 진출설이 학계에 제기되어 있는 상황이다.[9]

그런데 동성왕 대에 백제는 발상지인 한강 유역을 고구려에게 빼앗기고

---

7) "이 해에 魏虜가 또 기병 수십만을 동원하여 백제를 공격해서 그 경계를 침입하였다. 모대가 장군 사법명, 찬수류, 해례곤, 목간나를 보내 무리를 이끌고 魏虜의 군대를 습격하여 크게 격파하였다."

8) 『자치통감』 卷136 齊紀2 武帝 永明 6년(488)조에 "魏遣兵擊百濟 爲百濟所敗", 『건강실록』 卷16 齊下 列傳 東夷 百濟條에 "永明二年(484) 魏虜征之 大破百濟王弁都"라고 하여 '魏' 또는 '魏虜'가 백제를 공격한 사실이 기록되어 있다. 『자치통감』의 기사는 『삼국사기』에도 "魏遣兵來我 爲我所敗"라는 문구로 彼我가 바뀌어 전재되었다.

9) 이에 관해서는 강종훈, 1992, 「백제 대륙진출설의 제문제」, 『한국고대사논총』 4, 가락국사적개발연구원, pp.399~404 참조.

금강 유역의 웅진으로 도읍을 옮긴 상태였으며, 고구려의 공격이 계속 이어지면서 곤경에 처해 있었다. 그런 상황에서 백제가 중국 대륙 모처에 영역을 유지하고 있었다고 하는 것은 일단 정황상 무리로 볼 수밖에 없다. 특히 기병을 '수십만'이나 동원했다고 전하는데, 이는 비록 그 숫자가 과장된 것이라고 하더라도 대규모 공격이 감행되었음을 의미하는 것이다. 그렇다면 백제가 확보하고 있던 영토의 범위나 그곳을 지키는 병력의 규모 또한 결코 작지 않았음을 상정해야 할 것이나, 중국에서 남조와 북조가 영역을 맞대며 대치하고, 한반도에서 백제가 고구려의 공격을 막아내기에 급급하던 시기에 그 가능성을 엿보기는 쉽지 않다. 무엇보다도 북위가 이 무렵 백제를 공격해야 할 뚜렷한 이유를 찾을 수 없다는 점과 북위의 역사를 기록한 『위서魏書』 등에도 이와 관련된 기사가 전혀 나타나지 않는다는 점을 염두에 두지 않으면 안 된다.

결국 『남제서』에 전하는 위의 기사는 편찬자의 오해로 인한 오기의 가능성을 의심할 수밖에 없다. 문제는 정황론을 뛰어넘어 그것이 오기라는 사실을 사료상으로 어떻게 입증할 수 있느냐가 되겠는데, 『남제서』 백제전에 전하는 다음 기사를 살펴보자.

> 建武二年 牟大遣使上表曰 臣自昔受封 世被朝榮 忝荷節鉞 剋攘列辟 往姐瑾等 竝蒙光除 臣庶咸泰 去庚吾年 **獫狁**弗悛 擧兵深逼 臣遣沙法名等 領軍逆討 宵襲霆擊 **匈梨**張惶 崩若海蕩 乘奔追斬 僵尸丹野 由是摧其銳氣 鯨暴韜凶 今邦宇謐靜 實名等之略 尋其功勳 宜在褒顯 今假沙法名行**征虜**將軍邁羅王 贊首流爲行安國將軍辟中王 解禮昆爲行武威將軍弗中

侯 木干那前有軍功 又拔臺舫 爲行廣威將軍面中侯 伏願天恩特愍聽除[10]
(『南齊書』 卷58 列傳39 東夷 百濟)

이 기사는 앞서 본 '위로魏虜'의 백제 침공 기사에 이어서 나오는 것으로, 495년에 백제의 동성왕이 남제의 황제에게 올린 표문表文의 일부를 전재轉載한 것이다. 표문의 내용을 보면, 지난 경오년(490)에 '험윤獫狁', '흉리匈梨'로 표현된 세력이 백제를 침공했으나 사법명 등의 활약으로 격퇴하였으며, 공을 세운 사법명 등에게 '정로장군征虜將軍' 등의 관작을 제수하였으니 정식으로 승인해 달라고 하고 있다.

여기서 일단 주목할 것은 적어도 표문 상에는 '위로魏虜'라는 명칭이 보이지 않는다는 사실이다. 대신 과거 북방 초원 지대를 누볐던 흉노匈奴의 전신으로서의 '험윤獫狁'과 흉노를 직접 연상시키게 하는 명칭으로 '흉리匈梨'가 사용되었다. 은유隱喩나 환유換喩적 표현이 난무하기 마련인 외교문서의

---

10) "건무 2년에 모대가 사신을 보내 표문을 올려 말하였다. '臣은 봉작을 받은 이래 대대로 조정의 영예를 입으면서, 욕되이 符節과 斧鉞을 지고서 여러 적들을 무찌를 수 있었습니다. 앞서 姐瑾 등이 모두 관작 제수의 영광을 얻게 되어 신민이 함께 기뻐하였습니다. 지난 庚午年에는 獫狁이 잘못을 뉘우치지 않고 군사를 일으켜 깊숙이 쳐들어 왔습니다. 臣이 沙法名 등을 파견하여 군사를 거느리고 맞아 싸우게 하여 밤중에 번개처럼 기습하니, 匈梨가 당황하여 마치 바닷물이 들끓듯 붕괴되었습니다. 이 기회를 타서 쫓아가 베니 시체가 들을 붉게 했습니다. 이로 말미암아 그 銳氣가 꺾이어 고래처럼 사납던 것이 그 흉포함을 감추었습니다. 지금 천하가 조용해진 것은 실로 沙法名 등이 힘쓴 덕분이오니 그 공훈을 찾아 마땅히 표창해 주어야 할 것입니다. 이제 沙法名을 假行征虜將軍 邁羅王으로, 贊首流를 假行安國將軍 辟中王으로, 解禮昆을 假行武威將軍 弗中侯로 삼고, 木干那는 과거에 軍功이 있는 데다 또 臺舫을 때려 부수었으므로 行廣威將軍 面中侯로 삼았습니다. 엎드려 바라오니 천은을 베푸시어 특별히 관작을 제수하여 주소서.'라고 하였다."

특성을 감안하면, 위로魏虜라는 명칭을 직접 쓰지 않고 험윤獫狁 또는 흉리匈梨로 대체했을 가능성도 물론 있지만, 한편으로 험윤과 흉리가 위로와는 다른 실체를 가리킬 가능성도 여전히 열려 있는 것이라 할 수 있다.

이런 상황에서 중국인의 입장에서 볼 때는 험윤과 흉리가 중국의 북방을 차지하고 있던 위로魏虜, 즉 북위를 가리키는 것으로 인식되었을 가능성이 매우 높다. 특히 사법명에게 주어진 '정로장군征虜將軍'이라는 관직이 험윤과 흉리를 '위로魏虜'와 결부시키는 데 적지 않은 영향을 주었을 수 있다. 반면에 백제인의 입장에서 험윤과 흉리는 자신들의 북방을 위협하던 세력 즉 고구려를 지칭하는 것으로 충분히 사용되었을 수 있고, '로虜' 역시 꼭 북위만이 아니라 북위와 긴밀한 관계를 유지하고 있던 고구려를 폄하하기 위해 쓰였을 수 있는 것이다.

험윤과 흉리가 북위가 아닌 고구려를 뜻하는 것으로 볼 수 있게 하는 결정적인 근거는 '흉리匈梨'라는 표현에 들어 있다. 흉노匈奴가 '천하를 소란스럽게 만드는[匈匈] 노奴'라는 뜻의 멸칭이라면, 흉리匈梨는 '천하를 소란스럽게 만드는 리梨'라는 의미를 갖게 된다. 판본에 따라서는 배나무 '梨'가 얼룩소 또는 쟁기라는 훈訓을 갖는 '犁'로도 나오는데,[11] 여하튼 '천하를 소란스럽게 만드는'이라는 관형어의 수식을 받는 '梨'나 '犁'가 어떤 세력을 지칭하는지가 문제 해결의 관건이 되겠다.

자연스럽게 떠올릴 수 있는 것은 고구려의 마지막 글자가 '麗(驪)'라는 사실이다. 梨(犁)와 麗(驪)는 오늘날 우리 발음으로는 각각 '리'와 '려'로 다

11) 明代에 남경 국자감에서 간행된 이른바 南監本에는 '犁'로 표기되어 있다.

르지만, 본래 음은 다 '리'이다. 주지하다시피 5세기 말 고구려의 정식 국호는 중원고구려비에 나온 것처럼 '고려高麗'였는바, '높고 아름답다'는 좋은 의미로 받아들여질 수 있는 이 국호를 고구려에 깊은 원한을 갖고 있던 백제에서 그대로 사용했을 리는 없다.[12] 따라서 혐오와 경멸의 심정을 담은 다른 표현으로 '고高' 대신 천하를 소란스럽게 만든 흉노를 떠올리게 하는 '흉匈'이, '려麗' 대신 '리梨(犁)'가 택해진 것은 어쩌면 당연한 결과였을지도 모른다. 려麗를 반대 의미의 '추醜' 따위가 아니라 굳이 리梨(犁)로 바꾼 것은 같은 음의 글자를 통해 '흉리'의 지칭 대상이 고구려임을 나타내기 위해서였을 것이니, 두 글자 가운데 하나는 원래의 명칭을 연상시킬 수 있도록 해야 뜻하는 바를 제대로 전달할 수 있기 때문이다.[13]

결론적으로 말해서, 백제는 고구려의 침략을 막아낸 후 남제에 그 사실을 알리면서 유공자들의 관작 제수를 요청한 것인데, 『남제서』의 편찬자가 표문에 나오는 '험윤獫狁'과 '흉리匈梨'를 고구려가 아닌 북위로 오인하여 '위로魏虜'가 백제를 침략했다가 격퇴당한 것처럼 잘못 기록한 것이라 할 수 있다.[14]

『남제서』는 양梁 무제武帝의 재위 시기인 514년 이후 526년 이전에 소자현蕭子顯(489~537)이 편찬한 사서로, 남제(479~502)가 멸망한 지 십수 년

12) 마치 광개토왕릉비문에서 백제를 '온갖 쓰레기'라는 의미의 '百殘'으로 표현한 것과 같은 이치이다.

13) 만약 '匈醜'라는 식으로 표현했다면, 읽는 이가 그 실체를 제대로 알아내기 어려웠을 것이다.

14) 본고의 논지와 상통하는 내용의 논문이 근자에 발표된 바 있다(김수미, 2006, 「南齊書 백제전의 獫狁 · 匈梨와 臺舫의 실체」, 『용봉인문논총』 34 · 35, 전남대 인문학연구소).

정도 지난 시점에 만들어졌다는 점에서 거의 당대當代 사료의 집성集成이라는 평가를 받는다. 그래서 소자현이 이런 오해를 했다는 것이 쉽게 이해가 되지 않을 수도 있겠다. 그렇지만, 소자현은 남제 시기에 10대 초반까지를 살았을 뿐이며, 그가 성장해서 본격적으로 활약한 것은 양대에 들어와서였음을 유의할 필요가 있다. 『남제서』를 편찬하기 시작한 것도 불과 20대 중반의 일이었고, 따라서 그가 지닌 지식과 정보의 양에는 당연히 제약이 따를 수밖에 없었을 것이다. 『남제서』 백제전만 하더라도, 비록 그 앞부분이 결락된 상태이기는 하지만,[15] 동성왕이 보낸 표문의 내용이 대부분을 차지하고, 앞서 본 '위로魏虜'의 침략 기사가 중간에 간략히 삽입되어 있을 뿐이다. 이는 곧 소자현이 백제전을 찬술할 때 백제에 관해 상세한 정보를 습득하지 못한 상태였음을 시사하는 것이며,[16] '위로魏虜' 침략 운운의 문구는 그가 표문의 내용을 자의적으로 독해한 데서 비롯된 오전誤傳의 사례로 보는

15) 『남제서』는 고구려전의 뒷부분과 그에 이어지는 백제전의 앞부분이 결락되어 전하고 있다.

16) 남제에서 양으로 왕조가 교체되던 시기에 백제와 남조 사이의 사신을 통한 교류는 잠시 소강 국면으로 접어드는데, 동성왕이 남제에 표문을 보낸 495년부터 무령왕이 양에 사신을 보낸 521년 사이에 사반세기가 넘도록 직접적인 통교는 거의 없었던 것으로 나타난다. 물론 『梁書』 武帝紀에 512년의 사실로 百濟가 扶南, 林邑國과 함께 사신을 보내 方物을 바쳤다고 나오고 있어, 정말 백제와 남조 사이의 교류가 완전히 단절된 상태였다고 단언하기는 어렵다. 하지만, 521년에 무령왕이 사신을 통해 양에 보낸 표문에 '累破句驪 今始與通好'라고 나오는 것을 감안하면(『梁書』 권54 열전48 百濟), 적어도 공식적인 통교는 그 사이에 제대로 이루어지지 못했음을 충분히 짐작할 수 있다. 바로 그런 연유로 인해 520~530년대에 梁의 蕭繹이 만든 「梁職貢圖」의 百濟國使條나 그것을 토대로 작성된 『양서』 백제전 등에서는 백제가 고구려의 공격을 받아 쇠약해져서 '南韓의 땅'으로 遷居한 사실을 양의 건국 이후의 일로 잘못 기록했던 것이니, 소자현이 백제에 관한 정보를 충분히 갖지 못했을 것은 이를 통해서도 어느 정도 추지할 수 있다.

것이 여러모로 합리적인 것이다.[17]

지금까지 우리 측과 중국 측 사서에서 확인되는 오기의 사례들을 살펴보았다. 사서가 편찬되는 과정에서 편사자의 오해나 자의적 판단 등으로 인해 실지와 다른 명칭으로 잘못 기록되는 경우가 종종 있음을 확인하였다. 그렇다면 본고에서 문제가 되고 있는 『진서』 모용황 재기나 『자치통감』 진기의 백제 관련 기사도 일단 그런 오기의 가능성이 전혀 없다고 말하기는 어렵겠다.

그런데 여기서 특별히 주목해야 할 것이 있다. 그것은 바로 『남제서』 백제전에서 오기가 이루어진 것은 편사자인 소자현이 직접 기술한 부분이지, 동성왕이 보낸 표문의 내용을 인용한 부분은 아니라는 사실이다. 앞서도 보았듯이 소자현에 의해 인용된 표문에는 '험윤獫狁'과 '흉리匈梨'라는 명칭이 그대로 남아 있다. 그리고 소자현은 그것들이 '위로魏虜' 즉 북위를 가리키는 것으로 인식하면서도, 표문에 보이는 '흉리匈梨' 등의 표현을 일부러

17) 사실 정황상 그 시기에 육로를 통해 백제를 대규모로 공격했을 세력은 백제의 북쪽에 위치한 고구려 외에 달리 있을 수 없다. 그리고 당시 황해를 횡단하여 항해를 하는 것이 어렵고 위험한 일이었음은 『남제서』 백제전에 함께 실려 있는 표문의 다른 내용 가운데 사신으로 가는 인물들의 공적을 거론하면서 '冒涉波險' 즉 '파도의 험난함을 무릅쓰고 건너간다'는 표현이 연거푸 들어 있음에서도 잘 드러난다. 이런 상황에서 백제가 중국 대륙에 영토를 확보하고 있었을 가능성은 거의 없다고 보는 것이 순리이다. 다만 백제가 동진 이래 송, 남제 등 남조의 국가들과 긴밀한 우호 관계를 맺고 자주 사신을 파견했음을 감안할 때, 비록 독자적 지배 영역은 아니라고 하더라도 산동반도 이남의 중국 해안 지대에 사신 왕래에 편의를 제공해 주는 중간 기착지 정도가 마련되었을 가능성은 여전히 남아 있다. 즉 훗날 신라방과 같은 거류민 집단은 이미 백제에 의해서도 조성되었을 수 있다는 것이다. 만일 소자현이 백제와 연계된 이런 집단들의 존재에 대한 지식을 갖고 있었다면, '魏虜'의 침략이 이 지역을 대상으로 일어난 것으로 오인했을 여지는 있다.

'위로魏虜' 등으로 고쳐 쓰지는 않았다. 이 점은 사료를 파악할 때 놓쳐서는 안 되는 중요한 부분이 된다.

『남제서』는 흔히 말하는 '2차 사료'에 해당한다. 즉 사건 당시 또는 그 직후에 관련 사실을 기록한 이른바 '1차 사료'를 토대로 사건의 흐름을 정리하여 보여주는 책이다. '위로魏虜'의 백제 침입 기사에서 보았듯이, 2차 사료는 편사자가 1차 사료를 어떻게 이해하느냐에 따라 의도적이든 무의도적이든 왜곡이 발생할 가능성이 크다. 물론 1차 사료도 작성자가 어떤 의도를 가지고 썼느냐에 따라 사실 왜곡의 위험성이 도사리고 있기는 하다.[18] 하지만 언제, 어디서, 누가, 무엇을, 어떻게 했는지를 전하는 사건 관련 일반 진술의 경우, 일부러 수사적 표현을 사용하지 않는 한 사실과 다른 내용을 전하지는 않는 게 상례이다.

『남제서』 백제전에 인용된 동성왕의 표문은 그 자체가 원본原本 그대로인 것은 아니다. 표문의 내용 가운데 필요한 부분을 발췌하여 옮겨 적은 것이기에, '1차 사료'를 원자료原資料만으로 국한시켜 엄격하게 이해할 경우에는, 1차 사료라고 말하기 어려울지도 모르겠다. 그러나 2차 사료로서의 『남제서』를 편찬한 소자현에 의해 작성된 것이 아니라 명백히 1차 사료에 해당하는 동성왕의 표문을 전재한 것이므로, 비록 2차 사료에 실려 있다고 하더라도 1차 사료로서의 성격을 충분히 지니는 것이라고 말할 수 있다. 바로 그렇기 때문에 앞서의 논증 과정에서 나타난 바와 같이, 원자료에서 옮겨진 '흉리匈梨'라는 명칭을 통해 2차 사료에 나타난 '위로魏虜'가 오기임을 확

18) 1차 사료에 해당하는 광개토왕릉비문에서 드러나는 사실 왜곡에 대해서는 강종훈, 2012, 「한국 고대 금석문 자료에 대한 사료 비판론」, 『한국고대사연구』 68 참조.

인할 수 있는 것이다.

Ⅲ. 『진서』 모용황 재기 소재 봉유 상서문의 사료적 가치

본고에서 논의의 중심에 위치한 『진서』 모용황 재기의 백제 관련 기사는 전연前燕의 왕 모용황慕容皝의 기실참군으로 있던 봉유封裕가 올린 글 속에 들어 있던 것이다. 즉 『남제서』 백제전에 보이는 동성왕의 표문과 마찬가지로 기본적으로는 1차 사료로서의 성격을 지닌다고 할 수 있다. 따라서, 비록 후대에 편찬된 2차 사료로서의 『진서』에 나오는 것이라 하더라도,[19] 그 자체가 원자료의 내용을 충실히 전해주는 것으로 판단할 수 있다면, 거기에 나오는 '백제百濟' 또한 '부여夫餘'를 잘못 적은 것으로 보고서 섣불리 사료적 가치를 부정할 수는 없다는 말이 된다.

---

19) 물론 『진서』 또한 이전에 편찬된 2차 사료들을 토대로 작성된 것이기는 하다. 지금은 대부분의 내용이 失傳된 상태이지만, 北魏의 史官 崔鴻(478~525)이 화북 일대에서 明滅한 16개국의 역사를 종합하여 정리한 『十六國春秋』가 『진서』의 載記가 만들어질 때 활용된 대표적인 前代의 사서였다. 그밖에 역시 현전하지 않는 책으로서 前燕에서 尙書를 지낸 范亨이 찬술한 『燕書』와 북위 시기에 高閭(?~502)가 지은 『燕志』 등이 『진서』 편찬 시 참고가 되었던 것으로 알려져 있다(尙鴻 · 鄧瑞全, 1991, 「晉書」, 『二十五史導讀辭典』, 華齡出版社, pp.256~258).

일반적으로 1차 사료로서의 원자료가 2차 사료에 전재될 때에는 축약縮約이 이루어지는 것이 대부분이다. 사건의 핵심을 정리해서 서술하는 2차 사료의 특성상 전문全文의 전재轉載는 번쇄하기만 할 뿐이고, 자칫 문맥이 원활하게 흐르는 것을 저해할 수 있기 때문이다. 그렇지만 축약을 한다고 해서 원자료의 용어를 임의로 바꾸는 경우는, 후술하듯이 특별한 사유가 있지 않는 한, 거의 일어나지 않는 것 또한 상례이다. 이는 1차 사료인 『승정원일기承政院日記』의 내용이 2차 사료인 『조선왕조실록朝鮮王朝實錄』에 전재될 때, 원문의 축약은 있어도 임의적 변개는 없다는 사실에서도 확인할 수 있다.[20] 따라서 비록 2차 사료에 실려 있다고 할지라도 1차 사료의 내용이 전재되어 나오는 경우에는, 그것을 1차 사료에 준하는 것으로 판단하고 분석에 임하는 것이 합리적이다.[21]

이와 같은 관점에 서면, 지금 문제가 되고 있는 봉유의 상서문上書文은 원문 자체를 확인할 수는 없으나, 애초에 사용된 용어가 다른 명칭으로 변개

---

20) 한 예로, 정조 15년 10월 8일자 기사로 승정원에서 왕에게 여러 정사와 관련하여 건의한 내용이 『정조실록』(http://sillok.history.go.kr/inspection/inspection.jsp?mTree=0&id=kva)과 『승정원일기』(http://sjw.history.go.kr/inspection/insp_result_list.jsp?mode=k&sjwid=SJW-G15100080)에 같이 실려 있다. 양자를 비교해 보면, 원문에 해당하는 후자의 내용이 전자에 압축적으로 인용되었는데, 자구의 차이는 거의 발견되지 않는다.

21) 『三國遺事』 卷3 塔像4 南月山條에는 감산사 미륵보살상과 아미타불상의 명문 내용이 발췌되어 실려 있는데, 원문을 옮겨 신는 과정에서 오독 또는 부주의로 인해 誤·脫字가 몇 군데 생기기는 했지만, 전체적으로 보아 원문의 자의적 변개는 보이지 않는다(강종훈, 2011, 「금석문 자료 활용 방식을 통해 본 『삼국유사』 수록 사료의 성격」, 『역사와 담론』 60, pp.17~27). 아울러 원자료가 후대에 여러 차례 전록되는 과정에서 轉寫者의 판단에 따라 문구의 출입과 순서의 조정이 조금 이루어지기는 해도, 원문 자체가 훼손되는 정도는 아님을 「양직공도」의 사례를 통해 확인할 수 있다(강종훈, 2014, 「양직공도의 사료적 가치와 독법」, 『한국 고대사 연구의 자료와 해석』(노태돈 교수 정년기념논총 2), 사계절).

되어 『진서』 모용황 재기에 실렸을 가능성은 높지 않다고 일단 예측해 볼 수 있다. 다만, 어쨌든 원문이 남아 있지 않은 이상, '2차 사료'로서의 『진서』에 들어 있는 내용이 원문을 충실히 반영하고 있음을 확실하게 입증하는 작업이 필요하다.

논의를 심화하기 위해 봉유 상서문의 전체 내용을 표로써 정리하여 소개하면, 다음과 같다.

〈표 1〉 『진서』 모용황 재기에 실린 봉유 상서문의 내용

번호	상서문 내용	요지
A-0	以牧牛給貧家 田于苑中 公收其八 二分入私 有牛而無地者 亦田苑中 公收其七 三分入私 皝記室參軍封裕諫曰22	봉유가 상서(上書)하게 된 계기 설명: 관전(官田)에서의 10분의 7, 8세 시행.
A-1	臣聞聖王之宰國也 薄賦而藏於百姓 分之以三等之田 十一而稅之 寒者衣之 飢者食之 使家給人足23	도입부: 옛날 성왕(聖王)들은 십일세(十一稅)를 거두었다는 내용.

22) "牧牛를 가난한 가호에 지급해서 苑(국유지)에서 농사를 짓게 하여 公的으로 그 수확물의 10분의 8을 거두고, 나머지 2를 가호에서 私的으로 가질 수 있게 하였다. 소를 갖고 있으나 땅이 없는 자에게도 苑에서 농사를 짓게 하였는데, 공적으로 10분의 7을 거두고 나머지 3을 사적으로 가질 수 있게 하니, 모용황의 기실참군인 봉유가 諫하여 말하였다."

23) "신이 듣건대, 聖王이 나라를 다스림에는 세금을 가볍게 하여 백성들이 많이 간직할 수 있게 한다고 합니다. 그들에게 세 등급의 땅을 나누어주고 10의 1을 稅로 거두어, 추위에 시달리는 자는 입게 하고 굶주리는 자는 먹게 하여, 집안이 넉넉하고 사람들은 풍족하게 하였습니다."

A–2	雖水旱而不爲災者 何也 高選農官 務盡勸課 人治周田百畝 亦不假牛力 力田者受旌顯之賞 惰農者有不齒之罰 又量事置官 量官置人 使官必稱須 人不虛位 度歲入多少 裁而祿之 供百僚之外 藏之太倉 三年之耕 餘一年之粟 以斯而積 公用於何不足 水旱其如百姓何 雖務農之令屢發 二千石令長 莫有志勤在公 銳盡地利者 故漢祖知其如此 以墾田不實 徵殺二千石以十數 是以明章之際 號次升平[24]	한대(漢代)에 이르기까지 권농과 재정 운영이 잘 이루어져 승평(升平)의 시기가 이어졌다는 내용.
A–3	自永嘉喪亂 百姓流亡 中原蕭條 千里無煙 飢寒流隕 相繼溝壑 先王以神武聖略 保全一方 威以殄姦 德以懷遠 故九州之人 塞表殊類 襁負萬里 若赤子之歸慈父 流人之多舊土十倍有餘 人殷地狹 故無田者十有四焉[25]	영가(永嘉)의 난 이후 혼란기를 맞아 모용외가 유인(流人)들을 많이 받아들이면서 땅이 없는 자가 크게 늘었다는 내용.

24) "비록 홍수가 나거나 가뭄이 들더라도 재앙이 되지 않았던 것은 무슨 까닭이겠습니까? 農官을 높이 뽑아 勸農에 힘을 다하게 하니, 사람들은 周田 100무를 지어도 또한 소의 힘을 빌리지 않았으며, 힘써 농사를 지은 자는 표창과 현양의 상을 받았고 농사에 게으른 자는 따돌림의 벌을 받았습니다. 또한 일을 헤아려 官을 두었으며 관을 헤아려 사람을 두었으니, 관은 반드시 있어야 할 것들로만 하고 사람들은 헛된 자리에 있지 않게 하여, 세입의 다소를 계산하고 규모에 맞추어 祿을 주었던 것입니다. 百僚에게 주는 것을 제외하고는 太倉에 저장하니, 3년 농사를 지으면 1년분의 곡식의 여유가 생겼습니다. 이렇게 쌓아두면 公用에 무슨 부족함이 있겠으며, 水旱이 든다 한들 백성에게 무슨 걱정이 있겠습니까? 비록 농사에 열심히 하라는 令이 누차 나오더라도 2천석의 녹을 받는 관리(郡太守)와 縣令, 縣長으로 公事에 열심히 하려는 뜻을 갖고 땅의 이익을 다 거두려는 자들이 없었으니, 그런 까닭에 漢祖(광무제)가 이런 사실을 알고 개간이 부실하다 하여 태수들을 徵殺한 것이 열 명이 넘었던 것이며, 이로써 明帝와 章帝 시기에는 升平(태평성대)에 버금간다고 말할 수 있었던 것입니다."

25) "永嘉의 난 이후 백성들이 유망하여 중원은 쓸쓸해지고 천리에 연기가 피어오르지 않았으니, 추위와 굶주림에 떠돌다 죽어가는 자가 골짜기와 구덩이에 계속 이어졌습니다. 선왕(모용외)께서 神武聖略으로 영토를 보전하시며 위엄으로써 간사한 자들을 殄滅하고 덕으로써 먼 지방 사람들을 품어주셨으니, 9주의 사람들과 塞外의 이적들이 봇짐과 등짐을 싸고 지고서 만리를 찾아오기를 마치 어린 아이가 아비에게 가는 것처럼 하였는데, 流人이 원래 땅에 살던 사람보다 열배 이상 많게 되면서 사람은 넘치나 땅이 부족해져서, 땅을 갖지 못한 자가 열에 넷이나 되었습니다."

A-4	殿下以英聖之資 克廣先業 南摧强趙 東滅句麗 開境三千 戶增十萬 繼武闡廣之功 有高西伯 宜省罷諸苑 以業流人 人至而無資産者 賜之以牧牛 人旣殿下之人 牛豈失乎 善藏者藏於百姓 若斯而已矣 邇者深副樂土之望 中國之人皆將壺餐奉迎 石季龍誰與居乎26	모용황 시기에 영토 확장과 인구 증가가 이루어졌는데, 유인들에게 목우를 지급해서 농사를 짓게 하면 천하의 인심을 얻을 수 있다는 내용.
A-5	且魏晉雖道消之世 猶削百姓不至於七八 持官牛田者官得六分 百姓得四分 私牛而官田者與官中分 百姓安之 人皆悅樂 臣猶曰非明王之道 而況增乎27	10분의 7, 8을 세금으로 걷는 것은 위진대보다 혹독한 것으로서 부당하다는 내용.
A-6	且水旱之厄 堯湯所不免 王者宜濬治溝澮 循鄭白,西門,史起漑灌之法 旱則決溝爲雨 水則入於溝瀆 上無雲漢之憂 下無昏墊之患28	수리 시설에 대한 관리를 잘 해야 한다는 내용.
A-7	句麗百濟及宇文段部之人 皆兵勢所徙 非如中國慕義而至 咸有思歸之心 今戶垂十萬 狹湊都城 恐方將爲國家深害 宜分其兄弟宗屬 徙于西境諸城 撫之以恩 檢之以法 使不得散在居人 知國之虛實29	다른 나라에서 포로로 붙잡혀 온 자들을 서쪽으로 사민(徙民)시켜야 한다는 내용.

26) "전하께서는 뛰어난 자질을 타고나 선왕의 업적을 더욱 넓히시어, 남으로는 강성한 後趙를 꺾어버리시고 동으로는 句麗를 滅하셔서 3천리 영토를 개척하시고 십만의 호수를 늘리셨으니, 繼武闡廣의 공은 西伯보다도 높습니다. 의당 諸苑을 혁파하셔서 流人들이 먹고 살 자리를 만들어주시고, 찾아오는 사람으로 자산이 없는 자들에게는 牧牛를 내려주소서. 사람이 이미 전하의 사람이 되었는데, 소를 어찌 잃겠습니까? 저장을 잘 하는 자는 백성에게 저장을 한다는 것은 이와 같을 따름입니다. 근자에 樂土의 희망에 깊이 부응해 왔기에 중국인이 모두 단지와 반찬을 갖고서 전하를 奉迎할 것이니, 石季龍인들 누구와 더불어 살겠습니까?"

27) "또한 魏와 晉이 비록 道가 사라진 시대였다고 해도 오히려 백성을 착취함에 10분의 7, 8에까지 이르지는 않았으니, 官에서 소와 밭을 빌린 자는 관이 6을 갖고 백성이 4를 가졌으며, 자기 소를 갖고서 관의 밭을 빌린 자는 관과 더불어 양분을 하게 하여, 백성들이 안심하고 모두 기뻐했습니다. 신은 이조차도 明王의 道가 아니라고 보는데, 하물며 이에서 더해서야 되겠습니까?"

28) "또한 水旱의 재앙은 堯와 湯도 면하지 못한 바입니다. 王이 된 자는 마땅히 溝澮(수로)를 濬治해야 하니, 鄭白과 西門, 史起가 관개를 했던 방법을 따라 가물면 둑을 터서 물이 차게 하고 홍수가 나면 溝瀆으로 물을 끌어서 가두면, 위로는 雲漢의 걱정(하늘만 바라보는 일)이 없을 것이고 아래로는 昏墊의 患(죽어 땅에 묻힐 걱정)이 없어질 것입니다."

29) "句麗와 百濟 및 宇文部와 段部의 사람들은 모두 전쟁으로 인해 강제로 끌려온 자들이지 중국인들처럼 義를 사모하여 온 자들이 아닙니다. 그래서 모두들 자기 나라로 돌아가고자 하는 마음을 갖고 있습니다. 지금 호가 십만에 이르러 도성을 비좁게 할 정도이니, 장차 나라의 깊은 해악이 될까 걱정됩니다. 마땅히 그 형제 종속을 나누어 서쪽의 여러 성으로 옮기게 해서, 은

A-8	今中原未平 資畜宜廣 官司猥多 遊食不少 一夫不耕 歲受其飢 必取於耕者而食之 一人食一人之力 遊食數萬 損亦如之 安可以家給人足 治致升平 殿下降覽古今之事多矣 政之巨患莫甚於斯 其有經略出世 才稱時求者 自可隨須置之列位 非此已往 其耕而食 蠶而衣 亦天之道也30	관사(官司)가 많고 유식자(遊食者)가 많아 승평(升平)을 이루기 어려우니, 국가에서 필요한 인재가 아니라면 내쳐서 농사를 짓게 해야 한다는 내용.
A-9	殿下聖性寬明 思言若渴 故人盡芻蕘 有犯無隱 前者參軍王憲大夫劉明 並竭忠獻款 以貢至言 雖頗有逆鱗 意在無責 主者奏以妖言犯上 致之於法 殿下慈弘苞納 恕其大辟 猶削黜禁錮不齒於朝 其言是也 殿下固宜納之 如其罪也 宜亮其狂狷 罪諫臣而求直言 亦猶北行詣越 豈有得邪 右長史宋該等 阿媚苟容 輕劾諫士 已無骨鯁 嫉人有之 掩蔽耳目 不忠之甚31	왕헌과 유명이 간언을 하다가 처벌을 받았는데, 이들을 풀어 주어 다시 등용해 달라는 내용.

혜로써 어루만지고 법으로써 단속하여, 흩어져 살며 나라의 허실을 알지 못하도록 하소서."

30) "지금 중원이 평정되지 않아 資畜은 더 늘어나야 하는데, 官司는 너무 많고 遊食하는 자들도 적지 않아, 한 명이 농사를 짓지 않으면 그 해는 굶주림을 겪어야 합니다. 반드시 농사짓는 자에게서 거두어야 먹일 수가 있거늘, 한 사람이 노력해서 한 사람이 먹는 상황에서 遊食者가 수만이어서 덜어가는 것이 이와 같으면, 어찌 집안이 넉넉하고 사람들이 풍족해져서 升平의 다스림을 이룰 수 있겠습니까? 전하께서는 古今의 일들을 살펴보신 것이 많사온데, 정치의 큰 걱정거리는 이보다 심한 것이 없습니다. 經略이 특출나고 그 재능을 이 시대가 요구한다고 칭할 만한 자는 필요로 하는 곳에 맞추어 列位에 자리하게 함이 가합니다만, 이런 인재가 아닌 바에는 농사지어 밥을 먹고 누에쳐서 옷을 입게 하는 것이 또한 하늘의 도리입니다."

31) "전하께서는 聖性寬明하시어 생각과 말에 늘 갈증을 느끼시는 듯하니, 사람들은 꼴 베고 나무하는 자들까지도 말의 한도를 넘어서더라도 숨기려고 하지 않습니다. 얼마 전에 참군 王憲과 대부 劉明이 충성과 정성을 다하여 지극한 말을 올렸는데, 비록 거슬리는 말이 자못 있기는 하지만 그 뜻은 전하를 질책하는 데 있지 않았습니다. 主者가 상주하기를 妖言으로 犯上했다는 죄목으로 법에 따라 처벌하자고 하니, 전하께서 인자하게 품어주시어 大辟의 형벌은 면하게 하셨으나, 여전히 관직에서 쫓겨나 금고에 처해져 조정에 나란히 서지 못하고 있습니다. 그들의 말이 옳다면 전하께서는 진실로 받아들이셔야 하고, 그 말이 그릇된 것이라면 그 狂狷함을 드러내시면 됩니다. 諫臣에게 죄를 주면서 직언을 구하는 것은 북쪽으로 가면서 越에 간다고 하는 것과 같으니 어찌 얻을 것이 있겠습니까? 右長史 宋該 등은 아첨으로 환심을 사려 하면서 諫士를 탄핵하니, 줏대도 없이 남을 미워하는 마음만 갖고서 전하의 이목을 가리려는 자들로서 불충이 심하다 할 것입니다."

A-10	四業者國之所資 敎學者有國盛事 習戰務農 尤其本也 百工商賈 猶其末耳 宜量軍國所須 置其員數 已外歸之於農 敎之戰法 學者三年無成 亦宜還之於農 不可徒充大員 以塞聰儁之路[32]	공상인이 늘어나는 것을 억제하고, 발전 가능성이 없는 학생들도 귀농시키라는 내용.
A-11	臣之所言當也 願時速施行 非也 登加罪戮 使天下知朝廷從善如流 罰惡不淹 王憲,劉明忠臣也 願宥忤鱗之愆 收其藥石之效[33]	마무리: 자신의 건의를 잘 받아들여달라는 내용.

다소 장황한 인용이 되었지만, 봉유 상서문의 성격과 가치를 판별하기 위해서는『진서』에 나오는 내용을 전체적으로 이해하는 것이 필요하다.

봉유의 상서문은 당시 전연에서 무전자無田者들에게 농사지을 땅을 공급해주면서 자기 소를 갖고 있는 자들에게는 수확물의 10분의 7을, 소까지 대여받는 자들에게는 10분의 8을 징세한 것에 대해 부당함을 주장하기 위해 올린 것으로 되어 있다(A-0). 그는 고래古來로 십일세가 성왕聖王의 도였음을 거론한 뒤(A-1), 나라에서 권농에 힘쓰고 백성에게서 거둔 것을 적절하게 잘 운용한 결과 대체로 후한대 초반까지 승평升平의 시기가 이어졌음을 피력하고(A-2), 서진 말기 영가의 난 이후 천하가 혼란에 빠진 상황에서 선왕인 모용외慕容廆가 유인流人들을 대거 받아들이면서 사람은 많은데 농

32) "사, 농, 공, 상의 四業은 나라의 자산이며, 가르치고 배우는 것은 나라를 성하게 하는 일입니다. 習戰과 務農은 더욱 근본이 되는 것이나, 百工과 商賈는 오히려 말단일 따름입니다. 마땅히 軍國에 필요한 바를 헤아려 그에 맞는 인원들만 두시고, 그밖에는 돌아가 농사를 짓게 하시며, 戰法을 가르쳐 3년 간 배워도 성취가 없는 자들도 역시 농사지으려 돌려보내서, 한갓 인원만 많이 채워서 총명하고 역량 있는 자들의 길을 막지 않게 하셔야 하옵니다."

33) "신의 말이 타당하다면 원컨대 속히 시행하시고, 그렇지 않다면 주륙의 죄를 가해서 천하로 하여금 우리 조정이 옳은 일을 행함에는 강물처럼 빨리하고 악한 일을 벌함에는 지체하지 않는다는 것을 알도록 하소서. 왕헌과 유명은 충신이오니, 원컨대 방자하게 전하의 마음을 거슬렸던 허물은 용서하시고, 그 말에 담긴 약효는 거두시기 바라옵니다."

사지을 땅이 부족해져 무전자無田者가 크게 늘어났음을 지적하였다(A-3).

이어서 모용황이 즉위한 이후 영토가 크게 확장되고 인구가 더욱 증가했는데, 목우牧牛를 주었다가 혹시 잃게 될지 않을까 걱정하지 말고 유인流人들에게 과감히 지급해서 농사를 짓게 하면 천하의 인심을 얻을 수 있다고 주장하면서(A-4), 도道가 무너졌던 위진魏晉 시기에도 10분의 5, 6세를 거두었는데 지금 10분의 7, 8세를 걷는다는 것은 부당함을 강조하였다(A-5).

사실상 여기까지가 봉유의 상서문에서 핵심을 이루는 내용이라 할 수 있겠는데, 그에 덧붙여 권농 차원에서 필요한 조치들로서 수리 시설의 정비(A-6), 능력이 부족한 관리들의 퇴출 및 귀농(A-8), 공상인工商人의 인원 제한 및 귀농과 부진不振 학생들의 귀농(A-10) 등이 건의되었고, 아울러 도성에 거주하는 전쟁 포로들의 지방으로의 사민徙民(A-7), 처벌을 받은 간관諫官들의 사면 및 복권(A-9) 등이 요청되었다.

현재 남아 있는 상서문은 전체적으로 보아 문맥이 잘 이어지지 않고, 특히 A-6에서 A-10까지의 후반부는 횡설수설의 느낌마저 들 정도로 내용이 왔다 갔다 하고 있다. 이는 아마도 상서문의 내용을 발췌해서 줄여 싣는 과정에서 원래의 맥락이 파괴된 것과 관련이 있을 것이다. 따라서 문맥이 물 흐르듯이 부드럽게 이어지지 않는다는 것은 오히려 『진서』에 실려 있는 상서문이 원문을 자의적으로 변개한 것이 아님을 방증하는 것일 수 있다.

물론 지금 우리가 접하는 상서문이 봉유가 지은 원문을 완벽하게 반영하는 것이라고 단정할 수는 없다. 사정에 따라 표현이 바뀐 것으로 추정되는 사례를 찾아볼 수 있는데, 그것은 바로 A-4의 마지막 문구에 들어 있는 '석계룡石季龍'이라는 인명이다. 석계룡은 당시 후조의 통치자였던 '석호石虎'를 가리키는바, 계룡은 바로 석호의 자字이다. 봉유가 쓴 상서문의 원문에서

군이 그의 이름 대신 자를 사용하지는 않았을 것이니, 이는 어떤 연유에 의해 개서된 것일 가능성을 상정하게 한다. 그 해답은 『진서』 편찬 때 적용되었던 지침에서 찾아진다.

『진서』에는 모용황 재기 외에도 석계룡 재기가 들어 있다. 그 서두를 보면, "石季龍 勒之從子也 名犯太祖廟諱 故稱字焉"[34]이라고 하여, 이름이 당 고조高祖 이연李淵의 조부로서 추존 묘호가 태조인 이호李虎의 휘諱에 저촉되는 관계로 원래 이름 대신 자字로 칭한다는 언급이 나와 있다. 즉 당 태종 정관 연간에 『진서』가 편찬되는 과정에서 원자료에 들어 있던 석호라는 이름은 일괄적으로 석계룡이라고 바뀌게 되었던 것이다. 봉유 상서문이 비록 1차 사료의 성격을 지니고 있지만, 2차 사료로서의 『진서』에 게재됨으로 인해 불가피한 명칭 변개를 당할 수밖에 없었다고 할 수 있다. 그렇지만, 이는 특수한 사정에 해당하는 것이기 때문에, 이를 빌미로 명칭의 변개가 봉유 상서문 내의 다른 데에서도 동일하게 일어났을 것이라고 예단하는 것은 논리적 비약일 뿐이다.

한편 봉유의 상서문은 『진서』뿐만 아니라 『자치통감』에도 실려 있어 주목된다. 그런데 양자 사이에 내용에 있어 다소 차이를 보여서 면밀히 대조해 볼 필요가 있는데, 표의 형식으로 그 전체 내용을 소개하면 다음과 같다.

---

34) "석계룡은 石勒의 조카이다. 그 이름이 太祖의 諱를 범하기 때문에 字로 칭한다."(『晉書』 권106 재기6 石季龍上)

〈표 2〉『자치통감』에 실린 봉유 상서문의 내용

번호	상서문 내용	요지	비고
B–0	燕王皝以牛假貧民 使佃苑中 稅其什之八、自有牛者稅其七 記室參軍封裕上書諫以爲[35]	봉유가 상서(上書)하게 된 계기 설명: 관전(官田)에서의 10분의 7, 8세 시행.	A–0에 대응.
B–1	古者什一而稅 天下之中正也[36]	도입부: 십일세(十一稅)가 고래(古來)로 천하통법이라는 내용.	A–1에 대응. 내용 대폭 압축.
B–2	降及魏晉 仁政衰薄 假官田官牛者 不過稅其什六 自有牛者中分之 猶不取其七八也[37]	위진대에도 10분의 5, 6세였지 10분의 7, 8세는 아니었다는 내용.	A–5에 대응. 순서가 바뀜.
B–3	自永嘉以來 海內蕩析 武宣王綏之以德 華夷之民 萬里輻湊 襁負而歸之者 若赤子之歸父母 是以戶口十倍於舊 無田者什有三四[38]	영가의 난 이후 혼란기를 맞아 모용외가 유인(流人)들을 많이 받아들이면서 땅이 없는 자가 크게 늘었다는 내용.	A–3에 대응.

35) "연왕 모용황이 소를 빈민에게 빌려주어 苑에서 농사를 짓게 하면서 10분의 8을 세금으로 거두고, 소를 소유하고 있는 자들에게는 10분의 7을 거두었다. 기실참군인 봉유가 글을 올려 간하기를, 다음과 같이 하였다."

36) "옛날에는 10분의 1을 세로 거두었으니, 천하의 올바른 것이라 하겠습니다."

37) "위진 시대로 내려와 仁政이 衰薄해졌어도 官田과 官牛를 빌린 자들에게 10분의 6의 세를 부과하는 데 그쳤으며, 자기 소를 갖고 있는 자들에게는 반을 받아냈을 뿐이니, 10분의 7, 8을 거두지는 않았습니다."

38) "永嘉 이래 천하가 어지럽고 갈라졌는데, 무선왕(모용외)께서 덕으로써 안심을 시키니 華夷의 백성들이 만리로부터 폭주하여, 짐을 싸고 져서 귀부하는 자들이 마치 어린 아이가 부모에게 돌아가는 듯했습니다. 이로써 호구는 예전의 10배가 되었고, 농사지을 땅이 없는 자는 열에 서넛이 되었습니다."

39) "전하께서 왕위에 오르시고는 남쪽으로 강성한 후조를 꺾으시고 동쪽으로 고구려를 겸병하였으며 북으로는 우문을 취하셔서, 3천리나 영토를 개척하고 10만호나 백성을 늘리셨습니다. 이제 苑囿를 모두 혁파하셔서 새로운 백성들에게 세를 부과하심이 마땅하오나, 소가 없는 자에게는 관에서 소를 내려주되 무거운 세를 거두어서는 아니 되옵니다. 또한 전하의 백성이 전하의 소를 사용하는데, 그 소가 폐하의 것이 아니라면 장차 누구에게 있다는 말입니까? 이와 같이 한다면, 우리 군대의 깃발이 남쪽으로 향하는 날 백성들 가운데 광주리에 밥을 담고 단지에 미음을 담아 우리 군대를 맞이하지 않을 사람이 누가 있겠으며, 石虎가 함께 할 사람이 어디 있겠습니까?"

B-4	及殿下繼統 南摧强趙 東兼高句麗 北取宇文 拓地三千里 增民十萬戶 是宜悉罷苑囿以賦新民 無牛者官賜之牛 不當更收重稅也 且以殿下之民用殿下之牛 牛非陛下之有 將何在哉 如此則戎旗南指之日 民誰不簞食壺漿以迎王師 石虎誰與處矣39	모용황 시기에 영토 확장과 인구 증가가 이루어졌는데, 유인들에게 목우를 지급해서 농사를 짓게 하면 천하의 인심을 얻을 수 있다는 내용.	A-4에 대응.
B-5	川瀆溝渠有廢塞者 皆應通利 旱則灌漑 潦則疏泄40	수리 시설에 대한 관리를 잘 해야 한다는 내용.	A-6에 대응.
B-6	一夫不耕 或受之飢 況遊食數萬 何以得家給人足乎 今官司猥多 虛費廩祿 苟才不周用 皆宜澄汰41	유식자(遊食者)가 많은데 관사(官司)가 너무 많아 늠록(廩祿)을 축내므로 필요한 인재 외에는 내쳐야 한다는 내용.	A-8에 대응.
B-7	工商末利 宜立常員 學生三年無成 徒塞英儁之路 皆當歸之於農42	공상인(工商人)의 수를 제한하고, 가망이 없는 학생도 귀농시키라는 내용.	A-10에 대응. 순서가 바뀜.
B-8	殿下聖德寬明 博察芻蕘 參軍王憲 大夫劉明 並以言事忤旨 主者處以大辟 殿下雖恕其死 猶免官禁錮 大夫諫諍而罪直言 是猶適越而北行 必不獲其所志矣 右長史宋該等 阿媚苟容 輕劾諫士 已無骨鯁 嫉人有之 掩蔽耳目 不忠之甚者也43	왕헌과 유명이 간언을 하다가 처벌을 받았는데, 이들을 풀어주어 다시 등용해 달라는 내용.	A-9에 대응. 순서가 바뀜.

* 밑줄 친 굵은 글자들은 『진서』 모용황재기에 동일한 표현이 나오는 것임.

40) "川瀆溝渠로 廢塞된 채 있는 것들은 모두 通利하여 가물면 관개를 하고 물이 넘치면 흘러나가게 해야 합니다."

41) "한 사람의 농부가 농사를 짓지 않으면 굶주림을 겪을 수밖에 없는데, 하물며 遊食者가 수만이니 무엇으로써 집안이 넉넉하고 사람들이 풍족하게 할 수 있겠습니까? 지금 官司가 심히 많아 廩祿을 허비하고 있으니, 진실로 그 재능이 두루 사용될 만한 자가 아니라면 모두 도태시키십시오."

42) "工商은 末利이니 정해진 인원만 두시고, 학생으로 3년 동안 성취함이 없으면 정작 뛰어난 인재들의 길을 막을 뿐이오니 모두 귀농케 하심이 마땅합니다."

43) "전하께서는 聖德寬明하셔서 꼴 베고 나무하는 자들까지도 두루 살피십니다. 참군 王憲과 대부 劉明이 함께 言事로써 전하의 뜻을 거스르니, 主者가 대벽의 벌로 처리하고자 하였습니다. 전하께서 비록 그들을 죽이지는 않으셨으나, 여전히 관직에서 쫓겨나 금고에 처해져 있습니다. 대부가 간쟁을 하는데 직언을 죄로 다스린다면, 이는 越로 간다고 하면서 북쪽으로 가는 것과 다를 바가 없으니, 그 뜻한 바를 결코 얻지 못할 것입니다. 右長史 宋該 등은

『자치통감』 소재 봉유 상서문의 가장 큰 특징은 내용이 간명하다는 것이다. 『진서』에 실린 것에 비해 내용이 대폭 축소되었는데, 전체 대의의 측면에서는 상통하지만 사실상 개작改作에 가까울 정도로 표현의 변개도 함께 이루어졌다. 그리고 순서가 바뀐 부분들(B-2, 7, 8)도 있고, 아예 덜어낸 부분(A-2, 7, 11)들도 있다는 것 역시 간과할 수 없는 특징이다.

순서가 바뀐 부분들을 자세히 살펴보면, 우선 『진서』의 경우 A-5에 해당하는 부분이 B-2의 위치로 올라가 있다. 이는 필시 상서문의 서두에 십일세가 고래古來로 천하통법이었음을 내세운 만큼 당시 전연에서 시행되던 10분의 7, 8세가 지나치다고 하는 봉유의 핵심 주장을 곧바로 제시하는 것이 문맥상 적절하다는 판단에 따른 것으로 보인다. 『진서』에서는 모용황 당시까지의 상황을 장황하게 서술한 뒤 핵심 주장이 나왔음에 비해, 『자치통감』에서는 독자의 이해의 편의를 고려하여 핵심이 되는 요지를 미리 밝힌 후, 나머지 내용들을 뒤로 돌리는 방식을 쓴 것이다.

B-7, 8은 각각 A-10, 9에 대응되는데, 『진서』에서 귀농 조치와 관련한 언급이 A-8과 10으로 분리되어 있고 그 사이에 동료 간관들에 대한 구명운동을 펼친 내용으로서 A-9가 들어가 있어서 문맥이 매끄럽게 연결되지 않는다는 문제점을 해소하기 위해 A-9와 10에 해당하는 부분의 위치를 뒤바꾼 것이라고 볼 수 있다.

덜어낸 부분들은 내용상 굳이 실을 필요가 없다고 판단한 부분들일 텐데, 위진魏晉 이전 한대漢代까지의 사정을 거론한 부분(A-2)과 전쟁 포로들

아첨으로 환심을 사려 하면서 諫士를 탄핵하니, 줏대도 없이 남을 미워하는 마음만 갖고서 전하의 이목을 가리려는 자들로서 불충이 심한 자라고 할 것입니다."

의 사민을 건의한 부분(A-7), 그리고 자신의 건의를 잘 받아들여줄 것을 요청하는 마무리 부분(A-11) 등이 그런 판단으로 인해 누락되었던 것으로 여겨진다. 본고에서 특별히 주목하고 있는, '백제'가 언급된 부분으로서의 A-7은 봉유 상서문의 핵심 내용을 이루지 않으면서, 수리 시설의 정비를 건의한 내용과 무능한 관료의 퇴출 및 귀농을 주장한 부분 사이에서 애매하게 들어가 있어, 문맥의 원활한 흐름을 저해하는 것으로 인식될 소지가 다분하다. 바로 그런 이유로 인해 축약도 되지 않고 아예 삭제될 수밖에 없었던 것이 아닐까 한다.

그러면 『진서』와 『자치통감』은 같은 자료를 실으면서 왜 이렇게 적지 않은 차이를 보이게 된 것일까? 이는 2차 사료와 '3차 사료'가 지니는 특성을 이해할 때, 그 해답이 찾아질 수 있다.

주지하다시피 『자치통감』은 북송北宋 시기에 사마광司馬光이 주도하여 기존의 정사正史 등을 자료로 삼아 전국시대戰國時代부터 5대10국 시대까지의 역사를 편년체의 형식을 취해 서술한 책이다.[44] 1차 사료를 직접 활용한 것이 아니라, 그 1차 사료를 토대로 편찬된 『진서』 등의 2차 사료의 내용을 연대순으로 재정리한 책인 것이다. 이런 점에서 『자치통감』은 엄밀하게 표현할 때, '3차 사료'에 해당한다고 말할 수 있다.[45] 2차 사료에서 축약의 과정을 거친 자료가 3차 사료에서는 한 번 더 축약되면서 변형을 겪게 될 것

44) 『자치통감』은 사마광이 모두 저술한 것이 아니고, 남북조 시대 부분의 집필은 劉恕가 담당하였다.

45) 그간 사료를 구분할 때 흔히 1차 사료(원자료)와 2차 사료로만 나누는 경우가 많았지만, 필자는 2차 사료와 그것을 토대로 다시 만들어지면서 改作 수준의 潤文이 가해진 3차 사료를 확실히 구별하여 그 차이를 강조해야 한다는 입장이다.

은 군이 말할 필요도 없다. 아울러 『자치통감』이 한 왕조의 역사를 기술한 단대사斷代史가 아니라 역대 왕조의 역사를 집대성한 통사通史라는 점을 감안하면, 1차 사료로부터 유래한 자료를 번쇄하게 그대로 옮기는 방식 대신, 위에서 확인하였듯이 대의를 무너뜨리지 않는 선에서 요령 있게 개필改筆이 이루어진 것은 당연한 결과일 수 있다. 『진서』에 원래 실려 있던 부분이 『자치통감』에서 대폭 축소되거나 아예 삭제되고, 표현의 변화와 함께 순서의 조정까지 발생한 것은 바로 이런 연유에서였던 것이다.[46]

사정이 이러하다 보니 『자치통감』에 실린 봉유 상서문의 경우, 전체 맥락에 맞추어 원문에 없던 문구가 새로 첨가된 사례도 드러나고 있다. 그것은 바로 B-4의 첫 문장인 "及殿下繼統 南摧强趙 東兼高句麗 北取宇文 拓地三千里 增民十萬戶"에서 찾아지는데, 이 문장은 『진서』에 실린 A-4의 "殿下以英聖之資 克廣先業 南摧强趙 東滅句麗 開境三千 戶增十萬"을 다듬은 것이다. 비교를 해보면, A-4에서 없던 문구인 '북취우문北取宇文'이 B-4에 나타나는바, 이는 『자치통감』의 진晉 강제康帝 건원建元 2년(344) 정월조에 전연이 우문부를 정벌하여 도성을 함락하고 영토를 넓혔다고 하는 기사가 실린 것과

46) 총 100권으로 이루어진 沈約의 『宋書』는 본기와 열전 등에 詔令, 奏議, 書札 등이 특별히 많이 수록되어, 비록 2차 사료이기는 하지만 '1차 사료의 寶庫'라고 부를 수 있을 정도이다. 당대의 원자료들을 풍부하게 싣고 있는 관계로 오늘날의 입장에서 남조의 역사를 다룰 때 매우 중요한 책이 되어 있지만, 梁代의 史官이자 文章家로 저명한 裵子野는 이 『송서』가 번잡하다고 하여 그 내용을 대폭 줄여서 20권짜리 『宋略』을 새로 편찬하였다(何珍如, 1991, 「宋書」, 『二十五史導讀辭典』, 華齡出版社, pp.309~310). 『송략』은 현재 전해지지 않아 과연 내용의 축약과 변개가 어떻게 이루어졌을지 확인할 길은 없으나, 3차 사료로 내려오면서 刪削과 함께 編史者의 판단에 따른 변형이 가해짐으로써 원자료가 본모습을 잃게 되는 사례의 하나로서 참고할 만하다.

직접 관련된다. 전연이 후조의 침략을 격퇴한 것과 고구려를 공격하여 도성을 함락시킨 것이 각각 338년과 342년의 일임을 감안할 때, 상서문이 작성된 345년보다 불과 1년 전에 벌어진 우문부 정벌을 빼놓는 것은 어딘지 어색하다는 판단에서 함께 언급하는 방식으로 윤색을 가한 것으로 볼 수 있다.[47] 이 문장이 『자치통감』의 전후 맥락을 감안하여 원문의 표현을 바꾼 것임은 '동겸고구려東兼高句麗'라는 문구에서도 확인되는데, 애초에 '멸滅'로 되어 있던 것을 이때에 고구려가 멸망한 것이 아니었다는 인식하에 '겸兼' 이라는 글자로 대체한 것이라 여겨진다.[48]

한편 이 구절에서 '고구려高句麗'라는 명칭이 사용된 것도 『자치통감』의 서술 원칙에 따른 개서改書의 가능성이 매우 높은데, 앞서 나온 여러 기사들에서 '고구려高句麗'라는 이름이 계속 사용되었기 때문에 일관성을 기하는 차원에서 개서된 것이라고 볼 수 있을 것이다.

요컨대 봉유의 상서문을 사료로 이용하려 할 때는 『자치통감』의 기사를 원본에 가까운 것으로 보고 접근해서는 안 되며, 3차 사료로서의 특성을 감안하면서 누락과 개필, 윤색 가능성을 늘 염두에 두는 것이 필요하다. 아울러 본고에서 주시하고 있는 A-7의 백제 관련 기사가 『자치통감』에는 빠져

47) 그렇지만 이렇게 됨으로써 원래 '南摧强趙 東滅句麗 開境三千 戸增十萬'으로 4-4-4-4의 운율이 맞았던 문장이 4-5-4-5-5로 흐트러지고 말았다. 남쪽과 동쪽으로 적대 세력을 격파한 사실과 그 결과 영토와 인구가 늘어난 사실을 對句의 형태로 맞춰 놓았던 것이 파괴되면서, 적어도 문장상으로는 원문을 개악한 결과를 초래했다고 할 수 있다.

48) 이는 역으로 '滅'이라는 표현이 남은 『진서』 소재 상서문이 원형을 제대로 유지하고 있음을 뜻하는 것이다. 비록 고구려라는 나라가 사라진 것은 아니더라도 멸망시켰다고 자부할 수 있을 정도의 큰 타격을 주었다고 본 봉유의 생각이 그대로 반영된 표현이기 때문이다.

있다고 해서, 그것이 애초의 원본에서부터 없었을 것이라고 추정하는 것은 합당하지 않다. 앞서 강조했듯이 맥락이 잘 이어지지 않는 형태로 남아 있다는 것 자체가 『진서』 소재 봉유 상서문의 사료적 가치를 오히려 더 높여 주는 것이라 할 수 있다.

『진서』에 실린 봉유 상서문이 대체로 원본을 충실히 반영한 것임은 사실 A-4와 7 기사에 함께 보이는 '구려句麗'라는 명칭에서도 추론이 가능하다. 『진서』에는 고구려를 지칭하는 표현으로 '高句麗'와 '高句驪'가 주로 사용되었는데, 제기帝紀에서는 '高句驪'라고 표기한 예가 대다수이고, 재기載記의 경우 두 용례가 다 보이지만, 전자 즉 '高句麗'의 빈도가 훨씬 높다. 모용황 재기에서도 봉유 상서문을 제외하고는 모두 '高句麗'라는 명칭으로 일관되게 나오고 있다.[49] 그렇다면 봉유의 상서문을 인용한 기사에 재기載記의 일반적 표기 예로서의 '高句麗'가 아닌 '구려句麗'라는 이름으로 나타나는 것이 시사하는 바는 자명해진다. 봉유 상서문이 『진서』에 전재轉載될 때, 책 전체의 편찬 지침에 의거하여 석호石虎를 석계룡石季龍으로 개서한 것을 빼면, 적어도 옮겨진 부분에 있어서는 임의로 이름을 바꾸지는 않았음을 암시하는 것이다. '구려句麗'는 3세기 후반에 진수陳壽가 저술한 『삼국지』 위서 동이전에서도 고구려를 지칭하는 표기로 흔하게 사용되었는바,[50] 4세기 전

49) "其年皝伐高句麗 王釗乞盟而還", "咸康七年 皝遷都龍城 率勁卒四萬 入自南陜 以伐宇文高句麗", "高句麗王釗謂皝軍之從北路也", "慕容恪攻高句麗南蘇尅之置戍而還" 등의 구절에서 모두 '高句麗'라는 국명이 사용되었으며, 모용황 재기에 딸려 있는 慕容翰과 陽裕의 열전에서도 각각 "作鎭遼東 高句麗不敢爲寇"와 "東破高句麗 北滅宇文歸 皆豫其謀 皝甚器重之"라 하여 '高句麗'로 통일되어 있다.

50) 『삼국지』에서는 고구려전의 "溝漊者 句麗名城也", "句麗作國 依大水而居", "句麗別種依小水

반에 활동한 봉유가 고구려를 '구려句麗'로 표기한 것은 하등 이상할 것이 없다.

고구려의 국호와 관련하여 한 가지 첨언할 것은, 고구려를 시종일관 '高句麗'로 표기하는 것을 원칙으로 삼았던 『삼국사기』에서조차 설인귀薛仁貴와 문무왕文武王이 주고받은 외교문서를 인용한 부분에서는 당시 고구려의 정식 국호였던 '고려高麗'가 그대로 남아 있다는 사실이다.[51] 같은 책의 최치원 열전에 들어 있는 '상대사시중장上大師侍中狀'에서도, 후반부에 '高句麗'로 개서된 예가 있기는 하지만, 대부분 '고려高麗'라는 국호로 표기되었다.[52] 이는 1차 사료가 2차 사료에 전재될 때, 국명이나 지명 등이 바뀌지 않고 그대로 실리는 경우가 대부분임을 잘 보여준다.

지금까지 『진서』 모용황 재기에 실린 봉유 상서문의 사료적 성격과 그 가치를 살펴보았다. 그것은 비록 2차 사료에 전재되어 있기는 하지만, 기본적으로 원자료의 모습을 유지하고 있다는 점에서 1차 사료적 성격을 지닌다는 사실을 확인할 수 있었다. 기존의 연구에서 대부분 상서문 속에 나오는 '백제百濟'를 '부여夫餘'의 오기라고 판단하여, 백제 관련 기사로서의 사료적 가치를 인정하려 하지 않았지만, 봉유 상서문 기사의 사료적 성격을

作國", "句麗侯騶", "句麗王宮 數寇遼東", "拔奇遂往遼東 有子留句麗國", "今句麗王宮 是也", "句麗呼相似爲位", 동옥저전의 "其言語 與句麗大同", "徙郡句麗西北", "遂臣屬句麗", "句麗復置其中大人爲使者", "衣服禮節 有似句麗", "毋丘儉討句麗 句麗王宮奔沃沮", 읍루전의 "言語不與夫餘句麗同", 濊傳의 "自謂與句麗同種", "有廉耻 不請句麗", "言語法俗 大抵與句麗同", "漢末更屬句麗", "以嶺東濊屬句麗 興師伐之" 등의 문구에서 '句麗'라는 명칭이 사용되어 '高句麗'보다도 훨씬 더 많은 사용례가 확인된다.

51) 『삼국사기』 권7 신라본기7 문무왕 11년 7월 26일조 참조.

52) 『삼국사기』 권46 열전6 최치원 참조.

고려할 때 그렇게 단정할 만한 근거는 아직 찾아지지 않는다고 해야겠다. 그러면 이제 장을 바꿔 과연 부여의 오기로 보는 것이 논리적으로 타당한지를 검토하도록 하자.

Ⅳ. 봉유 상서문 속의 '백제(百濟)'와 부여 멸망 기사에 보이는 '백제(百濟)'

앞 장의 논의를 통해 알 수 있듯이, 봉유가 작성한 상서문의 원본 속에 '백제百濟'가 아예 들어 있지 않았을 가능성은 매우 낮다. 그렇지만 그것이 '부여夫餘'의 오기일 것이라는 주장이 계속 제기되어 왔으므로, 과연 그렇게 볼 수 있는지를 면밀히 따져보는 작업이 필요해진다.

일단 이런 주장이 설득력을 갖기 위해서는 왜 하필 '부여夫餘'여야 하는지가 충분히 입증되어야 한다. 부여로 바꿔서 이해하려는 논자들의 인식 저변에는 전연의 주변 세력으로서 고구려, 우문부, 단부와 함께 거론될 수 있는 것은 부여 외에는 따로 없다는 생각이 깔려 있다.

그렇지만, 345년에 봉유가 상서문을 올릴 때까지 모용황의 재위 기간 중에 전연과 전쟁을 벌인 나라로 사료상 확실하게 드러나는 것은 고구려, 우문부, 단부 외에 앞서 본 A-4와 B-4에서 동일하게 '강조强趙'라는 이름으로 지칭된 후조後趙가 있을 뿐이다. 부여는 본고의 서두에서 거론한 『자치통감』 진기晉紀 소재 백제 관련 기사에서 보듯이, 346년 정월에 세자 모용준이 지휘한 전연의 정예 부대의 공격을 받고 멸망했다는 기사에서야 비로소 나타난다. 333년에 모용황이 모용외의 뒤를 이어 선비족 모용부의 수장이

된 이래 부여와는 어떤 형태의 접촉도 사료상 확인되지 않는다는 것이다. 물론 사서에 기록되지 않았다고 해도 지리적으로 격절되어 있지는 않았기 때문에 양자 사이에는 다양한 형태의 접촉이 있었을 테지만, 어쨌든 현재 남아 있는 사료에 아무런 흔적이 보이지 않는 것은 봉유 상서문 속의 '백제'를 '부여'의 오기로 파악하는 것을 주저하게 만드는 것임에 틀림없다. 이런 의미에서는 '백제'가 차라리 후조를 가리키는 표현으로서 '강조强趙' 또는 그 폄칭으로서의 '갈조羯趙' 정도를 대체한 표현이라고 해야 당시의 정황에 더욱 근접한 해석이 될 수 있다.

근자에 부여 오기설을 제기한 논자의 경우, 모용외가 수장으로 있던 시절인 285년에 모용부가 부여를 공격하여 만여 명을 포로로 붙잡아 왔던 사례를 들어 봉유 상서문 속의 '백제'를 '부여'로 보아야 한다고 주장하였다.[53] 그러나 상서문이 올려진 345년으로부터 물경 한 갑자나 앞선 시점에서 발생한 포로들이 굳이 여기서 함께 거론된다는 것은 어색하기 짝이 없다. 또 정황상 부여의 오기로 볼 수 없음은 『자치통감』에 실린 부여 멸망 기사에서 그 단서가 찾아진다.

이 기사를 보면, 부여가 처음 녹산鹿山이라는 곳에 자리 잡고 있다가 백제의 침략을 받아 부락이 쇠약해져 흩어진 뒤, 서쪽으로 연燕에 '가까운' 곳으로 옮겨가서[西徙近燕] 대비를 하지 않고 있었다[不設備]고 되어 있다. 만약 부여와 전연이 적대적 관계로 일관했다고 하면, 부여의 입장에서 볼 때 호랑이굴이라고도 할 수 있는 전연前燕 근처로 옮기고, 아예 방비를 하지 않

53) 여호규, 2015, 앞논문, pp.132~135.

왔을 리 없다. 오히려 그와 정반대로 부여의 지배층은 전연 가까이로 옮겨가야 나라의 안전을 도모할 수 있을 것이라고 판단하였고, 전연이 자신들을 공격하지 않을 것이라는 나름의 확신이 있었기에 별달리 방비를 하지 않았을 것으로 보는 것이 합리적이다.

3세기 후반에 부여가 모용부의 침략을 받고 한때 국망國亡의 상황까지 몰렸다가 서진西晉의 도움을 받아 복국復國을 한 것과 그 이후로도 한동안 모용부의 부여 침탈이 있었던 것은 사료를 통해 분명히 확인되는 역사적 사실이다.[54] 그러나 부여와 모용부, 모용부와 서진의 관계가 줄곧 대립과 적대 관계로 이어졌다고 생각하는 것은 속단일 뿐이다. 모용외는 부여가 복국되자 얼마 후 서진에 사신을 보내 항복을 청하였고, 그 결과 서진의 무제武帝로부터 선비도독鮮卑都督에 배수되었다.[55] 이 사건은 모용부와 서진의 대립 관계가 청산됨과 동시에 부여에 대한 모용부의 침탈이 중지됨을 의미하는 것이었다. 서진이 나서서 복국시켜 준 부여를 모용부가 계속 침탈하는 것은 서진 황제의 권위를 부정하고 그에 대항하는 것으로 비쳐질 수밖에 없었기에, 적어도 모용부와 서진 사이의 관계가 파탄에 이르지 않는 한 모용부의 부여 침탈은 실행되기 어려웠던 것이다.

310년대에 들어와 영가永嘉의 난의 여파로 서진이 멸망하고, 곧이어 동진

54) "至太康六年 爲慕容廆所襲破 其王依慮自殺 子弟走保沃沮 … 明年 夫餘後王依羅遣詣龕 求率見人還復舊國 仍請援 龕上列 遣督郵賈沈以兵送之 廆又要之於路 沈與戰大敗之 廆衆退 羅得復國 爾後每爲廆掠其種人 賣於中國 帝愍之 又發詔以官物贖還 下司,冀二州 禁市夫餘之口"(『진서』 권97 열전67 夫餘國)

55) "遂復扶餘之國 廆謀於其衆日 吾先公以來 世奉中國 且華裔理殊 强弱固別 豈能與晉競乎 何爲不和以害吾百姓邪 乃遣使來降 帝嘉之 拜爲鮮卑都督"(『진서』 권108 慕容廆 載記)

東晋이 강남江南에서 수립되는 혼란기를 맞았을 때, 모용외는 해로를 통해 사신을 건강建康(지금의 남경)에 파견하여 이전 서진과 맺었던 신속臣屬 관계를 유지하였으며,[56] 진의 평주자사平州刺史 최비崔毖의 세력을 꺾고 요동을 장악한 후에는 동진으로부터 '도독유평이주동이제군사都督幽平二州東夷諸軍事 거기장군車騎將軍 평주목平州牧'에 임명되고 '요동공遼東公'으로 책봉되기에 이르렀다.[57]

333년 5월 모용외가 죽고 그 뒤를 이은 모용황 역시 동진과의 우호 관계를 지속하였고, 337년 10월 '연왕燕王'을 자칭한 후에는 후조後趙에 칭번하며 함께 단부段部를 협공할 것을 청했다가, 338년 오히려 후조의 공격을 받아 패망의 위기까지 몰렸지만 결국 극복하였으며, 339년 10월에는 동진에 사신을 보내서 시기를 정해 함께 중원을 평정할 것을 제안하기도 하였다.[58] 동진은 341년 2월에 모용황에게 '사지절使持節 대장군大將軍 도독하북제군사都督河北諸軍事 유주목幽州牧 대선우大單于 연왕燕王'이라는 책봉호를 정식으로 내리고, 겸대홍려兼大鴻臚 곽희郭悕를 당시 연의 수도였던 극성棘城에까지 보내 책봉의 절차를 마무리 짓도록 하였다.[59]

56) "征虜將軍魯昌說廆曰 今兩京覆沒 天子蒙塵 琅邪王承制江東 爲四海所係屬 明公雖雄據一方 而諸部猶阻兵未服者 蓋以官非王命故也 謂宜通使琅邪 勸承大統 然後奉詔令以伐有罪 誰敢不從 … 廆從之 遣長史王濟浮海詣建康勸進"(『자치통감』 권90 진기12 元帝 建武 元年 3월)

57) "以慕容廆爲都督幽平二州東夷諸軍事,車騎將軍,平州牧 封遼東公 單于如故"(『자치통감』 권91 진기13 元帝 太興 4年 12월)

58) "燕王皝自以稱王未受晉命 冬遣長史劉翔,參軍鞠運來獻捷論功 且言權假之意 并請刻期大舉 共平中原"(『자치통감』 권96 진기18 成帝 咸康 5年)

59) "乙卯 以慕容皝爲使持節,大將軍,都督河北諸軍事,幽州牧,大單于,燕王 … 詔遣兼大鴻臚郭悕 持節詣棘城 册命燕王"(『자치통감』 권96 진기18 成帝 咸康 5年 2월)

요컨대 모용부(전연)와 진은 285년 모용부의 부여 침략을 계기로 첨예하게 대립하는 양상을 보였으나, 그 이후 반세기가 넘는 기간 동안 전자가 후자에 신속하는 모양새를 취하며 우호적인 관계를 유지하였다고 할 수 있다. 당시 세력이 미약했던 부여는 진의 권위에 기대어 모용부의 직접적인 침탈을 피할 수 있었던 것이며, 심지어는 전연에 가까운 곳으로 중심지를 옮기면서까지 그 보호막 안에 들어가고자 했던 것이라 하겠다.

그런데 전연의 왕 모용황은 봉유의 상서가 있었던 해인 345년 12월, 과거에는 제후가 즉위하면 각자 원년을 칭했다고 하면서 진의 연호 사용을 중단하고 스스로 12년이라고 칭하기 시작했다.[60] 동진으로부터 받은 책봉호를 폐기한 데까지 이른 것은 아니지만,[61] 이미 이때부터 모용황은 동진과의 관계 단절을 감수하며 독자적 행보를 취하겠다는 의사를 표명한 것이라고 할 수 있다. 전연의 부여 침공은 이 일이 있고서 바로 다음 달인 346년 1월에 실행되었으니, 결국 부여의 멸망은 전연과 동진의 우호 관계가 사실상 끝났음을 내외에 알리는 일대 사건이었던 셈이다.

따라서 『진서』 소재 봉유 상서문에 들어 있는 '백제'를 부여의 오기로 보면서, 345년 이전에 전연과의 전쟁 과정에서 고구려나 우문부, 단부처럼 부여의 포로가 발생했을 것으로 추정하는 것은 사료상으로도 확인되지 않을 뿐더러 정황상으로도 맞지 않는 것이라 하겠다.

---

60) "燕王皝以爲古者諸侯卽位 各稱元年 於是始不用晉年號 自稱十二年"(『자치통감』 권97 진기19 穆帝 永和 元年 12월)

61) 전연과 동진 사이의 조공-책봉 관계가 공식적으로 종식되는 것은 352년 전연이 서진하여 화북 지역의 동부를 차지하고 그 왕 모용준이 황제에 즉위하면서였다.

이제 마지막으로 남은 문제는 봉유 상서문 속의 '백제'가 '부여'의 오기일 수 없다는 것을 사료적으로 논증하는 것이다. 이미 앞 장에서 『진서』에 실린 봉유 상서문의 내용이 자의적으로 변개되었을 가능성은 매우 낮음을 살펴보았지만, 거기에 등장하는 '백제'가 특별히 '부여'를 잘못 기록한 것일 수는 없음을 『진서』 자체의 분석을 통해 확인해 보도록 하자.

먼저 부여 오기설의 입장에 설 때는 논지의 타당성을 확보하기 위해 반드시 입증해야 할 것이 있다. 그것은 부여를 대신해서 왜 '하필이면' 백제라는 명칭이 들어갔는지를 밝히는 것이다. 상서문의 작성자인 봉유 자신은 물론이고 후대의 편사자編史者 역시 부여가 아닌 백제로 기록해야 독자들이 혼란을 일으키지 않고, 오히려 실제 상황을 정합적으로 이해할 수 있다고 판단했어야, 현재와 같은 형태로의 명칭의 조정이 일어날 수 있다. 과연 그런 판단이 있었던 것일까?

주지하다시피 백제와 부여는 특별한 인연을 갖고 있다. 백제가 국가 형성 초기부터 부여와 관련을 맺었을 가능성은 거의 없다고 여겨지지만, 적어도 4세기 후반부터는 백제 왕실의 성씨가 분명히 '부여씨扶餘氏(여씨餘氏)'였고, 5세기 후반 개로왕이 북위北魏에 보낸 국서에서도 드러나듯이[62] 부여를 원류로 삼는 인식이 지배층 사이에 널리 퍼져 있었다. 538년 사비 천도와 함께 국호를 '남부여南扶餘'로 바꾼 것은 그런 인식이 강하게 반영된 결과였다.

그런데 문제는 중국인들이 백제와 부여의 이러한 관계를 얼마나 잘 알고

---

62) "延興二年 其王餘慶始遣使上表曰 … 臣與高句麗源出夫餘 先世之時 篤崇舊款"(『魏書』 권100 열전88 百濟國)

있었으며, 알고 있었다고 해도 봉유의 상서문에서 명칭이 바뀌어야 할 이유가 과연 있었겠느냐이다. 봉유가 상서문을 작성할 당시 부여는 백제와 별개로 만주 지역에 존재하고 있었다. 따라서 이 시기에 부여와 백제가 혼동될 이유는 당연히 없는 것이며, 그가 부여를 일부러 백제로 표기했을 가능성 역시 전혀 없다고 보는 게 순리이다.

그렇다면 『진서』를 편찬하던 단계에서 봉유 상서문을 옮겨 적으면서 원래 있던 부여를 백제로 일부러 바꾸었을까? 『진서』 모용황 재기에는 봉유 상서문 뒤에 약간 떨어져 『자치통감』 소재 부여 멸망 기사에 상응하는 기사가 실려 있다.[63] 봉유 상서문 속에 처음부터 '부여'로 되어 있었다고 한다면, 굳이 여기서 그 '부여'를 백제로 개서할 까닭은 없다. 아울러 모용황 재기에 앞선 모용외 재기에서도 이미 부여와 관련된 기사가 그대로 수록되었고, 열전에서도 역시 '부여'라는 이름으로 입전까지 되었는데, 이 부분에서만 부여를 백제로 바꿀 필요는 없었을 것이다.[64]

사료를 직접 확인할 길이 없기에 어디까지나 추정에 불과한 것이기는 하지만, 다음의 가능성도 한번 따져볼 필요가 있다. 즉 중국의 사관이 백제가 6세기 중엽 한때 국호를 남부여로 바꾼 적이 있음을 알았다고 '가정假定'하

63) "三年 遣其世子儁與恪 率騎萬七千 東襲夫餘 克之 虜其王及部衆五萬餘口以還"(『진서』 권109 재기9 慕容皝)

64) 아울러 『진서』 부여국전에 백제와 관련된 어떤 내용도 실려 있지 않은 것은 編史者가 백제 왕실이 부여를 자신들의 뿌리라고 인식하였다는 사실을 아예 몰랐거나, 설사 알았더라도 크게 주목하지 않았음을 의미한다. 이런 상황에서 원본의 부여를 백제로 개서하는 일은 발생하기 어렵다.

고,[65] 그가 봉유 상서문 속의 '부여'를 접하고서 이는 필시 '백제'를 가리키는 것이라고 오해하여 원문의 '부여'를 '백제'로 개서한 것이 아닐까 의심을 해보는 것이다. 6세기 후반에 백제라는 국호가 다시 일반적으로 쓰이게 되면서,[66] 원문처럼 '부여'라고 해서는 독자들이 혼동을 할 것이라는 우려에서 '백제'라고 바꿔 썼을지 모른다는 추정이 되겠다.

부여의 시조 동명東明의 후예인 '구태仇台'가 대방의 고지에서 백제를 세웠다고 하는 전승이 『주서周書』와 『수서隋書』, 『북사北史』 등에 전하는바, 중국인들의 머릿속에서 부여와 백제가 중첩되었을 여지가 전혀 없다고 할 수는 없다. 그러나 문제는 현재 『진서』에 실려 있는 봉유 상서문이 6세기 후반 이후에 변개된 것임을 증명할 길이 없다는 데 있다. 설사 변개되었다고 치더라도, 애초의 상서문 속의 부여가 6세기 중엽의 부여, 즉 남부여로 오인됨으로써 변개가 이루어졌다는 것을 입증하는 것도 불가능하다. 비록 남부여가 부여로부터 나온 나라라고 해도, 남부여는 남부여이고 부여는 부여인 것이지, 후대의 남부여가 원래의 부여와 동일시되지는 않았을 것이기 때문이다.

지금까지 자못 장황하게 부여 오기설의 문제점을 다루었는데, 요지는 사

65) 앞의 주 19)에서 밝혔듯이, 『진서』 편찬에 저본 자료로 활용된 崔泓의 『十六國春秋』나 范亨의 『燕書』, 高閭의 『燕志』 등은 모두 백제의 성왕이 국호를 '南扶餘'로 바꾸기 전에 편찬된 책들이기 때문에, 사실 이런 가정 자체가 부질없는 것이기는 하다. 아울러 현재 전해지는 중국의 역사 기록에서 백제가 나라의 이름을 '남부여' 또는 '부여'로 바꾸었음을 알려주는 것이 없다는 사실도 유념해야 할 사항이다.

66) 부여 능산리 절터에서 발견된 百濟昌王銘石造舍利龕에 '百濟'라는 국호가 다시 쓰인 것을 보면, '남부여'라는 국호는 성왕대 후반에 잠시 사용되었을 뿐이고, 그의 사후 위덕왕대에는 본래의 국호인 '백제'로 돌아갔음을 확인할 수 있다.

실상 간단하다. 봉유 상서문에 들어 있는 백제가 부여를 잘못 기록한 것이라는 주장은 4세기 전반 부여를 둘러싼 국제 정세의 측면에서 볼 때도 성립될 수 없을뿐더러, 사료적으로도 입론의 근거를 확보할 수가 없다는 것이다. 따라서 『진서』 소재 봉유 상서문 속에 나오는 '백제'는 그 자체로 받아들여지는 것이 합당하다. 전연이 자리 잡고 있던 요서 지역과는 거리가 너무 떨어져 있었으므로 백제일 리가 없다는 것은 자료가 부족한 상황에서 흔히 갖기 쉬운 선입견일 뿐이며, '1차 사료'의 성격과 가치를 제대로 이해하지 못한 데서 생긴 오판에 지나지 않는다.

실상이 이러하다면, 본고의 서두에서 『진서』의 기사와 함께 거론된 『자치통감』 소재 부여 멸망 기사에서의 '백제' 또한 원점에서의 재접근이 필요해진다. 단편적이기는 하지만 『진서』에 수록된 봉유 상서문이 백제가 전연과 전쟁을 벌인 적이 있음을 전하는 이상, 시간적으로 매우 근접한 상황을 보여주는 『자치통감』의 부여 멸망 기사에서 '백제'의 침략이 언급된 것을 단지 '고구려'의 오기일 것이라고 던져 버릴 수는 없다. 『자치통감』에 실린 기사는 비록 '3차 사료'에 해당한다고 할지라도, 2차 사료에서조차 그 실상이 제대로 파악되지 않는 현 시점에서는 선입견을 버리고 냉철하게 그 사실성 여부를 판별해야 한다.

그동안 많은 연구자들이 『자치통감』에 실린 부여 멸망 기사에서의 '백제'를 '고구려'의 오기라고 본 주된 이유는 백제와 부여 사이의 거리가 현격하게 멀다는 것 외에도, 당시 고구려가 북쪽으로 세력을 확장해 가던 추세에 있었기 때문에 아무래도 백제보다는 고구려로 보아야 정황상 들어맞는다는 것이었다. 부여가 쇠퇴하면서 고구려의 북진이 이루어지고 있었던 것은 「모두루 묘지牟頭婁 墓誌」에서 보이는 모두루의 조상 염모冉牟의 활약상 등으로부터 충분히 추지된다.[67] 하지만, 그렇다고 해서 백제가 부여를 공략한 적이 없다고 단정할 수는 없다. 고구려는 고구려대로, 백제는 백제대로 부여를 상대로 하여 군사 활동을 펼쳤을 수 있기 때문이다. 『자치통감』의 기사는 『진서』 모용황 재기의 기사와 연결하여, 4세기 전반의 어느 시점에 백제군이 전연과 부여가 위치해 있던 요하 일대에서 어떤 형태로든지 활동을 펼친 사실을 보여주는 것으로 파악하고 새롭게 접근하는 것이 필요하다.

67) 韓國古代社會研究所 編, 1992, 『譯註 韓國古代金石文 Ⅰ』, 駕洛國史蹟開發研究院, pp.91~102 참조.

Ⅴ. 맺음말

본고에서는 일단 『진서』 모용황 재기 소재 봉유 상서문과 『자치통감』 소재 부여 멸망 기사의 사료적 가치를 확인한 것으로 만족하고, 논의를 그치고자 한다. 현재로서는 사료를 통해 백제군의 구체적인 활동상을 '직접적으로' 밝힐 수 있는 자료가 없기 때문이다. 백제군이 345년 이전에 요하 일대에서 활동한 적이 있음은 분명하다고 판단되나, 안타깝게도 그 실상을 파악하는 데 필요한 자료는 더 이상 남아 있지 않다.

다만, 추론을 통해 그 가능성을 엿볼 수는 있는데, 차후 논의의 활성화를 위해 필자의 생각을 간략하게 드러낸다면 다음과 같다.

백제가 요하 일대까지 군대를 보냈다면, 무엇인가 사정이 있었기 때문일 것이다. 한반도 중부 지역에 자리 잡고 있으면서, 아직 영산강 일원의 마한 잔여 세력조차도 정복하지 못한 상태였던 백제가 험난한 파도를 헤치고 요하 유역까지 군대를 보낸 것은 영역의 확장을 도모했기 때문은 분명 아닐 것이다. 아마도 다른 세력이 주도한 모종의 군사 작전에 원병援兵의 형태로 참가한 정도가 아니었을까 추측을 해볼 수 있겠다. 이런 인식을 토대로 할 때, 345년 이전에 요서 지역에서 벌어진 전쟁으로서 특별히 주목되는 것은

338년에 이루어진 후조後趙의 전연前燕 공략이다. 대규모 군사 작전으로 감행된 후조의 침공은 비록 실패로 끝났지만, 전연을 패망 직전까지 몰고 갔다. 후조는 당시 공격을 통해 전연의 많은 성들을 함락시키기도 했으나, 후조군의 위세에 압도된 전연의 장수들을 회유하여 자진 항복을 다수 받아냈다. 이와 관련하여 이 무렵 후조의 '천왕天王' 석호石虎는 사자使者를 사방으로 보내 '민이民夷'를 초유招誘했다고 전해지는바,[68] 여기서의 '이夷'에 백제가 들어갔을 가능성을 완전히 배제할 수 없다.

본고에서는 이 정도로 하고, 보다 상세한 것은, 비록 그것이 가설의 한계를 벗어날 수는 없을지라도, 조만간 후고를 통해 밝히고자 한다.

68) "虎遣使四出 招誘民夷 燕成周內史崔燾,居就令游泓,武元令常覇,東夷校尉封抽,護軍宋晃等 皆應之 凡得三十六城"(『자치통감』 권96 진기18 成帝 咸康 4年)

종합토론

백제와 요서지역

좌장 노중국 (계명대학교)

토론

노태돈 (서울대학교)

양기석 (충북대학교)

오영찬 (이화여자대학교)

홍승현 (서강대학교)

임기환 (서울교육대학교)

박순발 (충남대학교)

최진열 (한국전통문화대학교)

윤용구 (인천도시공사)

강종훈 (대구가톨릭대학교)

종합토론 1부

종합토론 2부

I. 발표 내용과 비판

좌장 노중국 : 안녕하십니까? 쟁점백제사 집중토론 학술회의 일곱 번째 「백제百濟와 요서遼西지역」이라는 주제의 종합토론 사회를 맡은 계명대학교 명예교수로 있습니다. 노중국입니다. 인사드립니다.

(장내 박수)

토론이라는 것은 서로 쌍방이 있기 마련인데 방패 역할을 하시는 분들은 이미 소개가 되었습니다. 임기환 선생님은 급한 일이 있어서 늦으실 것 같고요. 그 대신 창의 역할을 해야 할 토론자 분들을 소개하겠습니다.

서울대학교 명예교수로 계시는 노태돈 교수님입니다.

(장내 박수)

그다음에 양기석 선생님은 지금 무슨 면접을 본답니다. 그래서 조금 있다가 오실 거고요.
이화여자대학교의 오영찬 선생님입니다.

(장내 박수)

서강대학교 홍승현 선생님입니다.

(장내 박수)

앞서 발표 사회자님이 얘기한 대로 종합토론은 1부와 2부로 나뉘어 진행됩니다. 1부에서는 발표자와 토론자 간에 창과 방패의 형태로 진행이 되고요. 2부에서는 그것이 없이 서로 난타전을 하는 형식으로 진행을 할까 합니다.
오늘 주제가 「백제와 요서지역」입니다. 임기환 선생님의 기조강연에서 이미 나왔습니다만, 지금까지 국사교과서에 "백제가 요서지역으로 진출進出했다." 또는 "대륙으로 진출進出했다." 또 "일본열도까지 진출進出해서 해상왕국을 이루었다."는 게 백제 요서진출설의 기본 논조로 유지되어 있습니다. 그래서 경우에 따라서 이러한 것을 부정하게 되면 '식민주의 사학자'라는 꼬리표까지 붙을 수 있는 상황이 현재의 상황이라고 얘기할 수가 있습니다. 사실 이 문제는 언젠가는 한 번 짚고 넘어가야겠다는 의견이 쟁점백제사를 처음 기획할 때부터 나왔습니다만 이게 몇 차례 미뤄지다가 이제 더 이상 미룰 필요는 없겠다는 결론에 이르게 되었습니다. 이 시점에서 요서진출설의 실체에 대해서 점검을 한 번 하고 그 토대 위에서 어떠한 배경에서 관련 기사들을 이해해야 할 것인지를 한 번 집중적으로 논의해보는 게 필요하고 또 그러한 시점도 되었다고 판단되어서 이번 학술회의가 열리게 되었습니다.

발표글에서도 보시다시피 이번 이 발표회는 이른바 요서지역의 정치적 상황 변동이 어떻게 되어 갔느냐 하는 것을 간추려 보는 것하고, 그다음에 백제와 연관하여 이 지역의 물질자료들이 과연 어느 정도 백제와 요서지역과의 관계를 담보를 해 주느냐 또는 해 주지 않느냐 이런 것까지도 함께 고민해 보고자 한 것이 특징이라고 얘기할 수가 있을 것 같습니다.

1부가 2시 50분까지네요. 지금 네 분이 발표를 했는데요. 먼저 이러한 발표에 대해서 토론자들이 조금 더 확인하고 싶은 것들이나 생각을 달리하는 부분들이 있다면 이것을 점검 한 후에 그다음 2부에서 여러 주제들을 종합해보는 형태로 하겠습니다. 지금 40분 정도 시간이 남아 있는 셈인데요. 한 분에 대해서 토론을 7~8분 정도 가질 수밖에 없겠네요. 주제발표를 한 임기환 선생님의 주제에 대한 토론은 하지 않기로 하겠습니다. 먼저 '고고학적으로 본 요서지역'이라는 주제의 박순발 선생님 발표에 대해서 오영찬 선생님 혹시 더 확인하고 싶은 것이 있다면 3~4분 내에 질문을 해 주세요. 박 선생님은 대답을 2~3분 안으로 해 주시면 좋겠습니다.

1. 고고학적으로 본 요서지역

1) 용어 및 개념 설정의 문제

오영찬 : 이화여자대학교의 오영찬입니다. 좋은 발표 잘 들었습니다. 이번 주제와 관련해서는 특별하게 연구성과를 발표한 적도 없고 아직 깊은 공부를 못했는데 오늘 와서 좋은 발표를 들으면서 많은 공부를 했습니다. 박순발 선생님께서 워낙 긴 시대 요서지역의 복잡한 연구성과와 또 최근에 발표된 자료들도 많은데 일목요연하게 잘 정리를 해 주셔서, 요서지역 고고학 자료에 대한 본격적인 공부가 없는 상황임에도 불구하고 많은 공부가 된 것 같습니다.

제가 구체적인 자료들을 세부적으로 검토하지 못했기 때문에 논점이랄까 반대의견을 여쭤볼 처지는 못 되고 궁금한 것, 그리고 보충설명을 해 주셨으면 하는 것에 대해서 세 가지 정도 말씀을 드리겠습니다.

첫 번째는 이 논문이 발표가 안 돼서 저도 오늘 와서 처음 봤는데요. 주 2번에 '극동아세아농렵구極東亞細亞農獵區'라고 하는 아주 독특한 개념을 쓰신 것 같은데, 이 극동아세아농렵구極東亞細亞農獵區라고 하는 개념의 시간적인 범위랄까, 공간적인 지역 그리고 문화 내용에 대해서 여기 나와 있는 내용만으로는 이해가 잘 안 됩니다. 이 극동아세아농렵구極東亞細亞農獵區에 대한 보충설명을 해 주시면 좋겠다는 생각이 듭니다.

두 번째는 43, 44페이지에 관한 '능하유형凌河類型'이라고 하는 문화유형에 대한 질문인데요. 선생님께서는 중국의 주영강朱永剛이나 조빈복趙賓福의 연구성과를 인용하시면서 그다음에 교량喬梁 연구성과도 말씀을 하시면서 일단 문맥상으로는 능하유형凌河類型을 동이東夷 맥계貊系 고고학 문화로 보시는 것으로 이해가 됩니다. 그래서 이것은 여기서 맥계貊系라고 하는 개념 그다음에 동이東夷라고 하는 개념이 연燕 진출進出 이전 시기일 텐데 동이東夷, 맥貊이라고 하는 개념이 나중에 우리가 일반적으로 쓰는 고구려를 지칭하는 맥족貊族의 개념하고 어떻게 이해가 되고 연결이 될지 좀 보충설명이 되었으면 좋겠습니다.

그다음에 세 번째 여쭤볼 말씀은 오늘 주제와 관련이 되는 내용이어야 할 텐데 그것은 별로 제가 4세기대의 공부가 짧아서 잘 여쭤보지 못하겠는데요. 아무튼 선생님께서는 처음에 이 논문을 준비하시면서 요서지역에 백제가 군현郡縣 정도를 설치할 정도라면 아마 고고학적으로 뭔가 흔적들이 남을 것이라는 상정을 하시고 작업을 시작하신 것 같은데 과연 그럴까 하는 것에 대한, 전제가 혹시 틀리지는 않을까. 왜냐하면 역으로 지금 백제에 선생님이 여기서 얘기하신 봉산리나 봉명동의 고고학 자료 그다음에 풍납토성 자료처럼 우리 한반도에 중국적 요소가 나타난다고 해서 그게 중국 세력의 한반도 진출進出을 의미하는 것은 아니듯이 역으로 산둥山東이나 요서 쪽에 한반도의 자료가 나타난다고 해서 그게 과연 우리가 오늘 논의하는 요서경략설遼西經略說과 관련된 고고학적 증거로 설명이 될 수 있겠는가. 그래서 하여튼 어떤 전제의 문제, 고고학 자료를 통해서 요서경략설遼西經略說을 뭔가 설명하거나 근거를 찾으려고 하는 것 자체가 조금 설명이 선뜻 되지 않는 부분이 있는데 그 부분에 대해서 선생님께서 보충설명을 해 주시면 좋겠습니다. 예. 세 가지 말씀드렸습니다.

좌장 노중국 : 예, 고맙습니다. 세 가지인데, 박 선생님.

박순발 : 말씀하셨지만 저도 요서지역 전체에 대해서 고고학적으로 시도해 본 적은 없고 저 뿐만 아니라 국내 고고학계가 한반도 내에 조사가 쏟아지니까 미처 이런 것을 관심 깊게 볼 여력이 없었던 것으로 생각이 됩니다. 그래서 이번 기회로 해서 한반도 주변에 대한 생각들이 필요하다는 스스로의 계기도 됐습니다만, 그러다 보니까 좀 거칠게 될 수밖에 없었고 더군다나 공간, 범위, 시간 이런 것이 커버해야 할 게 넓기 때문에 당연히 그런 부분이 많이 있어서 이른바 새는 구멍이 백출한다는 표현이 있습니다마는 그런 것 같은데 거기에 대해서 그나마 그렇게 세 개 정도로 질문을 해 주시니까 대단히 감사하기도 합니다.

우선 세 가지 중에서 관점의 문제 내지는 저하고의 의견의 차이는 하나, 마지막에 하신 것이고요. 두 개는 설명이 좀 부족했거나 추가적인 설명이 필요한 부분인데, 극동아농렵구極東亞農獵區라고 하는 것은 제가 일반 강연이나 이런 데에서는 2~3년 전부터 쓰기 시작했고 논문으로 제출한 것은 올해입니다. 그래서 당연히 "이게 무슨 생뚱맞은 소리인가." 이런 질의가 나올 수밖에 없습니다. 요컨대, 한마디로 말하면 이겁니다. 우리가 한국 고고학도 그렇고 우리가 지금 당면하고 있는 이 문제도 그러합니다만 고대사 내지는 선사문화의 원형이라고 할까요. 이전에는 70년대, 80년대 이때 소위 그야말로 글로벌하게 '한국의 신석기문화가 바이칼을 거쳐서 왔고', '지석묘支石墓라는 것이 인도네시아로부터 이렇게 왔고' 이런 생각들이 있었는데 물론 그런 것이 불가능한 것은 아니겠습니다만 적어도 한반도에 현재 남아 있는, 지금 고고학자료는 남한만을 대상으로 할 수밖에 없는데 여기에 남아 있는, 발견되는 고고학적인 문화의 기원을 찾는다면 어느 범위 내에서 찾는 것이 타당한가 하는 것을 설정하는데 목적이 있습니다. 이 표현이 이렇게 어렵게 된 것은 한반도 선사고고문화의 하나의 공간 · 시간적 범위라는 것이 되겠는데 그 작명을 자칫 '한반도 한국문화' 이렇게 되면 우리가 같이 연구를 하고 같이 봐야 할 인접한 나라의 정치적인 내지는 영토적인 문제로 비화돼서 애초에 우리가 학술적으로 달성하고자 하는 것을 완전히 망치게 되는 꼴이 되어버립니다. 그렇다면 조금 중립적인 혹은 고고학적인 의미를 갖는 용어가 없을까를 생각을 해보면서 극동아세아농렵구極東亞細亞農獵區〈그림 1〉, 말 그대로 'Far East' 아닙니까. 물론 그게 또 서양 중심입니다만, 어쨌든 경위도에 따라 가장 동쪽에 있는, 날짜변경선 오면 바로 첫 번째에 있는 그 지역으로서 농사가 가능한 지역, 물론 농사만이 아니고 수렵 이런 것이 복합되어 있는 하나의 어떤 자연환경대, 기후도 포함합니다만. 그리고 자연지리적인 조건, 그런 자연지리적인 조건에 적응해서 나타나는 게 고고학 문화라는 것은 어쩔 수 없이 나타나는 것인데, 그런 문화들의 범위가 어딜까 하는 것에서 시작

〈그림 1〉 극동아농렵구(極東亞農獵區)의 범위

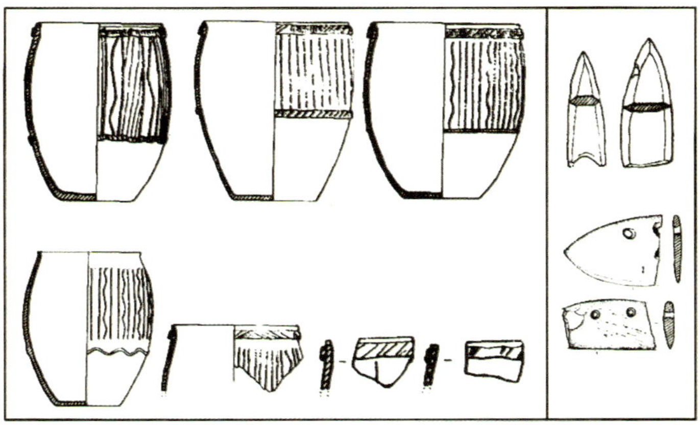

〈그림 2〉 편보문화(偏堡文化) 조기(早期) 토기(土器)와 석기(石器)
[대련(大連) 장흥도(長興島) 삼당유적(三堂遺蹟) 1기 문화: (요령성문물고고연구소 등, 1992)]

된 것입니다. 그래서 자연지리적인 경계로 본다면 백두산을 가장 최고봉으로 하는 것이 동쪽으로 가면 쑤이펀허綏芬河, 그러니까 대개 연해주, 현재 중국과 러시아의 경계지점 가까이 되겠죠. 그 위에 더 올라가면 흥개호興凱湖, 흥개호興凱湖가 흑룡강黑龍江에서 가장 동쪽으로 있는 그 지점이고요. 여기에는 안 나옵니다만 지도를 참고하시면, 지도가 간략하게 되어 있는데 위성지도나 혹은 구글지도를 보시면 지형도상으로 금방 보입니다. 산지가 딱 보여요. 그래서 요동반도遼東半島로부터 해서 지금 헤이룽장黑龍江에 있는 하얼빈哈爾濱까지 가는 철도연선, 이것은 제가 설정한 게 아니고 중국 고고학에서 늘 말하자면 전체 동북삼성東北三省 선사고고문화를 구분할 때에 그런 것들을 종합해서 제가 이름을 작명하고 중국 쪽 성과를 그대로 반영하고 그리고 제가 보는 관점을 거기에 더해서 설정한 구역명입니다. 그러면 이 지역의 문화내용은 뭔가 하는 것인데요. 우선 가장 큰 특징은 신석기시대의 요서지역은 소위 말해서 농경이 시작됐음에도 불구하고 여기는 수렵채집 중심입니다. 이른바 '소주산하층문화小珠山下層文化'라는 게 있죠, 소주산小珠山1기. 소주산1기는 통형관筒形罐 중심으로 되어 있다고 하는데 우리가 말하는 심발형토기深鉢型土器 이런 거죠. 그런 문화권이 기본적으로 있는데, 여기에서 농경이 등장하는 최초의 단계는 BC 3,000~2,500년입니다. 이게 바로 중국에서 '피엔푸偏堡문화'〈그림 2〉 혹은 '삼당三堂1기문화' 이렇게 부르기는 합니다마는, 그것이 바로 대련大連 요동반도遼東半島의 그 지역에서 산둥山東지역의 농경문화인 대문구문화大汶口文化하고 또 홍산문화紅山文化가 망하고 난 뒤에 거기에서의 어떤 잔여가 결합되어 등장한 것입니다. 이건 제 이야기가 아니라 중국에서 편보偏堡문화를 그렇게 이해합니다. 그것이 대련大連지역에 생성돼서 바로 극동아농렵구極東亞農獵區 최초의 농경문화로 됩니다. 여기 이 농경문화에서 토기상의 특징이 뭐냐면 우리가 알고 있는 이중구연二重口緣 토기입니다. 신석기 말기 단계도 이중구연二重口緣이 있습니다만, 신석기 말기 단계의 이중구연二重口緣에 대해서 여러 동학들이 정리를 했지만 아직 일치된 견해는 없습니다만, 제가 볼 때에는 이 편보偏堡의 영향이 있다는 것입니다. 그에 대해서 또 별도의 글을 쓴 적이 있습니다만, 그렇게 봤을 때 비로소 편보偏堡문화 단계부터 시작해서 농경이 시작되는 것입니다. 그 이후 청동기시대 이래로 확산되어 나가는 모습이라고 할 수 있고, 청동기시대의 대표적인 비파형동검琵琶形銅劍이라든지 다뉴경多鈕鏡 같은 것이 바로 이 지역의 고유한 문화 내용을 보여주는 것이죠. 그럼 그 이후에 흘러와서 우리 역사시대歷史時代 혹은 원사시대原史時代에 들어와서 오늘 이런 문제를 포괄한 여러 그러한 정치체들이 존재하는 지역, 나중에 고구려의 최대 영토도 이것을 벗어나지 않고요. 발해도 비슷합니다. 더 벗어나면, 말하자면 생계방식이 달라지기 때문에요. 그래서 이것을 참고해서 우리가 고고학적인 자료 등을 선택할 때 체계적으로 할 필요가 있다는 제안을 한 것이 바로 극동아농렵구極東亞農獵區라는 겁니다. 이런 정도로 보충설명을 드리고요.

두 번째, '능하유형凌河類型'〈그림 3〉에 대해서 인데요. 능하유형凌河類型에 대해서는 고고학적 개념상으로 능하문화凌河文化로 하여도

〈그림 3〉 하가점상층문화, 능하유형, 쌍방문화 분포도

좋다는 주장도 있습니다만, 여기서 유형과 문화라고 하는 것의 구분은 말하자면 '여러 분야에서 이제 더 이상의 의심의 여지없이 하나의 문화로 설정할 수 있는 전 단계'를 중국에서는 대개 유형이라는 표현을 하고 있습니다. 혹은 '지역적인 variation'을 유형이라고 하고 있는데, 이 능하유형凌河類型이라는 것은 말 그대로 능하지역의 대릉하大凌河, 소릉하小凌河 혹은 거기에 어떤 요서산지 지역 그리고 오늘 우리가 말하고 있는 요서지역에 대한 핵심지역이 바로 여기에 해당된다고 볼 수가 있는데요. 이 문화는 쌍방문화雙房文化, 즉 요동반도遼東半島에서 발원해서 동류東流하기도 하고 북류北流하기도 하는데 북류北流했다가 다시 서절西折해서 남쪽으로 들어오는 것으로 보는 게 능하유형凌河類型입니다. 그렇다면 이 능하유형

凌河類型은 결국은 극동아농렵구極東亞農獵區에 포함되는 원고향인 쌍방문화雙房文化의 말하자면 이주移住라고 할까요, 모든 주민의 이주移住라고까지는 할 수 없지만 거의 그런 것이지요. 이쪽은 본래 삼족기 취사기가 기본적인 것임에도 능하유형凌河類型에는 그게 나타나지 않습니다. 그러니까 먹고 사는 문제가 대단히 중요하게 종족성을 대변한다고 볼 때 그런 요소가 확실히 있다는 겁니다. 자, 그러면 요동산지遼東山地를 비롯해서 요동반도遼東半島에 있는 종족에 대해서 우리가 뭐라고 그러느냐. 대개 '맥貊'이라고 얘기를 합니다. 다만 그럼 이 맥貊이라는 것이 언제 출현했느냐 하는 말씀을 하셨는데 여기에 대해서는 의견이 갈립니다. 그중에 길림대 임운 같은 분은 '연보燕亳'를 근거로 하고 있습니다. 상대商代에 도성을 보亳라고 하죠. 깃털 호毫자에다 밑에 털 모毛자 아니고 점 하나 빼면 그게 보亳예요. 그런데 발음상 우리가 맥貊이라고 하는 것도 사실은 보亳입니다. 그래서 '연보燕亳'를 이미 연燕이 취한 보亳지역이라는 것으로 해석을 합니다. 말하자면 길림대학 학파라고 할까요. 임운 선생님의 라인업은 대체로 연보설燕亳說을 근거로 요서지역에 맥貊이 있었다고 보는 것이죠. 물론 그에 대한 해석의 차이가 있습니다만. 그러나 맥貊이라고 하더라도 구체적으로 이 맥貊의 분포지를 대체로 요즘의 행정구역상으로 하북河北의 당산唐山, 천안遷安 이쪽부터 해서 상당히 넓게 보기도 하고, 그중에서 전부를 맥貊으로 봐도 되느냐 하는 이견도 있습니다. 저 자신이 그에 대한 독자의견을 갖고 있지 못해서 그런 견해를 좇았다는 것을 먼저 말씀을 드립니다. 그와 연동해 고조선의 영역 문제도 여러 가지가 얽힐 겁니다. 하여튼 현 단계에서는 속 시원한 답변은 못 드리고 그런 정도로 하겠습니다.

마지막 문제는 다소 저의 관점과 controversial한 부분인데 과연 고고학적인 흔적을 어떻게 보아야 하느냐는 것이지요. 백제군百濟郡, 진평군晋平郡 등이 나오는데, 군郡이 아니더라도 특정한 집단이 어디에 이주를 했을 때 거기에는 어떤 고고학적 흔적이 남겠는가 하는 문제죠. 그러한 점은 일본에서 우리가 역으로 볼 수가 있습니다. 일본의 소위 도래인渡来人 집단이라고 하는 것들을 무엇을 가지고 식별하느냐? 가메다 슈이치龜田修一라든지 이런 분들의 연구에 적용한 식별 기준이 있습니다. 주거지, 취사문화, 묘제 이런 것들이 규모의 대소를 떠나서 원지역과 굉장히 유사한 경우에는 이것은 이주移住로 보고 있습니다. 자, 그렇다면 요서지역에 자생한 백제가 아니고 4세기대의 백제라고 한다면, 말하자면 물질문화상 이원성二元性을 인정하지 않는다고 한다면 한반도 안에 있는 백제를 기준으로 봐야 하겠죠. 그런 점에서 그것과 유사한 점이 있는가 하는 것을 보는 것은 어쩔 수 없는 방법론적인 순서라고 보고요. 그것을 조금 덧붙여서 생각해보면 군사작전이나 혹은 영토의 변화가 한반도 삼국에서는 백제뿐만 아니고 고구려, 신라, 가야 전부 미세한 변화라도 물질문화상에 변화가 감지되고 있어요. 그러니까 말하자면 한성시대 백제의 영역 확장, 지방 지배 이런 문제를 가지고 중앙양식의 토기의 확산이라든지 묘제의 확산 이렇게 보는 것과 같은 관점에서 봤습니다. 그런 점에서 본다면 아까 지적하셨던 것처럼 역으로 국내에 있는 중국의 요소들, 그것은 개별요소들입니다.

그쪽에 있는 모든 요소가 아니고요. 그렇게 오는 것도 중국세력이냐? 그것은 절대 그렇게 보지 않습니다. 그것은 어떤 개별적인, 말하자면 개인 수준 내지는 개별적으로 나타나도 가능한 것이지요. 다만 이 경우 '선별적', '취사적' 선택과 같은 마치 개념 차용과 같은 그런 용어를 쓰는 것은 적당치 않은 것입니다. 문화는 보이지 않지만 그 문화가 구현되는 것들은 물질문화이든 행위든 보여요. 그런데 행위는 안 보이고 거기에 수반된 고고학 자료만 봤을 때는 그런 콘셉트를 갖고 있는 어떤 것이 뭐가 있었다는 거죠. 그게 사람이겠죠. 그런 점에서 그것이 집단으로 원지原地의 생활방식을 그대로 가져오면 이주移住로 볼 수 있겠지만 개개인의 경우에는 한 세대도 못 가서 다 동화돼버려요. 요즘 베트남을 비롯한 여러 나라에서 개별적으로 이주移住해 온 사람들이 포함된 이른바 다문화 가정이 많지 않습니까. 그분들의 식생활에 원지역 문화 요소가 가끔 나타나겠죠. 심지어 낯선 식생활로 인해 향수병이 심하면 고국에서 취사기를 가져올 정도까지도 되겠지만, 그러한 양상이 2, 3대를 가지는 않는다는 생각입니다. 그래서 집단적인 존재 양상을 파악하려면 그렇게 봐야 하지 않겠느냐. 이게 제 생각이었습니다.

좌장 노중국 : 예. 처음에 시계를 보면서 시간이 얼마 안 남은 줄 알았는데 아직 한 시간이 더 남아 있네요.

오영찬 선생님이 세 개를 질문하셨는데… 극동아세아농렵구極東亞細亞農獵區라고 하는 것을 중국에서는 이 지역을 뭐라고 불러요?

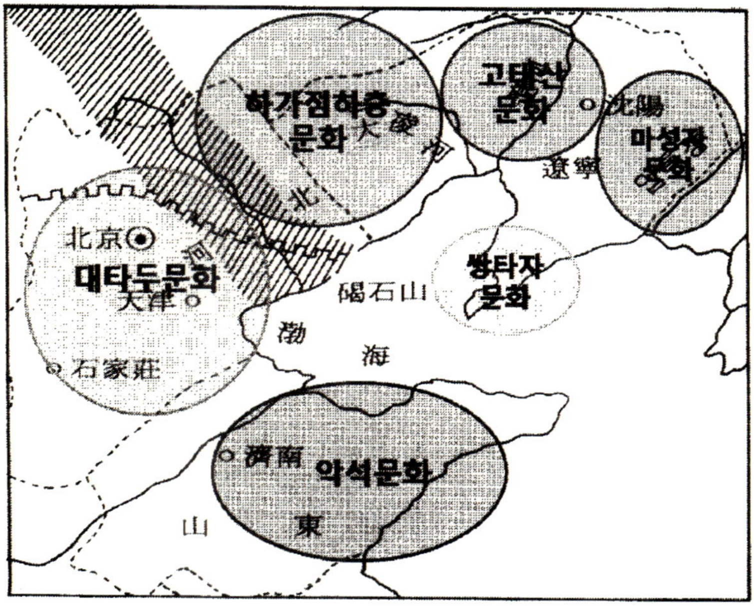

〈그림 4〉 발해만 연안 전기 청동기문화 분포도(복기대, 2008)

박순발 : 중국에서는 이 지역 전체를 부르는 것은 없고 고고학에서 신석기 시대를 전공하는 조빈복趙賓福 같은 경우는 '장백長白-천산문화대千山文化帶'라고 합니다. 그것은 여기 지도에 안 들어있던가요? 제가 미처 못 넣은 것 같은데요. 여기 있네요. 이쪽 빨간 쪽을 장백長白-천산문화대千山文化帶라고 보고요. 장백長白-천산문화대千山文化帶에 속한 문화를 세 개로 나눕니다. 거기에서 가령 쌍방문화雙房文化, 물론 쌍방문화雙房文化 이전에도 쌍타자雙砣子가 있습니다만, 쌍타자雙砣子 1기, 2기, 3기, 쌍방雙房 이렇게 가는 게 있고요. 그다음에 거기서 마성자馬城子〈그림 4〉. 마성자馬城子는 최근에 이름을 조금 바꿔

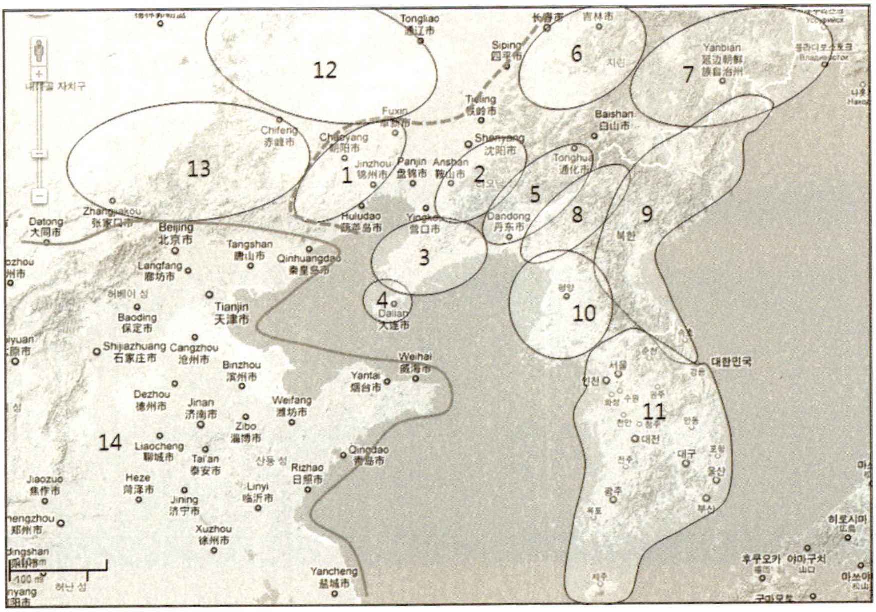

〈그림 5〉 기원전 8~7세기 전후 한국 청동기문화권 내외의 주요 문화와 유형(오강원, 2012)
1. 십이대영자문화, 2. 이도하자유형, 3. 쌍방유형, 4. 강상유형, 5. 대이수구유형, 6. 서단산문화, 7. 유정동유형, 8. 공귀리유형, 9. 호곡동유형, 10. 신흥동유형, 11. 흔암리-선송국리유형
* 점선 : 한국청동기문화권의 범위

서 신락상층新樂上層이라고 얘기해요. 신락상층新樂上層, 서단산西團山 가는 게 있고요. 그리고 두만강 유역 쪽은 홍성興城, 유정동柳庭洞, 단결團結 이렇게 세 개 라인을 갖고 있습니다〈그림 5〉.

좌장 노중국 : 예. 혹시 오영찬 선생님이 반론하거나 물어볼 것 있습니까?

오영찬 : 괜찮습니다.

좌장 노중국 : 확실히 다 이해가 됐습니까? 예를 들면 능하문화凌河文化를 맥족貊族이 요서지역으로 나아가게 됨으로써 이루어진 것이라는 것에 대해서 동의하십니까? 동의 안 하시면 반론 한 번 하시고요. 한 번 기회는 더 드릴게요.

오영찬 : 아니요. 괜찮습니다. 현 상태에서 결론이 쉽게 날 문제는 아니어서요.

좌장 노중국 : '맥貊'과 관련하여 혹시 노태돈 선생님 여기에 대해서 물어보거나 아니면 반론할 게 있으면 말씀해 주시죠. 상당히 재미있는 부분인 것 같아서요.

노태돈 : 그 부분에 대해서는 별다른 의견이 없고요. 박순발 선생님의 논문 49페이지에 지도가 있는데요. 주해봉周海峰이라는 중국학자의 논문에서 나오는 지도로 여겨집니다. 이 지도의 지역 구획 기준이 뭔지, 특히 중기中期하고 만기晩期의 구분 기준이 무엇입니까? 절대연대로 기원전 310년을 시간상의 경계로 설정해놨는데 무엇을 기준으로 그렇게 구분한 것입니까? 공간적인 구분이 유물의 분포상에 따라 그렇게 구분된다는 것 같지는 않는데, 무엇을 기준으로 하셨는지 궁금하네요.

박순발 : 예. 그 내용을 제가 밑에 주注로 달아놔서 그런데요. 사실은 중국의 논문이나 보고서에 보면 우리처럼 몇 세기 이런 말을 잘 안 쓰고

전부 '춘추春秋 조기早期 · 중기中期', '서주西周 만기晩期' 이렇게 쓰여 있습니다. 그래서 그것을 보는 사람에 따라서 우리가 대충 짐작을 해버리는데 제가 기준으로 한 것은 그중에서 중국에서 대표적으로 그것이 이 단계에서 전론으로 되어 있는 것이 47쪽 주 4를 보시면요. 유덕표劉德彪하고 오경군吳磬軍 이 두 사람이 『연하도와당연구燕下都瓦當研究』라고 하는 책에서 중국의 특히 전국시대春秋戰國時代의 말하자면 구체적인 단대斷代, 시대의 구분하는 것들을 제시했습니다. 그러면서 자기들이 연燕나라, 연하도燕下都의 변천, 물질문화 변천의 기준으로 쓴 것인데, 중국측 연구자는 대개 그것을 따르고 있는 경우가 많습니다. 주하이평周海峰의 원논문에는 '전국戰國 중기中期', '전국戰國 만기晩期' 이렇게만 되어 있습니다만, 그렇게만 해두면 우리들은 감이 잘 오지 않으니까 괄호 속에 연대를 기입한 것입니다. 이것이 우리로서는 궁금하지 않습니까. 그것이 절대적인 것은 아닙니다만 그러나 크게 여기에서 벗어나지는 않는다고 보시면 되고요. 다만 이러한 절대연대는 고고학적인 편년기준으로 한 것은 아닙니다. 문헌에 의해 가령, 연燕의 무슨 공公, 무슨 공公 있을 때 무슨 왕王 그런 사료를 근거로 한 것이고요. 그러나 이와 같은 지도의 범위를 표시한 이 근거는 바로 앞에 있습니다. 앞에 47쪽, 48쪽에 보시면 연식부燕式釜라고 하는 것의 형태 변화, 물론 이것은 주로 생활유적에 나온 것이고 무덤에서 나온 것은 주로 예기禮器 중심으로 나오지만 이런 것으로 해서 전체 연燕 문화를 편년을 했습니다. 인용한 주하이평周海峰의 논문은 길림대 박사학위 논문인데 분량이 좀 방대해요. 고고학적인 정리가 치밀해서 제가 인용을 했는데 그러한 것을 기준으로 하되, 단지 중기中期, 후기後期하는 것은 제가 주 4에 단 것을 같이 참고했다는 것을 우선 말씀을 드리겠습니다.

좌장 노중국 : 절대연대는 박 선생님이 괄호 안에 넣어준 형식이기 때문에,

박순발 : 예. 제가 한 것은 아니고 이것은 주 28에 나오는 여기 것을 토대로 해서 넣어드린 겁니다.

노태돈 : 지도가 금방 말씀하신 것처럼 토기양식에서의 변화만을 가지고서 구체적으로 그렸다고 했는데요. 그런데 실제로는 의문이 가는 게 뭔가 하면 그런 고고학적인 자료에 입각한 분포 범위를 가져다가 지도화 한 것이냐, 안 그러면 문헌적으로 진개秦開의 동방경략東方經略 기사에 입각해서 한 것이냐 입니다. 사실 고고학에서의 편년이라든가 분포범위를 설정할 때 적지 않은 경우에 실제로는 문헌기록을 염두에 두면서 그것에 의거해 분포선을 긋는 근거로 잡거든요.

박순발 : 그 점에 대해서 말씀을 드리자면 지금 고고학 논문도 어차피 역사기록이 있는 시대라서 거기에서 완전히 벗어나기는 어렵습니다. 그러니까 기본적으로 여기는 진개秦開가 어디까지 했다는 그 자체가 모호해요〈그림 6〉. 어디까지 왔는가. 그런데 그게 최근에 보면 여기에 인용한 것 중에서 교량喬梁이라는 사람이 중국문물원에 있

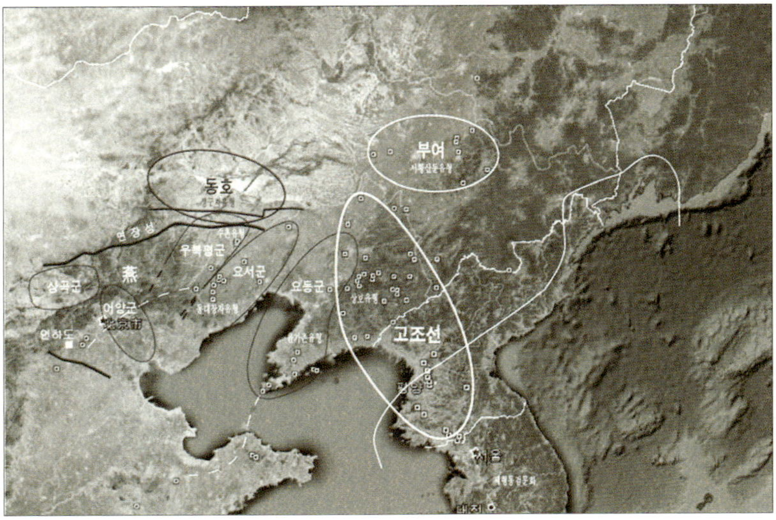

〈그림 6〉 연 진개(秦開) 침입 이후 기원전 3세기경의 고조선 위치 비정안(조진선, 2014)

는 사람인데, 이 사람은 진개秦開에 의해서 종래에 일시에 이렇게 된 것 같지는 않다고 봐요. 국내학자들이 오히려 일시에 된 것처럼 생각하는 경향이 있습니다만, 연燕의 동진東進은 굉장히 점진적이었다는 것입니다. 즉, 연燕 문화가 들어오기 이전에 이 지역에 있어서 소위 말하는 능하유형凌河類型 이후에 전개된 것 중에서 여러 가지 복잡한 것을 세부적으로 나누려고 하는데 그것은 전적으로 고고학적인 자료를 갖고 하고 있고요. 이 분포도 역시 그와 같은 문헌기록상 정확히 어디까지인가 하는 것은 없습니다. 최종적으로 '만반한滿潘汗'까지 이렇다는 등의 기록은 있지만 그 과정에 해당하는 사항은 없습니다. 그래서 여기는 어디까지나 고고학적인 관련성을 가지고서 그 유적분포를 참고를 했다고 보시면 됩니다. 제가 읽은 논문 내용은 그렇습니다.

좌장 노중국 : 이 지도대로 하면 진秦은 221년에 중국을 통일하기 이전에 이미 압록강까지 완전히 와버린 형태로 됩니다. 그래서 아마 이런 질문이 나온 것 같습니다.

노태돈 : 그것은 아마 이 지도도 압록강 선에서 끊은 것은 의도적으로 그 동쪽을 제외한 것이지 고고학 유적에 따라서 분포범위가 그렇다는 것은 아니라는 것입니다. 그런 부분들이 중국학계가 어떻게 생각하고 있는가를 알려면 그 의도를 읽어야 하니까요.

좌장 노중국 : 예. 그러면 박순발 선생님에 대해서는 일단 이런 정도로…

양기석 : 제가 질문해도 되겠습니까?

좌장 노중국 : 예. 질문하세요. 대답은 간단하게 해주세요.

양기석 : 양기석입니다. 다른 일이 있어서 조금 늦게 참석을 했습니다.

좌장 노중국 : 충북대학교 명예교수입니다. 박수 한 번 쳐주시고요.

(장내 박수)

2) 삼연지역 발견 고구려 · 부여계 유민의 흔적

양기석 : 요서진출설遼西進出說로 해서 고고학적 증거를 찾는 것은 문헌 못지 않게 어려운 일입니다. 박순발 선생님께서 열심히 찾으셨는데요. 그 문제보다도 3세기부터 4세기의 경우에 16국시대의 요서 · 요동遼東지역도 격동의 시대를 걷는 것 같습니다. 거기에 따라 유목민족들이 농경지역으로 들어오게 되니까 정착인구가 필요했고 또 최 선생님이 많은 지면을 할애해서 말씀하신 것처럼 많은 민족들을 천사遷徙시키는 사례가 나옵니다. 그중에 285년에는 서진西晉하고 부여夫餘를 공격해서 1만 명을 모용씨慕容氏가 데려오고, 341년에는 또 우문부宇文部, 고구려 공격해서 5만 명. 346년인가요, 부여夫餘를 공격해서 또 왕을 비롯한 5만 명을 데려오고. 또 398년에는 북위北魏가 고구려를 비롯해서 36만 명을. 꼭 고구려 사람만은 아닐 것입니다. 최 선생님이 만든 도표를 보면 고구려, 부여계夫餘系 사람들이 백제 사람과 함께 얼마나 많이 천사해 왔는지는 모르겠지만 상상을 초월할 정도로 많은 인구들이 요서지역에 있었을 것입니다. 고구려 사람들과 부여계夫餘系 사람들은 그 시기에 삼연三燕에 가서 벼슬을 하는 경우가 있습니다. 그렇다고 보면 그 묘제의 보수성으로 인해서 자기들의 장례식이나 묘제 같은 것을 삼연 시기에 남겼을 텐데 그런 자료들이 발견된 것이 있는지 묻고 싶습니다.

두 번째는 청주淸州지역을 비롯해서 한반도에 나오는 문물들 중에는 한漢 군현郡縣을 통하지 않고 나중에 동이교위부東夷校尉府나 요동속국遼東屬國을 만들어서 교역을 통해 그런 문물을 수용했을 가능성을 말씀하셨는데 이럴 경우 항해거리도 길고 또 육지에 도착해서 동이교위부東夷校尉府까지 가는 데 여러 가지 리스크가 따르게 됩니다. 그러면 그 당시 교역을 통해서 가져온 물자들이 과연 지역사회나 또는 마한馬韓을 포함한 우리나라에서 과연 어느 정도의 가치가 있었는지. 이런 것들을 따져보면 오히려 동이교위부東夷校尉府까지 멀리 가는 것보다는 관례대로 가까운 낙랑樂浪 · 대방帶方 쪽을 활용하는 것이 더 이해가 쉽지 않을까 해서 두가지만 여쭤보겠습니다.

박순발 : 첫 번째는 아주 좋은 말씀이신데요. 가령 부여夫餘나 삼연三燕 이렇

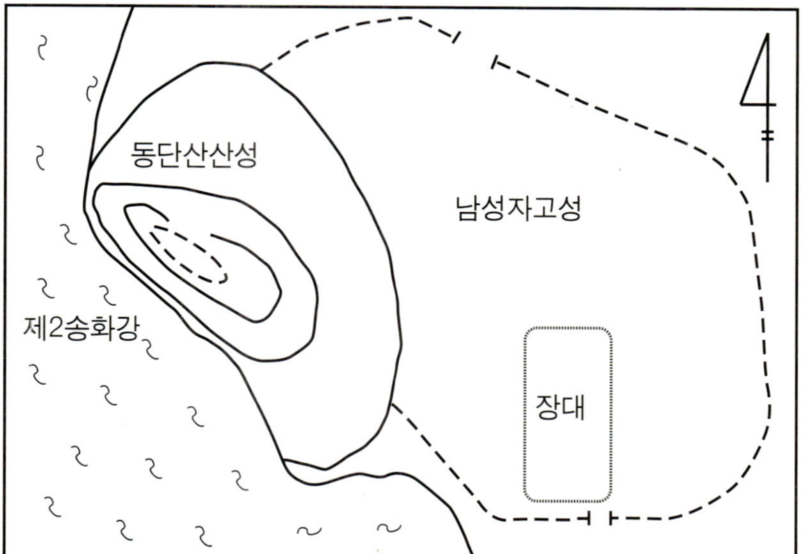

〈그림 7〉 길림 동단산산성과 남성자고성

〈그림 8〉 남성자고성에서 바라본 길림 동단산산성과 송화강 (©이장웅)

게 왔는데 그 흔적이 있느냐 하는 건데, 사실은 부여夫餘 자체에 대해서 알려진 것이 많지 않습니다. 아시다시피 부여夫餘의 도읍과 관련해서 '녹산鹿山'이라고 여겨지는 것이 최근에 길림吉林의 동단산東團山으로 비정되고 있죠〈그림 7 · 8〉. 저도 가보기는 했습니다만 거기에 출토된 유물을 보여주지는 않습니다. 정식보고서가 안 나왔으니까 여기저기서 조금씩 비치는 바를 통해 보면, 대체로 거기서 나오는 토기상土器相은 우리가 포자연문화泡子沿文化〈그림 9〉라고 하는 것이지요. 이에 대해서는 송호정 교수도 얘기했습니다만, 그 흐름에 있는 것은 맞고요. 그러나 그것을 구체적으로 특정해서 346년에 모용선비慕容鮮卑가 부여를 치고 용성龍城 근처에 사

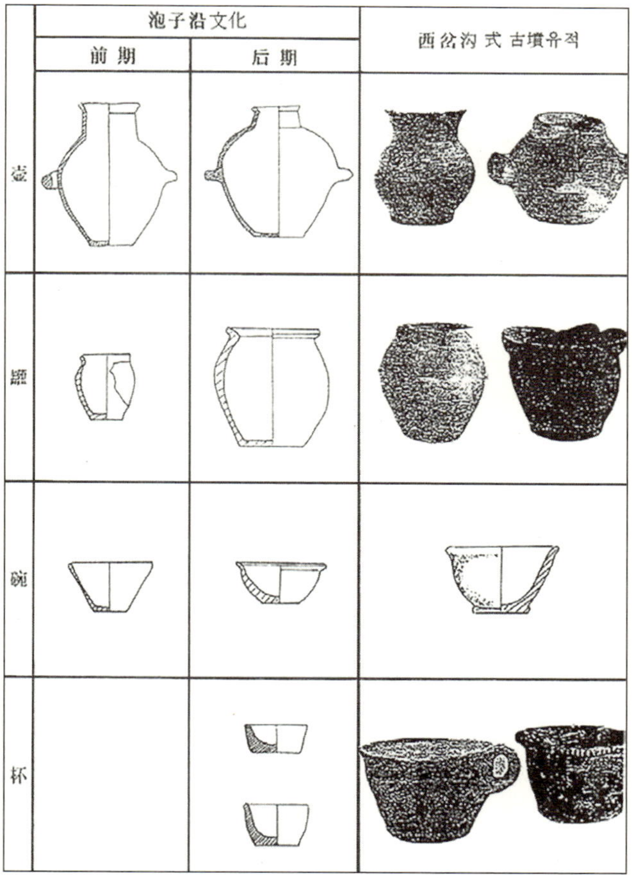

〈그림 9〉 포자연문화(泡子沿文化) 토기와 서차구 토기 비교(이종수, 2007)

민徙民한 흔적과 관련된 그런 게 있느냐고 한다면, 아직은 발견이 안 됐다고 할 수 있습니다. 적어도 지금까지 발견된 무덤들은 대개 우리로 말하면 중심고분군中心古墳群 중심입니다. 예를 들면 그야말로 왕실이라고 할까요. 귀족들 이런 무덤 중심입니다. 지금까지 발견된 것 가운데 가장 대규모의 고분군은 백 수십 기基로 구성된 정도입니다. 일부가 보고되고 그중에 또 우리가 많은 관심을 가지는 마구馬具 등이 나온 예로는 북표北票〈그림 10 · 11〉와 같은 그런 대형 고분 중심입니다. 따라서 장차 사민徙民과 관련된 집단무덤이 발견될 가능성을 배제할 수는 없습니다. 다만 한 가지 여기서 유념할 필요가 있는 것으로서, 기왕에 알려진 무덤 가운데 '이외李廆'라는 한족漢族의 무덤입니다. 중원中原 출신으로 요서지역 설치 교군僑郡에 옮겨온 사람인데 이 사람이 동진연호東晋年號를 씁니다. '영창3년永昌三年(324)'이라고 해서 한해 지난 없는 연호를 쓰는데,[1] 이 사람은 한족임에도 불구하고 무덤에서 묘지墓誌가 나오지 않았다면 묘제상으로 전혀 출신을 알 수가 없어요. 선비족鮮卑族 전통 묘제인 두관족협頭寬足狹의 매장주체부로 되어 있거든요. 보고서를 보면 부장품 가운데 선비적鮮卑的인 개별유물이 한두 개 들어 있는 정도입니다. 이 사람은 보통사람이 아님에도 불구하고 그런 정도입니다. 오히려 높은 사람은 민족적 출신과 같은 그런 흔적을 지우기는 더 쉬울 수도 있을 거예요. 다만 하층민의 경우 집단적인 취락이라든지 그런 고고학자료가 발견될 수는 있을 겁니다. 일본과 중국과 땅이 달라도 고고학 자료 양상이 다르지는 않을 것이므로

1) 영창(永昌)은 동진(東晉) 진원제(晉元帝) 사마예(司馬睿)의 3번째 연호(年號)로 322년부터 323년 2월까지 사용되었다. 영창(永昌) 원년(元年) 윤시월(閏十月)에 진명제(晋明帝) 사마소(司馬紹)가 즉위하여 계속 사용하다가 영창(永昌) 2년 3월에 개원(改元)하여 태령(太寧) 연호(年號)를 사용하였다. 그러므로 영창(永昌) 3년은 존재하지 않으며, 실제는 태령(太寧) 2년이 맞다.

〈그림 10〉 북표(北票) 풍소불묘(馮素弗墓) (ⓒ이장웅)

일본으로 이주해 간 이른바 '도래인渡来人' 관련 고고학자료를 기대할 수 있다고 봅니다. 다만 그 부분에 대한 자료의 문제인데 요서평원지역은 개발이 상대적으로 늦어서 대규모 조사가 없습니다. 그것은 저는 앞으로 시간의 문제라고 생각하고요.

좌장 노중국 : 가능성은 열어두는데 현재로는 없다 이거죠.

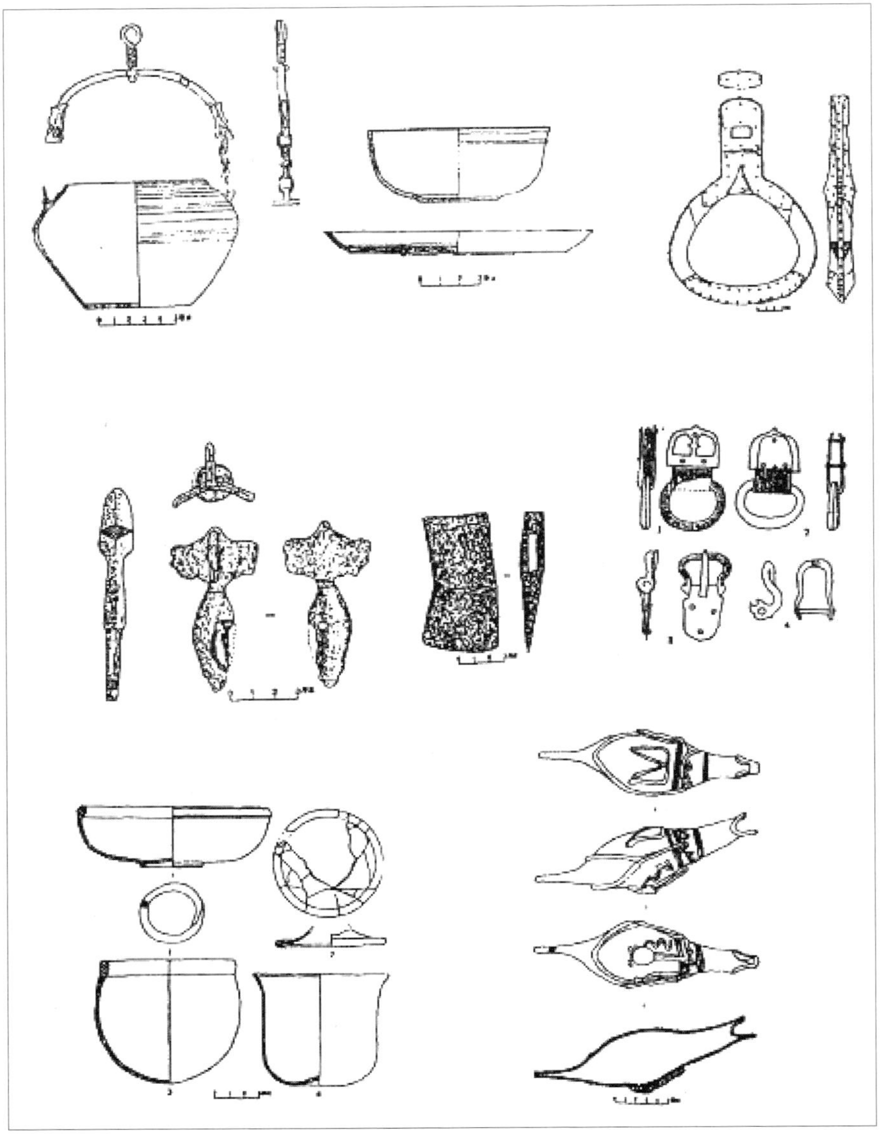

〈그림 11〉 북표(北票) 풍소불묘(馮素弗墓) 출토 유물

3) 동이교위부와의 장거리 교역 가치

박순발 : 그것은 뭐 닫을 필요가 없죠. 왜냐면 중국이라고 다르지 않을 테니까요.

두 번째 요서지구에서, 동이교위부東夷校尉府라는 것은 제가 그냥 자의로 설정한 것은 아니고 아시다시피 호동이교위부護東夷校尉府라는 것은 말하자면 동이東夷들, 변군邊郡에 있는 동이東夷들, 혹은 변군邊郡 소속이 아니더라도 그 창구窓口가 바로 동이교위부東夷校尉府입니다. 그러면 우리가 흔히 서진西晉에 교섭했다고 해서 낙양洛陽에 간 것이 아닙니다. 『진서晉書』 마한조馬韓條에 보이듯이 전부하감何龕이라는 사람이 동이교위부東夷校尉府를 관장할 때 가거든요. 그런데 그게 왜 낙랑樂浪을 제치고 거기에 가느냐. 낙랑樂浪은 아시다시피 그 무렵에 백제나 이런 사람들이 낙랑樂浪에서 재미 본 것은 그 이전에 다 끝났어요. 즉, 단물 다 빨아먹었다 이거예요. 언제, 그것은 바로 기원전 1세기, 2세기 이 무렵에 다 끝났어요. 그러니까 말하자면 장거리 교섭이 갖고 있는 효과라는 것은 그만큼 진귀하고 정치적인 뭔가 있어야 하니까 이 무렵에 거기에 간 것은 『진서晉書』가 완전히 틀리지 않았다면, 동이교위부東夷校尉府〈그림 12〉로 갔다고 볼 수밖에 없다는 게 제 생각입니다.

좌장 노중국 : 예. 양 선생님 혹시 질문이 있어도 이 정도로 매듭을 짓도록 하겠습니다.

시간이 상당히 가버렸는데요. 다음에 두 번째 최진열 선생님 발표

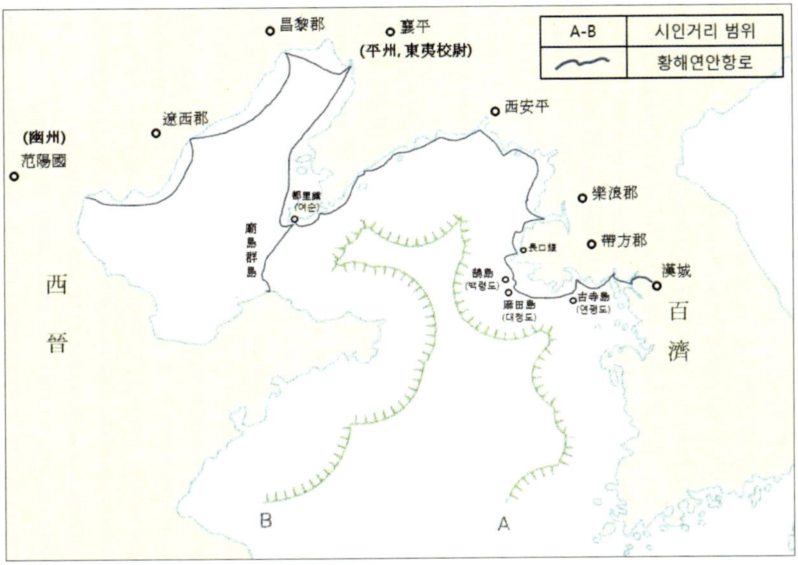

〈그림 12〉 3세기 후반 백제 항로(임동민, 2014)

에 대해서 홍승현 선생님이 할 말이 굉장히 많을 것 같은데 축약해서 요점만 질문을 해 주세요. 그리고 최 선생님도 부연 설명은 가능하면 적게 하시고 핵심만 얘기를 해 주셨으면 좋겠습니다.

2. 16국시대 및 전연 · 후연 · 북연시대의 요서지역

홍승현 : 예. 홍승현입니다. 질문이 많을 것이라고 말씀을 하셨는데 그렇지 않습니다. 최진열 선생님이 세 가지 문헌을 인용을 하셨어요. 『진서晉書』 그리고 『십육국춘추十六國春秋』, 『자치통감資治通鑑』 세 개 문

헌을 이용하셔서 모용부慕容部가 요서 지역을 차지하고 있던 시기의 거의 대부분의 정치사화政治史話와 거의 중요한 대부분의 군사사화軍事史話라고 하는 것들을 다 정리를 해 주셨습니다. 그렇기 때문에 특별하게 그와 관련된 큰 이견이라고 하는 것은 있기가 좀 힘들 것 같습니다. 아주 정리를 충실하게 잘 해 주셨기 때문에요. 그런데 몇 가지 부분에서 이해가 안 되는 부분 그리고 제가 생각하는 과장된 부분도 있지 않을까 하는 생각이 있어서요. 그 부분만 잠깐 여쭤 보고 추가적으로 보충설명을 요청 드릴까 합니다.

일단은 방금 말씀드렸던 것처럼 전반적인 논문은 요서지역의 상황 자체를 전연前燕부터 북연北燕까지 쭉 해 주셨는데요. 그러면서도 한편으로는 인구와 농경문제라고 하는 것들을 공들여서 들여다보시면서 전진前秦의 중원진출中原進出이라고 하는 것들을 주로 인구압人口壓과 농경에서의 생산력 부족 문제로 많이 얘기를 하셨습니다. 그래서 저 역시 질문을 두 개로 나누어서 요서에 관련된 부분 그리고 인구와 관련된 부분으로 여쭤보려고 합니다.

일단 선생님의 입장은 "지나친 인구압人口壓이라고 하는 것과 그 인구들을 먹여 살릴 수 없었던 농경에서의 문제점이라고 하는 것 자체가 전연前燕으로 하여금 요서를 버리고 중원中原으로 진출進出하게 되었던 큰 이유다."라고, 거의 "돌파구"라고 하는 표현까지 쓰시면서 얘기를 하셨는데요. 그런데 그 인구과잉이라고 하는 얘기를 물론 이해를 할 수 있고 또 인정을 하기는 합니다. 발표하실 때 표까지 보여주시면서 거기 인구가 16만이나 들어가게 됐던 사항들 자체는 이미 저희한테 잘 설명을 해 주셨거든요. 그런데 문제는 주로 그것이 수도의 근처 즉, 용성龍城 근처에 많이 이주가 되었다고 얘기를 하셨는데 사실 용성龍城이라고 하는 곳으로 이주하게 된 시간적인 상황을 보게 되면 봉유封裕 상서上書가 나오기 불과 2년 정도 전에 용성龍城으로 이주를 했다는 거죠. 그러니까 그전까지는 극성棘城이라고 하는 곳에 있었기 때문에 용성龍城 자체의 인구압人口壓을 조금 지나치게 강조한 것은 아닌가 하는 생각이 일단 하나 들었어요. 그리고 그쪽에 밀집도가 늘어났다는 얘기를 하면서 인구과잉으로 인한 농경지 부족 문제를 얘기하셨는데. 일단 선생님께서 발표하실 때도 경작할 수 있는 땅의 적정수보다 10배가 많았다고 얘기하면서 농지를 못 갖고 있는 사람은 4/10이었다고 하면서 숫자적으로 모순이 생긴다고 얘기를 하셨는데, 그것을 꼭 농경지로 봐야 하는가 생각이 들었습니다. 국토라고 했을 때 전체 전연前燕의 영토로 보고 그다음에 원래 살았던 사람보다 10배 정도 더 많이 들어왔다고 얘기를 한다면 수차상에서의 문제라고 하는 것들 자체는 그렇게 크게 모순된다고까지 파악하지 않아도 되지 않을까 하는 생각이 하나 들었고요.

그다음에 백성들이 기근饑饉으로 인해서 사망했다고 하는데 사실 사료에서는 찾아보기 어려운 것 같거든요. 선생님이 추정하셨다고 생각을 하는데, 백성들의 사망 문제는 확실하게 얘기할 수 있는 문제는 아니지 않을까 하는 생각을 했습니다.

그리고 농토부족과 관련된 얘기를 하시면서 본문에서 굉장히 길게 말씀을 하셨어요. "농경지 부족하다. 그 당시의 사료를 한 번 보자." 그런데 그 당시의 사료를 그대로 따라가게 되면 맨 처음에 농경지 부족 문제를 얘기하시다가 그다음에는 인구가 적었다는 얘기로 다시 들어가고, 인구 적은 얘기를 하다가 그쪽 지역의 사람들 같은 경우가 농경과 상업에 종사하지 않았다는 얘기로 기질상의 문제로 얘기했다가 기질상의 문제 자체가 다시 농경에 부적합함이라고 하는 것으로 다시 농경지 문제로 얘기가 되거든요. 흐름을 따라가다 보면 거기는 오히려 농경지가 아주 적은 지역은 아니었고 인구가 적은 지역, 오히려 토지에 비해서 농경지가 많았던 지역으로 선생님이 인용하신 사료 안에는 그렇게 나오고 있어서요. 이 지역 자체의 인구압人口壓이라고 하는 것을 지나치게 표현하신 게 아닌가 하는 생각이 드는 문제가 있습니다. 그래서 그 부분에 대한 것을 선생님이 다시 한 번 얘기를 해 주셨으면 좋겠다는 생각을 하고요.

그런데 일단 용성龍城에서 계薊로, 계薊에서 업鄴으로 가게 되면서 용성龍城에 유대留臺라고 하는 것을 설치해 놓고 사람들을 대거 이끌고 남하南下했다는 얘기를 하셨어요. 그러면서 용성龍城 같은 경우에는 유대留臺라고 해서 부도副都 정도의 관점을 가지고 보면 좋겠다, 부심副心 같은 경우라고 얘기를 하셨는데, 그렇다면 제가 궁금한 것은 용성龍城 자체에 어느 정도의 군사권이라든지 정치권이라든지 하는 것들이 남아 있었는가 하는 부분이에요. 무슨 말씀이냐면 선생님이 분명 용성龍城 같은 경우가 의례의 장소로서 또 많은 왕들이 죽고 나서 돌아가는 고향으로서의 의미를 상당히 많이 갖고 있었고 군사도 상당히 있었다고 얘기를 하지만 또 한편으로는 그쪽 지역에는 사민徙民이 보이지 않고 사민徙民이 있다고 할지라도 죄수들만 갔다는 문장을 쓰셨더라고요. 그래서 용성龍城이라고 하는 지구 자체가 그 당시에 과연 힘의 공백지역이었는가 아닌가 하는 것들이 궁금하다는 생각을 했어요. 만약 계薊로, 업鄴으로 내려오면서 사람들을 계속 천사遷徙해서 정말 요서의 인구가 빠졌다면 그리고 요서에 그만큼의 힘의 공백이 생겼다면 다른 쪽에서 들어갈 수 있는 가능성, 즉 꼭 백제가 아니라 할지라도 요서지역 자체가 다양한 종족군들이 들어갈 수 있는 힘의 공백이라고 하는 것들이 만들어질 수 있었을까 그런 것들을 한 번 생각해볼 수 있지 않을까 해서 이것과 관련돼서 선생님이 생각하시는 것은 어떤가 하는 얘기를 묻고 싶습니다.
그리고 마지막으로 한 가지만 여쭤보겠습니다. 마지막으로 어떤 것을 여쭤보려고 하느냐면요. 선생님이 쓰시면서 부락苻洛의 반란의 얘기를 하시면서 부락苻洛 반란에 대한 얘기를 116페이지에 쓰셨어요. 그러면서 사자使者를 보내서 오환烏桓, 선비鮮卑, 고구려高句麗, 백제百濟, 휴인休忍에서 군대를 징발하여 3만을 보내 부중苻重을 도와 계薊에 주둔하게 하였다고 쓰셨거든요. 그런데 대체적으로 이 사료를 보게 되면 다들 몸을 사리면서 아무도 군대를 징발해 주지 않은 것으로 얘기가 되어 있고 선생님이 198쪽 392번 주에도 그 기사들을 인용하셨는데 선생님께서 그러면 이거 군대를 징발해서 3만을 보내준 것으로 보고 계시는 건지. 만약에 그렇다면 백제가 들어오는 게 되거든요. 그 부분에 대한 것도 설명을 해 주시면 좋을 것 같습니다.

최진열 : 첫 번째 질문을 답하면, 인구 문제를 설명하기 위해 『사기史記』·『한서漢書』에서 인용하였습니다. 이 사서의 기사는 요서지역의 주요산업이 농업이 아니라 수렵이나 목축, 혹은 상업이 주산업이었고 아직 그쪽 지역이 농경지로 제대로 개발되지 않았음을 입증하기 위해서 인용을 했습니다. 그리고 용성龍城의 인구를 지나치게 강조했다는 지적은 제 사견이 아니라 상서문上書文을 썼던 봉유封裕의 말입니다. 저도 그래서 이 사료를 보면서 수도 근처에 10만 호戶(50만 명으로 추정)의 인구가 사는 것 자체가 쉽지 않다고 생각합니다. 이 주장이 과장이라고 하더라도 봉유封裕가 일단 그런 식으로 말을 했기 때문에 사실로 받아들여야 합니다. 그리고 극성棘城에서 용성龍城으로 천도한 지 얼마 안 됐다고 하셨습니다. 최근에 극성棘城의 위치에 따라서 처음에 의현義縣으로 봤다가 지금은 북표현北票縣으로 보고 있습니다. 극성이 의현義縣이건 북표현北票縣이건 간에 용성龍城이 있었던 현재의 조양시朝陽市와 가깝습니다. 구체적으로 얼마나 가까운지는 저도 개인적으로 한 번 관장님께서 답사를 보내주시면 가보고 싶습니다. 그래서 극성棘城이나 용성龍城 지역을 하나의 수도권으로 묶어도 괜찮다고 생각합니다. 또 인구 문제와 농토 문제와 관련해서는 봉유封裕가 남긴 상서문上書文 밖에는 자료가 없습니다. 그리고 중국에서 전통적으로 보면 명明·청淸 시대 이전에는 인구자료는 그나마 조금 있는데 농지면적에 대한 자료들이 거의 없습니다. 그래서 이 문제는 여기서 쉽게 해결할 수 없을 것 같습니다.

두 번째 질문은 용성龍城이 힘의 공백지역이었느냐의 문제입니다.

사실 요서지역에서 정확히 얼마인지 알 수 없습니다. 1/2(50%)에서 1/4(25%) 사이의 인구가 전연前燕이 중원中原지역을 정복한 다음에 이주했을 것으로 추정됩니다. 이처럼 인구가 줄어들고, 그만큼 인구가 줄어들었기 때문에 노동력 부족으로 경제력이 약화되었습니다. 이런 의미에서 힘의 공백이라고 말을 할 수가 있습니다. 그러나 용성龍城에 유대留臺가 설치되어 제2의 수도였던 지역이고 그 당시에 유주幽州에 치소治所가 있었던 지역이었습니다. 따라서 군사들이 어느 정도 주둔했기 때문에 군사적인 의미에서 봤을 때 절대로 힘의 공백이 될 수 없었다고 생각합니다. 이 점은 나중에 비슷한 후연後燕도 마찬가지여서 모용보慕容寶가 나중에 도망가게 될 때 다른 지역이 아니라 용성龍城을 선택한 것도 용성에 자기들이 믿을 만한 군사력이 있었기 때문이라고 생각을 합니다. 그런데 유감스럽게도 중국에 있는 모든 사서史書에서는 군사력 수에 대한 기록은 전혀 나타나 있지 않습니다. 그래서 용성龍城지역에 몇 명이 주둔했다고 하는 기록이 없는 게 저도 개인적으로는 아쉽게 생각합니다.

세 번째 질문을 답하면, 제가 서술을 할 때 '명령했다'고 하는 것만 서술했습니다. 이는 원사료의 "따르지 않았다不從"라는 구절을 원문에 소개하는 것이 문장의 흐름상 부적절하다고 하여 괄호 안에 병기했습니다.

좌장 노중국 : 그 문장 자체에서 마지막 것은 부락苻洛에 요청했지만 그 나라들이 전부 다 응하지 않았다는 게 문장의 끝인 것 같습니다. 인용

한 문장에서 설라薛羅의 이름이 빠져 있는 것 같네요.

이 문제가 나온 김에 제가 하나 물어보겠습니다. 강종훈 선생님께서 340쪽에 봉유封裕의 상서문上書文을 그대로 실어 놓으셨습니다. A-7이 오늘 논의의 핵심이 되는데요. 최 선생님은 용성龍城지역으로 상당히 많은 유민들이 들어오게 돼서 인구압人口壓이 생기고 그다음에 농토부족 문제와 연관시키고, 그다음에 고구려나 이 사람들을 다른 데로 보내는 것으로 설명을 하신 거죠. 그런데 설명을 들으면서 A-7번을 다시 보니까 이네들을 서쪽 변경지역으로 보내야 하는 큰 이유는 농토부족 또는 인구압人口壓 때문이라기보다는 집단으로 있으면 장차 국가에 해가 될지 모른다거나, 나라의 허실虛實을 파악해서 무슨 위험한 일을 할지 모른다는 게 더 큰 이유인 것 같은 생각이 들었습니다. 최 선생님, 혹시 부연설명을 할 수 있으면 해 주시면 좋겠습니다.

최진열 : 이 사료를 수도에 있는 식량문제나 인구를 줄이기 위해서 천사遷徙했다기보다도 정치적인 문제 때문에 사민徙民해야 한다고 봐야 합니다. 따라서 인구압人口壓이라든지 경제적인 문제와는 전혀 상관이 없는 것 같습니다. 그리고 이 사료 자체가 반드시 유목민은 아니겠지만 유목민이나 이민족들 지배층과 한인漢人들의 관료들의 관점의 차이를 보여줍니다. 예컨대 전진前秦도 수도인 장안 근처에 선비인鮮卑人들을 상당히 많이 배치를 하면 이 사람들이 나중에 후환後患이 되므로 관리들이 다른 곳으로 이주시켜야 한다고 주장하게 됩니다. 그런데 그때도 전진前秦의 부견苻堅이 이것을 거부하였

습니다. 지금도 마찬가지로 모용황慕容皝이 거부합니다. 여기는 여러 가지가 있지만 유목민들의 입장에서는 피정복민을 일단 낯선 곳으로 이주를 시키는 게 오히려 통제하는 데 편하다고 하는 것을 경험적인 지식으로 알고 있었을 것이라고 생각을 합니다. 예컨대 동물들 같은 경우도 사자도 처음에 아프리카 같은 데에서 잡아서 자기와 아주 낯선 동물원 같은 데에 넣어두면 원래 힘 같은 것을 잃어버리고 꼼짝도 못 합니다. 이처럼 사람도 자기와 익숙한 지역이 아닌 낯선 지역으로 두게 되면 행동반경과 생활이 위축이 됩니다. 그래서 유목민들이 그런 것들을 잘 알았기 때문에 위험할 수도 있지만 피정복민을 자기들의 수도와 가까운 지역에 두었다고 생각을 합니다.

좌장 노중국 : 예. 다만 봉유封裕 상서문上書文에 나오는 인구압人口壓 또는 토지 문제보다는 정치적인 이유가 크다고 이해를 하면 되겠죠?

최진열 : 예.

좌장 노중국 : 최진열 선생님 봉유封裕 상서문上書文을 그렇게 이해를 하시는 것 같습니다. 예. 좋습니다.

다음에 세 번째 윤용구 선생님의 발표에 대해 양기석 선생님과 노태돈 선생님 각각 질문을 해 주셔도 좋습니다. 시간은 짧게 해 주시고요.

3. 백제 요서진출 관련 사료 해석

양기석 : 이번에 발표하신 것 중에 어느 분의 견해를 인용한 것 같은데 「양직공도梁職貢圖」에 '낙랑樂浪'으로 되어 있는 기사 그것이 『송서宋書』의 요서영유설遼西領有說보다도 더 신뢰성이 있다고 말씀을 하셨는데 두 기록 간에는 시간차가 꽤 있을 것으로 생각됩니다. 그런데 오히려 『송서宋書』가 「양직공도梁職貢圖」 기사를 저본底本으로 했다는 것은 편찬 시기상 안 맞는 것 같아서 그런 말씀을 하신 의도가 뭔가 하는 것을 먼저 여쭙고 싶습니다.

윤용구 : 예. 요서진출설遼西進出說의 가장 기초가 되는 원사료로 그동안 얘기를 많이 해온 게 『송서宋書』 백제전百濟傳하고 동시대 사료는 아니지만 「양직공도梁職貢圖」 그다음에 『양서梁書』. 이런 정도가 가장 많이 검토의 대상으로 되어 왔고, 그중에서도 대체로 다들 『송서宋書』 백제전百濟傳이 원사료 자체는 아니지만 그래도 가장 1차 자료에 근접한 사료로 이야기를 해왔습니다. 그러다가 1960년에 「양직공도梁職貢圖」가 중국에서 발견돼서 국내에서 65년도에 이용직 선생님이 소개하는 과정에서 요서경략설遼西經略說 문제를 언급하시면서 다르게 볼 수 있는 여지를 제시하신 정도였는데요. 그 주위에 「양직공도梁職貢圖」에 있는 그 기사를 가지고 논문을 쓰신 분도 있었지만 1차 자료에 『송서宋書』보다 앞설 수 있다고 언급하신 분은 2013년에 조선대학에 계시는 김성한 교수님, 원래 당대사當代史 전공이시고요. 최근에 한국 고대사 관련 논문을 7~8편 정도를 연작

을 하고 계세요. 그런데 그분이 그렇게 보시는 가장 큰 이유는 그 동안 지적되어온 측면도 있습니다만, 요서약유遼西略有의 시기를 『송서宋書』에서는 '그 후'라든가 또는 『양서梁書』에서는 '진세晉世' 라든가 이렇게 조금 넓은 시기를 둔 반면에 「양직공도梁職貢圖」는 '진말晉末'이라고 명시했다고 하는 것. 그다음에 백제가 아닌 '낙랑樂浪'이라고 하는 다른 기록을 하고 있는데 『송서宋書』하고 다르기 때문에 그게 더 우월하다고 생각하는 게 아니라 「양직공도梁職貢圖」는 기본적으로 사신使臣을 접견하고 그다음에 그 사신使臣과의 대화를 통해서 그 사신使臣의 나라에 대한 사정을 전문傳聞한 것을 적은 것이고 제가 제 논문을 인용하면서 「양직공도梁職貢圖」라는 게 한 번만 만들어진 것이 아니라 양대梁代에도 여러 차례 직공도職貢圖가 있었다는 것을 제가 논문에 쓴 바가 있는데요. 그것을 인용하면서 「양직공도梁職貢圖」의 기록은 그 전에 송대宋代부터 있었던 사신使臣의 전문傳聞들이 아마 반영된 게 아닌가 그런 차원에서 「양직공도梁職貢圖」의 기록이 『송서宋書』보다 더 원사료에 가까울 수 있다는 의견을 내셨는데 제 논문에서 그런 것이 검토가 되어야 한다는 정도만 이야기를 써놓은 것입니다.

양기석 : 제 얘기는 그게 좀 낯설어서요. 물론 그랬을 가능성은 있겠지만 현재 있지도 않은 자료를 상정해서 『송서宋書』 기사보다도 더 가치를 부여하는 게 어색해서 말씀을 드린 겁니다. 무엇보다도 요서진출설遼西進出說에 대한 기본사료는 『송서宋書』 백제전百濟傳에 있는 그 사료입니다. 나머지 「양직공도梁職貢圖」나 『양서梁書』, 『통전通典』, 다

른 자료들은 어떻게 보면 참고사항에 불과하죠. 그렇다면 1차적으로 『송서宋書』 백제전百濟傳 기사를 분석을 하되 다만 그것이 후대이 기사를 통해서 어떻게 다르게 나타났느냐 하는 것은 참고로 삼을 수도 있겠지만 그 후대 자료들을 너무 의식할 필요는 없다는 얘기죠. 예를 들면 『송서宋書』에서는 '기후其後', '그 후에'라고 나와 있던 것이 그 뒤에 「양직공도梁職貢圖」에 보면 '진말晉末'이라고 구체적인 시기가 나와 있고 『양서梁書』에는 '진세晉世'라고 하여 진晉나라 시기로 국한시켜 놨습니다. 그다음에 지명의 경우 『송서宋書』 백제전百濟傳에는 '진평군 진평현晉平郡 晉平縣'으로 나와 있는데 후대의 사서史書에는 '백제군百濟郡'으로 되어 있는 경우도 있고 『통전通典』에 보면 그 범위를 구체적으로 '유성柳城과 북평지간北平之間'이라고 밝히고 있습니다. 이처럼 후대에 변화되는 모습이 여러 사서史書에 보이고 있는데 무엇보다도 이 기사의 경우 초출사료로서 『송서宋書』 백제전百濟傳에 더 비중을 둬야 할 것 같습니다. 그러나 이 『송서宋書』 백제전百濟傳 자체도 문제가 많습니다. 예를 들면 제일 먼저 "본여고려구재요동지동천여리本與高驪俱在遼東之東千餘里" 라는 이 기사도 흔히들 연구자들이 초시대적인 기사로 그냥 도입부분에 쓴 것이라고 얘기를 하는데 그 뒤에 '기후其後'라는 기사가 나오는 것을 보면 앞문장과 뒷문장 간에 어떤 시간적인 변화를 보여주는 것 같습니다. 그런데 이 기사는 『삼국지三國志』 동이전東夷傳에서 고구려의 위치를 설명할 때 거의 비슷한 표현으로 나옵니다. 그러니까 고구려가 원래 요동遼東의 이천여 리에 있다, 천여 리에 있다는 기사는 어떻게 보면 '기후其後'라는 그 시점의 앞선 시기의 과거의 일을 쓴 게 아닌가 하는 생각이 들거든요. 아주 알쏭달쏭합니다. 그다음에 '기후其後'라는 것은 학계에서도 강종훈 선생님도 언급하시고 여호규 선생님도 언급하셨는데 많은 사람들이 '기후其後' 시점이 어디냐, 바로 요서영유설遼西領有說의 단서가 되는 그 '기후其後'가 어느 시기이냐의 문제가 논란이 될 것 같습니다. 그다음에 '고려高麗'라는 표현도 '고려高麗', '구려句麗' 등 여러 가지 표현이 있는데 강종훈 선생님이 아까 말씀하신 대로 고구려라는 국호 명칭에서 어떤 시대적인 인식의 반영을 찾을 수 있겠습니다.

그다음에 고구려와 백제가 약유略有했다는 기사인데 그것은 그렇다고 치고요. 그다음에 백제의 '소치所治'라는 기사도 아까 윤용구 선생님이 말씀하셨죠. 이것을 '치소治所'라고 해석했는데 이는 글자 그대로 '다스리는바'로 보는 것이 좋을 듯합니다. 왜냐하면 이는 요서 진평군晉平郡의 범위를 나타내는 것이기 때문에 이것을 기사 그대로 '소치所治'라고 하면 굉장히 큰 범위가 될 테지만 이것을 단순히 '치소治所'로 보게 되면 중심 도읍이라는 뜻으로서 그렇게 넓지 않은 좁은 범위가 될 수 있습니다. 그다음에 진평군 진평현晉平郡 晉平縣 기사도 이 진평군晉平郡 진평현晉平縣이 별개인지 아니면 포함된 개념인지 등등의 여러 가지 기사 자체에 대한 문제점을 갖고 있습니다. 따라서 그 후대 사료는 이러한 인식이 시대에 따라 어떻게 달라지는가에 대한 참고용이지 후대 사료를 가지고 너무 짜 맞추다 보면 마치 『통전通典』에 나오는 관할지역 범위인 유성柳城과 북평지간北平之間이 다 백제군百濟郡의 영역 범위로 잘못 오해할 수 있기 때문에 그래서 『송서宋書』 백제전百濟傳 기사가 갖는 1

차 사료로서의 비중을 말씀드렸습니다.

좌장 노중국 : 예. 좋습니다. 윤 선생님, 양 선생님께서 질문보다는 견해를 얘기했는데 거기에 혹시 덧붙이거나 거기에 설명할 게 있으면 말씀해 주시죠. 소치所治 같은 것에 대해서는 간단하게 말씀을 더 해 주시죠. 윤 선생님 의견은 아닐 것 같은데.

윤용구 : 예. 제 의견이라기보다는 그런 견해가 있는 것을 소개하는 차원으로 말씀을 드렸던 것이고요. 선생님 말씀대로 후대의 사료를 가지고 앞의 시대의 사료를 재단한다는 것은 방법론으로도 잘못된 것인데, 다만 후대에 어떻게 읽었느냐를 유심히 볼 필요가 있다, 그것은 우리가 지금 원사료라고 하는 것을 우리가 읽는 것이 과연 맞는 것인지 틀린 것인지도 사실 반론도 있을 수 있기 때문에 후대 사람들이 그것을 읽었던 방법에 대해서 검토할 필요가 있다는 차원에서 말씀을 드렸고요. 선생님 말씀대로 『송서宋書』 백제전百濟傳이 갖고 있는 사료의 중요성은 부인하기는 어려운 측면이고요. 계속해서 말씀하신 부분도 유념해서 정리할 때 사용하도록 하겠습니다.

좌장 노중국 : 예. 윤 선생님, 진행을 위해서 물어보겠습니다. 『송서宋書』가 만들어진 게 언제죠?

윤용구 : 심약沈約이 441년에서 513년까지 생존했던 사람인데요. 487년으

로 일반적으로 알려져 있습니다.

좌장 노중국 : 「양직공도梁職貢圖」가 만들어진 시기는 대개?

윤용구 : 현재 우리가 보고 있는 「양직공도梁職貢圖」〈그림 13〉는 소역蕭繹이 그린 것으로 되어 있는데요. 소역蕭繹이 한 차례 그린 것은 아니고 두세 차례 보정을 했다고 하는 건데, 양무제梁武帝 즉위 40주년에 맞춰서 아버지를 축하하기 위해서 마지막으로 정리한 게 540년대로 되어 있고요. 처음의 것은 「방국사도方國使圖」라고 해서 양무제梁武帝 초기에 배자야裴子野라는 사람이 그린 것이 백제가 사신을 갔

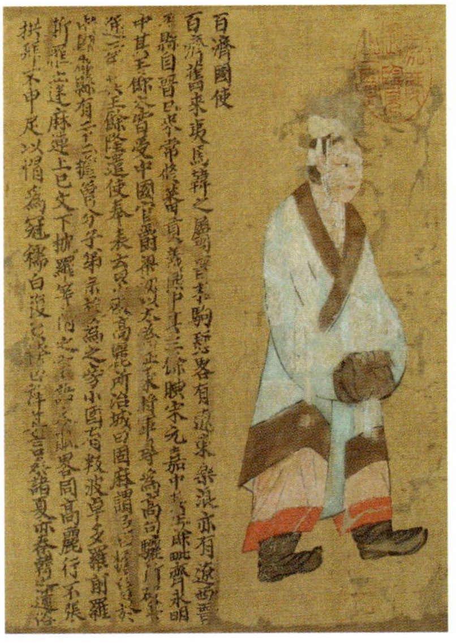

〈그림 13〉 양직공도(梁職貢圖) 백제국사

던 521년 이후에 그 언저리에 1차로 한 번 그렸고 그것을 증보한 형태로 한 것이 540년대가 되겠습니다.

좌장 노중국 : 왜 이것을 여쭤보느냐면 「양직공도梁職貢圖」가 아무리 빨라도 『송서宋書』가 편찬된 시기보다는 늦는 거죠?

윤용구 : 예. 반세기 정도 늦습니다.

좌장 노중국 : 일단 사서史書 편찬 시기가 『송서宋書』가 「양직공도梁職貢圖」보다 빠르다. 그렇게 정리를 할 수가 있는 거죠.

윤용구 : 예. 반세기 정도 빠르다고 볼 수 있습니다.

좌장 노중국 : 예. 좋습니다.

혹시 윤용구 선생님 발표에 대해서 노태돈 선생님 질문할 게 있습니까?

노태돈 : 확실하게 요서경략설遼西經略說의 사료를 정리했기 때문에 별달리 보탤 것은 없습니다.

아까 말씀 중에서 「양직공도梁職貢圖」 기사에서도 '낙랑樂浪'이라는 것을 위로 붙여볼 수도 있습니다. 굳이 해석하자면 진말晉末에 고려가 약유 요동 낙랑畧有遼東樂浪 하니까 백제는 앞에 첫 머리에 백제가 나와 있으니까 백제 또한 요서진평현遼西晉平縣을 차지하였다라고 해석할 수 있습니다.

좌장 노중국 : 아, 끊어 읽기를 달리 하자는 거죠?

노태돈 : 네. 낙랑樂浪을 위로 붙여도 문장이 크게 무리는 없습니다.

좌장 노중국 : 그렇게 읽어본 사람이 있습니까?

윤용구 : 제가 기억하기는 1967년에 김세익의 논문에서[2] 처음 그 독법을 제시한 것으로 알고 있습니다.

좌장 노중국 : 그러니까 구려약유요동낙랑句麗略有遼東樂浪 끊고, 약유略有의 주어는 백제다 이렇게 본 거죠?

윤용구 : 네. 약유요서略有遼西의 주어인 백제는 생략되어 있다고 보고 있습니다.

좌장 노중국 : 예. 그렇게 볼 수도 있다는 견해. 예. 고맙습니다.
그다음에 마지막 발표를 한 강종훈 선생님의 발표에 대해서 노태돈 선생님 말씀해 주시죠.

---

2) 김세익, 1967,「중국 료서지방에 있었던 백제의 군에 대하여」,『력사과학』.

4. 4세기 전반 요하 일대에서의 백제군 활동

1) 4세기 전반 백제의 성장 정도 검토

노태돈 : 우선 강 교수의 발표 내용에서는 내용을 개진하기 위해서 매우 애를 썼다는 느낌이 듭니다. 그런데 굳이 하나 덧붙인다면 백제가 요서지역을 경략經略했다는 찬성 혹은 반대 논의에 대해서 얘기를 할 때에 백제국 자체의 성장 정도를 기준으로 한 번 제시해보는 부분이 필요하지 않았을까. 대체로 아까 봉유封裕의 발원이 345년이고 『통감通鑑』의 부여夫餘 멸망에 관한 기사를 서술한 게 346년인데, 4세기 전반 경에 백제가 요서지역으로 갔을 수 있겠는가 하는 측면에서 찬반을 검토하는 측면을 조금 더 서술해서 넣으면 어떨까 하는 느낌이 듭니다. 345년부터는 백제로 따져서 요서지역까지 가는데 또 시간이 물론 필요하겠죠. 그래서 그런 측면을 고려하면 논의가 좀 더 진전될 수 있지 않을까 하는 생각을 해봅니다. 이상입니다.

좌장 노중국 : 예. 4세기 전반의 백제 상황을 염두에 두면서 검토가 필요하다는 거죠?
예. 강종훈 선생님.

강종훈 : 예. 지적 감사히 잘 들었습니다. 4세기 중반에 백제가 요서지역에 군대를 파견할 정도로 성장을 보이고 있었는가 하는 게 제 논문에

도 전혀 언급이 안 되어 있어서 선생님께서 잘 지적을 해 주신 것 같습니다. 실제로 제가 거기에 대한 생각을 조금 갖고는 있습니다만 이 발표문을 제가 작성할 때 그동안 워낙 두 사료를 신빙성이 없는 것으로 계속 이야기를 해왔기 때문에 일단 이 발표문에서는 그 문제를 확실히 짚고 넘어가는 게 차후에 제가 논문을 쓰는 데 있어서 발판이 되지 않겠나 하는 생각을 가지고 4세기 백제의 상황 등에 대한 언급을 전혀 안 했습니다마는, 제가 마지막 부분에서 제가 갖고 있는 가능성을 탐색을 했을 때 338년을 주목해야 한다고 말씀을 드렸는데요. 사실은 313년에 낙랑군樂浪郡 · 대방군帶方郡이 소멸한 거죠. 한반도 내에서 소멸하고 모용외慕容廆에게 귀부歸附해감으로써 사실상 한반도 내에서 그동안 백제를 비롯한 여러 세력과 접촉하고 있었던 실체가 사라진 꼴이 되어버렸습니다. 저는 거기에서 모든 것이 다 끝났다고는 생각하지 않고요. 모용외慕容廆에게 귀부歸附해 간 세력이 장통張統을 비롯해서 『자치통감資治通鑑』에 나옵니다만 5세기 대에 백제가 송宋이라든지 남제南齊에 파견한 사신使臣들 가운데 성씨를 보면 거의 백제의 원래 토착세력 해解씨라든지 진眞씨라든지 이런 세력보다는 낙랑樂浪 계통 사람들의 성씨가 워낙 두드러지게 나오는 것을 봐서 이 사람들이 그럼 언제 들어왔겠는가를 생각할 필요가 있다고 저는 보고 있습니다. 그래서 저는 4세기 전반에 낙랑군樂浪郡 · 대방군帶方郡의 소멸이 결국 백제에게는 상당히 큰 기회를 주어서, 다시 말해서 낙랑 · 대방계 사람들 가운데에서 모용외慕容廆에게 요서지방으로 간 세력도 있고 또 그 지역에 남아서 고구려의 지배를 받게 된 집단들도 있지만 상당수는 남쪽으로 내려와서 제일 가까운 데에 있는 세력이 라고 할 수 있는 게 백제니까, 그리고 백제가 책계왕責稽王이 대방帶方의 왕녀와 결혼을 했다고 하는 기사를 보면 알 수 있듯이 대방帶方의 왕녀인 보과寶菓가 책계왕責稽王의 왕비가 되었다고 하는 기록을 보면 이미 백제와 낙랑군樂浪郡·대방군帶方郡과의 관계라고 하는 것은 유사시에 언제든지 내려올 수 있는 여건은 되어 있지 않나 하는 생각을 갖고 있고요. 그리고 실제로 『삼국사기三國史記』 신라본기新羅本紀도 기림왕基臨王대에 낙랑·대방인樂浪·帶方人들이 귀복歸服해 왔다는 기사가 있고 또 궁월군弓月君이라고 해서 『일본서기日本書紀』에도 일본으로 건너간 낙랑계樂浪系 주민들의 기록이 있습니다. 그래서 지금 사실은 『삼국사기三國史記』 백제본기百濟本紀에 그 흔적이 남아 있지는 않다 하더라도 상당수의 낙랑樂浪 계통의 이주민들이 백제로 흡수됐을 가능성이 매우 높다고 판단하고 있습니다. 그래서 그 세력들이 결국 중간에 역할을 했을 가능성이 크지 않겠나. 그게 338년 군대가 가게 되는 데 아주 중요한 고리역할을 했지 않았을까 생각을 갖고 있습니다만 어쨌든 제가 이번 발표문에서는 그 생각을 드러내지 않았기 때문에 선생님께서 궁금해 하셔서 저한테 지적을 해 주신 것 같습니다. 제 생각을 짧게 이야기를 드리면 이 정도가 되겠습니다.

좌장 노중국 : 앞으로 더 쓰시겠지요. 예. 혹시 또 더 질문하실 게 있습니까?

2) 『남제서』의 동성왕 표문 해석과 『진서』의 입전 체제

양기석 : 강 선생님 발표를 듣고 『남제서南齊書』에 나오는 위로魏虜 문제가 전에도 저뿐만 아니라 연구자들도 많이 비슷한 인식을 하고 있었는데 이번에 표문表文의 내용에서 나오는 것과 또 사관史官이 쓴 내용을 명확히 구분을 해서 이것은 백제 측에서 한 것이고 저것은 사관史官이 잘못되었다고 하는 것은 참 좋은 지적이라고 생각이 됩니다. 어떻게 보면 같은 『위서魏書』에도, 노중국 선생님이 전에 지적을 하셨던 것 같은데 고구려와 '험윤獫狁' 같은 세력을 열거하는 가운데 두 나라가 병기된 사료가 『위서魏書』에 있습니다. 그런데 『남제서南齊書』의 기사에서는 백제 측에서 험윤獫狁이라고 지적한 것이고, 『위서魏書』에서 험윤獫狁이라고 지적한 것은 북위北魏 측에서의 표현이기 때문에 조금 다른 개념으로 봐야 합니다. 그것은 구별이 될 수 있을 것 같습니다. 사관史官의 두찬杜撰이라는 증거가 전제되지 않는 한 말입니다. 상대국을 오랑캐라고 표현하는 방법은 여러 가지 나올 수가 있겠죠. 472년에 개로왕蓋鹵王이 북위北魏에 보낸 외교문서에도 같은 문장 안에 고구려를 폄칭貶稱하는데 이리와 승냥이豺狼라고 표현을 하고 장사長蛇, 즉 긴 뱀이니 뭐니 욕을 하기도 하고 머리가 작은 나라라는 식으로 욕을 해대는 것과 똑같은 맥락에서 보면 나라마다 폄칭貶稱을 달리할 수도 있겠습니다. 이처럼 『남제서南齊書』에 나오는 백제와 위로魏虜와의 전투 기사를 강 선생님처럼 보게 되면 오히려 고구려와 백제와 싸운 것으로 볼 수도 있겠습니다. 『삼국사기三國史記』 동성왕東城王 때 백제가

고구려와 몇 차례 전투가 벌어지잖아요. 그래서 『남제서南齊書』에 나오는 이 기사를 고구려와 관련시켜 볼 때 백제가 이 시기 고구려와 전투한 또 하나의 사례로 연결시킬 가능성도 높다는 생각이 들었습니다.

좌장 노중국 : 그럼 양 선생님도 여기에 나오는 험윤獫狁이나 흉리匈梨는 북위北魏가 아니고 고구려를 가리키는 것으로 보는 강 선생님 생각에 동감한다는 얘기죠?

양기석 : 예. 그동안 간과를 했습니다. 그럴 가능성은 있었는데 이번에 다시 확인을 하게 됐습니다.

두 번째는 여기에 보면 백제가 군사를 파견을 했는지 부여씨扶餘氏 후손들의 반란 때 했는지는 확인할 수가 없습니다. 또 그 당시 정세로 봐서 고구려와 대립항쟁을 하는 상황이었기 때문에 일정한 군사력을, 더구나 뱃길을 통해서 지원한다는 것은 참 현실적으로 쉽지 않습니다. 그러니까 군대만 가더라도 병력만 가는 게 아니라 말도 가야하고 보급치중부대補給輜重部隊도 가야하고 하면 이것들을 수송할 많은 선단船團이 필요하거든요. 이럴 경우 고구려 영해를 어느 정도 지날 수밖에 없었을 텐데, 어쨌든 갔는지 안 갔는지는 모르지만 한 발 물러서서 넓게 생각을 한다면 근초고왕近肖古王이 372년에 동진東晉으로부터 영낙랑태수領樂浪太守라고 책봉冊封을 받지 않습니까. 그리고 백제 왕실이 부여씨扶餘氏를 표방을 한 것으로 보고, 또한 이 시기부터 고구려와의 항쟁이 격화되면서 누가 더

동명의 권위를 정통으로 계승한 적자냐 하는 명분싸움이 암암리에 있었던 것 같아요. 이런 상황하에서 백제가 요서지역의 동태를 면밀히 파악하고 있었다면 고구려를 배후에서 견제하기 위해 그 쪽에 지원을 해 주었을 가능성도 배제할 수 없습니다. 이때 백제의 지원이 군대 지원의 형태로 이루어졌는지 여부는 제가 확인할 수는 없습니다. 어떤 형태든 백제가 지원을 했다는 것이 밝혀진다면 하나의 가능성은 있을 수 있을 것 같습니다.

그리고 세 번째는 362페이지 『진서晉書』에는 부여전夫餘傳이 있고 마한전馬韓傳, 진한전辰韓傳 등이 입전入傳되어 있지만 백제전百濟傳은 없습니다. 『진서晉書』라는 책이 7세기 당나라 때 편찬된 책인데 이미 백제와 전쟁도 치른 나라이고 따라서 백제에 대한 정보를 나름대로 많이 알고 있었을 텐데 백제전百濟傳이 빠진 이유에 대해서 발표자는 주注를 달아서 나름대로 설명을 했잖아요. 그렇지만 그 해석은 달리 할 수도 있겠습니다. 『진서晉書』에서 백제전百濟傳이 빠진 이유는 여러 가지 해석이 있을 수 있겠습니다만 아마 통일제국 당나라가 오랫동안 혼란시기인 16국 남북시대를 극복하면서 오히려 자기들의 정통을 서진西晉 쪽으로, 분열되기 이전의 서진西晉 쪽으로 연결시키려는 의미에서 서진西晉 때 마한馬韓과 줄곧 교섭을 했던 그런 경험과 인식 때문에 백제전百濟傳을 빼지 않았을까 생각합니다. 우리가 동이전東夷傳을 읽다 보면 그런 의견이 있기도 합니다. 참고사항입니다.

좌장 노중국 : 아마 거기에 고구려도 빠져 있죠?

양기석 : 백제전百濟傳이 빠져 있어요.

좌장 노중국 : 백제전百濟傳도 빠져 있습니다. 그리고 『진서晉書』에는 고구려전高句麗傳도 빠져 있죠?

강종훈 : 빠져 있습니다.

좌장 노중국 : 예. 이것은 양 선생님 개인 의견의 피력입니다. 강 선생님이 답변하기 전에 중국사 하시는 분께 물어보겠습니다. 홍승현 선생님이나 최진열 선생님께. 지금 329쪽, 330쪽에 『남제서南齊書』의 해당 기사가 나오고 있습니다. 여기에 '위로魏虜', '노군虜軍', '험윤獫狁', '흉리匈梨' 등의 용어가 나옵니다. 강 선생님이나 양기석 선생님은 해석을 할 때 험윤獫狁이나 흉리匈梨 이것은 기본적 1차 자료이고 이것이 지칭하는 것은 고구려다. 위로魏虜라고 하는 북위北魏는 뒤의 2차 자료이기 때문에 후대 사람의 해석인 것이고, 원래 것은 흉리匈梨가 험윤獫狁이고 이게 지칭하는 것은 고구려다. 이래야 『삼국사기三國史記』의 모습과 맞아 들어간다고 해석을 한 것입니다. 여기에 대해 두 분이 생각을 같이 하는데요. 중국사 하시는 입장에서 봤을 때 험윤獫狁이나 흉리匈梨는 어떨 것 같아요? 홍 선생님 생각 있으시면 말씀해 주시죠.

홍승현 : 학교 때 이 기사와 관련해서 보고서를 한 번 쓴 적이 있었는데요. 그때 고구려를 썼던 기억이 있습니다. 기본적으로 정황상 사실 백

제와 북위北魏가 전쟁을 하는 것 자체는 어려웠던 게 사실이었기 때문에 그렇게 보기보다는 고구려와 했던 것을 자랑스럽게 보고 하고 그것을 받아서 자기네 사료에 집어넣었던 정황을 가지고서 고구려로 그때 설명을 했던 기억이 있고요.

좌장 노중국 : 홍 선생님도 결론적으로 얘기하면 강 선생님과 생각이 같다는 얘기죠?

홍승현 : 예. 그렇습니다.

좌장 노중국 : 최진열 선생님, 어때요?

최진열 : 솔직히 말해서 잘 모르겠는데 그 뒤에 나오는 흉리匈梨라고 하는 단어를 보면 '리梨'가 분명히 고구려의 '려麗'자와 같은 단어여서 '흉한 고구려'라는 뜻은 분명히 맞는 것 같습니다. 그런데 그 앞에 있는 험윤獫狁이라고 하는 단어를 과연 고구려라고 했을까. 당나라 시대 때 고구려에 대한 이칭들을 보게 되면 험윤獫狁이나 흉노匈奴라는 단어는 등장하지 않고, 흉노匈奴나 험윤獫狁이나 이런 단어들은 주로 당나라 시대 때 북방에 있었던 유목국가인 돌궐突厥이나 위구르迴紇를 지칭합니다. 따라서 상당히 낯선 표현입니다. 지금 문맥상으로는 분명히 고구려일 가능성이 많아 보이기는 합니다. 그러나 일단은 그게 확증이 될 수 있으려면 다른 사서史書나 남북조시대南北朝時代 때 묘지명에서 험윤獫狁이 고구려뿐만 아니라 북방유

목민, 당시의 유연柔然이라든지 그런 집단들이 아닌 다른 집단들을 지칭하는 용례가 발견되어야 합니다. 그렇다면 지금 발표자께서 하시는 주장이 조금 더 맞을 가능성이 높다고 생각을 합니다.

그리고 '정로장군征虜將軍' 문제입니다. 정로장군征虜將軍을 이민족을 정벌하는 장군으로 굳이 풀어서 해석을 하셨습니다. 그런데 위진남북조魏晉南北朝시대 때부터 보면 원래는 위진남북조魏晉南北朝 이전 전한前漢, 후한後漢 때까지는 장군이라고 하는 사람은 한두 명밖에 없습니다. 주로 평상시에는 설치를 하지 않게 됐는데 위진남북조魏晉南北朝시대는 전쟁이 많아지고 하다 보니까 장군이라는 칭호를 많이 주게 되면서 이 칭호 자체가 일종의 계급으로 됩니다. 그래서 정로장군征虜將軍은 종3품從三品의 벼슬입니다. 정로장군은 품계와 명칭이 정해진 벼슬이기 때문에 품계에 맞는 사람들한테 주는 벼슬입니다. 이게 꼭 이민족(오랑캐)과 싸우는 장군이라고 하는 뜻으로 해석하는 것은 약간의 재고의 여지가 있다고 생각합니다.

좌장 노중국 : 강 선생님, 혹시 세 분의 의견에 대해서 더 할 얘기 있습니까?

강종훈 : 마지막의 정로장군征虜將軍 이야기는 추후에 제가 고려하겠고요. 실제로 저는 그 당시 송宋이라든지 남제南齊에도 정로장군征虜將軍을 실질적으로 제수除授를 하고 있었기 때문에 정로장군征虜將軍이라고 하는 것이 백제의 사람에게 제수除授되는 것을 볼 때 남제南齊의 입장 그리고 소자현蕭子顯이 나중에 『남제서南齊書』를 만들 때 '로虜'라는 것에 조금 구애되었을 가능성이 있지 않겠나 하는 정도에

서 제가 언급을 했던 겁니다. 그러니까 표현을 제가 더 오해하지 않도록 보충을 하도록 하겠습니다.

『진서晉書』에는 백제전百濟傳도 빠져있고 고구려전高句麗傳도 빠져 있고 사실 『삼국지三國志』에 나와 있었던 동이전東夷傳에 수록되어 있던 것 중에서 부여夫餘, 마한馬韓, 진한辰韓 그리고 왜인전倭人傳까지 들어있습니다만, 실질적으로 고구려전高句麗傳이 빠져 있다고 하는 게 『진서晉書』가 정말 체재 측면으로 제대로 된 사서史書인가 하는 의심을 해볼 수가 있죠. 고구려전高句麗傳이 없기 때문에 백제전百濟傳이 빠져 있는 것은 저 개인적인 생각으로는 상식적으로 이해할 수 있는 것이 아니겠나 하는 생각이 듭니다만, 실제로 645년에서 647년 사이에 당태종唐太宗의 칙명勅命에 의해서 『진서晉書』가 편찬될 때 이전에 『진서晉書』 혹은 『진사晉史』라고 하는 이름의 책들이 꽤 있었는데 여러 책들이 산일散逸되어 있는 상태였습니다. 그래서 『진서晉書』라고 하는 새로운 책을 칙명勅命으로 만드는 과정에서 뭔가 열전列傳에 사이전四夷傳이 들어가 있어야 하는데 그때 참고했던 책이 갖고 있었던 한계를 반영한 게 아닌가 하는 생각을 갖고 있습니다. 그리고 모용황慕容皝 재기載記를 비롯해서 재기載記 부분은 제가 여기 써놨습니다마는, 최홍崔鴻의 『십육국춘추十六國春秋』를 비롯해서 그 부분을 채워 넣는 데 필요한 자료는 사이전四夷傳에 들어갈 자료하고는 별개로 있었던 것이 아닌가 하는 생각을 저는 좀 하고 있는데 그러다 보니까 이게 일종의 짜깁기 형태로 책이 만들어지는 과정에서 이런 현상이 발생되지 않았을까 생각을 합니다. 그래서 모용황慕容皝 재기載記에 백제가 언급되고 고구려가 워낙 많이 언급됐는데도 불구하고 『진서晉書』에 고구려전高句麗傳이나 백제전百濟傳이 없는 것은 애초에 편찬과정에 가지고 있었던 자료의 문제를 반영하는 게 아닌가 하는 생각을 하고 있습니다.

좌장 노중국 : 예. 고맙습니다. 발표에 대해서 토론자들의 궁금한 사항들을 질문했는데요. 저한테 주어진 게 50분까지인데, 방청석에서 지금 발표자한테 혹시 질문할 사항 있으면 한 분 내지 두 분 정도 받아보겠습니다. 고민을 해놨다가 종합 토론 때 해 주셔서도 괜찮고요. 1부 토론을 끝내기 전에 이왕 『남제서南齊書』 얘기가 나왔기 때문에 한 가지 여쭤보겠습니다. 330쪽을 봤을 때 이 문장 전체로 보면 세 번째 줄 '붕약해탕崩若海蕩'이라든가 '경폭도흉鯨暴韜凶' 그다음에 다섯 번째 줄의 '우발대방又拔臺舫', 이런 것들은 해전海戰과 관련된 표현이라는 느낌이 드는데요. 어떨까요?〈그림 14〉 '대방臺舫'이 뭔지 생각하신 분이 있으면 말씀해 주세요. 마무리 겸해서 물어봅니다.

박순발 : 아까 대臺자가 나왔는데요. 이 대臺자하고 아까 유대留臺하는 것과 연관이 있습니다. 대臺라고 하면, 남경南京에 가면 도성의 그것을 대성臺城이라고 해요. 대성臺城이 뭐냐면 중앙정부가 있는 곳을 대臺라고 합니다. 그래서 대군臺軍이라고 하면 지방군이 아니고 중앙군을 파견할 때 대군臺軍이라고 말하고요. 유留는 유수留守이죠. 그러니까 말하자면 개경유수開京留守 할 때, 서울 한양으로 천도한 뒤 개경을 유수留守하는 직임이고 그가 관할하는 관부가 유수부留守府라는 말이죠. 유수부留守府가 있는, 말하자면 중앙정부라는 뜻이죠.

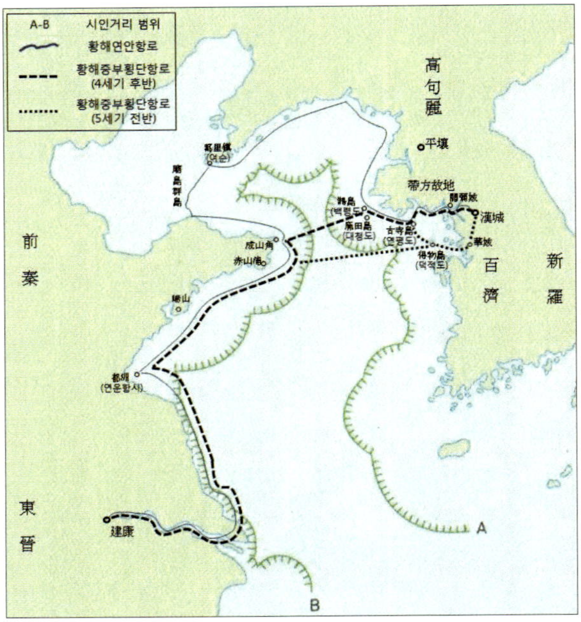

〈그림 14〉 4세기 후반~5세기 전반 백제항로(임동민, 2014)

그런 차원에서 보면 대방臺舫은 뭐냐. 대臺는 중앙이라는 뜻이고요. 방舫은 뭐냐면 여기에 주舟자 옆에 방方자가 들어가는 것은 배 두 척을 가지고 병행시켜서 갑판을 횡량橫梁으로 연결시켜서 하나로 만드는 방식입니다. 한대漢代 이후로 중국 조선造船에 많이 등장하는 겁니다. 말하자면 많은 하중을 적재할 수 있고 그 위에 누각 같은 것을 세우고 하는 것인데 그런 선종船種을 지칭하는 것입니다. 그래서 대방臺舫이라고 표현한 것은 바로 요즘으로 하면 'flagship'이라고 할 수 있죠. '지휘함'일 가능성이 높습니다. 말하자면 '중앙군의 대방臺舫'. 제가 볼 때는 그렇습니다. 방舫에 대해서 얼마 전에 논문을 쓰면서 고민을 좀 해봤기 때문에 드리는 말씀입니다.

강종훈 : 선생님이 말씀하신 것처럼 바다를 연상시키게 하는 문구들이 몇 개 보이고 있죠. 그래서 실질적으로 수전水戰도 일어났을 가능성이 없지는 않다고 판단이 됩니다만 『남제서南齊書』를 편찬한 소자현蕭子顯이 이 표문表文을 읽고서 '기병騎兵 수십만을 징발해서 백제의 경계 내로 깊숙이 쳐들어 왔다.'고 요약을 먼저 해놨기 때문에 육전陸戰의 가능성 자체를 배제할 수 없다고 생각되고요. 여기에 보시면 '강시단야僵尸丹野'라는 표현도 함께 들어있습니다. 이것은 육전陸戰과 해전海戰이 함께 있었을 가능성이 큰데, 해전海戰의 경우는 우리가 흔히 이해하는 것처럼 보급의 문제가 걸려있기 때문에 깊숙이 들어왔을 때 해상을 통한 물자수송의 가능성을 여기서 한 번 엿볼 수 있지 않겠나 하는 생각은 갖고 있습니다. 그런데 기본적으로는 이런 문구들로 인해서 전쟁 자체가 육지에서는 일어나지 않았다고 우리가 단정하기는 어렵지 않겠나 하는 생각을 갖습니다.

좌장 노중국 : 제가 질문을 드리기보다 혹시 참고가 된다면 좋겠다는 생각에서 말씀드린 것입니다. 앞서 강 선생님이 동성왕東城王의 표문表文은 1차 자료이고 그다음에 '시세是歲' 이렇게 나오는 것은 사서 편찬 과정에서 들어간 제2차 사료라고 했습니다. 사실 2차 자료에서 '기병騎兵 수십만'이라고 했기 때문에 그게 기병전騎兵戰을 치른 것처럼 이해되기도 합니다. 그렇지만 동성왕東城王의 표문表文 그 자체로 보면 기병전騎兵戰보다는 해전海戰일 가능성이 크다는 것입니

다. 또 해군을 데리고 와서 육지에 내려 싸움도 하는 형태일 수도 있다는 것입니다. 그러니까 고구려와 싸웠든 북위北魏와 싸웠든 간에 표문表文 자체에 중점을 맞추어서 전쟁 모습을 그려보는 것도 필요하지 않을까 하는 생각이 들어서 말씀을 드려본 겁니다.

제가 여태까지 사회를 맡으면서 시간을 이렇게 맞춰본 것은 처음이네요. 딱 3시 50분입니다. 1부 종합토론은 제 자신이 종합적으로 평가하면 좀 밋밋하게 끝난 것 같습니다. 그래서 2부에서 좀 더 치열한 토론이 될 수 있도록 해보겠습니다. 잠시 쉬고 4시에 다시 시작하겠습니다. 감사합니다.

(장내 박수)

Ⅱ. 백제와 요서지역의 관계

좌장 노중국 : 2부 토론을 시작하겠습니다. 1부는 조금 전에 본 대로 발표자에 대해서 토론자들이 궁금한 사항들을 서로 묻고 답하는 형식이었습니다. 2부는 제가 주제를 정해서 얘기하는 것으로 하겠습니다. 역사해석은 관련 사료를 어떻게 보느냐에 따라서 내용서술이 상당히 달라질 수가 있습니다. 이른바 백제의 요서진출遼西進出과 관련한 사료 자체는 사실 몇 개 되지는 않습니다. 먼저 이 사료를 어떻게 해석할 것인지에 대해 각자의 생각들을 들어보기로 하겠습니다.

두 번째로 백제가 이른바 요서로 진출進出했느냐 안 했느냐. 했으면 한 대로 안 했으면 안 한 대로 이른바 요서라는 지역이 특정한 시기에 어떠한 상황에 있었는지 또 요서라는 범위를 어느 정도로 봐야 할 것인지에 대해 이야기를 나누어 보도록 하겠습니다.

마지막으로는 기본 자료에 대한 해석이나 생각의 교환이 될 것 같은데요. 기본 자료인 『송서宋書』 백제전百濟傳이 보여주는 백제 또는 『진서晉書』 모용황慕容皝 재기載記에 실려 있는 봉유封裕의 상서문上書文에 보이는 백제를 어떻게 각자가 이해하고 있는지 그 생각을 들어볼까 합니다.

그리고 방청석에 계신 분 중에서는 혹시 이 토론과 관련해서 질문할 사항이 있으면 메모를 해서 박물관 측에 전달해 주면 뒤에 질문할 수 있는 시간을 드리도록 하겠습니다.

먼저 본격적인 토론에 들어가기 전에 몇 가지 점검을 하겠습니다. 오늘 이 주제가 「백제와 요서지역」입니다. 그런데 발표문들을 보면 '요서진출遼西進出', '요서경략遼西經略' 또는 '요서영유遼西領有' 이런 표현들이 나옵니다. 이러한 표현들이 동일한 의미를 가지는 것으로 보는 것인지 또는 의미상에 차이가 있다고 보는 것인지에 대해 한 번 얘기를 해봤으면 좋겠습니다. 임기환 선생님이 현재 자리에 없습니다만, 윤용구 선생님은 따옴표를 하면서 「'요서진출설遼西進出說'의 문헌적 검토」라고 하셨군요. '진출進出', '경략經略' 또는 '영유領有' 이런 다양한 용어들이 갖는 개념상의 차이를 혹시 얘기해 줄 수 있으면 좋겠네요.

1. 용어 설정 및 교과서상 서술에 대한 문제 제기

윤용구 : 사실여부를 확정할 수 없는 사료 상태였기 때문에 그것을 어떤 쪽

의 개념규정을 둔다는 것은 사실 저는 깊이 생각을 못 해봤습니다. 다만 그동안에 논문에서 표현들을 쓰고 있는 분들의 글의 뒷면에서 의도한 바는 좀 생각해봤는데요. 사료상으로는 분명하게 '약유略有' 또는 '거유據有'로 되어 있기 때문에 점령占領이나 정복征服이나 거점을 확보하고 일정기간 지배를 한 표현 외에 다른 해석은 여지가 없다고 생각합니다. 다만, 사료 자체가 당시의 역사적인 흐름이나 전후 배경이 설명이 안 되다 보니까 사료는 있고 그 내용은 불분명하니까 정복征服이나 영유領有의 개념보다는 일단 진출進出이라고 하는 조금 막연하고 약간 약한 표현으로, 이렇게도 볼 수 있고 저렇게도 볼 수 있는 여지를 두기 위해서 진출進出이라는 표현을 썼습니다. 어제도 잠깐 사적으로도 말씀을 하셨습니다만, 이 표현은 논문 제목상으로는 1971년 방선주 선생님이 처음 사용하신 것으로 되어 있고요. 그 뒤에 70년대에 많은 분들이 '요서진출遼西進出' 또는 '북중국진출北中國進出'이라는 표현들을 써 왔던 것으로 알고 있습니다. 경략經略이라는 표현은 1950년대 화전박덕和田博德에서부터 김창기 선생님 이래 지금까지도 쓰고 있는 표현이고요. 경략經略이나 영유領有는 동일한 의미로 사용하신 것 같습니다. 이상입니다.

좌장 노중국 : 고맙습니다. 혹시 윤용구 선생님 정리한 것에서 덧붙일 분이 있습니까?

노태돈 : 이 문제에 대해서 제 생각은 정답은 경략經略이냐 진출進出이냐 약

유略有냐 이런 면보다도 오늘 첫머리 발표에서 임기환 선생님이 교과서에서 나타난 백제와 요서의 관계에 대한 서술 부분을 가지고 이 회의의 서두를 열었습니다. 오늘 학술회의에서 가장 기대되는 부분이 교과서의 서술에 대한 논의입니다. 실제 현행 교과서에 관한 임기환 선생님의 언급처럼, 요서경략설遼西經略說의 진위를 학계에서 충분히 논하고 그 가부可否에 대한 어떤 의견이 모아지기도 전에 이것이 먼저 교과서상에 등장했습니다. 그래서 오늘 학술회의를 마무리할 때는 순서는 어떻게 할지 모르겠습니다만, 이 부분에 관한 의견을 분명히 할 필요가 있습니다. 현재 교과서처럼 백제의 요서진출遼西進出이든 경략經略이든 약유略有이든 간에 그것을 서술할 것인지, 아니면 교과서에서 서술하지 않는 방향으로 의견을 모아보든지에 대한 논급이 있어야 하겠습니다. 물론 우리가 결정한다고 해서 이것이 무슨 구속력을 가지는 것은 아닙니다만 적어도 학계의 의견을 모으는 데는 하나의 디딤돌이 될 수 있으리라고 봅니다.

그래서 이것은 요서경략설遼西經略說 혹은 진출설進出說에 대해, 일단 현 단계에서 교과서에 이 부분을 서술할 것인지에 대한 의견을 먼저 나누어보고, 만약 교과서에 이것을 싣자고 한다면 어떤 표현이 좋겠는가 하는 식으로 나누어 논의해보는 것이 좋지 않을까 합니다.

좌장 노중국 : 혹시 양 선생님 애기할 것 있으세요?

양기석 : 사실 교과서 문제가 나왔습니다만 제가 5차, 6차 중학교 국사교과서 집필자입니다. 그때는 일정한 지침이 있었어요. 거기에 쪽수별로 어떤 내용을 어떤 개념으로 어떻게 써야 한다는 것으로 되어 있어서 그 지침에 준해서 글을 쓰다 보면 필자가 어떻게 할 여지가 없어요. 거기에 지도나 사진이 들어가고 여러 가지 참고 자료가 들어가다 보면 여지가 없었는데 이게 어려운 부분입니다. 그래서 그때도 삼청동인가 어디에서 한국사학계의 원로 분들인 이기백 선생님이나 유영익 선생님 등과 같은 많은 분들이 참여하셔서 교과서에 수록될 용어나 여러 가지 쟁점이 될 만한 사항들을 쭉 검토를 하셨습니다. 그때 요서경략설遼西經略說에 대한 부분에 대해 갑론을박 논쟁이 있었습니다. 찬성/반대 한참 논쟁이 벌어졌는데 그때 아마 이기백 선생님이 "어차피 우리 기록도 아니고 중국에 나와 있는 것이니까 문제는 조금 있지만 실어도 큰 문제가 안 될 것이다."는 한마디에 그 논쟁이 끝났어요. 그래서 3차, 4차에 이어서 요서영유설遼西領有說이 기록이 되었지만 그 내용은 교육과정 단계마다 조금 차이가 있습니다. 그런데 제가 보기에는 진출進出이냐 경략經略이냐는 뉘앙스의 차이일 뿐인데 저도 옛날에는 80년대와 90년대에 이 쟁점에 대해 두 번에 걸쳐서 쓸 때가 있었습니다. 처음에는 다소 좁혀보았다가 나중에는 그 대상지역이 요서지역만이 아니고 산둥山東 또는 양자강揚子江 지역에까지 포괄된 것으로 사료에 나오니까 요서지역이 너무 제한된 범위라고 해서 나중에는 '중국대륙진출설中國大陸進出說'이라는 말로 썼습니다. 그런데 요즘 와서 곰곰이 생각해 보니까 최치원崔致遠의 『삼국사기三國史記』에서

백제가 장강長江 지대나 산둥山東 지역 등 여러 군데에서 중국의 큰 두통거리가 되었다는 기사라든가 『남제서南齊書』 앞에 결락된 부분을 보완한 것으로 보는 『건강실록建康實錄』 기록들이 거의 후대에 백제, 고구려가 망하고 많은 사민徙民들이 중국으로 끌려가는 상황 속에서 야기된 현상과 맞물려서 확대 적용된 데에서 '백제의 중국 대륙진출中國大陸進出'이라는 말이 생겨나지 않았을까 하는 생각이 들고 있습니다. 그리고 사료에는 백제가 요서지역을 경략經略했다고 나와 있지만 백제가 고구려와 대치할 때 바다를 건너 과연 군대를 파견할 수 있었겠는가 등등 깊이 생각해 보면 너무 지나친 측면이 있지 않을까 하는 생각이 듭니다. 이와 관련된 증거가 나올 때까지 잠정적으로 백제의 요서진출설遼西進出說을 군사적 측면이 아닌 경제적 측면 즉 백제의 대외무역활동이라는 측면에서 받아들이면 어떻겠는가 하는 생각이 듭니다.

좌장 노중국 : 진출進出이라는 게 나아갈 진進자에 나아갈 출出자인데 어떻게 나아간 거예요?

양기석 : 그 실체가 밝혀지지 않는 이상 그것을 지금 당장은 어떻게 성격을 지을 수는 없겠지요.

좌장 노중국 : 나아갔다고 하였을 때 또는 진출進出이라 하였을 때 군대가 나아갔느냐는 점이지요. 백제가 요서로 진출進出했다 또는 일본 열도로 진출進出했다 하기도 하고, 일본 쪽에서는 왜가 한반도로 진출進

出했다고도 하고 있는데요. 이렇게 진출進出했다고 하였을 때 진출進出에는 어떤 의미가 부수적으로 담겨 있느냐 하는 것입니다.

양기석 : 글쎄요. 그런 문제점도 있습니다. 잠정적으로 일단 '진출進出'이라고 해놓고 더 연구성과가 나오면 그때 보완하는 것이 나을 것 같습니다. 어차피 현행 교과서에 실려 있고, 이를 배웠던 사람들이 많은 이상 그것을 당장 없애기는 어렵습니다. 그렇다고 단정적으로 '있다', '없다' 이런 식으로 얘기하면 거기에 반론을 가진 사람들이 또 항의를 하는 등 여러 문제가 있으니까 잠정적으로 사용하자는 것이지요.

박순발 : 사실 제가 국어학을 하는 것은 아니지만 우리가 국어 공부를 해온 입장에서 보면 진출進出이라는 것은 앞에 주어가 있어야 하는 술어 부분 아닙니까. 그리고 나머지 영유領有 이런 것은 뒤에 목적어가 있어야 하는 것 아니겠어요? 그러니까 진출進出이라는 것은 단지 주어가 어디로 갔다는 표현일 뿐이고 영유領有라는 것은 뒤에 뭔가 있어야 해요, 아시다시피. 어디를 영유領有했느냐. '영領'은 영토할 때 그거니까 실제 말하자면 자기가 국내를 지배하는 것처럼 행정 시스템이 가동될 수 있는 정도가 영유領有가 되겠죠. 뒤에 영유요서領有遼西가 되겠죠. 그런데 앞에는 진출進出은 백제 진출進出, 그러니까 진출進出했다는 것은 그야말로 그게 무엇을 하러 갔는지는 몰라요. 그런 점에서 일본에서 가령 대륙진출大陸進出, 한반도를 합방한 것을 진출進出이라고 표현을 하는데 사실은 진출進出 그 자체는

어디로 갔다는 것만을 표현하는 애매한 것이지요. 그런데 과연 그런 것이 타당하느냐는 문제는 사학계만의 수위조절 문제는 아니고 전체 국어 체계 속에서 진출進出과 영유領有 이런 것들을 검토하는 게 맞다고 봅니다.

좌장 노중국 : 사실 그렇게 보면 아무 의미가 없는 용어가 될 수도 있지요. 요동遼東으로 갔다고 할 때 뭐 하러갔느냐, 갈 때 혼자 갔느냐 아니면 군대를 거느리고 갔느냐 하는 것 등을 생각해 볼 수 있는데 이런 복잡한 내용들을 다 빼고 진출進出이라고 하니까 어느 면에서 맛이 하나도 없는 것 같습니다. 한편 『송서宋書』에는 약유略有라는 표현이 나오는데 이 표현은 상당히 군사적인 성격을 강하게 띠고 있는 것 같습니다. 그러면 과연 군사적인 측면을 강조해야 할 것이냐 하는 것이죠. 그런 것이 아니라고 하면 진출進出이라는 표현은 군사적인 성격을 조금 낮춰보고 탈색시켜 보려는 의도에서 쓴 것 같은 것으로 이해할 수 있겠네요. 이를 어떤 식으로 표현하면 좋을지에 대해서는 뒤에 다시 한 번 의견을 나누어 보도록 하겠습니다.

2. 백제 요서진출의 시간적 범위

좌장 노중국 : 두 번째로 오늘의 주제와 관계되는 자료는 발표문 9쪽에 있는 윤용구 선생님이 정리한 발표문으로 하겠습니다. 여기에는 ①, ②, ③, ④가 나옵니다. 또 봉유封裕 상서문上書文은 340쪽에 수록된 강

종훈 선생님의 발표문에 전문이 다 실려있습니다. 오늘의 주제인 요서진출설遼西進出說과 관련해서 핵심이 되는 자료는 『송서宋書』 백제전百濟傳과 봉유封裕 상서문上書文이 될 것 같은데요. 이게 가리키는 시간 범주입니다. 오늘 논의를 위해서 필요한 부분입니다. 봉유封裕 상서문上書文은 345년에 올려진 것입니다. 따라서 345년은 상서문上書文을 올린 해이고 북위가 구려句麗, 백제, 단부段部, 우문부宇文部 사람들을 붙잡아온 것은 그것보다 이전일 것입니다. 얼마나 이전일 것인지는 단정하기 어렵겠습니다만 그래도 논의를 위해 시간설정을 해본다면 봉유封裕 상서문上書文은 4세기 전반으로 설정해도 괜찮지 않을까 합니다. 괜찮겠죠? 두 번째로 『송서宋書』 백제전百濟傳에서는 백제가 요서를 약유略有했다고 하고 있습니다. 이 시점이 대략 어느 때쯤 될까요. 여기에 대해서 강종훈 선생님 생각 있으면 말씀해 주시죠.

강종훈 : 예. 실은 이 문제는 제가 지난번 논문에서 385년으로 추정을 했기 때문에 지금 봉유封裕 상서문上書文에 나와 있는 백제의 군사활동하고 별개로 봐야 한다는 입장을 갖고 있습니다. 그러니까 여기 보시면 『송서宋書』에서부터 시작해서 『양서梁書』 그다음에 「양직공도梁職貢圖」에 이르기까지 백제가 요서를 약유略有했다고 하는 것에 바로 앞서서 고구려가 요동遼東을 약유略有했다고 하는 것이 항상 같이 패키지로 묶여서 나오고 있거든요. 그래서 그것을 생각을 했을 때는 일단 백제가 어느 시점에 갔겠느냐를 따지기에 앞서서 고구려가 요동을 언제 차지했는가를 살펴보는 것이 이 문제를 풀어가

는 열쇠가 된다고 판단을 했습니다. 그래서 제가 사실은 요동지역에 대한 고구려의 지배가 완전히 실현된 것은 다 아시다시피 광개토왕廣開土王 시기입니다만 385년 고국양왕故國壤王 시기에 후연後燕의 요동遼東지역에 대한 통제력이 일시적으로 무너지는 시기가 있습니다. 그래서 그 기록에 의하면 385년 6월에 고구려가 요동遼東과 현토玄菟를 차지했다는 기록이 나옵니다. 그래서 저는 이것과 연결시켜야 봐야 한다는 입장을 갖고 있었고 그래서 385년 시점에서 백제가 진출進出했을 가능성이 없을지 그것을 한 번 따져보자는 생각을 가졌습니다. 그래서 저는 어쨌든 『송서宋書』나 『양서梁書』, 「양직공도梁職貢圖」 등에 나와 있는 백제의 약유요서略有遼西 기사는 4세기 말에 가까운 시점에서의 일로 판단하고 있고 오늘 제가 발표했던 봉유封裕 상서문上書文 기사라든지 아니면 『자치통감資治通鑑』의 부여夫餘 멸망 기사에 나와 있는 백제군百濟軍의 활동은 역시 그 시점 이전인 4세기 전반으로 따로 구분해서 봐야 한다는 생각을 갖고 있습니다.

좌장 노중국 : 예. 백제의 '약유요서略有遼西'가 어느 시점이냐는 고구려의 '약유요동略有遼東'과 연동되어 있다는 것이죠. 이를 전제로 해서 385년경에 고구려가 요동遼東을 약유略有했다고 보면 백제의 약유요서略有遼西도 그것과 같은 시기거나 그것보다 조금 늦은 시기가 아닐까 하는 이야기가 되는데요. 혹시 이 점에 대해서 달리 생각하는 분이 있습니까? 윤용구 선생님, 어떻게 봐요?

윤용구 : 글쎄요. 저는 견해가 없다고 하는 게 정확한데요. 고구려가 요동遼東을 차지했다고 하는 것은 일반적으로 아까 강종훈 선생님이 말씀하신 대로 400년대 초, 시점이 404년이냐 뭐 왔다 갔다 합니다만 404년 이후에 확실하게 고구려가 요동遼東을 확보했다고 하는 것이 일단 가장 늦게 보면 확인이 되는 것이고요. 그 전에 지금 강종훈 선생님이 말씀하신 385년하고 400년대 초 사이에는 후연後燕과 서로 공방전을 계속한 기록이 나오고 있기 때문에 안정적으로 400년대 초를 보시는 분들이 있기도 하고 특히 중국 학계 쪽에서는 가급적이면 늦게 보려고 하는 입장에서 404년 정도로 보는 것이고요. 지난번 2001년 여호규 선생님의 논문하고 2003년 강종훈 선생님 두 분의 글에서 약유요동略有遼東의 시점을 두 분 다 공히 385년으로 해놨고요〈그림 15〉. 그 내용은 영지令支라고 하는 지역에 부여계夫餘系 주민 '여암餘巖' 또는 기록에 따라서는 '서암徐巖'으로 되어 있는데요. 여암餘巖이 거기 웅거雄據한 그 시기에 맞춰서 한 건데, 여암餘巖이 부여계夫餘系가 요서 지역이라고 봤을 때 영지令支에 웅거雄據한 것에 착안을 해서 한 것이지만 실제로 이 두 분이 더 주목한 것은 여암餘巖의 웅거雄據 기사가 『자치통감資治通鑑』이나 『진서晉書』 재기載記에 실려 있는데요. 거기에 보면 고구려가 요동遼東을 공격하고 마침내 요동遼東과 현도玄菟를 차지했다, 요동遼東 현도玄菟가 고구려에 의해 잠식이 됐다는 표현 뒤에 이어서 이 여암餘巖의 영지令支 웅거雄據 기사가 연결되어 있어요. 그러니까 마치 『송서宋書』에 약유요동略有遼東하고 약유요서略有遼西한 것과 같이 세트와 비슷하게 고구려가 요동遼東과 현도玄菟를 함락시키고 여암餘巖이 요서

〈그림 15〉 385년 전후 요서지역의 판도

의 영지를 차지했다고 하는 표현이 이 『송서宋書』 백제전百濟傳의 표현과 내용상 통한다고 아마 확신들을 하신 것 같습니다. 그래서 이 요동遼東을 차지한 시기에 대해서는 논란이 있을 수 있지만 고구려의 요동遼東과 백제의 요서가 세트로 보일 수 있는 가장 유력한 기록은 현재로서는 385년 그 기록이 맞다기보다는 현재로서는 가장 유력한 학설이라고 말씀드릴 수 있겠습니다.

좌장 노중국 : 혹시 노태돈 선생님도 비슷한 생각인가요, 아니면 조금 다른지요?

노태돈 : 별 다른 의견 없습니다.

좌장 노중국 : 그러면 중국사를 하시는 최진열 선생님이나 홍 선생님께 여쭤 보겠습니다. 342쪽 자료에 의하면 '구려백제급우문단부지인句麗百濟及宇文段部之人'을 붙잡았습니다. 그 시기는 345년 이전이거든요. 이럴 때 우문부宇文部나 단부段部가 전연前燕에 복속된 시기가 대개 언제입니까?

최진열 : 기록이 좀 애매하게 되어 있는데요. 표 1번을 보시면 대충 나오게 되는데 우문부宇文部가 마지막으로 나온 게 344년입니다. 그리고 단부段部 같은 경우는 마지막으로 나오는 게 338년 정도인 것 같습니다.

좌장 노중국 : 그다음에 고구려 사람이 붙잡혀 온 시기는 언제쯤 될까요?

최진열 : 여기 표를 보시면 마지막으로 된 것은 345년입니다.

좌장 노중국 : 그렇다면 단부段部가 붙잡혀온 것이 338년으로 현재로서는 제일 빠른 편이네요. 그다음에 344년에 우문부宇文部 사람들이 붙잡혀오고, 고구려는 345년이 됩니다. 그렇다면 이 기사에 보이는 백제도 하여튼 이 어간에, 기사 자체로만 하면 붙잡혀 온 것으로 볼 수 있겠네요. 이렇게 보면 오늘 주제에 관련하여 다룰 수 있는 시간의 범위는 330~340년부터 해서 380년 경까지의 시간이 될 수 있을 것 같습니다.

3. 문헌자료를 통해 본 백제의 요서 진출

좌장 노중국 : 그다음에 두 번째로 확인하고 싶은 것은 342쪽에 보듯이 모용씨慕容氏가 군대를 동원해서 이들을 붙잡아왔는데 붙잡아온 대상이 주로 누구이겠느냐하는 것입니다. 사실 제가 이런 질문을 하는 것은 백제 때문에 그렇습니다. 우문부宇文部나 단부段部나 고구려 같은 경우는 어쨌든 북위와는 육지로 접해 있기 때문에 때에 따라서는 군대가 포로로 잡혀올 수 있고 때에 따라서는 일반민들도 잡혀올 수 있습니다. 두 가지 가능성은 다 열어둘 수가 있습니다. 그러나 백제 같은 경우 한반도 안에 있었기 때문에 북위에 의해 붙잡혀간 이 사람들의 실체를 어떻게 생각을 해야 할 것인가 하는 점입니다. 그래서 여쭤보는 겁니다. 제일 많이 고민했을 강종훈 선생님은 어떻게 생각하시는지요?

강종훈 : 사실 병세兵勢에 의해서 옮겨온 바라고 되어 있기 때문에 기본적으로는 전쟁과정에서 포로로 붙잡힌 사람들이 주대상이라고 봅니다. 그런데 선생님들께서 생각하시는 것처럼 고구려라든지 우문부宇文部라든지 단부段部 같은 경우에 있어서는 일반민들을 함께 끌고 오는 것들이 같이 수반이 되었던 것이죠. 그런데 이 기사를 자세히 보시면 342페이지에 A-7에 세 번째 줄에 시작하는 곳에 보시면, 그 위에 보면 '장차 국가에 큰 해가 될까 두렵습니다.'라고 되어 있는데 그 해가 될 것을 우려해서 어떻게 하느냐를 이야기할 때 보면 '기형제종속其兄弟宗屬을 나누어서 서경제성西境諸城에 옮긴 다음

에 은혜로써 어루만져주고 법으로써 단속해서 산재거인散在居人하여 지국지허실知國之虛實하지 못하게 하소서.'라고 되어 있습니다. 이것은 일반 포로로 붙잡혀온 상당히 지배층에 해당하는 사람들에 대한 우려를 표시하고 있는 것이죠. 그러니까 일반 노비를 포함해서 하층민들을 끌고 왔을 때 이것을 가지고 국지허실國之虛實을 알고 하는 것을 상정하기는 조금 어렵지 않겠나 하는 생각을 가지고 있고요. 그래서 실제적으로 여기서 우려하고 있는 것은 정말 국가의 고급정보들을 알고 자기의 원래 나라에 연락을 하든지 돌아가서 정말 다시 전쟁이 일어났을 때 전연前燕에 큰 해를 입힐 수 있는 상황을 우려하고 있는 것이죠. 그런데 저는 물론 일반민들의 약취라고 하는 것 자체를 배제할 수는 없으나 기본적으로 저희들이 이야기하고 있는 것은 끌고 온 포로들 중에서도 특별히 지휘를 할 수 있는 지배층에 해당하는 사람들을 나누어서, 그냥 같이 집단으로 사민徙民하는 것이 아니고 형제종속兄弟宗屬을 다 뿔뿔이 흩어지게 해서 자기들끼리 연락을 취하지 못하게 하고 단속을 하게 하자. 이렇게 사료를 보는 게 무난하지 않겠나 하는 생각을 갖고 있습니다.

좌장 노중국 : 혹시 양 선생님은 어떻게 보세요?

양기석 : 글쎄 포로로만 생각하면, 시야를 좁게 본 것이 되겠지요.

좌장 노중국 : 그 포로가 이른바 민간인 포로냐, 군대 포로이냐.

양기석 : 민간인으로 봐야 하지 않겠습니까? 왜냐하면 모용씨慕容氏가 한창 세력을 떨칠 때니까 그 병력수요를 인구가 적은 모용부慕容部 사람들만 갖고 안 되잖아요. 사민徙民되어 온 많은 사람들 중에 선발해서 쓸 수밖에 없었겠지요. 이럴 경우 이것은 포로보다는 일반사람으로 볼 수 있겠습니다. 그러면 일반사람들 중에 백제 사람들이 왜 거기에 가 있느냐가 문제가 됩니다. 전에도 제가 이에 대해 글을 쓴 적이 있었는데 2세기 걸쳐서 3세기 낙랑樂浪하고 마한馬韓 또는 백제하고 전투가 심심치 않게 벌어졌잖아요. 그때 잡혀간 마한馬韓 또는 백제 사람들이 낙랑樂浪지역에 거주하고 있다가 313년 멸망 전후로 해서 낙랑태수樂浪太守 장통張統이 요서, 영지令支 등 어디인가로 사민徙民돼서 천사遷徙된 적이 있었습니다. 그때 본토에 남은 사람도 있었지만 대다수 낙랑樂浪 정권에 따라서 요서지역에 가 있을 수도 있겠습니다. 꼭 군사적인 상황을 염두에 두지 않더라도 백제 사람들이 얼마나 갔는지는 잘 모르지만 이들이 정치적 혼란기에 어떤 종족 연대성을 갖고 나름대로 뭉쳤을 가능성이 있습니다. 그중의 일부는 전연前燕의 군대로도 가기도 하는 그런 상황을 말해주는 것으로 볼 수도 있겠습니다. 그래서 저는 이 봉유封裕 상서上書에 나오는 '백제'를 저는 요서지역에 천사遷徙된 백제계 주민들이 주였다고 봅니다. 그다음에 380년대의 여암餘巖의 경우처럼 부여계夫餘系의 세력들이 반란을 일으킬 때 다른 종족이나 나라 사람들의 호응을 받기 힘드니까 혹시 부여夫餘와 친연성이 높은 백제계 이주민들을 끌어들이기 위해서 일시적이나마 백제로 국호를 호칭해서 백제로부터의 지원을 받으려고 하는 정치적인 의도도 있었지

않았겠는가 하는 점에서 제가 아이디어 차원에서 얘기한 겁니다.

좌장 노중국 : 예. 낙랑樂浪이 멸망한 그쯤 해서 간 사람들을 봉유封裕 상서上書에서는 낙랑樂浪으로 표현하지 않고 백제인으로 표현한 게 아니냐는 것이지요. 즉 낙랑인을 백제인으로 표현한 것으로 해석하고 싶다고 하셨는데, 이런 견해에 대해서 노태돈 선생님 좀 어떻습니까?

노태돈 : 저는 아이디어가 없습니다.

좌장 노중국 : 사실관계를 하나 더 확인하겠습니다. 여기에 백제인이 끌려왔다고 했을 때 강 선생님은 일반민도 있지만 그래도 기본적으로는 군대나 신분이 높은 사람들이 중심이 되었을 것이라고 하였고, 양 선생님은 그래도 군인보다는 일반민들이 중심이 되었을 것이다라고 했습니다. 군인이 중심으로 되었을 때하고 민간인이 중심이 되었을 때는 그 이후의 상황에 대한 설명에 상당히 큰 차이가 나리라 싶습니다. 군인 중심으로 됐다면 백제군百濟軍이 어떤 이유든지 간에 거기에 가 있어야 하는 것이지요. 거기에 가서 싸우다가 포로로 잡혀가는 형식이 되어야 하는 것이지요. 민간인이라면 한반도 안에 살고 있는 백제 민간인이 왜 거기에 가 있다가 포로로 잡혔느냐 하는 것에 대한 설명이 있어야 합니다. 이 문제 때문에 제가 사실관계를 어떻게 생각하고 있는지 궁금해서 물어봤습니다. 다만 여기에서 생각해 보아야 할 것은 '기형제종속其兄弟宗屬'이라는 표현입니다. 342쪽 A-7 세 번째 줄에 형제종속兄弟宗屬을 나누었다고

하는 표현이 나옵니다. 이 표현에 중점을 두면 저는 군인보다는 민民일 가능성이 좀 더 크지 않느냐는 쪽으로 생각을 해봤다는 말씀만 드리겠습니다.

그다음에 자료와 관련해서 하나 더 여쭤보고 싶은 것이 있습니다. 윤용구 선생님의 발표문 11쪽입니다. 11쪽의 이 기사는 『주서周書』에 나오는 얘기입니다. "자진송제양거강좌自晉宋齊梁據江左, 후위택중원後魏宅中原, 병견사칭번竝遣使稱藩, 겸수봉배兼受封拜."라는 기사입니다. 여기에서 강좌江左는 남중국南中國을 얘기를 하는 것 같은데요. 이 남중국南中國을 토대로 하고 있는 주체가 누구냐는 거죠. 논자에 따라서는 이 강좌江左에 거據했다는 주체를 백제로 보기도 합니다. 그 주체를 백제로 보면 백제가 남중국南中國지역을 차지한 것처럼 해석이 되기 때문입니다. 이 문장을 어떻게 읽는 것이 가장 합리적인 해석이 될 수 있는지요. 이것은 중국사를 한 최진열 선생님, 어때요? 그리고 홍승현 선생님도 생각한 것을 말씀해 주시죠.

홍승현 : 이것을 해석한다면 진晉·송宋하고 제齊·양梁이 강좌江左에 있고 그 시기에 후위後魏, 즉 북위北魏가 중원中原에 있는데 백제가 그 양쪽에 모두 사신使臣을 보내서 번藩을 칭하고 양쪽에서 모두 다 봉封을 받아서 그야말로 중간에서 힘이 분산되어 있는 상태를 최대한 이용을 했다는 것으로 읽어야 할 것 같습니다.

좌장 노중국 : 그러니까 강좌江左에 있는 건 진晉·송宋·제齊·양梁·남조南朝죠? 남조南朝로 봐야 한다?

홍승현 : 예.

좌장 노중국 : 혹시 최진열 선생님 어때요?

최진열 : 똑같습니다.

좌장 노중국 : 혹시 그것을 백제로 봐야 한다는 분 없습니까?

박순발 : 문장 자체가 백제로 볼 수 없으니까 그건 그냥 마음대로 얘기하는 거예요.

좌장 노중국 : 강좌江左에 거據한 주체는 이른바 동진東晉·송宋·제齊·양梁·진陳, 즉 남조南朝로 보면 된다는 것이지요.

그다음 최치원崔致遠의 "태사시중장운太師侍中狀云"의 내용입니다. 여기에는 백제가 전성시대 때 강병强兵이 100만이고, 남침南侵 오吳·월越하고 북요北撓 유幽·연燕·제齊·노魯했다고 합니다. 이에 대한 해석은 뒤에 나옵니다. 그래서 백제는 중국의 큰 좀이 되었다는[3] 것입니다. 이렇게 보았을 때 이 문장을 백제가 오吳·월越과 유

3) "그러므로 그 문집에 태사(太師) 시중(侍中)에게 올린 편지가 있다. 내용은 다음과 같다. 엎드려 듣건대 동쪽 바다 밖에 삼국이 있었으니 그 이름은 마한, 변한, 진한이었습니다. 마한은 고구려, 변한은 백제, 진한은 신라입니다. 고구려와 백제의 전성 시에는 강한 군사가 백만이었습니다. 남으로는 오(吳)·월(越)을 침공하였고, 북으로는 유(幽)의 연(燕), 제(齊), 노(魯)의 지역을 어지럽혀 중국의 커다란 해충이 되었습니다.[故其文集有上太師侍中狀云 伏聞 東海之外 有三

幽 · 연燕 · 제齊 · 노魯를 장악을 했다는 의미로 봐야 하는 것인지 아니면 오吳 · 월越지역과 유幽 · 연燕 · 제齊 · 노魯지역을 침략하거나 공격하기만 하고 장악이 아닌, 영유領有가 아닌 쪽으로 해석을 해야 하는 것인지 어떨는지요. 윤 선생님이 제공을 했으니까 말씀해 주시지요.

윤용구 : 정리는 제가 했지만 관련된 분들이 다들 인용하셨기 때문에…. 일단 이 부분은 과장이 있지만 '남침南侵'하고 '북요北撓'라고 하는 그 표현이 둘 다 군사적 행동을 수반하는 단어기 때문에 그냥 위협한다는 정도로 해석하기는 어려울 것 같습니다.

좌장 노중국 : 그럼 한 단계 더 나아가면 어떨까요?

윤용구 : 약유요동略有遼東 하는 것과 비슷한 표현 아니겠는가 생각합니다.

좌장 노중국 : 영유領有 했다?

윤용구 : 침략해서 전쟁에 질 수도 있는 것이지만 일단은 군대를 동원해서 분쟁을 일으킨 게 한두 차례에 끝난 것이 아니라 일정한 정도의 지속성을 가지고 했다고 볼 수밖에 없을 것 같습니다.

國 其名馬韓卞韓辰韓 馬韓則高麗 卞韓則百濟 辰韓則新羅也 高麗百濟全盛之時 强兵百萬 南侵吳越 北撓幽燕齊魯 爲中國巨蠹]" 〈『삼국사기(三國史記)』 권46 열전(列傳)6 최치원(崔致遠)〉

좌장 노중국 : 중국사 쪽의 홍 선생님은 이 문장을 봤을 때 어때요?

홍승현 : 『삼국사기三國史記』를 잘 안 읽어봐서 모르는데요. 전에 제가 『삼국지三國志』와 관련해서 오吳가 교주交州지역에 내려간 것과 관련해서 사료를 정리해본 적이 있었는데요. 단순침략이 아니라 그 지역에 가서 침략을 하고 장악하면 대체적으로 '옹擁'이라고 하는 표현, '옹유擁有'라고 하는 표현을 많이 썼더라고요. 갖는다는 명확한 표현을 쓰더라고요. 그런데 여기 '침요侵擾'라고 하는 것은 침략했다 내지는 소란케 했다고 하는. 뭔가 가서 확실하게 장악해서 거주한다는 느낌은 '침侵'이나 '요擾'에는 잘 안 쓰지 않는가 하는 생각을 해봤습니다. 그러니까 분명히 사서史書에서는 가졌을 때 분명한 표현을 많이 쓰는 것으로 봤거든요, 저는. 특히 우리가 알고 있는 이적夷狄의 거주지에 내려가서 아니면 이적夷狄의 거주지를 침략했을 때, 남의 나라를 침략했을 때 자기가 갖게 되면 그와 관련된 명확한 표현을 주로 많이 쓰더라고요. 그런데 이것은 그냥 단발성 사건의 특징을 많이 보이고 있는 단어 같습니다.

좌장 노중국 : 혹시 제3의 해석이 있습니까? 오영찬 선생님, 보니까 어때요?

오영찬 : 그런데 이게 사실관계를 반영한 문장으로 보기는 참 힘든 게 오吳나 월越이라는 것은 또 우리가 논의하고 있는 요서나 산둥山東하고는 완전 별개 지역이잖아요. 그러니까 이게 조금 뭔가 레토릭이 들어간 문장이지 이게 사실관계를 반영한 문장으로 보기는 힘들다

고 보입니다.

좌장 노중국 : 지금까지 백제의 대륙진출大陸進出이라는 것을 얘기를 할 때 이 자료도 꽤 많이 인용이 되고 있기 때문에 한 번 선생님들 생각을 여쭤본 것이 되겠습니다.

4. 백제 요서진출의 공간적 범위

좌장 노중국 : 그다음에 사실과 관련하여 하나 더 점검을 하겠습니다. 오늘 주제가 「백제와 요서지역」입니다. 아까 이야기했지만 논의의 시기는 300년대 초반에서 300년대 말로 잡았습니다. 이 시점에 요서지역을 어디에서 어디까지로 보아야 할 것인지하는 점입니다. 요서라고 하더라도 각자 머릿속에 그리는 범위에는 차이가 있을 수가 있을 것 같아서 입니다. 약 100여 년이라는 기간 동안, 즉 300년대의 요서를 어떻게 보면 좋을 것인지에 대해 그것만 더 확인하겠습니다. 최진열 선생님이 그려놓은 사진을 보면 제일 처음에는 어디죠? 전한前漢시기 이군요. 그다음에는 후한後漢시기이고요. 그리고 서진西晋은 언제 끝나요? 자세히 보니 서진西晋시기도 약간 걸치네요. 서진西晋시기 이전에 요서군을 다시 나누어서 한쪽을 요서군遼西郡이라고 하고 다른 한쪽을 창려군昌黎郡으로 하였다고 했죠? 그다음에 전연前燕과 그 뒤를 이어 후연後燕이 들어오게 되는데요. 이 시기에 전연前燕의 수도가 되는 곳이지요. 처음에는 극성棘城이 수

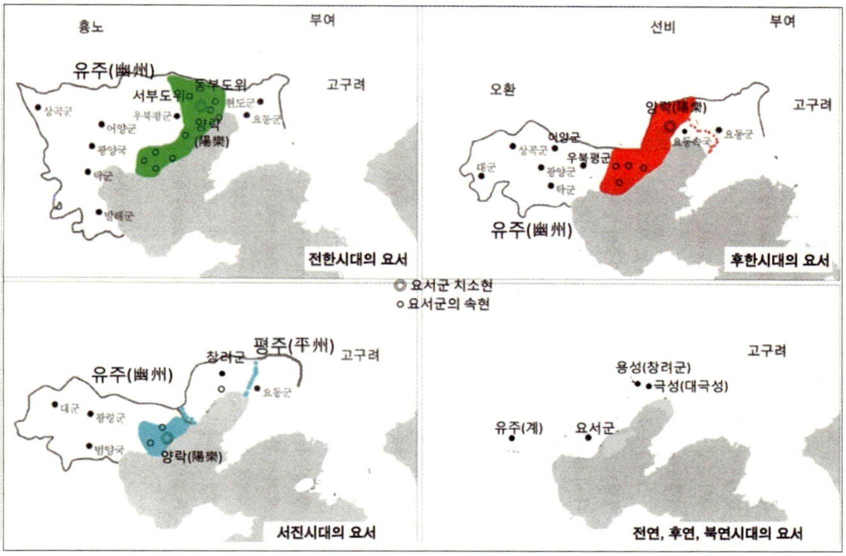

〈그림 16〉 요서의 강역변화(최진열)

도가 되고 뒤에 용성龍城이 수도가 됩니다. 서진西晉 이전 시기와 서진西晉 이후 시기 사이의 요서 범위를 어떻게 잡으면 좋을지요. 아까 박 선생님 발표문에 의하면 어디서부터 요동遼東까지라는 이런 표현이 있었는데. 뒤로 더 넘겨볼래요? 박 선생님, 대개 이 지역에서는 요서를 어떻게 봤어요?〈그림 16〉

박순발 : 요서라는 말 자체가 나온 것은 요遼와 서西쪽 이런 개념은 아니고 요서군遼西郡이라는 것이 있기 때문에 요서遼西 · 요동군遼東郡이 있게 되니까 가령 낙랑군樂浪郡지역, 요동군遼東郡지역 이렇게 얘기하는 것이지요. 그런데 요서 자체가 아까 최진열 선생님도 얘기하고

저도 말씀을 드렸지만 시기에 따라 바뀝니다. 한대漢代의 검정색, 붉은색, 삼국 그리고 이것은 서진西晉 해서 있는 것 쪼개고 삼국 같은 것도 쪼개고 붙이고 막 이런 것이 있는데 그러나 요서가 본래 여기까지 있다가 어느 시점에 줄어들었다 하더라도 특정시점에, 예를 들면 『송서宋書』에 487년 이 단계의 요서는 여기니까 이런 개념으로 쓴 것 같지는 않아요. 기본적으로 요서군遼西郡지역이라는 게 일반적으로 있는데 그게 요동속국遼東屬國 들어가는 것 빼고라는 방식은 아닐 거라는 말이죠. 그런 의미에서 특정시점의 요서를 너무 생각하면 조금 곤란할 것이고 현재 중국 학계에서나 일반적으로 요서라고 인식되는 것은 지형적으로나 여러 가지 이유로, 예를 들면 우리가 영남지방이라고 하면 거기를 벗어날 수 없다는 거죠. 그런 점에서 본다면 크게 확대한다고 해도 유주幽州지역부터 시작해서 평주平州는 동쪽 개념이니까 유주幽州의 동쪽이거나 아니면 이게 요서산지라고 칭해지는 그리고 수계망水系網상으로는 대소릉하大小凌河를 중심으로 하고 북으로는 시라무룬西拉木倫하 이남 정도로 이해하는 것인데, 이는 제 의견이 아니고 중국의 선사부터 요서를 다루는 기본입장입니다. 그래서 그것을 참고해도 좋지 않을까 싶습니다.

좌장 노중국 : 최진열 선생님은 어때요? 참고 지도를 만들었는데, 오늘 주제에서 요서지역이라고 했을 때 범위를 최대한으로 특히 300년대로 기준으로 하면 어디까지 잡아볼 수 있는지요? 지금 박 선생님 얘기는 이 선 안에 있는 지역은 다 들어간다는 애기죠?〈그림 17〉 박

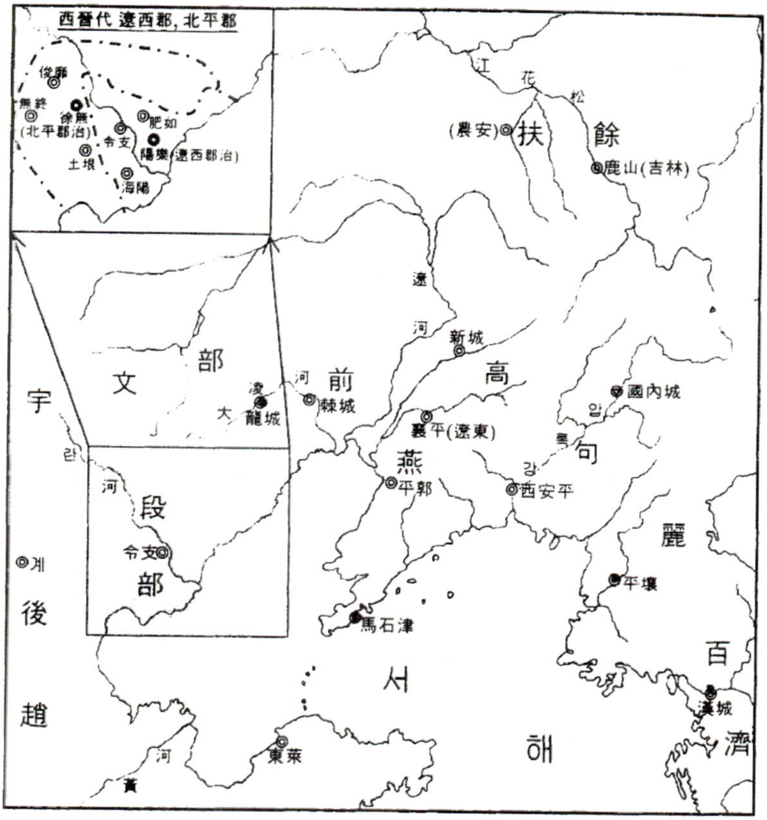

〈그림 17〉 330년대 전반경 동북아 형세도(여호규, 2001)

선생님은 요서군遼西郡, 상곡上谷 이런 지역을 일단 요서의 범위로 볼 수 있겠다고 하는데, 최 선생님도 비슷한 겁니까?

최진열 : 사실 이 부분은 여러 가지 고려를 해봐야 하는 문제가 있습니다. 만약에 백제가 요서지역을 지배를 했다고 하면 그 시점이 언제냐

에 따라서 그 지역적 범위는 달라질 수 있다고 생각을 합니다.

좌장 노중국 : 그러면 하나 더 여쭤볼게요. 『송서宋書』 백제전百濟傳이 쓰일 당시, 그 시기는 남제南齊 때죠. 따라서 『송서宋書』 백제전百濟傳에는 남제南齊 때의 인식이 들어가 있을 거겠죠. 요동遼東, 요서의 경우도 남제南齊 때의 인식이 들어가 있을 수 있지요. 그래서 남제南齊 때의 인식으로 봤을 때 요서라는 게 남제 당시의 요서군遼西郡 그 범위만 지칭하느냐 아니면 그 이전부터 확대되어 있을 때까지를 생각하고서 요서라고 한 것인지요. 윤 선생님은 어때요? 이 문제는 고구려의 요동遼東도 마찬가지일 것 같아요.

윤용구 : 예. 그러니까 아까 말씀드린 대로 약유요동略有遼東 했을 때 그게 요동군遼東郡만 얘기하는 것이 아니라 기록에는 하여간 요동遼東 · 현도玄菟 두 군郡이 함락된 것으로 표현하고 있고, 지금 여기 『송서宋書』의 기록에서 약유요서略有遼西 다음에 백제가 소치所治한 곳을 진평군 진평현晋平郡 晋平縣이라고 쓰고 있는데요. 앞에 있는 약유요서略有遼西를 요서군遼西郡이라고 하는 협소한 개념으로 보게 되면 뒤에 나오는 진평군 진평현晋平郡 晋平縣을 요서군遼西郡 안에서 소화하기가 쉽지가 않아요. 요서는 좀 광의의 개념으로 보고 넓은 지역 안을 전체를 다 지배했다기보다는 그중에서 일정 부분을 진평군晋平郡 또는 그 중심지가 진평현晋平縣이다. 이렇게 하는 것은 사료를 이해할 수 있지만 앞에 있는 약유요서略有遼西를 이 시대에 맞는 협소한 개념의 요서군遼西郡으로 한정하기는 어렵지 않을까 하는 생

각이 듭니다.

좌장 노중국 : 예. 그러면 고구려가 약유略有한 것은 현토군玄菟郡하고 요동군遼東郡 이 일대가 되겠네요. 그다음에 요서는 그 바깥지역인 상곡上谷과 또 탁군涿郡지역이 되겠네요.

박순발 : 상곡上谷 쪽은 요서로 넣기 힘듭니다.

좌장 노중국 : 이 선 정도 됩니까? 우북평군右北平郡 나오고 하는 선 말이죠.

박순발 : 우북평右北平 정도까지가 본래 한대漢代의 요서지역이거든요. 그러니까 저기까지가 실제로 대개 우리가 인식하는 요서이죠.

좌장 노중국 : 그래도 막연하지만 요서의 범위가 어디까지인가에 대해 서로 생각의 차이가 있을 수 있을 것 같아서 지도상에서 봤을 때 어느 점까지를 볼 수 있을지를 정리했습니다.

5. 백제와 요서지역의 관계 해석

좌장 노중국 : 그러면 이제 이런 것을 토대로 본격적으로 백제와 요서지역과의 관계를 어떻게 이해를 해야 할 것이냐에 대해 이야기해 보도록 하죠. 지금까지 나온 것으로는 "어쨌든 요서지역에서 백제가 뭔가

를 좀 했다. 그 근거를 갖고 있고 거기에서 뭔가를 했다."하는 견해하고, 다른 하나는 "그것은 아니다."고 하는 두 가지 견해로 크게 나뉘어 있습니다. 선생님들 생각에 이게 연동성을 가질 수도 있고 갖지 않을 수도 있을 것 같은데…. 아까 340쪽에 봉유封裕 상서문上書文에서 백제의 실체를 어떻게 이해해야 할 것인지에 대해 양기석 선생님은 한반도 낙랑樂浪이 이렇게 멸망하는 시점에 옮겨져 간 사람들이 백제의 실체가 아니겠느냐 이렇게 말씀을 했습니다. 그러면 강종훈 선생님은 본인 얘기를 한 번 더 해 주시죠.

강종훈 : 예. 실제로 김성한 선생님의 논문에도 보면 313년에 장통張統을 포함한 천여 가家가 모용외慕容廆에게 귀부歸附한 것이 여기에 A-7 기사로 반영되었다고 이야기를 하고 있습니다. 양기석 선생님도 거기에 같은 맥락에서 이야기를 하셨는데요. 실질적으로 요동인遼東人 장통張統을 포함해서 모용외慕容廆에게 귀부歸附해 간 사람들은 지금 이 A-7 기사에 '병세소사兵勢所徙'라고 표현된 사람들이 아니고 그 뒤에 보면 '비여非如'라고 되어 있는 '중국모의이지中國慕義而至'에 해당하는 사람들인 거죠. 그러니까 낙랑대성樂浪大姓들이 요서지방으로 간 것은 중원中原지역에 있었던 사람들이 모용외慕容廆에게 귀부歸附한 것처럼 의를 사모해서 간 사람들에 해당될 뿐이지, 이 사람들이 병세兵勢에 의해서 옮겨진 사람들이라고 보는 것은 저 개인적인 생각으로는 설명이 안 되는 부분이 있다고 생각하고요. 그래서 김성한 선생님을 포함해서 근래에 이 문제를 어떤 식으로라든지 부정론적인 측면에서 설명을 해보려고 많은 시도를

하고 있으나 적어도 이 A-7 사료를 제대로 이해를 하려면 앞에 나와 있는 병세소사兵勢所徙하고 중국모의이지中國慕義而至의 구분이라고 하는 것을 잘 보고 그냥 포로로 붙잡혀 간 존재들이 아니라 장통張統처럼 낙랑樂浪 · 대방帶方에 있는 천여 가家를 끌고 그쪽으로 간 사람들을 병세소사兵勢所徙라고 설명하는 것은 조금 무리가 아닌가 하는 생각을 제 개인적으로 갖고 있습니다.

좌장 노중국 : 그리고 그 백제의 실체는?

강종훈 : 이 백제는 저는 그냥 그 백제로 보는 거죠. 실제의 백제로 봐야 한다는 거죠.

홍승현 : 제가 한 가지만 여쭤보겠습니다. 아까 강 선생님 발표하실 때 그것과 관련해서 "백제에 있었을 것 같다. 그러면 어떻게 언제 넘어갔느냐는 게 문제인데 아무래도 후조後趙하고 전연前燕의 전쟁에 있어서 전연前燕이 백제를 불러들여서 그때 들어갔을 것 같다."라고 선생님이 추정을 하셨잖아요. 그런데 저는 가능할 것 같거든요. 왜냐면 고구려가 전연前燕하고 아무튼 적대관계를 갖고 있었을 때 고구려하고 갈등관계를 갖고 있는 백제가 전연前燕 쪽의 요청을 들어줄 수 있는 개연성은 충분히 있다고 해서 그 추정을 굉장히 재밌게 들었어요. 그래서 그들이 들어가서 백제가 실체하고 있다고 했을 때 문제는 아무튼 간에 동맹군이잖아요. 도와주러 왔는데 병세兵勢에 의해서 강압적으로 다시 걔네들을 포로처럼 옮겼다고 하는 것은

어딘가 거기서 아귀가 안 맞는 느낌이 딱 드는 거예요. 그러니까 선생님의 처음의 추정은 굉장히 좋았고 가능하다고 생각했는데 갑자기 동맹군을 포로로 삼아서 병세兵勢에 의해서 다시 옮겼다고 하니까 중간에 또 양자 사이의 갈등이 존재해야 하지 않는가 하는 생각이 잠깐 들었어요. 선생님 그것을 어떻게 해석하면 되죠?

강종훈 : 제가 설명을 맺음말 부분에 부족하게 해서 오해가 생긴 것 같습니다. 제가 말씀을 드리고자 하는 것은 전연前燕의 동맹군으로서 백제가 동원된 것이 아니고 후조後趙의 편에 서서 갔을 가능성이 크다고 추측하고 있습니다. 그래서 전연前燕과 싸움이 벌어진 것은 후조後趙 측에 섰기 때문에 싸움이 벌어진 거겠죠. 제가 그 부분에 대해서 오해가 생기게끔 잘못 서술을 한 것 같습니다. 어쨌든 이 부분은 제 생각을 세밀하게 정리해서 다시 논의의 장에 올릴 수 있도록 하겠습니다.

좌장 노중국 : 후조後趙를 지원하러 간 백제군百濟軍이라 하였는데 이에 대해 윤 선생님은 어떻게 생각하세요?

윤용구 : 거기에 대해서는 전혀 상식이 없습니다.

좌장 노중국 : 노태돈 선생님.

노태돈 : 그 논의에 대해서 무슨 의견을 말씀드리려는 게 아니고 최진열 선

생님한테 여쭤봅시다. 이 무렵에서 전연前燕에서, 특히 봉유封裕의 상서문上書文이 흥미로운 게 백제의 요서경략설遼西經略說뿐만 아니라 이 시기에 많은 북중국北中國의 사람들이 고구려로 넘어와서 이주해옵니다. 그래서 거기에 벽화고분들이 많이 남아 있는 것도 중국으로부터 이주민들의 우두머리들의 무덤으로 보는 견해들이 나오고 하죠. 그런데 봉유封裕의 상서上書에서 보면 이주민들을 정착을 시킬 때 관전官田과 관우官牛를 주는데 소를 주지 않고 관전官田만 줄 때는 수확의 6대 4, 소까지 줄 때는 5대 5로 징수한다는 얘기가 나옵니다. 당시 중국에서 그런 논리에서 본다면 유이해온 집단들을 정착시켰을 때 그 집단에게 지금 여기에서는 5대 5로 혹은 6대 4로 수확을 준다고 했는데, 그러면 그 집단을 이끌고 온 호족이나 관인은 6이나 4나 혹은 5 중에서 몇 푼을 먹는 거예요?

최진열 : 제가 본문에서 그 당시에 토지제도와 세법稅法까지 언급하면서 원래는 요서 내용만 써야 하는데 중국 본토의 제도까지 쓰다 보니까 양이 많아졌습니다. 그러다보니 여기서는 몇 가지 설명을 빠트린 부분이 있습니다. 노태돈 선생님께서 말씀하신 대로 5대 5 내지는 6대 4 배분이라고 하는 것은 후한後漢 말에 조조曹操가 만든 둔전제屯田制에서 국가와 국가토지를 경작하는 농민들의 분할비율입니다. 이게 원래 분할비율인데 둔전屯田은 원래는 군사들이 변방에서 토지를 경작하는 방식입니다. 조조曹操가 창시한 둔전屯田은 명칭은 둔전屯田이지만 농민들이 경작하는 둔전屯田입니다. 그리고 조조曹操의 뒤를 이어서 위魏나라가 세워진 다음에 이 둔전屯田과 별도로

회남淮南에 군사들을 보내서 진정한 의미의 둔전屯田을 실시합니다. 그래서 앞에 있는 것을 민둔民屯, 뒤에 있는 것을 군둔軍屯이라고 말합니다. 민둔民屯을 둔전屯田이라고 명명하는 이유는 농민들을 지휘 감독하는 관리들이 전농중랑장典農中郎將, 전농교위典農校尉, 전농도위典農都尉와 그 밑에 있는 사마司馬 등이 모두 무관이기 때문입니다. 무관들이 일반 농민들을 관리하고 있다고 해서 둔전屯田이라는 명칭을 붙였는데 실질적으로 보면 이것은 국가가 농민들한테 소작을 주는 행위라고 볼 수 있습니다. 그런데 이 둔전제屯田制는 서진西晉 초기에 없어졌다고 기록되어 있습니다. 그래서 전농중랑장典農中郎將 등 무관들이 거느리고 있던 지역은 군현郡縣과 별도의 명령계통의 통제를 받았습니다. 둔전제屯田制가 폐지가 된 다음에 전농중랑장典農中郎將이 통치하고 있던 지역은 군郡으로, 그다음에 전농교위典農校尉 등이 통치했던 지역은 현縣으로 편제됩니다. 따라서 서진西晉시대 때 갑자기 군郡의 수가 급증합니다. 여기에 해석하기가 어려운 게 제가 인용했던 그 부지傅祗의 기록입니다. 이에 따르면, 둔전제 폐지 이후에 국가에서 5대 5나 6대 4보다 더 나쁜 조건, 3대 7이나 2대 8 정도로 더 나쁜 조건의 토지경작제도가 있었던 것 같습니다. 이것이 어느 지역에서 어떤 식으로 했는지는 구체적인 자료가 없어서 알 수 없습니다. 그래서 처음에 모용씨慕容氏가 실시한 제도는 처음에 부지傅祗나 서진西晉시대 때 실시했던 2대 8 내지는 3대 7에 할당했던 토지경작 수취제도를 그대로 실시했습니다. 이것을 조조曹操가 실시했던 5대 5 내지는 6대 4로 분할하는 내용으로 바뀌었습니다. 백성들 입장에서 보면 부담이 줄어

듭니다. 그런데 선생님의 질문은 일반 백성이 아니라 우두머리들에 대한 수취 문제입니다. 사실 원칙적으로 따지게 되면 우두머리들도 만약에 자기가 토지를 경작하게 된다면 같은 비율의 세금을 내야 할 것입니다. 그런데 예외조항이라고 하면 그들이 만약에 벼슬을 하게 된다고 하면 조세면제혜택이 아마 있었을 것입니다. 그리고 대부분 보면, 여기 제가 인용했던 여러 유민들의 규합사례를 보면 대개 유민들 중에서 우두머리들은 모용외慕容廆나 모용황慕容皝 시기에 여러 가지 벼슬을 맡았습니다. 이때는 이들이 벼슬을 하고 있기 때문에 적어도 자기 자신 혹은 자기 일족一族들까지도 면세혜택이 주어졌다고 볼 수 있습니다. 이는 전근대 중국에서 관리들에게 주어진 우면優免 특권입니다.

노태돈 : 아무튼 그런 부분들을 해 주시면 그 시기에 고구려의 세력이 낙랑樂浪 지역으로 내려가서 낙랑樂浪 지역을 점령해서 경영을 할 때 중국계 망명 집단들을 많이 이용하죠. 이들을 각지에 정착시켜서 경작시키고, 그 망명 집단의 우두머리들이 남긴 벽화고분들이 상당수 나오지요. 그들 망명 집단들을 정착시킴에서, 어느 정도 비율로 어떤 식으로 경작시켰을까. 이를 이해키 위해 중국에서 그 시기에 정리됐던 상황들, 특히 요서 지방에서 전개됐던 상황이 우리 역사에 상당히 참조가 될 것 같아서 물어봤습니다.

최진열 : 그리고 말씀하시니까 설명을 빠트린 부분이 있는데요. 선생님이 몇 대 몇 비율로 나누냐고 말씀을 하셨는데 이것은 요서지역의 이

야기인데 동진남조東晉南朝로 내려갔던 중국인들 같은 경우는 지금 자료가 불명확합니다만 교주군현僑州郡縣이라고 해서 아주 쉽게 얘기하면 우리나라의 헌법상 보면 "대한민국의 영토는 한반도와 그 부속도서로 한다."고 되어 있기 때문에 휴전선 이북지역을 지배하고 있지는 못하지만 이북5도청以北五道廳이 있고 그다음에 형식적으로 평남지사平南知事나 해주시장海州市長을 임명하고 있습니다. 이것에 해당하는 게 교주군현僑州郡縣입니다. 이 교주군현僑州郡縣에 설치된 사람들은 처음에는 세금이 면제가 됩니다. 여기에도 여러 가지 이론이 있기는 한데 가장 통설적인 내용은 당시 호적이 황적黃籍과 백적白籍으로 나뉩니다. 황적黃籍은 누를 황黃자를 써서 황적黃籍이고 백적白籍은 흰 백白자를 써서 백적白籍입니다. 황적黃籍에 소속이 된 사람들은 국가에서 세원파악이 돼서 세금을 납부하는 사람들이고 백적白籍에 포함되는 사람은 주로 교주군현僑州郡縣에 속해있었습니다. 즉, 주로 황하黃河 유역에 있는 화북華北 출신들이 여기에 해당합니다. 이들은 이제 세금을 내지 않는 호적에 편제가 됩니다. 후에 동진남조東晉南朝에서 세금 문제나 군대징발 문제 때문에 백적白籍에 있던 사람들을 황적黃籍으로 편입을 시킵니다. 이를 토단土斷이라고 합니다. 그리고 교주군현僑州郡縣, 즉 세금이라든지 요역徭役이 면제되는 지역을 실제 행정구역으로 편입하는 것을 실토화實土化라고 합니다. 이런 특권을 줬던 지역이나 집단의 수를 점점 줄여가려고 하는 게 동진남조東晉南朝 역사의 전반적인 흐름입니다. 그래서 고구려의 경우는 두 가지가 있습니다. 국가에서 토지를 직접 줘서 그들로부터 세금을 징수하는 방식을 택하는 방법을 상정할 수 있습니다. 혹은 이주민들 자체한테 교주군현僑州郡縣처럼 일종의 면세혜택을 주는 동진남조의 교주군현僑州郡縣과 백적白籍의 채용이 있습니다. 양자 가운데 어떤 방식을 취했을지는 고구려의 상황에 따라서 달라질 수 있다고 생각을 합니다.

좌장 노중국 : 예. 또 다른 의견이 있으신가요?

아까 오영찬 선생님의 질문 때 조금 나왔습니다만, 박순발 선생님, 300년대에 요서지역에 백제가 뭔가 터를 잡고 있었다면 그것을 보여줄 수 있는 유물은 현재는 어떻습니까? 아까 직구단경호直口短頸壺 이런 얘기가 조금 나왔는데요〈그림 18〉. 한 번 더 정리를 해주시죠.

박순발 : 그러니까 고고학이라고 하는 자료가 갖고 있는 성격상 문헌에 보이는 10년, 20년 이런 정도가 보이는 것은 아닙니다. 그렇지만 전제로 했던 것은 만약에 문헌에 보이는 정도의 진평군晉平郡, 백제군百濟郡이 있었다면 그 고고학적 흔적이 남아 있을 거라는 거죠. 다른 얘기지만 진평군晉平郡이라는 이름 자체가 진晉이 있을 때는 절대 쓸 수 없는 이름이에요. 진晉을 평정한다는 의미이거든요. 하여튼 그 문제가 있고, 또 백제라는 국명의 문제인데, 봉유封裕의 상서문上書文에 나오는 '백제'는 만약에 이것을 인정하게 되면 지금까지 알려진 바와 같이 칠지도七支刀 명문銘文에서 369년에 '백제'라는 국명이 처음 사용된 것이 아닌 것이지요. 하여튼 지금까지 주목은 안 했지만 여러 가지 그런 문제가 있는데, 어쨌든 제가 생각하

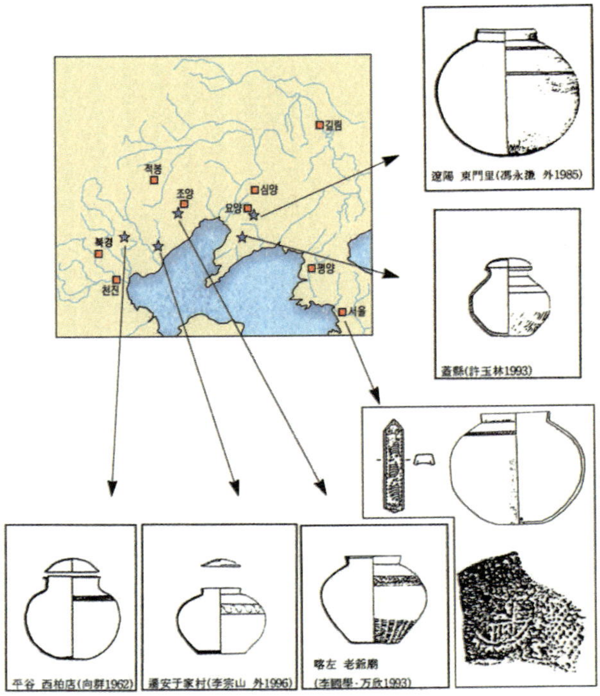

〈그림 18〉 중국 동북지역 후한 말 ~ 서진대 직구호와 백제 직구단경호(박순발 안)

는 것은 고고학적인 실체라고 할 수 있는 정도의 수준의 인간 집단규모, 그게 꼭 군郡일 필요는 없습니다만, 일단의 사람들이 거기에 있었고 그 실체를 백제라고 했다면 그 사람들이 한반도와 별도의 백제문화를 구가하지는 않았을 것이라면, 즉 백제이원론百濟二元論의 입장이 아니라면, 그 지역에서 고고학적 흔적의 뭔가가 있을 것이다라는 관점입니다. 왜 그런 추정이 가능하냐면, 한반도 내에서 백제가 어떤 지역을 백제의 한 지방으로 편입해 나가는 과정에서 보이는 고고학적 흔적, 혹은 또 백제 사람들이나 영산강 유역 사람들이 일본 열도에 가서 보이는 고고학적 흔적 등을 볼 때, 요서지역에도 그에 대응하는 무엇이 있느냐 하는 것이 저의 관찰 포인트였습니다. 결과는 '아직 발견 못했다.' 내지는 '없다.' 이것입니다.

좌장 노중국 : 예. 그다음에 아까 자료를 검토하면서 하나 빠트린 게 있었는데요. 오늘 제가 설정했던 시기인 300년대보다는 좀 더 뒤가 됩니다. 한 100여 년 뒤가 되네요. 아까 논의에서 나왔던 험윤獫狁이니 흉리匈梨니 하는 용어가 나오는 게 『남제서南齊書』 백제전百濟傳인데요. 그 『남제서南齊書』 백제전百濟傳의 앞부분, 즉 우리가 일반적으로 보고 있는 『남제서南齊書』 백제전百濟傳의 앞부분은 결락되어 보이지 않고 있습니다. 그 결락과정에 대해서 윤용구 선생님이 이번에 발표 준비를 하면서 이리저리 수소문하고 찾아본 모양입니다. 그 애기를 한 번 들어보는 게 상당히 도움이 될 것 같습니다. 윤 선생님, 간략하게 설명을 해 주면 좋겠습니다.

윤용구 : 예. 지금 보시는 게 명明나라 말기, 숭정崇禎 말에 1640년대에 만들어진 급고각본汲古閣本, 개인장서, 모진毛晋이라고 하는 사람이 17사를 완간한 적이 있었는데요. 그때 급고각본汲古閣本 『남제서南齊書』에 있는 부분입니다. 고구려전高句麗傳 말미에 건무建武 3년 다음에는 이렇게 행이 비워져서 마치 칼로 도려낸 것 같은 부분인데요. 그래서 앞의 부분과 이것은 백제전百濟傳의 시작 부분입니다〈그림

19〉. "보공노근報功勞勤" 이렇게 시작하는 부분이 현재 남아있는 부분입니다. 대체로 그래서 저희가 오래 된 판본은 그동안에 보지 못하고 대개 명明대 이후의 판본에서 저렇게 단락이 되었기 때문에 과거에는 저 부분이 판목이 저렇게 떨어져 나가기는 어렵기 때문에 누가 의도적으로 쪼아냈다는 식의 생각들을 많이 했습니다.

고구려전高句麗傳 부분이고요〈그림 20〉. 역시 건무建武 3년 다음에 한 쪽이 비워져 있고 그러니까 한 엽葉이 지금 개념으로는 두 페이지인데요, 종이를 반을 접는 거니까. 판목으로 5번 판목, 5쪽이 하나가 빠지고 여기 6이 시작되겠습니다. 그래서 송판宋版인데요. 4쪽에서 6쪽으로 넘어가고 5쪽은 백지로 두었습니다. 그런데 이 백납본百衲本은 1930년대 장원제張元濟라는 사람이 영인影印을 해서 낸 것인데 우리는 오늘날 송판宋版의 순수한 영인影印으로 생각을 해 와서 저 부분이 한 부분 저렇게 백지 상태로 남았다고 했는데 판목은 남아 있는데 글자가 없다는 것은 결국 긁어냈다는 식으로밖에 설명이 안 되니까 아까 말씀드린 것과 같이 어느 부분을 잘라 내거나 아니면 글자를 긁어냈다는 식으로 이 요서경략설遼西經略說 문제를 민족주의사民族主義史를 표방하는 이른바 유사역사학類似歷史學 쪽에서 『남제서南齊書』 백제전百濟傳의 앞부분이 의도적으로 누군가에 의해서 절추가 됐다는 식의 설명을 해오기도 했습니다. 그런데 이번에 이것을 원래 『남제서南齊書』 앞의 부분을 보입補入한 연구가 있어서 그것을 조사하는 과정에서 백납본百衲本 말고 두 벌의 송판본宋版本이 있다는 것을 확인하게 되었는데요.

고구려전高句麗傳입니다. 그다음 건무建武 3년 다음에 백제전百濟傳

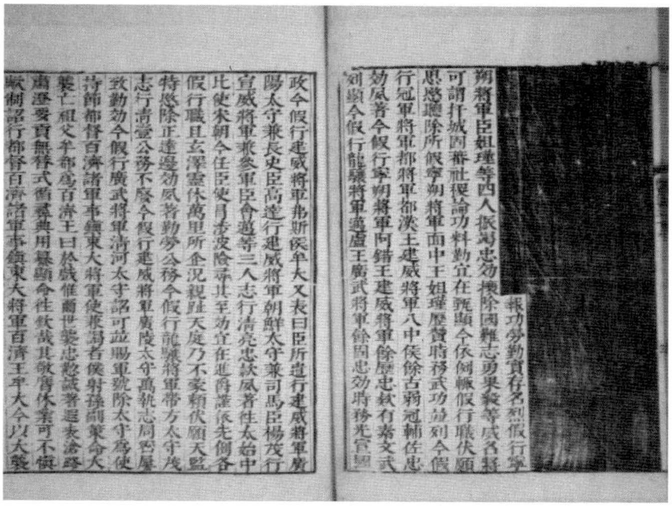

〈그림 19〉『남제서(南齊書)』 급고각본(汲古閣本) 백제전(百濟傳) 시작 부분

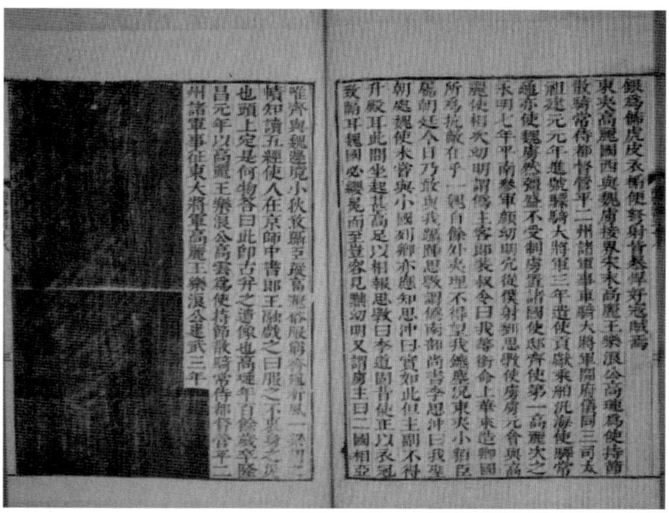

〈그림 20〉『남제서(南齊書)』 급고각본(汲古閣本) 고구려전(高句麗傳) 끝부분

이 시작되는 부분에 역시 4쪽에서 6쪽으로 넘어가고 있습니다만 아까 백납본百衲本과 같이 빈 페이지를 한 장을 집어넣지 않고 바로 5번 판목은 빠진 상태에서 4쪽에서 6쪽으로 인쇄가 되어 있습니다. 그래서 아까 말씀드린 백납본百衲本 같은 게 하나 있고, 바로 연결되는 게 있고요. 또 하나의 송판宋版이 있는데요.

제가 조금 흥분해서 봤던 것이 같은 송宋대에 나온 부판목 중에 『남제서南齊書』 부분인데 이 부분을 보도록 하겠습니다. 역시 고구려. 이것은 중국국가도서관에 도서문장 표시가 되겠습니다. 원래 먹선이 있는 것은 아니고요. 건무建武 3년 다음에 4번이고 5번 판목이 들어가 있습니다. 그리고 5번 판목이 있고 6번으로 시작돼서 백제전百濟傳이 시작되는, 우리가 아는 지금 이 부분이 들어 있고 앞에 한 장이 들어가 있습니다. 저는 이게 고구려 뒷부분하고 백제 앞부분이 살아 있는 것으로 오인을 하고 처음에 전화설명으로만 듣고 저것을 구해달라고 노력을 해서 구해봤더니 결국은 저 내용은 쭉 읽어보시면 불경 비슷한 내용으로 되어 있는데 부남국전扶南國傳에 있는 5쪽의 내용이 여기에 들어와 있게 되었습니다. 그래서 너무나 실망을 했지만 다시 용기를 가지고 이 판목에 있는 이 5쪽의 것이 그러면 백제에 해당되는 것이 어디 다른 데에 가서 잘못 도입될 가능성도 있기 때문에 『남제서南齊書』 전체를 다시 한 번 검토해봤지만 찾아내지 못했습니다.

제가 지금 드리려고 하는 말씀은 남송南宋 초기에 판각한 것이 『남제서南齊書』인데요. 그 당시에는 5쪽이 있었다는 겁니다. 그런데 어느 순간에인가 이 판목 한 매가 분실이 됐고 이게 제대로 인출되지 않은 상태에서 뒷시대에 남은 판목을 갖고 전전轉傳됐고, 아까 그러면 종이를 잘라낸 것은 뭐냐. 이것은 한 장이 9줄씩 18행으로 되어 있는 것인데요. 뒤에 가서 아까 급고각본汲古閣本 이런 것은 한 면이 12행 또는 더 넣게 됩니다. 글자 수가 달라지니까 저렇게 꽉 차게 편집이 안 되게 됐고 그러다 보니까 고구려전高句麗傳 말미에 어느 순간에서 끝나게 되고 백제전百濟傳은 어디서 시작할지 모르니까 적당히 칸을 비워서 시작하고. 그렇게 판목을 급고각본汲古閣本 이후에는 만든 것이 마치 후대에는 절취한 것 같이 오해를 불러일으킨 결과를 초래했다. 이 정도까지 말씀드리겠습니다.

좌장 노중국 : 이것은 이번에 처음 공개된 셈이죠?

윤용구 : 예. 이것은 열람이 안 되는 자료라고 알고 있습니다.

좌장 노중국 : 열람이 안 돼요?

윤용구 : 그냥 일단 일반인들에게 공개를 안 하는 도서로 알고 있습니다.

좌장 노중국 : 이번 발표문을 준비하면서 얻은 소득인 셈이 되는데요. 어제 잠깐 발표자 · 토론자 모임을 가지면서 윤 선생님이 결락된 부분을 채워놓은 5판이 있다는 이야기를 해서 듣고 있던 모두가 다 긴장을 했는데 그게 부남국전扶南國傳 얘기와 똑같다고 했습니다. 그래서 본인이 제일 실망을 했다는 얘기를 들었습니다.

Ⅲ. 백제 요서진출설 관련 쟁점에 대한 제언 (교과서상 서술 문제 등)

좌장 노중국 : 다시 본 주제로 돌아가겠습니다. 오늘 주제가 「백제와 요서지역」인데요. 뒷마무리는 토론 초반에 노태돈 선생님이 제기했던 교과서와 관련된 부분도 언급을 하도록 하겠습니다. 그렇게 하기 위해서 진출進出이라는 표현을 일단 썼을 때 '백제가 요서지역으로 과연 진출進出을 했느냐 안 했느냐'에 대해 결론을 내려야 할 것입니다. 그러나 오늘 논의를 봐서는 결론 내기는 상당히 어려울 것 같습니다. 그렇지만 지금까지의 논의에서 나온 요서지역의 상황을 생각하면서 또 원자료를 같이 봐가면서 논의한 것을 염두에 두었을 때 적어도 백제의 요서진출遼西進出에 대해 이런 형태로는 생각을 할 수가 있겠다고 하는 본인의 얘기를 먼저 해 주시고요. 그러면서 동시에 지금 중 · 고등학교 교과서에서는 요서진출遼西進出은 당연한 것으로 전제가 되어 있는데 이 문제를 어떻게 정리를 하면 좋을 것인지에 대해 자신의 의견을 말씀해 주시면 좋겠습니다. 누가 한 번 서두를 꺼내주시죠. 쉽지는 않은 것 같습니다만, 오늘 논의를 하면서 백제와 요서와의 관계에 대한 본인들의 생각, 즉 진출

進出했느냐 안 했느냐에 대한 본인들의 생각을 말씀해 주시고 만약 백제가 진출하지 않았다면 『송서宋書』 백제전百濟傳 등에 나오는 이 기사들을 어떤 식으로 해석할 수 있다고 하는 얘기를 먼저 해 주시고, 그다음에 백제가 당연히 요서로 진출하였다고 되어 있는 교과서 내용의 문제를 어떻게 하면 좋을 것인지에 대한 고민도 한번 얘기를 해 주시면 좋겠다는 겁니다.

박순발 : 다른 선생님께서 생각하실 수 있는 시간을 드리기 위해서 앞에 그냥 매를 먼저 자청했습니다. '고고학적으로 보니까 없다고 해서 요서 · 백제는 고고학적으로 근거가 없다.' 이런 오해가 있을까 싶어서 제가 드리는 말씀인데요. 사실 사람의 이동을 정확히 맞춘다는 것은 쉽지 않은 일이고 그게 어쩌면 불가능한 일일지도 모르겠습니다. 다만 여기서 봉유封裕라는 사람의 상서上書에 언급된 '백제'를, 그것을 받아들인다 하더라도 여러 가지 파생되는 문제가 있을 수 있습니다. 이게 1차 사료라는 얘기가 있었는데, 여기서는 고구려는 구려句麗라고 불렀고 백제는 백제라고 하였으며, 유목 민족인 단부段部는 부部를 붙였습니다. 그러면 '백제 · 구려句麗 사람'은 결국 어떤 사람들입니까. 여기에서 보면 중원中原지방에서 제 발로 걸어와서 전부 옮겨온 사람들과 달리 강제적으로 사민徙民된 것이잖아요. 그러니까 말하자면 어떤 취락이라고 할까요, 어떤 집단 전체를 고스란히 옮겼으므로 '분형제分兄弟' 운운하는 그런 조치가 취해져야 한다는 것이지요. 그러면 345년 당시 혹은 중국측 어떤 연구자의 비정처럼 342년 무렵에 집단적으로 사민徙民될 정도의

어떤 실체가 있었고, 그것에 대하여 백제라는 정치체의 이름을 붙였다는 사실 그 자체는 백제사의 큰 문제입니다. 지금까지 아시다시피 칠지도七支刀를 근거로 해서, 물론 그 이전에 백제라는 나라의 이름이 없었다는 것까지는 말하기 어렵지만, 적어도 그 무렵에는 '백제'라는 국명과 실체가 있습니다. 그리고 마침 그 무렵이 근초고왕近肖古王이니까 새롭게 국사를 편찬하는 등등 백제사의 여러 가지 사항들이 맞물려 있습니다. 봉유封裕라는 사람은 보통사람이 아니에요. 자기 아버지는 발해군渤海郡 출신으로 요서 발해군渤海郡 교군僑郡에 안치된 한족漢族 지식인 가문 사람으로서 자기 아들을 포함한 3대에 걸쳐 활약상이 기록되어 있습니다. 나중에 토사구팽兎死狗烹을 당하지만, 선비족鮮卑族 정권에서 중요한 역할을 한 유식자입니다. 그런 그가 '백제'를 특정한 것을 볼 때, 만약 이것이 1차 사료라면 '백제'의 실체를 믿지 않을 수 없습니다. 그것을 믿는다고 하면 단지 백제의 요서진출遼西進出 문제만이 아니라 그 문제와 별개의 문제로서 백제사 이해 자체에도 상당히 많은 시사점을 던져 줍니다. 그렇지만 이에 대해 구체적인 접근이 없었습니다. 그런데 저로서는 일단 이렇습니다. 1차 사료라고 믿는다면 분명히 '백제'라는 정치체 이름을 붙일 만한 어떤 집단이 있었고 그것이 사민徙民되었다는 것이지요. 그 가능성은 아까 약간 다르게 끝에 말씀을 하셨는데, 양기석 교수님께서 이렇게 말씀을 하셨어요. 낙랑樂浪지역의 백제나 대방帶方이나, 그 당시는 대방帶方 포함해서 군현郡縣지역에 가령 백제사람이 있을 수 있다. 그게 집단일 수도 있고. 그런데 그 중에서 천여 호戶 정도입니까? 정확한 것은 기억 안 나지만 장통張統이 낙랑군樂浪郡을 옮겨갈 때에 낙랑樂浪 주민들도 함께 가지 않습니까. 그중에 백제인들이 섞여 들어갔을 수는 있다. 유식한 봉유封裕로서는 그러한 주민들의 출신지역이나 계보를 파악할 수 있겠지요. 왜냐하면 동시대에 보면 광개토왕릉비廣開土王陵碑에 나오듯이 '한韓', '예濊' 이런 것들까지 나올 정도로 파악이 되니까요. 다만 이 경우라도 앞으로 운 좋게 요서라고 하는 범위 내에서 무덤이나 취락이 발견될 수는 있으나, 그 규모가 어느 정도인가에 따라 마치 사막에서 바늘 찾기와 같은 무척 어려운 일이 될 수도 있습니다. 이 봉유封裕의 상서문上書文을 1차 사료로 믿는다는 전제하에 그렇습니다.

좌장 노중국 : 예. 오영찬 선생님.

오영찬 : 예. 참 어려운 얘기라 어떻게 말씀을 드려야 할지 잘 모르겠습니다. 전체적인 윤용구 선생님 목록 정리나 예전에 강종훈 선생님의 연구사 정리를 살펴보면 60년대, 70년대까지는 긍정론의 입장이 아주 강했던 것 같습니다. 80년대, 90년대 이후에 들어와서 백제가 요서 방면에 독자적인 내지는 군사적인 또 적극적인 아주 장기적인 점유占有 내지는 그쪽에 뭔가 원정遠征 같은 것을 했다고 보는 견해들은 거의 없는 것 같습니다. 그럼에도 불구하고 현재 남아있는 『송서宋書』라든가 중국 사료들을 적극적으로 해석을 해서 의미부여를 하기 위해서 고민의 결과로 나온 게 낙랑군樂浪郡과 연결시킨다든가 아니면 부여계夫餘系 유민집단 여암餘巖과 연결시키면서

뭔가의 연결고리들을 만들면서 설명을 해 나아가려는 노력이 일단은 있고, 다른 한 단은 역시 부정론적인 입장이 강하지 않나 하는 생각이 드는데요. 저도 낙랑군樂浪郡 관련해서는 조금 고민을 한 적이 있기는 한데, 그럼에도 불구하고 현재까지 나온 여러 가지 학계의 견해들 중에서는 역시 부여계夫餘系의 유이민집단, 여암餘巖집단과의 관련성 같은 것들이 조금 더 설득력이 있지 않은가 하는 생각을 평소에 가져봤습니다.

또 한편으로는 노태돈 선생님께서 말씀하신 교과서 수록 문제와 관련해서는 오히려 연구성과에 비해서 교육과 관련된 부분이기 때문에 교과서가 조금 더 보수적이어야 하는데 이 요서경략설遼西經略說 내지 요서진출설遼西進出說과 관련해서는 오히려 교과서가 더 앞서 나가는, 학계의 연구성과보다 처음에 임기환 선생님이 발표하신 것처럼 민족주의民族主義 가치나 민족사관民族史觀과 관련해서 더 앞서 나가는 측면이 있지 않는가 하는 생각이 들었습니다. 그래서 교과서 수록 문제는 학계에서 먼저 고민을 해야 하지 않을까. 우리가 앞서 나가면서 수록하는 것보다는 조금 더 신중을 기해야 하지 않겠는가 합니다. 최근에 강종훈 선생님의 2003년 논문을 다시 한 번 읽으면서 저는 군사적인 원정遠征을 위해서 백제가 아까 질문한 것처럼 후조後趙에 군대를 파견하는 것을 사료에 반영한다고 보는 것이 어떤 것을 연상했느냐 하면 왜倭의 백강전투白江戰鬪가 연상이 됐거든요. 논리적인 연결은 아니고 직관적으로 백강전투白江戰鬪가 연상이 되면서 그럼 우리가 일본 교과서 왜곡 문제를 얘기하면서 백강전투白江戰鬪에 왜군倭軍이 파견된 것을 가지고 왜

倭의 한반도 진출進出, 원정遠征, 경략經略, 영유領有 이런 표현을 쓴다고 할 때 과연 그게 적절한가 이런 생각도 들었는데 아무튼 조금 더 교과서 수록 문제는 더 신중해야 하고 더 우리가 다른 나라의 교과서 왜곡 문제를 비판하는 것을 감안하더라도 고민을 많이 해야 하지 않을까 하는 생각을 해봤습니다.

좌장 노중국 : 예. 고맙습니다. 홍 선생님, 비록 중국사 연구 하시지만 오늘 논의과정을 거치면서 정리된 생각이 있으시면 말씀해 주시죠.

홍승현 : 개인적으로는 굉장히 좋은 경험을 하게 된 것 같아요. 중국사 전체 선생님들은 아닐지 몰라도 저 같은 경우에는 '에이, 이것은 아니야.'라고 아주 쉽게 생각했던 부분이었는데 여기 와서 생각을 많이 하게 됐는데 강종훈 선생님 말씀이 굉장히 많이 저한테 영향을 주는 것 같습니다. 선생님이 말씀하셨던 것처럼 아니라고 부정하는 것은 쉬운데 사료에 있다면 그것이 어떠한 당시의 상황들을 적극적으로 반영하려고 했는가를 우리 스스로가 밝혀 보려고 노력하는 것은 의미 있다는 얘기를 하셨는데, 확실히 그런 쪽에서는 이번 토론이 저한테 많은 생각을 하게 했던 것 같아요. 그런데 저는 아까 말씀드렸던 것처럼 중국 쪽에 어떤 식으로든 간에 차출差出돼서 갔을 가능성은 있다고 생각을 합니다. 그게 전연前燕이든 후조後趙든 간에. 백제가 갈 수 있었던 군사적인 계기라고 하는 것 자체를 부정할 필요는 없다는 생각은 갖고 있습니다. 봉유封裕 상서上書라고 하는 것이 1차 사료라는 전제하에서 본다면 어떤 식으로든 간

에 군사적인 이동이라는 것 자체를 반드시 부정할 필요는 없다는 생각을 하고 있고요. 그런데 방금 오영찬 선생님이 말씀하셨던 것처럼 그렇게 건너갔는데, 건너갔다고 해도 문제는 건너간 게 아니라 거기서부터 진출進出이냐 경략經略이냐라는 표현을 하는 그 순간부터는 건너갔다고 하는 게 문제가 되는 게 아니라 건너가서 어떤 존재로 어떻게 거기서 존재하고 있었는가 라고 하는, 거기서의 활동이라고 하는 것들과도 결부되는 문제라는 생각이 들었거든요. 그래서 건너갔을 수 있는 가능성과 실제로 건너갈 수 있는 가능성이 있다 할지라도 그것을 반드시 경략經略이냐 점유占有냐 진출進出이냐 하고 부르는 것과는 또 다른 층위에서 논의가 되어야 하는 것이 아닌가 하는 생각을 해봤습니다. 그래서 선생님께서 말씀하셨던 것처럼 교과서가 가장 보수적이라는 것은 저희가 다 알고 있는데 그런 측면에서 건너간 것과 별개로 이런 용어들은 다시 한 번 생각을 해볼 필요가 있지 않을까 하는 생각을 해봤습니다.

좌장 노중국 : 예. 양 선생님, 아까 말씀을 하셨지만 다시 한 번 정리를 해가면서 간략하게 의견을 개진해 주시죠.

양기석 : 백제의 요서진출설遼西進出說 문제는 지금처럼 논란은 많습니다. 앞으로도 특별한 자료가 나오지 않는 한 계속될 것 같습니다. 그런데 지금은 우리가 논의의 진전으로 봐서는 옛날에 비해서는 상당히 많이 나아진 형편입니다. 옛날에 폭넓게 했던 것, 지역적 뿐만 아니라 시기적으로 넓혔던 것을 요즘은 긍정론 쪽으로 가지만 제한

된 시기에 있었던 일, 그래도 직접적인 사료는 없지만 중국 동북 지역에 일어나는 역사적 사항과 합리적으로 연결시키려는 노력 자체가 저는 진일보했다고 봅니다. 그렇지만 『송서宋書』를 기준으로 봤을 때 요서지역 전체가 백제의 대상 지역이라고는 보지 않습니다. 『송서宋書』도 보면 분명히 요서지역이라 했는데 그 지역이 진평군晉平郡 진평현 晉平縣이라고 하면 요서지역에서 비교적 바닷가에 연해 있는 일부 지역, 그러니까 종래의 요서군遼西郡 지역에서 일부 지역과 같은 적은 범위로 설정할 수 있지 않겠는가 하는 생각을 해보았습니다.

두 번째로 우리가 당대에서 이런 것을 금방 해결하려고 하지 말고 우리나라 자료에 있는 게 아니고 중국 사서史書에, 그것도 정사正史에 있는 얘기들이니까 여지는 남길 필요가 있다고 생각합니다. 그래서 무조건 있다, 없다로 단정적으로 해서 교과서에 일방적으로 언급하는 것보다는 그 사실은 사실대로 알려주되, 주註를 달아서 아직은 이런 점에 한계가 있다는 것을 표시해 주면 좋겠습니다. 없는 사실을 우리가 조작하는 것도 아니고, 그런 면에서 여지를 남겨줘서 후대에 자라나는 세대들에게도 '이런 여지가 있구나.'하는 것에 관심을 갖고 더 깊이 생각해 볼 수 있는 여지를 주는 게 좋지 않을까 생각합니다.

좌장 노중국 : 예. 고맙습니다. 노태돈 선생님.

노태돈 : 여러 선생님들이 좋은 말씀하셨는데요. 저도 다른 의견을 가지고

있지는 않습니다. 우선 학계에서 요서경략설遼西經略說, 요서진출설遼西進出說에 대해서는 오늘 논의된 것만 봐도 특정하게 긍정론, 부정론의 어느 한 쪽에 일방적으로 기울어지지 않습니다. 그것은 다르게 말하면 이 문제는 앞으로도 연구의 대상, 고려의 대상 과제로 남겨두고 앞으로의 더 진전될 가능성은 열어두는 게 좋겠다는 생각을 가지고 있습니다. 단, 이것을 현재의 교과서에 실을 것이냐 하는 문제는 우리가 교과서에 대해서는 학계에서 정설 내지 통설로 받아들일 수 있는 것만 실어도 못 다 실을 판입니다. 그리고 국사교과서의 교육 목적이 민족공동체의 발전 과정에 대한 긍정적인 생각을 가지게 하고 또 민족적인 자부심을 가질 수 있는 부분을 함양해야 한다는 것은 당연한 것이니까 그 점에서 봤을 때 굳이 꼭 이 부분을 교과서에 명시해야만 그것이 가능한 것이냐. 그렇지는 않다고 봅니다. 불확실한 것을 게재해서 불확실한 것을 아이들에게 교육을 시켜서 얻을 수 있는 것과 그 사실을 학생들이 다른 측면에서 그것에 관한 지식을 얻었을 때 느끼게 되는 교과서 내지는 기성 학계에 대한 실망 내지는 그 어떤 여러 가지 느낌들 이런 측면들을 다 고려한다면 이 과제는 학계의 연구과제로는 계속 남겨둬야 하지만 굳이 교과서에는 실을 필요가 없다, 교과서는 좀 더 신중할 필요가 있지 않겠는가, 만약 교과서에 굳이 싣겠다고 한다면 주註를 통해서든 또는 안 그러면 옆에 박스 기사 형태로 칸을 만들어서 이러이러한 점들이 있고 한데 아직도 여기에 대해서는 논의할 것이 많다는 것을 부가시키든지 해야 하지 지금처럼 본문에 그대로 서술하고 거기에 지도까지 넣어서 학생들에게 교육을 하는 것은 이제는 지양해야 할 것이라는 생각을 가집니다. 요즘 학생들이 교과서로만 배우는 것이 아니라 인터넷을 통해서 온갖 것을 통해 학습합니다. 교과서에 무리한 주장, 확실치 않은 주장을 담아 아이들에게 교육시켜서는 안 된다고 생각합니다.

좌장 노중국 : 예. 고맙습니다. 그다음에 역시 이 시기를 주로 많이 공부했던 최진열 선생님, 오늘 이 토론 과정, 학술회의를 통해서 정리된 본인의 생각을 말씀해 주시죠.

최진열 : 고고학 문제와 관련해서 직접적인 관계가 있는지는 모르겠지만 참고적으로 설명을 드릴 것은 지난 시대 때 후한後漢 시기까지와 위진남북조魏晉南北朝 시기까지 일반 농민들의 거주형태 변화를 생각해 볼 수 있습니다. 이미 아시는 분들은 아시겠지만 지난 시대, 적어도 후한後漢은 약간 과도기이기는 한데 그 이전에는 제가 어제 지도를 그리면서 처음에는 치소治所만 그릴까 하다가 현縣 위치를 다 그렸습니다. 현縣 이름까지 쓰면 시각적으로 네 시대를 비교하기 어려울 것 같아서 현縣 치소治所 위치만 표시했습니다. 요서군遼西郡만 따지면 아마 현縣 성의 위치가 11개 정도가 되고 후한後漢 정도가 되면 5개 정도가 되고 서진西晉 시기가 되면 3개 정도가 됩니다. 그것과 일치하는지는 모르겠는데 호구戶口 분포도 현縣이 11개에서 3개로 줄어든 만큼 여기 실제로 호구戶口도 상당히 많이 줄어들고 있는 경향이 발견됩니다. 기본적으로 후한後漢 시대 때까지는 일반적으로 농민들이 현성縣城이나 향성鄕城 같은 성에서 집단

적으로 거주했습니다. 그래서 주로 겨울철 등 일반적인 거처는 성 안에 있습니다. 당연히 통금通禁이 유지되고, 농사를 지을 때는 성 주변에 있는 논밭에 가서 경작을 하게 됩니다. 이처럼 일종의 성 안에서 살면서 출퇴근하는 방식을 취합니다. 만약 바빠지거나 사람에 따라서는 성에서 자기가 경작해야 할 토지까지 거리가 멀어지게 되면 임시로 농번기 때는 자기 토지 근처에 임시로 여사廬舍를 지어서 삽니다. 그러나 농한기가 되면 다시 성 안으로 들어와서 살아야 하는 게 원칙입니다. 이게 원칙인데 후한後漢 중기부터 이런 현상이 깨지기 시작하면서 이 시대가 되면서 사람들이 군치소郡治所, 현치소縣治所, 향성鄕城 이런 정부에서 통제하기 위한 거주공간에서 거주하는 게 아니라 주변에 흩어져서 살게 되면서 자연촌락을 만들게 됩니다. 이것을 당시 중국사적 용어로는 촌村이라고 합니다. 그래서 촌村이 이 시대에 처음으로 등장하게 되는데 그래서 이 사람들은 평소에 그 마을에서 거주를 하다가 나중에 전쟁이 터지면 그 주변에서 임시로 만들어 놓은 방어시설에 들어가서 적들을 막습니다. 제 발표문 주 258번 보면 장평張平이라고 하는 사람이 등장하게 되는데 페이지로 보면 97페이지 첫 번째, 두 번째 보면 장평張平이 신흥新興, 안문雁門, 서하西河, 태원太原, 상당上黨, 상군上郡의 땅을 지배하게 되면서 "누벽삼백여壘壁三百餘, 호진십여만호胡晉十餘萬戶"라고 되어 있습니다. 여기 나오는 '누壘'자와 '벽壁'자 혹은 '오塢' 혹은 '보堡'라고 해서 명칭은 시대에 따라서 다양한데 주로 대표적인 글자 중에서 '오塢'라고 하는 글자를 쓰게 됩니다. 그래서 이런 오塢나 오보塢堡에서 거주하다가 다시 전란이 끝나게 되면 자기 촌락으로 이주하는 형태로 바뀌게 됩니다. 그래서 이 시대가 보면 중국에서는 방어공간이었던 오塢와 마을을 뜻하는 촌村을 합쳐서 촌오村塢라는 단어가 상당히 많이 등장하게 됩니다. 그래서 이것은 이미 후한後漢 말 때 중원中原지방에서 오벽塢壁 혹은 오보塢堡가 상당히 많이 등장하게 됩니다. 위진남북조魏晋南北朝 시대 같은 경우는 이 오보塢堡의 숫자가 더욱 더 증가하게 됩니다. 장평張平이 지휘하고 있었던 10만 호戶가 누벽壘壁 300개 정도에 편제가 됐으니까 한 오벽塢壁에 거주할 수 있는 호戶가 333호戶 정도가 됩니다. 약 300호戶 정도이고 사람 수로 치면 약 1,500명 정도입니다. 이게 한 마을에서 거주할 수 있는 최대 인구인지, 자연촌락이 1,500명 거주하면 조금 크다는 느낌이 듭니다. 어쨌든 이런 형태로 이 시기에 중국 중원中原 지역에서는 이런 식으로 바뀌어 가는데 그래서 저도 어제 이것을 찾아보기 위해서 오벽塢壁이 이 요서지방에 있나 찾아보기 위해서 무진장 애를 썼습니다만, 북경北京 근처에는 오보塢堡의 명칭처럼 보이는 것들이 몇 개 등장합니다. 그런데 지역에는 그런 것들이 등장하지는 않는 것 같습니다.

만약에 이 지역에 백제인들이 살았다고 하면 거주하는 방어시설은 300호戶에서 350호戶 정도가 거주할 수 있는 규모가 작은 방어시설로 추정됩니다. 따라서 나중에 고고유물 같은 것에서 발견이 될 때, 규모가 큰 것이 아닌 작은 규모로 나오는 유물들을 좀 더 눈여겨봐야 할 필요가 있다고 생각을 합니다.

좌장 노중국 : 예. 집단으로 거주했을 경우 오塢나 촌村을 형성할 수 있을 것

같은데요. 이러한 문제는 고고학 쪽에서 조금은 관심을 둘 필요는 있겠네요.

그다음에 윤용구 선생님.

윤용구 : 예. 마지막 기회를 주시는 것 같아서 말씀드리겠습니다. 교과서 문제는 저는 깊이 생각해본 바가 없고, 아까 노태돈 선생님 말씀도 일견 타당하기도 하고 양기석 선생님 같이 서술은 하되, 보수적으로 쓰고 제한적으로 표현하는 게 좋겠다는 말씀도 또 하나 고민해야 할 표현이라고 생각하지만 저는 이 부분에 대해서는 지금 특별한 생각을 갖고 있지는 않습니다. 다만 우리가 단군檀君에 대한 문제를 교과서에서 빼지 않듯이 그것이 역사적 사실은 아니지만 우리가 반드시 설명해줘야 하고 신화가 갖는 역사성과 신화적 속성을 갖고 있기 때문에, 하지만 그 모든 것을 아이들한테 학문적으로 설명을 하면서 교과서에 쓰지 않듯이 이 사료를 넣느냐 마느냐 하는 정책적 판단을 하고, 넣는다면 아까 말씀하신 양 선생님 방식을 따르고 그렇지 않는다면 좀 더 나중에 게재할 시간을 가질 수 있으니까 문제를 일으키지 않는 게 좋겠다는 생각을 하고요.

다만 제가 드릴 말씀은 실제 이 부분에 대한 연구의 문제 부분만 조금 말씀을 드리겠습니다. 옆의 강종훈 선생님이 긍정적인 입장을 대표한다고 말씀들을 많이 하시지만 강 선생님 스스로도 백제가 이 지역에 장기간 대규모로 많은 영역을 차지했다고 생각하시지는 않고 아주 단기간에 특별한 사정으로 들어갔다가 나오는 생각을 갖고 계신 것 같아요. 지금 340년대의 문제도 역시 마찬가지

이고, 340년대에 들어갔던 백제군百濟軍이 385년까지 계속 지속됐다고 생각하지는 않고 계신 거거든요. 그다음에 약유요동略有遼東했다고 하는 고구려도 바로 아까 요동遼東의 점유占有 시기가 논란이 있다고 하듯이 385년에 현도玄菟 요동군遼東郡을 함락시켰지만 바로 후진後晉에 빼앗기고 일진일퇴의 공방을 합니다. 고구려도 바로 몇 년 안 가서 다시 일진일퇴를 하는데 백제만 300년, 400년 그 지역을 점유占有했다고 하는 것은 지나치게 애국적인 표현이라는 생각이 들고요. 이 문제는 아까 노 선생님의 말씀처럼 관심을 잃지 않되 문제를 보수적으로 생각하는 게 현재로서는 맞다고 생각을 하고, 실제 이 문제를 90년대 말 이후에 부여계夫餘系 유민은 지금 표현상 하고 있는 것이고 16국 시기의 요동遼東, 요서 지역의 실제적인 상황을 파악해서 백제의 요서진출遼西進出뿐만 아니라 고구려, 부여夫餘 유민들의 문제가 다 얽혀있기 때문에 그런 문제를 전체적으로 이해하는 것이 이 문제를 이해하는 데 중요합니다. 아까 최진열 선생님이 워낙 복잡한 문제를 장편에 걸쳐서 쓰셨지만 당초 저희가 논의했으면 하는 부분은 이 시기에 고구려, 부여夫餘 또는 백제계 또는 범예맥계濊貊系의 많은 주민들이 이 지역으로 끌려갔든 이주했든 또는 낙랑樂浪·대방帶方에 있던 군현계郡縣系 주민들도 같이 복합이 되고 있는데요. 그런 주민들이 한 번 갔다가 안 돌아오는 게 아니라 일부는 다시 리턴하는 사람도 있고 또 하나는 북중국北中國지역의 내지에 있는 사람들이 고구려뿐만 아니라 백제로도 들어오는 사람들도 있고 그래서 이 유민 문제 그다음에 유민을 지배하는 문제에 대한 논의가 조금 더 진전이 되면 오늘 강종훈 선생님이 얘기하고 있는 『자치통감資治通鑑』이나 『진서晉書』 재기載記에 보이는, 상식으로 금방 납득하기 어려운 그 용어, 백제, 이 부분에 대한 설명을 해결한다기보다는 조금 더 진전된 기회를 우리가 가질 수 있겠다는 말씀만 드리겠습니다.

좌장 노중국 : 예. 고맙습니다.

강종훈 선생님, 마지막이 되는 셈이네요.

강종훈 : 결국 제가 마지막을 맡게 된 것 같습니다. 사실상 우리 학계에서 요서진출遼西進出 문제에 대해서 그나마 긍정적인 입장에서 접근하고 있는 사람은 저밖에 없지 않나 하는 생각을 갖고 있습니다. 그렇지만 방금 윤용구 선생님께서 이야기를 했듯이 교과서에 쓰인 형태의 요서진출설遼西進出說을 가장 반대하는 입장에 서 있다는 것도 사실, 긍정적인 입장에서 본다는 것 때문에 패키지로 묶여서 과거의 단재丹齋 신채호申采浩 이후에 그런 쪽으로 오해를 하실 수가 있는데 실제로 그런 식의 허황된 역사인식을 국민들한테 교과서를 통해서 심어준다는 것은 안 된다는 생각을 일찍부터 제가 갖고 있었고요. 그래서 제가 2007년도인가 그 당시 국정교과서의 중고등학교 교과서 지도를 분석한 적이 있었습니다. 제가 역사교육과에 있다 보니까 아무래도 학생들을 가르치면서 교과서 문제에 관심을 가질 수밖에 없는 상황입니다. 지금도 마찬가지이고요. 그래서 그때 제가 지도를 보면서 정말 문제가 너무 심각하다는 생각을 가졌고요. 그래서 거기에서 요서진출遼西進出과 관련해서는 논란은

있을 수 있으나 기사가 있기 때문에 일단 지도상에 표시를 하는 것은 막을 수 없지만 사실은 더 큰 문제는 뭐냐면 산동반도진출설山東半島進出說과 일본 규슈지역진출설九州地域進出說입니다. 정말 그것은 아무런 근거가 없는 것입니다. 물론 오늘 제가 아니라고 얘기를 했던 『남제서南齊書』 백제전百濟傳의 위로魏虜 침략 기사라든지 이런 것을 가지고 산동반도진출설山東半島進出說 등이 나왔겠지만 실제로 그것은 누가 봐도 안 맞는 것이었거든요. 그래서 제가 그런 식으로 지도를 그려서는 곤란하다는 것을 2007년도에 이미 이야기를 했고 2011년도에도 검인정으로 바뀐 교과서 내용도 제가 분석하면서 똑같은 이야기를 계속 반복을 했고 실제로 제가 모 출판사에서 중학교 교과서를 썼는데 거기에서 제가 다 지웠습니다. 산동반도진출설山東半島進出說, 일본 규슈지역진출설九州地域進出說이라고 하는 것은 그동안 진출進出이라고 해서 빨간색으로 화살표가 되어 있었거든요. 그것을 다 지웠습니다. 임기환 선생님 계시지만 검정 과정에서도 문제가 있다고 해서 다 빼게끔, 그러니까 제가 쓴 교과서 말고 그 이후의 교과서에서 그 시도를 하셨다고 제가 개인적으로 들었습니다만 근래에는 조금씩 사실은 개선되어가고 있는 추세에 있는 것은 분명한 것 같습니다. 그런데 노태돈 선생님께서 걱정하신 것처럼 사실은 우리 학계에서 오늘 이 자리를 통해서도 결론을 내릴 수 없는 이 이야기를 1974년부터 지금까지 41년, 42년 동안 교과서에 계속 "근초고왕近肖古王이 수군水軍을 증강시켜서 요서, 산동山東, 규슈九州까지 진출進出했다."고 하는 사실과 다른, 그러니까 우리가 지금 일본이나 중국의 역사왜곡을 비판하고 비난하면서 사실은 우리가 스스로 역사왜곡을 저지르고 있다고 하는 것에 대해서는 그동안 그렇게 생각들을 깊이 하지 않았다고 생각이 되는데 어쨌건 지금 논의가 다 정리가 되고 있습니다만 교과서에서 과거와 같은 근거를 갖지 못하는 내용의 서술이 계속 앞으로 반복되지 않도록 우리가 조금 더 신경을 쓰고 앞으로 국정이 될지 검인정이 될지 모르겠습니다만 검인정으로 간다고 했을 때 출판사나 개별 필자들이 그것을 주의해서 그런 것들이 다시는 문제가 안 생길 수 있도록 우리가 신경을 더 쓰는 것이 필요하지 않겠나 하는 생각을 갖게 됩니다. 길게 말씀드려 죄송합니다.

좌장 노중국 : 고맙습니다.

Ⅳ. 객석 질문과 총평

좌장 노중국 : 지금 정해진 시간은 지났는데, 혹시 방청석에서 얘기하실 분 없으십니까? 두 분이 손을 들었는데요. 두 분 다 말씀을 할 기회를 드릴게요.

방청객 : 저는 고등학교에서 한국사 과목을 가르쳤던 퇴직교사입니다. 이름은 김옥경이라고 하고요. 오늘 선생님들의 깊이 있는 연구와 또 토론시간 아주 재미있게 들었습니다. 그리고 제가 가진 역량 안에서 또 어떤 생각을 해야 할 것인가 하는 것도 생각해보는 아주 귀한 시간이었습니다. 한 가지 의견을 드리고 한 가지 질문을 드리고 싶습니다.

먼저 질문을 드리고 싶은 것은 아까 이기백 선생님 말씀 얼핏 하시고 또 선생님들 간에 나누시는 토론 속에서도 느껴졌지만 학생들에게 교과서를 중심으로 해서 한국사를 가르칠 때 나는 과연 한국사를 제대로 가르치고 있나 하는 생각들을 때때로 하고 지냈거든요. 또 앞으로도 그런 과제는 남아있을 것이라고 생각하는데 저도 알게 모르게 이기백 선생님의 이론을 많이 영향을 받고 학생들에게 가르쳤던 것 같습니다. 앞으로 그런 부분을 어떤 관점에서 다시 어떻게 새롭게 사관史觀을 가져야 하는가 하는 것 한 가지 여쭤보고 싶고요.

또 한 가지는 혹시 요서지방에 관한 이야기가 앞으로 교과서에서 삭제되든 또는 계속될 때 현장에 있는 교사들을 위해서 만약에 삭제되었다면 전에는 이것이 굉장히 중요하게 다뤄졌는데 왜 이게 교과서에서 빠졌는가 하는 궁금증을 가질 거거든요. 그러니까 그런 것에 대한 지침서랄까 하여튼 안내의 이야기가 꼭 있었으면 좋겠다는 부탁의 말씀과 함께 오늘 이렇게 나눠주신 굉장히 중요한 표지와 뒷장에 너무 좋은 책자를 보고서 백제 문화와 관련되는 책자라는 것을 금방 알아보고 반가웠는데요. 또 한편 궁금해지는 게 이 그림이 어디서 나온 것인지 이런 출처도 한 가지 더 써주신다면 전문가가 아닌 입장에서 우리 문화에 대해서 더욱 가깝게 다가갈 수 있을 것 같습니다. 모든 선생님들께 감사드립니다.

좌장 노중국 : 세 번째와 두 번째는 굳이 답할 필요가 없을 것 같고요. 양 선생님 혹시 얘기할 수 있겠어요?

양기석 : 현역에 계신 분이 하시죠.

강종훈 : 제가 지정을 받았으니까 말씀드리겠습니다. 실제로 제가 작년부터 경북교육청에서 프로젝트를 하나 받아서 작업을 했는데 다음 달 정도면 아마 인쇄해서 각 급 학교에, 중학교나 고등학교에 배포될

것으로 알고 있습니다마는, 교사용 참고자료집을 만들었습니다. 거기에 고대사古代史 부분은 저하고 다른 한 분이 같이 썼는데요. 백제의 요서진출설遼西進出說과 관련된 것은 제가 담당해서 썼습니다. 그런데 오늘 지금 이야기 나온 것처럼 논란이 많다는 것을 전제로 깔고 수업을 할 때는 이런 점에 유의해야 한다는 것을 밝혀놨습니다. 그리고 산둥반도진출설山東半島進出說과 규슈지방진출설九州地方進出說에 대해서는 근거 자체가 없는 것이기 때문에 학생들한테 잘못된 역사인식을 심어주지 않도록 각별히 유의해야 한다는 이야기를 써놨습니다. 물론 이게 현장에서 어느 정도 교사 분들한테 수용이 되고 적용이 될지는 잘 모르겠습니다마는, 나름대로 우리가 그런 식의 작업들을 이번뿐만 아니고 앞으로 계속 더 해나아가야 할 필요가 있을 것 같고요. 근본적으로는 앞으로 역사교과서를 만드는 데 있어서 이러한 과거 40년 동안 내놨던 잘못된 서술이 안 생기도록 더 신경을 써야 문제가 해결될 것이라고 보는데 지금 사실 현재 상황을 보면 가슴이 아주 답답한 상황입니다.

좌장 노중국 : 그다음에 그 뒤의 분. 마지막 질문이 되겠습니다.

방청객 : 안녕하세요. 저는 한성백제박물관에서 전시해설을 하고 있는 김경숙이라고 합니다. 저도 오늘 여러 선생님들이 아주 흥미로운 주제를 가지고 발표하시는 것을 듣고 많이 배웠습니다. 감사드립니다. 제가 궁금하게 생각하는 것은 후조後趙와 전연前燕의 싸움에서 백제가 어떻게 보면 군사력이 동원된 상태라는 것을 제가 오늘 여기

서 듣게 되었는데요. 전연前燕이라는 나라가 337년에 오픈을 하면서 그다음 해부터 후조後趙하고의 마찰이 많았다는 얘기를 계속 들어왔습니다. 그러면 후조後趙가 멸망하는 351년까지 끝없이 전투가 벌어졌다고 했을 때 아마도 백제가 투입이 됐다고 하면 거의 후반부가 아닌가 싶습니다. 그러면 그 후반부의 시기라고 하는 게 아마 선생님들께서도 다 말씀하신 것처럼 근초고왕近肖古王 때일 가능성이 많은데 그러면 근초고왕近肖古王은 346년에 등극을 하게 되니까 기간적으로 보았을 때 거의 3, 4년 정도밖에는 요서에 진출進出하지 않았다고 볼 수가 있겠습니다. 그러면 전 기간으로 볼 때도 굉장히 짧은 시간 동안 요서에 진출進出을 했고, 그것을 과연 진출進出이라고 얘기할 수 있을까. 그리고 만일에 전연前燕이 지금 후조後趙하고의 전쟁에서 마지막에 후조後趙를 점령을 했을 때 그 백제군百濟軍은 어떻게 보면 포로 내지는 도망병이 될 수가 있습니다. 그렇다면 그것을 가지고 정말 우리가 진출설進出說, 경략설經略說 이렇게까지 얘기할 수 있는 부분인지 그 부분을 한 번 여쭤보고 싶습니다.

좌장 노중국 : 그것은 대답을 또 강 선생님이 하셔야겠는데요.

강종훈 : 지금 말씀하신 게 제 발표 마지막의 맺음말에 썼던 것을 보시고 질문하신 것 같습니다. 실제로 저는 338년 짧은 기간에 끝났다고 봅니다. 그래서 저는 개인적으로 후조後趙가 멸망하는 그 시점까지 그것을 상정하고 있지는 않습니다. 아직까지 분명하게 제 생각을

밝히지를 않았습니다만 근초고왕近肖古王 때까지 간다든지 이런 것은 생각을 하지 않고 있습니다. 다만 만약에 봉유封裕 상서문上書文이라고 하는 것과 『자치통감資治通鑑』의 부여夫餘 멸망 기사의 백제를 우리가 신빙할 수 있는 사료라고 판단하고 문제에 접근했을 경우는 후조後趙가 338년에 대충 5월경으로 나오는데 전연前燕을 공격한 그 상황 외에는 다른 가능성을 찾기가 현재로서는 거의 없다고 판단을 하고 있습니다. 아무튼 조만간 제가 논문의 형태로 후속 작업을 해서 제시를 하도록 하겠습니다.

좌장 노중국 : 예. 그럼 이제 곧 논문을 쓰겠다고 하니까 논문이 나오면 보시고 나서 토론을 해 주시면 좋겠네요.

제한된 시간이 10분 정도 지나가고 있는데요. 이렇게 오늘 처음으로 '백제와 요서'라고 하는 주제, 이른바 '백제의 요서진출遼西進出'이라는 주제와 관련해서 공식적으로 토론을 한 번 가졌습니다. 그런데 이번 토론을 진행하면서 난감하다는 생각을 했습니다. '진출進出했느냐 안 했느냐'하는 것만 가지고 논의한다면 사실은 아무것도 안 되거든요. 결론이 나지 않지요. 오늘 보시다시피 진출進出했느냐 안 했느냐는 단정 지을 수는 없습니다. 저 개인적으로 이런 생각을 한 번 해 보았습니다. 똑같은 『송서宋書』에 실려 있는데요. 백제전百濟傳에는 백제가 요서를 약유略有했다고 나오고 있고, 왜전倭傳에는 소위 왜倭 오왕五王 찬讚 · 진珍 · 제濟 · 흥興 · 무武, 이 다섯 왕이 한반도에 있었던 6국, 즉 모한慕韓, 진한辰韓 그리고 백제, 신라까지 넣어서 이 나라들을 도독제군사都督諸軍事 했다고 하는 내용이 나옵니다. 문제는 백제전百濟傳에 의거해 백제가 요서진출遼西進出을 했다고 적극적으로 얘기하게 되면 왜전倭傳에 따라 왜倭가 백제, 신라를 포함한 한반도 남부지역을 군사적으로 도독都督했다고 하는 것을 그대로 인정을 해줘야 할지도 모른다는 것입니다. 그래서 백제의 요서진출遼西進出은 쉽게 결론내기 어렵고 또 굉장히 난감하다는 생각을 평소에 좀 해보았습니다.

그런데 오늘 논의 과정에서 나오게 된 것은 적어도 1차 사료로 보이는 이 사료에 백제의 존재가 보이고 있는 것 자체를 그냥 무시하기보다는 그래도 연구의 여지는 남겨두는 것이 좋겠다라는 형태로 정리가 되는 것 같고요.

다른 하나는 백제의 요서진출설遼西進出說의 문제는 학계에서의 논의가 충분히 이루어진 이후에 교과서에 서술된 것이라기보다는, 민족정신을 좀 더 높이기 위해 또는 그러한 의도가 조금 앞섰는지 교과서에 먼저 들어가 버리고 말았습니다. 때문에 이 문제는 학계가 좀 더 진지하게 고민해볼 필요가 있겠다는 쪽으로 정리가 되는 것 같습니다. 기회가 있으면 이 문제를 다시 한 번 논의할 수 있으면 하는 바람도 가져봅니다. 이상으로 쟁점백제사 「백제와 요서지역」이라는 주제의 종합토론을 모두 마치도록 하겠습니다.

감사합니다.

(장내 박수)